Ex Libris
H.J. Noordewier.

SUPPLÉMENT

AU

NOUVEAU DICTIONNAIRE

D'ÉCONOMIE POLITIQUE

8449-00. — Corbeil. Imprimerie Éd. Crété

SUPPLÉMENT

AU

NOUVEAU DICTIONNAIRE

D'ÉCONOMIE POLITIQUE

DE

M. Léon SAY

ET

Joseph CHAILLEY-BERT

PARIS

GUILLAUMIN ET Cᴵᴱ, ÉDITEURS

De la Collection des principaux Économistes, du Journal des Économistes
de l'Annuaire de l'Économie politique,
du Dictionnaire du Commerce, de l'Industrie et de la Banque.

14, RUE RICHELIEU

—

1900

PRÉFACE

Ce supplément au *Nouveau Dictionnaire d'Économie Politique* tient lieu de la deuxième édition, dont il avait été question presque au lendemain de l'apparition de la première. Le public avait fait à notre travail un accueil qui présageait l'épuisement prochain du tirage. Cet encouragement significatif, nous avions, M. Léon Say et moi, considéré qu'il nous imposait le devoir pressant de rendre l'œuvre plus digne de lecteurs aussi avides de science. Nous avions aussitôt dressé le plan d'une seconde édition, où les erreurs seraient corrigées et les lacunes comblées.

Mais l'annonce de cette seconde édition éveilla des critiques chez nos premiers lecteurs. Ils objectèrent que l'utilité, chèrement payée, de la première se trouvait, par là, bien diminuée, et nous prièrent de chercher un moyen qui leur permit, tout en conservant l'édition première, de profiter, à peu de frais, des améliorations de la seconde.

Ce moyen ne pouvait être qu'un supplément. Nous rendant à leurs raisons, nous avons ajourné la seconde édition et nos collaborateurs, toujours dévoués, nous ont suivis dans cette orientation différente.

Un supplément ne peut pas remplacer absolument une édition nouvelle. Le nôtre, laisse donc subsister certaines des erreurs, surtout matérielles, que renfermaient nos deux volumes ; mais il comble, et au-delà, les lacunes signalées. Il contient beaucoup d'articles, et des articles importants, entièrement nouveaux ; il contient aussi certains articles qui ne font que traiter autrement des matières déjà traitées dans le *Dictionnaire*.

Ces corrections et ces additions améliorent certainement l'œuvre commune de nos collaborateurs et de nous. Elles ne changent pas notre doctrine. Les évènements qui se sont passés depuis cinq ans n'étaient pas faits pour l'ébranler : ils l'auraient plutôt affermie, si elle en eût eu besoin.

Le *Supplément*, comme le *Dictionnaire*, a été tout entier rédigé sous la haute inspiration de M. Léon Say. C'est lui qui, de concert avec lui, a arrêté la liste des sujets, choisi les auteurs, lu les manuscrits, revu les épreuves. Il n'est pas un seul de ces articles dont il n'ait connu au moins l'esprit et le plan général. Quand la mort l'a pris, tout était prêt. C'est donc encore son œuvre.

C'est, hélas ! la dernière. De tant de science, de rectitude de jugement, d'esprit et de grâce, il ne reste rien. Nous avons ses livres et ses discours. Mais M. Say n'était pas un homme que ses écrits remplacent. Si parfaits qu'ils soient, il valait mieux qu'eux et ceux-là seulement qui l'ont connu savent tout ce qu'il y avait derrière l'orateur, l'écrivain et l'homme d'État. La perte est irréparable.

Toutefois, M. Say laisse des disciples, héritiers, non pas de son style, de sa parole ou de son autorité — il y a des choses qui ne se transmettent pas, — mais de ses doctrines. Ces doctrines peuvent se résumer en un mot : liberté, et constituent tout à la fois un enseignement et une devise : ses disciples y seront fidèles.

Après ce souvenir à un maître qui fut tant aimé, je tiens à adresser du fond du cœur mes remerciements — je pourrais presque dire : et les siens — à nos chers collaborateurs, qui nous ont aidés avec autant d'abnégation que de talent.

JOSEPH CHAILLEY-BERT:

NOUVEAU DICTIONNAIRE
D'ÉCONOMIE POLITIQUE
(SUPPLÉMENT)

A

ACCIDENTS DU TRAVAIL.

SOMMAIRE

1. Du principe de la responsabilité en matière d'accidents arrivés dans le travail.
2. Changements proposés à ce principe.
3. L'assurance obligatoire.
    A. L'ASSURANCE OBLIGATOIRE EN ALLEMAGNE.
    B. LE MÊME SYSTÈME PROJETÉ EN FRANCE.
Bibliographie.

1. Du principe de la responsabilité.

On s'occupe beaucoup aujourd'hui du sort des ouvriers blessés dans leur travail; non que ces sortes d'accidents soient nouveaux; il y en a eu de tous temps, mais le nombre des ouvriers occupés dans l'industrie n'a jamais été aussi grand, et jamais non plus ils n'ont eu autant d'avocats ou sincères ou intéressés.

Avant notre siècle, les ouvriers victimes d'un accident du travail ou les familles de ceux qui succombaient avaient comme ressources la charité corporative, laquelle s'exerçait par le moyen des confréries (V. CORPORATIONS DES ARTS ET MÉTIERS), ou bien la charité ordinaire ; il ne semble pas qu'ils aient eu alors la pensée d'appeler en justice les maîtres qui les occupaient pour leur réclamer des indemnités. Cette idée est moderne, et aujourd'hui elle est d'une application fréquente. Son fondement juridique est dans les articles 1382, 1383 et 1384 du code civil, qui disent: « Tout fait quelconque de l'homme qui cause à autrui un préjudice, oblige

celui par la faute duquel il est arrivé, à la réparer. » — « Chacun est responsable du dommage qu'il a causé, non seulement par son fait, mais encore par sa négligence et par son imprudence. » — « On est responsable, non seulement du dommage que l'on cause par son propre fait, mais encore de celui qui est causé par le fait des personnes dont on doit répondre. »

Cela veut dire que tout ouvrier blessé par suite d'un ordre imprudent du maître ou du contremaître, ou parce qu'on l'avait chargé d'un travail au-dessus de ses forces ou de sa capacité, ou parce que l'outillage était insuffisant, ou blessé enfin par le fait d'un de ses camarades d'atelier, peut demander à son patron de réparer le dommage qu'il a subi. L'appréciation est laissée aux tribunaux et ceux-ci se montrent singulièrement faciles pour admettre la faute du patron et larges sur le montant de l'indemnité. Il faut ajouter que tout ouvrier blessé obtient l'assistance judiciaire, soit le moyen de plaider sans frais.

Telle est le mode de responsabilité des patrons non en France seulement, mais en Belgique, en Italie, en Angleterre, dans les pays enfin qui n'ont point une législation spéciale sur la matière.

2. Changements proposés à ce principe.

Des théoriciens ont à diverses fois et en plusieurs pays demandé que l'on changeât ces règles. Les uns se bornent à demander des tribunaux spéciaux, alléguant les lenteurs de notre procédure. La critique est fondée, mais la correction peut être faite sans que l'on change la juridiction : nous n'avons que trop de tribunaux d'exception et une meilleure organisation de la procédure doit profiter à tous les plaideurs et non aux seuls ouvriers blessés. Les autres novateurs veulent un changement plus grand et demandent qu'en tous cas le patron soit présumé en faute et tenu, s'il ne veut être responsable, de prouver qu'il n'est pas coupable. Système fort injuste, car c'est exiger des patrons une preuve négative qui, en fait, est presque impossible ; c'est, en effet, l'obliger à réparer un dommage dont le plus souvent il n'est pas la cause.

Ce mode de responsabilité des patrons a cependant été introduit dans les lois d'un petit pays, mais fort industriel : la Suisse. Il est écrit dans la loi fédérale du 23 mars 1877 sur les fabriques, mais ne s'applique toutefois qu'à certaines industries. Malgré cela, il n'a cessé de soulever de très vives réclamations, à ce point qu'une grande association d'industriels, l'*Union suisse du commerce et de l'industrie*, disait de lui : « L'aggravation de la législation actuelle sur la responsabilité semble faite pour chasser les fabriques de notre pays. » Quant aux ouvriers, ils en ont immédiatement senti les effets parce que les patrons ont congédié ceux qui, étant plus faibles ou moins habiles, se trouvaient exposés surtout à être victimes par inaptitude ou maladresse de leur part. Si bien que ce système imaginé, disait-on, dans l'intérêt des ouvriers, a eu pour premier effet d'ôter leurs moyens d'existence aux plus intéressants d'entre eux.

La loi, d'ailleurs, fonctionne mal, souvent éludée par les intéressés avec la connivence des autorités locales et blâmée même par les purs théoriciens qui lui reprochent de s'appliquer à une partie seulement des ateliers et d'être par suite inégale. Les difficultés qu'elles soulève ne font pas prévoir qu'elle doive être étendue et le système, après avoir été fort en faveur, même hors de Suisse, n'a plus guère de partisans ; un autre système a pour lui la vogue, c'est le système de l'assurance obligatoire.

3. L'assurance obligatoire.

Ses partisans y voient une solution de toutes les difficultés pratiques qui rendent si ardue cette question des accidents du travail. Ne recherchons plus, disent-ils, à qui peut incomber la faute ; il est difficile de le constater et d'en faire la preuve ; d'ailleurs la plus grande partie des accidents est due à des cas fortuits. Considérons qu'une réparation est due à l'ouvrier blessé et on ajoute d'ordinaire, admettons qu'elle doit être à la charge non de tel ou tel patron qui peut-être n'y saurait suffire, mais de tous ceux du métier ; tenons les indemnités dues pour une charge de l'industrie entière dont ainsi chaque patron supportera sa part, part proportionnée à l'importance de sa maison. Quant au blessé, il aura droit à une indemnité fixe en rapport à la fois avec le dommage souffert et avec son salaire, mais connue d'avance. Ainsi les procès sont évités et avec eux les surprises qu'amènent souvent les décisions judiciaires ; l'ouvrier n'a plus à attendre un long temps, il est secouru de suite. Tous ces avantages sont obtenus en appliquant seulement le principe de l'assurance, mais en l'appliquant forcément.

Ce régime est appliqué en Allemagne depuis douze ans, en Autriche et depuis peu en Danemark. C'est l'exemple de l'Allemagne qui est le plus souvent cité et qui est aussi le plus fort : cherchons donc ce que ce régime a produit en Allemagne. Nous trouvons les derniers chiffres parus dans une publication de notre *Office du travail* (sorte de bureau de statistique établi au ministère du commerce) qui a pour titre : *Étude sur les derniers résultats des assurances sociales en Allemagne et en Autriche : accidents*, paru en décembre 1894).

A. L'ASSURANCE OBLIGATOIRE EN ALLEMAGNE. — Elle a été organisée par la loi du 6 juillet 1884, dont le mécanisme a été exposé en détail (V. ÉTAT-ASSURANCES). Rappelons-en sommairement le contexte. Tous les chefs d'industrie, et on entend par là tous ceux qui occupent même un seul salarié, sont tenus de faire partie de la « Corporation » du métier. Ces corporations sont des associations comprenant les patrons d'une même profession ou de professions similaires exerçant dans tout l'empire ou dans une partie seulement de l'empire ; les corporations ont pu, au début, se former à leur guise, mais le pouvoir public a érigé d'autorité en corporations ceux qui ne s'étaient pas groupés d'eux-mêmes.

Dès qu'un accident survient dans le métier et occasionne une incapacité de travail de plus de treize semaines, le bureau de la corporation détermine d'après la taxe légale quels sont les droits du blessé et les règle. Celui-ci peut former appel devant des tribunaux spéciaux dits tribunaux arbitraux composés d'ouvriers et de patrons en nombre égal présidés par un fonctionnaire et en quelques cas devant l'*Office central* siégeant à Berlin. Les sommes dues, ainsi que les frais généraux, sont réparties chaque année entre les patrons incorporés en proportion à la fois du nombre d'ouvriers qu'ils occupent et du salaire qu'ils leur payent. Les indemnités se payent en principe sous forme de pension et ne sont pas capitalisées (elles le sont en Autriche), en sorte que la charge ira toujours croissant.

En 1892 le nombre des assurés s'élevait à 18 705 000, dont 5 078 000 ouvriers de l'industrie — c'est pour eux seuls qu'au début la loi était faite ; elle a été successivement étendue à tous les salariés — 12 289 000 ouvriers de culture et 646 000 personnes occupées par l'État, ouvriers ou employés. Les patrons s'étaient ou avaient été groupés en 112 corporations, dont 64 pour l'industrie, et les dépenses de l'année avaient été de 41 551 000 marks, dont 23 973 000 marks payés pour indemnités, 11 789 000 marks versés au fonds de réserve et le reste affecté aux frais généraux : frais de justice, frais d'enquête, etc.

Quant aux résultats, ils ont été d'abord une augmentation notable du nombre des accidents. En 1885, pour 3 473 435 ouvriers assurés il y avait eu 9723 accidents suivis d'indemnités ; en 1892, pour 5 178 000 assurés (il ne s'agit que des ouvriers de l'industrie), il y avait 28 619 accidents indemnisés : la proportion s'était élevée de 2,89 à 5,64 pour 1000. Le nombre des accidents graves ou mortels était resté le même ; celui des moindres accidents avait seul augmenté. C'est qu'il y avait moins d'attention et de la part des ouvriers et de la part des patrons, qui ne se sentaient plus que très peu responsables. Pour les ouvriers, il y avait le désir de jouir plus longtemps de la pension au lieu de travailler, d'où simulation de maladies et tentatives de toutes sortes pour faire croire à un mal plus grand que le véritable.

Les procès, qui ne devaient plus exister, n'ont jamais été plus nombreux. Les ouvriers prétendent que les fixations faites soit par les corporations soit par les associations des patrons sont partiales et le nombre des appels a passé de 14 879 en 1891 à 25 348 en 1893, chiffre excessif. L'*Office impérial* avait reçu 2354 recours en 1890, il n'en a pas eu moins de 5314 en 1893. Les frais de justice ont passé de 120 727 marks en 1886 à 388 977 marks en 1892 et les frais d'enquête, qui sont une partie des frais de justice, se sont élevés de 86 537 marks en 1886 à 546 884 marks en 1892. Les ouvriers, de plus, se plaignent d'être obligés de se déplacer pour aller en appel, d'être souvent forclos à raison du peu de temps accordé pour cet appel (quatre semaines). Ils se plaignent de la forme des indemnités, une pension viagère ; avec un capital nous pourrions tenter un petit commerce, une petite industrie, la pension allouée est si faible (en 1892 la moyenne

avait été de 180 marks pour l'année entière) qu'à peine permet-elle de vivre misérablement. De plus les décisions allouant des indemnités sont toujours revisables ; on peut restreindre les pensions d'abord accordées s'il se trouve que ceux qui les avaient reçues reviennent à la santé ou sont capables de quelque travail.

Si les ouvriers allemands sont peu satisfaits de la manière dont la législation de leur pays règle la responsabilité en cas d'accident, les patrons n'ont pas plus à s'en louer. Les petits artisans de village, qui occupent un seul apprenti et n'ont jamais d'accident dans leur atelier, trouvent dur de payer leur part des accidents qui arrivent journellement dans les grandes fabriques, et un rapport du consul de France, M. Amédée Marteau, sur les premiers effets de cette loi, rapport inséré au *Journal officiel* des 23, 24, 25 mai 1887, insiste sur la résistance qu'ils opposaient à leur incorporation.

On avait promis à ces mêmes patrons qu'ils seraient déchargés de tous procès au sujet des accidents et en effet c'est à la corporation que les ouvriers ont affaire ; mais la loi, pour alléger les charges des corporations, a décidé qu'elles pourraient recourir contre les patrons toutes les fois qu'ils seraient en faute, c'est-à-dire toutes les fois que, d'après le droit commun, ils pourraient être poursuivis par leurs ouvriers. Elle permet même aux ouvriers de les assigner directement en justice lorsqu'ils allèguent que l'accident a été « prémédité », alors même que la préméditation viendrait d'un camarade, car le patron en répond. Puis l'administration centrale exige d'eux, sous peine de fortes amendes, des états et documents de toutes sortes ; elle multiplie les prescriptions ou les circulaires. « La loi, écrivait un ingénieur français dont la compétence est bien connue, M. Grüner, la loi oblige les patrons à déclarer toutes les transformations qu'ils opèrent dans leur outillage comme dans leur personnel. Les articles accumulent prescriptions sur prescriptions. Nous avons trouvé bien peu même de grands industriels capables de nous dire nettement les devoirs multiples que leur impose la loi. Et un industriel alsacien, M. Engel Gros, opine de même, que « le fabricant est obligé de passer beaucoup de temps à étudier les textes, lesquels sont parfois si longs et si confus que les fonctionnaires chargés d'en assurer l'application ont souvent eux-mêmes de la peine à les comprendre ». Et s'ils négligent ces prescriptions ils s'exposent à voir leur taxes accrues, comme ce chef de maison cité par M. Bödicker, le directeur de l'*Office central* de Berlin, qui, pour ne s'y être pas conformé, vit sa contribution dans le payement des indemnités accrue de 500 p. 100, ce qui, sur son appel, fut réduit à 200 p. 100. On voit si les industriels ont trouvé le repos d'esprit que devait leur procurer le nouveau régime.

Ils ne s'effrayent pas moins du chiffre chaque année croissant des indemnités qu'ils ont à payer et qui sont loin d'avoir atteint leur plus haut degré ; on calcule qu'il ne faudra pas moins de trente ans pour que l'effet complet soit produit. Une seule corporation, celle des chemins de fer, a voulu capitaliser les pensions dues ; elle est arrivée à exiger 4 p. 100 du salaire. L'État, de plus, a pris un engagement qui, dans l'avenir, pourrait le grever lourdement : il a promis de satisfaire aux charges de toute corporation qui cesserait d'exister ou ne pourrait suffire à payer ses pensions.

À la charge pécuniaire imposée par la loi aux patrons, il faut ajouter la charge personnelle. Les corporations sont gérées par ceux de leurs membres que désignent les autres et l'acceptation est obligatoire. Ils sont obligés encore d'aller siéger dans les tribunaux d'appel et même à l'*Office central* de Berlin. La même charge, du reste, incombe, de ce chef, aux ouvriers.

Puis la corporation a le droit, pour restreindre les chances d'accident, de faire des règlements sur les machines et moteurs employés, sur les bâtiments, etc. Pour vérifier si ses prescriptions sont suivies et aussi pour contrôler les déclarations des divers patrons touchant le nombre et le salaire de leurs ouvriers, elle délègue des dignitaires qui vont inspecter les ateliers et les livres. Mais ces dignitaires sont des patrons du métier qui ont ainsi accès chez leurs concurrents et vont connaître leurs affaires.

Au fond, cette organisation de l'assurance forcée est un accroissement de puissance pour l'État. Il sait exactement combien chaque industriel emploie d'ouvriers, combien il en employait avant, et, par suite, si ses affaires prospèrent ou décroissent. Il sait aussi quels salaires paye chaque chef de maison. L'*Office impérial* est devenu le centre de tout. « C'est à Berlin, écrivait M. Amédée Marteau dans son rapport, c'est à Berlin que tout le monde doit s'adresser ; c'est à Berlin qu'on doit aller grâce à de longs et onéreux voyages. C'est avec ce point central qu'il faut correspondre en toutes choses. » On conçoit l'admiration des socialistes pour un pareil système ; ils ne le cachent pas et le chef même de l'*Office central*, M. Bödicker, disait à Berne, en 1891 : « Dans le parti socialiste on a dit cette parole qui mérite d'être relevée : ce qu'il y a de mieux dans l'assurance contre les accidents, c'est l'*Office central*. » Les socialistes sont, en effet, grands partisans de l'assurance obligatoire, et, lors du vote de la loi qui l'a établie, ils ont donné leur voix en le félicitant ironiquement de l'appui qu'il donnait ainsi à leurs doctrines. Mais quels résultats ont obtenu les promoteurs de cette loi ?

« Une des conséquences de l'assurance obligatoire, disait dans son rapport (cité au *Journal des économistes* de juillet 1892) notre ambassadeur à Berlin, M. Herbette, a été un affaiblissement immédiat des sentiments de dignité et des habitudes de contrôle réciproque chez les ouvriers qui cherchent à se procurer l'indemnité la plus forte, celle réservée pour l'incapacité totale de travail. Nombre d'entre eux aspirent, au moyen de la nouvelle loi, à se faire considérer comme invalides, ou tout au moins à allonger la durée de leurs maladies.

« On remarque que tout ouvrier chétif ou malingre dont la santé paraît devoir créer des charges pour les caisses de secours est impitoyablement refusé par les chefs de fabrique. »

Les charges de l'assistance publique, qui devaient être fort réduites, ne l'ont été nullement. C'est ce que constatait M. Arthur Raffalovich dans une communication à l'Académie des sciences morales (rapportée au *Journal des économistes* de décembre 1895, p. 303).

Le but principal qu'avaient cherché les auteurs du système a-t-il au moins été atteint ? Lorsque le grand chancelier de l'empire vint apporter au Reichstag ses projets de loi sur l'assurance obligatoire, il insista, pour le décider, sur la nécessité d'ôter au parti socialiste ses armes en mettant à effet quelques-unes de ses doctrines et il rappelait les 300 000 voix données aux candidats socialistes dans l'élection précédente ; cinq d'entre eux avaient été élus. Le Reichstag a voté ce qui lui était demandé, un des vœux du parti socialiste a été mis à exécution, et aux élections dernières (1893) les candidats socialistes obtenaient deux millions de suffrages et quarante-cinq d'entre eux entraient au Reichstag.

B. LE MÊME SYSTÈME PROJETÉ EN FRANCE. — Nous sommes cependant menacés de voir ce régime de l'assurance forcée introduit en France ; notre Parlement est saisi de projets de loi sur les « accidents du travail » qui aboutissent à cette conclusion : obliger les patrons à payer une indemnité à tout ouvrier blessé. Le seul point qui semble douteux est de savoir si les patrons seront organisés en corporations obligatoires sous le contrôle de l'État, comme dans les pays germaniques, ou s'ils devront, à la suite de chaque accident, verser dans une caisse d'État, par exemple à la Caisse des dépôts, le capital nécessaire pour servir la rente due.

Comme les indemnités seraient en proportion du salaire, il y aurait là pour notre industrie une charge nouvelle et bien plus lourde que la charge imposée de ce chef aux industries allemande et autrichienne; or nos impôts sont déjà plus lourds et nous avons à lutter à l'étranger sur les mêmes marchés. Puis on ruinerait du coup les institutions patronales (V. PATRONAGE) qui, en nombre d'endroits, secourent les ouvriers blessés, comme par exemple cette caisse fondée en 1891 par le *Comité des forges de France* qui, deux ans après, soit en 1893, comptait 38 établissements occupant plus de 55 000 ouvriers, lesquels touchaient plus de 64 millions de francs de salaire. Elle paye des indemnités aux ouvriers blessés et prend, pour empêcher les accidents, des mesures de toutes sortes qui ne sont pas sans efficacité. C'est spontanément aussi que nombre de patrons assurent leurs ouvriers à des Compagnies ordinaires. Il arrive souvent alors qu'ils demandent aux ouvriers de verser une partie de la prime, mais aussi l'indemnité promise par la Compagnie est due dès qu'il y a accident.

Il faudrait rappeler aussi ces « Sociétés pour la préservation des accidents » qui groupent de nombreux chefs d'industrie associés pour chercher les meilleurs moyens de prévenir les accidents et pour appliquer ensuite ce qui aura été reconnu utile. Les mesures prescrites sont mieux observées que ne le sont en Allemagne les mesures similaires ordonnées par les corporations. Sans doute ces institutions ne comprennent encore qu'une faible partie des industriels français, mais elles sont récentes et il leur faut le temps de se répandre. Une loi d'obligation les détruirait.

Cette loi nuirait donc à notre industrie nationale et par suite à nos ouvriers; elle ne ferait qu'accroître le nombre des fonctionnaires, parce qu'il faudrait créer de nouveaux rouages, qu'accroître aussi la puissance du gouvernement en le mettant dans les affaires des particuliers; elle serait en somme un gain pour le socialisme d'État.

HUBERT-VALLEROUX.

Bibliographie.

Elle est très abondante en articles de revues, brochures, documents parlementaires, etc. Outre les sources citées dans l'article du DICTIONNAIRE, on trouvera l'indication des principales dans le chapitre de mon dernier ouvrage qui traite cette question : *Du contrat de travail*, par P. HUBERT-VALLEROUX. Paris, 1895, in-8°.

ANARCHIE ET ANARCHISTES.

SOMMAIRE

A côté du mouvement socialiste, commun à tous les pays civilisés, se produit un mouvement anarchiste dont les partisans, beaucoup moins nombreux, se signalent par leur ardeur sauvage. L'anarchisme révolutionnaire a la même origine que le socialisme démocratique : ses théoriciens étalent avec le même pessimisme les souffrances de la classe ouvrière dont ils rendent la société actuelle responsable : ils s'accordent de même à voir dans l'opposition du travail et du capital, de la rente et du salariat, dans l'excès de production et les crises qui en résultent, les causes de l'appauvrissement des masses, lésées contre toute justice, pour l'avantage exclusif du petit nombre. Ils affirment pareillement que la société actuelle ne peut être améliorée sur la base de la société privée, qu'il faut la détruire au ras du sol et lui substituer un ordre entièrement nouveau :

Magnus ab integro sæclorum nascitur ordo...

Mais ils diffèrent du tout au tout sur la méthode et la tactique de bouleversement et sur l'organisation la société future.

1. Philosophie politique de l'anarchie.

Socialisme et anarchisme reflètent et expriment, en les poussant jusqu'à l'absurde, deux tendances contraires dans la théorie et la pratique de l'État moderne, celle de l'école autoritaire et celle de l'école libérale. La tendance socialiste est de dépasser la socialisation naturelle de la vie qu'apporte déjà avec soi toute forme d'État, et de réduire de plus en plus la sphère d'action et de puissance de l'individu. Mais au socialisme s'oppose déjà une extrême doctrine individualiste, qui revendique l'entière indépendance de la personne, l'absence de toute organisation sociale obligatoire, l'abolition de toute loi, et qui prétend régénérer la société par l'atomisme du bon plaisir individuel.

Le socialisme est la critique de l'État actuel, l'anarchisme est la critique du socialisme, c'est-à-dire la critique de la critique.

Les théoriciens socialistes répudient il est vrai toute solidarité de principes avec les partisans de l'État autoritaire, ils font profession d'abhorrer l'État despotique, l'État Providence, le Dieu État. Leur but est au contraire de l'anéantir au profit de la *Société* qu'il ne faut pas confondre avec lui (V. le mot ÉTAT). Ils ont, sur ce sujet, des phrases mystérieuses : « Au lieu du gouvernement des personnes, on aura l'administration des choses (Engels)... A la place de la société bourgeoise, avec ses classes et oppositions de classes, se constituera une association où le libre développement de chacun sera la condition du libre développement de tous... » Mais comme en réalité la société future serait seule propriétaire, seule patronne, seule entrepreneur de commerce et d'industrie, que toute entreprise privée deviendrait un service public, tout revenu particulier une sorte de traitement, que la société devrait non seulement pourvoir à tous les besoins sociaux et économiques, mais à toutes les dépenses, à l'éducation des enfants, à l'entretien des vieillards [1], il en résulte que, sous prétexte d'administrer les choses, la société empiéterait bien plus encore que ne le fait présentement l'État, sur la liberté des personnes et que sous ce régime d'autoritarisme sans limites, l'individu serait absorbé par la communauté.

Les théoriciens anarchistes se placent aux antipodes de l'État socialiste de l'avenir (et nous verrons si leur prétention est toujours justifiée par leurs systèmes), mais ils ne sont pas plus satisfaits que les socialistes de l'État tel qu'il fonctionne dans le présent, qu'il s'appelle monarchie, ou qu'il se pare du titre pompeux de Démocratie et de République : et quelques-unes de leurs objections concordent avec celles de l'école libérale. Tandis que les partisans de l'absolutisme présentent l'État comme le but de la société, et non comme un moyen, disent qu'il doit porter remède aux maux de toute espèce, le comparent à un organisme dont les individus ne sont que les cellules changeantes et renouvelables ; au contraire, d'après Herbert Spencer comme d'après les anarchistes, l'individu est l'être réel dont le salut et le bonheur important. Il lui faut la liberté. Or, démontre Proudhon, la démocratie, c'est-à-dire la souveraineté du peuple, n'est pas synonyme de liberté politique. Le peuple est obligé de transmettre sa puissance à des employés, c'est donc toujours le gouvernement de l'homme, l'arbitraire et le bon plaisir. Herbert Spencer parle de la grande superstition politique moderne, qui n'a fait que substituer au droit divin du prince le droit divin du Parlement. Quand les déposi-

taires du pouvoir, écrit Stuart Mill, sont de simples délégués du peuple, c'est-à-dire de la majorité, ils sont aussi disposés que n'importe quelle oligarchie à user du pouvoir arbitrairement, à empiéter sur la liberté de la vie privée, à imposer aux minorités leurs propres intérêts, et même leurs opinions abstraites et jusqu'à leurs goûts. Et maintenant que le pouvoir est entre les mains des masses, il est plus indispensable qu'avec tout autre forme de gouvernement, d'entourer de garanties pour chacun l'indépendance de sa pensée, de sa parole et de sa conduite, de préserver l'individualisme, cette conquête précieuse de la civilisation, sans lequel l'humanité serait semblable à un troupeau, l'individualisme, seule source de progrès réel. Car tout mieux fait par ceux qui ont un intérêt immédiat à l'accomplissement d'une œuvre que par les fonctionnaires. « L'incompétence générale de l'État, selon Taine, fait son incompétence spéciale. » L'État n'est pas, dit encore Stuart Mill, supérieur en intelligence, en connaissance, il n'a pas à son service toutes les capacités d'un pays, et quand même il les aurait, il est nécessaire que le peuple s'occupe lui-même de ses affaires. La tutelle perpétuelle développe non le désir de liberté, mais l'appétit de place et de pouvoir, la rage des compétitions, afin de pouvoir tyranniser les autres. Donc, au lieu d'appeler et de subir la tutelle uniforme de l'État, que les individus se groupent selon leurs capacités, leurs affinités, leurs intérêts, en associations de toutes sortes, ouvrières, industrielles, commerciales, savantes, artistiques, charitables, etc., dues à la libre initiative de chacun, et qui échappent à la fixité, à la raideur et à l'action de l'État. C'est la doctrine libérale, et c'est aussi exactement le premier point de la doctrine anarchiste.

Où donc est la différence ? D'abord en ceci que l'école libérale ne prétend pas détruire l'État, mais seulement le limiter. L'État, en effet, est un bienfait indispensable dans deux de ses fonctions irréductibles, la défense de l'extérieur et l'administration de la justice. S'il est mauvais, dit Taine, que l'État régisse et défraie, lorsqu'il s'agit des cultes, de l'éducation, de la bienfaisance, des arts, des sciences, d'œuvres industrielles, agricoles, commerciales, etc., il est nécessaire qu'il remplisse sa mission qui est d'empêcher la spoliation et l'oppression, de protéger la communauté contre l'étranger et les individus les uns contre les autres ; et il doit avoir pour cela les outils indispensables, diplomatie, armée, tribunaux, police, impôts. En un mot, l'école libérale repousse l'État man-

1. Gide, *Précis d'économie politique*, p. 591

darin de l'école autoritaire et conserve l'État gendarme. L'école anarchiste prétend supprimer même l'État gendarme.

Les partisans du laisser-faire disent : Moins il y a de gouvernement, mieux cela vaut. Les anarchistes répliquent : Pourquoi supporter cela, le meilleur gouvernement est celui qui ne gouverne pas du tout. Le despotisme n'est pas une forme de l'État, il en est l'essence. Aussi se proclament-ils athées de l'État, personnification de l'injustice, de l'oppression, du monopole. Aucun corps, aucun individu n'a le droit de se mêler de nos affaires. Donc plus d'autorité, dynastique ou temporaire, élue ou non élue, plus de pouvoir obéi, ni juges, ni employés, ni policiers, ni percepteurs, plus de lois respectées. Les libéraux tels que Spencer considèrent comme un mal l'excès de législation ; le jurisconsulte Dalloz, cité par Kropotkine, écrit : « Quand l'ignorance est au sein des sociétés, et le désordre dans les esprits, les lois deviennent nombreuses, les hommes attendent tout de la législation, et chaque loi nouvelle étant un nouveau mécompte, ils sont portés à lui demander sans cesse ce qui ne peut venir que d'eux-mêmes, de leur éducation, de l'état de leurs mœurs. » De ce qu'on fabrique trop de lois, Kropotkine conclut qu'il n'en faut aucune : « Les millions de lois qui dominent l'humanité se divisent en trois catégories principales : protection de la propriété, protection du gouvernement et protection de la personne, et le résultat d'une enquête exacte, c'est l'inutilité, la nuisibilité de toutes ces lois. » Elles sont nées de la violence, de la superstition, elles ont été établies dans l'intérêt du prêtre, du conquérant et du riche exploiteur, il faut faire un feu de joie de tous les codes. Que le peuple agisse à sa guise, sans subordination, sans police, pourvu qu'il n'enfreigne pas la liberté égale de tout autre homme. Et comment l'en empêcher sans police? Toute force publique sera désormais inutile, les hommes, par l'anarchie, étant devenus meilleurs, question que nous aurons à examiner quand nous traiterons de la morale anarchiste. On pourra d'ailleurs fonder des sociétés libres de protection des personnes, comme il y a aujourd'hui des sociétés d'assurances contre l'incendie. Quant aux agressions du dehors, s'il s'en produisait, les populations envahies se soulèveraient et suffiraient à les repousser sans armée permanente.

Le sol ainsi déblayé, les individus se groupent librement, comme ils le font aujourd'hui en sociétés de peintres, de gymnastes, etc., sans qu'il soit besoin de la cravache de l'État et « l'influence de ces groupes de citoyens qui se substituent peu à peu au morcellement réalisé par la révolution, va toujours en grandissant [1] ».

Prenez des cailloux, disait Fourier, mettez-les dans une boîte, ils s'arrangeront d'eux-mêmes mieux que si vous tentiez de le faire avec art. Une organisation se fera spontanément, non de haut en bas comme la centralisation de l'État, mais, comme le veut Bakounine, de bas en haut. Les individus libres s'associent en communes indépendantes, qui se groupent à leur tour en fédérations de communes, de régions, en grande fédération internationale et universelle. Il y aura des groupes, des associations de métiers, non subordonnés à la commune, mais basés sur les mêmes principes, et qui n'auront également d'autre pouvoir que ceux volontairement consentis par chaque individu, et pour le temps qu'il lui plaira de les garantir. La nature sociale de l'homme aura assez de force adhésive pour maintenir le tout ensemble. On ne verra pas trace de gouvernement autoritaire, mais une action combinée qui permettra aux sociétés réunies d'entreprendre des œuvres de longue haleine.

L'anarchie sera donc organisatrice de sa nature : l'anarchie, écrit Ranc interprétant Proudhon, c'est la dissolution du gouvernement dans un organisme naturel, c'est le contrat substitué à la souveraineté, l'arbitrage au pouvoir judiciaire, le travail non pas organisé par une force étrangère, mais s'organisant lui-même, le culte cessant d'être une fonction sociale pour devenir adéquate aux manifestations individuelles de la libre conscience... C'est l'habitude invétérée de prendre l'homme pour guide et sa volonté pour loi, qui fait que nous considérons l'anarchie comme le comble du désordre et l'expression du chaos. Au rebours, disait Proudhon, dans une de ces formules paradoxales et retentissantes qu'il affectionnait, *l'anarchie c'est l'ordre* qui résultera de l'élimination successive et raisonnée de l'autorité sous ses trois aspects, politique, social et religieux. La plus haute forme que la société qui a commencé par le despotisme soit susceptible d'atteindre, résultera de l'union de l'ordre et de l'anarchie.

Mais, après avoir exposé la philosophie politique de l'anarchisme, il faut distinguer les anarchistes individualistes et les anarchistes communistes. Les premiers qui se rattachent à l'école américaine de Boston, à Tucker, à Yarros, éditeurs de la revue *Liberty*, considèrent le système que nous venons d'exposer comme un idéal encore fort

[1] D'Eichthal, Voir art. Socialisme.

éloigné, vers lequel il faut marcher parce que l'avenir appartient à l'association, à la libre coopération. Leur but est de répandre les saines notions d'économie politique et de justice politique, la liberté de tester, le libre-échange, la liberté des cultes. Ils ne sont pas impatients et ils écartent l'emploi de la force; ils croient avec Carlyle qu'il ne faut pas mettre la violence au service de la justice, mais ils favorisent la résistance passive à l'ingérence gouvernementale. L'anarchisme individualiste et pacifique, le seul qui suive logiquement, jusqu'au bout, le principe de non-interférence, ne recrute d'adhérents que parmi la bourgeoisie. Il faut nous occuper plus longuement de la secte anarchiste communiste et révolutionnaire, et des énergumènes qui la composent.

2. L'anarchisme communiste.

Il est fort malaisé de trouver entre ces deux termes un lien logique, l'anarchisme impliquant la liberté politique absolue, et le communisme l'égalité économique, une production des richesses, c'est-à-dire un travail obligatoire pour tous, résultat que la société, semble-t-il, ne pourrait obtenir que par la contrainte. Aussi Proudhon est-il absolument opposé au communisme : « Retirez-vous de moi, communistes, vous me dégoûtez! » Il prouve comme Cabet qu'un tel système rendrait la vie fatigante et odieuse, tuerait l'esprit, détruirait la liberté, et que sans celle-ci l'homme n'est qu'un misérable galérien qui traîne jusqu'au tombeau la chaîne de ses espérances détruites : si l'on arrive à tuer l'individualité, l'humanité ne sera plus qu'un grand polype. Proudhon, sur ce point si essentiel, n'est pas communiste, il est mutuelliste. « Il cherche, dit Kropotkine, à rendre le capital moins offensif, malgré le maintien de la propriété individuelle, qu'il détestait au fond du cœur, mais qu'il croyait nécessaire à l'individu pour le protéger contre l'État. » Il veut que l'ouvrier travaille autant qu'il lui plaît et comme il lui plaît, mais qu'il reçoive le produit intégral de son travail, et non un salaire. Il fixe, comme Marx, la valeur d'un produit par le temps nécessaire à l'établir, et remplace l'argent par des bons de circulation qu'émettra une banque populaire. Le crédit viendra de celui qui fournit la marchandise contre ces billets, et il recevra ce qu'il a prêté en donnant ces billets à d'autres. Il faut donc supposer que le papier inspirera une confiance suffisante et c'est le talon d'Achille du système. Dans cette théorie proudhonienne reprise par Tucker, les groupes reçoivent de la société les moyens de production dont ils ont besoin et se font librement concurrence. Toutefois Proudhon donne à la société le droit de dissoudre les associations qui vendraient trop cher. — Tout d'ailleurs sera réglé non par autorité hiérarchique, mais d'après des lois statistiques sous le contrôle de l'Académie des sciences. Or la loi qui s'appuie sur la nécessité ne gêne jamais l'indépendance... Enfin Proudhon, après avoir supprimé la propriété privée, la rétablit sous le nom de possession perpétuelle; il supprime de même les impôts et les rétablit. N'insistons pas sur ces contradictions et bornons-nous à constater qu'en matière d'anarchisme économique il est un pur hétérodoxe.

De même que les socialistes, les anarchistes communistes visent en principe à l'expropriation des capitalistes, de tous ceux qui vivent de rente, de profit, d'intérêt, et à la mise en commun des instruments de production. Mais ils se séparent d'eux lorsqu'il s'agit d'organiser le travail dans la société nouvelle. Les socialistes sont collectivistes et les anarchistes communistes. Où est la différence? Le collectivisme est un communisme *codifié* où chacun a sa place marquée, travaille sous une règle coercitive, et obtient une part proportionnelle de nourriture, de vêtement et d'abri. C'est un retour à l'ancienne corporation obligatoire. L'organisation qu'il imagine, d'après Spencer, exigerait des caporaux, des sergents, des capitaines d'industrie, qui diraient à chacun : « *Faites votre devoir, prenez vos rations* ». Ces surveillants, il est vrai, seraient nommés par les ouvriers eux-mêmes, au lieu de leur être imposés par des patrons, mais qui ne sait à quels abus, à quelles intrigues donne lieu la brigue des suffrages ? On se plaint de bureaucratie : or imaginez dans chaque village une organisation pour distribuer chaque objet utile ou nécessaire à la vie. De quel poids effrayant la machine administrative pèserait sur chacun ; et le mécontent, à qui pourrait-il en appeler ? L'anarchiste Malato est aussi effrayé qu'Herbert Spencer de ce fonctionnarisme oligarchique, plus dangereux que le despotisme de la monarchie, parce que ce serait le despotisme de la loi, insaisissable et impersonnel. Les collectivistes, d'après le prince Kropotkine, maintiennent sous d'autres noms le gouvernement représentatif et le salariat. Ils transformeraient la société en bagne industriel, « où, dit grossièrement un compagnon, il faudrait encore la permission du contremaître pour aller p... » « Ces idées malsaines de couvent et de caserne sont nées dans des cerveaux pervertis par le commandement, ou déformés par une éducation religieuse. »

Sous le régime du collectivisme socialiste de Marx, chacun travaille *forcément* et obtient une rémunération proportionnelle aux heures de travail fournies par lui ; il est rétribué *selon ses œuvres*. Sous le régime du communisme anarchiste de Kropotkine [1], chacun travaille *librement*, et au lieu de recevoir en échange une ration de caserne, déterminée par un bon de travail, *il prend dans le tas* à sa guise selon ses besoins, et il emporte chez lui ses provisions. Point de phalanstère, point de marmite sociale, mais des cuisines séparées.

Comprenons cela : Kropotkine va nous l'expliquer. C'est bien simple. La révolution éclate. Le premier danger dont il faut se garder, danger immense qui jusqu'à présent a empêché toute révolution d'aboutir, c'est d'établir un gouvernement révolutionnaire qui n'aurait rien de plus pressé que de confisquer le pouvoir à son profit. Ainsi donc Kropotkine prend au sérieux la plaisanterie de 1848 : *Rien n'existe plus ; personne n'est chargé de l'exécution du présent décret*, signé *Néant*. Personne ou plutôt tout le monde. Il faut que l'immense transformation économique s'opère par le travail collectif des masses, par le consentement général. Le peuple révolté prend possession des dépôts de blé, des magasins qui regorgent, des vêtements, des maisons habitables. Il n'y aura ni querelles, ni gaspillage. « Dans le partage des logements, on fera appel aux bons instincts des masses. » Pour ce qui est toutefois de l'expropriation du sol, Kropotkine laisse provisoirement au paysan le lopin de terre qu'il cultive, afin de ne pas l'épouvanter. Il comprendra plus tard de lui-même, l'avantage du communisme. Partout des groupes libres de production s'organisent spontanément, font face à toutes les nécessités, satisfont tous les besoins. On revient à la forme primitive d'échange en nature entre groupes qui produisent différents objets, entre villes et campagnes. On produit non

en vue de procurer des bénéfices à qui que ce soit, mais pour faire vivre la société. Il n'y a jamais surproduction quand on prend pour point de départ les besoins de l'individu. Dans la société actuelle, quand les magasins sont remplis et qu'on est obligé d'arrêter les machines, les ouvriers manquent de tout. Si on les laissait puiser dans la masse d'après leurs besoins et consommer à leur gré cet excès de richesses qu'ils ont produites, il n'y aurait jamais de crises industrielles. Et c'est ce qu'ils feront en anarchie. Il n'y aura de rationnement que pour ce qui ne sera pas en abondance, et cela en faveur des enfants et des vieillards, et tout le monde y consentira, par bon cœur, sans qu'il soit besoin de l'intervention d'une autorité quelconque.

Ainsi chacun travaille et jouit à sa convenance. Nul n'est obligé de travailler, et pourtant il y aura production zélée de trésors où chacun viendra puiser à pleines mains. Comment concilier cela ? — Tout individu, d'après Kropotkine, *devra* une part contributive à la production générale, environ quatre à cinq heures de travail par jour, jusqu'à quarante-cinq ou cinquante ans. Et s'il ne veut pas le payer ? — D'abord ce sera très rare. Dans une société où chacun sera libre, il n'y aura pas à craindre les fainéants. C'est un labeur salarié qui est un labeur de serf. Désormais on aura le stimulant du bien-être, et le travail, au lieu d'être abrutissant, deviendra attrayant. Chacun choisira sa tâche, l'auteur composera ses livres, l'astronome, ses instruments d'optique. Les travaux ennuyeux, répugnants, laver la vaisselle, cirer les bottes, seront accomplis par des machines, comme cela se pratique aux États-Unis. S'il y a quelques paresseux, le groupe les priera d'aller ailleurs, ou leur dira : Vivez comme des isolés, comme des malades. Il y aura bien quelques injustices ; Kropotkine nous fait cette concession. Mais elles seront limitées.

Si l'on objecte à tous ces rêves qu'aucune forme de coopération ne peut être établie sans règlement, sans soumission aux agents régulateurs, auxquels il faut obéir sous peine de confusion et d'insuccès, et que les anarchistes qui répugnent à toutes sortes d'autorité, d'État, seraient obligés d'avoir recours à des institutions analogues, — ils vous répondent avec Proudhon, avec Kropotkine, que l'homme deviendra par l'anarchie non seulement libre, mais intelligent, juste et bon, remplacera la contrainte par le consentement volontaire ; car l'anarchie n'est non seulement organisatrice, mais moralisatrice de sa nature ; et Kropotkine nous le démontre.

---

1. Nous prenons comme exemple le système de Kropotkine parce qu'il est le plus récent (*La conquête du pain*, 1892). En réalité, il y a sur ce point anarchie dans les systèmes anarchistes. Most diffère de Kropotkine. Il méprise Proudhon, mais lui fait plus d'un emprunt. Le sol et le capital appartiennent à l'ensemble du peuple, mais sont mis à la disposition des producteurs indépendants, avec libre-échange des produits, selon la mesure du travail employé. Il y aura des *fonctionnaires* pour faire des recherches de statistique et empêcher la surproduction, — des *bureaux d'experts*, pour taxer la quantité de chaque marchandise et reconstituer les prix, réglés non par la loi de l'offre et de la demande, mais par la quantité de travail employé pour la fabrication. S'il y a difficulté, abus, monopole, on revient à la volonté de la majorité à laquelle on doit se soumettre. — Dès lors nous retombons dans la réglementation. Nous ne jouissons plus des bienfaits de l'anarchie. (Voir Adler, *Handwörterbuch der Staatswissenschaften*, art. ANARCHIE.)

3. La morale anarchiste.

Des crimes, des méfaits se commettent chaque jour, et vous croyez y voir la preuve de la nécessité d'une autorité répressive. Kropotkine et les anarchistes en rendent responsable la société, telle qu'elle est actuellement constituée. Ceux qui font respecter les lois, le gendarme, le juge, « ce maniaque perverti par le droit romain », sont plus coupables que ceux qui la violent. Un propriétaire, c'est-à-dire un exploiteur du peuple, est plus coupable que Jack l'Éventreur, qui égorgea dix misérables prostituées, lesquelles valaient mieux que la plupart des riches bourgeoises. C'est le propriétaire et non Jack qui mériterait qu'on lui logeât une balle dans la tête. La plupart des crimes commis le sont d'ailleurs contre la propriété ; en supprimant la cause, on fera disparaître l'effet. Il restera les criminels d'occasion ; mais ce sont souvent de très braves gens, qui placés dans d'autres circonstances fussent devenus des héros. Kropotkine ne peut nier cependant l'hérédité des mauvais penchants. Il est bien obligé de reconnaître qu'il y aura toujours des hommes cruels, grossiers, vindicatifs, dominateurs : mais il nie formellement que la contrainte pénale puisse réprimer le crime. Les prisons, d'après lui, ne sont qu'un reste de barbarie mêlée de philanthropie jésuitique. Au lieu d'améliorer, elles dépravent et corrompent. Il faut écarter l'idée de vengeance, de terreur, de préservation sociale, et traiter les criminels comme des fous, puisque la science des Maudslay, des Lombroso nous les présente comme tels. Il est mauvais d'enfermer les fous : laissez-les libres, comme dans certains villages de Belgique, appliquez-leur un traitement fraternel.

Dans la société future, le nombre des criminels sera bien plus restreint que dans la société actuelle. Les circonstances extérieures influeront infiniment, au dire des anarchistes, sur le caractère. « Donnez à tous les hommes même niveau de culture, écrit Bakounine, les mêmes moyens de gagner leur vie par le travail, et vous verrez que beaucoup de différences, qu'on considère entre eux comme naturelles, disparaîtront parce qu'elles ne sont que l'effet d'un partage inégal des conditions de développement. » La société future sera fondée sur l'*appui mutuel*, qui même chez les sauvages et jusque chez les animaux joue un bien plus grand rôle, au dire de Kropotkine, que la *lutte pour la vie* de Hobbes et Darwin. Il suffira de suivre cet instinct naturel. L'homme est naturellement bon, comme le veut Rousseau ; ce qui le déprave, ce sont les inégalités sociales. La morale anarchiste n'a pour premier principe ni l'utilitarisme, ni l'impératif catégorique. Kropotkine a solennellement adopté la philosophie de M. Guyau, ce jeune écrivain si sympathique, mort prématurément et qui ne songeait nullement à cette gloire; son livre *Essai d'une morale sans obligation ni sanction*, est inscrit en tête de la bibliothèque anarchiste. La thèse de Guyau témoigne de sa noblesse d'âme plus que d'une connaissance exacte des hommes. Il n'admet aucune autorité qui s'impose. Pourquoi serai-je moral? par plaisir, parce que ma nature souffre de ne pas faire le bien, ce qui est bon, utile à la race. Le courage, le dévouement se trouvent à toutes les époques. Et pour un moment de sacrifice, d'enthousiasme, s'écrie Kropotkine, qui donnerait une vie entière? Cela ce n'est ni égoïsme, ni altruisme, mais plaisir de se sentir vivre, de vivre aux autres heureux, de faire le bien, parce qu'on ne peut faire autrement. Guyau définit le devoir « une surabondance de vie qui ne demande qu'à s'exercer, à se donner ». — « Nous reconnaissons, ajoute Kropotkine, qu'il n'y a que des individus isolés qui agissent ainsi actuellement, mais créons des circonstances dans lesquelles l'homme ne soit pas porté à mentir, à tromper, à exploiter les autres, et par la force même des choses, le niveau moral s'élèvera à une hauteur inconnue jusqu'à présent, chacun pourra donner libre cours à ses penchants, voire même à ses passions sans autre contrainte que l'amour et le respect de ceux qui l'entourent. Sa famille sera régénérée par l'union libre qui remplacera le trafic matrimonial, elle sera fondée non sur l'intérêt, mais sur l'affection, le respect de soi et de la dignité d'autrui. »

Purement matérialistes, au point de vue de leur conception du monde, les théoriciens de l'anarchie s'élèvent, on le voit, à un optimisme idéaliste qui ne tient aucun compte des faits. Révolutionnaires fanatiques, frappés des misères qui existent dans l'organisation actuelle, et ne voulant pas les attribuer aux défauts d'une nature humaine incomplètement adaptée à l'état social, ils s'imaginent qu'il suffirait d'abolir l'État pour changer les hommes. Ils méconnaissent qu'il existe une foule de maux, qui sont le résultat non de l'inégale distribution des richesses, mais de la mauvaise conduite, et qui devraient toujours y être associés. Nous sommes assez mal gouvernés, mais savons-nous mieux nous gouverner nous-mêmes?

Les mauvais instincts, l'amour du mal, ne sont-ils pas aussi réels que l'amour du bien? Certains philosophes, tels que Buckle, prétendent établir que si l'intelligence humaine fait chaque jour de nouveaux progrès, la moralité ou plutôt l'immoralité est toujours la même. Mais admettez avec Spencer qu'une meilleure éducation, des rapports plus étroits avec leurs semblables puissent rendre un jour les hommes plus moraux, cela ne doit pas nous empêcher de voir la basse condition présente du peuple de toute classe, la regrettable lenteur avec laquelle nos instincts les plus grossiers s'éliminent, ni nous faire espérer que, n'ayant pas encore atteint le premier échelon du développement social, nous soyons susceptibles de nous élever d'un bond jusqu'au dernier.

Et comment concilier cette sublime morale avec l'assassinat politique? c'est-à-dire la méconnaissance de ce premier impératif de toute morale: *Tu ne tueras point!* Kropotkine est partisan de l'abolition de la peine de mort. Il ne veut pas entendre parler de la guillotine de Fouquier-Tinville. Mais il comprend les vengeances du peuple, que nul n'a _e droit de juger. « Avez-vous souffert comme lui, avec lui? Sinon, ayez la pudeur de vous taire. » Il raisonne l'apologie du régicide avec une subtilité qui ferait honneur aux grands casuistes du xvie siècle. Il accepte parfaitement le principe: « Faites aux autres ce que vous voudriez qu'ils vous fassent ». Eh bien! l'anarchiste frappe l'exploiteur, mais si lui-même il exploitait le peuple, il consentirait à être tué. Sophie Peroskaja était parfaitement d'accord avec sa conscience en se faisant complice de l'assassinat du tsar, parce qu'elle sentait que pour tout l'or du monde elle n'aurait pas voulu être tyran, et que si elle l'eût été elle méritait de mourir.

Aux antipodes de la morale de Kropotkine, il est une autre morale anarchiste fondée sur l'égoïsme pur. C'est celle qu'un professeur de Berlin, Max Stirner, exposait vers 1844 dans son livre *l'Unique et sa propriété*, assez vite oublié, mais réédité dans un format populaire en ces dernières années, et souvent analysé et exalté dans les revues du parti en France et en Allemagne. Stirner part de ce principe que l'individu est à lui-même son seul bien, sa seule réalité. Il donne au *moi* une souveraineté sans bornes. Avant d'éliminer les autorités du dehors, l'essentiel est de s'affranchir de ces idoles intérieures, de ces fantômes qui exigent de nous obéissance, qu'ils s'appellent christianisme, loi morale, humanité. Quiconque combat contre l'égoïsme, prêche l'amour, le sacrifice, qu'il s'appelle Robespierre, Saint-Just ou Proudhon, n'est qu'un cafard. Que la devise de l'homme libre ne soit pas seulement *ni Dieu ni maître*, mais *ni foi ni loi.*

Tout ce que nous pouvons obtenir, par tous les moyens, vol, meurtre, rapine, considérons-le comme notre propriété légitime. Mais nous serions trop faibles pour atteindre par nous-mêmes les buts uniquement personnels que nous poursuivons; unissons-nous donc en associations, sans rien abdiquer pour cela de notre égoïsme, et quittons-les dès que nous ne pourrons plus en tirer parti.

Dans le paradis de Kropotkine, l'homme est un ange pour l'homme; dans celui de Stirner domine le principe *homo homini lupus:* ce sera le paradis des vauriens les plus entreprenants et les plus hardis.

Ces deux morales anarchistes, inconciliables en théorie, s'accordent dans la conduite à tenir à l'égard de la société présente.

4. La propagande par le fait.

L'anarchisme révolutionnaire est un tempérament plus encore qu'un système. Le caractère du véritable anarchiste est un état de révolte permanent contre l'ordre de choses établi. Cela ne le distingue pas à première vue du socialiste qui, lui aussi, ne sème le mécontentement dans l'esprit des ouvriers, ne pousse à la haine des classes, qu'afin de détruire la société bourgeoise; seulement, le parti n'étant pas encore assez nombreux et assez fort pour renverser la marmite sociale, considère pour l'instant comme l'essentiel de s'organiser et de conquérir le pouvoir par le bulletin de vote. L'armée grossissante des prolétaires finira par obtenir la majorité. Les politiques du parti envisagent le mouvement socialiste comme le résultat nécessaire de l'évolution économique, qu'il serait imprudent de devancer par l'insurrection, si l'insurrection n'a aucune chance de succès, et ne peut que fournir à l'État bourgeois le prétexte souhaité à de sanglantes représailles.

Les anarchistes n'ont pas cette patience. C'est à la révolution, disent-ils, de hâter l'évolution. C'est une erreur de croire que l'évolution doive être lente : son allure dépend des races parmi lesquelles s'exerce son action; si les peuples asiatiques, qui forment la majorité de l'espèce humaine demeurent depuis des milliers d'années à peu près stationnaires, le Japon, en vingt-cinq ans, vient d'opérer dans ses institutions une métamorphose analogue à celle que l'Europe a mis des siècles à accomplir. Plus la civilisation avance, plus l'évolution est rapide. Le servage a moins duré que l'esclavage, le prolétariat mettra moins de temps encore à secouer ses chaînes. Il suffit, pour cela, que la révolution vienne précipiter l'évolution que l'une exécute ce que l'autre prépare. Les anarchistes communistes révolutionnaires ont pour eux, selon Reclus, le mouvement de la pensée humaine, surtout chez les peuples de race latine. La révolution prochaine, que le moindre incident peut faire naître, une grève, un renvoi d'ouvrier, n'accomplira pas un brusque saut, n'aura pas à réaliser de toutes pièces un ordre sans racines dans le passé : le tout est de la mettre en branle. Une fois commencée, dit Kropotkine, attendons-nous à ne pas la voir marcher partout du même pas. Elle s'adaptera au caractère des différentes nations. L'Allemagne, encore unitaire, rêve une république jacobine, l'organisation du travail comme celle que Louis Blanc tenta en 1848; la France au contraire veut la commune libre. Il y aura des retardataires, les grandes villes commenceront le mouvement avant les campagnes... Mais les temps sont proches. Au lieu de bavarder, agissons. Gardons-nous surtout, comme d'une erreur funeste, de la politique, du parlementarisme, qui n'est qu'une entrave, un boulet au pied.

Le trait essentiel de l'anarchisme, en effet, c'est d'être absolument antiparlementaire. Par principe, les anarchistes sont non pas hostiles « à tel ou tel gouvernement, mais à l'idée gouvernementale elle-même, qu'elle s'inspire du droit divin ou du droit populaire, de la sainte ampoule ou du suffrage universel [1] ». Pour l'amélioration du sort des classes laborieuses, il n'y a rien à attendre de la politique et des politiciens, soit en république, soit en monarchie. De ce côté de l'Océan comme de l'autre, les républiques sont des ploutocraties gouvernées par des gens d'affaires. Le système représentatif n'est qu'une parade menteuse, un décor de théâtre, derrière lequel se trament les intrigues des financiers. Si le suffrage universel était capable d'affranchir le peuple, ce serait fait depuis longtemps. Il n'a servi jusqu'ici qu'à faire légaliser toutes les monstruosités politiques et économiques. La classe prolétaire est encore ignorante, victime des autres classes, et de ses propres agents qui la trompent et l'exploitent. En démocratie, dites-vous, le peuple vote et nomme librement ses représentants, donc c'est le peuple qui gouverne par ses fidèles mandataires. Autant vaudrait dire que le bœuf est libre parce qu'il élit son boucher. Déléguer son pouvoir, c'est le perdre. (E. Reclus.) Les socialistes qui se posent dans les Chambres en défenseurs des ouvriers ne sont que des « aspirants dirigeants »; la politique n'est pour eux qu'un marchepied pour se hausser jusqu'à la bourgeoisie, et

1 Déclaration des anarchistes devant le tribunal correctionnel de Lyon, en 1883.

le socialisme n'est qu'un moyen de parvenir. « Les candidats sont omniscients et infaillibles. Quand ils auront enfin leur part de royauté, ne seront-ils pas fatalement saisis par le vertige du pouvoir, et comme des rois, dispensés de toute sagesse et de toute vertu ? » (E. Reclus.) L'élu d'aujourd'hui sera le corrompu de demain. « Tout député est un Judas, qui se sert des revendications des travailleurs pour se tailler une place dans les rangs des exploiteurs. » (E. Reclus.) « Envoyer des ouvriers dans un Parlement, disait Bordat, un des inculpés de Lyon, c'est agir comme une mère qui conduirait sa fille dans un lieu de prostitution. » En admettant même que les socialistes deviennent tout-puissants à la Chambre, ce serait pour établir le despotisme absolu des majorités. Les socialistes mettent la question économique au premier rang, les anarchistes revendiquent avec l'égalité économique la liberté personnelle (deux principes inconciliables), et ne font pas de différence entre une majorité despotique, fût-elle socialiste, et un despote. Si les anarchistes crient « révolte contre les lois, ce n'est pas pour s'ériger en législateurs ». Au congrès anarchiste de Zurich (août 1893), le docteur Gumplowitz disait : « Le socialisme actuel s'est éloigné des buts qu'il se proposait, il a abandonné ses principes révolutionnaires et s'en trouve très bien ; ses chefs veulent fonder une aristocratie socialiste ou une bureaucratie socialiste : il n'y aurait aucune différence quelconque entre un gouvernement Bebel et Liebknecht et le régime actuel. Il faut que les prolétaires arrivent à en finir avec ce régime. »

Il faut donc apprendre au peuple à se passer de gouvernement, comme on lui a appris à se passer de Dieu [1]. Ni Parlement ni maître. Fi du bétail électoral et des urnes puantes ! Il faut stigmatiser tout mandataire élu, comme le pire ennemi ; ne pas se contenter de dénigrer les institutions, mais diffamer les personnes, surtout les députés d'extrême gauche, et spécialement les députés socialistes. Répudions également le suffrage universel et l'instruction primaire, qui n'est qu'un dressage à la servitude et un obstacle à l'instruction intégrale ; ce qu'il faut, c'est la révolution sociale; concertons-nous non pour des votes politiques, mais pour l'insurrection. C'est de ce cercle d'idées qu'est sorti l'attentat de Vaillant.

L'anarchiste pratiquant est donc, avant tout, homme d'action immédiate. L'anarchisme est une théorie de l'action révolutionnaire, personnelle, conformément au caractère individualiste de la doctrine. La

1. Déclaration des anarchistes au procès de Lyon, 1883.

propagande par le fait est une déduction logique du système : l'individu affirme ainsi sa souveraineté, sa rébellion sans bornes. L'exemple des Mazzini, des Orsini, des Garibaldi prouve que quelques hommes, par des actes splendides d'audace, peuvent hâter l'émancipation de tout un peuple. Il y a du *hero-worship*, du fétichisme des grands hommes, dans l'anarchisme ; et pourtant, quoi de plus contraire au principe démocratique ? Les faits éclatants de quelques martyrs, en apparence sans but et sans plan, en même temps qu'ils terrorisent la société bourgeoise, excitent l'attention des foules, les font réfléchir sur leur misère et finiront par secouer leur torpeur, mieux qu'un discours, qu'une brochure, la bombe de Vaillant, ses dernières paroles au pied de l'échafaud : « Mort à la société bourgeoise ! » retentissent jusqu'au moindre village. « Mon intention, déclare Ravachol, a été de terroriser, pour forcer la société à jeter un regard sur ceux qui souffrent. »

Remarquez ici comme la révolution, sur sa pente, doit toujours rouler plus bas. Comparés aux héros les plus récents de la secte, les Bakounine, les Kropotkine, les Élisée Reclus apparaissent presque comme des réactionnaires. Marx, dans la préface de son livre, proclame qu'il n'en veut qu'au capital, non aux capitalistes. Bakounine est hostile à l'assassinat. Il a peu de sympathie pour les blanquistes. Il regrette que le peuple, quand il se soulèvera, tue ses oppresseurs. Kropotkine va plus loin, il comprend « les représailles du peuple », et veut qu'on s'abstienne de les juger. D'autres prêchent la vengeance sous toutes ses formes. Le congrès anarchiste international de Londres (juillet 1881) déclare légitime tout moyen d'anéantir les représentants de l'ordre actuel : souverains, ministres, prêtres, policiers, capitalistes, tous les exploiteurs, sans égard pour les personnes. Quelques-uns reconnaissent qu'il y a de bons patrons et de bons riches : « Eh bien ! disait le compagnon Tennevin, quelque épouvantable que cela vous paraisse, le bon riche et le bon patron sont plus nuisibles que les mauvais, et c'est ceux-là que nous fusillerons les premiers. En effet, le mauvais riche sème la haine autour de lui, tandis que le bon sert aux naïfs à excuser la richesse et le patronat [1]. » Enfin les plus féroces ne reculent pas devant l'assassinat des prolétaires innocents, comme l'ont montré les derniers attentats : « Vis-à-vis de la morale pure, écrit la *Revue anarchiste*, ne sont innocents que les êtres ou les choses dont l'existence ne nuit en rien au développement harmonique d'une race ou d'une espèce. » Or les prolétaires résignés sont des êtres nuisibles. Ils laissent aller les choses par indifférence, par paresse, et donnent à ceux qu'ils oppriment l'appui moral de leur résignation. On les tuera pour sauvegarder les autres. Le *fais ce que voudras* aboutit logiquement au *fais ce que je veux*, sous peine de mort. Il est vrai qu'en présence des derniers attentats, des dissentiments semblent s'être produits dans le camp anarchiste sur le choix des victimes. Le moniteur doctrinaire de l'anarchie, *la Révolte*, rédigée sous l'inspiration de Kropotkine et d'Élisée Reclus, en tête du numéro du 24 février 1894, désapprouve cette façon d'agir : « Ainsi que nous l'avions prévu, une série d'explosions se déroule, à l'effet de terroriser la population et de donner le change sur les véritables procédés des anarchistes. Il faut qu'il soit bien entendu ceci : toutes les fois qu'une explosion ne visera ni l'autorité, ni la richesse, ni l'exploitation patronale, on peut hardiment la mettre au compte des individus qui ont intérêt à nous décrier, à nous mettre au ban de l'humanité. On sait de quels gredins nous voulons parler. » Mais voilà une protestation bien tardive : les bombes ne choisissent pas. Ce n'est pas d'ailleurs aux bourgeois seulement que les anarchistes se proposent d'appliquer « quelques petites marmites » ; leur but est aussi de détruire ce socialisme qui serait plus dangereux encore que toutes les organisations autoritaires dont nous avons souffert jusqu'à ce jour ». (*Révolte* du 4 avril 1893.)

Que les compagnons s'arment donc au plus vite et que la guerre sans merci commence. Qu'il s'accomplisse par hypocrisie, fraude, vol ou meurtre, tout crime est vertu. Il n'est pas de bandit ou de simple voleur que le parti n'enrôle parmi les siens. L'escroquerie ordinaire ou vol à l'étalage, qu'ils appellent la *reprise*, est un moyen de propagande, de même l'*estampage*, que pratique la ligue anarchiste des *antipropriétaires*, et qui consiste à déménager « à la cloche de bois » ou à prendre des repas sans payer. Les *antipatriotes* prêchent l'insoumission aux lois militaires, l'insubordination, endoctrinent les jeunes conscrits, rôdent autour des casernes. Tous préconisent, non plus l'insurrection en masse, la barricade, mais la guerre d'homme à homme, l'attentat à domicile. Que chacun se fasse le justicier de ses ennemis personnels ou impersonnels. Ce changement de l'ancienne tactique est dû aux découvertes de la chimie, au perfectionnement des engins de destruction. Le progrès de l'outillage et de l'armement servira pour la lutte des classes comme pour celle des peuples. Most, dans son petit manuel : *la Science de la guerre au service de la révolution*, parle de l'importance des explosifs modernes pour la révolution sociale dans le présent et l'avenir : « Il est évident que, dans l'ère prochaine de l'histoire universelle, ils seront le facteur décisif. » La dynamite sera l'Hercule qui fera tomber les chaînes de l'esclavage. « De même que l'invention de la poudre et des armes à feu, lit-on dans un de leurs poèmes, en brisant la féodalité, a émancipé la bourgeoisie, de même la dynamite émancipera le quatrième État. Hourra pour la dynamite ! hourra pour la science appelée à faire le bonheur des hommes ! »

Ainsi la science, à qui nous devons la vaccine, nous fournit aussi la dynamite. « Enrichissant l'outillage du crime comme celui de l'industrie, elle lui prête une puissance monstrueusement croissante de destruction, et rend l'idée et le dessein du crime accessibles à des cœurs plus lâches, plus nombreux, à un cercle toujours agrandi de consciences molles [1]. » — Les anarchistes font, comme le constate encore M. Tarde, des progrès journaliers dans le maniement des engins de meurtre, et, d'après M. Girard, « ils étudient la confection d'une petite boulette de la grosseur d'une noix qui, jetée le soir à vingt-cinq pas sur un groupe d'individus, tuera certainement l'homme visé et les cinq ou six innocents qui l'entourent ».

5. Organisation du parti. — Son histoire.

Le parti anarchiste s'est rattaché pendant quelque temps à l'Association internationale des ouvriers, fondée en 1864 à Londres par Karl Marx. Bakounine (V. ce mot) avait commencé à répandre ses idées dès 1860, et avait organisé lui-même, d'après les principes anarchistes, en 1868, l'*Alliance internationale de la démocratie socialiste*, fédération de sociétés publiques conduite par une société secrète, sorte de petit état-major révolutionnaire dont les quelques membres devaient avoir « le diable au corps » : il recruta surtout des adhérents en Italie et en Espagne. Bakounine demanda à entrer dans l'internationale en 1869, et le socialisme et l'anarchisme, en tant que partis, ont eu ainsi un point d'attache commun. Mais aussitôt éclatait l'opposition entre le Russe et le Juif allemand, deux natures également obstinées et dominatrices : Bakounine, avec son tempérament ardent, prêt à l'action ; Marx, stratégiste dissimulé, doctrinaire, méthodique, qui, plein du sentiment de son infaillibilité, a écrit, avec la patience et la subtilité d'un commentateur du Talmud, le livre saint du socialisme, le *Capital*[2]. A l'antipa-

thie des caractères s'ajoutait l'hostilité des doctrines : ces deux hégéliens ne s'entendaient pas plus sur la société idéale que sur les moyens de la réaliser. Bakounine écartait le suffrage universel, et reprochait d'autre part à Marx ses allures de dictateur au sein du conseil général de l'Association. L'Internationale était un gouvernement centralisé. Bakounine voulait au contraire que chaque section fût autonome, afin que l'organisation actuelle offrît une image fidèle de la société de l'avenir. Marx prétendait que son adversaire cherchait à mettre toutes les forces de l'Internationale au service de sa société secrète. Bref, le monde était trop étroit pour ces deux hommes qui ne songeaient qu'à le bouleverser ; et l'histoire de l'Internationale est en partie celle de leur antagonisme. Les forces des deux partis se mesurèrent en 1872 au congrès de La Haye, où la rupture se fit entre anarchistes et démocrates socialistes. L'exclusion de Bakounine et de ses partisans affaiblit l'association ; et Marx, en proposant de transporter à New-York le siège de son conseil général, en hâta la fin. Après la rupture, les délégués espagnols, belges, du Jura, à la suite d'un congrès tenu à Saint-Imier, dans le canton de Berne, en 1872, fondèrent une alliance de socialistes antiautoritaires, qui se développa sous le nom de fédération romane, puis *jurassienne* sans direction centrale.

En 1873, à Genève, se tint le sixième congrès général de l'Internationale séparée des marxistes, et c'est alors que, pour la première fois, le mot *anarchie*, emprunté à Proudhon, fut appliqué à un parti, prononcé par le docteur Paul Brousse, devenu depuis conseiller municipal socialiste centralisateur, et qui défendait alors avec exaltation les principes de Bakounine : l'abstention électorale et la révolte permanente. Brousse s'écriait : « Vous voulez abattre l'édifice de l'autorité. L'*anarchie* est votre programme. Encore un coup de hache, et tout s'effondrera. » A un autre congrès, réuni à Londres du 14 au 19 juillet 1881, grâce à l'initiative de Most et du réfugié russe Hartmann, quarante délégués anarchistes, parmi lesquels ceux des groupes de Lyon, de Vienne, de Marseille, tentèrent de reconstituer une grande société sous le titre d'*Association internationale des ouvriers socialistes révolutionnaires*, avec comité principal à Londres, sous-comités à Paris, à Genève, à New-York et des sections partout où il y aurait un nombre suffisant d'adeptes. Most recommandait des groupes très peu nombreux, par crainte de trahison, disséminés en différents quartiers, en différentes villes, en différents pays, et une propagande surtout d'homme à homme ; les

1. Tarde, *Revue des Deux Mondes* du 15 novembre 1893.
2. *Die Nation* du 16 décembre 1893. *De Kropotkine à Vaillant*, par Nathan.

groupes devaient se souder silencieusement entre eux, « comme les cellules d'un nid de guêpes ». Il est difficile de dire ce qui reste aujourd'hui de cette organisation, chaque organisme local étant libre de conduire l'agitation à son gré, et devant s'aider soi-même, prélude à la société de l'avenir. Il ne serait pourtant pas tout à fait exact de se représenter la secte comme un parti « sans chef, sans discipline, sans consigne, sans limites arrêtées ». Cette prétention des anarchistes, qu'ils font valoir parfois devant les tribunaux pour écarter toute accusation de complicité ou de complot, n'est pas entièrement justifiée. Ils changent les mots plus que les choses. Quand deux hommes se réunissent, il y en a presque toujours un qui mène, ou, comme on dit aujourd'hui, qui « suggestionne l'autre ». On se passe de chefs, mais il y a des meneurs. Ce qu'on peut affirmer, c'est que l'anarchisme est une secte peu centralisée. Le lien commun entre les compagnons est dans leurs petits *groupes d'études sociales*, qui prennent des noms de mélodrame : *la Torche de Belleville, la Panthère des Batignolles, la Dynamite, le Bonnet Rouge, les Misérables, la Hache...* Les groupes s'occupent de la propagande par les journaux, les brochures, et, à leur défaut, par les manifestes, les placards imprimés ou manuscrits. Les membres se réunissent chez le marchand de vin, en soirées familiales, où l'on chante et déclame des poésies révolutionnaires contre le patriotisme, la religion, les bourgeois. Les anniversaires de leurs « martyrs » sont parfois fêtés de San Francisco jusqu'à Alexandrie. A côté de la propagande sédentaire, il y a les *trimardeurs* (de *trimard*, grande route), qui vont de ville en ville semer la bonne parole[1]. C'est par l'intermédiaire de la presse anarchiste, centre de vie et d'activité, que les groupes correspondent d'ordinaire entre eux. Par son organisation comme par sa doctrine, l'anarchisme diffère du socialisme, qui a ses cadres tout trouvés dans les unions de métiers, les syndicats ouvriers. Mais partout où elle a de nombreux partisans, par exemple en Espagne, la secte possède une organisation qui ne diffère de celle des socialistes que parce qu'elle est moins resserrée, en quelque sorte, moins hiérarchique.

Malgré son caractère international, l'action de l'anarchisme s'est exercée d'une façon indépendante dans chaque pays, que les gouvernements fussent despotiques ou libéraux, monarchiques ou républicains. Il a déjà une sanglante histoire.

En Russie, l'agitation commençait à se répandre vers 1869. Elle prenait dès le début sa forme la plus agressive, dans celle des contrées européennes dont la civilisation est la plus récente, grâce à l'enthousiasme des jeunes gens grisés par les idées occidentales et inspirés par le prophétisme de Bakounine. Mais il ne faut pas confondre l'anarchisme avec le nihilisme, mot vague qui comprend des tendances diverses. La théorie insurrectionnelle de Bakounine a été représentée en Russie par son émissaire compromettant, Netschaïeff, assassin et escroc. Netschaïeff a été le premier à proclamer la *propagande par le fait*. Avant lui, les révolutionnaires de l'école blanquiste prêchaient les attentats, mais uniquement contre leurs adversaires. Netschaïeff, pour soulever la masse énorme et inerte des paysans russes, appelle à son aide les brigands et les voleurs. Dans son catéchisme anarchiste, il honnit également la loi, la morale et les mœurs. La révolution sanctifie tout, de même que le feu purifie tout. Mais le parti de Bakounine ne tarda pas à changer d'organisation et de caractère. Le délire prolétaire, ce rêve de détruire toute une société sociale, fit place à une conspiration des classes cultivées, d'un *prolétariat de bacheliers* (comme l'appelait Bismarck) qui ne visait que quelques têtes[1]. Les attentats terroristes se multiplièrent de 1879 à 1882, et aboutirent à l'assassinat de l'empereur. Importation exotique, l'anarchisme a fini par disparaître en partie, grâce aux mesures prises pour supprimer la publicité des procès et restreindre l'admission dans les gymnases et les universités. La prédication de Kropotkine, qui a succédé à celle de Bakounine, n'a porté ses fruits que dans l'Europe de l'Ouest.

Le premier foyer de propagande anarchiste : *l'Alliance internationale*, trouvait un terrain propice en Italie et en Espagne, où elle désorganisa les sections de Marx. Les tendances « libertaires » des Latins, mobiles comme les Slaves, et impolitiques, s'accommodent mieux des doctrines et de la tactique anarchiste que des théories et de l'organisation de caserne inspirées par l'esprit discipliné des Allemands. Les partisans de la Commune, venus du midi de la France et réfugiés à Barcelone, répandirent ces idées en Catalogne. Alliés aux radicaux intransigeants, les anarchistes espagnols soulevèrent, en 1873, Cadix et Carthagène et s'emparèrent d'une partie de la flotte. A Alcoy, le 9 juillet, l'alcade fut brûlé vif. Au commencement de 1883, les attentats et les assassinats de la

---

1. *Le Péril anarchiste*, par Félix Dubois. Paris, 1895.

1. Tarde, article déjà cité. — De Vogüé, *Revue des Deux Mondes* du 1er mars 1894.

Main Noire, reniés il est vrai par certains groupes anarchistes, terrorisèrent l'Andalousie. En 1887, il y eut des émeutes à Valence. L'attentat de Pallas au théâtre du Liceo, à Barcelone, le 24 septembre 1893, qui fit une trentaine de victimes, a obligé le gouvernement à proposer de nouvelles lois préventives et répressives. Les anarchistes espagnols ont pris le pas sur les socialistes, et comptent des partisans fort nombreux. La violence est dans le tempérament national, et les idées de fédération sont traditionnelles dans le pays. Mais nous voyons d'autre part les flegmatiques Hollandais se rallier, théoriquement du moins, à la tactique anarchiste, incliner à l'action révolutionnaire, de préférence à la conquête du pouvoir par le bulletin de vote, trop lente, trop incertaine à leur gré. Au dernier congrès socialiste, tenu le 25 décembre 1893, la majorité a adopté une déclaration contraire au parlementarisme. Il est vrai que le suffrage universel n'existe pas encore dans les Pays-Bas.

En Italie, après la mort de Bakounine (1876), le socialisme marxiste a repris de l'influence, bien que l'anarchisme y compte toujours de fervents adeptes. Outre les attentats isolés, le mouvement a abouti à la minuscule insurrection de Bénévent. Secondé par une trentaine de partisans déterminés, Malatesta et Cafiero restèrent maîtres de la ville du 5 au 11 avril 1877. Ils brûlèrent les papiers de l'état civil, distribuèrent à la foule l'argent des caisses publiques. Ils se flattaient de soulever toute la province de Naples. Dans les troubles récents de Sicile et de Carrare, nul doute que les anarchistes n'aient tiré parti des griefs populaires pour provoquer des attentats.

En France, il y eut deux centres d'anarchisme, Lyon et Paris. La guerre entre la France et l'Allemagne avait réveillé les colères antigermaniques de Bakounine. Il appela sous les armes, en notre faveur, « les prolétaires de tous les pays ». Les prolétaires firent la sourde oreille. Bakounine estimait que la France ne pouvait être sauvée que par une grande révolution. Il proposait les mesures suivantes : 1° destituer tous les fonctionnaires, sans exception ; 2° condamner au bagne tous les bonapartistes ; 3° organiser des bandes révolutionnaires afin d'en imposer aux paysans ; 4° emprisonner tous les curés, tous les propriétaires ; 5° créer, pour la distribution de leurs biens, des comités de paysans convertis à la république. Par ces moyens on se concilierait les campagnes, et l'on saurait inspirer partout l'enthousiasme de la révolution ; les milliers de communes dans lesquelles l'État français serait dissous,

et les instincts non altérés des masses populaires libres sauraient bien trouver l'organisation sociale qui leur conviendrait, et les paysans et les ouvriers, combattant jusqu'à la dernière goutte de leur sang pour leur bien et leur liberté, chasseraient les ennemis teutons. Bakounine accourait, à Lyon, pour y fonder le Comité central et assurer par là le salut de la France. Richard et Cluseret l'accueillirent à bras ouverts. Le 28 septembre 1870, ce comité abolissait l'État, la justice, la municipalité, et ses bandes tentaient de s'emparer de l'hôtel de ville. Quelques jours après, on priait Bakounine de repasser la frontière.

L'insurrection parisienne du 18 mars 1871, dont Bakounine, dans sa *Lettre à un Français*, avait d'avance esquissé le programme, a été revendiquée à la fois par les marxistes et les anarchistes comme la première ébauche de la société future, la première incarnation de leurs rêves. Il y a eu bien des courants contraires dans cette tourmente : aspirations décentralisatrices, jacobines, prolétaires. Dans l'impossibilité évidente où ce mouvement était d'aboutir, avec un corps d'armée allemand à la porte de Paris, la Commune peut être considérée, au point de vue anarchiste, comme une gigantesque *propagande par le fait*, destinée à attirer l'attention du monde civilisé sur le sort des ouvriers. La Commune, d'après Kropotkine, marque une ère nouvelle, le point de départ des révolutions futures : « Le gouvernement s'était évaporé comme une mare d'eau puante au souffle du vent printanier, et le 19 mars, Paris s'était affranchi de la fange croupissante qui empestait l'air... » La Commune, ajoute Kropotkine, a échoué parce que, dès le début, elle s'était donné un gouvernement, elle avait sacrifié au fétichisme gouvernemental, et ses représentants se distinguèrent aussitôt par un « amour immodéré du panache et du galon » ; mais la prochaine révolution sera parfaitement communaliste.

En 1879, la propagande anarchiste, dirigée par Kropotkine et Élisée Reclus, successeurs de Bakounine, donna de nouveaux signes d'activité à Lyon et dans d'autres centres industriels de la contrée. Le parti anarchiste se forma à la suite du congrès régional de l'Est en 1880, où le parti ouvrier s'était divisé en deux fractions, les suffragistes et les abstentionnistes. Il comptait au début peu d'adhérents. Le *Révolté*, organe de la *Fédération jurassienne*, publié à Genève, n'avait pour ainsi dire pas de lecteurs. Il était méprisé par les ouvriers de la région du haut Rhône, et cité seulement par les journaux conservateurs, qui s'en servaient pour agiter le spectre rouge. Bientôt condamné, ce journal fut remplacé par l'*Étendard révolutionnaire* et le *Droit social*. La légion anarchiste comptait en 1882 une centaine de personnes. Régis Faure se plaignait, à cette date, que ses brochures ne s'écoulaient pas. Pourtant, cette propagande, encore si restreinte, portait ses fruits. En août éclataient les troubles de Montceau-les-Mines ; l'église de Bois-du-Verne était dynamitée et incendiée. Les compagnons se proposaient de donner d'abord le branle aux campagnes dépourvues de policiers et de soldats. Le 21 octobre, une explosion dans le café de nuit du théâtre Bellecour, signalé comme le lieu de rendez-vous des filles et des bourgeois viveurs, blessait deux ouvriers et en tuait un troisième ; une bombe avait été de même déposée devant le bureau de recrutement. Cyvoct, l'auteur de ces attentats, fut le premier en France à exercer cette tactique guerrière. Les événements de Montceau avaient attiré l'attention du gouvernement : soixante-six individus, accusés d'appartenir à une société internationale, furent traduits devant le tribunal correctionnel de Lyon. Le procès de 1883, les discours des accusés fournissent un document à consulter pour l'histoire du parti. Émile Gautier, lequel depuis a quitté la secte, compare, dans sa défense, les anarchistes au Christ qui a prêché l'égalité et maudit les propriétaires. Avec Bordat, Kropotkine et d'autres, il fut condamné à la prison. En France comme en Belgique, les anarchistes se joignent aux socialistes pour fomenter les grèves, et revendiquent les actes de violence, tels que l'assassinat de Watrin à Decazeville (26 janvier 1886). Citons encore les explosions devant le Palais de Justice de Lyon en 1887. Les hauts faits de Ravachol et de sa bande ont terrorisé Paris de mars à mai 1892. Il a fallu le *plébicide* de Vaillant contre la Chambre des députés pour obliger le gouvernement à prendre des mesures de salut contre une véritable épidémie de meurtres.

Aucun pays n'est à l'abri de la propagande. La Suisse semble mieux faite pour résister au socialisme et à l'anarchisme, grâce à ses institutions, à l'absence de grande industrie et de grandes villes, à une distribution du sol et des richesses qui exclut les contrastes extrêmes. Les exilés, auxquels elle accordait un refuge, répandaient surtout leurs idées au dehors. Mais la police se montre aujourd'hui plus rigoureuse. Un projet de loi (décembre 1893) menace de peines exceptionnelles les détenteurs et les fabricants d'explosifs, et quiconque provoque au renversement de l'ordre politique et social. Les

héros de la dynamite ont dû transporter à Londres leur quartier général. La police anglaise, lors d'une descente toute récente à leur club *Autonomie*, y a retrouvé des représentants de toutes les nationalités, des Allemands et des Français en plus grand nombre et pas un Anglais. Jusqu'ici ils n'ont recruté en Angleterre qu'un petit nombre d'adhérents [1]. Positifs et pratiques, la grande masse des ouvriers anglais s'attache aux réformes économiques plutôt qu'à des chimères.

Ce sont les socialistes qui, en Allemagne, où ils sont si unis, si disciplinés, n'ont cessé de combattre l'anarchisme avec une extrême vigueur, dès qu'il a commencé à se répandre vers 1878. Most en était l'initiateur. Démocrate socialiste extrême au début, il voulait que le parti renonçât à l'agitation légale, pour se consacrer uniquement à l'action révolutionnaire. Il fut exclu du parti ainsi que Hasselmann au congrès de Wyden, en 1880. Depuis, divers congrès ont de nouveau répudié solennellement toute solidarité avec les anarchistes, et condamné leurs doctrines individualistes, leur tactique de violence. Finalement, à Erfurt, en 1891, les *jeunes socialistes*, suspects de partager cette hérésie, ont été jetés hors l'Église. Réduits à de petits groupes, les anarchistes ont entrepris quelques complots. Hœdel et Nobiling, qui tirèrent sur le vieux Guillaume, n'étaient pas des leurs, mais ce furent quelques *compagnons* qui tentèrent de faire sauter la famille impériale, lors de l'inauguration du monument du Niederwald (28 septembre 1883). Après l'exécution de Reinsdorff, le cordonnier Lieske perçait de coups de poignard le docteur Rumpff, conseiller de police à Francfort, en manière de représailles (1er juillet 1885).

L'Autriche n'a pas échappé à la contagion où elle a sévi plus violemment qu'en Allemagne. Vers 1882, de nombreux groupes s'y formèrent et enlevèrent des partisans à la démocratie socialiste. Le sectaire le plus intelligent et le plus ardent était le peintre Peukert, qui demandait des pleurs et des grincements de dents chez toute famille bourgeoise, pour une seule larme répandue dans une famille d'ouvriers. Le parti se signala bientôt par des vols et des meurtres. Il fallut, pour y mettre fin, édicter des lois draconiennes. Quiconque répandait le journal de Most, *Die Freiheit*, encourait une peine de dix à quinze années de prison. Obligé de fuir, Peukert se réfugiait à Londres ; les rivalités, les violentes querelles qu'il eut avec d'autres meneurs font mal augurer de cette harmonie entre les hommes

1. On a pourtant compté en Angleterre, de 1881 à 1893, 88 explosions

que la secte nous promet dans l'avenir. L'anarchisme compte enfin de nombreux partisans aux États-Unis, où l'agitation ouvrière s'est développée avec la même intensité que dans le vieux monde, à mesure que le pays s'est plus peuplé, et à la suite des fréquentes crises industrielles. Les doctrines anarchistes ne répugnent pas au tempérament de l'ouvrier américain, singulièrement individualiste goûtant peu le socialisme d'État, dressé dans le *Far West* à la pratique du *self help*, à la justice expéditive de la loi de Lynch, et auquel le gouvernement laisse toute licence, même le droit de s'organiser et de s'exercer en bataillons armés. Ce furent cependant des Allemands, chassés de leur pays par la loi de 1878 contre les socialistes, qui répandirent dans les États de l'Union les nouvelles doctrines. En 1882, Most, au sortir d'une prison anglaise, transportait son journal à New-York, et commençait une campagne d'orateur et d'agitateur. Le premier résultat fut la fondation de l'*International Working People Association*, qui tint un congrès à Pittsburg en 1883, — où vingt-six villes étaient représentées, — élabora un programme, et déploya un nouvel étendard substitué au drapeau rouge, le drapeau noir, symbole de la faim, de la misère et de la mort. Chicago, avec sa population ouvrière en grande partie d'origine allemande, devint un centre d'agitation intense. Il y eut un bureau d'informations en rapport et solidarité étroite avec les anarchistes européens ; des journaux, l'*Alarm Arbeiter Zeitung* étaient répandus à profusion. La grande crise, qui dura de 1884 à 1885, fut favorable aux progrès de l'anarchisme comme à ceux du socialisme. D'abord indifférents au mouvement pour la journée de huit heures, inauguré par la Fédération du travail, les principaux anarchistes en prirent la direction à Chicago. Là, une importante grève amena, le 3 mai 1886, un conflit avec la police. Du milieu de la foule, sommée de se disperser, une bombe fut lancée, qui tua quatre policiers et en blessa grièvement une soixantaine. A la suite de cet attentat, sept anarchistes furent condamnés à mort, dont cinq étaient Allemands. L'*International Working People Association* fut anéantie. On a vu refleurir les procédés anarchistes, tentatives de meurtre par le revolver, par le poison, lors de la grève des usines Carnegie, en 1892.

Aux États-Unis, comme dans les autres pays, l'anarchisme qui attire à lui les éléments les plus ardents, les plus indisciplinés de la classe ouvrière, est en lutte avec le parti socialiste politique. On dénonce les anarchistes comme des êtres compromettants, des agents provocateurs, des stipendiés ou des fous, en opposition complète avec la tendance des classes ouvrières, qui est avant tout de s'organiser, de s'emparer des municipalités par le vote et, dès qu'il se pourra, des Parlements. Après les bourgeois, les anarchistes sont ceux que les opportunistes du socialisme détestent le plus. Ils considèrent même la secte comme « une effervescence naturelle du bourgeoisisme, l'extrême individualisme économique conduisant à cet autre extrême, l'anarchie ; les moyens d'action et de propagande étant seuls différents ». Il est vrai que Kropotkine traite à son tour Karl Marx d'économiste bourgeois.

Au congrès international de Zurich, en août 1893, les anarchistes ont été exclus à une grande majorité ; les délégués belges étaient favorables à leur admission ; les Français se sont abstenus. Les anarchistes ont tenu un congrès pour leur propre compte.

Il est très malaisé d'évaluer leurs forces, car ils ne votent pas. Il ne semble pas qu'ils disposent de ressources importantes. Ce ne sont pas des capitalistes, comme le parti socialiste allemand et les *Trade's Unions* anglaises. Leurs journaux nous fourniraient un chiffre approximatif de ceux qui sympathisent avec eux, si nous en connaissions le tirage. Les premières feuilles anarchistes, le *Révolté* publié vers 1880, à Lyon, puis le *Droit social* étaient presque sans lecteurs. Le préfet de police Andrieux a raconté dans ses *Mémoires* qu'un autre organe de l'anarchisme, en France, la *Révolution sociale*, fut entretenu par les fonds secrets de la préfecture, à l'insu des collaborateurs principaux, en particulier de Louise Michel. La *Révolte*, journal hebdomadaire de Kropotkine et d'Élisée Reclus, transportée de Suisse en France, en 1885, à la suite de l'attentat anarchiste de Berne contre le palais fédéral, tirait en dernier lieu à huit mille cinq cents exemplaires, dont un dixième seulement pour les abonnés [1]. Elle était en partie rédigée par Jean Grave, dont l'arrestation a excité de vives sympathies dans le monde des lettres. La *Révolte* est un journal philosophique qui s'applique à la classe cultivée, tandis que le *Père Peinard* parle au peuple la langue du peuple et lui souffle des pensées de crime. L'image hallucinante vient s'ajouter au texte incendiaire. Joignez à cela les almanachs, les brochures. Les anarchistes comptent quatorze journaux de langue française (mais tous ne paraissent pas en France, et ce chiffre comprend de petites revues décadentes, plus littéraires que politiques), deux

---

1. *Le Péril anarchiste.*

journaux de langue anglaise (un à Londres et un à New-York), trois de langue allemande (un à Londres, deux à New-York), dix de langue italienne, quatre en espagnol, un en hébreu, deux en portugais, un en tchèque, un en hollandais [1]. La propagande par les écrits n'est pas moins dangereuse que celle qui s'accomplit par le fait. La turbulence, la violence, l'éclat des crimes, porte sans doute à exagérer l'importance de la secte. Pourtant le parti, encore très minime, en douze ans aurait augmenté dans la proportion de un à mille [2].

En 1882, d'après l'avocat général Bérard, Kropotkine n'avait que quelques adeptes à Lausanne ou à Genève, deux ou trois sectateurs isolés à Paris, un ou deux groupes favorables à Lyon, avec quelques ramifications dans les villes industrielles de la région, en tout peut-être une centaine de personnes. Dix ans plus tard, le 28 mai 1892, trois mille anarchistes, dans une réunion publique tenue à Paris, approuvaient Ravachol et ses complices. M. Girard, le chimiste, juge les sectaires très nombreux dans la classe ouvrière. M. Préval constate que le parti est en bonne voie de s'organiser, avec un but défini, et l'espoir, au fur et à mesure des succès obtenus, d'entraîner à sa suite la grande masse du prolétariat urbain.

Le même écrivain appelle les anarchistes les chevau-légers du socialisme. Les socialistes avancés saluent dans les anarchistes l'avant-garde de francs-tireurs qui leur ouvrira la brèche. L'anarchisme, c'est le socialisme en action. A certains moments dans l'excitation des grèves, lorsqu'il s'agit d'assommer un ingénieur, un contremaître, un patron, les ouvriers, qu'ils soient blanquistes, possibilistes, marxiste, se livrent eux aussi à la propagande par le fait : pousser à la grève sous toutes ses formes et préparer la grève générale est aussi un article de leur programme. Presque tous les socialistes deviendraient anarchistes, s'ils croyaient par là s'emparer plus promptement, plus sûrement du pouvoir pour établir une société non anarchique.

6. Psychologie des anarchistes.

A défaut de la quantité dont l'évaluation nous échappe, on peut essayer de se rendre compte de la qualité. Dans le parti socialiste, les chefs ne sont que des comparses : le chœur, la masse des régiments ouvriers tient le devant de la scène. Chez les anarchistes au contraire, doctrinaires ou militants, les individus jouent le premier rôle.

Pour connaître leur histoire, il faudrait posséder quelques centaines de biographies. On ne doit cependant pas les considérer isolément : en dépit de la théorie anarchiste, l'homme est un être collectif. Ils forment une secte et relèvent, au même titre que les jacobins, de la psychologie des sectes dont Taine, et après lui M. Tarde, nous ont donné des études approfondies [1]. Ils se recrutent dans toutes les classes; il y a parmi eux des aristocrates, des savants, des bohèmes de la littérature et du travail, des prolétaires. Ils offrent une variété de types qui se complètent : « mystiques rêveurs, naïfs ignorants, malfaiteurs de droit commun ». Les uns sont des doctrinaires philosophiques, d'autres des révolutionnaires militants, d'autres de simples criminels ; mais ils ont ce trait commun, les deux premières classes du moins, de croire à la bonté native de la nature humaine, dépravée seulement par de mauvaises organisations sociales, et vous reconnaissez là l'optimisme monstrueux de Rousseau, son paradoxe fondamental. Eux-mêmes se croient bons, se sentent excellents. Sincèrement, ils se donnent pour de purs philanthropes. C'est par amour des hommes qu'ils tuent au hasard. Ils n'en éprouvent aucun remords et se considèrent comme des héros, des martyrs et des saints. Leurs âmes sont sensibles : n'oubliez pas que Couthon élevait des tourterelles, que Robespierre avait écrit un plaidoyer pour l'abolition de la peine de mort. Il y a parmi eux des caractères intègres, rendus atroces par leur philanthropie jointe à leur ignorance de la nature humaine et à l'orgueil sans bornes de leur propre infaillibilité.

Mettons à part Proudhon, pur théoricien hétérodoxe, venu en pleine effervescence socialiste de la première moitié du siècle, quand la grande industrie commençait à se développer en France. Proudhon fourmille de thèses contradictoires. Il proclame l'homme libre, mais il lui répugne que la femme le soit : il constitue la famille en patriarcat austère, sous l'autorité du mari, alors que les anarchistes ne veulent entendre parler que d'union libre, de libre amour. Il s'est, d'ailleurs, réfuté lui-même, ou plutôt il a accepté certains démentis que les événements ont infligés à son système. Partisan farouche de l'égalité, dans sa lettre à Victor Considérant, il refusait, en un magnifique langage, toute influence au génie et au talent sur les affaires du monde. Mais, après les déceptions de 1848, dans une autre lettre écrite de Sainte-Pélagie à Charles

1. La Plume, 1er mai 1893.
2. Revue bleue du 23 décembre 1893.

1. Revue des Deux Mondes du 15 novembre 1893.

Edmond, en 1851, il parlait avec mépris de « l'humanité », des « masses brutales », comme aurait pu le faire, dit Sainte-Beuve, « le plus aristocrate des génies ». Le peuple ne lui apparaissait plus, au lendemain d'une révolution, tel qu'il l'avait jugé la veille. En correspondance suivie avec le prince Napoléon, vers la fin de sa vie, il disait un jour à M. de Persigny, d'un ton à demi sérieux, qu'il aurait accepté une place de sénateur si on la lui avait offerte. Celui que le prince Kropotkine proclame le père immortel de l'anarchie eût ainsi accompli lui-même l'évolution naturelle que l'on constate à travers l'histoire, de l'anarchie au césarisme.

La vie de Proudhon ne fut qu'une longue lutte contre la pauvreté. Il n'y a en lui qu'amertume et orgueil en face d'un état social organisé de telle sorte que son mérite laborieux n'y peut trouver place. Bakounine et Kropotkine appartiennent, par droit de naissance, à la classe privilégiée. Mais ils sont de ceux qu'offusque le spectacle de la réalité quand ils le mesurent à la beauté de leurs rêves. C'est parce qu'ils voient devant eux des paradis, qu'ils songent à réduire en cendres l'enfer présent qui leur barre la route [1]. On ne fera jamais comprendre à de tels hommes que le monde n'est, par nature, qu'insuffisance, injustice et compromis, qu'il faut faire la part énorme à l'égoïsme, à la perversité et à la folie humaines. Bakounine, avec la facilité russe de s'approprier les idées modernes, se rattache à Hegel, à Proudhon. Il est le contemporain d'Eugène Sue, de George Sand, de Louis Blanc. On a souvent raconté sa vie (1814-1876), vanté l'intelligence, l'énergie, le caractère droit de cet initiateur du grand mouvement international anarchiste. D'autres prétendent qu'il joua un rôle louche, qu'il fut un agent masqué du panslavisme. Il pratiquait les doctrines de l'anarchisme à ce point que, pour ne pas violer le principe de la liberté personnelle, il supporta les relations d'un Italien avec sa femme, qu'il aimait cependant.

Le prince Kropotkine, le semeur d'idées anarchistes en France, né à Moscou en 1842, a rectifié comme il suit, lors de son procès de Lyon, sa propre légende. Élevé à l'école des cadets, il fut enrôlé dans les cosaques à dix-neuf ans, devint aide de camp d'un gouverneur de province, quitta l'armée à vingt-six ans, et vint étudier les sciences à Pétersbourg, où il écrivit un ouvrage sur la période glaciaire. Mêlé dès lors au mouvement nihiliste, emprisonné, il réussit à s'évader, et se réfugia en Suisse. Il a raconté les horreurs

[1]. Le même état d'imagination régnait au moyen âge et conduisait des visions paradisiaques aux chambres de torture.

de sa captivité ; neuf de ses codétenus devinrent fous, onze se suicidèrent. Il vit en Suisse les misères des classes laborieuses, des femmes affolées, pendant une crise de l'horlogerie, cherchant leur nourriture dans les décombres.

Son père était propriétaire de serfs et, dès sa plus tendre enfance, il avait assisté à des scènes aussi cruelles que les récits de la *Case de l'oncle Tom*. Les opprimés lui firent aimer le peuple ; à la cour, il avait appris à détester les grands. Il a vu, enfin, la bourgeoisie se corrompre dans son oisiveté : « Prenez un roman de Zola, l'auteur bourgeois par excellence, et dites-moi s'il ne complaît pas dans les saletés qu'il dépeint. » Les grands seigneurs d'ancien régime ne plaignaient que les gens de leur caste. Voltaire voulut qu'on plaignît tout le monde. Rousseau enseigna, hors du christianisme, la sympathie pour les pauvres. Kropotkine en est arrivé à cette *sensibilité distinctive*, que le poète Gilbert flétrissait quand elle ne s'adressait qu'aux souffrances de la noblesse. Son cœur ne déborde de bonté que sur la fille publique, le récidiviste, le nègre dahoméen, et n'a point de pitié pour les souffrances en redingote. C'est un pur romantique à la manière du Victor Hugo de 1846 :

> J'ai réhabilité le bouffon, l'histrion,
> Tous les damnés humains, Triboulet, Marion,
> Le laquais, le forçat et la prostituée...
> *Les révolutions qui viennent tout venger,*
> *Font un bien éternel dans leur mal passager.*

Le cas de M. Élisée Reclus est particulièrement intéressant. Il semblerait que l'étude de la géographie, dont il est un des maîtres, en lui mettant chaque jour et à chaque heure sous les yeux la diversité des races humaines, l'influence du sol et du climat l'inégal développement des mœurs et des institutions, devrait l'empêcher de dire comme Kropotkine au procès de Lyon : « Croyez-vous donc que l'humanité est si bête qu'elle ne puisse se conduire toute seule ? » la science devrait lui rendre évidente, comme la lumière du soleil, l'impossibilité d'un retour à cette anarchie, qui, en attendant qu'elle devienne le dernier terme de l'évolution des sociétés, nous apparaît comme une forme de leur enfance primitive. Mais qui ne sait que l'utopie pure et la science positive se concilient dans certaines têtes : l'une procède du sentiment, l'autre de l'intelligence. M. Reclus nous a conté les étapes de sa conversion : « Jadis républicains idéalistes, croyant à la vertu d'un mot, puis socialistes ardents, instinctifs, entraînés par la poésie de la lutte, nous avons, d'échec en échec et de désastre en désastre, fini par comprendre combien il était vain de nous laisser guider par des paroles sonores et d'emboîter le pas derrière des chefs destinés à devenir traîtres un jour. » M. Reclus s'est aperçu avec stupeur que *république, socialisme*, ne sont, pour les politiciens, que des instruments de fortune et de règne. Et il ne voit pas que ce serait pire encore en anarchie, que les habiles, les rusés, libres désormais de toute entrave, se donneraient pleine carrière pour exploiter les bons et les faibles. M. Reclus est un idéaliste déçu, mais aux illusions tenaces, aux convictions inébranlables.

Entre les Ravachol et les Henry et un Kropotkine retiré dans sa petite maison de Harrow on the Hill, enfermé tout le long du jour au British Museum, un Reclus courbé sur ses cartes, l'un et l'autre si honnêtes gens, si hommes d'honneur dans la vie civile et qui se détourneraient, de crainte d'écraser une fourmi ou une mouche, il y a, semble-t-il, l'abîme qui sépare le pur philosophe du pur scélérat. Most sert de transition entre les deux. C'est le criminel, armé non du poignard, mais de la plume. Il appartient à une autre couche intellectuelle et sociale. Il est né en 1846, à Augsbourg, de parents catholiques. Son père, qu'il perdit de bonne heure, était petit employé. Une marâtre le rudoya, le maltraita dans son enfance. Il se sentait la vocation du théâtre : mais une opération qu'il dut subir à la joue le défigura. Entré comme apprenti chez un relieur, il se grisa de lectures, devint journaliste, poète médiocre, orateur fougueux, quelque temps populaire à Berlin. Les ouvriers de Chemnitz l'envoyèrent siéger au Reichstag où il ne put placer ses discours. La philosophie athée de Dühring, son socialisme décentralisateur, et plus encore le caractère conduisirent Most à l'anarchisme qu'il propagea dans son journal *Die Freiheit*. Il passa huit années dans les geôles d'Allemagne, fut emprisonné même en Angleterre, pour une apologie du meurtre du tsar. Réfugié en Amérique et encore languissant dans les sueurs de la débauche, il entreprit une fougueuse propagande qui aboutit à l'échauffourée de Chicago. Il lui fallait comme à Marat des millions de têtes, pour venger sur la société ses humiliations. Il poussait à l'assassinat, sans passer lui-même à l'acte. En dispute violente avec d'autres anarchistes, il a été accusé de lâcheté, et a, paraît-il, perdu de son prestige.

Le professeur Lombroso, ce Joseph Prudhomme de l'anthropologie, a constaté chez Most le type criminel. Le même Lombroso s'est livré à une étude méthodique des anarchistes de Chicago. Il a découvert que l'anarchisme est une incapacité d'adaptation au milieu social, un cas morbide opposé au *misonéisme*, c'est-à-dire à l'horreur conservatrice de toute innovation. Il a noté, chez certains, des traits « d'insensibilité morale » qu'il retrouve chez les chefs de la Commune, un Ferré, un Vallès, qui n'avait que de l'antipathie pour sa famille. Lingg, dont le père souffrait de commotions cérébrales, présente tous les « stigmates » de l'anarchiste à la fois glorieux et sentimental en correspondance amoureuse avec une jeune fille de la blonde Allemagne, animé de plus de fureur contre le capitaliste à abattre que d'amour pour ceux qu'il prétendait sauver; ne voulant pas être conduit, comme il le disait, à l'abattoir, il réussit à se procurer dans sa prison une capsule de fulminate qu'il plaça entre ses dents et qu'il alluma à une bougie. Spies, autre Allemand, était tout rempli de Marx, de Shelley, de Gœthe, de Byron. Ses dernières paroles respirent une haine féroce contre les riches. Parson était infecté de ce que Most appelle « la peste religieuse ». Il appartenait à une famille puritaine, qui avait pris part depuis un siècle à tous les mouvements révolutionnaires : ses parents étaient des méthodistes fanatiques. Tous montèrent courageusement à la potence. Schaak, le policier américain qui a écrit leur histoire, n'a rencontré parmi eux que deux criminels simples; les autres appartiennent, comme Cyvoct, à l'espèce des meurtriers philanthropes. Vaillant, enfant naturel d'un gendarme, était bourré des théories scientifiques de Büchner et de Letourneau; Henry, fils d'un partisan de la Commune, neveu d'une marquise, était un anarchiste bachelier ès sciences.

Nous devons, pour compléter cette étude, dire quelques mots des anarchistes de lettres près desquels les anarchistes de fait rencontrent parfois une si profonde sympathie. M. Élisée Reclus enrôle sous sa bannière les écrivains et les poètes insurgés contre les règles. Ils se rattachent plutôt à la théorie égotiste de Stirner, et surtout à Nietzsche, l'anarchiste aristocratique qui proclame l'orgueilleuse souveraineté du *moi* et réserve au seul homme supérieur le privilège de s'affranchir de toute règle et de toute loi. M. Maurice Barrès est celui qui nous a donné de cet état d'âme l'analyse la plus élégante et la plus subtile. Son « homme libre », son « ennemi des lois », prétendent faire du monde leur proie non plus matérielle, mais idéale, et la bombe que lance un de ses personnages nous éblouit sans nous blesser. A d'autres lettrés décadents et blasés, les exploits anarchistes offrent gratuitement un spectacle méphistophélique et néronien, que rehausse encore la terreur du bourgeois affolé, et qu'ils osent applaudir. C'est une nouvelle forme de dandysme et de sadisme. Ils acclament la beauté du geste, et se préoccupent peu de l'humanité vague à laquelle il faut ensuite amputer bras ou jambes. C'est du fond de cabinets de travail élégants comme des boudoirs de femmes ornés de bibelots, de Bouddhas, tendus de soie et de peluche, qu'ils écrivent « leurs proses anarchistes ». Des fils de fonctionnaires se proclament partisans « de la dynamite et du choléra ». De futurs tabellions de province se disent anarchistes, comme sous l'empire on était libéral. Ils lisent avec admiration les petites revues où l'on compare Ravachol à Jésus et à Socrate, où l'on propose sa figure de loup-cervier philanthrope au rêve des artistes, où l'on est heureux de ne point mourir « sans avoir connu autrement que par la légende ou l'épopée l'homme supérieur à l'idée même que nous nous sommes faite des dieux, le héros [1] ». Et il semble bien qu'entre le cabotinage des lettres et le cabotinage du crime, il y ait quelque affinité lointaine. L'un et l'autre sont amoureux de publicité, de réclame. Ravachol disait à Chaumartin : « Si je voulais avouer ce que j'ai fait, on verrait mon portrait sur tous les journaux ». Vaillant court chez le photographe avant d'accomplir son attentat.

On a dit des grands hommes qu'ils étaient, non des natures spontanées, mais « fonction de leur temps », produit « de leur milieu ». Cette théorie ne nous semble pas moins juste, appliquée à notre sujet. L'anarchie dans les idées nous apparaît comme le fruit nécessaire de la culture scientifique, qui est venue rompre, sans les remplacer encore, toutes les traditions qui maintiennent l'homme en société. L'anarchie révolutionnaire est la résultante naturelle de nos mœurs publiques, de la vie brûlante et voluptueuse des grandes villes, des contrastes démoralisants de luxe, de médiocrité et de misère qu'on y heurte à chaque pas, des désirs exaspérés par une instruction mal adaptée, qui ne fait que des déclassés; enfin des scandales de la presse, de la Bourse et du Parlement. Les champignons vénéneux de l'anarchisme s'épanouissent sur ce fumier.

7. Une colonie anarchiste.

Le rêve d'une société anarchiste est pourtant vieux comme le monde et ne finira qu'avec lui. Vous le rencontrez chez les philosophes et les poètes de l'antiquité, Homère, Ovide, Hésiode. Bien des siècles avant Rousseau, dès les premiers temps de la civilisation, les hommes déjà les souhai-

taient de revenir à une innocence de nature, où ce « chien d'État » n'existerait plus, où, délivré de l'armée, des impôts, des bureaucrates, des prisons, des gendarmes, chacun mènerait une vie paisible et confortable, travaillerait aussi peu que possible et s'épanouirait dans l'abondance, où, — selon la plus récente formule anarchiste : — « chaque individu autonome réaliserait le minimum d'effort pour la communauté, et le maximum d'effet pour son autonomie ».

De la coupe aux lèvres il y a loin. Les périodes d'anarchie que les sociétés humaines ont traversées ne ressemblent guère à cet idéal. Dans les groupes primitifs réduits à l'état atomistique, les clans celtes, le morcellement féodal, les petites républiques de la fin du moyen âge, c'est la guerre en permanence. Formés par lents progrès d'agrégation, nos grands États modernes ont été relativement plus pacifiques, et dans les temps de trouble et de désordre, le petit peuple a souffert à ce point qu'il y a mis fin par la dictature, acclamant le despotisme comme un bienfait : « Livré à lui-même et ramené subitement à l'état de nature, écrit Taine, le troupeau humain ne saura que s'agiter, s'entre-choquer, jusqu'à ce qu'enfin la force prenne le dessus, comme au temps barbare, et que parmi la poussière et les cris, surgisse un conducteur militaire, qui est d'ordinaire un boucher. En fait d'histoire, il vaut mieux continuer que recommencer. »

Mais voici qu'une correspondance du journal la *Révolte* [1], que nous avons tout lieu de considérer comme authentique, nous offre le modèle d'une société anarchiste en miniature, réalisée dans des terres lointaines du Nouveau Monde, et c'est ce petit tableau idyllique que nous voudrions mettre en terminant sous les yeux du lecteur attristé par tant de violences sauvages, dont la seule excuse serait de nous acheminer par des chemins jonchés de cadavres vers un paradis radieux. Donc l'an passé, le citoyen Capellaro s'embarquait avec trente autres anarchistes pour le Brésil, afin d'y fonder, loin de nos cités corrompues, son Icarie sur les principes que nous venons d'exposer. Une première mésaventure faillit dès le début faire échouer l'entreprise. Le compagnon de confiance auquel on avait remis la caisse sociale qui s'élevait à douze cent cinquante francs, un certain Puig Mayol, commença par l'emporter en vrai disciple de Stirner : « Tout pour moi, rien pour les autres ». Capellaro écrivit alors en Europe, et, par l'intermédiaire de la *Révolte*, proposa d'émettre en faveur de

---

1. Ch. Maurras, *Les Jeunes Revues*, Revue bleue du 3 janvier 1894.

1, 8 décembre 1892 et 4 mars 1893.

la Société des actions de vingt-cinq francs, remboursables en trois ans, expédient que le journal déclina comme entaché de bourgeoisisme.

Malgré cette première disgrâce, on se mit courageusement à l'œuvre; on construisit tant bien que mal, sur des terrains gratuitement concédés, vingt-deux maisonnettes en bois; on récolta quelques légumes, un cochon fut tué et salé en commun; on commençait à vivre assez tranquillement, sans lois, sans ordonnances, sans juge de paix, sans garde champêtre, sans percepteur, « avec une certaine tolérance réciproque pour les défauts dont chacun a hérité, avec plus d'harmonie même que dans une famille bourgeoise ». Mais on avait compté sans les femmes et le désordre qui les suit partout. Comme les compagnes se trouvaient en nombre moindre que les compagnons, il était permis d'espérer que, dociles aux préceptes anarchistes de l'amour libre, elles partageraient leurs faveurs entre tous. La femme est contredisante : exiger d'elle, en la menaçant de la férule du Code et de l'enfer de l'Église, qu'elle n'ait qu'un mari, vous la voyez aussitôt courir après un amant : faites-lui, au contraire, un devoir d'aimer tous les hommes, elle se piquera de fidélité à un seul, car c'est là le fruit défendu. Et telle a été l'aventure de la colonie Cécilia. Les mâles, non pourvus, dédaignés, aux abois, demandèrent à cor et à cri qu'on leur expédiât d'Europe un supplément de femelles. Nous ignorons si leurs désirs ont été exaucés : mais on soupçonne bien que l'Ève séductrice, qui nous a fait chasser de l'Éden du passé, nous gâtera encore l'Éden de l'avenir.

Une expérience aussi restreinte, dira-t-on, ne prouve rien. Il y a beaux jours que la preuve est faite. Cabet n'a pas été plus heureux; de nombreux essais communistes ont été tentés en Amérique depuis le commencement du siècle ; on en cite une quarantaine, tous ont fini par échouer. Le communisme complet n'a réussi d'une manière durable que lorsqu'il a été associé au célibat, comme nous le voyons par l'exemple des communautés religieuses. L'esprit de famille, l'amour des enfants surtout, lui opposeront toujours dans notre Occident un invincible obstacle.

Ce que sera enfin la société de l'avenir, ou plutôt ce que seront les phases du développement des sociétés, nous n'en savons absolument rien, en dépit des prophéties et de tant d'alchimistes de la science sociale. Il nous est permis toutefois de présumer que ni l'anarchisme pur, ni le socialisme intégral ne présideront à nos destinées. Toute société a besoin d'être organisée, tout individu a besoin d'être libre : voilà l'antinomie qu'il s'agira de concilier, tant bien que mal, non dans un système philosophique, mais dans la réalité de chaque jour. L'ancien monde, fondé sur la conquête, s'est spontanément, inconsciemment organisé en vue de la conquête ou de la défense; le régime féodal naquit non d'une théorie, mais de l'instinct de conservation. La démocratie nouvelle, qui tend à se fonder sur l'industrie, s'organisera de même en vue de la coopération plus ou moins libre, par la force et la nécessité des choses, et sans le moindre égard pour les rêves des utopistes. Soyez assuré que la nature humaine ne va pas changer grâce aux brochures de Kropotkine et aux bombes de Ravachol.

J. BOURDEAU

Bibliographie.

PROUDHON, Qu'est-ce que la propriété ? la création de l'ordre. — RANC, Encyclopédie, générale, art. ANARCHIE. — HERBERT SPENCER, L'individu contre l'État, Paris, 1888. Introduction du volume A Plea for Liberty, Londres, 1892. — BENJ. R. TUCKER, Instead of a book... A fragmentary exposition of philosophical anarchism. New-York, 1893. — VICTOR YARROS, Anarchism : what it is, and what it is not. Arena, Boston, avril 1893. — MAX STIRNER, Der Einzige und sein Eigenthum, Leipzig, Reclam jun. — MICHEL BAKOUNINE, La Commune de Paris et la notion de l'État. Dieu et l'État, brochure. — PIERRE KROPOTKINE, Paroles d'un révolté, préface d'Élisée Reclus. — La Conquête du pain, préface d'Élisée Reclus, Paris, 1893. La loi et l'autorité. La morale anarchiste. L'anarchie dans l'évolution socialiste. Esprit de révolte. Les prisons, brochures. — ÉLISÉE RECLUS, Évolution et Révolution, brochure. Paris, 1891. — JEAN GRAVE, La société mourante et l'anarchie, Paris, 1893. — CH. MALATO, Philosophie de l'anarchie, Paris, 1889, brochure. — Procès des anarchistes de Lyon, 1883, brochure. — La revue la Plume, n° du 1er mai 1893, consacré à l'anarchisme. — MULLER, Enquête sur les menées anarchistes en Suisse, Berne, 1885. — SCHAAK, Anarchy and anarchists, Chicago, 1887. — J. GARIN, Anarchie et anarchistes, 1888. — Handwörterbuch der Staatswissenschaften de Conrad, art. ANARCHISM, par G. Adler. — A. VON WALTERSHAUSEN, Der moderne Socialismus in den Vereinigten Staaten von America. Berlin, Bahr, 1890. — RICHARD T. ELY, The labor movement in America. London, Heinemann, 1890. French and German Socialism in modern times. London, Trübner, 1884. — THOMAS KIRKUP, A history of Socialism. London, Black, 1892. — WINTERER, Le socialisme contemporain, 2e édition. Paris, Lecoffre, 1894. — A. BÉRARD, Les hommes et les théories de l'anarchie (Archives d'anthropologie criminelle, 15 novembre 1892). — G. TARDE, Foules et sectes au point de vue criminel (Revue des Deux Mondes du 15 novembre 1893). — FLOR O'SQUARR, Les Coulisses de l'anarchie. Paris, Savine, 1892. — FÉLIX DUBOIS, Le Péril anarchiste. Paris. Flammarion, 1894.

ANTISÉMITISME.

SOMMAIRE

1. **Historique.**

Antisémitisme dans l'antiquité.

— *dans l'antiquité chrétienne, jusqu'à Constantin.*

— *depuis Constantin jusqu'au VIIIe siècle.*

1. Historique.

Il ne peut être question ici de faire l'histoire de l'antisémitisme car, à vrai dire, c'est l'histoire d'Israël qu'il faudrait entreprendre ; l'histoire d'Israël depuis le jour où il a cessé d'être une nation pour être une tribu parmi les peuples. Dès ce jour, dès que les juifs eurent quitté la Palestine pour fonder des colonies en Asie Mineure, dans les Iles, en Égypte, en Cyrénaïque, à Rome, en Espagne, dès ce jour l'antisémitisme se manifesta. Nous allons voir rapidement les formes diverses qu'il a prises, et les causes qui l'ont engendré, depuis l'antiquité jusqu'à la Révolution française, époque de l'émancipation des juifs.

Antisémitisme dans l'antiquité. — Sans remonter au séjour des juifs en Égypte, ni même à l'histoire légendaire d'Aman, on voit, dès le ive siècle avant notre ère, en même temps que les colonies juives deviennent florissantes, se développer l'antisémitisme. Cet antisémitisme — ou plutôt antijudaïsme — était causé d'abord par la situation spéciale des juifs, qui entraînait dans les cités non comme citoyens, mais comme privilégiés, formant partout des sortes de républiques reliées à Jérusalem par l'impôt spécial du didrachme qu'elles payaient au grand prêtre ; ensuite, par les avantages que recueillaient les Juifs de leur situation, avantages matériels et considérables.

Très nombreux à Alexandrie, très puissants et très riches, ils suscitèrent à plusieurs reprises des émeutes, et la foule se rua contre ces détenteurs de richesse qui étaient des *étrangers*, ne prenant aucune part à la vie publique. La littérature antijuive naquit avec Manéthon, Chérémon, Lysimaque, Appion, Posidonius, et Appollonius Molon.

À Rome, les mêmes causes économiques se manifestèrent, et il s'y mêla des causes religieuses. La religion juive était destructive de la religion romaine officielle, puisqu'elle ne pouvait l'accepter ; or le culte romain était le soutien de la République et de l'Empire, on le considérait comme le gardien et le protecteur des institutions et des lois. La loi juive ne s'accommodant pas des rites romains, et étant aussi intolérante que la religion romaine, inquiéta les Romains, que l'esprit prosélytique des juifs irritait et effrayait.

Ce furent des causes semblables qui provoquèrent les persécutions contre les chrétiens.

Antisémitisme dans l'antiquité chrétienne, jusqu'à Constantin. — Bien que les premières communautés chrétiennes soient sorties des communautés juives, et qu'elles aient profité des privilèges accordés aux juifs, l'hostilité réciproque des deux religions ne tarda pas à se manifester. D'une part, les juifs, à cette époque où ils luttaient pour défendre leur nationalité expirante, attaquèrent les judéo-chrétiens qui se désintéressaient des luttes contre Rome, d'autre part, l'Église en se constituant, en aspirant à l'universalité, tendit à se libérer des liens de la synagogue. On connaît l'opposition des tendances hellénistes et des tendances judaïques du christianisme naissant, tendances que Paul et Pierre symbolisent. L'Église chrétienne primitive devint antijuive, en ce sens qu'elle combattit les hérésies judaïsantes et la gnose juive. Avec le développement du dogme de la divinité de Jésus, les juifs furent de plus en plus considérés comme des déicides. On trouve déjà ce sentiment dans la *Didacé*, dans l'*Épître à Barnabé* et dans les sept épîtres d'Ignace d'Antioche. Cette hostilité se produit dans les discussions que suscitèrent les juifs, ardents à combattre les jeunes dogmes chrétiens. Une partie de la littérature apologétique est consacrée à combattre les exégètes talmudistes ; ainsi *Le Dialogue avec Tryphon* de Justin le Philosophe et l'*altercation de Jason et Papiscus*, du Grec Ariston de Pella.

Avec l'expansion du christianisme, ces inimitiés, se précisèrent. Avec les progrès de la loi nouvelle, les juifs virent diminuer l'influence spirituelle et morale qu'ils avaient conquise au déclin du monde antique ; mais, en meilleure situation au point de vue légal que les chrétiens, ils combattirent vivement l'Église naissante : les controverses se multiplièrent et, au milieu de ces combats, naquit un antijudaïsme théologique qui consistait à repousser comme mauvais tout ce qui venait d'Israël. Le *De Adversus Judæos* de Tertullien, l'*Octavius* de Minutius Félix, *De Catholicæ Ecclesiæ unitate* de Cyprien de Carthage, les *Divinæ Institutiones* de Lactance, etc., répercutent cet antijudaïsme, purement théorique qui, jusqu'à Constantin, se confondit avec les efforts que faisait l'Église pour arriver à assurer son triomphe.

L'antisémitisme depuis Constantin jusqu'au viiie siècle. — Quand, sous Constantin, l'Église eut triomphé, elle hérita de Rome, de son exclusivisme, de son orgueil, et, disposant du pouvoir, elle devint persécutrice, à l'époque où le judaïsme agonisait en Palestine, et où les hérésies judaïsantes proprement dites s'éteignaient, malgré qu'on judaïsât encore dans l'Église.

L'Église armée, l'antijudaïsme se précisa, s'aggrava ; d'abord simplement théologique, il devint plus dur. A côté des écrits survinrent les lois, avec les lois les manifestations populaires se produisirent. Les apologies s'éteignirent, on ne considéra plus le juif comme un chrétien possible, mais comme un ennemi ; on chercha à oublier les origines judaïques. Si on écrivit contre les juifs, on mêla aux arguments les insultes, et celles-ci prédominèrent. Eusèbe de Césarée, saint Augustin, saint Ambroise, saint Jérôme, saint Chrysostome couvrent les juifs d'injures. On trouve dans leurs écrits ce mélange de raisonnement et d'apostrophes, de persuasion et de violence qui est resté pendant des siècles le propre de la prédication antijuive.

Les juifs étaient vers le ive siècle, les seuls ennemis dangereux de l'Église, ou du moins les seuls qui n'eussent pas abdiqué devant elle ; ils étaient les adversaires dont il fallait affaiblir la propagande. L'Empire aida l'Église ; Constantin, et surtout les successeurs promulguèrent des lois contre les juifs, lois restrictives du prosélytisme, lois tracassières et vexatoires contre le culte juif et les droits civils d'Israël. Les moines et les évêques excitaient les populations chrétiennes à la fois contre les derniers païens et les juifs ; en même temps qu'on massacre Hypathie et qu'on brûle les bibliothèques d'Alexandrie, on tue les juifs, et on incendie les synagogues, à Rome, à Antioche, etc.

Quand l'empire romain s'écroula, les juifs furent encore soumis à la loi romaine que les souverains germains appliquèrent à leur gré. Du ve au viiie siècle, le bonheur ou le malheur des juifs dépendit uniquement de causes religieuses qui leur étaient extérieures, et leur histoire parmi les barbares est liée à l'histoire de l'arianisme. Tant que chez les Ostrogoths, chez les Burgondes, chez les Wisigoths, en Italie, en Gaule, en Espagne, les doctrines ariennes prédominèrent, les juifs vécurent dans un relatif bien-être, car l'orthodoxie et l'hérésie luttant l'une contre l'autre se soucièrent peu d'Israël. Sitôt l'orthodoxie victorieuse, elle s'appliqua à séparer les juifs des chrétiens, et légiféra contre le judaïsme dans ses synodes, législation que corroborèrent les édits des rois mérovingiens ou wisigothiques. Pendant les sept premiers siècles de l'ère chrétienne l'antijudaïsme eut des causes exclusivement religieuses. A partir du viie siècle les causes sociales vinrent s'ajouter aux causes religieuses et les véritables persécutions commencèrent.

L'antisémitisme du viiie siècle à la Réforme. — Au viiie siècle, l'Église acheva de se constituer, le christianisme s'étendit. et à la fin du viiie siècle, l'Europe fut chrétienne. Les juifs s'établirent dans tous les pays en même temps que se répandit le christianisme. Au xiie siècle ils avaient partout organisé leurs communautés, restant en dehors des agitations au milieu desquelles se constituaient les nationalités, groupés autour de leurs synagogues, tandis que conquérants et conquis s'amalgamaient et se liaient entre eux. Dans ce monde nouveau que pétrissait l'Église, les juifs s'opposaient par leur prosélytisme ou même par leur seule présence, au mouvement général. Aussi c'est de l'Église que partit l'antijudaïsme théorique et législatif, antijudaïsme que les gouvernements et le peuple partageaient et que d'autres causes vinrent aggraver.

Ce fut, toute chose changée, la même situation que dans l'antiquité juive. L'ordre social étant fondé sur le christianisme, les juifs en étaient considérés comme les ennemis ; de plus, dans les tendances des États nouveaux à l'homogénéisation, les juifs étaient des étrangers irréductibles. A ce moment de l'histoire le combat confessionnel et le combat national se confondirent.

Le rôle économique spécial des juifs rendit ce combat plus terrible. Peuple de colons, les juifs suivirent la loi générale des immigrés en s'adonnant au commerce dans tous les pays où ils s'établirent. Quand l'Église, dès ses origines, eut condamné le prêt à intérêt, lorsque se fut élaborée la conception catholique du capital et de ses fonctions, conception à laquelle s'opposa l'état social pendant lequel se constituèrent le patronat et le salariat, les juifs, libérés des entraves que le droit canonique et les prescriptions ecclésiastiques mettaient au développement du capital, les juifs, ainsi que certaine classe de *réprouvés*, les Caorsins et les Lombards, s'adonnèrent à l'usure. Ce sont des motifs extérieurs à eux qui les menèrent à cette situation de prêteurs sur gage, de changeurs et de banquiers. L'autorité ecclésiastique les encouragea dans cette voie et les bourgeois chrétiens les y engagèrent en leur fournissant des capitaux et en se servant d'eux comme d'hommes de paille.

L'organisation chrétienne du capital industriel et commercial, la création des guildes et des corps de métiers, contraignirent le juif à l'état où l'avaient amené les conditions sociales, générales et particulières qu'il subissait. Devenu tel, l'horreur contre lui augmenta. Il fut non seulement le déicide, mais l'usurier, le collecteur de taxes, l'oppresseur fiscal et financier. Pour les pauvres, le juif était cause de l'usure; c'était lui qui prenait les gros intérêts causant la misère. Le peuple souffrant ne voyait que cette cause efficiente de l'usure, le juif, il ne s'inquiétait pas des responsabilités; il voyait la main du juif s'abattant sur lui, il se ruait sur le juif comme sur les Lombards, comme sur les Caorsins, comme parfois sur les riches. Durant tout le moyen âge le sanglant antisémitisme des pastoureaux, des paysans de Brabant, des pays Rhénans, du menu peuple de l'Allemagne, de la noblesse et de la bourgeoisie ne fut qu'une forme barbare et sauvage de la lutte économique. Les nobles étaient offensés par les richesses des juifs, les prolétaires, les artisans et les paysans étaient irrités par leurs usures; quant à la bourgeoisie commerçante et manieuse d'argent, elle se trouvait en concurrence avec les juifs, et au XIVe et au XVe siècle, on voit se dessiner la lutte moderne du capital chrétien contre le capital juif.

Cette haine universelle se manifesta par les décisions ecclésiastiques, par les lois civiles, par les coutumes vexatoires, par les écrits si nombreux, si variés, théologiques ou sociaux, dogmatiques ou polémiques, dont nous ne pouvons entreprendre ici le dénombrement, enfin par les expulsions et les massacres. On tue et on brûle les juifs par millions, en Angleterre et en Espagne, en France et en Bohême, en Allemagne et en Italie, en Autriche et en Pologne; il fallut les lueurs de la Renaissance pour que respirât le peuple d'Israël.

L'antisémitisme depuis la Réforme jusqu'à la Révolution française. — Aux débuts du XVe siècle, les juifs n'étaient plus qu'une tribu d'esclaves, ils étaient enfermés dans des ghettos dont eux-mêmes avaient renforcé les murailles; sous l'influence des peuples ambiants, des législations avilissantes, sous l'action déprimante de leur religion ritualiste et tamuldique, ils s'étaient dégradés. A la fin du XVe siècle, le juif était devenu le serf de la chambre impériale en Allemagne, en France il était le serf du roi, le serf du seigneur, moins que le serf, car le juif ne pouvait plus posséder, et était une chose plutôt qu'une personne, imposable à merci, subissant les confiscations et les rançonnements. Le seul pays dans lequel il pouvait prétendre à la dignité d'homme, l'Espagne, venait de lui être fermé; partout ailleurs il n'était qu'une bête utile et immonde. Cependant le temps des grandes douleurs était passé pour les juifs, ils rencontrèrent désormais plus d'humanité et de pitié.

Avec la Renaissance, la loi générale diminua, avec elle la haine pour les hérétiques faiblit. Quant à l'Église, d'autres et plus graves préoccupations lui faisaient oublier les juifs, et lorsque Luther eut publié à Wittenberg ses quatre-vingt-quinze thèses, l'orthodoxie ne songea plus à ramener à elle les restes d'Israël.

Quant au protestantisme naissant, s'il essaya d'abord d'attirer à lui les juifs, si après de vaines tentatives Luther publia de terribles pamphlets contre les juifs, ils ne furent pas maltraités en Allemagne, du moins spécialement. Les sectes réformées avaient fort à faire à se disputer entre elles; quant aux paysans du XVe siècle, ils ne s'en prirent plus seulement aux juifs prêteurs d'argent et aux chrétiens usuriers. Les soldats de Joss Fritz et ceux de Munzer s'attaquèrent à tous les riches, et, dans le formidable mouvement révolutionnaire qui jusqu'en 1535 agita une partie de l'Europe, les Israélites furent négligés.

De même en fut-il dans les pays catholiques. Là, les juifs avaient cessé d'être les principaux ennemis de l'Église, ce n'était plus eux qu'on redoutait, mais les protestants. Cependant, pendant la réaction dogmatique et théologique qui suivit la Réforme, la papauté toujours bienveillante, jusqu'à un certain point, pour les juifs, changea de conduite et Paul IV et Pie V publièrent des constitutions restrictives.

Quant aux souverains, aux empereurs et aux rois, ils dédaignent les juifs; depuis le XVIe siècle on cesse, ou à peu près, de légiférer contre eux. L'antisémitisme consista dès lors en avanies, en vexations, en insultes. Chez les savants et les érudits, l'antisémitisme redevint dogmatique et théorique, mais ils y mirent plus de douceur.

Au XVIIe siècle les juifs jouissaient, dans toute l'Europe de la plus grande tranquillité; de jour en jour une plus grande tolérance se manifestait à leur égard. Le monde se rapprochait d'eux. Parmi les juifs une partie, minime, il est vrai, mais très active, s'efforçait à abolir les vieux préjugés particularistes de leur peuple, et comme la philosophie humanitaire et libertaire gagnait les esprits, comme, étant donné le développement du capitalisme industriel, commercial et financier, les objections économiques contre les juifs n'avaient plus la même valeur qu'au moyen âge, leur émancipation était toute préparée lorsqu'elle fut votée par l'Assemblée constituante le 27 septembre 1791.

2. L'antisémitisme moderne.

Le décret de 1791 libéra tous les juifs; mais s'il put les rendre ainsi à la liberté, s'il lui fut possible de détruire l'œuvre législative des siècles, il fut impuissant à défaire leur œuvre morale; émancipés légalement, les juifs ne l'étaient pas moralement.

Le moi judaïque n'étant pas changé, la façon dont ce moi se manifestait ne le fut pas davantage. Les juifs restèrent ce qu'ils étaient, ils exercèrent la même action économique, suscitèrent encore les mêmes sentiments. Ce siècle vit tomber une à une toutes les lois qui restreignaient dans l'Europe occidentale les droits des juifs, et dans notre temps l'antisémitisme devint purement littéraire ; il ne fut plus qu'une opinion, opinion qui tendit, il est vrai, à restaurer la législation ancienne.

Dans une partie seulement de l'Europe orientale, en Roumanie et en Russie, l'antisémitisme est resté légal et persécuteur.

Antisémitisme dans l'Europe orientale. — En Roumanie, tant que les juifs dépendirent des boyards dont ils étaient les fermiers d'impôts et d'alcool, ils n'eurent à supporter que les colères populaires. La persécution officielle contre eux commença seulement en 1856, lorsque la Roumanie se donna un régime représentatif et qu'ainsi le pouvoir tomba aux mains de la classe bourgeoise. Des mesures restrictives furent prises dès lors, malgré le traité de Paris de 1856, qui reconnaissait aux Moldo-Valaques la jouissance des droits civils, sans *distinction de religion ;* c'est à l'aide d'une fiction d'après laquelle les juifs étaient considérés comme étrangers que le gouvernement roumain put prendre contre eux des décisions vexatoires.

Quelles sont les causes de ces sentiments? Elles ne sont pas uniquement religieuses, mais surtout nationales et économiques. Très isolés, très retirés, très exclusifs, les juifs roumains furent victimes de leur isolement ; se trouvant dans un État qui naissait et où les passions patriotiques étaient singulièrement excitées, ils furent considérés comme un danger par les panroumanistes qui leur reprochaient de former un État dans l'État, et qui d'autre part ne voulaient pas permettre aux juifs d'altérer la pureté de leur race roumaine en s'unissant à elle. La concurrence que les juifs faisaient à la bourgeoisie roumaine acheva de provoquer la législation d'exception, qui ne fut autre chose qu'une législation protectionniste, propre à favoriser le commerce de la bourgeoisie nationale au détriment des concurrents juifs et étrangers. C'est donc au protectionnisme national et au patriotisme ethnique qu'il faut ramener les diverses causes de l'antisémitisme roumain.

Nous trouvons ces mêmes causes en Russie, où la situation des juifs est encore plus dure. On les refoule dans un territoire spécial, les entassant ainsi dans les villes, où les conditions d'existence sont pour eux effroyables, puisque la plupart des métiers, des états et des professions leur sont interdits, et que la masse juive est une masse ouvrière réduite au chômage une partie de l'année, ne trouvant du travail pendant l'autre partie qu'à condition de se contenter de salaires dérisoires dont le taux s'est abaissé à 40 et 50 kopeks par jours.

Ces traitements, disent les antisémites, sont infligés aux juifs parce que ces quatre millions et demi d'hommes exploitent et ruinent 90 millions de Russes. Comment ? Par l'usure. Or les neuf dixièmes des juifs russes ne possèdent rien; quant au dixième composé de riches, qui peuvent faire l'usure, puisque la minorité infime des prêteurs des villages a été chassée et renfermée dans les villes, ce dixième restant bénéficie d'une situation privilégiée. Ce n'est du reste pas l'usure qu'on poursuit puisqu'on n'inquiète pas le *Koulak* (paysan prêteur) qui exploite durement le paysan russe. Il en est de même du reproche qu'on fait aux juifs d'exciter à l'ivrognerie, car c'est dans le pays du Nord, où il n'y a pas de juifs, que, naturellement, l'ivrognerie est la plus répandue, et, en outre, on n'a pas pris de mesures contre les débitants chrétiens, plus nombreux que les débitants juifs.

L'antisémitisme en Russie est provoqué par des causes politiques et religieuses. Il est moins populaire qu'officiel. Au cours de la lutte des tsars contre le libéralisme, on vit un moyen de défense du vieux monde dans le retour aux idées orthodoxes. Tout le mal, dit-on, vient de l'étranger, de l'hérétique; c'était la théorie d'Ignatieff, celle de Pobedonostsef et du Saint-Synode encore. On se précipita contre les juifs, de même qu'on prit des mesures contre les Allemands, les luthériens, les catholiques, les non-slaves et les non-orthodoxes. Les non-orthodoxes surtout, car pour le Russe, il s'agit plus encore de conquérir l'unité religieuse que l'unité ethnologique, et la meilleure preuve que l'antisémitisme est d'origine religieuse, c'est que la loi russe encourage le juif à venir à l'orthodoxie ; elle lui donne des avantages pécuniaires, s'il veut entrer dans l'Église grecque, quoique le juif converti n'abandonne pas sa condition sociale, surtout s'il est intermédiaire, capitaliste, ou prêteur.

L'antisémitisme dans l'Europe occidentale. — Les juifs émancipés pénétrèrent dans les nations comme des étrangers. Ils étaient semblables à un troupeau parqué, soudain les barrières tombèrent et ils se ruèrent dans le champ qui leur était ouvert. Tribu de marchands et d'argentiers, armés par la pratique même du mercantilisme de qualités qui devenaient prépondérantes dans la nouvelle organisation économique, il leur fut facile de s'emparer du commerce et de la finance, et il leur était impossible de ne pas agir ainsi. Comprimés pendant des siècles, ils avaient acquis une formidable force d'expansion qui ne pouvait s'exercer que dans un certain sens ; le jour où on les libéra, ils allèrent droit devant eux. L'état de choses les favorisa d'ailleurs. Au milieu de tous les grands bouleversements, intellectuels, sociaux, moraux et économiques qui marquèrent les débuts de ce siècle, les juifs furent les seuls à être libres ; nul lien ne les attachait au passé, aucune des idées ataviques des citoyens des nouveaux États ne pouvait influer sur leur conduite, leur intellectualité et leur moralité. Ainsi, sans entraves, et possédant des tendances spéciales, ils s'adaptèrent merveilleusement aux conditions économiques nouvelles.

Avec la Révolution, avec la suprématie de la noblesse avait disparu la suprématie du capital foncier, et la suprématie de la bourgeoisie amena la suprématie du capital industriel et agioteur. L'émancipation du juif est liée à la prépondérance de ce capital industriel. Tant que le capital foncier détint le pouvoir politique, le juif fut privé de tout droit. Le jour où le pouvoir politique passa au capital industriel, le juif fut libre, car il était pour la bourgeoisie un aide précieux. De fait, il aida puissamment au grand développement industriel qui suivit 1815 ; il fut un des plus actifs à faire prévaloir le système de l'association des capitaux, ou du moins à l'appliquer, et il fut d'autre part, au premier rang du mouvement libéral qui, de 1815 à 1848, acheva d'établir la domination de la bourgeoisie. Ce rôle du juif n'échappa pas à la classe des capitalistes fonciers et ce fut là une des causes de l'antisémitisme des conservateurs. Mais lorsque la bourgeoisie eut définitivement assis son pouvoir, elle s'aperçut que son allié juif n'était qu'un redoutable concurrent et elle réagit contre lui. Ainsi les partis conservateurs, généralement composés de capitalistes agricoles, devinrent antijuifs dans leur lutte contre le capitalisme industriel et agioteur que représentait pour eux le juif, et ce capitalisme industriel et agioteur devint à son tour antijuif à cause de la concurrence juive. De religieux, l'antijudaïsme devint écono-

mique ou, pour mieux dire, les causes religieuses, jadis dominantes, furent subordonnées aux causes économiques et sociales.

3. Les variétés de l'antisémitisme ; ses griefs.

Comment se traduisit ce nouvel antisémitisme ? Par des écrits qui représentaient ou provoquaient des courants d'opinion. Sans énumérer ces écrits, qui sont innombrables, on peut ramener les diverses variétés de l'antisémitisme à trois : l'antisémitisme chrétien, l'antisémitisme économique, l'antisémitisme ethnologique, qui exposent contre les juifs des griefs religieux, sociaux, ethnologiques, nationaux, intellectuels et moraux. Pour les antisémites le juif est un individu de race étrangère, incapable de s'adapter, hostile à la civilisation et à la foi chrétienne, immoral, antisocial, d'un intellect différent de l'intellect aryen, et en outre prédateur et malfaisant. Examinons les griefs et voyons comment ils correspondent à la réalité.

Le grief ethnologique ne s'appuie sur aucune base sérieuse et réelle, l'opposition des aryens et des sémites est factice ; il n'est pas vrai de dire que le juif est un peuple un et invariable, et que la race aryenne est une race pure. Le sang sémite et le sang aryen se sont trop mêlés au cours des âges pour qu'une telle théorie soit soutenable. Mais si les juifs ne sont pas une race, ils sont une nation, car ils ont encore cette unité de sentiment, de pensée, d'éthique qui fait les nationalités. Les juifs eurent jadis une religion, des mœurs, des habitudes, des coutumes pareilles ; ils furent assujettis aux mêmes lois, civiles, religieuses, morales, restrictives ; ils vécurent dans de semblables conditions ; ils eurent, dans chaque ville, un territoire : le ghetto ; ils parlèrent la même langue, ils jouirent d'une littérature et spéculèrent sur les mêmes idées ; ils eurent de plus la conscience qu'ils étaient une nation, qu'ils n'avaient jamais cessé d'en être une. Encore aujourd'hui, le judaïsme est un *ethnos*, puisqu'il croit l'être ; il a gardé ses préjugés, son égoïsme et sa vanité de peuple. Aussi, en persistant, il est apparu comme étranger encore aux peuples dans le sein duquel il subsiste, et l'antisémitisme est une des façons dont s'est manifesté et se manifeste encore le principe des nationalités, un résultat de la tendance des nations à l'homogénéité et de leur effort pour réduire les éléments hétérogènes qu'elles contiennent. Le juif résistant partout à cet effort, l'antisémitisme est né tout naturellement de cette action et de cette opposition.

Quant aux griefs sociaux, religieux et politiques, ils consistent à dire que toute perturbation, tout bouleversement des lois politiques, morales, sociales et religieuses, est provoquée par les juifs. Affirmer semblable chose c'est méconnaître les plus élémentaires des lois historiques. Le juif n'est pas le moteur du monde, il eût disparu dans les flammes de Sion que l'état social eût évolué quand même, d'autres facteurs eussent remplacé le facteur juif, accompli son œuvre économique et, la Bible et le christianisme demeurant, l'œuvre intellectuelle et morale du juif se fût faite sans lui.

Le juif a certainement participé à l'éclosion de l'esprit moderne, mais il n'en est ni le créateur ni le *responsable*. Si le juif fait illusion aux conservateurs, aux représentants du passé en face de la Révolution, c'est que dans l'histoire du libéralisme moderne il a joué un grand rôle, et que ce libéralisme a marché contre le vieil *État chrétien*, ayant pour allié l'anticléricalisme. Notre siècle aura vu le dernier effort de l'*État chrétien* pour garder la domniation. Cette conception de l'État féodal reposant sur la communauté des croyances, l'unité de la foi et aux avantages duquel hérétique et incrédule ne peuvent participer, est en opposition avec la notion de l'État neutre et laïque sur laquelle sont fondées la plupart des sociétés contemporaines. Or le juif est le vivant témoignage de la disparition de cet État chrétien dont les antisémites rêvent consciemment ou inconsciemment la restauration, et l'antisémitisme représente un côté de la lutte entre les deux formes d'État dont nous venons de parler.

Répugnance et préjugés ataviques fondamentaux, puis, grâce à ces préjugés, une conception exagérée du rôle que les juifs ont rempli dans les sociétés modernes, conception qui en fait les représentants de l'esprit révolutionnaire en face de l'esprit conservateur, de la transformation en face de la tradition et qui, dans cet âge de transition, les rend responsables de la chute des anciennes organisations et du discrédit des antiques principes, tels sont résumés les mobiles de l'antisémitisme politique et religieux.

Les griefs économiques sont les plus importants, et se traduisent d'une façon simple par cette proposition : « Le juif est plus malhonnête que le chrétien : il est dépourvu de tous scrupules, étranger à la loyauté et à la franchise ». Ce grief a été, et est peut-être encore fondé dans tous les pays où le juif est maintenu hors de la société, où il est abaissé par la persécution, les législations restrictives et le talmudisme exclusif; partout ailleurs, si le juif marchand et agioteur est encore cauteleux, roué, enclin à la

tromperie, il ne l'est pas plus que les agioteurs et marchands chrétiens rendus peu scrupuleux par l'habitude du trafic. Les antisémites répondent, il est vrai, que ce sont les juifs qui ont perverti les chrétiens et que c'est eux qui ont amené les vices de l'état économique actuel. Mais cette assertion est insoutenable car, pour amener cet état, il a fallu mille causes auxquelles les juifs sont étrangers. D'ailleurs la masse antisémite connaît peu ou pas du tout le rôle historique des juifs au point de vue économique. Pourquoi donc un grand nombre d'hommes de la petite bourgeoisie et de la bourgeoisie capitaliste sont-ils antisémites? Parce que, si comparativement au gros de la population les juifs sont une poignée, ils semblent par le rang qu'ils occupent être légion. Si on compare les deux millions de juifs qui, dans le monde entier, appartiennent à la classe bourgeoise (car les sept huitièmes des juifs sont extrêmement pauvres et font partie de la classe ouvrière et artisane) avec la bourgeoisie chrétienne, on voit que cette minorité juive occupe une situation prépondérante. C'est cette prépondérance qui est une cause d'antisémitisme, et cet antisémitisme économique est simplement une forme de la concurrence du capital.

Pourquoi cette prépondérance? parce que dans une société individualiste, les juifs sont une minorité organisée et solidaire. Ainsi constitués, ils se font place plus facilement dans la société relâchée et désunie. Les millions de chrétiens qui les entourent pratiqueraient l'appui mutuel au lieu de la lutte égoïste que l'influence du juif serait immédiatement anéantie. Mais ils ne la pratiquent pas et le juif doit, sinon *dominer*, c'est le terme des antisémites, du moins avoir le maximum des avantages sociaux et exercer cette sorte de suprématie contre laquelle proteste l'antisémitisme sans toutefois l'abolir, car elle dépend non seulement de la classe bourgeoise juive, mais aussi de la classe bourgeoise chrétienne. Lorsque le capitaliste chrétien se voit évincé ou supplanté par le capitaliste juif, il en résulte une animosité violente qui se traduit par les griefs que je viens d'énumérer, griefs qui ne sont pas le fondement réel de l'antisémitisme, mais son décor littéraire.

Si on a toujours présent à l'esprit cette idée de la solidarité juive et ce fait que le juif est une minorité organisée, on en conclura que l'antisémitisme est une lutte entre les riches, un combat entre les détenteurs du capital. C'est ce qui explique pourquoi l'antisémitisme est une opinion bourgeoise et pourquoi il est si peu répandu, sinon à l'état de préjugé, dans le peuple et la classe ouvrière.

On pourrait objecter à cela que les protestants, par exemple, sont aussi une minorité solidaire, cependant l'antiprotestantisme ne sévit pas en France non plus que l'anticatholicisme en Allemagne où les catholiques sont une puissante minorité. D'où vient donc ce traitement dont pâtissent les juifs? C'est que, si catholiques ou protestants en France et en Allemagne sont une minorité, ils sont une minorité nationale, tandis que les juifs sont considérés comme une minorité étrangère, et nous nous trouvons en présence non seulement d'une lutte entre les formes du capital, foncier ou industriel, non seulement d'une concurrence entre les possesseurs capitalistes, mais encore nous assistons à un combat entre le capital national et un capital qui est regardé comme étranger.

4. Conclusions.

Ainsi les causes de l'antisémitisme moderne sont nationales, religieuses, politiques et économiques ; ce sont des causes profondes, qui dépendent des juifs, de ceux qui les entourent, et aussi de l'état social. L'antisémitisme est le produit d'une action de l'exclusivisme national et d'une réaction de l'esprit conservateur contre les tendances issues de la Révolution, et tous les motifs qui l'ont provoqué ou conservé peuvent se ramener à un seul : les juifs ne sont pas encore assimilés ; c'est-à-dire qu'ils croient encore à leur nationalité. On peut donc conclure que l'antisémitisme disparaîtra, d'une part à mesure que diminuera cet esprit exclusif des juifs ; d'autre part, en même temps que s'éteindra la croyance aux races et l'étroit patriotisme ethnologique. Les juifs bénéficieront de la diminution de l'exclusivisme national, d'autant que cette diminution coïncidera avec l'affaiblissement de leurs caractères distinctifs. En même temps que les juifs verront décroître les persécutions nationalistes, ils verront les causes économiques de l'antisémitisme diminuer de puissance ; car, quand l'animosité contre l'étranger disparaîtra, le capital juif ne sera plus en butte aux attaques du capital chrétien. Il restera la concurrence individuelle, et les animosités qu'elle engendre, mais cette concurrence s'atténuera ou sera même anéantie par telle modification du régime économique que nous ne pouvons prévoir.

BERNARD LAZARE.

Bibliographie.

Antisemiten-Spiegel, Dantzig, 1892. — CESARE LOMBROSO, *L'Antisemitismo e le Scienze moderne*. Turin, 1894. — *Encyclopédie des sciences religieuses* (Supplément), article JUDAÏSME. — ISIDORE LOEB, *Nouveau Dictionnaire de géographie universelle*, art. JUIFS. — *Réflexions sur les Juifs* (Revue des études juives, t. XXVII, p. 1, 161; t. XXVIII, p. 1, 161). — ANATOLE LEROY-BEAULIEU, *Israël chez les Nations*, Paris, 1893. — BERNARD LAZARE, *L'Antisémitisme, son histoire et ses causes*. Paris, 1894.

ASSURANCES. — V. Police d'assurances.

B

BAGEHOT (Walter), né en 1826, mort en 1877, appartenait à une famille de banquiers de Langport dans le Somersetshire. Comme beaucoup d'autres économistes anglais, il étudia les mathématiques, à l'University College de Londres. Ainsi que plusieurs hommes politiques anglais, il s'occupa aussi de théologie. Jeune avocat, il commença par écrire des essais dans les revues, cette forme de littérature qui tient une place si importante en Angleterre, et que Bagehot continua à cultiver en maître pendant toute sa vie. C'est lors d'une visite à Paris, pendant la période du coup d'État, en 1851, qu'il écrivit cyniquement que « les Français ne sont pas assez stupides pour faire un peuple politique », et que « tout Parisien aime qu'on lui cogne la tête pour en extraire le non-sens politique ». En 1852, il entra dans l'administration, et prit bientôt la direction, de la banque de Langport.

En 1858, il épousa la fille aînée de James Wilson, qui avait fondé la célèbre revue hebdomadaire, *The Economist*, pour servir d'organe au mouvement libre-échangiste, et lorsque James Wilson fut nommé ministre des finances du gouvernement des Indes, il lui succéda, à la fin de 1859, comme directeur de ce journal influent, dont la direction resta sa principale occupation jusqu'à sa mort.

Il dit avec raison que Mill, d'un côté, élargit l'économie politique et que, d'un autre côté, en tant qu'il en voulait faire une science nouvelle, il ne l'élargissait pas assez.

Bagehot était un excellent économiste. Il admettait que l'économie politique est une science d'abstraction qui n'émet que des lois hypothétiques. Comme sir Charles Lyell, dans la géologie, et plus tard, le disciple de celui-ci, Darwin, dans l'histoire naturelle, Bagehot voulut aussi, dans l'économie politique, mettre de côté les circonstances accidentelles pour arriver à dégager les effets des tendances principales. Les lois économiques agissent avec une grande force dans le haut commerce; c'est cela surtout que considéraient les anciens économistes de l'Angleterre. Ils voyaient les forces productrices se mouvoir avec une grande liberté dans leur pays, tandis qu'elles trouvaient des entraves pour les transferts d'un pays à un autre. A l'heure actuelle, les capitaux sont également, en grande partie, en état de se mouvoir entre les pays; le domaine de l'économie politique est, sous ce rapport, élargi. Bagehot comprend bien l'évolution des nations.

Bagehot n'était pas extrêmement profond, et trop souvent son analyse n'était pas complète. Malgré sa grande connaissance de la vie pratique comme banquier, et bien qu'il l'eût attentivement observée comme rédacteur de l'*Economist*, il n'était pas toujours aussi renseigné qu'on eût pu le souhaiter dans les questions de monnaie et de finance. Son autorité était reconnue publiquement par des chanceliers de l'Échiquier et par d'autres hommes d'État; mais parfois aussi cependant il commettait des erreurs même assez graves; c'est ainsi, par exemple, qu'il contribua à décider le maintien de l'étalon d'argent aux Indes, alors que les grands États d'Europe adoptaient l'étalon d'or.

Il avait une grande force dans la description. Son style était très vif, très serré, mais en même temps plein de comparaisons et d'actualités. Son raisonnement était puissant et logique. Sa vivacité et sa brillante imagination rappelaient qu'il appartenait au Sud-Ouest où ne prédomine pas le sang saxon, si lourd.

Ce qui est bien anglais, il raisonnait d'une manière extrêmement radicale et mettait en pleine lumière les défauts d'une situation. Mais, dès qu'il était question d'agir, il était conservateur; il ne voulait pas de changements trop considérables ou trop subits. Il avait, de bonne heure, été sous l'influence de Stuart Mill, ainsi que de sir George Cornwall Lewis, et sa manière d'écrire ressemble souvent à celle de Mill, avec le même raisonnement puissant, mais, comme celui de Mill aussi, manquant souvent de profondeur, et ne donnant pas toujours les résultats attendus.

Prenons comme exemples quelques-uns de ses principaux écrits. Dans son livre, *Physics and Politics*, de 1872, il est à la fois paradoxal et cyniquement sceptique. Il applique aux sociétés politiques la doctrine darwinienne de la sélection physique. L'habitude d'agir ensemble donne de la force; c'est, dit-il, l'avantage de la stupidité anglaise. De nos jours, le résultat sera le même que dans l'antiquité, alors que les Romains subjuguèrent les Grecs, beaucoup plus spirituels qu'eux. La croûte épaisse de l'habitude est, sous tous les rapports, nécessaire; les progrès ne doivent venir que lentement.

Dans son ouvrage paru en 1873, *Lombard Street*, description du marché monétaire de Londres, marché central du monde entier et ayant lui-même la Banque d'Angleterre comme centre, il ne nie aucunement la complète irrationnalité de l'organisation de la Banque, si souvent mise en lumière par les économistes, mais il ne pense pas néanmoins à la transformer; il accepte, au contraire, la situation telle qu'elle est, avec le monopole de la Banque d'Angleterre et la suspension du *Bank act* lui-même comme soupape d᾿ sûreté, en temps de crise, et ne parle que d'une augmentation possible de la réserve.

Il en est de même de son livre si intéressant sur la *Constitution anglaise*, de 1867, traduit en plusieurs langues et adopté pour l'enseignement dans plusieurs universités. Il a le mérite de rompre entièrement, par ses paradoxes, avec les anciennes formules superficielles de la division et de la balance des pouvoirs; il est d'un secours incomparable pour l'intelligence de la réalité: le pouvoir réel dans le Cabinet, ce comité, sans création légale, du grand Conseil intime, qui non seulement gouverne, mais qui est aussi responsable du travail législatif; la Chambre des Communes, comme corps d'électeurs du Cabinet, et exerçant sur lui un contrôle continuel; les Lords, comme simple chambre de revision, et ayant tout au plus le droit de demander un appel final au peuple; enfin la couronne, forme importante, qui n'est pas sans exercer quelque influence. Mais, malgré tout ce qu'il y a de cynique dans sa description, il ne veut pas altérer ces institutions ou ces méthodes de gouvernement par les partis, etc.; au contraire, il les défend, en expliquant leur nécessité par la stupidité et les préjugés du peuple, son habitude de déférence pour la monarchie, le caractère encore pire d'une aristocratie d'argent qui la remplacerait, etc. Il faut admettre qu'il a un peu trop du caractère scientifique national: une grande force et une grande originalité, excellant dans des points spéciaux et comprenant la vie réelle, mais manquant un peu trop de systématisation, de profondeur, d'universalité.

Parmi ses autres écrits, on peut citer:

Plan pratique pour l'assimilation de la mon-naie anglaise et de la monnaie américaine, tendant vers une monnaie universelle, 1869. Après sa mort, ont paru des recueils de ses articles, comprenant quelques études iné-dites : *La dépréciation de l'argent*, 1877 ; *Études littéraires*, 1879 ; *Études économiques*, 1880, et, plus tard, *Études biographiques*, 1881 ; *Essais de réforme parlementaire*, 1883.

N.-C. F.

BAKOUNINE (Michel), né en 1814 à Tarjok, mort à Berne en 1876.

Issu d'une famille aristocratique, le célèbre révolutionnaire russe, au sortir de l'Ecole d'artillerie de Saint-Pétersbourg, suivit la carrière des armes qu'il ne tarda guère à abandonner pour se livrer à l'étude de la philosophie et des questions sociales. A Mos-cou, il forma, avec quelques jeunes gens pris comme lui de passion pour la philosophie de Hegel (V. *ce nom*), un petit cénacle où l'on passait des nuits entières à discuter le sens et l'application des formules ardues du philo-sophe allemand. De ce cercle devaient sortir des révolutionnaires comme Herzen et Ogarew, des publicistes comme Katkow, des professeurs influents comme Granowsky, des critiques éminents comme Bielinsky.

En 1841, c'est à Berlin que nous trouvons Ba-kounine ; il y suit les cours des disciples directs de Hegel et va grossir les rangs de la *gauche hégélienne*. Un article publié sous le pseudo-nyme de Jules Elysard dans les *Annales alle-mandes* d'Arnold Ruge le classe bientôt parmi les chefs de ce petit groupe, à côté des Feuer-bach et des Bauer. Après un court séjour à Paris (1843), il se rend à Zurich et prend, dans cette ville, une part si active aux tra-vaux des associations révolutionnaires que son gouvernement lui enjoint l'ordre de rentrer en Russie. Il s'y refuse ; la punition ne pouvait se faire attendre : ses biens sont confisqués. En 1847, Bakounine revient à Paris ; il doit bientôt céder à un ordre d'ex-pulsion à la suite d'un violent discours dans lequel, s'adressant aux révolutionnaires po-lonais réfugiés en France, il les excite à s'unir aux révolutionnaires russes dans leur lutte contre le tsarisme. Dès lors, Bakounine parcourt l'Europe ; partout il va fomenter la révolution, en Allemagne, en Italie, en Bohême. Il prend part au congrès slave de Prague ; il organise l'insurrection à Dresde (1848). Pris les armes à la main, il est condamné à mort par le gouvernement de Berlin, livré à l'Autriche qui le réclame en invoquant le *jus primæ executionis* et con-damné une seconde fois à la peine capitale. C'est alors qu'intervient la Russie ; elle demande et obtient l'extradition et le fou-gueux agitateur est exilé en Sibérie après avoir subi huit ans de détention dans la for-teresse de Petropawlosk. En 1861, il parvient à s'évader et va, à Londres, collaborer à *la Cloche* de Herzen qu'il transforma en un journal nettement révolutionnaire.

Pénétré des doctrines révolutionnaires, exalté par la lecture de Proudhon (V. *ce nom*), révolté par la vue des inégalités sociales, Ba-kounine désire voir changer la face du monde et il est résolu à aider, de tous ses efforts, à une transformation universelle qu'il juge nécessaire au bonheur de l'humanité. Il cher-che en vain à profiter du soulèvement de la Pologne (1863) pour créer une agitation en Lithuanie ; deux ans plus tard, il se rend en Italie et y propage ses idées avec une activité incroyable.

En 1868, il se fait admettre dans *l'Associa-tion internationale des travailleurs* (V. MARX et SOCIALISME). Il y apporta toute sa fougue mais aussi tout son esprit indiscipliné. Au *congrès de la Paix et de la Liberté* (Berne 1869), il propose à l'assemblée de voter des résolu-tions purement communistes ; mis en mino-rité, furieux de son échec, il devient l'un des adversaires les plus résolus de Marx. Le théoricien du collectivisme n'eut pas, dès lors, d'ennemi plus implacable et plus acharné.

Pour Bakounine le socialisme n'est qu'une demi-mesure ; ce n'est qu'au moyen d'une « révolution universelle », à la fois sociale, philosophique, économique et politique » que l'on peut atteindre au bonheur des hommes. Pour réaliser son rêve de « pandestruction », obéissant à sa passion d'agir et d'organiser, il crée, dans le sein même de l'Internatio-nale, *l'Alliance de la Démocratie socialiste* [1].

Bakounine demande que la terre soit la propriété collective de la Commune qui aura pour devoir de donner à chacun le strict né-cessaire, tout en laissant aussi, à chacun, le droit de gagner davantage par son propre travail. La nouvelle organisation sociale ne devra comprendre aucun pouvoir dirigeant, aucune entrave à la liberté individuelle. Bakounine jugeant « criminels tous les raisonnements sur l'avenir » n'insiste d'ail-leurs pas sur cette réorganisation commu-nale. Ce qu'il veut, ce qu'il rêve, c'est une société dans laquelle aucune entrave ne sera apportée à la liberté des hommes. L'Etat, la famille, la propriété individuelle devront

1. Cette association était divisée en trois sections : 1° les *frères internationaux*, véritables chefs du parti ; 2° les *frères nationaux* désignés dans chaque pays par les frères internationaux, et chargés d'y préparer la révolution ; 3° les simples *adhérents*.

disparaître; toutes distinctions de classes devront être abolies et l'égalité complète entre les sexes devra être proclamée. Pour arriver au but, tous les moyens sont bons; « la Révolution sanctifie tout sans distinction ». Bakounine et ses disciples prêchent alors, avec ardeur, la propagande par le fait et le terrorisme.

Ce ne sont ni quelques individus isolés, ni des sociétés secrètes qui pourront accomplir cette œuvre de « pandestruction ». De telle révolutions « se préparent longtemps dans la profondeur de la conscience instinctive des masses populaires, puis elles éclatent, suscitées souvent par des causes futiles ». Que les révolutionnaires sachent inspirer au prolétariat la confiance de ses propres forces, qu'ils « aillent dans le peuple » réveiller chez les exploités la haine contre les exploiteurs, et la révolution éclatera d'elle-même, détruisant le vieux monde et l'antique civilisation.

Telles sont, résumées dans leurs grandes lignes, les théories de Bakounine. Ce sont, on le voit, celles de tous les anarchistes. Mais pour le révolutionnaire russe, il ne suffit pas d'exposer, plus ou moins doctement, des principes; il faut agir, et c'est par cette intime alliance de l'action et de la théorie qu'il est profondément anarchiste. Aussi le voyons-nous organiser à Lyon (28 septembre 1870) une insurrection dont l'échec fut d'ailleurs complet. Les partisans français n'en suivirent pas moins, à Paris même, lors de la révolution du 18 mars, les conseils qu'il leur donnait dans ses *Lettres à un Français* (1870). Cette propagande ne se limitait pas à la France. Plus active encore en Espagne, elle allait aboutir aux troubles de Séville, Barcelone, Cadix et Carthagène. En Russie (V. NIHILISME) Bakounine, secondé par Netchaïew dont le gouvernement parvint à s'emparer, tentait de créer un parti purement anarchiste, et se séparait des disciples du socialiste Lawrow. L'influence de Bakounine s'exerça surtout sur la jeunesse russe étudiant en Suisse. Les étudiants russes se rendaient à Zurich en si grand nombre, que l'Ukase impérial de 1873 leur enjoignit de quitter cette ville « devenue un foyer pestilentiel de doctrines malsaines ».

Ceux d'entre eux qui retournèrent dans leur patrie obéirent au mot d'ordre qui leur avait été donné par Bakounine: « aller dans lo peuple ». La plupart d'entre eux allèrent ainsi prêcher la révolution sociale, et poussèrent de tous leurs efforts à l'émeute (V. NIHILISME, § 4).

Toutes ces menées anarchistes eurent pour résultat d'aliéner plus que jamais à Bakounine le parti des socialistes. N'aimant à courber la tête devant personne, détestant profondément Karl Marx, adversaire de la doctrine collectiviste, il avait introduit la division et la discorde dans l'Internationale. Il l'affaiblit plus encore, en fondant, avec les membres de la section de la Suisse romande, la *Fédération jurassienne* (12 novembre 1871). L'organe du parti, la *Solidarité*, publia contre Marx et ses disciples les attaques les plus venimeuses. Dès lors, on ne saurait s'étonner de voir l'Internationale prononcer, au congrès de la Haye (1872) l'exclusion de Bakounine et des anarchistes. Cette lutte avait porté le dernier coup à l'Association des travailleurs. En vain publia-t-elle des brochures pour faire croire que son existence n'était pas mise en péril; en vain, pour avoir plus de liberté d'action, transporta-t-elle à New-York le siège de son conseil général; en 1876 elle disparut.

Fatigué de la lutte, Bakounine se retira à Lugano, au moment même où il était le plus vivement pris à partie par l'Internationale. Ses amis stupéfaits apprirent sa résolution par une lettre de lui, insérée dans le *Journal de Genève*. Il avait alors cinquante-neuf ans; sa santé déclinait, et, en 1876, il mourait à Berne. Seuls ses plus intimes confidents pourraient dire s'il participa, comme on l'a prétendu, à une tentative d'insurrection qui eut lieu à Bologne, peu de temps avant sa mort.

Jamais homme n'a plus mérité que Bakounine le nom d'agitateur révolutionnaire. Nous l'avons vu soulever les masses populaires dans tous les pays où il avait été, s'y créer un groupe important de partisans. Cette influence ne doit pas être attribuée uniquement à l'écrivain, mais surtout à l'orateur et à l'homme d'action qui étaient en lui.

Son œuvre ne se compose guère que de discours, d'articles de journaux et de revue, et de quelques brochures. Ce sont surtout des œuvres de propagande, faites pour les besoins de la cause. L'on peut citer de lui: l'*État et l'Anarchie*, l'*Histoire de l'Internationale*, l'*Empire Knouto-germanique et la Révolution sociale*, la *Théologie politique de Mazzini et l'Internationale*, les *Principes de la Révolution*, *Dieu et l'État*. Dans ce dernier ouvrage, inachevé, Bakounine veut démontrer que les religions ont retardé les progrès de la pensée humaine. Pour lui, l'idée de Dieu est « la négation la plus décisive de la liberté humaine et aboutit à l'esclavage, tant en théorie, qu'en pratique ». Il exprime combien sa foi est grande en la solidarité: « Le seul moyen de la rendre bienfaisante est de faire

3

une révolution sociale, de détruire les institutions de l'inégalité, de fonder l'égalité économique et sociale de tous, et d'élever sur cette base, la liberté, la moralité et l'humanité solidaire ».

S. Balachovsky.

Bibliographie.

Les prétendues scissions de l'Internationale ; l'Alliance de la Démocratie socialiste et l'Alliance internationale des travailleurs.

BANDINI (Antonio), né à Sienne en 1677 d'une famille patricienne, entra dans les ordres, après avoir géré pendant quelques années les domaines que sa famille possédait dans la Maremme toscane. Cette région marécageuse, qui s'étend entre l'Apennin et la Méditerranée, déjà mal partagée par la nature, souffrait en outre de la manie de la réglementation et de l'interdiction d'exporter ses grains, qui pesait sur elle. Dans son *Discorso Economico* écrit en 1737, qu'il soumit en 1739 au grand-duc de Toscane, et qui ne fut imprimé pour la première fois qu'en 1775, après la mort de l'auteur, Bandini expose les remèdes qu'il recommande : « Il est, écrit-il, des maladies qui ne se guérissent que par le grand air et les médecins le prescrivent après avoir essayé de médicaments reconnus inutiles ou nuisibles. C'est le remède que je propose d'essayer sur le corps languissant de la Maremme : laissons agir la nature, n'ayons recours qu'à un petit nombre de lois et que celles-ci soient simples et à la portée d'un peuple de pasteurs et d'agriculteurs ». Ces terres fertiles abandonnées et redevenues sauvages, où même le bétail ne vient plus pâturer, ces vignes délaissées, ces oliviers redevenus sauvages, ces habitations croulantes n'ont pas pour cause des opérations militaires, mais des opérations civiles; non pas des désordres, mais un excès d'ordres, non pas un excès d'injustices, mais un excès de justice et un trop grand nombre d'hommes employés à tout vouloir régler... Il suffira que ceux qui entravent, n'entravent pas la nature; qu'ils la laissent faire : elle agira d'elle-même. »

Bandini, un des premiers avocats du *Laissez faire*, est pénétré, comme les physiocrates, de l'importance primordiale de l'agriculture. Pour lui, elle constitue la source de toute prospérité et doit pouvoir librement pousser ses racines malgré « le tumulte que tous les autres arts font contre elle... La prospérité des artisans et des marchands, comme la prospérité générale, sont toujours inévitablement liées à celle de l'agriculture: la prospérité commune s'y rattache et en dépend. » Ce qu'il veut pour elle, c'est la liberté de l'exportation : « Notre gouvernement avait pour coutume de ne pas s'occuper des prix et d'autoriser la libre sortie des grains par la voie maritime, quitte à en faire venir de l'étranger quand les besoins l'exigeaient: cette coutume était plus profitable que toutes nos industries à la mode nouvelle. » S'il ne parle pas des classes stériles, comme le feront plus tard les physiocrates, il réagit avec eux contre les entraves mises à la liberté du commerce des grains. Il n'est pas permis de dire que Bandini a pu leur servir d'inspirateur, puisque ces écrits n'ont été livrés à la publicité que plusieurs années après ceux de Quesnay, mais il n'en demeure pas moins un des émules de ce dernier : une fois de plus nous voyons des causes économiques semblables engendrer par réaction les mêmes conceptions théoriques.

Bandini a des vues très justes sur le rôle du crédit venant se substituer à la monnaie. On ne saurait dépeindre avec plus d'énergie les résultats funestes des interdictions d'exporter les produits du sol : « C'est, s'écrie-t-il, clouer la porte du magasin afin que les marchandises y moisissent. »

Bibliographie.

Le Discorso Economico a été recueilli dans la collection Custodi des Scrittori italiani classici dell' Economica politica Vol. I. de la Parte Moderna (Milan, 1803).

BAUDRILLART (Henri-Joseph-Léon), né à Paris le 27 novembre 1821 ; mort le 23 janvier 1892.

On verra plus loin la liste complète des œuvres de Baudrillart. Et l'on trouvera dans plusieurs articles du *Dictionnaire* : Bourgeoisie, Morale, Tenures, etc., quelques-unes de ses plus chères idées exposées par lui-même. Nous essayerons ici de résumer l'ensemble de ses opinions et, pour cela, nous ne croyons pouvoir mieux faire que d'analyser ses principaux ouvrages.

Et d'abord celui-ci : *L'économie politique est-elle une science?*

Sans doute, répond Baudrillart, puisqu'elle repose sur un ordre de faits réels, puisque ces faits peuvent être observés, et puisqu'ils obéissent à des lois. Or, tout se ramène en ce monde à des forces et à des lois. Les lois sont fixes, les forces sont mobiles. Le monde se développe parce qu'il se compose de forces, et se développe régulièrement parce que ces forces sont régies par des lois. La force libre qui constitue l'homme varie selon les temps, les lieux, les individus. Ces modifications perpétuelles, ces transformations successives remplissent l'histoire, et font de l'homme l'être ondoyant et divers auquel s'appliquent les qualifications les plus opposées. D'autre part, jamais l'humanité n'a cessé d'admettre des règles auxquelles elle soumet sa conduite, ni de reconnaître dans le monde moral un certain ordre dont les sciences morales portent témoignage. Si l'humanité était purement mobile, il y aurait une histoire pour enregistrer ses variations, point de philosophie pour noter ses caractères essentiels et déterminer son type abstrait ; il y aurait des conventions changeantes, filles des circonstances, point de droit naturel ni de prescriptions durables ; des coutumes et des mœurs, point de morale.

La mobilité d'une part, la fixité de l'autre, ne donnent pas du développement humain une idée complète. Il y a un point où ces deux caractères semblent venir s'unir en un attribut nouveau, c'est la perfectibilité, qui suppose à la fois une force libre qui se développe, et un idéal vers lequel elle s'avance. Ou la perfectibilité n'est qu'un fait fatal, et partant sans moralité, ou elle suppose, d'un côté la liberté humaine, et, de l'autre, un type plus ou moins déterminé, dont cette liberté tend à se rapprocher. Sans la mobilité, l'homme serait parfait comme Dieu, ou borné dans son imperfection comme les animaux doués des plus merveilleux, mais des plus immuables instincts. Sans la fixité des principes qui président à son développement, il irait au hasard, il s'agiterait sans avancer. « Le progrès est la loi d'un être relatif en état de s'élever à la notion de quelque chose d'absolu, la loi d'un être capable de viser à une sorte de perfection, pas assez puissant pour réaliser jamais complètement cette conception idéale, mais qui l'est assez du moins pour la mieux comprendre sans cesse, et pour la réaliser toujours davantage en lui et autour de lui, dans son être intérieur et dans ses œuvres visibles. » Déterminer les lois naturelles auxquelles est assujettie dans son développement normal la force intelligente, sensible, libre, qui est l'homme même ; s'attacher à l'élément durable de leur objet, et tenir d'autre part grand compte des diversités et des inégalités humaines, lorsqu'elles en viennent aux applications, telle est la mission des sciences morales en général, et, en particulier, de l'économie politique. « La première de ces conditions leur permet d'être réellement des sciences et fait leur valeur comme leur dignité ; la seconde peut seule les rendre praticables et fécondes... »

L'économie politique n'a pas pour principe l'utilité. « L'utilité est la matière et le but de l'économie politique, elle n'en est pas le principe. Le principe de l'économie politique,

c'est la liberté, c'est la justice, qui n'est que le respect obligatoire des êtres libres les uns par les autres. Sans doute l'intérêt est le grand ressort de l'industrie... On ne fabrique pas par humanité, on ne vend pas par devoir... Mais il n'en est pas moins vrai que la liberté du travail et la liberté du commerce nous apparaissent chez l'individu comme des droits, bien avant que nous ayons découvert leurs effets bienfaisants pour la société prise en masse. La raison tirée du droit est seule inexpugnable au sophisme, et les atteintes qu'il reçoit portent un nom qui parle haut et clair à chacun : l'oppression, l'iniquité. »

D'une façon plus générale, il est vrai de dire que les utilitaires et les positivistes faussent tout ce qu'il touchent. En morale, une vérité est parce qu'elle est, non parce qu'elle est consolante et bienfaisante, encore moins parce qu'elle est commode. En religion, le souci solitaire et démesuré du salut individuel mène à des conséquences inhumaines et antisociales. En histoire, il est injuste de ne juger les hommes que sur ce qu'ils ont fait, sans tenir compte de ce qu'ils ont valu. En esthétique, rien de plus inutile que la beauté parfaite...

Après cet ouvrage, nous devrions analyser l'ouvrage principal, celui qui renferme *Les rapports de la morale et de l'économie politique,* la question la plus chère à l'auteur, celle dont il a fait, en quelque sorte, son domaine propre et comme sa province personnelle, celle où il s'est le plus souvent cantonné, retranché et comme fortifié de tout temps. Mais, dans ce *Dictionnaire* même, il a écrit un article sur la MORALE (Voir ce mot), où l'on trouvera les développements nécessaires.

Après les deux ouvrages que nous venons d'énumérer, il nous faut citer l'*Histoire du luxe.*

Une théorie du luxe : le luxe considéré dans ses rapports avec la morale, l'économie sociale, la politique ; puis, l'histoire proprement dite du luxe, depuis l'antiquité jusqu'à nos jours : le luxe primitif, en Orient, en Égypte, dans l'Inde, en Chine, à Carthage, chez les Hébreux ; le luxe hellénique, à Athènes, en Macédoine, avant la conquête romaine ; le luxe à Rome sous la République ; le luxe sous l'empire romain, son caractère et ses développements, ses sources, ses progrès ; le luxe byzantin, son influence sur l'art et sur le culte ; la censure du luxe par les écrivains romains et par les premiers écrivains chrétiens ; le luxe au moyen âge jusqu'au xiᵉ siècle, son rôle, ses caractères ; le luxe féodal ; le luxe depuis le xivᵉ jusqu'au xviᵉ siècle, ses rapports avec l'état social et politique, ses progrès excessifs, et la décadence morale qui y correspond ; le luxe et la Renaissance ; la censure du luxe au moyen âge et pendant la Renaissance ; le luxe au xvIIe siècle ; le luxe au xvIIIe siècle, l'agiotage et les folles dépenses de la Régence et de sa suite, le luxe niveleur, l'altération des mœurs publiques par les jouissances privées, l'influence du luxe français sur les nations étrangères ; le luxe et la Révolution, le vandalisme, les fondations et les essais de réforme, les fêtes nationales; enfin, le luxe en France et chez les nations étrangères depuis le commencement du siècle, son caractère et ses tendances contemporaines ; les réformes du luxe privé, les impôts somptuaires, les réformes du luxe public ; — voilà, dans son ordonnance générale, l'ouvrage considérable, consacré par son auteur à l'étude historique, économique et esthétique du luxe, sorte d'encyclopédie qui implique les plus vastes recherches et embrasse le plus vaste ensemble de connaissances : art, morale, philosophie, économie politique, science du gouvernement.

Nous arrivons enfin au dernier ouvrage de Baudrillart : les *Populations agricoles de la France*.

Encouragé par l'initiative de l'Académie des sciences morales et politiques, qui lui rendit sa tâche plus légère et plus honorable à la fois en en faisant une mission ; animé par les difficultés mêmes de son entreprise, telles que l'obscurité, la dispersion et la diversité des classes agricoles, dont les destinées sont silencieuses et résignées, et dont les caractères varient selon le sol et le climat, selon la race et les habitudes ; pénétré de l'importance de son enquête par l'idée qu'il avait du rôle que joue l'individu dans la production agricole comme dans toutes les autres, et par la croyance que le fonds essentiel, le *substratum* des nations est dans les campagnes; « soutenu par l'espoir de léguer à l'avenir le tableau de la France rurale dans le dernier quart du xixe siècle, ce tableau que les historiens et les économistes déplorent de n'avoir que par lambeaux pour les siècles passés » ; fort de la connaissance préalable que vingt-trois ans de voyages comme inspecteur des bibliothèques et des archives lui avaient donné des plus petits coins des provinces; armé de ses aptitudes historiques, économiques, philosophiques personnelles, de tous les dons des cerveaux bien organisés, le don de voir, d'observer et de comparer, celui de s'assimiler les notions, la lucidité d'esprit qui les ordonne, la faculté pensante et généralisatrice qui les enchaîne, personne n'était plus

propre ni mieux préparé que l'auteur des *Populations agricoles* à porter jusqu'au bout, sans fléchir, le poids d'une tentative aussi lourde. La mort ne lui a malheureusement pas permis de terminer son œuvre. Ce monument inachevé n'en place pas moins le nom de son auteur à côté de ceux d'Arthur Young et de Léonce de Lavergne.

La première série des *Populations agricoles de la France* comprend l'Ouest : Normandie, Bretagne.

L'état passé et présent, les coutumes, l'instruction, les mœurs, l'état économique des populations du Maine, de l'Anjou, de la Touraine, du Poitou, de l'Artois, de la Picardie, de l'Île-de-France, sont les sujets de la deuxième série.

Henri Baudrillart en était là de son œuvre, quand la mort est venue l'arrêter. De ses deux derniers voyages, accomplis en 1890 et en 1891 au milieu des plus cruelles souffrances, il avait cependant rapporté des notes partiellement rédigées et des documents sur les provinces méridionales. Compagnon de voyage de son père, et quelquefois son collaborateur, bien préparé d'ailleurs par ses propres études historiques à aborder ces questions d'économie sociale comparative et descriptive, M. Alfred Baudrillart, aujourd'hui Père de l'Oratoire, a pu, par bonheur, terminer et publier un troisième volume, qui n'achève pas l'œuvre, puisqu'il y manque l'étude des régions de l'Est et d'une partie du Centre[1], mais qui y ajoute un fragment précieux.

Un économiste descriptif, moraliste et philosophe, tel apparaît, quand on a passé son œuvre en revue, Henri Baudrillart. Son originalité comme économiste consiste évidemment dans le rattachement de l'économie politique à la morale spiritualiste. Le spiritualisme est aujourd'hui peu en honneur. Il passe pour peu scientifique. C'est l'opinion du moment. Elle n'aura qu'un temps. Les probabilités contraires ne sont pas telles qu'il y ait lieu de considérer son éclipse passagère comme définitive. Le jour où il aura repris dans l'ensemble des opinions humaines la place qui lui appartient, on s'apercevra de l'importance du service rendu par Henri Baudrillart à l'économie politique en lui assignant le spiritualisme pour base, de la solidité d'assiette qu'il lui aura ainsi donnée, de la fécondité des conséquences de toute sorte qui découlent de ce parti pris, de la force notamment que trouvera de plus

[1]. Sur l'Orléanais, le Berry, la Marche, le Bourbonnais et le Nivernais, Henri Baudrillart a encore laissé des notes dans lesquelles il a eu la tristesse de ne pouvoir mettre assez d'ordre pour qu'elles puissent être publiées.

en plus l'économie politique, dans sa lutte nécessaire contre l'État socialiste, à se cantonner, sans abandonner le terrain de l'utilité, sur celui du droit. J'indique, sans y insister, cette perspective, que la probabilité des luttes sociales de l'avenir rend, je crois, plausible. Ajoutons que si la solidarité de l'économie politique et de la morale est un système, nul système n'aura été soutenu d'une façon moins systématique, moins gâté, faussé ou altéré par la *thèse*, mieux défendu contre ses propres excès par une probité scrupuleuse, par le respect de la mesure, par le souci de la nuance, par l'absence de tout pédantisme, par une sorte de plénitude d'expérience et par un sens de la vie qui y maintiennent l'équilibre, en ne permettant pas à l'information purement érudite, quelle que large que soit sa part, d'y masquer jamais la vue directe des choses.

T. Cerfberr.

Bibliographie.

L'œuvre de Baudrillart, est considérable : — *Jean Bodin et son temps, Tableau des théories politiques et des idées économiques au xvi° siècle*. 1 vol. in-8°. Librairie Guillaumin et C¹⁰, 1853. — *Manuel d'économie politique*, 1 volume grand in-8. Librairie Guillaumin, 1857. — *Études de philosophie morale et d'économie politique*. 2 vol. gr. in-18. Librairie Guillaumin, 1857. — *Des rapports de la morale et de l'économie politique* (Cours professé au Collège de France). 1 vol. in-8°. Libr. Guillaumin, 1860. — *Publicistes modernes*. 1 vol. in-8°. Libr. Didier, 1862. — *La liberté du travail, l'association et la démocratie*. 1 vol. gr. in-18. Libr. Guillaumin, 1865. — *Éléments d'économie rurale, industrielle, commerciale* (Cours d'enseignement secondaire spécial, 4° année). 1 vol. gr. in-18. Charles Delagrave, éd., 1867. — *Économie politique populaire*. 1 vol. gr. in-18. Hachette, éd., 1869. — *La famille et l'éducation en France*. 1 vol. gr. in-18. Libr. Didier, 1874. — *Histoire du luxe public et privé depuis l'antiquité jusqu'à nos jours*. 4 vol. in-8°. Libr. Hachette, 1878 et 1880. — *Les populations agricoles de la France* (passé et présent.) 3 vol. in-8°. Libr. Hachette, 1880, 1885, 1888 et 1893 (Le 3° volume est posthume).

Joignez à ces dix-huit volumes quelques discours d'ouverture du Collège de France, et quelques rapports à l'Académie des sciences morales et politiques, qui ont été conservés et publiés :

Du crédit et de la spéculation, extrait du *Journal des économistes*, janvier 1861. — *De la nécessité de l'économie politique pour l'histoire*, extrait du *Journal des économistes*, 15 janvier 1865. — *De la méthode en économie politique*, extrait du *Journal des économ.*, 15 janv. 1866. — *De l'histoire de l'économie politique*, extrait du *Journal des écon.*, 15 janv. 1867. — *Le luxe public et privé à Athènes*, extrait du *Journal des économistes*, 15 mai 1867. — *La population en France au xviii° siècle* (au point de vue historique et économique), extrait du *Journal des économ.*, mai et juin 1885. — *Le rôle de l'État dans la question ouvrière*. Compte rendu. Libr. Alph. Picard, 1886. — *L'amélioration des logements d'ouvriers*, extrait du *Journal des économistes*, Libr. Alph. Picard, 1889. — *Du rôle des bibliothèques*, extrait du *Journal des économistes*. Lib. Alph. Picard, 1890.

Joignez enfin trois petits volumes d'un intérêt plus spécial : *Lectures choisies d'économie politique*, précédées d'une préface et accompagnées de notes. Libr. Guillaumin, 1884. — *Éducation morale et éducation civique* (selon le programme d'enseignement primaire). Lecène et Oudin, éd.,

1885. — J.-B. Say. Étude parue dans la *Petite Bibliothèque française et étrangère*, Guillaumin.

BESOLD (Christophe), né en 1577 à Tubingue, où il fit ses études et où il fut nommé professeur de droit en 1610, occupa à partir de 1637 une chaire à Ingolstadt. Il y mourut l'année suivante. Sa conversion au catholicisme fit beaucoup de bruit; M. Roscher l'explique par le souci de se délivrer des entraves que lui imposait un luthéranisme « ossifié ». Besold a beaucoup écrit sur le droit et la jurisprudence, mais il s'est aussi occupé de questions économiques; en général il a pour les solutions moyennes une prédilection que M. Roscher attribue à l'étendue de ses connaissances historiques.

Dans son traité *De Aerario*, il insiste sur l'importance des investigations statistiques. « Les conseillers du prince, écrit-il, doivent s'enquérir de l'étendue et de la situation des provinces et des villes, de la configuration du sol, des facilités naturelles qu'elles offrent au commerce, de leur richesse en blé, en sel, en vin, en huiles. Les impôts s'acquittent-ils facilement ou bien oppriment-ils la population? »

Déjà dans sa dissertation doctorale (*Quæstiones aliquot de usuris*, 1598), il s'était occupé du prêt à intérêt et a repris cette étude dans sa *Vitae et mortis consideratio politica* publiée en 1623. Il combat la théorie de la non-productivité du capital, qui avait servi de fondement à la doctrine canonique de l'usure : « Il faut présumer, dit-il, qu'un emprunteur tire quelque profit de l'emprunt qu'il a fait. Le meilleur moyen de combattre l'usure véritable, celle qui exploite le malheur, c'est d'instituer des monts-de-piété publics ». Besold peut donc passer à juste titre pour un précurseur de Saumaise.

En matière de commerce extérieur, il est mercantiliste sans verser toutefois dans l'engouement pour l'abondance des métaux précieux; il estime que le développement industriel d'une nation contribue plus à sa prospérité que l'existence des mines ou même que la fertilité de son territoire.

En politique, Besold se défend d'avoir des théories absolues et personnelles. Il se contente d'étudier les systèmes qui existent ou ont existé sans prétendre au rôle d'arbitre et en ayant grand soin de tenir compte des diversités nationales. On trouvera ses opinions à ce sujet dans sa *Synopsis politicae doctrinae* (1623) et dans son ouvrage *Principium et finis politicae doctrinae* (1625).

Bibliographie.

Roscher, *Geschichte der Nat. Œkonomik in Deutschland* pp. 195-205.

BIENS NATIONAUX.

SOMMAIRE

I. CE QUE L'ON ENTEND PAR BIENS NATIONAUX.

A prendre ce mot strictement on devrait entendre par là les biens qui sont propriété nationale, c'est-à-dire pour parler comme on fait d'habitude les biens de l'État. Mais l'usage leur a donné un sens tout spécial. On désigne ainsi les biens immeubles ou meubles qui, pendant le cours de la Révolution française, ont été, par une série de décisions législatives, enlevés à leurs propriétaires, particuliers ou corporations, et attribués à l'État ou, comme on disait alors à la nation, d'où leur titre de biens nationaux. Quelle était l'étendue et la nature de ces biens? Pour quelle raison les a-t-on saisis et qu'en a-t-on fait? Quel a été le résultat de cette spoliation unique dans l'histoire, car si l'on a vu des peuples conquis dépouillés par les vainqueurs, on n'avait jamais vu tant de particuliers ou d'associations dépossédés par le gouvernement de leur pays? Ce sont autant de questions qui méritent d'être considérées un instant par des économistes.

II. DE QUOI SE COMPOSÈRENT LES BIENS NATIONAUX.

1. Des biens du clergé.

Il n'y avait pas, en France, avant 1789, de budget des cultes. Il était pourvu aux besoins du culte et à l'entretien du clergé partie par la dîme (dans les campagnes seulement) et partie par le revenu de capitaux provenant des libéralités faites par les fidèles pendant une longue suite de siècles.

Ces biens dits de *mainmorte* (Voy. ce mot) servaient aussi à procurer l'enseignement et l'assistance dans une mesure très large.

Encore que le clergé de France formât un groupe ou comme on disait alors un *ordre* dans la nation, les biens qui avaient la destination qu'on vient de marquer n'appartenaient pas à l'ordre du clergé, mais aux diverses fonctions ecclésiastiques : cures, évêchés, séminaires auxquels ils avaient été affectés par les donateurs ou bien aux communautés religieuses. Ce que ces biens avaient de commun était d'abord de ne pouvoir être aliénés par les titulaires curés, évêques ou abbés réguliers qui n'en avaient que l'administration et ensuite d'être exemptés de quelques impôts directs en échange desquelles les députés du clergé réunis périodiquement votaient un *don gratuit* équivalent, malgré son titre, à l'impôt dont ils étaient déchargés, mais que le clergé levait lui-même sur les biens appartenant à ses membres, avantage très sensible à raison de la fâcheuse manière dont étaient alors répartis et levés les impôts perçus directement par l'État. Il arriva plus d'une fois que l'État dans le besoin s'adressa à l'ordre du clergé qui lui faisait alors des dons extraordinaires dont il trouvait les fonds au moyen d'emprunts. Son crédit étant bien assis à cause de la fidélité avec laquelle il tenait ses engagements, il trouva toujours des prêteurs et à meilleur taux que l'État ; il sut de plus ne pas abuser de cette commodité. Le montant des intérêts et de l'amortissement était reçu en même temps que le don gratuit. En 1789 l'ordre du clergé devait ainsi, pour dons extraordinaires faits à l'État, 133 millions (dont 46 fournis en deux fois pendant la guerre qui assura l'indépendance des États-Unis d'Amérique) qui devaient être entièrement amortis en 1806. On comprend combien le clergé d'alors se suffisant à lui-même et aidant l'État était indépendant du pouvoir public.

Le 10 octobre 1789, l'Assemblée constituante, qui avait déjà supprimé les dîmes sans rachat, fut saisie d'un projet de loi mettant les biens du clergé à la disposition de la nation, à charge par la nation de pourvoir aux dépenses du culte et à l'entretien de ses ministres. La discussion qui suivit est curieuse, parce qu'elle montre les idées alors dominantes chez les membres de cette assemblée qui changea tant de choses en France et proclama ces principes dits de 1789, si souvent invoqués même de nos jours. Tandis que les adversaires du projet soutenaient qu'il n'était point loisible même aux législateurs de saisir un patrimoine formé de libéralités privées faites dans un but déterminé et avoué par les lois, les partisans du projet répondaient que la propriété ne vient que de la loi civile et n'a de force et d'étendue qu'autant qu'il plaît à cette loi de lui en reconnaître. Cette théorie fut longuement développée par les juristes de l'Assemblée aux applaudissements de la majorité. Ils déclarèrent que si les lois anciennes avaient reconnu aux particuliers le droit d'affecter des biens à certaine destination, une loi nouvelle pouvait attribuer ces biens à l'État, à

scule charge par lui de pourvoir de la manière qu'il entendrait au but qu'avaient eu en
vue les bienfaiteurs. C'est ce système qui
prévalut, et un décret du 2 novembre mit
« à la disposition de la nation tous les biens
du clergé, sauf à pourvoir d'une façon convenable à la décence du culte et à la subsistance de ses ministres ».

Quelle était la valeur en capital et revenu
des biens saisis par ce décret? Il est impossible
de le dire avec précision, aucun inventaire,
aucun état, aucun recolement n'ayant été fait.
Cette quantité de biens meubles et immeubles
existant dans toutes les communes de France
fut ainsi attribuée à l'État sans qu'il en ait
été dressé d'autre état que quelques listes
partielles et très incomplètes.

Le revenu des immeubles donnant un produit fut estimé plusieurs fois, dans la discussion qui eut lieu à l'Assemblée constituante, à 60 ou 70 millions, mais sans qu'on
apportât de chiffres certains à l'appui. C'est
ce chiffre — 60 millions de revenus —
qu'a adopté M. Léonce de Lavergne dans
Économie rurale de la France et il pense que
le capital valait bien 3 milliards. M. Taine
croit ces chiffres trop faibles et il estime que
le revenu seul s'élevait entre 80 et 100 millions. M. Léouzon-le-Duc, dans un travail très
étudié inséré au Journal des économistes (août
1884), cite divers documents d'où il résulte
que le revenu de ces immeubles n'allait pas
à moins de 110 millions.

A quoi il faut ajouter les immeubles ne
donnant pas de revenus : églises, chapelles,
évêchés, presbytères, séminaires qui d'abord
laissés à leur destination primitive furent
ensuite saisis comme le reste, puis tous les
objets mobiliers, c'est-à-dire l'argenterie des
églises contenant, outre beaucoup d'objets
ayant une valeur seulement matérielle, des
objets d'art d'un prix inestimable.

2. Des biens des associations privées et des éta-blissements charitables.

« Avec votre principe, avait dit à l'Assemblée pendant la discussion Mgr de Boisgelin,
archevêque d'Aix, vous pouvez dépouiller
les hôpitaux, puis les particuliers mêmes. »
Et c'est en effet ce qui eut lieu. Un décret de
la Convention des 19-24 mars 1793, déclara
que les biens des hôpitaux, hospices, bureaux
de charité et enfin de toutes les fondations
ayant un but charitable étaient acquis à la
Nation qui d'ailleurs se chargeait de secourir
les malheureux comme elle s'était chargée de
subvenir aux dépenses du culte. Le mobilier
des confréries, associations privées et pieuses
qui soignaient les malades et ensevelissaient
les pauvres fut saisi aussi.

Après les fondations charitables, vinrent
celles destinées à l'enseignement. Nombre
d'entre elles faisaient partie des biens ecclésiastiques, mais il s'en trouvait en dehors :
un décret du 8-10 mars 1793 ordonna la
vente des biens appartenant aux collèges, un
autre décret du 24 juillet suivant déclara
nationaux les biens des académies et sociétés
littéraires supprimées l'année précédente.

Puis ce fut le tour des sociétés qui, par leur
but même, ne tenaient en rien à l'ordre politique ou religieux auquel on faisait la guerre.
Un décret du 24 avril-2 mai 1793 déclara nationaux les biens « des ci-devant compagnies
d'archers, arquebusiers, arbalétriers ». Ces
sociétés étaient nombreuses, surtout dans les
campagnes où elles offraient une distraction
honnête aux gens de l'endroit. Beaucoup
avaient reçu des libéralités en forme de fondations, ce qui leur assurait un revenu suffisant souvent pour couvrir les dépenses
courantes. Ce sont ces biens que saisit la
Convention, après avoir prononcé la dissolution des sociétés qui en avaient la jouissance.

Les biens des grandes compagnies coloniales ou financières furent également attribués à la Nation.

Il est absolument impossible de donner
même une estimation approximative de la
valeur de ces divers biens. Le seul chiffre que
nous ayons se trouve dans l'un des rapports
faits en 1790 par le « Comité de mendicité »
(c'était une commission formée de membres
de l'Assemblée constituante et chargée d'examiner les questions concernant l'assistance).
Il estime que le revenu des établissements
charitables alors existant, de ceux du moins
qu'il a pu recenser, s'élevait à 32 millions
au moins.

3. Les biens des émigrés et des condamnés.

Le patrimoine des particuliers ne fut pas
plus épargné que celui des associations. Un
décret de février 1792 mit sous séquestre les
biens des émigrés, un autre décret des 2 et
6 septembre suivant les attribua à la Nation,
et c'est seulement l'année suivante qu'un
autre décret définit qui étaient les émigrés.
C'étaient tous ceux qui se trouvaient absents
de leur domicile et la liste était dressée dans
chaque commune par la municipalité ; on
devine à quels abus donnèrent lieu les inscriptions. On mit, sur la liste, des morts dont
on voulait avoir la succession, on y mit ceux
que l'on voulait dépouiller, on y inscrivit
même un ministre, Monge, qui en effet était
à Paris et absent par suite de son domicile
ordinaire.

Un autre décret (12 janvier 1794) déclara

acquis à la Nation les biens des « ci-devant fermiers généraux » ; les biens personnels des ecclésiastiques déportés et ceux des diverses autres catégories de condamnés furent successivement attribués à l'État.

Le compte de ces biens est impossible à faire; tel était le désordre alors régnant que nous n'avons aucune base, même approximative.

Enfin M. Stourm (*Finances de l'ancien régime et de la Révolution*) croit que les seuls biens enlevés au clergé, au domaine royal et aux émigrés qui ne faisaient qu'une partie des biens nationaux s'élevaient à 5 milliards et demi d'immeubles et à 250 millions pour les valeurs mobilières. Que firent de ce gros capital les gouvernements de la Révolution?

III. QUEL EMPLOI REÇURENT LES BIENS NATIONAUX.

En principe ils étaient destinés à être vendus, puisque les besoins du Trésor avaient été le prétexte de la confiscation des premiers biens saisis, ceux du clergé et un décret du 14-17 mai 1790 ordonna la mise en vente de 400 millions de ces biens. Nous ne connaissons pas assurément les résultats de cette première vente, mais ce que l'on en sait montre que les biens se vendirent facilement et à bon prix. Le roi était encore sur le trône et rien n'étant changé extérieurement, la confiance était encore entière dans la population des campagnes et c'est parmi elle que se trouvèrent les acheteurs. Les biens mis en vente étaient surtout des immeubles ruraux et quantité de petits propriétaires, fermiers, métayers, avaient, malgré les préjugés en cours aujourd'hui encore sur la misère des paysans avant 1789, des économies qu'ils s'empressèrent d'employer. Ceux qui en avaient déjà, et ce fut le plus grand nombre, s'agrandirent. Un certain nombre de fermiers et métayers saisirent cette occasion de devenir propriétaires. L'Assemblée anticipant sur le résultat des ventes avait créé des *assignations* sur ces biens (d'où leur nom d'*assignats*) qui lui servirent de monnaie et devaient rentrer en payement des immeubles vendus.

Mais ce résultat heureux ne continua pas. Dès l'année suivante (1791) un député, Montesquiou, constatait devant l'Assemblée que les biens nationaux ne trouvaient plus acquéreurs. C'est que la situation politique devenait troublée, que l'inquiétude était dans les esprits ; les assignats multipliés sans mesure se dépréciaient, de plus la première mise en vente avait épuisé beaucoup de petites bourses et la crainte fermait les autres. Il ne restait plus pour acheteurs que les spéculateurs qui entendaient bien se couvrir des risques qu'ils couraient par l'étendue des profits, et comme il fallait vendre quand même parce que les impôts rentrant peu et mal, la vente des biens nationaux était la principale et presque la seule ressource du trésor, les prix des immeubles descendirent à des taux dérisoires : on payait un château en vendant le plomb de la toiture ou la grille d'entrée. Le député Bourdon (de l'Oise) put citer à la Convention l'exemple d'une ferme valant 5000 livres (c'était la sorte de biens la plus facile à vendre), payée avec la vente d'un cheval.

De plus, les immeubles étant payables en plusieurs termes et les assignats avec lesquels on ne manquait pas de payer baissant toujours de valeur, les dernières annuités ne représentaient que des versements infimes. C'est ainsi que M. Léon Say a pu citer à l'Académie des sciences morales, dans une étude sur les assignats, le fait d'un domaine qui, vendu un million (prix nominal), ne rapporta effectivement que 1500 francs à l'État. Malgré des prix aussi tentants, les acheteurs faisant défaut, on imaginait toutes sortes d'expédients pour les attirer ; c'est ainsi qu'un décret du 18 avril 1793 décida que « les maisons et bâtiments nationaux seraient aliénés par voie de loterie à raison de 50 livres le billet ». A cette date 50 livres en assignats ne représentaient pas une livre en argent. Un autre décret du 31 mai de la même année décida que les immeubles nationaux quelconques seraient adjugés sans enchère contre le payement en assignats de 75 fois le revenu de 1790. Les assignats valant alors moins du centième de leur taux nominal, c'était offrir les biens pour moins d'une année de revenu.

Les meubles rapportèrent moins encore que les immeubles, d'abord à cause des détournements dont ils furent l'objet. On connaît le vol du Garde-meuble accompli à Paris même ; combien les détournements n'étaient-ils pas plus faciles dans les petits endroits où quelques tyrans locaux régnaient en maîtres absolus, disposant de la vie et des biens de leurs compatriotes ? « Un grand nombre d'effets précieux remplissant les maisons royales ont disparu, disait en l'an II, le député Grégoire à la Convention. Il y avait beaucoup de meubles massifs en or et en argent, nous n'en avons retrouvé aucun. » Ou bien on retrouva des pierres fausses à la place des joyaux de prix. Pour l'argenterie des églises, il n'en alla pas autrement. L'Assemblée Constituante avait prescrit qu'on laissât dans les édifices religieux ce qui était nécessaire au culte, la Convention ordonna de tout envoyer à la monnaie, mais nul contrôle ne présida ni aux saisies qui furent faites dans tant de communes, ni au transport de tant d'objets précieux, si bien que le même Grégoire pouvait dire à la Convention, sans trouver de contradicteurs : « Le mobilier appartenant à la Nation a souffert des dilapidations immenses, parce que les fripons qui ont une logique à part ont dit : « Nous sommes la Nation ». « Ne croyez pas qu'on exagère en vous disant que la seule nomenclature des objets enlevés, détruits ou dégradés formerait plusieurs volumes. De toutes parts, le désordre et la destruction étaient à l'ordre du jour. » La dilapidation ne fut pas moindre en ce qui touche les meubles des émigrés ou des condamnés, c'est-à-dire en ce qui touche le mobilier de la majeure partie des châteaux de France. Lorsque finit la Convention, plusieurs députés s'accusèrent mutuellement de rapines commises sur le mobilier national dans leurs départements respectifs.

Alors même que les objets saisis étaient remis fidèlement, l'administration révolutionnaire arrivait aux plus désastreux résultats. Ainsi la Convention avait ordonné de saisir et fondre les cloches des églises et un calcul détaillé en faisait attendre un bénéfice de 184 millions. Le ministre des finances Cambon dût avouer à la Convention que « le monnayage loin d'avoir profité à la République a coûté de cinq à six millions ». On avait oublié que les cloches n'étaient pas au moment du décret, rendues à la monnaie, qu'elles étaient dans des clochers d'où il fallait les descendre et les transporter à grands frais.

Au total, les hôpitaux et hospices rentrèrent dans une partie de leurs biens. Dès 1796, le Directoire leur fit rendre ce qui n'était pas vendu soit les deux cinquièmes et ordonna qu'on leur restituât le reste en valeurs semblables à celles aliénées, prises sur la masse des biens nationaux, ce qui ne semble pas avoir été entièrement exécuté. D'autre part, les émigrés retrouvèrent à la suite des lois de l'an X et de 1814, la moitié environ de leurs biens immeubles. Deux arrêtés des 26 juillet 1803 et 6 mars 1805, restituèrent aux fabriques des Églises, aux évêchés et aux chapitres, ceux de leurs biens qui n'avaient pas été aliénés, mais ce fut très peu de chose. Les bâtiments même des églises, évêchés, presbytères, séminaires, non aliénés furent rendus à leur destination primitive, mais sans que l'État en abandonnât la propriété, il ne fait (c'est sa constante théorie) qu'en concéder la jouissance.

L'État a conservé pour son usage direct un certain nombre d'immeubles saisis alors. Comme la division de la France en département, requérait une bureaucratie plus étendue qu'avant 1789, on a installé nombre de sous-préfectures et de tribunaux dans les bâtiments nationaux. D'autres de ces bâtiments et surtout des couvents sont devenus, ou des casernes ou des prisons, parfois des collèges. L'État en outre a gardé la majeure partie des forêts enlevées aux religieux, mais elles n'ont plus la même valeur qu'autrefois ayant été dévastées pendant l'époque révolutionnaire, faute de surveillance et faute d'énergie contre les délinquants qui étaient les gens du voisinage.

Tout le reste des biens nationaux, soit un capital d'au moins quatre milliards, somme énorme en un temps où les budgets de la France n'arrivaient pas à six cents millions a été ou dissipé ou vendu. Quels résultats ont donné ces aliénations ?

IV. LES RÉSULTATS.

Le prétexte allégué pour saisir ces biens (au moins ceux du clergé) avait été de combler le déficit du budget et de rétablir les finances ; or six ans à peine après la confiscation, le gouvernement révolutionnaire d'alors faisait sa première banqueroute (18 mars 1796, réduction de valeur des assignats) et l'année suivante il en faisait une seconde : celle dite *du tiers consolidé* (28 septembre 1797). Le produit des ventes avait été absorbé par les besoins courants et sans qu'il soit possible de dire même approximativement au milieu de l'immense désordre financier qui régnait alors, quelles ont été les recettes et à quelles dépenses elles ont été affectées. Ce qu'il y a d'assuré c'est que le Trésor se trouve actuellement grevé de charges perpétuelles qu'il ne supportait pas avant : charge du budget des cultes en conséquence des engagements pris lors de la saisie des biens ecclésiastiques ; charges de l'instruction primaire et de l'assistance dans la mesure où ils étaient jadis supportés par les revenus du clergé et enfin accroissement de notre dette consolidée à concurrence d'un milliard attribué aux émigrés comme restitution (Loi des 27-28 avril 1825). Voilà pour le côté financier.

Pour le côté artistique qui est une des richesses en même temps qu'une des gloires de notre pays, on ne peut apprécier l'immense étendue des destructions qui furent la conséquence de la « nationalisation » de tant de biens. Que de superbes monuments, églises, abbayes, châteaux, ont été détruits par les acheteurs ou sont tombés en ruine faute d'entretien ! Que d'objets d'arts détruits ainsi ou sciemment ou par négligence ! La Convention fit envoyer à la Monnaie pour qu'elle fût fondue toute l'argenterie des églises parmi laquelle se trouvaient des objets d'arts auxquels leur antiquité et le travail des artistes, donnait un prix inestimable ; on en tira quelques lingots en métal. Les tableaux, missels, étoffes qui parvinrent dans les magasins nationaux, s'y perdirent pour la plupart. Du mobilier garnissant les palais royaux et les châteaux des émigrés et qui provenaient de la plus belle et de la plus féconde époque de l'art français, le premier de tous aux xviie et xviiie siècles, il ne reste que des débris que se disputent les musées publics et les riches amateurs. Ce ne sont point telles compagnies ou tels particuliers qui ont été dépouillés, c'est le pays même dont le patrimoine artistique a subi une irréparable diminution [1].

On a dit et on a cru pendant la première moitié du siècle que les ventes d'immeubles nationaux avaient créé en France la petite propriété. C'est une légende qui n'a plus cours (Voy. Morcellement) ; il est établi que la petite propriété est en France bien antérieure à la Révolution. Les ventes d'immeubles nationaux ont-elles du moins accru sensiblement le nombre des propriétaires ? Oui, pense M. de Foville (Morcellement). Non suivant MM. Taine (la Révolution), de Molinari (Évolution politique et Révolution), vicomte d'Avenel (Revue des Deux Mondes, mars-avril 1893) et Léonce de Lavergne (Économie rurale de la France). Pour M. de Lavergne, dont la compétence spéciale est connue : « les biens des émigrés ont changé de mains plutôt que de dimensions », parce que ce sont surtout de petits et de moyens propriétaires (parfois fermiers en même temps) qui ont acheté. Il ajoute : « Depuis 1815 la division des propriétés a fait des progrès bien autrement marqués qui montrent ceux qu'elle aurait fait auparavant si elle avait été livrée à elle-même. » Ainsi cet avantage économique qui aurait compensé d'une certaine manière l'iniquité de la mesure n'est pas même assuré.

Ce qui est certain, c'est le dommage moral qu'elle a causé : le clergé a perdu son indépendance puisqu'il relève maintenant du gouvernement pour sa subsistance et que ses membres sont tombés au rang de fonctionnaires au lieu d'être une libre compagnie. Les institutions d'assistance et d'enseignement primaires ont passé aussi aux mains de l'État. Enfin il y a dans les maximes posées et appliquées par l'Assemblée constituante, dans ce droit reconnu aux législateurs de changer l'assiette de la propriété, d'attribuer

[1]. On trouvera sur ce point des détails qui ne peuvent être donnés ici dans un travail à ce sujet publié dans la Réforme sociale des 16 mars et 1er avril 1892.

même à l'État des propriétés privées, un dangereux précédent en même temps qu'un argument bien fort et un très fâcheux exemple donnés ainsi aux socialistes de toutes les écoles.

HUBERT-VALLEROUX.

BOISGUILBERT (Pierre Le Pesant, sieur de), né à Rouen en 1646, mort en 1714.

Esprit puissant et original, tempérament vigoureux et parfois violent, Boisguilbert est bien le type de l'inventeur dont l'opiniâtreté ne connaît pas d'obstacles. Chez lui, le style est l'homme. L'afflux tumultueux des idées se presse sans ordre ; la précision dans l'expression manque le plus souvent, et nécessite la périphrase massive, débordante. Malgré que Bodin ait déjà prononcé le mot de liberté, la liberté n'a pas encore, pour la servir, la langue claire du xviiie siècle.

Boisguilbert, d'ailleurs, ne tient pas compte de l'ignorance de tous ceux auxquels il s'adresse. Il voit ce que les autres ne voient pas et veut convaincre, malgré tout, ces aveugles. Pour cette œuvre, il n'a point la rhétorique habile d'un Fénelon, ni les traits savamment aiguisés d'un pamphlétaire comme Levassor. Il se précipite, met en tas les arguments, accumule les preuves, les répète, y revient et subitement éclate en superbes emportements. Pontchartrain, sceptique et de son temps, le prend pour un fou. Chamillart, bienveillant, lui accorde une protection qui paraît bien être une pitié déguisée. Il a promis de sauver la France en trois heures, on lui donne des mois pour tenter un essai. Une expérience malheureuse, faite dans des circonstances déplorables, en Orléanais, lui ferme toutes les portes. Il n'en continue pas moins de travailler, en dépit de toutes les difficultés, à ce qu'il croit être le salut de son pays. Puis il meurt, comme beaucoup d'initiateurs, sans avoir vu lever la semence féconde de ses idées.

Boisguilbert encore tout imprégné de l'éducation littéraire qu'il avait reçue aux Jésuites de Rouen, puis aux Petites Écoles de MM. de Port-Royal à Paris, débuta, sans succès, dans les lettres par des traductions d'Hérodien et de Politien.

D'autres préoccupations hantaient son esprit. L'état de la France à cette époque, les difficultés financières, résultats de longues guerres et d'une déplorable administration, soulevaient des problèmes de nature à éveiller l'entendement, suivant la pittoresque expression de Vauban. Boisguilbert ne débuta pas dans l'étude de ces problèmes par le côté abstrait. La situation économique du pays appelait, du reste, des remèdes rapides qui nécessitaient surtout l'étude des faits. Les disettes, les difficultés de se procurer du blé, la détresse financière de l'État, dirigèrent tout d'abord ses études vers l'agriculture et le commerce. Lancé à la recherche d'un problème d'ordre pratique, celui de fournir de l'argent à l'État sans appauvrir le pays, Boisguilbert, au cours de ses investigations, découvrit en ce qui regarde la théorie des échanges, la plus grande partie des vérités économiques sur lesquelles elle repose.

Il va au fond des choses poussé par son génie. Les richesses avant lui étaient considérées comme ne pouvant être acquises qu'au détriment de quelqu'un. Quand un peuple s'enrichissait, c'était au dépens d'un autre. Colbert le croyait avec beaucoup d'hommes éminents de cette époque. Boisguilbert rétablit la vérité : les richesses se créent, augmentent. Le profit de l'un n'est pas toujours et nécessairement le dommage de l'autre. Bien au contraire, une solidarité très étroite unit les producteurs de tous les pays. C'est de ce principe qu'il fera sortir toute sa théorie de la liberté. Grande et belle découverte qui doit révolutionner toutes les idées étroites de la politique d'alors ! L'abaissement commercial d'un peuple par la guerre, ne doit plus être le but d'un pays rival. La guerre ruine le pays vainqueur et le pays vaincu ; elle enlève des bras à l'agriculture, de l'argent au peuple, surchargé d'impôts. La théorie de la richesse et des échanges lui fait énoncer des termes assez longs, mais néanmoins très clairs, cette vérité que J.-B. Say résumera plus tard en la formule « les produits s'échangent contre les produits ». Et alors, il combat à outrance le préjugé si tenace à son époque de l'argent unique richesse. Il s'acharne sur le métal vénéré, pousse l'exagération jusqu'à le traiter d'inutile, de chose sans valeur. L'excès de son langage a sa source, évidemment, dans l'incrédulité qu'on opposait à ses démonstrations. Homme passionné, il s'en prend à l'argent lui-même et le voue aux dieux infernaux !

Le principe posé, l'on voit facilement les conséquences. Le moyen de trouver l'argent des impôts est de ne pas ruiner les gens par des réglementations gênantes ; c'est de laisser la *nature* établir l'équilibre, la proportion des prix. Faire baisser artificiellement le prix du blé, c'est priver d'un gain légitime les producteurs de blé, c'est abaisser le prix des journées de leurs ouvriers, et diminuer la consommation de tout ce monde. De plus, les impôts sur la consommation, injustes parce qu'ils frappent plus lourdement les pauvres que les riches, ont une assiette mauvaise, de même que la taille. Et alors il pose, au milieu de tout cet amas de considérations enchevêtrées, les principes de l'universalité et de la proportionnalité que Vauban présentera bientôt de façon plus nette. Mais Vauban, malgré son esprit méthodique, ordonné, commet une erreur dans laquelle ne tombe pas Boisguilbert. Le payement de la dîme en nature est impraticable ; ce système appliqué pour la dîme ecclésiastique n'est point possible en ce qui regarde le nouveau régime fiscal entrevu par ces deux novateurs. Boisguilbert a fait ressortir l'erreur du maréchal, car il est un impitoyable critique et ne sait pas cacher ses sentiments. Mais ces deux hommes de bien qui, s'ils n'avaient point la même tête, avaient le même cœur, attaquant énergiquement les traitants, les financiers d'alors, ces pieuvres que Mme de Maintenon considérait comme un mal nécessaire.

On le voit, Boisguilbert est un précurseur des économistes et plus spécialement des Physiocrates. La question du blé, l'importance de cette denrée à cette époque, la difficulté des communications, faisaient de l'agriculture la branche la plus importante de la production. Contre le vieux et antique préjugé qui considérait l'or et l'argent comme les seules richesses, Boisguilbert relève la terre, la nourricière de l'humanité. Il ne tombe pas, néanmoins, dans l'exclusivisme des physiocrates qui virent en elle la cause de toute richesse. Bien certainement, ce petit magistrat subalterne de Rouen a, par sa conception générale de l'idée des richesses, de la solidarité économique des peuples, fondé la science économique. Ce sont des principes universels qu'il pose, lorsqu'il recherche les racines du mal national. Il nous donne pêle-mêle, la loi de l'offre et de la demande, un embryon de la loi des débouchés, la théorie philosophique de la division du travail. Ces hautes préoccupations ne suppriment pas en lui le sens pratique. Ce fou est un sage, cet absolu tient compte des relativités. S'il balaye impitoyablement les douanes intérieures et les droits sur l'exportation, il explique qu'il faut diminuer les droits à l'importation et spécialement sur le blé, mais il voit encore, dans ces droits, un moyen fiscal, qu'il ne voudrait pas supprimer complètement, en l'état où se trouve le pays.

Il faudrait se reporter au temps où furent émises ces idées afin de comprendre l'énergie de caractère qu'il fallut à Boisguilbert pour les proclamer à la face des ignorants, des incapables et des coquins qui spéculaient sur la ruine de la France. Il ne recula devant aucun danger pour être, comme il le disait, « l'avocat des peuples » et se fit parfois imprimer de façon clandestine à Rouen.

Son *Détail de la France* qui fut publié successivement sous trois titres différents parut pour la première fois en 1695. Le *Factum* pamphlet vigoureux était édité à Rouen en 1706. Peu de temps après, Boisguilbert revient à la charge dans un *Supplément*. Ces deux dernières publications, traduites devant le conseil privé du roi, sont proscrites et l'auteur est exilé pour six mois en Auvergne. Son *Traité* sur les grains présente peut-être plus de précision que ses deux premiers ouvrages ; il y traitait, en effet, une question d'un ordre spécial. Cependant, son *Détail* de la France révèle davantage les qualités supérieures d'observation et de création chez Boisguilbert. On assiste, en lisant cette partie de ses œuvres, à la genèse des idées de ce puissant penseur, et l'on ne peut s'empêcher de constater combien l'observation est chez lui sûre et exacte. Les faits sont contrôlés et analysés avec un esprit sagace et qui met la vérité au-dessus de toute autre considération. Ce n'est donc pas à lui qui a eu « quinze années de forte application au commerce et au labourage, auxquels il est redevable de toute sa fortune » qu'il faudrait reprocher d'avoir raisonné *a priori*, en savant de cabinet. Boisguilbert entra dans la magistrature en 1678, comme vicomte de Montvilliers. Le vicomté correspondait à notre tribunal de première instance et connaissait les affaires civiles entre roturiers. En 1690, il acheta la charge de lieutenant général civil au baillage, faubourg, ville, etc. de Rouen. On lui fit payer de lourdes taxes pour l'investiture, taxes qui furent renouvelées tous les dix ans, et accrues continuellement de nouveaux impôts ! A en croire son intendant, et comme on peut du reste s'en faire une idée en lisant ses œuvres, Boisguilbert n'était pas né respectueux. Sa robe de magistrat n'assouplit pas son caractère, et il demeura fort mal vu dans son milieu — où l'on ne soupçonna jamais sa supériorité morale et intellectuelle.

Il fut longtemps oublié. Voltaire lui-même, toujours à la recherche des idées originales, ou ne le connut point sous son véritable aspect, ou fut rebuté par la forme difficile de ses écrits. Il est aujourd'hui considéré comme l'un des plus sagaces précurseurs des économistes et tient, dans l'histoire de la science, la place qu'il mérite.

ANDRÉ LIESSE.

Bibliographie.

Détail de la France, Factum de la France, Opuscules divers dans la Collection des principaux Économistes, t. Ier, — *Économistes financiers du* xviiie *siècle* (Guillaumin et Cie), M. Cadet a écrit une vie de Boisguilbert (Guillaumin) d'un réel mérite.

BOTERO (Jean) [1540-1617], né à Bene dans le Piémont, fit ses études chez les Jésuites à Turin ; successivement secrétaire de saint Charles Borromée, archevêque de Milan, et ambassadeur à Paris du duc de Savoie, Charles-Emmanuel Ier, il retourna en 1585 à Milan, où il fut pourvu d'une prébende attachée à un canonicat de l'église Saint-Ambroise.

En 1898 il publia à Rome son livre *Delle cause della Grandezza della Città*, qui a un caractère plus purement économique et moins politique que la *Ragione di Stato* imprimée pour la première fois à Venise en 1589 et traduite en latin et dans les principales langues modernes. De ce dernier ouvrage, il existe deux traductions françaises intitulées, l'une *Raison et Gouvernement d'État* par Choppins (1599), l'autre *Maximes d'État militaires et politiques* par Pierre de Deymier (1606). Des autres produits de l'activité littéraire de Botero, qui fut considérable, nous n'avons à citer ici que ses *Relationi Universali* (Brescia, 1599), dans lesquelles il consigne le fruit des observations qu'il a recueillies dans ses nombreux voyages.

Botero est à juste titre réputé le premier en date des prédécesseurs de Malthus. Déjà dans sa *Ragione di Stato*, il signale l'importance de la question de la population, mais s'y plaçant plus particulièrement au point de vue de la puissance de l'État, il se contente de faire remarquer que « partout où abondent les hommes, abondent aussi toutes les choses auxquelles s'appliquent le génie et le travail humains ». Il ajoute toutefois qu'il faut tenir compte « et de la multitude et de sa valeur » et que « les hommes, qui n'ont pas intérêt au maintien de la tranquillité publique, c'est-à-dire ceux qui sont dans une grande misère, constituent un danger ». Il ne suffit donc pas d'encourager les mariages, car « leur nombre n'est pas la seule cause de la multiplication humaine ; il faut veiller en outre à l'éducation et à la subsistance : à défaut de celle-ci, les hommes meurent avant leur temps, ou deviennent inutiles à la patrie ».

Dans la *Grandezza della Città*, il serre le problème de plus près et se demande pourquoi la population ne va pas toujours croissant. Les uns ne mettent en cause que la peste, la guerre, les disettes et autres raisons semblables », mais il est encore une autre raison. « L'augmentation de la Cité procède en partie de la vertu *générative* des hommes, en partie de la vertu *nutritive* de la Cité elle-même ; la générative reste toujours la même, de sorte que s'il n'y avait pas d'autre empê-chement, la propagation des hommes s'ac-croîtrait indéfiniment. Si elle n'avance pas, cela tient au défaut de nourriture. » La mul-tiplication du genre humain s'arrête « quand les fruits de la terre et l'abondance des vic-tuailles ne comportent pas un plus grand nombre d'hommes ». La conclusion pratique que Botero tire de cette constatation, c'est que « la subsistance devant se tirer de la banlieue de la cité ou de l'étranger, il faut en faire venir de loin, si l'on veut que la cité se développe ». Il est ainsi amené à avoir des idées très libérales au sujet de l'importance de l'industrie, du commerce en général et du commerce avec l'étranger en particulier.

Bibliographie.

Les œuvres économiques de Botero n'ont pas été recueil-lies dans la collection Custodi. On en trouvera l'analyse et de nombreux extraits dans Gobbi l'*Economia politica negli Scrittori Italiani del secolo XVI-XVII*, pp. 67-86 (Milan 1889). — Voir aussi C. Gioda, *Vita e Opere di Giovanni Botero*, 3 vol. Milan, 1895.

BOXHORN (Marcus Zuerius), né en 1612 à Bergen op Zoom, fut professeur de rhétorique et d'histoire à l'Université de Leyde, où il mourut en 1653. Il n'a écrit qu'un seul ou-vrage exclusivement économique, sa *Disser-tatio de Trapezitis, vulgo Longobardis, qui in foederato Belgio mensas fœnebres exercent* (1640); mais dans ses *Institutiones Politicae*, ses *Disquisitiones Politicae, i. e.*, 60 *casus po-litici ex omni historia selecti* et son *Commen-tariolus de Statu confoederatarum provinciarum Belgii* (tous parus en 1650), il aborde l'étude de la plupart des questions économiques, qui agitaient les Provinces-Unies des Pays-Bas. Il distingue nettement entre la théorie et la pratique; les *Institutiones* sont consa-crées à la première, les *Disquisitiones* à la seconde et le *Commentariolus* à l'application spéciale à la Hollande. Enclin à accorder des pouvoirs étendus à l'État, à approuver en pratique la réglementation restrictive des corps de métiers, bien qu'en théorie il n'ad-mette de monopoles que ceux accordés aux compagnies de commerce avec les colonies, Boxhorn se déclare cependant partisan en principe de la liberté commerciale : il vou-drait voir conclure avec les États étrangers des conventions stipulant la liberté réci-proque. Il est un des rares théoriciens finan-ciers de son époque et ses idées sur l'impôt forment un ensemble cohérent : l'impôt doit être modéré et tenir compte des facultés des citoyens; sa perception ne doit pas donner lieu à des vexations inutiles; c'est pourquoi il est préférable d'augmenter les impôts anciens que d'en établir de nouveaux. Il vaut mieux frapper l'étranger que les na-tionaux, par exemple, au moyen de droits de sortie sur des produits, dont il a le mo-nopole naturel. Tout impôt se juge par les contribuables : *ex imperante, ex fine, ex forma, ex modo, ex usu*.

Bibliographie.

LASPEYRES, *Geschichte der volkswirthschaftlichen An-schauungen der Niederländer* (1863), pp. 13-16 et pp. 239-241. — Bayle lui consacre une notice, dans son *Dictionnaire critique*, au mot ZUERIUS.

BRAY (J. F.) (qu'il ne faut pas confondre avec son homonyme Charles Bray, auteur de *The Philosophy of Necessity*) publia en 1839 à Leeds son livre *Labour's Wrongs and Labour's Remedy, or the Age of Might and the Age of Right* (Les griefs du travail et leur remède, ou l'âge de la force et l'âge du droit). Il ap-partient à l'école socialiste qui se réclame de Ricardo ; le caractère particulier des appli-cations qu'il fait des théories de ce dernier, lui donne le droit d'être considéré comme un des ancêtres immédiats de Marx. Il défend le prin-cipe que l'égalité de la quantité de travail fournie devrait assurer l'égalité de la rému-nération, mais il n'attend aucun résultat pratique des réformes fiscales ou politiques, ni des *Trades Unions* : « le système en vigueur, déclare-t-il, ne laisse aucun espoir à l'ou-vrier ». Frappé de l'extension que prenaient les sociétés par actions, il propose une mo-dification analogue de l'organisation sociale, admettant la propriété individuelle des pro-duits, mais fondée sur la propriété col-lective des moyens de production; une mon-naie de papier sera représentative des quan-tités de travail fournies. Tous les ouvriers seraient ainsi assurés d'obtenir « le fruit in-tégral de leur travail » et la quantité de tra-vail nécessaire pour fournir la subsistance de la population tomberait graduellement de dix à cinq heures de travail par jour.

Bibliographie.

Voir l'article BRAY (J. F.), dans Palgrave's *Dictionary of Political economy*, 1892 et Holyoake *The history of coope-ration in England*, 1875, vol. 1, p. 224.

C

CADASTRE.

I. DÉFINITION ET OBJET DU CADASTRE.

Suivant les uns, le mot cadastre viendrait du grec κατοστίζειν, qui signifie *distinguer par des points* : suivant d'autres du bas latin *capitas, capitastrum*, contenance ; suivant d'autres encore, de l'italien *catastro*, qui désignait, dans son sens primitif, les registres de rentes et cens payés aux seigneurs par leurs tenanciers.

Le *Dictionnaire* de l'Académie définit le cadastre : « Registre public dans lequel la quantité et la valeur des biens fonds sont marqués en détail ». Le rédacteur de l'*Encyclopédie méthodique des finances* en donne la définition suivante : « Registre public qui contient le dénombrement des habitants d'un pays, l'état des biens-fonds que chacun d'eux possède, avec leur étendue et leur estimation, suivant leur qualité et leur produit ordinaire. »

Le *cadastre* peut être défini, en France, dans l'état de choses actuel : le système d'opérations qui a pour but de déterminer la quantité et la qualité des immeubles d'un pays pour arriver à l'assiette et à la répartition de l'impôt foncier.

On comprend donc sous ce mot cadastre deux opérations distinctes : les travaux de lever de plan, exécutés par les géomètres, et les travaux d'évaluation qui sont confiés aux agents de l'administration des contributions directes.

Nous croyons qu'on apporterait une grande clarté dans les questions soulevées par le cadastre en le réduisant au rôle suivant : « Délimitation exacte de la propriété immobilière privée ou publique ».

Une fois établi, il doit servir à constituer le titre de propriété et la charge fiscale.

L'opération géométrique est le substratum de l'opération juridique et de l'opération fiscale ; mais ces trois opérations doivent rester distinctes.

On distingue deux sortes de cadastres : le cadastre, par masses de culture, qu'on a essayé de 1802 à 1808, et le cadastre parcellaire, établi en 1807.

On appelle *parcelle*, en matière de cadastre, toute propriété distincte par sa nature ou par son propriétaire. La *parcelle*, dit l'ordonnance du 3 octobre 1821, est « toute portion de terrain qui se distingue de celles qui l'environnent, soit parce qu'elle n'appartient pas au même propriétaire, soit parce qu'elle n'est pas soumise à la même culture. Les terres contiguës appartenant au même propriétaire et ne différant que par leur assolement, ne forment qu'une seule parcelle, a moins que ces fonds ne dépendent de deux triages distincts ».

La sous-commission juridique de la commission extraparlementaire a remplacé l'expression parcelle par celle « d'îlots de propriété ou unité foncière, constitués par toute étendue de terre contenant une ou plusieurs parcelles contiguës appartenant au même propriétaire et situées dans la même commune. Ne sont pas considérées comme contiguës les parcelles séparées par des chemins ou des cours d'eau publics. »

II. HISTORIQUE.

Sous des formes et des noms divers, nous trouvons des traces certaines de l'institution du cadastre, dans les civilisations antiques : en Égypte, le cadastre servait à la fois à établir la propriété après les débordements du Nil et d'instrument fiscal.

Les Grecs ont connu les cadastres sous le nom d'απογραφαι et διαγραμματα.

C'était une sorte de consignation de l'état des propriétés sur des registres fonciers. A Athènes, les démarques, les chefs des différents districts de l'Attique étaient chargés de les tenir constamment à jour.

Ces livres, dont l'objet presque unique était de fournir à l'Etat un moyen commode de répartir l'impôt, ne pouvaient être invoqués comme titres de propriété devant les tribunaux.

A Rome, Servius Tullius ordonna un cadastre qui devait être renouvelé tous les cinq ans. L'empereur Auguste fit faire par les géomètres Zénodoxe, Théodote et Polyclète, un cadastre de l'empire romain, et leurs travaux, coordonnés à Rome par Balbus, servirent de base pour établir les règlements agraires. On ajoutait au produit du sol, pour servir d'assiette à son évaluation, le nombre des esclaves qui s'y trouvaient. C'était un arpentage général des terres classées, suivant leur fertilité, en diverses catégories dont chacune était taxée en raison de son rendement. Tous les dix ans avait lieu un *cens* ou recensement, qui, après les invasions du v⁰ siècle, servit en Gaule aux rois visigoths, bourguignons et franks, pour faire le partage des terres conquises et percevoir des possesseurs du sol les redevances que ceux-ci payaient au trésor impérial.

Dioclétien adopta une unité imposable, une parcelle type qui était une division fiscale et non géométrique. Cette unité était frappée d'une contribution fixe et comprenait plus ou moins de terres, suivant qu'elles étaient plus ou moins fertiles et productives. Ainsi, tandis qu'il fallait vingt arpents des champs de la deuxième catégorie pour former une parcelle type, cinq arpents de vignes en formaient une à eux seuls.

Chaque circonscription financière comprenait un certain nombre de parcelles typiques, et ce nombre servait à déterminer le chiffre de la somme due par toute la circonscription.

La question de savoir si l'impôt foncier était connu sous nos rois de la première race a été l'objet de nombreuses controverses, et Montesquieu, dans l'*Esprit des lois*, s'est prononcé pour la négative. Malgré le témoignage d'une semblable autorité, on peut affirmer, en s'appuyant sur Grégoire de Tours, dont les termes sont formels, qu'à cette époque il existait un *tribut public* des *recensements* ordonnés et exécutés et des *registres de tailles*. Cet historien ne nous montre-t-il pas Frédégonde brûlant les *livres de l'impôt*, pour désarmer la colère du ciel qui s'est abattue sur Chilpéric et ses deux enfants ?

Chilpéric Ier, roi de Neustrie, et Childebert II, roi d'Austrasie, firent rectifier le cadastre (sorte de recensement) de leurs

États. Une opération de ce genre, entreprise sous Charlemagne, ne donna que des résultats imparfaits.

Dans les siècles suivants, les églises et les abbayes firent dresser des états de leurs domaines, qu'on appela *Polyptiques* ou *Pouillés*. Les seigneurs féodaux, afin de rendre plus facile le recouvrement des sommes dues par leurs vassaux, firent cadastrer leurs domaines, et ces cadastres partiels, connus sous le nom de « *compoix terriers* », comprenaient la contenance des biens-fonds déterminée par un travail sur le terrain, toutes les confrontations de la parcelle et l'estimation de la qualité du sol. Le *terrier* le plus systématique est celui que Guillaume de Normandie fit dresser après la conquête de l'Angleterre, sous le nom de *Doom's day Book*.

Les anciens cartulaires ou livres terriers étaient établis avec soin : le Polyptique de l'abbaye de Saint-Germain des Prés, à Paris, au ixe siècle ; le terrier de la seigneurie Coulombes, appartenant à l'abbaye de Chelles, dressé en 1509 ; celui de la paroisse de Paray, canton de Donnemarie, dressé en 1768.

La Bourgogne, la Guyenne, l'Alsace, la Flandre, l'Artois, la Bretagne, le Dauphiné, le Languedoc, firent également des relevés de propriétés, afin d'essayer de répartir les tailles proportionnellement. Le terrier du Dauphiné s'appelait *Péréquaire*, celui du Languedoc *Compoix*.

Charles VII eut l'idée d'un recensement général qui ne fut exécuté qu'en Provence, où le cadastre s'appela *affouagement*. Charles VIII entreprit de faire dresser un cadastre permettant de répartir l'impôt d'une façon plus équitable entre les taillables ; mais les guerres d'Italie, les guerres de religion vinrent paralyser ces bonnes intentions ; la confection du cadastre, aussi bien qu'une égale répartition des taxes, fut remise à des temps meilleurs. François Ier, dans un édit de 1525, prescrivit de cadastrer quatre généralités du midi de la France. Colbert ordonna un règlement pour la perception de la taille. Son but était de ramener cet impôt, en trois ou quatre ans, à 25 millions. Sous son ministère, la généralité de Montauban fut cadastrée (1664).

La tentative de Louis XV, ordonnant, par déclaration du 21 novembre 1763, qu'il fût procédé à la confection d'un *cadastre général*, n'eut pas de suite.

En 1780, Necker parlait aussi du cadastre, mais il se bornait à une sorte de vœu platonique de le mettre à exécution.

L'Assemblée nationale de 1789 considéra que l'établissement d'un cadastre, était la conséquence nécessaire de l'établissement de la contribution foncière établie sur le revenu net des propriétés. Le 1er décembre 1790, elle décréta le principe de l'évaluation du revenu des propriétés imposables. La loi du 21 août 1791 chargea les administrations départementales d'ordonner les opérations, et le décret du 21 septembre suivant en régla le mode d'exécution.

Il ordonnait de commencer sur-le-champ le travail : 1° en formant des plans de masse qui auraient pour base les grands triangles de l'Académie des sciences et présenteraient la circonscription de la commune et sa division en sections ; 2° en formant ensuite les plans de détail qui en devaient composer le parcellaire. La science était ainsi mise au service de l'administration.

Le mouvement révolutionnaire fit différer l'exécution de cette loi, et bientôt des réclamations s'élevèrent de toutes parts contre l'inégalité de la répartition de l'impôt foncier, soit de département à département, soit de propriétaire à propriétaire.

La Convention, par ses votes des 21 mars et 30 novembre 1793, 27 janvier 1794 et 22 octobre 1795, confirma les mesures édictées par l'Assemblée nationale, sans parvenir à les faire suivre d'exécution.

Pour remédier à ce déplorable état de choses, une instruction, émanant des consuls et datée du 22 janvier 1801, ordonna de procéder au cadastre, mais en prenant pour base la déclaration des propriétaires, sans faire arpenter les terres. Ces déclarations ne donnèrent que des résultats erronés. On se décida alors à arpenter 1800 communes disséminées sur tout le territoire de la France et à prendre cet arpentage pour base de l'évaluation des autres propriétés (20 octobre 1803).

De vives oppositions se déclarèrent. « On a toujours été effrayé en France, disait Bigot de Préameneu, d'un travail d'ensemble, parce qu'on le veut géographique et mathématique. »

Lebrun disait : « Un cadastre général serait une œuvre monstrueuse qui coûterait 30 millions et vingt ans de travail. La mensuration et l'évaluation ne sont pas ce qu'il y a de plus difficile. C'est la connaissance des rapports des divers départements. »

En 1802, le gouvernement chargea une commission de proposer le meilleur mode d'exécution. Elle fut composée de fonctionnaires des contributions directes qui, voulant aller vite, imaginèrent le cadastre par masses de culture exécuté par un entrepreneur choisi par le préfet sous le titre de géomètre en chef. On dépensa en pure perte 20 millions de 1802 à 1808.

La loi du 15 septembre 1807, rendue sur l'initiative de Gaudin, duc de Gaëte, prescrivit un cadastre général parcellaire dont l'exposé des motifs expliquait dans les termes suivants le but et la portée : « Mesurer sur une étendue de plus de 7900 myriamètres carrés plus de 100 millions de parcelles ; confectionner pour chaque commune, un plan où sont rapportées ces 100 millions de parcelles, les classer toutes d'après le degré imposable de chacune d'elles ; réunir ensuite, sous le nom de chaque propriétaire les parcelles qui lui appartiennent ; déterminer, par la réunion de leurs produits, son revenu total et faire de ce revenu un relèvement qui sera désormais la base de son imposition : tel est l'objet de cette opération. »

Le ministre Gaudin pourvut immédiatement à l'exécution de la loi du 15 septembre 1807.

Dès le 7 novembre, une commission présidée par Delambre, secrétaire perpétuel de l'Académie des sciences, était réunie au ministère des finances pour régler les principes d'après lesquels le cadastre parcellaire devait être exécuté. Elle élabora un projet de règlement qui devint l'instruction générale du 27 janvier 1808. Dès la fin de l'année, les travaux étaient en cours d'exécution dans plus de 3200 communes, et en 1809 ils furent commencés dans 2000 autres communes.

En 1811, le ministre fit publier, sous le nom de *Recueil méthodique* des lois, décrets, règlements, instructions et décisions sur le cadastre de France, un véritable code cadastral. Cette œuvre capitale, confiée en mai 1810, par le ministre, aux douze inspecteurs généraux des contributions directes et du cadastre, créés le 28 février 1809 et organisés quant au détail de leurs travaux et de leurs attributions, le 23 février 1810, contient 1144 articles et règle encore aujourd'hui presque toutes les questions sur la matière. Traduit en plusieurs langues, il a servi de base à la législation cadastrale de la plupart des pays étrangers.

En cinq années, de 1808 à la fin de 1813, on avait cadastré 9000 communes représentant 36 827 165 parcelles et 11 827 303 hectares.

Pendant l'époque funeste de 1814 à 1817, la question cadastrale fut négligée. Toutefois, une ordonnance du 11 juin 1817, créa une commission, chargée d'étudier la confection d'une grande carte du royaume, appropriée à tous les services publics et au perfectionnement de l'arpentage cadastral ; la loi du 15 mai 1818 (art. 17) ordonna que la péréquation aurait lieu en 1819, entre les cantons cadastrés d'un même arrondissement ; mais cette mesure fut elle-même suspendue par les lois du 17 juillet 1819 (art. 16) et 23 juillet 1820 (art. 25).

Les articles 20, 21 et 22 de la loi de finances du 31 juillet 1821, décident qu'à partir du 1er janvier 1822, les opérations cadastrales, destinées à rectifier la répartition individuelle, seront circonscrites à chaque département ; que les conseils généraux pourraient voter pour cet objet des impositions dont le montant ne dépasserait pas 3 centimes du principal de la contribution foncière; qu'il serait fait un fonds commun, destiné à être distribué aux départements, soit en raison des fonds votés par les conseils généraux, soit en raison de l'insuffisance des ressources particulières de certains d'entre eux. Cette loi fut suivie de l'ordonnance du 3 octobre 1821, du règlement général du 10 octobre 1821, et du 15 mars 1827.

Cependant les conseils généraux et les Chambres législatives ne cessèrent pas de réclamer contre l'exécution du cadastre, surtout en ce qui concernait les prestations.

Le 5 juin 1837, le ministre des finances chargea une commission d'étudier les améliorations à apporter au cadastre. Le projet, élaboré par cette commission, fut approuvé par 58 conseils généraux sur 78. Mais il n'y fut donné aucune suite et les opérations continuèrent d'après les errements antérieurs.

Pour y mettre fin, le gouvernement soumit aux conseils généraux, dans leur session de 1846, un projet de loi en 18 articles. Le premier ordonnait que « le renouvellement des plans et livres cadastraux fût intégralement opéré en 30 années. » Le cadastre avait été terminé en 1845 dans toute la France.

Pendant la révolution de 1848, les socialistes étaient trop occupés à attaquer le principe de la propriété pour s'occuper de la situation et de la conservation des propriétés existantes. Toutefois les demandes de renouvellement du cadastre et d'un abornement contradictoire, ne cessent pas. Et le conseil d'État ayant reconnu fondée la réclamation d'un propriétaire, contre le renouvellement du cadastre, opéré dans une commune, l'article 7 de la loi de finance du 7 août 1850 autorisa le renouvellement et la revision du cadastre dans toute commune cadastrée depuis 30 ans au moins, et sur la demande et aux frais du contribuable, le consentement préalable du conseil général ayant été donné.

M. Gouin, dans le rapport qui justifiait cette disposition, réclamait « la solution de la revision et de la conservation du cadastre » : il déclarait qu'il fallait y procéder immédiatement et l'appliquer en même temps à tous les départements.

L'inégalité de répartition de l'impôt était flagrante; à cette époque, 1848 communes ne payaient que 3 à 4 centimes le franc de revenu; 8813 de 6 à 7; 6606 de 7 à 8 ; 3298 de 8 à 9; et il y en avait qui payaient de 12 à 15 centimes et au delà.

Il est assez curieux que, malgré les pétitions adressées au Sénat, les réclamations produites dans l'enquête agricole, malgré les facilités que lui donnait la constitution, le second empire ne se soit pas préoccupé de cette question.

La loi de finances du 5 août 1874, imposa au gouvernement l'obligation de présenter dans la loi de 1876, un projet de nouvelle répartition de l'impôt foncier. Cette disposition se trouvait également dans l'article 4 de la loi du 3 août 1874.

III. IMPUISSANCE DU CADASTRE AU POINT DE VUE FISCAL.

Il faut le reconnaître : comme instrument fiscal, le cadastre a été loin de remplir les espérances qu'on avait fondées sur son établissement. Les législateurs de 1790 avaient fait de l'impôt foncier à la fois un impôt de répartition et un impôt de quotité. La répartition devait être exacte, avoir pour base le revenu réel de chaque propriété ; l'addition de ces revenus individuels aurait fait l'allivrement de la commune ; la somme des allivrements communaux aurait produit l'allivrement départemental ; et le total des allivrements déparmentaux l'allivrement du revenu net de toute la France.

Alors, chaque année, le pouvoir législatif aurait décidé, selon les besoins, que chaque propriétaire aurait à payer un tant pour cent, le neuvième ou le dixième de son revenu foncier.

C'était la réalisation de ce système qu'en 1807, poursuivait le duc de Gaëte : il exprimait de la manière suivante les espérances qu'il fondait sur l'établissement du cadastre. « Les inégalités de contribuable à contribuable disparaîtront sur le champ ; celles de commune à commune seront également rectifiées. Nous marchons pas à pas vers le rétablissement de l'égalité entre les communes qui conduira, par une gradation insensible, au rapport à établir entre tous les départements. Ce rapport s'établira naturellement par le résultat général du cadastre ; il présentera le montant du produit net imposable dans chacune des communes de la France. »

Le cadastre devait établir une exacte proportionnalité entre tous les contribuables atteints par l'impôt foncier, voilà la théorie.

Voici la pratique :

L'exacte proportionnalité n'aurait pu être

4

établie que si les évaluations cadastrales avaient été faites presque simultanément. Or la constitution du cadastre a été lente.

Dates.	Nombre des communes arpentées.	Nombre des communes expertisées ou pourvues de rôles cadastrés.
Au 1er janvier 1809......	»	1.953
Au 1er avril 1811.........	5.243	3.145
En 1815.................	9.702	»
Au 1er octobre 1817......	10.074	6.397
Au 1er octobre 1818.....	10.733	7.428
En 1820..................	11.861	9.983
Au 31 juillet 1821........	»	11.245
En mars 1830............	»	21.512
Au 1er janvier 1830.......	»	33.870
Au 1er janvier 1841.......	»	35.457

En 1843, les opérations continuaient dans 13 départements et dans 80 communes.

Certaines communes ont renouvelé leur cadastre; dans la période qui a précédé la loi de 1850, 1937 comprenant une superficie de 2 371 191 hectares, avaient renouvelé leurs cadastres. Des exposés ont été faits en 1881 et 1889 dans 20 communes du département de Meurthe-et-Moselle et dans la Haute-Savoie.

Cette situation chronologique du cadastre suffit pour montrer qu'il ne pouvait être l'instrument fiscal désiré par les constituants de 1790 et le ministre des finances de 1807. Comment pouvait s'établir une péréquation exacte entre les communes cadastrées et celles qui ne l'étaient pas ?

Au bout de cinq ans, dès 1813, on renonçait à essayer d'étendre la péréquation à tous les cantons épars sur le territoire; la loi de finances du 20 mars 1813 (art. 14) posa le principe que la péréquation des contingents fournis serait opérée entre tous les cantons cadastrés d'un même département. La loi du 23 septembre 1814 (art. 16), tenant compte des protestations soulevées par ces dispositions, suspendit les travaux de péréquation entre les cantons cadastrés du même département et ordonna que les cantons cadastrés du même département reprendraient pour 1815 les contingents qui leur avaient été assignés en 1813 : les résultats du cadastre ne servirent plus qu'à assurer la proportionnalité entre les communes de chaque canton. La loi du 15 mai 1818 étendit la péréquation aux cantons cadastrés d'un même arrondissement : elle ne donna que des résultats défectueux : et la loi du 31 juillet 1821, loi de renoncement aux ambitions du législateur de 1740 et de 1807, fixa d'une manière définitive et ne varietur, le contingent d'impôt fourni par les divers départements ; les évaluations cadastrales ne pouvaient le modifier ni même modifier le

contingent des communes : elles n'étaient plus destinées qu'à rectifier la répartition individuelle ; ce fut pour ce motif que les dépenses du cadastre cessèrent d'être considérées comme dépenses d'état.

Depuis, l'administration des contributions directes n'a cessé de s'en tenir à cette doctrine : elle a combattu les diverses propositions, faites en 1873, par MM. Feray, Claude, etc., demandant le rehaussement des allivrements de propriétés dont le revenu avait augmenté depuis l'évaluation primitive. Cependant, l'Assemblée nationale adopta la proposition de M. Lanel, qui devint l'article 9 de la loi du 21 mars 1874, dont voici le texte : « Les parcelles figurant sous des dénominations diverses sur les états de sections des communes comme terres incultes ou improductives et cotisées comme telles et qui ont été mises en culture ou sont devenues productives depuis la confection du cadastre, seront évaluées et cotisées comme les autres propriétés de même nature et d'égal revenu de la commune où elles sont situées et accroîtront le contingent, dans la contribution foncière de la commune, de l'arrondissement, du département et de l'État. — Il n'est pas dérogé aux articles 111, 112, 113, 114 de la la loi de finances an VII, ni à l'article 226 de la loi du 18 juin 1859. — Les parcelles qui, depuis la même époque, auront cessé d'être cultivées ou productives, seront l'objet d'un nouveau classement et d'une nouvelle cotisation. Elles feront l'objet d'un dégrèvement au profit des propriétaires desdites parcelles et dans la contribution foncière de la commune, de l'arrondissement, du département et de l'État. « Les états des nouvelles cotisations et du dégrèvement par département, seront annexés au budget de chaque année. »

Cet article que l'administration des contributions directes avait combattu n'a jamais été appliqué : et M. Léon Say, comme ministre des finances, en demanda l'abrogation dans un projet déposé le 23 mars 1876.

L'administration constatait que le cadastre était un instrument immuable : l'agriculture avait pu transformer les propriétés ; des fortunes avaient pu s'élever, des ruines se produire, le cadastre les ignorait ; alternativement des garrigues avaient pu devenir des vignobles valant 10 ou 20 000 fr. l'hectare et le phylloxéra avait pu les dévaster : la terre qui avait subi ces variations restait toujours identique à elle-même pour l'administration. Le cadastre ignorait ces changements : mais qu'est-ce qu'un instrument qui, dans notre société où les transformations économiques ne cesseront pas de devenir de plus en plus rapides, a la prétention de n'en pas tenir compte ? Qu'est-ce qu'un instrument qui est destiné à assurer une répartition proportionnelle entre les propriétés dans leur part de charges publiques et qui se trouve dans un tel état que ceux qui sont chargés de s'en servir déclarent qu'il faut respecter les inégalités, existant dans la répartition actuelle, ne tenir compte ni des plus values ni des moins values, sous peine de risquer un détraquement général ?

C'est la preuve que le cadastre est un instrument mal adapté à sa fonction ; qu'il ne la remplit pas ; qu'il faut le refaire et qu'en le refaisant, il faut surtout corriger son défaut actuel. Le cadastre, au lieu d'être fixe, doit être mobile ; il doit se plier facilement aux changements qui se produisent dans la situation de la propriété immobilière. Au lieu d'être un portrait d'ancêtre, il doit être la photographie instantanée de ses contemporains.

IV. VALEUR NÉGATIVE DU CADASTRE AU POINT DE VUE JURIDIQUE.

Si le cadastre tel qu'il a été constitué et pas entretenu, en France, a été un mauvais instrument fiscal, il n'a été d'aucune utilité pour les propriétaires fonciers au point de vue de la sécurité et de la garantie de leurs titres. Il a trahi encore une des espérances du duc de Gaëte qui disait, dans le compte de l'administration des finances de 1806 : « Le parcellaire aura le grand avantage de fixer les limites des diverses propriétés et de tarir par là la source d'une foule de procès ruineux pour les habitants des campagnes. » Mais le ministre des finances eut le tort de ne pas assurer à son exécution un caractère attributif de propriété. La cour de cassation, en 1841, disait : « En l'état, le cadastre est une œuvre purement administrative ; ses rédacteurs n'ont égard qu'à la possession apparente ; aucuns titres ne sont produits. Ils n'ont pas qualité pour en requérir l'exhibition ; aucune enquête légale ne crédite leur travail. Tout a été fait sur simples renseignements verbaux recueillis par les ingénieurs, les géomètres et leurs commis... Ce serait altérer la nature et changer la destination du cadastre que d'en faire le registre matériel des droits de propriété et d'hypothèque. Les procédés au moyen desquels il a été construit ne permettent pas de lui attribuer une telle autorité. Il faudrait le refaire et le refaire d'une manière juridique. »

V. PROJETS DE RÉFORMES DU CADASTRE.

Nous avons vu les nombreuses demandes de réforme du cadastre produites constamment ; nous n'avons pas parlé des projets relatifs à la péréquation de l'impôt foncier, résultant des inégalités établies et consolidées par le cadastre, pour ne pas grossir cet article. Mais depuis une vingtaine d'années, les réclamations n'ont pas cessé de s'accentuer et de se préciser.

Le 23 mai 1876, M. Léon Say, ministre des finances, déposa un projet de loi, comprenant à la fois le renouvellement et la conservation du cadastre, la distinction des propriétés bâties et non bâties. Renvoyé au conseil d'État, il en revint modifié sur quelques points et fut déposé de nouveau, le 11 janvier 1877. Il devint caduc. M. Léon Say ministre des finances, le déposa une seconde fois le 19 mai 1879. Il rappelait que la loi votée le 3 août 1871 par l'Assemblée nationale, prescrivant au gouvernement de préparer un projet de nouvelle répartition de la contribution foncière, rendait indispensable la solution de la question du cadastre. Il disait que la répartition individuelle ne saurait être régulièrement effectuée que par le cadastre, en exprimant l'idée qu'il fallait satisfaire aux vœux de la propriété foncière, qui demandait énergiquement que le cadastre lui donnât satisfaction au point de vue de l'identité des parcelles et de la fixation de leurs limites. Il affirmait qu'il importait de séparer les propriétés bâties et non bâties.

D'après l'article 1, le conseil général désignait les communes à cadastrer et décidait si les plans devaient être renouvelés en tout ou en partie, ou revisés.

Les articles 2 à 9 donnaient la marche à suivre pour les opérations, notamment aux propriétaires toutes facilités pour qu'ils pussent faire servir le cadastre à l'assiette de la propriété, en trouvant dans les extraits certifiés une acte véritable de bornage et des documents précieux pour faire valoir leurs droits. Ils ne donnaient pas cependant, aux titres de propriété ainsi établis, la force probante.

L'article 11 permettait aux propriétaires de faire rectifier les erreurs ; les articles 12, 13, 14, aux conseils généraux d'assurer la conservation du cadastre, selon les procédés employés en Belgique, en Hollande et dans certaines parties de l'Allemagne.

L'article 15 autorisait les conseils généraux à voter les fonds nécessaires au renouvellement, à la conservation et à la péréquation du cadastre.

Bien que les trois projets de M. Léon Say, qui, en réalité, n'en formaient qu'un seul, n'aient jamais été discutés dans leur ensemble au Parlement, ils ont eu pour résultat de déterminer le vote par la Chambre et l'exécution par l'administration des contributions directes de deux sortes d'opérations, l'évaluation des propriétés non bâties, effectuée de 1879 à 1884 et l'évaluation des propriétés bâties exécutée de 1887 à 1889.

Ces travaux ont eu pour conséquences : 1° la loi du 29 juillet 1889, article 2, séparant les contingents afférents aux deux natures de propriétés bâties et non bâties ; 2° la loi du 8 août 1890 (art. 4 et 6), substituant le système de la quotité à celle de la répartition pour l'assiette de la contribution foncière des propriétés bâties.

La question de la revision du cadastre fut l'objet de diverses propositions et de divers rapports ; en 1880, de MM. Papon et Mathé ; en 1881, de M. Peulevey ; en 1886, de MM. Belle et Blandin ; de M. Viette ; de M. Poincaré députés et de M. Boulanger, sénateur. Le gouvernement proposa, dans le projet de loi de 1891, un premier crédit pour les études et les expériences qui doivent servir de base à l'élaboration des projets de loi concernant le cadastre et la réforme du régime de la propriété foncière. Je puis ajouter que, depuis 1881, j'avais montré la nécessité pour la France, de procéder à la constitution de la propriété foncière sur les principes du système, connu en Australie, sous le nom d'*Act Torrens*, du nom de son inventeur ; j'avais été assez heureux, en 1883, pour trouver en M. Cambon un administrateur d'initiative et de décision qui le fit appliquer en Tunisie [1].

Un congrès, tenu en 1889, présidé par M. Duverger, l'éminent professeur honoraire de la Faculté de droit, avait abouti aux résolutions suivantes :

« Établissement d'un livre foncier, réel et non personnel, avec le principe de la force probante ou principe de la légalité ;

« Inscription au titre foncier constituant le titre irrévocable du droit manifesté par l'inscription, à l'égard de toute personne intéressée ;

« Publicité et spécialité de toutes les hypothèques et privilèges ;

[1]. Le 14 décembre 1884, M. Cambon m'écrivait :
« Depuis que j'ai eu le plaisir de vous voir à Tunis et de correspondre avec vous au sujet de l'*Act Torrens*, j'ai étudié ce document dont je ne connaissais l'économie que par vos articles du *Globe* et du *Petit Colon*. Vous en donnez, du reste, une analyse très complète et très suffisante. Il m'a paru qu'en nous inspirant des idées de M. Torrens, nous pouvions résoudre facilement tous les problèmes qui se posent en Tunisie pour l'établissement de la propriété... Je suis convaincu du succès de notre loi immobilière. D'ici, elle passera en Algérie, qui vous la verrez passer en France. Je ne désespère pas de voir, dans quelques années, les principes de l'*Act Torrens* s'infiltrer dans notre législation française. Vous avez, je crois, le premier signalé les avantages de cette façon de procéder ; vous suivrez donc notre tentative avec intérêt et je vous tiendrai au courant de nos expériences. »

« Publicité étendue aux actes déclaratifs et aux mutations par décès ;

« Constatation de l'immatriculation par un certificat de titre remis au propriétaire, et de la cession de sa propriété à un tiers par un acte authentique de transfert ;

« Toutes les inscriptions du registre foncier portées sur le certificat du titre. »

VI. LA COMMISSION EXTRAPARLEMENTAIRE DU CADASTRE.

Enfin, M. Rouvier, ministre des finances, institua, par décret du 30 avril 1891, une commission extraparlementaire du cadastre. Dans le rapport qui précéda le décret instituant cette commission, il fut bien spécifié qu'elle n'aurait pas seulement en vue un intérêt fiscal, mais qu'elle aurait encore pour objet d'étudier les différents modes de transmission de la propriété immobilière et la constatation des droits réels. « Les études doivent comprendre, indépendamment de la réforme de notre système hypothécaire, l'ensemble des questions ayant trait à la propriété. Il s'agit de déterminer les propriétés, de conserver les effets de cette détermination ; — et effets et déterminations fiscales et juridiques doivent être constatés dans un document public et authentique. »

Quelle sera la valeur de ce document ? Sera-ce un acte ordinaire, susceptible d'être annulé, ou, au contraire, sera-t-il inattaquable ? Conférera-t-il au détenteur un droit à l'abri de toute contestation ?

Dans l'exposé des motifs du budget de 1891, M. Rouvier disait : « Le cadastre, perpétué à l'aide d'un système permanent de conservation, ne doit pas être simplement un instrument fiscal et administratif, mais il doit constituer la base de la propriété foncière, assurer la sécurité des hypothèques et la régularité des transactions immobilières ; fournir enfin à l'agriculture par le développement des institutions de crédit, les moyens d'action qui lui font défaut aujourd'hui ; en un mot, devenir le grand livre-terrier de la France. »

Dans le projet arrêté en première lecture, au mois d'avril 1894, après trois ans d'études, la sous-commission juridique du cadastre a admis la publicité et la spécialité des hypothèques ; l'abrogation de l'hypothèque judiciaire ; l'indication que l'hypothèque conventionnelle n'aurait d'effet que par inscription ; le principe des livres fonciers établis par *nature* de propriétés, et non par *noms* de propriétaires, et enfin la force probante du titre de propriété.

Une question se posait : la réfection du

cadastre doit-elle précéder l'adoption du titre de propriété ayant une force probante?

M. Noël Pardon, pour la Nouvelle-Calédonie, et M. Franck Chauveau, pour l'Algérie, ont essayé de la résoudre par la négative.

Ils disent que si la question du cadastre a des rapports avec celle du livre foncier, aucune n'est subordonnée à l'autre. Chacune peut être résolue distinctement. Quand on affirme le contraire, il faut le prouver. Or, de même que l'on peut faire le portrait moral d'une personne, sans avoir vu sa photographie, de même, on peut se passer du plan d'un immeuble pour le décrire, en raconter l'origine, en vérifier le titre pour en estimer la valeur, en déterminer le propriétaire.

Sans attendre que le cadastre soit *refait*, on peut trouver dans les études de notaires, dans les bureaux d'enregistrement, dans les greffes, dans les conservations d'hypothèques, dans les mairies, etc., tous les renseignements nécessaires pour faire des livres fonciers suffisants pour rassurer les tiers, auxquels un plan sera presque toujours inutile avant de faire une acquisition ou un placement hypothécaire. Il n'y a donc pas de raison pour ne pas commencer par là l'établissement des livres fonciers.

Le jour où ces livres fonciers existeraient et où l'on pourrait substituer à la publicité personnelle, origine de tant de confusions, de complications et d'erreurs, la publicité réelle, ou combiner les deux publicités, les notaires seraient les premiers à reconnaître que leur responsabilité est déchargée d'un grand poids.

En Australie, la propriété s'est constituée sans cadastre général. Il en est de même en Tunisie. On rattache aux bases de triangulation les propriétés à incorporer, sans s'occuper des autres.

M. Noël Pardon, dans son projet de décret pour l'application de l'*Act Torrens* à la Nouvelle-Calédonie, a très bien montré cette manière de procéder.

La sous-commission juridique du cadastre a adopté un autre système. Pour mettre en œuvre les réformes juridiques et la constitution du livre foncier, elle n'attend pas les quinze années que nécessiteront les travaux de la réfection du cadastre : mais elle a déclaré que dans tous les arrondissements où la réfection du cadastre serait accomplie, le système des livres fonciers devrait être appliqué. La transformation du système de notre régime de la propriété foncière se ferait au fur et à mesure des progrès des travaux du cadastre, arrondissement par arrondissement. Cette transformation aurait

ainsi lieu sans aucune espèce de secousse, peu à peu, de proche en proche. Il y a lieu de remarquer que dans 1100 communes, notamment dans les communes urbaines, Paris, par exemple, la loi pourrait être appliquée du jour au lendemain.

VI. LA VALEUR ACTUELLE DU CADASTRE ET LA DÉLIMITATION DES PROPRIÉTÉS.

Deux enquêtes sur la valeur des plans cadastraux, ont été faites en 1891, l'une administrative, l'autre expérimentale; l'enquête administrative a conclu au renouvellement intégral du cadastre dans 28 850 communes, soit 80 p. 100; à la simple revision, dans 7 294 soit 20 p. 100 : l'enquête expérimentale a porté la première proportion à 84 p. 100 et réduit la seconde à 16 p. 100[1].

Il existe en France 61 746 120 îlots de propriété, ayant une contenance moyenne de 85 ares, tandis que le nombre des parcelles est de 151 091 992 ; l'enquête faite par la sous-commission technique du cadastre a donné les résultats suivants :

ÎLOTS DE PROPRIÉTÉ.			
Modes de bornage.	Nombre.	Prop. p. 100.	Superficie hectares.	Prop. p. 100.
Terrains délimités par des bornes (bornage discontinu)........	19.369.071	31	16.344.547	31
Terrains entourés par des murs, talus, fossés (bornage continu)...	15.433.434	25	17.065.713	32
Terrains dépourvus de tout bornage.......	26.943.615	44	19.388.076	37
Totaux	61.746.120	100	52.798.336	100

Nous devons ajouter que si on répartit la situation du bornage entre les diverses natures de propriétés, on trouve que les terrains de qualité supérieure, ont été bornés dans la proportion de 87,3 p. 100; mais ils ne représentent que 1,3 p. 100 de la superficie ; que les terres labourables sont bornées dans la proportion de 65,2 p. 100, tandis qu'elles représentent 49,9 p. 100 de la superficie ; que les prés et herbages sont bornés, dans la proportion de 80,2 p. 100, mais ne représentent que 9,5 de la superficie. Les landes et pâtis, qui représentent 13,3 p. 100 de la superficie, ne sont bornés que dans la proportion de 40 p. 100.

En cinq ans, le nombre des procès en bornages a atteint 28 337 : et les contestations, tranchées par l'intervention de géomètres ou d'experts sont trois ou quatre fois plus nombreuses. La commission d'enquête éva-

1. Sur l'état actuel du cadastre, tous les documents se trouvent dans trois travaux de premier ordre présentés à la commission extraparlementaire du cadastre par MM. Cheysson, Debray et Lallemand

lue à un million et demi les frais qui en résultent. Nous ne parlons pas des haines de voisins à voisins qu'ils provoquent, du trouble apporté dans la culture par l'incertitude de la propriété. Les magistrats, à tous les degrés, ont considéré que la création de titres de propriété par le cadastre serait du plus grand secours pour les habitants des campagnes.

Le bornage matériel ne présente aucune garantie de précision ni de durée : dans le Morbihan, des pierres qu'un pâtre peut déplacer ; dans la Corrèze, un feuillet de micaschiste, fiché en terre entre deux cailloux gros comme le poing ; ailleurs des pierres sur des terrains en pente qu'entraînent les eaux tombées dans un orage.

Le bornage continu ne présente pas plus de garanties. « Les haies marchent », dit un dicton rural. Par la façon dont elles sont élaguées, elles peuvent produire des empiétements importants ; par la manière dont les fossés sont curés, le fossé peut se déplacer aussi.

Il n'y a qu'un bornage positif : c'est la délimitation géométrique, fixée sur un plan authentique et soigneusement tenu à jour ; et c'est cette délimitation que doit effectuer le cadastre.

D'après les réponses des comités départementaux, la délimitation obligatoire ne soulèverait pas trop d'opposition, mais il n'en serait pas de même du bornage obligatoire. La sous-commission juridique a cru que la délimitation était la chose importante et que le bornage, acte matériel, n'était que secondaire.

Mais il faut établir une distinction entre la délimitation géométrique et la délimitation juridique.

La première est établie d'après la jouissance : c'est ainsi qu'ont procédé les auteurs du cadastre actuel.

La seconde doit être établie juridiquement. Déjà l'article 646 du Code civil spécifie « que tout propriétaire peut obliger son voisin au bornage de leurs propriétés continues ». Le bornage se fait « à frais communs », et le conseil d'État a reconnu que la loi sur les associations syndicales du 22 décembre 1888 pouvait s'étendre au bornage collectif.

La *réforme* du cadastre doit avoir un double objet :

1° Déterminer la propriété ;

2° Conserver les effets de cette détermination.

La détermination *physique* résultera de la reconnaissance des limites de l'immeuble, de sa contenance, et de son rattachement exact à un plan d'ensemble. Voilà le premier point qui constitue la partie d'art du cadastre.

Vient ensuite le second point, celui de ses effets au point de vue juridique.

La conservation du titre de propriété et du livre foncier se lie intimement à la conservation du cadastre, tout changement de formes, tout démembrement ou remembrement devant être constaté sur place par les agents du cadastre, et figuré sur un plan qui forme partie intégrante du titre. De même toute modification du droit de propriété, soit à l'égard du titulaire, soit en ce qui concerne l'étendue du droit lui-même, paraît devoir être notée à la fois sur le titre de propriété et sur le livre foncier.

Le rôle du cadastre doit être interverti. Il doit d'abord servir d'assiette à la propriété ; il ne doit être un instrument fiscal que parce que chaque propriété doit supporter une part des charges publiques, proportionnelle à son revenu ou mieux à sa valeur.

VII. CADASTRES ÉTRANGERS. — DROIT COMPARÉ.

On voit, suivant les pays, le cadastre servir uniquement à faire connaître le produit net des terres, ou bien à délimiter et borner les propriétés, ou bien encore à donner un titre de propriété par l'inscription de chaque immeuble dans un livre terrier constatant les diverses mutations. La confection du cadastre est une opération longue et coûteuse, et il est peu de pays qui l'aient accompli d'une manière complète.

Nous allons passer rapidement en revue les principales nations qui y ont eu recours. On verra que, malgré la variété des procédés, nulle n'est arrivée à la perfection. Les nations qui ont tiré le meilleur parti du cadastre sont celles dont l'étendue, relativement modeste, permet à la fois de le tenir toujours au courant des modifications de toutes sortes qui pourraient survenir, et de le faire servir à la garantie et au maintien de la propriété.

1. Allemagne.

ALSACE-LORRAINE. — La loi du 31 mars 1884 a soumis le cadastre à une revision pour le rendre conforme au système allemand.

BADE (grand-duché). — Les registres du cadastre ont pour but et destination uniques de fournir la description exacte de tous les immeubles sis sur le territoire de la même commune.

BAVIÈRE. — Le 15 août 1828, deux lois ont été rendues en Bavière, dont les effets se sont étendus sur tout le territoire du royaume, et ont eu pour objet d'y établir des règles uniformes pour la répartition de l'impôt foncier. L'une concerne les maisons et les propriétés bâties ; l'autre s'applique aux fonds de terre et aux propriétés non bâties ; elles déterminent les formalités par lesquelles on doit reconnaître et constater leur revenu et établir les livres cadastraux.

L'opération du cadastre a toujours été, en Bavière, considérée comme la base fondamentale du crédit foncier.

BRUNSWICK (duché de). — Les opérations cadastrales sont faites sous la direction de la commission économique du duché, par des géomètres assermentés, avec le concours des autorités communales, après un avis donné aux propriétaires des terrains.

NASSAU (ancien duché de). — Les livres fonciers ont été établis par ordonnance du 21 mars 1774 ; leur tenue a été régularisée par une instruction du 5 juin 1816 ; une loi du 15 mai 1851 a ensuite posé les règles complètes sur la valeur des livres fonciers.

Par la loi du 8 mai 1854, le législateur a ordonné l'exécution d'un nouveau cadastre, et déterminé, dans une instruction du 31 mai 1854, le mode d'y procéder.

PRUSSE. — Le cadastre porte, en allemand, le nom de *Flurbuch* ou livre territorial. Il fonctionne en même temps que le livre foncier, *Grundbuch*, et ces deux administrations dépendent réciproquement l'une de l'autre. Tout changement dans l'état juridique de l'immeuble relevé au livre foncier est communiqué au cadastre, et de même le cadastre fait connaître au livre foncier tous les changements qu'il constate dans l'état matériel de l'immeuble. Les deux livres sont publics et leur combinaison fournit un tableau parfaitement exact de la propriété foncière. — V. L. 5 mai 1862 sur les livres fonciers.

2. Autriche-Hongrie.

En Autriche-Hongrie, la vaste étendue des propriétés a facilité les opérations. Les plans parcellaires sont chargés de renseignements minutieux figurés par des signes conventionnels. Des teintes spéciales indiquent les natures de culture.

Les opérations cadastrales sont tenues à jour et constamment au courant des modifications qui peuvent survenir, afin d'arriver au recouvrement de l'impôt sur chaque propriétaire, en raison de l'étendue de sa propriété imposable sur chaque circonscription cadastrale.

En Autriche, le cadastre a d'ailleurs été l'objet d'une revision complète dont le résultat a été l'adoption du système des *Grundbücher* allemands (L. 23 mai 1883).

3. Belgique.

Les opérations cadastrales furent exécutées, en Belgique comme en France, de 1802 à

1826 ; lors du renouvellement ordonne à cette dernière époque, on se conforma, sauf de légères modifications, aux prescriptions du *Recueil méthodique* de 1811, dont nous avons parlé plus haut. Les modifications ont consisté surtout dans une minutieuse indication sur les plans, au moyen de signes particuliers, des arbres, haies, fossés, cours d'eau, etc., servant à marquer la limite des propriétés rurales ; on a été même jusqu'à noter que ces objets étaient mitoyens ou appartenaient à un seul des riverains, et on a employé à ce sujet des signes de convention. Les plans sont tenus à jour avec un soin particulier. Dans presque toutes les provinces ils sont tirés en lithographie et vendus au public à très bas prix.

Le service de la conservation a été organisé en Belgique par un règlement du 10 février 1835 et, après dix ans d'expérience, ce règlement a été modifié et refondu entièrement dans un autre plus complet en 129 articles, qui porte la date du 22 mars 1845, et auquel sont annexés 30 modèles de plans et de livres cadastraux où sont prévus tous les cas de changements, soit dans la nature de la propriété, soit dans la personne des propriétaires.

Ce qu'il importe d'observer, c'est qu'en Belgique on ne s'est pas seulement contenté d'établir le cadastre, on s'est préoccupé aussi des moyens propres à employer pour assurer sa conservation : voilà pourquoi il est si minutieusement tenu à jour. En France, on a évidemment établi le cadastre, mais on ne s'est pas préoccupé de la manière de le conserver.

Ajoutons que l'entretien du cadastre en Belgique coûte annuellement près de 700 000 francs.

4. États-Unis.

A chaque concession de terre, il y a lieu à inscription sur un livre dit *livre terrier*, et indication au plan du quartier, après que l'arpentage du terrain concédé a été fait et le plan levé. On décrit ce terrain sur le livre foncier, par sa situation, par le nom du concessionnaire, par les noms des riverains, par la contenance et par le genre de culture reconnu praticable d'après l'état et la nature du sol.

Par ce moyen, le cadastre général s'est successivement formé. Les titres de concession inscrits au livre terrier, et les plans qui y sont conformes, déterminent irrévocablement l'étendue et les limites de la propriété.

5. Grande-Bretagne.

Le grand cadastre d'Angleterre, dit *Doomday Book*, était un parcellaire commencé vers 1080, sous Guillaume le Conquérant. Ce cadastre fut exécuté en six ans par des commissaires spéciaux, accompagnés de jurés pris sur les lieux. Depuis cette époque il a été procédé bien des fois à l'évaluation des revenus des biens-fonds.

Le besoin d'un cadastre parcellaire avec plan s'est, jusqu'à présent, peu fait sentir en Angleterre.

6. Italie.

Avant la confection du cadastre général pour toute l'Italie, les gouvernements de *Milan* et de *Venise*, longtemps régis par les lois françaises, avaient procédé, dans diverses communes, à l'exécution d'un cadastre conforme aux prescriptions du *Recueil méthodique*.

Le cadastre nouvellement dressé du *Piémont* a été soigneusement établi au point de vue géométrique : mais les propriétaires n'ont pas concouru à la délimitation, ce qui le rend impropre à former titre.

7. Norvège.

Le cadastre est organisé de façon à permettre la réunion en un seul héritage de toutes les parcelles composant une exploitation et, par contre, la séparation en plusieurs parcelles d'une propriété morcelée par le partage (L. 15 juin 1878). Les parcelles d'une valeur inférieure à 20 kroners ne sont pas inscrites au cadastre (L. 4 juillet 1884).

8. Pays-Bas.

Les opérations cadastrales, terminées en 1842 ont été exécutées sur l'état apparent de jouissance, sans que l'on se soit occupé de la délimitation entre les propriétaires, ainsi qu'en France du reste. Bien que les plans et registres soient admirablement tenus, que toutes les indications, concernant la propriété y soient régulièrement inscrites, il existe des différences graves entre le terrain et les plans.

Toutefois, le cadastre hollandais, grâce à l'établissement de la conservation, est précieux pour toutes les opérations dont les immeubles ruraux peuvent être l'objet.

9. Russie.

Dès le xvii° siècle, il a été fait un essai de cadastre général. Mais ce n'est qu'en 1837 qu'on s'est vivement préoccupé de l'institution d'un cadastre parcellaire.

Partout l'arpentage et l'expertise ont été institués avec le concours des propriétaires, qui ont approuvé le travail ou présenté des observations pour éclairer les agents de l'administration, et qui ont pris ainsi part à l'imposition régulière de leurs terres.

La confection du plan parcellaire paraît avoir été accueillie en Russie comme un bienfait public.

10. Suisse.

En Suisse, les cantons de *Genève* et de *Vaud* ont été récemment cadastrés. Depuis que les travaux sont terminés, il n'y a pas eu un seul procès en délimitation.

YVES GUYOT.

Bibliographie.

ÉDOUARD ARNOUX, *Notes sur le cadastre en France et sur l'impôt foncier et le cadastre à l'étranger.* — AUCOC, *Conférences sur l'administration et le droit administratif.* — BATBIE, *Traité théorique et pratique de droit public et administratif.* — BEQUET, *Répertoire du droit administratif.* — BERTHEAU, *Répertoire raisonné de la pratique des affaires.* — E. BESSON, *Les livres fonciers.* — BLOCK, *Dictionnaire d'administration.* — BONJEAN, *Revision et conservation du cadastre dans ses rapports avec la propriété foncière.* — BRAINE, *De la revision du cadastre.* — CAPPEAU, *Réflexions sur le cadastre parcellaire.* — FRANCK CHAUVEAU, *Rapport au Sénat sur la propriété foncière en Algérie.* — DESPAGNOLLE-LAFAYETTE, *Considérations sur le cadastre.* — DUCROCQ, *Cours de droit administratif.* — HENRICET, *Cadastre et livre foncier ou exposé d'un moyen d'effectuer la réforme hypothécaire et d'assurer la péréquation de l'impôt foncier sans refaire le cadastre.* Voir également série d'articles dans le « Siècle ». — HERMAN, *Traité d'administration départementale.* — NOIZET, *Du cadastre et de la délimitation des héritages.* — DUGABRY, *Rapport sur l'immatriculation des immeubles.* — PLAT, *Rapport sur les opérations cadastrales.* — NOEL PARDON, *Rapport et projet de décret sur la conservation, la transmission de la propriété foncière, des hypothèques et des autres droits réels immobiliers en Nouvelle-Calédonie* (Act. Torrens). — JULES CHALLAMEL, *Étude sur les cédules hypothécaires.* — *Rapport et projet de loi sur les privilèges et hypothèques.* — FLOUR DE SAINT-GENIS, *Rapport sur le mode d'organisation des bureaux d'hypothèques.* — E. DANSAERT, *Rapport sur l'immatriculation des immeubles.* — G. RONDEL, *La mobilisation du sol en France.* — DANIEL, *Du système Torrens.* — CH. GIDE, *Étude sur l'Act Torrens.* — DE TERSANT* (trad. de), *Exposé du système Torrens.* — WAUTOT (trad. de), *Mémoire sur l'exécution du cadastre en Alsace.* — NOEL PARDON, *Rapport et projet de décret sur la conservation et le transportation de la propriété foncière en Nouvelle-Calédonie.* — *Les rapports, les documents et les procès-verbaux de la commission extraparlementaire du cadastre.*

CAIRNES (John Elliott), est né à Castle Bellingham en Irlande le 26 décembre 1823, et est mort à Londres le 8 juillet 1875. Il entra d'abord dans le bureau de son père, qui était brasseur, mais préférant suivre une carrière académique et littéraire, il passa en 1848 à Trinity College (Dublin), ses examens de bachelier. Après avoir publié au point de vue des intérêts de l'Irlande, différents articles sur des questions économiques et sociales, il céda aux conseils de son ami, le professeur Nesbitt, de Galway (dont il épousa plus tard la sœur), aborda l'étude de la science économique et obtint au concours la chaire d'Économie politique fondée à Dublin par Whately. Ses premiers cours, publiés en 1857, conformément aux statuts, parurent sous le titre de *Caractère et Méthode logique de l'Économie politique* (*Character and Logical Method of Political Economy*) ; la même année il se fit inscrire au barreau, mais sans exercer la profession d'avocat. Les découvertes contemporaines de mines d'or lui inspirèrent dans *Frazer's Magazine*, une série d'articles, dans lesquels il prédit avec beaucoup de clairvoyance, les conséquences probables de cet afflux soudain du métal jaune ; Jevons vérifia par la suite ses prédictions et reconnut qu'elles s'étaient réalisées. On doit aussi à Cairnes un article sur l'ouvrage *la Baisse probable de l'or*, de Michel Chevalier, article qui fut inséré dans la livraison de juillet 1860 de la *Revue d'Édimbourg*. En 1860, un accident de chasse à courre le rendit à tout jamais infirme ; cet accident fut même la cause principale de sa fin prématurée. Son terme de professorat à Dublin expira en 1861 en vertu des clauses de la fondation Whately, mais il avait été dès 1859 pourvu de la chaire d'Économie politique et de jurisprudence à Queen's College à Galway. En 1862, parut son livre sur *La puissance politique basée sur l'esclavage* (*The Slave Power*), réquisitoire contre l'institution de l'esclavage qui fit sensation et détermina, en grande partie, la direction de l'opinion publique en Angleterre au sujet de la guerre civile aux États-Unis d'Amérique. Une seconde édition fut publiée dès 1863. Appelé en 1866 à la chaire d'Économie politique à University College (Londres), sa mauvaise santé, qui l'avait déjà forcé à passer une partie des années 1868-69 en Italie, le contraignit de se retirer en 1872 afin de ménager ses forces en vue de la publication de ses *Political Essays* (1873), collection d'articles sur l'enseignement secondaire et universitaire en Irlande, l'Église en Irlande, etc. Ses *Essais d'Économie politique théorique et appliquée* virent le jour la même année, et traitent particulièrement de la découverte des mines d'or et de la critique de Comte et de Bastiat. Son œuvre capitale est toutefois l'*Exposé nouveau de quelques-uns des principes fondamentaux de l'Économie politique* (*Some leading Principles of Political Economy newly expounded*), 1874. Peu de temps avant sa mort, il écrivit encore, pour la *Fortnightly Review* (livraisons de janvier et de février 1875), une critique des doctrines de M. Herbert Spencer sur l'Évolution sociale (*M. Herbert Spencer on Social Evolution*) et publia une seconde édition augmentée du *Caractère et de la Méthode logique de l'Économie politique* (avril 1875).

Ami, voisin et disciple de Stuart Mill,

Cairnes vécut dans l'intimité d'hommes tels que Fawcett, Courtney et Leslie Stephen ; à sa mort, il passait pour le chef de l'école économique anglaise contemporaine. L'épreuve du temps n'a pas ratifié cette appréciation trop favorable et son œuvre paraît aujourd'hui moins solide et moins durable que celle de Jevons. Son ouvrage sur le *Caractère et la méthode logique de l'Économie politique* met en lumière sa faculté maîtresse, le raisonnement lucide et serré, mais un peu étroit ; il s'y livre à une analyse très remarquable des ambiguïtés que recèle l'expression « Lois économiques ». De même son essai sur la théorie de la valeur d'échange de Bastiat, fait voir ce qu'il y a de confus, sous une apparence spécieuse, dans la conception de l'équivalence des services que Bastiat lui assigne pour fondement. Cairnes démontre nettement que cette solution du problème est purement dans les mots, qu'elle revient à dire que les hommes échangent, parce qu'ils ont le désir d'échanger et qu'elle ne fait pas voir pourquoi ils sont prêts à donner telle quantité et rien de plus de marchandises en échange de telle autre quantité et rien de moins. Sa perspicacité à découvrir et son aptitude à faire toucher du doigt les doubles sens, les erreurs et les lieux communs cachés sous un texte le font exceller dans ce genre de critique. D'après ses propres expressions, son *Exposé des principes fondamentaux* de l'Économie politique constitue « une tentative pour donner une forme nouvelle à une partie considérable de l'Économie politique », sans répudier les résultats obtenus par l'école classique d'Adam Smith, de Malthus, de Ricardo et de Mill. Il accepte « leurs hypothèses concernant le caractère humain et les conditions physiques de la nature extérieure », ainsi que leur méthode « de déduction et de vérification par l'étude des faits », mais il rejette « leurs *axiomata media* ou principes intermédiaires, au moyen desquels les résultats particuliers reconnus sont rattachés aux causes supérieures, qui les ont produits » et il s'efforce de « remplacer cet élément de fragilité par des matériaux plus capables de résister aux attaques de la critique moderne ». Toute son argumentation est aussi ferme que vigoureuse. Mill avait compris les salaires dans le coût de production ; il lui objecte que les salaires étant une rémunération, ne doivent pas être considérés comme un coût ou une dépense et que le travail et les salaires ne se confondent qu'au point de vue du « capitaliste », pour qui le travail représente une dépense effectuée sous forme de payement de salaires. **Nous dirions aujourd'hui qu'il faut distinguer** le « coût » des « frais de la production ». Cairnes paraît en outre avoir eu la perception, du moins partielle, de la distinction à introduire entre l'action des forces économiques, selon qu'elles se déploient pendant des périodes d'une durée longue ou courte ; cette distinction, depuis étudiée à fond par M. le professeur Marshall, se traduit par la différence qu'il établit entre la valeur du marché et la valeur normale. Elle sert également de base à sa théorie des « groupes non concurrents » et explique pourquoi certaines occupations n'atteignent que plus tard au point de vue des avantages économiques le niveau atteint auparavant par d'autres occupations. Pour lui, dans la hiérarchie sociale, les couches voisines sont seules accessibles aux influences qui déterminent le passage d'une occupation à une autre. Quelque élevée que soit, en tant que classe, la rémunération des médecins ou des hommes de loi, la classe des charpentiers par exemple, ne lui fera jamais concurrence ; par contre, si les salaires des plombiers s'élèvent considérablement, on verra un certain nombre de charpentiers embrasser leur métier. Autrement dit, ces deux derniers groupes sont concurrents, les premiers ne le sont pas. Cette opinion, exprimée par Cairnes en termes trop tranchés, n'offre que peu d'intérêt pratique dans un état social gradué et continu, où, de haut en bas, chaque couche se perd insensiblement dans la couche voisine. Son autre principale contribution à la science économique est sa « théorie du coût comparatif », servant à déterminer les valeurs internationales. Par *coût* il entend les « sacrifices subis par les producteurs » et non leurs dépenses en salaires, etc., et par *coût comparatif* « les coûts respectifs dans chaque pays de tous les produits qu'ils échangent et non le coût du même produit dans les pays se livrant à l'échange ». On étudiera encore avec fruit toute cette partie de son œuvre ; du reste sa pensée robuste et claire nous enseigne en général la circonspection, même dans les parties où les progrès scientifiques réalisés depuis cette époque l'ont absorbée ou dépassée.

Comme critique, Cairnes était quelque peu raide, agressif et sec ; s'il se méprenait sur le sens d'un auteur, son impitoyable logique l'entraînait parfois à l'injustice. Ses objections contre les théories de l'Utilité de J.-B. Say et de Jevons portent à faux en tant qu'elles s'adressent à ce dernier ; il fut toujours impossible à Cairnes de comprendre que, pour Jevons, la valeur est déterminée par l'utilité finale ou marginale de la dernière limite des derniers accroissements et il argumente tout le temps comme si Jevons avait eu dans l'esprit l'idée de l'utilité totale au lieu de celle de l'utilité finale. Dans la livraison d'avril 1876 de la *Fortnightly Review*, M. Marshall a soutenu que le sens attaché par Mill à sa théorie du coût de la production au point de vue de la valeur, a échappé à Cairnes et « qu'il était resté plus en deçà de la vérité que Mill lui-même ». Le manque de précision de sa conception de la demande explique tout particulièrement son appréciation imparfaite de Jevons, le grand analyste de la demande. Il continua à défendre la théorie du fonds des salaires, après même qu'elle eût été abandonnée par Mill, mais ses efforts demeurèrent infructueux ; il aurait fait plus que des réparations partielles et rebâtir en entier l'édifice antique, tout en employant les matériaux primitifs pour ce travail de réédification. Poussé par les craintes que lui inspirait son adhésion à la loi des rendements agricoles décroissants et son acceptation, même mitigée, de la théorie du fonds des salaires, Cairnes conclut « qu'aucune amélioration marquée du sort de l'ouvrier ne sera possible tant qu'il ne recevra que des salaires pour vivre... La coopération pourra seule le tirer d'un état d'irrémédiable détresse », car les profits qui lui seront attribués, iront alors grossir le fonds des salaires.

Pour les appréciations de ses amis, voir *The Times*, 9 juillet 1875 (article de M. Léonard Courtney Fawcett dans la *Fortnightly Review* d'août 1875) et l'article CAIRNES de M. Leslie Stephen dans le *Dictionary of National Biography*. Voir aussi Cliffe Leslie (son collègue), *Essays in Political and Moral Philosophy*, 1888. Cossa (*Introduction to the Studies of Political Economy*) affirme que Cairnes a beaucoup suivi les idées de M. Cherbuliez.

HENRY HIGGS.

CAMBON (Pierre-Joseph), né le 17 juin 1756 à Montpellier, mort à Saint-Josset-en-Noode près Bruxelles le 15 février 1820.

Fils aîné d'un riche commerçant en toiles de coton de Montpellier, qui l'avait associé tout jeune à ses affaires, et lui laissa bientôt la direction de sa maison, Cambon dut à son renom de loyauté d'être nommé officier municipal de sa ville natale, et en 1789 élu député suppléant aux états généraux. Réélu deux ans après membre du Corps législatif, il devint un des assidus de la commission des finances. Républicain ardent, il se signala bientôt par ses propositions violentes, telles que le séquestre des biens des émigrés, et la guerre contre l'Autriche et la Prusse. Becquey lui demandant alors : « Vous voulez faire la guerre, où sont nos ressources ? — Vous ne les connaissez pas, monsieur, s'écria Cambon, nous aurons de l'argent tant et plus qu'il ne faut; et les biens du clergé? » Dans ces dispositions d'esprit, il était naturel de le voir siéger à la Montagne, comme membre de la Convention, et voter la mort de Louis XVI sans sursis ni appel.

Élu naturellement au comité de finances et contributions, il s'adressait en ces termes à l'Assemblée au sujet des nouvelles impositions « Guerre aux châteaux, paix aux chaumières. Voilà les principes posés. Nos commissaires établiront sur les riches les contributions extraordinaires, qu'un besoin imprévu exigera, mais ils en excepteront la classe laborieuse et indigente. C'est par là que nous ferons aimer au peuple la liberté. Il ne payera plus rien et administrera tout. » Cette déclaration souleva l'enthousiasme de la Convention, et dès lors Cambon, qui faisait partie des cinq délégués du comité de finances, devint en réalité ministre des finances. C'est en cette qualité qu'il invite, et somme au besoin, Dumouriez, Danton et la toute-puissante Commune de Paris de lui rendre des comptes; il en use de même envers Robespierre et se l'aliène de cette façon, ce qui l'empêche d'être réélu au Comité de salut public. Il se consacre dès lors exclusivement aux finances publiques, où son instinct de négociant le pousse à mettre de l'ordre et de la clarté. Il voudrait bien préparer un état de prévoyance. « Tout le monde sait, dit-il, que pour établir l'ordre dans les finances du gouvernement, on doit régler les dépenses ordinaires de manière qu'elles n'excèdent pas les recettes ordinaires ».

Dès le 1er janvier 1793, Cambon fait fermer la Caisse de l'Extraordinaire, source de complications pour le Trésor, sans compensation d'avantages réels; le 7 mai, il réunit sous son autorité les deux comités des contributions publiques et de la trésorerie. Puis il lutte contre l'ennemi le plus dangereux de nos finances : l'assignat. On lui a vivement reproché de n'avoir pas à cette époque brisé la planche aux assignats, alors qu'il en était encore temps; mais il répondit sur ce point à ses accusateurs après le 9 Thermidor. « Le système des assignats n'est pas de nous, il est de l'Assemblée constituante; nous avons dû le maintenir. » Toutefois, il cherche à en restreindre le nombre et fait paraître mensuellement le bilan de leur circulation. Le 31 juillet, pour assurer l'égalité entre tous les porteurs d'assignats, en cas de restauration, il obtient la démonétisation des assignats à face royale, antérieurs par conséquent à la République, qui eussent joui certainement d'un privilège en cas de contre-révolution; mais, pressé de réaliser cette réforme, il fixa pour l'échange des délais trop restreints; beaucoup de porteurs ne purent ou ne voulurent pas les échanger, et le Trésor refusa de reconnaître ultérieurement environ 200 millions en assignats.

En août, poursuivi par cette idée, fausse au point de vue économique, que la hausse du change tenait à l'agiotage alors qu'elle tenait au peu de confiance (justifiée depuis par les événements) qu'on avait dans le remboursement intégral du papier-monnaie, Cambon fit liquider successivement la Caisse des comptes, la Compagnie des Indes et finit par fermer la Bourse. Mais, en même temps, il lisait un rapport les 18, 19, 22, 23 août à la Convention qui fut suivi d'un décret en date du 24 août l'approuvant, relatif à la création d'un Grand-Livre de la Dette publique

Le rapport explique d'abord l'origine de la Dette en France, composée de trois espèces de titres d'origine différente : 1º La dette constituée, formée des emprunts royaux, que les assemblées révolutionnaires ont promis de respecter, payables, à l'hôtel de ville, à l'aide d'un mécanisme bizarre et compliqué, et des rentes d'ancienne origine des pays d'états, des corps privilégiés et du clergé. 2º Les emprunts à terme contractés après la guerre d'Amérique à des conditions désastreuses pour le Trésor, source d'agiotage et de spéculations malpropres. 3º Une dette étrangère contractée à Gênes, en Hollande et en Amérique à 5 0/0 qu'on ne peut toucher sans violer l'intérêt de créanciers honorables entre tous (amis du pays).

Enfin Cambon rappelle pour mémoire l'existence de 5 100 040 080 livres d'assignats, dont 485 millions sont en caisse et 873 brûlés, qui ont baissé jusqu'à 20 0/0, mais qui se sont relevés par les mesures financières précédemment prises jusqu'à 48 0/0. Mais en dehors de l'État, il y a pour 625 millions de dettes provinciales, qu'il convient de rattacher aux emprunts de l'Etat pour accomplir l'*Unité* de la nation.

Pour mettre de la clarté et de la régularité dans des finances de la République, il convient de fondre les différents emprunts, de supprimer tous les anciens titres et les remplacer, comme on a fait en Angleterre, par une inscription sur un Grand-Livre au nom de chaque créancier et en capitalisant les arrérages au taux uniforme de 5 0/0.

Cambon y montre deux avantages primordiaux : l'un physique, la simplicité de la comptabilité, qui empêchera dorénavant l'État de payer deux fois une même dette ainsi qu'il arrivait souvent à l'hôtel de ville, et permettra de connnaître exactement, par une simple addition, l'ensemble de ses échéances. L'autre politique, qui consiste en la *républicanisation* des porteurs de rente. En effet, par suite de la différence entre les titres, qui les uns remontent à plus de trois siècles, et les autres à quelques jours, si une contre-révolution se produisait, les premiers continueraient certainement à être payés, et la monarchie répudierait probablement les autres. D'où différence entre les cours, et difficulté de placement des nouvelles émissions « Par l'unification, les porteurs ne seront plus divisés dans leurs espérances, les uns souhaitant le retour du despotisme, les autres le craignant, mais ils seront tous unis dans le même désir de voir la rente fidèlement payée et, pour cela, souhaiteront la force et la prospérité de la République. » De même, il convient de réunir à la Dette nationale celle des communes ; ainsi les municipalités les plus rebelles aux principes de la Révolution seront intéressées au succès de la République, et cette considération suffit pour compenser la lourde augmentation de charges qui en est la conséquence.

Cambon montrait ainsi qu'à l'aide du Grand-Livre on aurait un véritable cadastre de la fortune mobilière — tous autres titres ayant cessé d'exister ; — mais, puisqu'on supprimait les impôts des dixièmes, vingtièmes qui frappaient les anciennes rentes, il était juste de frapper la nouvelle de la contribution mobilière de 1791, facilement perçue par le mécanisme de la retenue.

Enfin, il se préoccupait de la réduction future de nos rentes ; et là il semble prévoir une objection qui fut faite en notre siècle par des économistes distingués au principe de la conversion, tirée de ce qu'on ne peut rembourser qu'un capital prêté, et qu'au Grand-Livre il n'est fait mention que des intérêts.

Cette remarque est exacte : seulement Cambon avait dit l'opposé ; comme on ne prévoyait pas de longtemps que la rente fût au-dessus du pair, en ne faisant pas mention du capital, « la nation pouvait racheter ses rentes au-dessous du cours nominal sans avoir l'air de faire banqueroute ».

Ces diverses considérations étaient en général justes ; elles avaient malheureusement l'inconvénient de se produire au moment où la République avait beaucoup besoin d'argent et où, pour s'en procurer, elle fabriquait des assignats qui faussaient, par la perte qu'ils subissaient, toute la valeur des raisonnements tenus par Cambon ; mais ces funestes mesures, sauf peut-être l'emprunt forcé sur les citoyens riches, ne peuvent guère lui être imputées, il était forcé de les subir, car seules elles pouvaient sauver la République contre ses ennemis du dedans et du dehors.

En tous cas, malgré les calomnies de ses adversaires, on ne put jamais rien prouver contre sa probité. Robespierre ayant osé le 26 juillet 1794, dénoncer ses malversations, Cambon se leva et attaqua avec sa violence habituelle son ancien collègue du Comité de salut public : ce fut le 9 Thermidor.

Après la réaction, il prépara son « Rapport sur la Dette viagère » qu'il voulait inscrire sur un Grand-Livre, comme la Dette constituée ; mais Tallien, à qui il demandait des comptes, lui répondit en le mettant sur les listes de proscription. Il dut se réfugier en Suisse pour échapper à la mort, revint en France grâce à l'amnistie du 4 brumaire an IV, et rentra dans la vie privée jusqu'aux Cent-Jours, où il fut envoyé à la Chambre des représentants ; il ne parla que dans les questions de guerre et de budget, mais sa qualité de régicide le fit comprendre dans la loi « d'Amnistie » de 1816. Il dut s'exiler de nouveau ; il se réfugia en Belgique où il mourut peu de temps après.

Cambon avait été un bon et fidèle serviteur de l'État : on ne peut dire qu'il fut un grand homme ; orateur, il avait le débit terne et nasillard, l'accent méridional, le parler emphatique et prétentieux ; homme d'État, il se crut obligé d'être ultra-révolutionnaire pour se montrer bon républicain. Mais ce fut un travailleur infatigable, un ardent patriote, et d'une loyauté et probité rares en tous les temps, mais presque uniques à ces heures troubles de notre histoire. Il a tenté de sauver nos finances, de faire pour elles ce que Siéyès avait accompli pour l'administration intérieure, ce que son collègue Carnot exécutait, si heureusement, pour la guerre.

La catastrophe ne fut que reculée ; mais s'il n'a pu nous sauver de la banqueroute, c'est qu'il eût fallu, suivant un mot célèbre, une bonne politique pour faire de bonnes finances, et qu'il ne dépendait pas de lui de modifier, à cette époque, les tendances du gouvernement. Nous devons en tous cas lui savoir gré d'avoir préparé les voies au relèvement ultérieur de nos finances, en y portant de la clarté et de l'ordre.

RENÉ CAHEN.

Bibliographie.

Rapport à la Convention nationale sur le projet de la formation du Grand-Livre. Paris, 1793. — *Lettre à ses concitoyens sur les finances.* Paris, 1795. — *Coup d'œil d'un aveugle sur l'administration du contrôleur général Cambon.* Paris, 1795. — *Finances de l'ancien régime et de la Révolution* par M. Stourm.

CAMÉRALISTIQUE. — Il est assez difficile de définir avec précision ce que les écrivains allemands ont entendu par *Kameralwissen-schaft*, car si chez les uns elle embrasse plusieurs branches de l'administration et même de l'économie privée, chez d'autres elle se circonscrit à la science ou à l'art de l'administration des finances publiques.

Les rois francs gardaient leur trésor dans leur *camera* et le substantif *camera* désigna bientôt la fortune privée du prince.

Sous les Carolingiens, le *thesaurarius* ou *camerarius* avait pour fonction de gérer cette dernière et de pourvoir à la subsistance du souverain et de sa cour. Peu à peu nous rencontrons un *camerarius* à la cour des grands barons, des évêques, etc.; aux cours épiscopales, l'office du *camerarius* était même un des quatre offices qui ne devenaient pas vacants lors du décès du titulaire. On sait que le moyen âge considérait les revenus du domaine du prince et de l'État comme devant suffire à faire face aux dépenses publiques; on sait que l'inaliénabilité du domaine fut dans tous les pays et à différentes époques infructueusement proclamée. En Allemagne, également, le domaine impérial se fondit peu à peu, mais les domaines des nombreuses principautés territoriales continuèrent à subsister et les ressources, que procurait leur exploitation, devaient rester affectées aux dépenses publiques; sauf lorsqu'elles se trouvaient en présence de princes énergiques et résolus, les assemblées locales (*Landesstände*) contestèrent toujours obstinément leur obligation de combler, à l'aide d'impôts, les déficits qui résultaient de l'écart entre les dépenses et les recettes provenant des biens caméraux (*Kammergüter*).

Dans ces conditions, l'attention des fonctionnaires de l'ordre administratif et financier et des auteurs qui étudièrent les questions qui s'y rattachent se porta naturellement sur une foule de questions qui, à première vue, semblent être d'ordre purement privé. On alla si loin dans cette voie, qu'au xviiie siècle Zincke publiant à Leipzig ses *Sammlungen von wirthschaftlichen Polizey, Cammer und Finanzsachen* (Collection de recherches sur des questions économiques, de police, de caméralistique et de finance), bien qu'il définisse la caméralistique « la doctrine de l'administration de la fortune publique immédiate (*bereiteste*) », n'hésite pas à insérer des travaux sur la médecine et l'obstétrique, car, dit-il, la caméralistique « a pour mission générale d'appliquer toutes les connaissances humaines au développement du bien-être temporel de l'humanité ». (Roscher *Geschichte der Nat. Oek. in Deutschland*, p. 434.) Il y eut à la vérité des tentatives de réaction contre cette extension excessive donnée au domaine de la caméralistique. Ainsi, en 1777, Rüdiger, professeur à Halle, se plaignait dans son *Système théorique des Sciences camérales* (*Ueber die systematische Theorie der Cameralwissenschaften*) et dans son *Programme académique à l'usage des économistes et des caméralistes* (*Die akademische Laufbahn für Oekonomen und Cameralisten*) de la confusion qui régnait dans l'étude de la police, de l'économie privée et de la science des finances. Toutefois ses plaintes ne l'empêchèrent pas de soutenir que les sciences camérales avaient pour objet « les recherches de tous les moyens et l'étude de toutes les institutions qu'il convenait d'établir et d'appliquer en vue de poursuivre le bien général de l'État et le bien particulier et individuel de tous ses membres. » (Roscher, p. 558.) Toutes ces définitions, fort nébuleuses d'ailleurs, attestent des ambitions démesurées et le penchant inné dans l'esprit germanique de franchir les limites propres et naturelles d'un sujet. Dans son *Encyclopédie caméralistique*, publiée en 1835, et le dernier en date des exposés de la science camérale, Baumstark y comprend la technologie, mais en exclut tout ce qui relève de la théorie économique générale.

Quoi qu'il en soit des contours indécis et vagues que les écrivains allemands ont donnés à la caméralistique, on peut dire qu'à leurs yeux elle a été la science ou l'étude de l'art d'un bon gouvernement économique et fiscal; les uns ont particulièrement envisagé son aspect fiscal, les autres son aspect économique. Aussi a-t-elle de bonne heure intéressé les souverains allemands. Dès le xvie siècle, les principaux d'entre eux, imitant l'exemple donné par Maximilien d'Autriche, ont créé des cours camérales chargées de diriger l'administration de leurs États et de leurs domaines : « Les membres de ces cours, écrit Ossa, conseiller et magistrat au service des ducs et des électeurs de Saxe, doivent être des intendants fidèles et intelligents, ne tolérant ni égoïsme ni rapacité chez les hommes en place, et surveillant avant tout les fluctuations dans le rendement de leur gestion. » En 1727 le roi de Prusse Frédéric-Guillaume Ier fonda les premières chaires d'économie et de caméralistique dans ses États aux Universités de Halle et de Francfort-sur-l'Oder; peu d'années plus tard, une école spéciale de caméralistique fut instituée à Kaiserslautern, mais elle finit par se fusionner avec la faculté de philosophie de Heidelberg.

Des chaires de caméralistique furent, vers la même époque, érigées dans un grand nombre d'Universités allemandes; de nos jours on donne encore le nom d'études camérales aux cours spéciaux destinés à former les fonctionnaires de l'administration des finances dans le grand-duché de Bade, le Wurtemberg et la Hesse.

E. Castelot.

Bibliographie.

Voir l'article *Kameralwissenschaft* dans le *Handwoerterbuch der Staatswissenschaften* de M. Conrad. — Pour l'exploitation des domaines tantôt mis en régie, tantôt donnes à cens ou affermés, voir l'article *Domänen* dans la même publication. — Dans son *Histoire de l'Économie nationale en Allemagne*, M. Roscher étudie en détail les caméralistes et leurs écrits. — Rau a également publié une étude sur la nature et le développement de la caméralistique (*Ueber die Kameralwissenschaft.* Heidelberg, 1825).

CAMERARIUS (Joachim) (1500-1574), professeur à Leipzig et l'un des humanistes allemands de l'époque de la Réforme, a écrit une savante et courte *Historia rei nummariæ seu de numismatis græcis et latinis* et des *Interpretationes et explicationes Politicorum et Œconomicorum Aristotelis* (1581) dans lesquelles il se demande pourquoi l'intérêt payé pour une somme de monnaie prêtée ne serait pas aussi légitime que le prix qu'on paye pour l'usage d'une maison ou de têtes de bétail. Il insiste sur le fait que les peuples qui, comme les Grecs et les Romains, se sont signalés dans les études juridiques, ont reconnu la légitimité du prêt à intérêt, quoiqu'il maintienne une distinction entre l'intérêt proprement dit et l'usure.

Bibliographie.

Roscher, *Gesch. der Nat. Œkonomik in Deutschland* p. 52-54.

CANTILLON (Richard), qu'il faut distinguer de son cousin Philippe Cantillon, auteur d'une *Analyse du commerce* publiée en 1759, était Irlandais. La date exacte de sa naissance est inconnue, mais M. Higgs, dans l'étude biographique très documentée qu'il lui a consacrée dans l'*Economic Journal* (vol. I, p. 262-291), présume qu'il a dû naître vers 1680. Cantillon fut banquier à Paris sous la Régence et ses affaires de banque lui valurent des démêlés avec la justice, tant en France qu'en Angleterre : le fait est qu'elles ne paraissent pas avoir été absolument limpides. Il réalisa des bénéfices considérables dans des spéculations sur les actions de la Compagnie du Mississipi de Law et fut assassiné à Londres en 1734.

Son *Essai sur la nature du commerce en général*, d'abord écrit en anglais, fut traduit par lui-même en français; toutes les éditions qu'on en connaît (1755-1756) sont posthumes. L'original anglais est perdu. Une édition fac-similé du texte français a été

publiée en 1892 à Londres et à New-York

La gloire littéraire de Cantillon a subi de remarquables vicissitudes. Loué par Gournay, par Mirabeau, qui, de son propre aveu, s'est largement servi d'une copie manuscrite qu'il a eue entre les mains lorsqu'il rédigeait son *Ami des hommes*, cité en passant par Adam Smith à propos de la question des salaires, il était à peu près tombé dans l'oubli dans son pays d'origine, lorsqu'en 1881 Jevons lui consacra dans la *Contemporary Review* un article panégyrique intitulé : *Richard Cantillon et la Nationalité de l'Economie politique*, qui lui valut une véritable résurrection.

C'est assurément un esprit pénétrant et délié ; il avait beaucoup voyagé, fréquenté beaucoup de monde, vu, observé et retenu, et il est à regretter que le supplément où il avait relevé les résultats de son enquête sur la condition et la subsistance des ouvriers à laquelle il fait allusion (p. 93, édition 1892), ne se soit pas retrouvé. Peut-être son existence agitée de brasseur d'affaires ne lui a-t-elle pas laissé le loisir nécessaire à la méditation et le manque de cette dernière offre-t-il quelque prise au reproche qui lui a été adressé de manquer de solidité. M. le professeur Marshall, qui émet cette critique dans ses *Principles of political Economy* (p. 53, note 2), tout en lui reconnaissant un certain mérite d'arrangement systématique, ajoute qu'il lui est impossible de décerner à Cantillon le titre de fondateur de l'Économie politique. Cette réserve paraît justifiée. Son appréciation peut se compléter par celle de M. le docteur Stephan Bauer pour qui Cantillon est des écrivains de son temps celui qui a poussé le plus loin le développement théorique de ce que l'économiste autrichien appelle l'école commercialiste anglaise (*Conrad's Jahrbuecher*, vol. XXI, p. 144) ; en effet Cantillon est de cette école par l'extrême importance qu'il attache aux phénomènes monétaires et à l'influence qu'ils exercent sur la prospérité des États. En même temps, il annonce et prépare l'avènement de l'école physiocratique en constatant dès sa première page que « la terre est la source ou la matière d'où l'on tire la richesse », bien qu'il ajoute immédiatement (p. 2) que c'est « le travail de l'homme qui donne la forme de richesse à tout cela » (les produits du sol qu'il vient d'énumérer). Reprenant une idée de Petty, il assigne à la monnaie le rôle un peu nébuleux « de fournir la mesure la plus certaine pour juger du pair de la terre et du travail et du rapport que l'un a à l'autre dans les différents pays » (p. 44). Ce pair reparaît encore dans sa définition du prix, quoiqu'il n'y soit pas expressément nommé : « le prix ou la valeur intrinsèque d'une chose est la mesure de la quantité de terre et de travail, qui entre dans sa production, eu égard à la bonté ou produit de la terre et à la qualité du travail » (p. 36). Plus loin la même pensée se présente sous une forme plus simple : « Les choses ont une valeur à proportion de la terre et du travail, qui entrent dans leur production (p. 149) » ; cette dernière définition annonce celle qu'Adam Smith donnera du prix naturel ou prix de revient. De même nous trouvons dans Cantillon la loi de l'offre et de la demande : « La valeur des métaux au marché, de même que de toutes les marchandises ou denrées, est tantôt au-dessus, tantôt au-dessous de la valeur intrinsèque, et varie à proportion de leur abondance ou de leur rareté, suivant la consommation qui s'en fait » (p. 128).

Ces *anticipations* ne sont pas rares chez Cantillon. En voici deux qui présagent Malthus : « Les habitants de la Chine se proportionnent nécessairement aux moyens qu'ils ont de subsister » (p. 90), et « les hommes se multiplient comme des souris dans une grange s'ils ont le moyen de subsister sans limitation » (p. 110). Il faut toutefois faire remarquer qu'il a une opinion à lui et absolument excessive du pouvoir qu'exercent les propriétaires fonciers sur l'accroissement de la population par leurs volontés, leur goût et leur façon de vivre (p. 107). Par contre, il a une vue très nette des services que peut rendre la statistique : « Il n'est point de connaissance où l'on soit si sujet à s'abuser que dans celle des calculs, lorsqu'on les laisse à la conduite de l'imagination; au lieu qu'il n'y a point de connaissance plus démonstrative lorsqu'on les conduit par un détail de faits » (p. 175). Cantillon est donc bien un précurseur des grands maîtres de la science économique, qui s'élèveront si haut à la fin du siècle, mais lui-même a eu ses précurseurs. Un peu avant sa naissance, en 1671, un homme d'Etat espagnol, Centani, écrivait déjà dans un mémoire présenté à Charles II d'Espagne que « la terre est la véritable et réelle richesse » (*la tierra es la verdadera y fisica hacienda*); de même sa définition du prix des marchés est empruntée à Locke, ainsi qu'il en convient lui-même.

D'après lui, « le fermier doit faire trois rentes : 1° la rente principale et véritable qu'il paye au propriétaire et qu'on suppose égale en valeur au produit du tiers de la ferme; une seconde rente pour son entretien et celui des hommes et des chevaux dont il se sert pour cultiver sa ferme ; et enfin une troisième rente qui doit lui demeurer pour faire profiter son entreprise » (p. 159). « Il faut donc considérer les trois rentes du fermier comme les principales sources ou pour ainsi dire le premier mobile de la circulation des États » (p. 162). Ce passage contient évidemment en germe la théorie du produit net des physiocrates, mais Cantillon ne va pas jusqu'à proposer l'impôt unique. Comme leur chef, il a une prédilection marquée pour la grande culture (« plus la ferme sera grande et plus le fermier sera à son aise ») (p. 161); Quesnay d'ailleurs le citera dans son article sur les GRAINS, qui a paru dans l'*Encyclopédie*.

Pour ce qui est du commerce international, Cantillon a encore en lui un vieux levain mercantiliste. « C'est en examinant les effets de chaque branche de commerce en particulier qu'on peut régler utilement le commerce avec les étrangers : on ne saurait le connaître distinctement par des raisonnements généraux. On trouvera toujours par l'examen des particularités que l'exportation de toute manufacture est avantageuse à l'État, parce qu'en ce cas l'étranger paye et entretient toujours des ouvriers utiles à l'État; que les meilleurs retours en payements qu'on retire sont les espèces et au défaut des espèces, le produit des terres de l'étranger, où il entre le moins de travail » (p. 309). Les plus clairvoyants tiennent toujours par quelque côté à leur époque.

E. CASTELOT.

Bibliographie.

Outre les publications citées au cours de cette notice, voir l'excellente analyse de Cantillon donnée par M. Espinas, dans son *Histoire des doctrines économiques*, p. 179-197.

CÉRÉALES.

L'agriculture française, et celle de tous les pays riches de la vieille Europe, attachent en général une importance exagérée à la production des céréales. La véritable voie de l'agriculture moderne dans nos pays occidentaux est dans la spécialisation des productions, l'extension de l'élevage du bétail, et de la culture industrialisée. L'avoine et l'orge étant mises à part à cause du rôle particulier qu'elles jouent la première dans l'économie de la ferme, la seconde dans la brasserie, le maïs, pour ainsi dire monopolisé par les États-Unis, et le blé, la céréale noble voient leur importance économique grandement atteinte en Europe par la concurrence universelle. La situation nouvelle faite au blé par l'exploitation des régions nouvelles de l'Amérique, de l'Australie et de la Russie du Sud appelle un examen nouveau du problème de l'orientation de nos cultures.

Dans nos fermes, où sont engagés des capitaux considérables tant par la valeur élevée du sol et les charges qui grèvent son exploitation que par le capital d'exploitation lui-même, la culture du blé n'est possible qu'à la condition d'en obtenir des rendements élevés de 25 à 35 hectolitres, d'ailleurs fort réalisables par l'emploi des méthodes intensives que la science a mises à notre portée dans ces vingt dernières années. Au-dessous de ces rendements élevés il faut laisser le blé à la culture extensive et aux terres à bon marché, là seulement où les faibles rendements restent rémunérateurs. Les régions pauvres du massif central de la France, peu aptes à la production de cette céréale, où la terre ne se vend pas plus de 1000 francs l'hectare pourraient encore se contenter, par des assolements extensifs, mais avec l'emploi des engrais chimiques appropriés, des rendements de 12 à 15 hectolitres. Il y a cependant mieux à faire dans ces pays montagneux: l'élevage bien compris, la laiterie leur assureraient par l'extension des prairies et leur fumure rationnelle un produit brut bien plus grand.

Le grand débat de notre époque qui renaît à chaque période de lutte pour notre agriculture est relatif à la détermination du prix de revient du blé, et, conséquemment, à la fixation d'un prix de vente rémunérateur afin que nos fermes ne soient pas délaissées. Ce débat s'est ouvert en Angleterre au siècle dernier, lors des discussions des lois-céréales, il s'est renouvelé en France sous la Restauration lors de la création de l'échelle mobile, plus tard en Italie, en Allemagne et en Autriche, partout à chaque remaniement du tarif douanier. Aujourd'hui il est d'actualité dans tout le monde civilisé.

On est loin de s'être mis d'accord même dans le clan des agriculteurs protectionnistes sur le prix de revient de culture d'un hectare de blé. En France, on le fait varier entre 250 et 463 francs, et au cours de la discussion intervenue au Parlement en 1894, pour le relèvement des droits protecteurs c'est le prix de revient de 20 francs l'hectolitre ou 25 francs le quintal qui semble avoir été adopté comme moyenne; mais rien n'est plus variable, moins sujet à généralisation que les prix de revient culturaux : la fertilité du sol, sa valeur marchande, les salaires, les impôts, les variétés de semences employées, la fumure, les soins donnés à la récolte, les accidents météorologiques de l'année les

influencent différemment dans chaque exploitation considérée isolément et les font varier d'une année à l'autre. Ces variations sont même d'autant plus accusées que la culture est plus intensive, plus perfectionnée.

Pour les régions de culture extensive, il est vrai, l'établissement de moyennes de prix de revient reste possible, et du moins ces moyennes synthétisent-elles suffisamment les résultats particuliers pour qu'elles aient quelque valeur et puissent former de bases d'appréciation. En 1893, M. de Vilmorin estimait avec assez de vraisemblance que le blé américain pouvait être débarqué en Europe à 16 ou 17 francs l'hectolitre, soit 19 à 20 francs le quintal. Dans cet immense pays, la culture se fait sans engrais, sans labours préparatoires sur un sol de faible valeur, avec le moins de main-d'œuvre possible, à cause du haut prix des salaires, et avec le concours d'un puissant outillage mécanique qui s'impose obligatoirement. Les rendements dans ces conditions varient dans de faibles limites entre 9 et 11 hectolitres à l'hectare, sauf dans les années très exceptionnelles.

Mais en France nos rendements varient depuis 7 à 9 hectolitres dans nos pauvres régions du massif central, des Pyrénées ou de la Provence, jusqu'à 30, 35 et même 40 hectolitres dans nos bonnes cultures. Raisonner ici sur des moyennes générales, c'est bâtir sur le sable. Nous ne pouvons nous dispenser de donner ici quelques exemples pris dans la pratique, contrôlés avec soin, qui démontrent bien que les moyennes de prix de revient que l'on cite généralement en ce qui concerne les bonnes cultures chez nous, sont exagérées.

Pendant la discussion au Parlement de la loi du 27 février 1894 qui a relevé à 7 francs par quintal le droit sur les blés, M. Lesage, député, établissait ainsi le compte d'une culture de froment. « Voici, disait-il, un aperçu de ce que me coûtent 4 hectares ensemencés en blé (terre légère et assez profonde) sur pommes de terres :

Loyer de la terre à 50 francs l'hectare.......	200 francs.
Labour et hersage pour couvrir la semence 16 à 18 journées.......................	180 —
8 hectolitres de semence à 17 francs.........	136 —
1600 kilos de phosphoguano à 20 francs......	320 —
Transport et épandage d'engrais.............	14 —
Frais de moisson charrois compris...........	150 —
Battage de la récolte, 80 hectolitres à 1 fr. 25.	100 —
Nettoyage du grain et livraison..............	30 —
Assurance contre la grêle...................	20 —
Dépense totale.................	1150

Sur cette somme il convient de défalquer 12 000 kilos de paille à 32 fr. les 1000 kilos.. 384 —

Les 80 hectolitres reviennent donc à.......... 766 francs.
Soit 9 fr. 57 l'hectolitre.

« Je ne prétends pas, ajoutait M. Lesage, que ce soit là le prix de revient moyen. Évidemment, il y a des cas où il s'élève à 20 francs et même peut-être au delà ; j'ai fait moi-même du blé dont le prix de revient a dépassé la moyenne que je viens d'indiquer ; mais enfin, on ne peut pas dire d'une façon générale et absolue : le blé coûte tel prix ; c'est absolument impossible ! et moi qui fais la culture du blé depuis 34 ans, je déclare qu'il ne m'a jamais coûté 20 francs l'hectolitre. »

Si, dans cet exemple, on néglige la valeur de la paille, le blé revient encore seulement à 14fr,37 l'hectolitre, mais dans nos cultures la paille reste un élément du produit et il n'y a pas lieu de la négliger. En Russie ou en Amérique il en serait autrement.

Prenant comme prix de revient normal dans nos bonnes cultures le chiffre arrondi de 320 francs par hectare de blé qui est plutôt exagéré, les rendements, donnés par les études précises et les meilleures monographies de fermes que l'on ait aujourd'hui [1], varient autour de 25 quintaux métriques, soit 31 à 32 hectolitres. En ce qui concerne l'avoine, la notion du prix de revient exact, si difficile qu'elle soit à établir, reste satisfaisante, la culture reste lucrative indubitablement.

Dans l'enquête parlementaire de 1884, le prix de revient d'un hectare de blé est fixé à 365 francs pour nos cultures françaises intensives, à 125 francs ; pour le Dakota, à 111 fr. seulement par Clare Read et Albert Pell ; les rendements américains ne sont pas supérieurs en moyenne à 11 hectolitres par hectare.

Voici encore un autre exemple précis, pris en Seine-et-Oise, que nous empruntons à M. D. Zolla [2]. Le détail du compte *blé* dans la ferme dont il s'agit s'établit ainsi (année 1884) :

Frais à l'hectare.

		fr.
Mise en terre..	Labours, hersage, roulage, ensemencement	79.47
	Fumier	150.09
	Semence	44.41
Échardonnage		0.72
Récolte	Moyettes, fauchage, liage	42.42
	Liens	9.40
	Battage	45.51
	Rentrée et meules	23.80
	Transport (grains et pailles)	40.13
Frais généraux de réalisation.	Frais de route et recouvrement	2.05
	Impôt personnel et prestations	1.31
	Fermage (Impôt foncier à la charge du propriétaire)	114.30
	Réparations de l'outillage	6.25
	Rabais de l'outillage à l'inventaire	0.32
	Commis, entretien de bâtiments, assurances et menus frais	50.71
	Total	610.50

1. Voir notamment les belles monographies publiées en 1895 par F. Convert dans le *Journal d'agriculture pratique :* la ferme de Fresnes ; le domaine de la Manderie.
2. Daniel Zolla, *Études d'économie rurale.* Paris, 1896.

Production à l'hectare.

	fr.
Grains 33 hectolitres à 15 fr. 15 ou 2696 kilogs à 18 fr. 94 le quintal	510.68
Paille 1155 bottes de 5 kil. 9 à 26 fr. 36	339.22
	849.90
Bénéfice à l'hectare	239.31
Prix de revient de l'hectolitre de blé après déduction de la valeur des pailles	8.22

Les prix de revient calculés d'après la même méthode depuis 1884 jusqu'en 1893 sont les suivants dans cette même ferme.

	fr.
1884	8,26
1885	9,73
1886	9,39
1887	8,40
1888	10,87
1889	12,88
1890	11,17
1891	13,92
1893	9,86

Ces chiffres, on le voit, n'ont rien d'alarmant pour notre agriculture et ne justifient guère les relèvements excessifs des tarifs de douane auxquels toutes les nations européennes (ou presque toutes) ont eu recours depuis 1883. Les fermes à culture moins intensive, où les rendements sont plus faibles, pont aussi de moindres dépenses, en vue de la récolte, les labours de préparation sont moins parfaits, la fumure est moins abondante, etc. ; toutes conditions qui tendent à rétablir l'équilibre entre les prix de vente et les prix de revient réels.

Ces conclusions posées *a priori*, sur le simple examen de la notion des prix de revient, contrarient bien des idées, considérées comme principes économiques par nos agriculteurs. Il reste à les compléter, les corroborer par le contrôle que nous ferons très rapidement des prix de vente.

Rien n'est plus changeant, plus variable que les prix de vente des céréales, mais au moins leur détermination n'est sujette à aucune discussion, les mercuriales des marchés en font foi, au même titre que la cote de la bourse des valeurs mobilières fixe la valeur d'échange de ces dernières. Voici, par exemple, un prix comparés à un même jour (24 avril 1896) par quintal métrique sur les principaux marchés du monde avec l'indication des droits dans chaque pays intéressé (V. le tableau, p. 66).

Les marchés américains mis à part — ce sont les pays exportateurs — les différences accusées par ce tableau correspondent à deux facteurs : premièrement, les droits protecteurs pour Paris, Berlin, Vienne ; ces différences sont proportionnelles aux droits de douane sinon égales à ces mêmes droits. Il ne faut pas perdre de vue que la France et l'Autriche-Hongrie en particulier sont des pays grands producteurs de céréales.

	PRIX.	DIFFÉRENCE avec Paris.	DIFFÉRENCE avec Chicago.	DROIT par quintal métrique.
Paris........	18 »	»	+ 6,00	7 fr.
Berlin 1......	19,25	+ 1,25	+ 7,25	6,25 et 4,75
Vienne......	15,40	— 2,60	+ 3,40	3,75
Londres......	15,40	— 2,60	+ 3,40	0,00
Bruxelles	14,85	— 3,15	+ 2,85	0,00
New-York...	14,05	— 3,95	+ 2,05	4,89
Chicago......	12,00	— 6,05	»	

Mais les droits protecteurs ne sont pas seuls en cause, puisque de New-York à Chicago on trouve une différence de 2 francs environ. La France, la Belgique, l'Angleterre qui reçoivent, comme New-York, les blés de l'Ouest américain ou de la Russie, ont également à tenir compte de ce second facteur, les frais de transport de la denrée. Cet élément de renchérissement est loin d'être négligeable, le taux des frets maritimes influe moins, il est vrai, que les frais de transports par chemins de fer.

Un droit protecteur de 7 francs par quintal métrique de blé correspond à une charge de 32^{fr}20 par tête, soit théoriquement un accroissement de dépense de 161 francs par famille de cinq personnes. Il n'y a plus à revenir sur le passé: les céréales ne reverront plus les cours d'autrefois; l'expansion de la race européenne dans les mondes nouveaux a pour longtemps créé un nouvel équilibre dans la production et la consommation de ces denrées. La douane est le pire des encouragements que l'on puisse donner à notre agriculture.

On a allégué, pour expliquer les bas prix des céréales, de nombreuses raisons, la plupart assez peu fondées : la dépréciation des monnaies d'argent, la roupie de l'Inde, le rouble de Russie, qui, par le jeu du change, favoriserait les exportations de ces pays — mais les États-Unis ont l'étalon d'or ; la surproduction, — mais alors il n'y aurait pas insuffisance en Europe et il n'y aurait pas lieu de recourir aux droits protecteurs qui, en tous cas, resteraient sans action, et ainsi n'en serait que mieux justifiée l'évolution de notre agriculture vers les cultures spécialisées et intensives à grands rendements. Une explication toute récente (1896) et plus originale vient d'être tentée dont nous devons dire quelques mots. On sait qu'en Amérique et en

1. Droit protecteur en Allemagne 6,25, tarif général; 4,75, tarif conventionnel.

Angleterre la pratique s'est établie de jouer sur les cours des grains, par des marchés à livrer à découvert, sans qu'aucune marchandise soit livrée par les vendeurs — à peu près comme on joue à la bourse financière sur les rentes françaises par exemple. Il s'est même créé pour ces marchés fictifs (dont nous n'avons pu trouver aucun exemple en France ni à Marseille, ni à Paris) un langage spécial ; en Amérique ils s'appellent *options*, en Angleterre *futures* ; les vendeurs fictifs, baissiers par conséquent, sont familièrement désignés sous le nom de *bears* (ours) et les acheteurs haussiers, sous le nom de *bulls* (taureaux) par analogie avec ce qui se passe à Wall street (bourse de New-York). Il résulterait de ces jeux une baisse continue des cours du blé, baisse fatale, d'autant plus favorable aux vendeurs qu'elle se produit avec des régressions momentanées; la démonstration en a été faite longuement (V. *Journal de la Société royale d'Agriculture* d'Angleterre, juin 1893, étude de W. E. Bear, et *Journal de l'Agriculture*, 1896, article de Du Pré-Collot). Cette baisse artificielle des cours doit se représenter naturellement sur les cotes des prix des marchés réels, et réagir sur les prix des ventes faites de leur récolte aux agriculteurs. Nous ne pensons pas qu'il faille attribuer à ces marchés fictifs l'importance qu'on leur donne, et il serait d'ailleurs fort difficile de les entraver, même par des lois spéciales.

En Allemagne un député du parti agrarien, M. Kanitz, a présenté au Reichstag, en 1895, une motion qui a été repoussée, tendant à faire acheter et vendre les blés par l'État afin d'assurer par la fixation du prix de ces marchés un prix de vente rémunérateur pour les producteurs nationaux. C'était le retour de l'ancien esprit protecteur qui avait présidé à l'établissement de l'échelle mobile, aussi bien en Angleterre qu'en France, teinté du socialisme moderne.

En France, on tente d'acclimater aujourd'hui le régime douanier italien dit du *cadenas* (*catenaccio*) et d'enrayer les admissions temporaires dans le but d'arrêter les blés étrangers.

Un seul principe reste vrai, la concurrence libre, la fixation naturelle des cours des céréales.

FRANÇOIS BERNARD.

CHEMINS DE FER.

SOMMAIRE

Le programme des travaux de voies ferrées qui a été adopté en 1879 et les conventions de 1883 qui en ont été la suite, sont des événements considérables dans l'histoire des chemins de fer français. Nous avons exposé l'origine et les principales dispositions de ces dernières dans notre article *Chemins de fer* du Nouveau Dictionnaire d'économie politique, §§ 11, 12, 13 et 14. Mais depuis lors des faits importants se sont produits, et il importe de les signaler.

1. Impulsion donnée depuis 1883 à la construction des lignes d'intérêt général.

Tout d'abord, nous devons noter qu'une très grande activité a été déployée dans la construction des lignes nouvelles et qu'en dix ans, de 1879 à 1888, la longueur du réseau d'intérêt général en exploitation a passé de 22 300 kilomètres à 32 600. Mais ce résultat n'avait pas pu être obtenu sans de grandes dépenses qui incombaient pour la majeure partie à l'État; en outre, la plupart des nouveaux chemins de fer étant d'un très faible rendement, leurs insuffisances augmentaient le chiffre de la garantie d'intérêt, et comme ceux qui restaient à faire devaient être de moins en moins productifs, l'État avait à craindre que son budget ne fût mis dans l'embarras par l'énormité des sommes que les compagnies auraient à lui réclamer du chef de la garantie. Il se décida donc à ralentir la construction des voies ferrées, et de 1888 à 1895 il n'en a été ouvert à l'exploitation que 4000 kilomètres. La longueur du réseau d'intérêt général est donc, au commencement de l'année 1896, de 36 600 kilomètres. Environ 2200 kilomètres sont en construction et il reste, en outre, 4500 kilomètres de lignes qui sont concédées, à titre définitif ou éventuel, déclarées d'utilité publique ou simplement classées. Leur dépense d'établissement est évaluée à environ 1300 millions. Si jamais toutes ces lignes sont construites, le réseau français d'intérêt général aura une longueur de 43 300 kilomètres. Depuis 1883, les compagnies ont consacré à la création des nouvelles lignes

1 260 millions, dont 600 millions ont été fournis par elles à titre de subventions ou en remboursement de leur dette; le surplus a été emprunté par les compagnies pour le compte de l'État, et, en vertu des conventions de 1883, donne lieu au paiement d'annuités inscrites au budget. Sur la somme qu'entraînera l'achèvement du réseau, 300 millions à peine seront à la charge des compagnies, et l'État aura à se procurer un milliard par leur intermédiaire.

2. Longueur et coût d'établissement de ce réseau.

Le réseau actuel d'intérêt général en exploitation se répartit de la manière suivante : État, 2761 kil.; Midi, 3142; Nord, 3728; Est, 4810; Ouest, 5365; Orléans, 6773; Lyon-Méditerranée, 8634. Les 1380 kilomètres de surplus appartiennent à diverses compagnies, dont la plus importante est celle du sud de la France. Le coût d'établissement de ces 36 600 kilomètres de voies ferrées est de près de 15 600 millions. Douze ans auparavant, en 1883, il était de 11 482 millions. L'écart de 4 200 millions entre ces deux sommes provient des rachats faits par l'État et des travaux exécutés tant par lui que par les compagnies.

3. Influence de son allongement sur les recettes.

La longueur du réseau a eu sur la recette des chemins de fer beaucoup moins d'influence qu'on ne serait tenté de le croire. Ainsi cette recette avait été en 1882, de 1 128 millions; après être descendue à 1 036 millions en 1886 par suite du ralentissement général des affaires dans notre pays, elle n'atteignait encore que 1 154 millions en 1890, quoique la longueur livrée à la circulation se fût accrue de 7500 kilomètres pendant cette période de huit ans. Depuis 1891, la progression des recettes a repris un cours plus normal; elles se sont élevées à 1 205 millions en 1893 et à 1 263 millions en 1895. Mais il ne s'agit là que du produit brut et l'examen de la recette nette accuse des résultats bien moins favorables. En effet, les dépenses d'exploitation se sont énormément accrues, et il n'y a à cela rien d'étonnant, puisque la longueur exploitée a augmenté de plus de moitié depuis 1880. Le parcours des trains et des locomotives est donc beaucoup plus considérable, le personnel et le matériel roulant plus nombreux, l'entretien de la voie, des wagons et des voitures plus coûteux. En outre, de grands sacrifices ont été faits par les compagnies dans l'intérêt de leurs agents; non seulement les salaires de beaucoup d'entre eux ont été relevés, mais les prélèvements qu'elles s'imposent pour alimenter leurs caisses de retraites et de secours ont été notablement augmentés. Sous l'influence de ces différentes causes, les frais d'exploitation ont passé, de 538 millions en 1880, à 606 millions en 1890 et à 700 millions en 1895. Par suite, le produit net, en sus de ces frais, qui était de 523 millions en 1880, ne s'est élevé qu'à 548 millions en 1890 et à 563 en 1895. Il en résulte qu'avec un produit brut moyen de 34 900 francs par kilomètre, le réseau d'intérêt général n'a plus en moyenne qu'un revenu net kilométrique de 15 500 francs, tandis qu'en 1880 le kilomètre exploité rapportait en moyenne 45 900 de produit brut et 22 600 francs de recette nette.

4. Résultats de l'abaissement des tarifs de voyageurs.

On sait que les deux principaux éléments de recettes sont, pour les chemins de fer, le transport des personnes et celui des marchandises. Une réforme qui a été effectuée en 1892, par application des conventions de 1883, a donné une vive impulsion à la circulation des voyageurs. Les conventions avaient stipulé que, dans le cas où l'État supprimerait la surtaxe du dixième dont les billets étaient frappés depuis 1871, les compagnies devraient réduire le prix des mêmes billets de 10 p. 100 pour la deuxième classe et de 20 p. 100 pour la troisième. Le législateur ayant prononcé la suppression de la surtaxe à partir du 1er avril 1892, les compagnies consentirent de leur côté les abaissements de tarif qui leur incombaient. Il en est résulté que la réduction dont ont bénéficié les voyageurs a représenté 9 p. 100 pour la première classe, 18 p. 100 pour la seconde et 27 p. 100 pour la troisième. Les auteurs de la réforme espéraient que ces abaissements de prix auraient pour conséquence de multiplier les voyages en chemins de fer, dans une proportion telle que la perte occasionnée par la réduction des tarifs se trouverait, en grande partie, compensée. Les faits ont répondu à leur attente. Dès la première année, une augmentation de 32 millions de voyageurs s'est produite sur les réseaux des six grandes compagnies et de l'État, et la recette brute des billets de voyageurs a donné une plus-value de 4 millions de francs. En 1893, nouvelle augmentation de 34 millions de voyageurs, et nouvelle plus-value de 15 millions. En 1894, le mouvement des voyageurs a encore progressé de 19 millions et leur recette de 14 millions de francs. Le nombre des voyageurs transportés par les trains des six grandes compagnies et de l'État a atteint cette même année 335 millions ; il

n'avait pas dépassé 250 millions en 1891, dernière année où ont été appliqués les anciens tarifs. Mais il faut remarquer que, si en trois ans la circulation s'est accrue de 85 millions de voyageurs, soit 35 p. 100, la recette brute provenant de leur transport n'a augmenté que de 42 millions, soit à peu près 10 p. 100, car en 1891 elle était déjà de 354 millions et ne s'est élevée en 1894 qu'à 396 millions. Ce simple rapprochement suffit pour montrer que si la réforme des tarifs a été très avantageuse pour le public, elle l'a été fort peu pour les compagnies de chemins de fer. Elle a, en effet, entraîné le renchérissement de leurs frais d'exploitation, en nécessitant l'augmentation du personnel, la commande de nombreuses locomotives et voitures, de plus lourdes réparations tant de la voie que du matériel, enfin la mise en marche de trains plus fréquents. Au surplus, quelles sont les catégories de voyageurs dont la circulation a le plus progressé ? Elles comprennent les voyageurs à petit parcours et ceux de troisième classe. Il en résulte que le trajet moyen et le produit moyen par voyageur se sont affaiblis, et on s'explique ainsi qu'un transport supplémentaire de 85 millions de voyageurs n'ait accru la recette brute que de 42 millions de francs.

5. Résultats de la diminution des tarifs de transport en grande vitesse.

En ce qui concerne les marchandises, il y a lieu de distinguer entre les transports en grande et en petite vitesse. En 1892, l'État a supprimé l'impôt de 28 p. 100 que les premiers avaient antérieurement à supporter. De leur côté, les compagnies, afin de favoriser les expéditions en grande vitesse des marchandises, denrées et bestiaux, ont abaissé leurs tarifs de 58 p. 100 en moyenne. Ces mesures ont eu pour résultat un notable essor du service de la messagerie. Son produit brut a progressé, dès 1892, de 5 millions de francs, en 1893 de 11 millions, et en 1894 de près de 6 millions. Bref, en trois ans la plus-value n'a pas été moindre de 22 millions, soit de plus de 20 p. 100. Il est vrai que la messagerie se développe en partie au détriment du service de la petite vitesse, beaucoup de cultivateurs et de commerçants employant la grande vitesse depuis que les tarifs ont été diminués.

6. Recettes des transports en petite vitesse.

Quant au transport des marchandises en petite vitesse, les Compagnies se sont efforcées de le faciliter en adoptant, depuis 1883, de nouvelles classifications, en simplifiant leurs tarifs et en abaissant de nombreuses taxes. Le prix moyen de la tonne kilométrique, qui avait été supérieur à 6 centimes jusqu'en 1875 et qui était encore de 5c.99 en 1883, n'est plus que 5c.32. Mais ces efforts n'ont obtenu qu'un succès relatif. En effet, le tonnage transporté sur le réseau d'intérêt général atteignait 89 millions de tonnes en 1883, et il ne s'est élevé qu'à 97 millions de tonnes en 1894; d'une date à l'autre la recette a passé de 664 millions de francs à 680. Ainsi en onze ans, malgré un accroissement de plus d'un tiers dans la longueur exploitée, le tonnage n'a augmenté que de 10 p. 100 et le produit brut de la petite vitesse que de 2 p. 100.

7. Causes de leur stagnation.

Quelles sont les causes de cette stagnation? Les ravages que le phylloxera a exercés dans nos vignobles et les pertes immenses qu'il a causées y ont assurément contribué, mais le ralentissement du transport des marchandises par voies ferrées est surtout dû au nouveau régime économique que la France s'est donné et à la concurrence de la navigation intérieure. D'une part, en effet, notre système douanier, inspiré par des idées protectionnistes, ralentit l'activité des échanges en gênant les relations industrielles et commerciales avec les nations étrangères : son but est de pousser le pays à se suffire à lui-même, et il est évident que des marchandises produites et consommées en dedans de nos frontières ont à parcourir de moindres distances, que si elles étaient en partie remplacées par des marchandises venant de l'étranger ou donnant lieu à une plus forte exportation. D'autre part, les améliorations qui ont été apportées aux conditions de navigabilité de nos rivières et de nos canaux, ainsi que la suppression des droits de navigation, ont permis au tonnage des voies navigables d'augmenter de moitié depuis 1880; il a représenté 27 millions de tonnes en 1894, tandis qu'il ne dépassait pas 18 millions de tonnes quinze ans auparavant. Il n'est pas douteux que si les marchandises transportées par eau avaient à acquitter une faible taxe, calculée de manière à couvrir l'État de ses frais d'entretien, la concurrence des rivières et canaux serait moins redoutable pour les chemins de fer.

8. Accroissement de la garantie d'intérêt.

Les nombreuses ouvertures de lignes ferrées qui ont eu lieu depuis 1883 ont imposé des charges considérables à l'État, du chef de la garantie d'intérêt. Pendant longtemps, alors que l'on construisait des chemins de fer répondant à des besoins

réels, celle-ci s'était tenue à des taux modérés. Avant 1880 quatre compagnies seulement y avaient eu recours pour des sommes annuelles variant entre 20 et 50 millions; celles du Nord et de Lyon ne l'avaient jamais invoquée. En 1881 et 1882, la compagnie de l'Ouest eut seule à réclamer à l'État une dizaine de millions; celles de l'Est, du Midi et d'Orléans commençaient à lui rembourser les avances qu'il leur avait faites. Mais comme les lignes nouvelles sont très peu productives, que beaucoup d'entre elles couvrent à peine leurs frais d'exploitation, les choses changèrent à partir de 1884. Sauf la compagnie du Nord qui a continué à pouvoir se passer de la garantie, les autres grandes compagnies y firent appel et, dès 1885, elles lui demandaient 72 millions, portés pour 1886 à 82 millions. La garantie a atteint en 1893 le chiffre maximum de 97 millions, mais ensuite elle a décru d'une façon sensible, et a été réduite à 77 et 60 millions pour 1894 et 1895. Le montant de la garantie n'en a pas moins (en douze ans, de 1884 à 1895) formé un total de 785 millions, pour les cinq compagnies qui avaient eu à demander des avances à l'État, et encore faut-il ajouter à ce capital de 785 millions plus de 160 millions d'intérêts. On voit à quel point l'achèvement du troisième réseau est onéreux tant aux compagnies qu'à l'État.

9. Influence qu'ont exercée à ce point de vue les conventions de 1883; appréciation de ces conventions.

Le fardeau de la garantie d'intérêt est alors apparu comme un danger pour les finances publiques, et, l'esprit de parti aidant, on a reproché aux conventions de 1883 d'avoir sacrifié les intérêts budgétaires du pays aux intérêts particuliers des compagnies de chemins de fer. Ce reproche est aussi faux qu'injuste, car les sommes versées par l'État à titre de garantie ne sont pas, on l'oublie trop souvent, de purs cadeaux faits aux compagnies; elles constituent des avances remboursables avec intérêt à 4 p. 100. Les compagnies sont donc les premières intéressées à ne pas les voir grossir, et leurs efforts constants tendent à les diminuer. La plupart des lignes ouvertes depuis 1883 avaient, d'ailleurs, été concédées antérieurement à cette date; leurs insuffisances ne sont donc pas imputables aux conventions qui ont été alors conclues. D'un autre côté, pourquoi les lignes en question ont-elles été construites? Est-ce sur l'initiative des compagnies? Nullement. Elles l'ont été parce que le gouvernement et les chambres, dans un but de popularité, ont voulu couvrir le territoire tout entier de voies ferrées, sans se préoccuper de leur rendement probable ni des frais d'établissement qu'elles occasionneraient. Elles ont été concédées aux compagnies parce que l'État a reconnu, après une expérience de plusieurs années, que mieux valait, pour ménager son propre crédit, les charger de pourvoir à leur construction et à leur exploitation. Si, d'ailleurs, il n'avait pas pris ce parti et qu'il eût continué, comme il l'avait fait de 1879 à 1883, à créer lui-même les milliers de kilomètres de chemins de fer qu'il avait promis aux populations, les charges des emprunts qu'il eût dans ce cas été obligé de contracter directement, n'auraient pas moins pesé sur ses finances que ne le fait la garantie d'intérêt. Enfin, le poids de celle-ci a été aggravé par des modifications, très sages au surplus, que différentes lois ont apportées à une des clauses des conventions de 1883. Cette clause stipulait que les insuffisances des lignes neuves seraient portées annuellement en addition au capital de premier établissement, jusqu'à l'achèvement complet du réseau concédé. Elle avait le grave défaut de grever l'avenir, car l'accumulation des insuffisances pouvait arriver à doubler presque le prix de premier établissement, et le jour où le réseau aurait été terminé, la garantie aurait eu tout à coup à faire face aux intérêts d'un capital démesurément grossi. Pour en fournir un exemple, dès 1884, les déficits capitalisés atteignirent 23 millions pour la seule compagnie de Lyon-Méditerranée. Lorsqu'il devint évident que l'achèvement du troisième réseau durerait beaucoup plus longtemps que les dix années qui avaient été primitivement prévues, on abrogea la disposition dont il s'agit et il fut décidé que les lignes nouvellement construites seraient, un certain temps après leur ouverture, incorporées au compte d'exploitation. Leur incorporation dans ce compte a eu pour conséquence d'augmenter la garantie dans de fortes proportions; ainsi elle l'a accrue de 23 millions en 1893 et de 25 en 1894.

La seule question que l'on puisse impartialement poser à l'occasion des conventions de 1883, est celle de savoir si on n'a pas eu tort de persévérer dans le système de la garantie d'intérêt, qui avait été consacré par les conventions de 1859 et maintenu par les conventions postérieures. Au début, on peut dire de ce système qu'il était parfaitement justifié et on ne peut nier qu'en inspirant confiance aux capitaux, il ait procuré à nos compagnies de chemins de fer un crédit qui leur a permis d'accomplir leur œuvre, de même qu'il a indirectement profité au trésor, en développant la richesse publique et le rendement des contributions Mais avec le temps les capitaux étaient devenus plus abondants et moins timides, et ils se seraient naturellement portés vers toutes les entreprises de chemins de fer offrant quelque chance d'être rémunératrices. Avant 1883, du reste, toutes les voies ferrées importantes étaient déjà concédées et il ne s'agissait plus que de les compléter par des embranchements secondaires. Il n'y avait donc pas de raison sérieuse pour grever le budget, uniquement afin de hâter leur construction. Si donc l'État leur avait refusé le bénéfice de la garantie d'intérêt, tous ceux que l'on projetait ne se seraient pas faits, mais ceux offrant de l'utilité auraient trouvé des actionnaires et des obligataires ; ils auraient peu à peu été construits dans des conditions plus économiques que celles en usage sur les grands réseaux, et ceux d'un trafic nul, eu égard à leurs dépenses d'établissement et d'exploitation, n'auraient pas été entrepris. Eût-ce été un mal ? Assurément non. On a donc abusé du système de la garantie d'intérêt, en l'appliquant à de nombreuses lignes dont le produit ne sera jamais en rapport avec les frais qu'elles ont entraînés.

10. Avenir de la garantie d'intérêt.

Quoi qu'il en soit, si les pouvoirs publics apportent une prudente lenteur à l'exécution des lignes restant à faire, s'ils renoncent aux plus onéreuses d'entre elles et rendent moins coûteuses les conditions dans lesquelles certaines autres pourront être établies, il est possible que, grâce à la plus-value des recettes provenant de l'accroissement des transports qui doit normalement avoir lieu dans un pays aussi riche et aussi laborieux que le nôtre, la garantie d'intérêt aille chaque année en s'atténuant. Il est même possible que plusieurs de nos grandes compagnies recommencent à rembourser au trésor les avances qu'elles lui ont reçues. Ces résultats seront obtenus si la plus-value de 2 p. 100 qui s'est manifestée en 1894 et 1895 se maintient, ce qui n'a rien d'improbable.

11. Charges que lui imposent les chemins de fer secondaires et les lignes algériennes.

Mais la situation n'est pas la même, en ce qui concerne les réseaux secondaires métropolitains: ceux du Sud de la France, des chemins de fer économiques, des chemins de fer départementaux, la ligne du Mont-Cenis, ainsi que les diverses compagnies d'intérêt local ; elle est bien différente également en ce qui concerne les chemins de fer Algériens. En effet, les réseaux secondaires français ont encaissé en 1894 une recette brute de 6 millions, inférieurs aux frais d'exploitation, et ils ont demandé à la garantie près de 7 millions ; pour la même année, avec un produit brut de 5 millions et une recette nette de 2 millions, la ligne du Mont-Cenis a fait appel à la garantie pour 3 millions. Quant aux lignes d'intérêt local, dont la longueur exploitée est de 3871 kilomètres, elles ont demandé à l'État 3 autres millions, non compris les sacrifices qu'ont dû faire en leur faveur les départements. Ainsi, pour ces différents chemins de fer, la garantie de l'État a joué, en 1894, à concurrence de 13 millions, ce qui fait ressortir une augmentation de 10 millions par rapport à 1884. De leur côté, les 3266 kilomètres de chemins de fer en exploitation en Algérie, ont eu, en 1894, un rendement de 25 millions de francs, et sauf ceux qui appartiennent à la compagnie de Lyon-Méditerranée, ils ne couvrent pas même leurs frais d'exploitation. Par suite, la garantie d'intérêt à leur allouer a atteint, en 1894, 27 millions, en accroissement de 16 millions sur celle de 1884. Dans ces conditions, on n'entrevoit pas la possibilité pour l'État de rentrer jamais dans ses avances, et c'est une raison de plus pour qu'il se montre très réservé vis-à-vis des demandes nouvelles de concessions qui pourront lui être adressées.

CH. GOMEL.

CHERBULIEZ (Antoine-Élisée) est né à Genève le 29 juillet 1797. La famille de son père venait du pays de Vaud. Sa mère était d'origine française : il descendait par elle d'Isaac Cornuaud qui joua un grand rôle à Genève dans les troubles politiques du XVIIIe siècle.

Après avoir passé quelques années à l'étranger, notamment comme précepteur dans une famille russe, Cherbuliez rentra dans sa ville natale, se livra tardivement, mais avec une extrême ardeur, à l'étude du droit et fut reçu licencié en 1826, après avoir soutenu une thèse sur les *causes naturelles du droit positif*. Le barreau, auquel il se consacra momentanément, n'eut pas d'attraits pour lui. Après avoir publié un petit journal, *L'Utilitaire*, qui était destiné à répandre les théories de Bentham et dont la durée fut courte, il fut nommé en 1831 juge au tribunal civil, puis, en 1835, professeur de droit public et d'économie politique en remplacement de Rossi qui avait quitté Genève pour se fixer à Paris. C'est pendant ce professorat de douze années qu'il publia successivement sa *Théorie des garanties constitutionnelles* (1838), *Riche ou pauvre* (1840) et *La Démocratie en Suisse* (1843).

Lorsque le radicalisme devint triomphant à la suite de la révolution du 7 octobre 1846, Cherbuliez quitta volontairement sa chaire, ne voulant pas servir, même comme professeur, un régime dont il avait, dans l'assemblée législative du canton, vivement combattu l'avènement. Dépourvu de fortune personnelle et chargé de famille, il eut la fâcheuse inspiration d'émigrer à Paris. Il espérait s'y créer une situation grâce à l'appui de M. Guizot auquel il était chaudement recommandé. La révolution de Février bouleversa ses plans. La lutte contre le socialisme vint offrir un aliment à son activité de publiciste ; il y contribua par quelques opuscules de circonstance : *Le socialisme, c'est la barbarie* (1848), *Simples Notions de l'ordre social* (1848), *Lettre à Proudhon* (insérée d'abord dans le *Journal des Économistes*, décembre 1848), *Le Potage à la tortue, entretiens populaires sur les questions sociales* (1849).

Le 18 décembre 1850 il obtint la naturalisation française sous les auspices de MM. Horace et Léon Say, qui lui servirent de parrains. Mais cette démarche ne lui fut d'aucun secours. Découragé, atteint dans sa santé, sentant l'inutilité de ses efforts, il revint en Suisse en 1852 pour occuper à Lausanne une chaire temporaire d'économie politique. Il y publia en 1853 son *Étude sur les causes de la misère*.

Enfin en 1855 une situation plus stable et plus digne de son mérite lui fut offerte : le gouvernement de la Confédération l'appela à enseigner la science économique dans le Polytechnicum qui venait d'être créé à Zurich. Tout en continuant sa carrière de publiciste, il se consacra à cette chaire jusqu'à sa mort survenue le 7 mars 1869. Il avait publié en 1862 un *Précis de la science économique et de ses principales applications*. L'Académie des sciences morales et politiques se l'était attaché comme membre correspondant.

Indépendamment des ouvrages qui viennent d'être cités, il a fourni de nombreux articles à la *Bibliothèque universelle* (revue publiée à Genève, ensuite à Lausanne), ainsi qu'au *Journal des Économistes*. Il serait trop long de les énumérer.

Si l'on voulait essayer de caractériser sommairement les idées de Cherbuliez, on pourrait dire qu'il fut toujours un libéral pessimiste, mais avec une tendance à devenir de plus en plus libéral et de moins en moins pessimiste.

Tout en s'étant promptement dégagé de ce qu'il y a de matérialiste et de terre à terre dans la doctrine utilitaire dont il avait été, au début, un adepte fervent, il était demeuré trop disciple de Bentham pour voir dans la propriété autre chose qu'une institution, qu'un fait conventionnel. Dans le premier en date de ses écrits économiques, *Riche ou pauvre*, qui est un exposé des phénomènes de distribution, et où les maux résultant de l'inégalité sont dépeints sous les couleurs les plus sombres, il n'hésite pas à mettre ces maux sur le compte de l'appropriation du sol. Il irait volontiers jusqu'à l'abolir, jusqu'à reconnaître à tout l'ensemble des fonds productifs un seul maître, l'État, qui les affermerait aux capitalistes privés, qui deviendrait ainsi le percepteur de la rente, et qui supprimerait alors tous les impôts parce qu'elle lui en fournirait l'équivalent.

Mais ni dans cet écrit, ni ailleurs, il ne va plus loin, et il ne tire point de ces prémisses les conclusions plus étendues et plus radicales que les socialistes en attendraient. Nulle part il ne cherche dans l'omnipotence de l'État le remède aux plaies de la société. Bien loin de vouloir apporter des restrictions à la liberté individuelle, il s'effraie des dangers que l'exagération de l'esprit démocratique lui fait courir. Il redoute la tyrannie de la multitude et compte avant tout sur le dévouement des classes éclairées pour faire régner l'ordre et assurer le véritable progrès. C'est surtout dans l'*Essai sur les causes de la misère* que cette tendance est visible. Il y montre la stérilité de l'action gouvernementale pour combattre la misère, il ne fait fond que sur l'action individuelle s'exerçant d'homme à homme au moyen du patronage dont il étudie le rôle dans la propriété agricole, dans l'industrie et dans les associations libres. Il avait parlé autrefois en précurseur d'Henri George : c'est maintenant à Leplay et à son école qu'il fraie la voie.

Dans son *Précis de la science économique*, il prend nettement la défense de la propriété héréditaire, non pas qu'il ait cessé d'y voir une cause qui aggrave l'inégalité, mais parce que, à ses yeux, les avantages en dépassent de beaucoup les inconvénients. Cet écrit, le dernier qui soit sorti de sa plume, est une œuvre calme et sereine, d'une grande hauteur de vues. Les domaines de la théorie et de l'application, ainsi que leurs points de vue respectifs, y sont nettement délimités. Jamais l'économie politique n'avait été traitée dans une langue mieux appropriée, ni avec un esprit d'analyse plus pénétrant, ni avec une probité scientifique plus rigoureuse. Les chapitres sur le commerce international, sur la théorie du profit et sur celle de la rente, en sont les parties les plus originales.

Si les petits écrits polémiques de Cherbuliez pâlissent un peu à côté de ceux de Bastiat,

dont ils n'égalent pas la verve ni la couleur. ils n'en sont pas moins à recommander pour leur vigueur et leur précision. En particulier, celui qui est intitulé : *Le socialisme c'est la barbarie*, et qui fut publié au lendemain de la révolution de Février, mérite de ne pas tomber dans l'oubli, car les utopies qu'il combattait reparaissent aujourd'hui, à peine déguisées sous des noms nouveaux.

Ce qui distingue en général tous les écrits de Cherbuliez, c'est l'absence complète de la déclamation, des phrases à effet, des clichés. Sur la tombe de ce penseur original et austère on a pu dire sans exagération : « Il n'eut qu'une ambition : chercher la vérité, la connaître et la dire ».

A. ACHARD.

CIRCULATION MONÉTAIRE

SOMMAIRE

1. Pays à l'étalon d'or.

A l'heure actuelle, l'étalon monétaire, dans les pays les plus importants, est l'or. Depuis qu'on a suspendu la frappe libre de l'argent, en Allemagne (1871 et 1873), en Scandinavie (par des conventions entre les trois pays 1873 et 1875), en Hollande (suspension en 1873, suivie de l'établissement de l'étalon d'or en 1875), en Finlande (1877), et, dans la même période, dans l'Union latine (spécialement en 1875), et enfin aux États-Unis (1873), tous ces pays doivent être rangés dans la même catégorie que l'Angleterre, puisqu'ils ont comme elle une circulation monétaire basée exclusivement sur la valeur de l'or.

Le système de la métropole règne dans la plus grande partie des colonies anglaises, en Australie et dans la Nouvelle-Zélande, dans l'Afrique du Sud, à Chypre, à Malte et dans plusieurs autres îles. Le Canada a l'étalon d'or, mais avec un dollar égal à celui des États-Unis (4.866, convertible en un sovereign) comme unité : il n'a cependant pas d'hôtel des monnaies, et c'est principalement du papier que l'on y voit en circulation, avec quelques monnaies d'or britanniques et américaines. Les gouvernements ont même émis des billets de 25 cents ou 2 fr. 50. A Terre-Neuve, on a, de même, de l'argent et des billets avec le dollar d'or comme unité. Dans le Honduras anglais, on a également adopté, en 1894, le dollar d'or comme étalon, qui décide de la valeur des billets et de la monnaie d'argent. Dans la Nouvelle-Galles du Sud, on est probablement, depuis la dernière crise, arrivé aussi à un système semblable à celui du Canada, puisqu'on ne demande, à présent, aux banques d'émission d'assurer la convertibilité des billets contre de l'or que dans le port d'exportation, Sydney, et non dans leurs nombreuses succursales.

Les pays scandinaves ont, d'après leur union monétaire, l'étalon d'or, mais on en voit rarement en dehors des réserves des trois banques nationales. Le cas est le même pour la Hollande. Il n'y a même aucune loi qui oblige à donner, dans ce pays, de l'or en échange d'argent ou de billets ; mais la Banque des Pays-Bas donne toujours de l'or pour l'exportation ; et lorsqu'en 1881 et 1882, le cours du change étant défavorable, il s'en suivit que la réserve d'or de la Banque diminua, le gouvernement autorisa, sans hésitation, la Banque à vendre 25 millions de florins de métal blanc, autorisation qu'on n'utilise pas, mais qui contribua à maintenir la confiance publique. On voit beaucoup plus d'or en circulation en France ; on en voit moins dans les deux autres pays de l'Union latine qui conservent le véritable étalon d'or, la Belgique et la Suisse. La circulation de l'Allemagne est aussi moins forte que celle de la France. Le chiffre de la circulation d'or, y compris les réserves des banques, est, pour l'Australie et la France, supérieur à 100 francs par tête ; entre 100 et 50 francs pour l'Égypte, sous la domination anglaise, pour l'Angleterre et pour l'Allemagne ; au-dessous de 50 francs, pour la Belgique et les États-Unis ; et encore beaucoup moins pour la Hollande, la Suisse et les États scandinaves. La Finlande a, pour son mark, égal à 1 franc, une circulation aussi bien fondée qu'aucun autre pays ; mais elle n'a pas non plus une circulation d'or effective. Le leï de la Roumanie a baissé, au contraire, à un tel point que nous hésitons à ranger ce pays parmi ceux à étalon d'or ; cependant il n'y a là probablement qu'une baisse momentanée. Nous sommes plus embarrassés en ce qui concerne la Bulgarie, où l'agio sur l'or comparé au leï est aujourd'hui si considérable, qu'il faut admettre que ce pays est, pour le moment, descendu au rang des pays à monnaie inconvertible. L'Algérie, la Tunisie, les Antilles et d'autres possessions françaises ont le système de la métropole.

On a qualifié les systèmes de l'Union latine, de l'Allemagne, de la Hollande et des États-Unis, de systèmes à étalon boiteux, parce que les pays qui les ont adoptés ont des monnaies d'argent en circulation en plus grande quantité qu'il n'en est besoin pour l'échange : la masse, en tant que masse circulante, est surtout considérable en France, qui a aussi, malgré sa grande circulation d'or, plus de monnaie d'argent qu'aucun autre pays ; elle est surtout comme trésor amassé, dans les caves du gouvernement, énorme aux États-Unis. En réalité, ils sont entièrement des pays d'étalon d'or ; la monnaie blanche n'y est qu'une monnaie représentative.

Le cas est le même pour les Indes néerlandaises, qui emploient exclusivement des monnaies d'argent ; celles-ci, depuis 1879, par le moyen du change gouvernemental, sont tenues au pair avec l'or. Curaçao et la Guyane hollandaise ont le même système. L'étalon d'or règne de la même manière aux Antilles et à la Guyane anglaises ; toute leur monnaie circulante consiste en monnaie blanche, mais qui circule d'après sa valeur nominale comme représentant de l'or. Saint-Domingue a établi, d'après le conseil de l'économiste américain, M. L. Laughlin de Chicago, l'étalon d'or, le dollar américain, avec une circulation de monnaie blanche. On dit que Haïti vient de décider l'adoption du même système.

Dans l'Amérique centrale, le Nicaragua continue à suivre le système de son voisin le Mexique, celui de l'étalon d'argent. Les quatre autres États, San Salvador, Honduras, Guatemala et Costa-Rica, ont changé ou décidé de changer ce système, pour adopter comme étalon le dollar d'or des États-Unis.

Dans l'Amérique du Sud, l'Uruguay a eu une circulation d'or estimée à la somme très considérable de près de 100 francs par tête. Le Vénézuéla et l'Équateur ont décidé de revenir à l'or après un abus des billets et de la monnaie d'argent, et le cas est le même pour le Chili qui a même donné à la monnaie blanche une valeur si élevée (30.4:1) que l'on peut douter qu'il soit toujours possible de la retenir en circulation.

Dans l'ancien monde, l'Égypte a l'étalon d'or, la livre égyptienne, et même une circulation très forte, estimée à 99 francs par tête ; les monnaies appartenant à d'autres systèmes circulent d'après certains tarifs qui déterminent leur valeur. L'Empire ottoman, en Europe et en Asie, ainsi que la Tripolitaine emploient l'étalon d'or dans le grand commerce ; les autres monnaies, appartenant à des systèmes différents, en partie étrangers, circulent d'après certains tarifs, fixant leur relation avec l'or, tarifs qui diffèrent selon les provinces, surtout dans celles de l'Asie, et donnant presque toujours à ces monnaies une valeur plus grande que leur valeur intrinsèque, mais pourtant avec un agio, qui est dans certains endroits extraordinaire et gênant. La Banque ottomane émet aussi des billets basés sur l'or. La circulation d'or est beaucoup moindre qu'en Égypte, 10 francs environ par tête, et il manque souvent de l'argent circulant.

L'Autriche-Hongrie suivit, en 1879, l'exemple général, et ferma l'Hôtel des monnaies au monnayage privé; mais les lois pour l'introduction de l'étalon d'or ne furent votées qu'en 1892. La mesure n'a pas été bien exécutée. Au lieu d'atteindre aussi rapidement que possible le but véritable, la parité de la monnaie nationale avec l'or, on a même augmenté l'agio sur l'or, en accroissant la circulation des monnaies fiduciaires pour acheter plus d'or (qu'on amasse au lieu de le dépenser en rachats de billets et en achats de traites, ce qui diminuerait l'agio) et en stimulant la spéculation par un taux d'escompte relativement bas, ce qui amène une trop grande retenue des obligations et des actions dans le pays, au détriment de la balance internationale. Dernièrement, on a suivi une politique plus sage, et la monnaie est maintenant au pair avec l'or, sans que l'on ait pourtant décrété sa convertibilité.

La Russie a agi directement pour arriver au but, et (si l'on excepte des mesures comme celles qui ont été dirigées contre la spéculation en roubles-papier), d'après des procédés réellement plus rationnels. On a en effet rendu le rouble convertible à 6.66 pour 10. La Russie peut presque être regardée, avec l'Autriche-Hongrie, comme entrée parmi les pays à étalon d'or.

Le total de la masse d'or en circulation, y compris les réserves des banques et des trésors, est, pour ces pays que nous venons d'énumérer, et qui comptent 480 millions d'habitants, avec 83 p. 100 du commerce du monde, de plus de 18 milliards de francs.

2. Pays à étalon d'argent.

En réalité, il n'y a que le Mexique et l'extrême Orient qui soient à présent des pays d'étalon d'argent. Le Japon a eu le double étalon; avec la baisse de l'argent, l'or a disparu, et l'argent est devenu l'étalon réel; mais l'évidente intention du gouvernement est de revenir à l'étalon d'or; car il est en train de transformer en or ses réserves. La Chine n'a pas de système officiel comme les autres pays; on y fait un grand usage des monnaies de diverses sortes et aussi de métaux non monnayés dont la valeur est estimée d'après le poids; mais, avec la baisse de l'argent, les coutumes qui existent dans ce pays pour l'emploi des deux métaux y ont rendu, là aussi, plus avantageux l'usage exclusif de l'argent; l'or disparaît. Aujourd'hui, sur les côtes, la circulation est surtout formée de dollars mexicains; dans l'intérieur, il circule surtout des lingots d'argent en forme de plaques ou de sabots, dont on détache des fragments calculés d'après leur poids. On a aussi des briques de thé et plus encore de cuivre, circulant avec une valeur indépendante et variable; et enfin des billets émis par les banques européennes ainsi que par le gouvernement. Celui-ci a maintenant décidé d'établir comme unité un taël égal à la piastre ou dollar américain. Jusqu'ici il y a plusieurs taëls employés comme unité, et de valeurs différentes.

La Corée suit un système analogue à celui de la Chine.

L'Indo-Chine française, le Siam et les Philippines suivent également l'exemple de la Chine, avec laquelle, quant à l'Indo-Chine du moins, on fait surtout le commerce, et ils utilisent, comme elle, principalement le dollar mexicain d'argent. Pour l'Indo-Chine, le gouvernement français a voulu établir un écu particulier; mais comme sa valeur était supérieure à celle du dollar mexicain, il a disparu. On fait maintenant une monnaie d'une valeur un peu moindre. Dans l'intérieur, la circulation ressemble à celle de la Chine. Il y a encore quelques colonies espagnoles et hollandaises qui emploient également le dollar mexicain. Les colonies anglaises de Hong-kong et de Singapour et Poulo-Pinang ou Strait Settlements sont, jusqu'à présent, restés, avec la Chine, des pays d'argent.

Le Mexique est un des plus grands producteurs d'argent, et n'a pas encore pu faire de son dollar un simple représentatif de l'or, comme l'ont fait les États-Unis pour le leur, d'abord en fait, et maintenant, depuis l'abolition des lois de Bland et de Sherman, en principe et en droit. Le Mexique ne peut pas suivre cet exemple avec son dollar tel qu'il existe, parce qu'il circule en d'immenses masses dans d'autres pays; il ne pourrait donc pas être élevé en valeur, par la limitation de la frappe, sans que l'on risque de voir ces masses revenir dans le pays, qui serait alors obligé préalablement de les absorber. Pour le faire, il fallait probablement frapper un nouveau dollar.

Les trois républiques de l'Amérique du Sud sur le versant du Pacifique, l'Équateur, le Pérou et la Bolivie, ont eu jusqu'à présent une circulation de monnaies d'argent et de papier. L'Équateur a décidé d'adopter l'étalon d'or; la Bolivie a, dit-on, la même intention. Le Pérou a décidé de rester au nombre des pays gardant encore l'étalon d'argent.

Toute la masse d'argent employée par les pays à étalon d'argent (avec une population de 500 millions d'habitants) n'est que de 3 milliards de francs, soit moins d'un tiers de la masse d'argent employée comme monnaie subsidiaire par les pays à étalon d'or, masse estimée à plus de 10 milliards. Même après la fermeture de leurs hôtels des monnaies à l'argent du public, les pays à étalon d'or ont continué à frapper une grande quantité de monnaie blanche, soit une moyenne annuelle d'un quart de milliard de francs de 1873 à 1893.

3. Pays à billets inconvertibles, et à argent de valeur arbitraire.

Beaucoup de pays ont cependant une circulation qui n'est basée ni sur l'or ni sur l'argent, mais qui consiste en billets inconvertibles et variant indépendamment de la valeur des métaux précieux. Il est vrai qu'à présent, l'argent varie, en relation avec l'or, qui est l'étalon universel, autant ou encore plus que le papier de la plupart de ces États; mais les écarts sont toujours limités par la valeur encore considérable de l'argent, et l'on trouve aussi les exemples de la plus grande dépréciation parmi les États à papier inconvertible. Inconvertibilité ou dépréciation ne sont pas toujours deux choses identiques. On se rappelle les billets de la Banque de France depuis la guerre de 1870-71 à 1878. L'Autriche-Hongrie ferma, en 1879, son hôtel des monnaies à la frappe libre de l'argent, et, malgré une frappe considérable d'argent pour les gouvernements, les billets gardaient une valeur supérieure de 30 p. 100 à celle de l'argent et les variations du change ne dépassèrent jamais 9 p. 100. Le Brésil a eu, depuis 1864, du papier inconvertible, et, entre 1865 et 1888, on avait même doublé la masse en circulation; excepté à l'époque de la guerre du Paraguay, en 1868, ils ont cependant gardé leur valeur jusqu'à la chute de la monarchie. De 1889 à 1892, on en émettait plus de trois quarts de milliard, ce qui eut pour conséquence une baisse du milreis de 27 à 10 et plus tard même à 8 pence. Pour le papier inconvertible, ce ne sont pas seulement des causes communes au monde entier qui influent sur la valeur : elle varie aussi d'après toutes les causes particulières influant sur la circulation et le crédit des différents pays. En Europe, les péninsules méridionales n'ont pas pu conserver l'étalon d'or, ni la Grèce, ni l'Italie, ni l'Espagne, ni le Portugal. La Serbie a fini par succomber aussi sous l'agio sur l'or, et la Bulgarie se trouve

sur l'extrême limite, entre l'étalon d'or et l'inconvertibilité des billets. Dans l'Amérique du Sud, le Brésil, l'Argentine, le Paraguay et la Colombie présentent un spectacle lamentable. Les billets de Cuba sont, pour le moment, plus dépréciés encore que ceux de l'Espagne.

Tous ces pays ont une population totale de plus de 80 millions d'habitants; mais toute leur circulation, y compris les réserves d'or qui restent, pour ces pays, dans les caisses comme un trésor mort et inutile, n'atteint pas 5 milliards et demi de francs, et tout leur papier ne représente que 5 milliards, contre plus de 16 milliards de papier qui existent rien que dans les pays à étalon d'or.

La monnaie d'argent qui circule d'après une valeur fictive créée par la limitation de la frappe ou de l'importation, joue le même rôle que les billets inconvertibles, de la même manière que les monnaies d'argent qui circulent comme représentatifs de l'or exercent la même fonction que les billets convertibles.

Une situation tout à fait particulière est celle qu'occupent les Indes anglaises, qui ont décidé, en juin 1893, d'élever, en limitant la frappe, la roupie d'argent à une certaine valeur d'or, 1 roupie = 16 pence. Elle ne peut s'élever plus haut; car alors, on la change pour de l'or : 15 roupies = 1 sovereign. Mais en faisant choix d'un cours un peu plus élevé que celui du jour, on n'a pas pris les mesures nécessaires par la diminution de la circulation, pour élever immédiatement la roupie, et, trois ans après le décret rendu, le pair cherché n'a pas encore été atteint. La roupie britannique circule aussi dans les petites possessions portugaises et françaises de l'Inde et en Afghanistan.

Les États feudataires (avec 34 hôtels des monnaies, dont 10, à l'heure de nos dernières informations, étaient encore ouverts à la frappe libre, et une circulation de 32 crores contre 128 dans les autres parties du pays), ne sont pas considérés comme un obstacle pour élever la valeur de la roupie, mais leurs droits ont pourtant été probablement un des motifs de l'imposition d'un droit d'importation de 5 p. 100 sur l'argent. On avait craint de voir davantage rapporter sur le marché une grande partie des roupies que le peuple met de côté, sous forme d'ornements ou d'une autre manière, comme un trésor d'épargne (environ 30 crores, à côté d'une bien plus grande quantité d'argent non monnayé); il n'en est encore revenu que 3 crores. La plus grande difficulté paraît avoir été l'incertitude de savoir si l'on achèverait la réforme projetée; le cours a baissé aussitôt qu'il a été question de l'abandonner. Bien que l'on ait mis pendant quelque temps en circulation les roupies amassées dans les trésoreries, le cours a maintenant monté, et rien ne semble empêcher de maintenir une valeur de monopole. La roupie des Indes circule également en Afrique, particulièrement dans le Zanzibar et à l'île Maurice et aussi dans l'Afrique orientale allemande et dans le Mozambique.

La Perse a suivi l'exemple des Indes : elle a arrêté la frappe, en même temps qu'elle prohibait l'importation du métal blanc. Le kran, sa monnaie d'argent, dont le monnayage est donné en entreprise, subit encore cependant des variations considérables.

Aux Philippines, le gouvernement a essayé, en 1877, de donner une valeur de monopole au dollar mexicain ; mais plus tard, l'importation est devenue assez considérable pour le faire baisser. On a fait la même chose à Porto-Rico, dans les Antilles. La monnaie d'argent circule à Madagascar au-dessus de sa valeur, et, au Maroc, on se sert de la monnaie blanche espagnole, valant de même plus que sa valeur métallique. Dans certaines parties de l'Arabie, en Abyssinie et dans l'intérieur du Soudan, l'écu de Marie-Thérèse a une valeur si élevée que nous hésitons sur le point de savoir s'il faut placer ces pays parmi ceux de circulation de monnaie blanche à un cours artificiel ou de monnaie évaluée d'après l'étalon d'or. Le profit sur le monnayage de l'Italie pour l'Érythrée est tel que la monnaie doit suivre de très près l'or que représente en Europe la monnaie d'argent, spécialement d'après les tarifs qui, dans l'empire ottoman, règlent les relations entre l'or et la monnaie d'argent.

Les pays où l'argent circule au-dessus de sa valeur réelle, sans être cependant convertible en or, représentent, grâce à la densité de la population aux Indes, plus de 320 millions d'habitants, avec une circulation de plus de deux milliards trois quarts de francs.

Parmi les populations du monde, 129 millions sont supposés n'avoir encore aucune monnaie.

4. L'agio sur l'or.

Pour le moment, la dépréciation des monnaies circulant d'après leur réelle valeur d'argent, ou, plus exactement, ce qu'il faut ajouter pour avoir les mêmes monnaies en or, l'agio de l'or, se rapproche de 100 p. 100, après avoir oscillé dernièrement entre 80 et 100. Dans les États à papier inconvertible, la différence entre la valeur de la monnaie nationale et la valeur qu'on avait l'intention de lui donner en or, en d'autres mots, l'agio de l'or, a, pour la monnaie de l'Argentine, dépassé 400, l'agio du Brésil, 238, de la Colombie, 890, du Chili, 300, de la Grèce, 80,

du Portugal, 25, de l'Espagne, 25, de l'Italie, 15, de la Serbie, 14.

L'agio, ou la dépréciation de la monnaie inconvertible, est un des grands fléaux des temps modernes, que l'on peut faire marcher de pair avec les tarifs protectionnistes. On se rapproche de la politique des anciens princes faux-monnayeurs. C'est prendre dans la poche de l'un pour mettre dans la poche de l'autre. On détruit, en faisant éprouver à la monnaie des variations de valeur, la base même de la vie économique ; on transforme les affaires en jeu, et on diminue les motifs de l'épargne en même temps que le crédit privé et public. Le grand commerce peut en partie se garantir contre les fluctuations de la monnaie ; de grandes banques sont établies pour assurer les commerçants contre ce risque, *Exchange banks*, *Wechslerbanken*, et en vivent exclusivement. Dans les petites transactions, cela est plus difficile. On a aussi remarqué, aux États-Unis, par exemple, après la guerre civile, sous le régime des *greenbacks* inconvertibles, que c'était surtout dans le commerce de détail qu'il y avait absence complète de toute mesure certaine ; les consommateurs ne pouvaient plus contrôler les prix. Parmi ceux qui perdent spécialement par la révolution monétaire dépréciant la monnaie et élevant les prix, à côté de tous les créanciers et autres ayant des revenus fixes, y compris les fonctionnaires, les pensionnaires, tous ceux qui ont des économies, qui ont des assurances sur la vie, des annuités, etc., il faut surtout noter les ouvriers ; leur salaire ne suit que lentement le mouvement, et l'expérience prouve qu'ils peuvent souffrir pendant de longues périodes, tandis que certains producteurs et exportateurs arrivent à gagner, parce qu'ils sont payés d'après les prix universels et n'ont à payer que dans la monnaie dépréciée. Exemples récents, pour les salaires, de l'Autriche, de l'Italie, du Chili, du Brésil, de la Colombie. De même, si le cours de la monnaie s'améliore, tous ceux qui ont des revenus fixes, les créanciers, les ouvriers aussi, gagnent ; les entrepreneurs et, en général, les producteurs souffrent. La baisse de la valeur de l'argent ou hausse des marchandises est favorable à une classe de producteurs et à diverses formes d'entreprise, mais défavorable aux créanciers et au crédit. *Vice versa*, la hausse de la valeur de l'argent ou baisse des marchandises. Il est difficile de dire quel mouvement est le plus nuisible.

L'agio est utilisé comme un des prétextes des protectionnistes, dans les pays à monnaie dépréciée, pour recommander d'empêcher l'importation et, par là, la sortie de l'or ; dans les autres pays, pour empêcher la concurrence de producteurs et d'exportateurs étrangers qui tirent profit de la révolution monétaire. Ces raisonnements sont, tous les deux, faux. Le libre-échange est, au contraire, le meilleur moyen d'élever la valeur de la monnaie et d'attirer l'or, parce qu'il augmente la production et la véritable richesse du pays. Et si les commerçants des autres pays font temporairement plus d'achats avec ceux des pays à monnaie dépréciée, c'est qu'il leur devient avantageux d'acheter et de profiter, eux aussi, du mouvement des prix.

L'insécurité de la valeur monétaire ou le manque d'un étalon stable diminue le crédit et augmente l'intérêt qu'il faut payer. Malgré la réforme partielle de la monnaie des Indes, les emprunts des Indes en roupies coûtent plus cher qu'en livres sterling. Aux États-Unis, la seule possibilité d'une altération de l'étalon a fait perdre 16 millions de dollars sur un emprunt de 65 millions, comparé aux conditions qu'on aurait eu si le Congrès avait voté un emprunt expressément en or. La Russie a pu se contenter de payer environ 3 p. 100 de ses emprunts extérieurs en or, en même temps qu'elle payait 4 p. 100 pour ses emprunts intérieurs en roubles de papier.

L'agio est toujours dû à des fautes impardonnables. Il est presque impossible de rien concevoir, même les emprunts au taux le plus élevé, les impôts, etc., qui ne soit préférable à la ruine de la monnaie. De même, la raison pour laquelle on hésite à réintroduire une monnaie convertible, c'est qu'on ne voit pas, d'un côté, l'injustice et la mauvaise politique économique qu'il y a à relever de nouveau la monnaie dépréciée considérablement, de l'autre côté, le peu d'importance d'une circulation réelle de métal, comparée à l'introduction et à la conservation de l'étalon. C'est le bon état de ce dernier, ou, en d'autres termes, le pair avec la monnaie internationale, qu'il faut obtenir de toute nécessité.

5. Le rôle du crédit.

Pour comprendre entièrement le mécanisme monétaire, il faut encore considérer le rôle du crédit. Toute monnaie est, de sa nature, une sorte de crédit; c'est une créance universellement donnée sur la société, une obligation, de la part de celle-ci, de fournir en échange des services d'une certaine valeur. Mais la grande masse des moyens de circulation consiste aussi réellement en formes de crédit; ce n'est que dans les pays peu développés qu'ils consistent principalement en monnaie, portant sa garantie avec soi, dans son poids de métal; dans les pays plus civilisés, ces monnaies de métal ne forment qu'une partie minime, un pourcentage très peu élevé de toute la circulation. Il est difficile d'établir des calculs exacts; mais nous donnons comme exemple quelques chiffres provenant des dernières enquêtes et surtout des grandes banques.

Aux États-Unis, on a, à plusieurs reprises, demandé des renseignements aux nombreuses banques « nationales » ou d'émission. Nous donnons les chiffres de la dernière enquête entreprise avec beaucoup de soin par le *Comptroller of the Currency*.

En septembre 1892, qui ne diffère guère de tous les autres mois : 90,61 p. 100 des paiements faits en chèques, 8,10 en billets; 0,41 en billon ou en dollars d'argent; 0,88 en or. Les seules transactions faites par l'échange de chèques dans les *clearing-houses* étaient, en 1891, plus de 57 milliards de dollar. Pour le commerce de détail, une enquête entreprise par le *Comptroller of the Currency* et le Dr Kinley, en 1894, montre, d'après les dépôts d'un grand nombre de détaillants dans les banques nationales, en mai 1894, que 58.9 p. 100 des payements à ces détaillants se font en chèques de diverses sortes; de ce qui reste, plus que la moitié était en billets. L'emploi de chèques ou ordres de paiements n'est du reste pas le plus développé dans les États-Unis les plus riches et ne s'augmente pas régulièrement avec le développement général. Pour tous les paiements aux États-Unis, M. Wesley C. Mitchell estime, dans le *Chicago Journal of Political Economy* de mars 1896, qu'en 1860, 63 p. 100 se faisaient par le moyen de monnaie de diverses formes; en 1891, lorsque le total des paiements avait quintuplé, seulement 33 p. 100; et 67 p. 100 par le crédit sous d'autres formes (V. pour le calcul correct du mouvement par les *clearing houses*, M. Parker Willis, dans le *Journal of Polit. Econ.*, Chicago, juin 1896, contre M. Willard Fischer).

En Angleterre, sir John Lubbock arriva, par une enquête en 1864 sur les paiements faits par ses clients, à la proportion suivante : 96,80 p. 100 payés en chèques ou mandats; 2,80 p. 100 en billets de banque; et seulement 0,60 en monnaie métallique. Des enquêtes de 1860 donnent des résultats similaires, ainsi d'après M. Pownable dans le *Bankers Magazine* de novembre 1880 : aux banques de Londres, en dehors de la Banque d'Angleterre, qui ne donne pas des renseignements : 0,73 p. 100 en monnaie métallique; 2,4 en billets; et 97,23 en chèques. A Edimbourg, où l'on a les petits billets de banque écossais : 0,55; 12,67; 86,78.

A Dublin : 1,57; 8,53; 89,90. Dans 261 autres villes : 15,20; 11,94; 72,86. Dans les grandes affaires anglaises qui forment la grande masse de transactions, la monnaie entre ainsi à peine pour 1/2 p. 100. Pour tout le pays, on l'a estimé à 2 p. 100.

Pour la Belgique et la France, M. Pierre des Essarts donne des renseignements dans le *Journal de la Société de Statistique de Paris* de mai 1896. La banque de Belgique recevait, en 1895, 3,68 p. 100 en espèces et 96,32 p. 100 en billets et en mandats. De 1871 à 1891, période dans laquelle on établissait une distinction entre les billets et les mandats, ces premiers atteignaient la proportion de 44,45 p. 100 ; depuis 1886, cependant, elle demeurait toujours au-dessous de 44,45 p.100. Depuis 1889, quand on commença de distinguer entre l'or et l'argent, l'or a été 0,70 p.100; l'argent qui est en réalité une monnaie fiduciaire, 3,78 p. 100.

La Banque de France recevait, en 1895, 2,65 en espèces ; 23,87 en billets ; et 74,08 des paiements furent faits par des virements. Si l'on compare les différentes périodes, on voit continuellement les virements grandir aux dépens des paiements en espèces et en billets. Les enquêtes au dehors de la Banque donnent relativement moins de billets : en 1891, 80,51 en billets et 19,49 en espèces; contre 67,63 et 32,37 à l'enquête de 1885 et contre 92,68 et 7,32 comme la relation entre billets et espèces à la Banque de 1891. Les informations des diverses grandes banques ne diffèrent pas beaucoup entre elles. De même des renseignements donnés à M. des Essarts de la part d'une compagnie de chemin de fer et d'une grande maison de détail à Paris n'étaient non plus très différents : à celle-ci 74,21 en billets, 23,68 en or et 2,11 en argent. Or il faut se rappeler qu'en France le système des chèques n'est encore guère développé et qu'au contraire la circulation métallique est beaucoup plus grande que dans les autres pays de l'Europe.

La monnaie aujourd'hui ne forme partout qu'une petite partie de tous les moyens de circulation, et si l'on dit que les chèques supposent les mêmes montants comme dépôts dans les banques et ne représentent donc aucune économie, on oublie que les banques emploient ces dépôts au même titre que le reste de leur capital; tout au plus ce n'est qu'une partie de ces dépôts qui est la réserve de la circulation des chèques absolument comme de l'émission des billets. La réelle économie, qui résulte de la possibilité de ne garder qu'une réserve peu considérable, puisque les apports et les retraits se contrebalancent grâce au nivellement par le grand nombre des cas, est le principe même des affaires de banque.

Pour calculer l'importance des services que rendent les virements des grandes banques, M. Pierre des Essarts (dans le *Journal de la Société de Statistique de Paris*, avril 1895) prend la moyenne des sommes versées au crédit des comptes courants et des sommes qui leur sont débitées, et il la divise par la somme des soldes ou des différences entre les crédits et les débits, balances qui restent sur les comptes. Il ne lui a pas été possible d'avoir des renseignements de la Banque d'Angleterre ni des banques d'émission aux États-Unis : mais pour la Banque de France, celle de l'empire allemand et celle de Belgique, il arrive, pour 1894, comme nombres d'unités qui signalent la vitesse à ceux-ci : 127-161-129. Malgré le montant très considérable qui a passé par comptes courants à la Banque de France, environ 57 milliards de francs, la vitesse a donc été plus considérable à la Banque de Berlin ; la raison en est que le système des chèques et des compensations, encore beaucoup en retard comparé à l'Angleterre et aux États-Unis, est pourtant plus développé en Allemagne qu'en France et en Belgique. Le service qu'ont rendu les soldes dans les pays peu développés est cependant peu considérable comparé à tous ces chiffres; aux Banques nationales du Portugal, de l'Espagne, de l'Italie et de la Grèce, pour 1893, seulement : 18-14-29-3. Les comptes courants sont naturellement plus immobilisés là où la Banque paie un intérêt. La vitesse augmente dans les bonnes périodes jusqu'au moment des crises et elle baisse dans les périodes de liquidation après les crises.

Il y a une telle différence selon les différentes habitudes concernant tout l'emploi du crédit, qu'on peut estimer que seulement le tiers ou moins du métal employé actuellement, même dans des États développés comme la France, serait nécessaire si l'on suivait, là aussi, les méthodes du Canada, par exemple. Même contre des projets qui vont très loin (celui d'un auteur russe, M. Tsvett, par exemple, qui recommande d'établir une institution de virements internationaux basés sur le dépôt des rentes d'or; Osias Parnes, *Internationales Papiergeld*, 1893; O. Heyn, *Papier-Währung und Goldreserve für das Ausland, ein Mittel zur Lösung der Währungsfrage*, une recommandation de l'ancien projet de Ricardo de n'avoir que des barres de métal précieux) les principales objections sont l'impossibilité pratique d'y arriver plutôt qu'un manque de logique. Ce sont les faits du commerce et de l'échange auxquels nous avons affaire dans cette matière. Voyez autres articles traitant des questions de crédit et de banque.

6. Les paiements dans le commerce international.

Les métaux précieux jouent surtout un rôle minime dans les transactions internationales, où ce ne sont guère que les différences constantes qui sont soldées par de l'or ou de l'argent. La masse des paiements se fait par des liquidations, des virements, des traites commerciales ou de banquiers, des transferts télégraphiques. Comme moyen de solder des différences plus constantes, on se sert aussi beaucoup aujourd'hui, sous certaines conditions, des effets dits internationaux, de ceux qui trouvent facilement des placements dans les différents pays. Les relations entre la Grande-Bretagne et les États-Unis pendant les dernières années offrent des exemples de transferts de papiers pour des centaines de millions de dollars, dus au développement différent du crédit et du commerce. Il y a un intérêt considérable à suivre le courant des transactions internationales, dont parle, par exemple, M. Goschen, dans sa *Theory of foreign Exchange*, ouvrage qui a eu un grand nombre d'éditions et a été traduit en plusieurs langues. On y voit, par exemple, comment le bilan se fait souvent par l'intervention d'autres pays, au moyen du soi-disant arbitrage, c'est-à-dire le choix continuel, par les banquiers, des traites et des papiers à meilleur marché sur les différentes places, et aussi par d'autres moyens. En Chine l'exportateur de thé fait une traite sur Londres pour le compte de l'importateur américain de thé; les États-Unis payant en général leur thé et leur soie de la Chine et des Indes et leur café du Brésil par leurs immenses exportations de viande, de froment et de coton en Angleterre. Brême et Saint-Pétersbourg paient de même à Londres leur importation de tabac et de coton. Brême le fait encore pour son coton de Bombay, mais non plus, comme il y a quelques années, pour celui de l'Amérique, l'Allemagne elle-même exportant à présent davantage en Amérique. Les pays scandinaves ont leur plus grande exportation, de bois de la péninsule, de beurre et de porc des plaines danoises et suédoises, d'avoine de la Suède, dans le Royaume-Uni, mais ils achètent encore davantage de l'Allemagne, où l'on sait fabriquer à bon marché et où les commerçants savent trouver, grâce à leurs commis-voyageurs, et garder, par le crédit, leurs clients. Le résultat est donc que l'Allemagne peut payer une partie considérable de ses achats divers, nationaux ou coloniaux, en Angleterre, par des traites sur le Danemark, la Suède et la Finlande, et, en partie, aussi sur la Norvège. Elle le fait moins à présent qu'autrefois pour ses importations d'Amérique. Londres est toujours le grand *clearing-house* du monde, situation développée par sa position, comme importateur universel, sous sa législation libre-échangiste aidée par sa grande force financière et le maintien d'une grande réserve d'or. Berlin a pourtant, dans une certaine mesure, obtenu aussi une position comme place sur laquelle on fait des traites de l'autre côté des mers; la Banque de l'Empire donne de l'or sans demander une prime comme le fait quelquefois la Banque de France. La Banque des Pays-Bas suit le même bon exemple au profit d'Amsterdam comme marché monétaire.

Les transactions internationales ne se font pas seulement par des formes de crédit créées directement par le commerce. Si les circonstances l'exigent, les banques et les banquiers en créent aussi pour servir à des liquidations momentanées, au cas où, plus tard, d'autres causes d'endettement rétabliront le bilan sans qu'il soit nécessaire de transférer du métal; ainsi, après des récoltes extraordinaires, pendant des crises, etc. Parfois, comme pendant certaines crises, on a spécialement besoin du métal jaune; mais en temps ordinaire, ce sont toujours les formes diverses du crédit qui jouent le grand rôle. Le besoin de métal paraît dans ces transactions aussi diminuer avec le développement.

7. Écoles de Banking et de Currency.

Rappeler ce qui forme actuellement le mécanisme de la circulation n'a pas seulement un intérêt en soi-même. Cela est aussi nécessaire pour comprendre les discussions qui ont eu lieu sur la réglementation de la circulation. Elles ont eu une importance qui n'est pas beaucoup inférieure à celle qui est attachée aux discussions sur la liberté commerciale, et elles ont contribué, comme celle-ci, à développer la science économique.

C'est la dépréciation des billets de la Banque d'Angleterre pendant la guerre contre Napoléon qui donna naissance à ces discussions; inconvertibles depuis 1797, ils perdent en valeur lorsque le change international demande de l'or. Les administrateurs de la Banque prétendent ne pas en avoir émis une trop grande quantité, puis qu'ils n'escomptent que du bon papier commercial. Une série d'hommes considérables prennent part au débat. Henry Parnell est parmi ceux qui, les premiers, signalent l'émission comme trop forte; M. Boyd accuse la Banque des fautes qu'elle a commises, mais il lui est répondu par sir Francis Baring et Henry Thornton, très savamment par ce dernier. Lord King, qui prit aussi part à la discussion, prouva la dépréciation du papier, en concluant avec ses fermiers des contrats exécutables en or; dans le célèbre *Bullion Committee's Report* de 1810, des hommes comme Horner, Huskisson et Thornton constatent la dépression des billets et demandent qu'on en diminue la quantité, mais ils ne sont pas soutenus par la majorité du Parlement. Ce n'est qu'en 1819 que celui-ci arrive à comprendre la vérité, et qu'on décide de rendre de nouveau les billets convertibles à partir de 1822.

Plus que tous, David Ricardo contribue à ce résultat par sa polémique contre MM. Vansittart, Bosanquet et d'autres, de 1809 à 1819. Il soutient que toute modification du change au-dessus du point où il est avantageux d'exporter l'or est identique à une dépréciation. Voyez spécialement : *The High Price of Bullion a Proof of the Depreciation of the Banknotes*, 1811. Parmi ceux qui penchaient de l'autre côté, Malthus prit aussi part à la discussion, en corrigeant quelques expressions trop abstraites de Ricardo.

Ricardo, complètement victorieux sur les points essentiels, s'était, comme il le faisait d'ordinaire, exprimé d'une manière si abstraite qu'il pouvait facilement être mal compris. Aussi le plan développé par lui et par d'autres, et qui amena à diviser la Banque en deux sections séparées, dont l'une, celle d'émission, devait, pour émettre des billets au delà de la masse supposée toujours nécessaire, se régler exactement sur l'état de la réserve d'or, était-il entièrement arbitraire. Mais, en tout cas, c'était une application erronée de ce que disait Ricardo sur les billets inconvertibles, quand, plus tard, Samuel Jones Loyd (Lord Overstone), G. W. Norman, le colonel Torrens et d'autres demandaient que les billets émis au-dessus du minimum toujours nécessaire fussent toujours représentés par une réserve équivalente, en métal précieux : sinon, disaient-ils, l'émission créerait une augmentation du niveau général des prix, une spéculation excessive et des crises, tandis que, d'autre part, l'obligation de couvrir les billets par du métal obligerait la Banque à modifier son taux d'escompte, et, par là, à restreindre, ou à augmenter la circulation d'après l'afflux ou l'efflux du métal. C'est sur cette doctrine, dite de circulation, *Currency theory*, que furent basés les *Bank-acts* de sir Robert Peel, 1844-45, et, outre cet homme d'Etat et le chancelier du trésor, M. Goulburn, des hommes, comme sir Charles Wood, sir George Cornwall Lewis et même Cobden, en étaient partisans.

La théorie fut réfutée par quelques-uns des meilleurs économistes d'Angleterre : Fullarton : *On Currency and Banking*, 2e édition 1845, et *Regulation of Currencies*, 2e édition 1845; James Wilson : *Capital, Currency and Banking*, 1847; Thomas Tooke et Newmarch, *History of Prices*, 1823-1856 (Tooke est l'auteur de la célèbre pétition au Parlement par laquelle les commerçants de Londres ont commencé la lutte pour la liberté commerciale). Ils prouvèrent qu'il était désirable et nécessaire de rendre élastique la circulation de billets, puisque leur demande varie avec les nécessités des périodes de l'année, l'expansion ou ralentissement du commerce, etc. Non seulement, dirent-ils, les monnaies agissent dans la circulation; elles forment aussi souvent des réserves, *hoards* (Fullarton), quel fait, en tant que coutume privée, exerce aujourd'hui plutôt une influence considérable dans des pays tels que les Indes et la Chine; elles n'agissent donc pas et ne doivent pas agir seulement par leur quantité. Les banques ne peuvent même augmenter artificiellement leur circulation; celle-ci, au contraire, comme le prouve également l'expérience, suit les mouvements du commerce plutôt qu'elle ne les crée. Il y a spécialement cette différence principale entre les billets de banque et le papier-monnaie des gouvernements, que celui-ci est créé arbitrairement, tandis que les billets des banques sont émis d'après les demandes du commerce, par l'escompte ou par les dépôts, et qu'ils reviennent aussi régulièrement par les échéances du papier commercial (J. Wilson). En ce qui concerne la trop grande spéculation qui conduit aux crises, le crédit en compte-courant augmente plus et a plus d'influence que les billets (Tooke); quand la quantité des billets est diminuée par les banques, ces billets sont simplement remplacés par de l'argent qui est pris dans les comptes-courants ou dans les dépôts, et par un plus grand nombre de grands billets de commerce (Newmarch). Tous ces auteurs, la *Banking School*, comme on les appelle, voulaient, au contraire, que les banques agissent librement, suivant le change et d'autres indications, d'après les circonstances, sans être astreintes à ne pas dépasser leur réserve en or. Ils furent appuyés sur les points essentiels par des auteurs, tels que D. W. Gilbart, ancien directeur de la Banque d'Angleterre : *A Practical Treatise on Banking*, ouvrage qui a eu un grand nombre d'éditions; Stuart Mill; Travers Twiss; H. D. Macleod; Jevons; Bonamy Price : *Currency and Banking*, 1876; en France, Michel Chevalier et Joseph Garnier (contre Wolowski), ainsi que la plupart des autorités financières qui exprimèrent leur opinion pendant l'Enquête de 1867. On n'imita pas non plus, en France, le système anglais : on réserva, au contraire, à la Banque, la liberté d'étendre ou de diminuer la quantité des billets. On le fit en Autriche-Hongrie par la loi de M. von Plener, 1862, tandis que, dans la plupart des autres pays, on modifia, du moins, considérablement la théorie en rendant élastiques les limites d'émission, à condition de payer au Gouvernement un impôt élevé. En réalité, le système ordinaire, consistant à couvrir l'émission par une certaine proportion de métal précieux, un quart, un tiers, ou même la moitié, est pourtant plus exigeant que le système anglais des théoriciens de la circulation (V. BANQUES).

En Allemagne, les principes les plus importants sur la nature de la circulation fiduciaire furent bien posés par M. Nebenius (ancien ministre de Bade, auteur de la Constitution de 1818, de la réforme des impôts et des écoles du pays, et l'un des créateurs de l'Union douanière de l'Allemagne), dans son excellent livre, *Der öffentliche Kredit*, 1820, publié sous une forme plus étendue, avec le titre : *Ueber die Natur und Ursachen des öffentlichen Kredits, den Staatsanleihen*, etc., 1829 ; il exagère, cependant, la nécessité de couvrir les billets par du métal, comme la *Currency School* en Angleterre. Plus tard, on discute, pendant quelque temps, plutôt sous d'autres formes, la liberté des banques (Tellkampf, von Unruh, Karl Braun, par exemple); mais après la crise de 1857, et sous la tendance à l'unité allemande, il y a de nouveau un retour à trop regarder les billets comme remplaçant le métal et comme suivant d'autres lois que les autres formes de crédit de circulation, spécialement les chèques. On trouvera notamment cette tendance chez les excellents libres-échangistes berlinois, Prince Smith, Julius Faucher et Otto Michaëlis (en 1863-64 et en 1873, par exemple). Même M. Knies, de Heidelberg (dans *Das Geld*, 1873, et dans ses autres écrits sur le crédit), et l'ingénieux Theodor Hertzka, de Vienne (*Währung und Handel*, en 1876, et *Gesetze der Handels-und Socialpolitik*, 1880), n'en sont pas exempts. D'autre part, von Helferich, le disciple du grand économiste von Hermann, accentue, à l'occasion des variations du papier-monnaie en Autriche-Hongrie, l'influence que la confiance exerce à côté de celle qu'exerce la quantité. De même Adolphe Wagner, de Berlin, et Erwin Nasse représentent plutôt les idées de la *Banking School*. Personne n'a mieux démontré le caractère des dépôts en banques sur lesquels on tire des chèques, comme partie des moyens de circulation, que

ne l'a fait M. A. Wagner, alors qu'il était encore économiste orthodoxe, dans ses ouvrages : *Beitrage zu der Lehre von den Banken*, 1867; et encore : *Geld-und Kredittheorie der Peelschen Bankacte*, rapport écrit pour le gouvernement d'Autriche-Hongrie ; *System der Zettelbankpolitik*, 1873 ; ainsi que dans plusieurs articles publiés dans les encyclopédies allemandes. Richard Hildebrand, dans *Die Theorie des Geldes*, 1883, pense que la plupart des auteurs, depuis Hume, Smith et Ricardo jusqu'à Gilbart et Stuart Mill, ont trop considéré la monnaie comme une marchandise : son augmentation n'influe pas immédiatement sur les prix, mais seulement sur le marché monétaire, où il faut distinguer, d'une part, le capital disponible, sous forme de monnaie ou de choses qu'il est facile d'échanger contre de la monnaie, et, de l'autre, les capitaux placés d'une manière fixe; ce sont le change et l'escompte qui sont influencés, et la circulation ne l'est indirectement que par là. Ces différences, d'après M. Hildebrand, ont été le mieux comprises par certains auteurs français, de Turgot à Courcelle-Seneuil.

La discussion se ranime encore dans d'autres pays; ainsi aux États-Unis, lors de la discussion sur l'organisation des banques d'émission, où M. Horace White notamment représenta les idées de la *Banking School*. En Angleterre, il faut encore citer spécialement, comme auteurs qui ont contribué à défendre les idées exactes sur la circulation et l'émission, Stanley Jevons (V. JEVONS) et H. D. Macleod, ancien avocat commercial et directeur de banque, qui explique, dans ses nombreux écrits, avec une grande force, la politique correcte du taux d'escompte : il conseille de l'élever ou de l'abaisser d'après les indications d'efflux ou d'afflux fournies par le cours du change étranger, et de l'abaisser parfois en cas de nécessités intérieures momentanées. Pour les billets, Jevons pense, avec Smith, Ricardo et Mill, comme plus tard Inglis Palgrave, que la convertibilité suffit pour les maintenir dans de justes limites.

Le *Bank-act* a été condamné par l'expérience : on fut obligé de le suspendre pendant les crises de 1847, de 1857 et de 1866; cet acte d'ailleurs, oblige aussi à des modifications trop fréquentes et non nécessaires du taux de l'escompte, et il a, d'autre part, permis aux directeurs de s'endormir alors qu'il aurait fallu prévoir les mouvements et les crises. Il faut admettre que le monopole même de la Banque n'a pas été victorieusement défendu contre les auteurs qui l'attaquaient et qui le comparaient avec le système écossais de quelques grandes banques, fortes par le nombre de leurs succursales, mais pourtant en concurrence mutuelle. Si l'on conserve l'organisation de la Banque d'Angleterre, c'est surtout d'après le principe que ce n'est pas la peine de toucher à une organisation qui existe et ne fonctionne pas trop mal (V. BAGEHOT).

8. Discussion moderne.

Les idées erronées sur toutes ces questions, reviennent continuellement. Parfois même c'est dans les mêmes formes qu'elles réapparaissent, comme, par exemple, lors de la réforme monétaire austro-hongroise : l'achat d'or, pour la réforme, au moyen de billets inconvertibles, augmenta la circulation de ceux-ci, et créa, par là, un nouvel agio. On prétendit, tout comme dans la période de Ricardo et du *Bullion report*, que c'était l'or qui était apprécié, que l'émission ne répondait qu'aux besoins de la circulation et du marché monétaire et qu'il ne fallait en aucune manière augmenter le taux de l'escompte, pour diminuer la circulation et attirer des valeurs en or de l'étranger. L'on a raisonné de la même manière dans d'autres pays à monnaie dépréciée, en Italie, en Russie, dans l'Amérique du Sud. On retrouve les mêmes arguments dans les discussions monétaires aux États-Unis. Plus souvent encore, revient cette théorie qui considère les billets comme formant des moyens de circulation d'une nature tout à fait différente des autres formes du crédit de circulation, ou encore ce sont des doctrines qui ressemblent, sous plusieurs rapports, à celles de la *Currency School*.

Nous avons cité Tooke comme un des auteurs de la *Banking School* qui démontrent que ce n'est pas l'augmentation de circulation qui excite à la spéculation et à l'accroissement des prix ; qu'elle les suit au contraire. Le continuateur de la grande Histoire des prix de Tooke, M. Newmarch, autre grand financier de la cité de Londres, est cependant lui-même au nombre de ceux qui ont exagéré l'influence des découvertes d'or en Californie et en Australie, comme le faisait, du reste, non seulement Wolowski, un demi-mercantiliste, mais Michel Chevalier lui-même. M. Newmarch explique leur influence spécialement par le fait qu'elles augmentent la réserve des banques, et agissent, par là, sur la spéculation et les prix. La vérité, c'est qu'une telle influence est aussi bien exercée par d'autres moyens ; en 1872, par exemple, après la guerre franco-allemande, elle le fut non seulement par le grand accroissement de billets dans les deux pays, mais aussi par le déplacement des capitaux dû aux paiements de la France à l'Allemagne et encore plus par les seules idées de hausse et de confiance qui se développaient. La hausse du prix et l'expansion des moyens de crédit sont même régulièrement dues à cette cause plutôt morale, à des vagues montantes et descendantes de l'opinion générale (V. CRISES). Il en est de même de la baisse générale et de la diminution du crédit dans la période de liquidation. La Californie et l'Australie auraient, sans doute, exercé, en grande partie, la même influence si une rapide colonisation produite par quelque autre cause avait excité la spéculation générale.

Liée à cette idée exagérée chez Newmarch et autres, et plus érigée en théorie, la doctrine de la quantité se présente ; d'après elle, les prix sont considérés comme déterminés, sinon seulement par l'or ou par l'or et l'argent, au moins par le métal avec les billets de banque ou d'État. Pour réfuter cette théorie, il suffit de rappeler ce que nous avons dit sur la composition actuelle des moyens de circulation. C'est un argument des bimétallistes, pour prouver les conséquences malheureuses de l'élimination du métal blanc, que les prix varient avec la masse de métal. Que ceci ne soit pas exact, c'est ce qu'on voit déjà par le rôle des billets, dont la masse a varié par milliards dans les périodes d'activité commerciale et dans celles de restriction (Voyez, par exemple, les écrits de l'auteur autrichien, Neumann Spallart) ; mais, pour les prix, le même rôle est joué aussi par les autres formes de crédit de circulation. La masse de métal n'est qu'un des éléments qui influencent la hausse et la baisse, et, pour les courtes périodes, si bien décrites par Clément Juglar, le crédit exerce même l'influence prépondérante. L'énorme fluctuation de la masse de circulation, y compris les billets, qui a augmenté au lieu de diminuer pendant la crise américaine de l'été de 1893, a été une curieuse leçon de choses qui démontre combien il est vrai que la circulation dépend maintenant beaucoup plus du crédit que de la quantité de monnaie.

On retrouve cette idée de l'influence de la quantité du métal, d'abord chez des bimétallistes, comme le savant M. Foxwell, de Cambridge, ainsi que dans les idées populaires qui règnent aux États-Unis, et dans une discussion qui a eu lieu en Danemark, il y a quelques années, notamment chez M. W. Scharling, combattu par M. Falbe Hansen. Mais on la rencontre aussi chez de bons monométallistes, comme Sir Robert Giffen, le même chez M. Goschen. Cette idée préconçue influe quelquefois, d'une manière fâcheuse, sur leurs études des mouvements des prix ;

ils ne tiennent pas assez compte des lois des crises de M. Clément Juglar.

La réforme de la circulation fiduciaire par une autre législation pour les banques nationales d'émissions et peut-être par le retrait des billets d'État, réforme qui donnerait plus d'élasticité à la monnaie circulant, a été le sujet d'une intéressante discussion, dans les années 1894 et 1895, qui touche aussi à la théorie de quantité. Voyez pour celle-ci les revues économiques américaines et notamment les *Annals of the American Academy of Political and Economic Science*, Philadelphie, un nombre d'auteurs et un nombre de plans différents : M. Horace White, M. H.W. Williams, M. Walker (m. du Congrès et banquier), M. Michael D. Harter (m. du Congrès et banquier de l'Ohio, économiste de mérite, suicidé en 1895) et, parmi les plans, celui dit de Baltimore, adopté par les associations des banquiers américains ; celui de M. Eckels, contrôleur de la circulation, et celui de M. Carlisle, ministre des Finances. On met particulièrement en lumière le meilleur système du Canada, avec plus de liberté, sans qu'on exige un dépôt équivalent des obligations gouvernementales, et avec la permission de former des succursales comme en Écosse.

Une intéressante discussion a de même eu lieu, ces dernières années, dans les revues économiques américaines, notamment dans le *Journal of Political Economy* de Chicago, sur la relation entre la masse des transactions et la quantité de monnaie. Parmi les faits cités, les plus intéressants sont ceux-ci que, de 1860 à 1891, les produits à échanger de l'agriculture ont doublé en masse, ceux de l'industrie, quintuplé. Les produits cependant passent maintenant par un moins grand nombre d'intermédiaires ; c'est une cause de diminution des transactions. Les moyens de circulation ont cependant augmenté encore plus que la masse des produits, ceux de crédits, qui sont indiqués par les dépôts de banque, de onze fois ; la monnaie de trois fois et demie. Tout de même les prix ont, dans cette période, baissé de 7, 8 p. 100 au lieu de monter (Mlle le Dr Mac Lean Hardy dans le *Journal* de mars 1895). V. comme réfutation des adhérents américains à la théorie de quantité, un article de M. H. Parker Willis, dans le *Journal*, sept. 1896.

La réfutation de cette doctrine de la quantité est cependant appliquée d'une manière erronée dans les pays à monnaie dépréciée, lorsqu'on refuse de limiter la circulation de cette monnaie par une restriction directe ou par le taux de l'escompte. On prétend continuellement que l'agio de l'or (com-

paré à la monnaie dépréciée) est dû à des circonstances extérieures, résultant du marché monétaire, du bilan du commerce ou même à des opérations artificielles des boursiers. C'est ce que l'on a fait en Autriche-Hongrie, en Russie, en Grèce, en Italie, dans l'Argentine, et probablement dans tous les pays à mauvaise monnaie. Dans cette situation, créée par la dépréciation de la monnaie, l'argumentation de Ricardo, de lord King, de la Commission dans son *Bullion Report* reste entière : d'après les circonstances, l'offre de cette monnaie est trop grande, sa valeur trop basse; il faut l'élever au pair avec l'étalon universel. Dans beaucoup de pays, on voit aussi l'agio surgir comme une conséquence directe d'une plus grande émission, par exemple, en Espagne où le gouvernement a utilisé l'émission de la Banque, en Portugal, en Italie, au Brésil. Mais il est parfaitement vrai que d'autres éléments exercent aussi une grande influence.

En dehors de la situation commerciale, l'agio est aussi souvent une conséquence de l'état du crédit. On voit continuellement la valeur du rouble, de la monnaie italienne, du dollar argentin, des monnaies de tous ces États, varier avec tout ce qui influence leur crédit. Lorsque le crédit souffre, on craint de garder la monnaie qui n'a pas un cours universel, on se hâte de s'en débarrasser, tandis que la confiance amène aussi l'expansion des affaires, qui demande plus de moyens de circulation ; les spéculateurs le savent et escomptent d'avance, avec raison, cette expectative. Il est vrai aussi que l'agio lui-même contribue beaucoup à détruire le crédit et, en conséquence, à s'accroître lui-même. C'est une des difficultés de la monnaie dépréciée et l'une des raisons qui font qu'il est si important de ne pas hésiter à en sortir. En introduisant l'étalon universel, on augmente, au lieu de la diminuer, la faculté du pays d'absorber la monnaie fiduciaire. Voyez, sur la situation des divers pays sous ce rapport, le *Monde économique* de 1893 à 1896.

9. L'or comme étalon.

La valeur de la monnaie est, pour de longues périodes, déterminée par le coût de production du métal étalon. En conséquence de sa puissance de durée et, avec cela, de la petite proportion de la production annuelle comparée à toute la masse, celle-ci, qui représente l'offre, et, d'autre côté, la demande, qui résulte de l'état des affaires, exercent ici une influence particulière. La politique monétaire est importante, mais plus encore celle qui concerne l'émission des billets que celle qui regarde la monnaie métallique (voyez la situation pendant et après la guerre franco-allemande et notamment la diminution de la circulation fiduciaire après la guerre).

Comme étalon il n'y a rien de comparable à celui qui est à présent l'étalon du monde, du commerce international, l'or, et aucune des propositions qui sont faites pour le remplacer par un autre étalon, supposé plus stable, ne mérite l'attention.

L'argent a beaucoup varié depuis 1888 ; la production, par suite des progrès des méthodes minières, a considérablement augmenté et l'on pense que le coût de production baissera davantage encore dans l'avenir. Les grands États ne se peuvent entendre sur un étalon composé (le bimétallisme), et le pourraient-ils, il n'est pas certain, dans les conditions actuelles de la production, qu'il soit possible, pour ces États, de le conserver. Et, même, si l'on adoptait le rapport qui existe entre la valeur des deux métaux d'après le prix et le coût actuel de production, il n'est pas encore certain, à cause des progrès si rapides de l'industrie minière, que ces conditions ne soient pas bientôt totalement changées. Il n'est pas probable que l'emploi de l'argent, comme métal d'étalon, ajouterait réellement une quantité considérable à la masse du métal monétaire et, par là, à la circulation qui détermine la demande des marchandises et des services. S'il est question d'une longue période, la valeur du métal, et la quantité qui en venait sur le marché, dépendra entièrement du coût de production et, sous ce rapport, le double étalon n'exerce aucune influence. Ce qui importe, c'est la stabilité momentanée de l'étalon ; la masse des transactions et même la masse des dettes ne sont pas à longues échéances. Quant aux longues transactions et aux dettes à long terme, il est certainement utile que la valeur de l'étalon soit aussi stable pour de longues périodes. Si l'on suppose que la production des métaux devienne plus facile et plus abondante, l'étalon double, avec le choix entre les deux métaux pour la libération de ce qui est dû, augmente la probabilité d'instabilité. Si, d'autre part, l'on suppose que le coût de production augmente, c'est, au contraire, une garantie contre la variation. Il y a, en tous cas, avantage pour les débiteurs à pouvoir choisir. Mais c'est aussi une option pour laquelle ils auront probablement à payer quelque chose aux créanciers, comme cela se fait toujours pour le droit commercial d'option. D'un autre côté, le crédit ne peut que gagner à ne pas avoir à craindre une telle option. Quoi qu'il en soit, nous admettons qu'il y a avan-

tage à ce que la valeur de l'étalon varie aussi peu que possible dans les longues périodes.

La plus grande objection contre l'or comme étalon est en effet aussi tirée de la hausse de sa valeur, que l'on suppose avoir eu lieu après l'abolition dans beaucoup de pays de l'étalon d'argent ou de l'étalon double depuis 1871. On a écarté l'argent parce qu'on n'y avait plus de confiance comme étalon et, spécialement, parce qu'on savait, d'après les dernières conférences monétaires, qu'il ne pouvait devenir l'étalon universel ; il était clair que l'argent ne pouvait être le moyen pour obtenir l'unité monétaire plus ou moins complète que, dans la période précédente, on s'était donnée comme but. L'or a réellement, depuis 1873, haussé comparativement à la majorité des marchandises.

Les moyennes les plus connues, les « numéros index » calculés par l'*Economist* de Londres, d'après la proposition de M. Stanley Jevons, n'embrassent que 22 marchandises. Mais M. Sauerbeck, de Londres, a calculé les prix pour 45 articles ; M. Soëtbeer, de Hambourg, pour 114 ; M. Kral, savant allemand, a même fait le calcul pour 265 sortes de marchandises. Ils sont arrivés, en mettant à 100 les prix de 1847 à 1850, période dans laquelle a commencé la grande production d'or, pour la période de 1871 à 1875, lorsque les prix étaient les plus élevés, à 128, 133, 122 et, pour la période de 1885 à 1891, à 87, 105 et (en 1884, la dernière année pour laquelle on ait le calcul de M. Kral) à 101. En fait, la méthode est bien défectueuse : par le choix arbitraire d'un nombre limité de marchandises; par des moyennes arbitraires et disparates de quantités et de qualités; enfin par le manque d'égard de l'importance des articles.

Comme amélioration considérable de méthode, l'importance relative des diverses marchandises a été calculée, pour les marchandises des numéros index de l'*Economist*, par M. Inglis Palgrave en Angleterre, mais, avec un soin encore plus considérable et d'après la consommation de 2561 familles, par M. Roland P. Falkner aux États-Unis. Prenant l'année 1860 comme point de départ, il arrive à une hausse moyenne, dans la période de 1865 à 1869, à 120, et si l'on calcule en or les billets convertibles de cette époque, dans la période de 1886-1890, à une baisse qui ne descend qu'à 95.

Donnons encore les derniers résultats de M. Sauerbeck, publiés comme d'ordinaire dans le Journal de la *Royal Statistical Society* de Londres, mars 1896. Partant de la moyenne de 1868 à 1877 comme 100, il arrive à 68 seulement, pour la période de 1886 à 1895, et, pour 1895, même à 62. Tout ce résultat est cependant dû surtout au petit nombre d'articles qu'il prend, petit déjà si on le compare au nombre d'articles donné par M. Soëtbeer et Kral.

Personne n'a examiné les mouvements des prix et les différents calculs avec plus de connaissance réelle des faits que M. N. G. Pierson, ancien président de la Banque de Hollande et ancien ministre des Finances. Or, il arrive, dans un article publié dans la revue hollandaise *De Gids* et plus tard dans le *Zeitschrift für Volkswirthschaft, Socialpolitik und Verwaltung* de Vienne, 1895, t. IV, H. I, au résultat final que, si l'on met à part le mouvement exceptionnel dans la période qui suit la guerre franco-allemande de 1871 à 1875, on ne trouve alors guère de hausse de l'or comparé aux marchandises dans la période de 1861 à 1883, mais que, d'autre part, il y a réellement une hausse dans sa valeur, de 1885 à 1891, de 16 p. 100 environ.

D'autre part, il y a cependant une hausse des salaires, très différente, très considérable dans certains des pays les plus importants, notamment en Angleterre. En général, l'homme reçoit maintenant plus comme résultat de ses efforts et non seulement davantage comme utilité, mais aussi plus de monnaie. C'est bien conforme à ceci que, si l'on regarde les mouvements des prix, on trouve leur point de départ non pas dans la demande, mais dans l'offre, dans les frais de production, dans les matières premières et le commerce en gros. Voyez, pour les progrès de transport et, par suite, la baisse des denrées principales et de beaucoup de matières premières, l'article *l'Économie rurale de la Grande-Bretagne*, par exemple, et voyez, pour la conservation des prix des produits agricoles dans l'Ouest américain, pendant les trente-quatre ans de 1862 à 1894, et plutôt même une baisse, si l'on tient compte des frais de production, une communication de M. Powers, commissaire du travail du Minnesota, dans le *Statist*, 11 avril 1896.

Tout le mouvement qui s'étend des prix à la valeur moyenne de l'or (si même on compare celui-ci avec les marchandises au lieu de le comparer avec les efforts des hommes) est d'ailleurs minime comparé au mouvement qui est dû aux circonstances diverses ayant tout autre cause; et même si l'on parle des mouvements qui touchent à la monnaie, on trouve ceux qui sont dus au crédit plus importants que ceux qui ont relation à la production ou au monnayage de l'or : voyez l'influence des périodes de crédit et de confiance. Comme base du crédit monétaire, l'or est toujours la meilleure parce qu'il est le mieux reconnu, le plus généralement et le plus invariablement accepté par tous.

10. Réglementation par le taux d'escompte.

En ce qui concerne l'influence qu'il faut exercer dans les courtes périodes, sur la monnaie et la circulation, on revient toujours au taux d'escompte des grandes banques. Malgré la discussion étendue qui a eu lieu, spécialement en Angleterre, on diffère encore d'avis sur beaucoup de points. On peut, il est vrai, trouver les altérations du taux d'escompte par la Banque d'Angleterre plus fréquentes qu'il ne faudrait sous une organisation plus rationnelle. Mais, parmi les économistes, ainsi que dans les administrations des Banques d'Angleterre, de l'Empire à Berlin, et de la Hollande, on est d'accord pour regarder ce taux et ses variations comme le moyen principal de régler le marché monétaire et la circulation. Il n'est pas nécessaire d'élever ou d'abaisser le taux d'escompte si la rareté ou l'abondance pécuniaire est due à des causes passagères, une mauvaise ou bonne récolte, etc. Dans des crises, une baisse du taux d'escompte comme aussi une nouvelle augmentation de la circulation fiduciaire, de billets ou certificats de *clearing-house* (États-Unis), ont même été les moyens de rétablir la confiance générale. Mais c'est bien différent si le cours défavorable du change ou la sortie de l'or continue. L'élévation du taux d'escompte devient alors le moyen d'attirer l'or et les formes du crédit qui présentent aussi bien qu'elle un caractère de capital disponible. On envoie plus vite ses traites sur l'étranger à l'étranger ; on garde les traites de l'étranger là où elles peuvent être escomptées à meilleur prix ; on crée même des traites purement financières pour bénéficier de la différence du taux d'escompte ; on vend et on achète des valeurs internationales. On exporte même davantage et on importe moins de marchandises. Le taux d'escompte plus élevé diminue, d'autre part, la demande de monnaie en restreignant la spéculation et toute l'activité économique et en diminuant, par là, les prix. Il exerce la même influence en attirant directement le numéraire du public. La baisse du taux d'escompte exerce une influence diamétralement opposée. Le taux d'escompte, c'est le prix du capital disponible qui peut seul servir comme monnaie comparé aux paiements différés, et l'influence de ses variations est l'influence ordinaire des variations du prix dans l'harmonie économique.

N.-C. FREDERIKSEN.

COLONISATION ANCIENNE EN VILLAGES OU EN FERMES SÉPARÉES.

SOMMAIRE

1. Les villages, en tant que formes anciennes.

L'ancienne colonisation par villages laisse encore aujourd'hui son empreinte sur la culture, sur la propriété et sa distribution. La forme des villages et la culture en commun se retrouvent chez beaucoup de races, même chez les Dyaks de l'île de Bornéo, les Fidjiens en Australie, chez des tribus indiennes en Amérique et les Basutos dans l'Afrique du Sud. La culture et la propriété en commun ne sont pas des formes absolument primitives ; elles exigent, au contraire, un certain développement. Mais, pour beaucoup de races et de peuples, elles ont été des formes intermédiaires. Il est naturel que les nomades, avec leurs nombreux troupeaux, vivent en villages et commencent leurs premières cultures en commun. Il en est de même pour les bandes guerrières. M. Maxime Kovalevski nous rapporte différents exemples, chez les divers peuples du Caucase, tantôt de communautés de famille, tantôt de communautés de village. Plusieurs de ces peuples présentent des exemples intéressants de la persistance de coutumes qui, après s'être développées par la vie nomade ou l'agriculture sur de grandes plaines, se continuent dans des milieux tout à fait différents. Ce sont spécialement les Indes que l'on regarde comme ayant fourni les types de l'ancienne Europe aryenne, et l'idée que le village est la base sociale naturelle, est même arrivée à avoir une grande influence sur la politique rurale de l'administration anglaise. Le système de village est moins développé chez les premières races aryennes, qui se sont mélangées avec les races antérieures. Les lois de Manou parlent de la propriété et de la culture individuelles. Alexandre rencontra des villages dans son expédition et traita avec leurs chefs. On en trouve aujourd'hui, dans le nord-ouest des Indes, et chez des races non aryennes, et chez des tribus aryennes qui ont été conquérantes

dans une période relativement moderne. Une grande partie du développement, surtout de la propriété commune, est même due aux décisions des Anglais, et il faut admettre que la relation des formes indiennes avec les formes européennes est, en somme, assez obscure. En Europe, la colonisation par villages se remarque surtout au nord des Alpes ; elle est moins manifeste sur le littoral méditerranéen, qui fut cultivé le premier, et où la culture se faisait surtout par des esclaves. Cependant, chez les Grecs et les Romains, on croit pouvoir démontrer que leur premier établissement eut lieu en villages, mais leurs traces sont, en tout cas, généralement effacées par les vagues de l'histoire ultérieure. Il en est autrement des pays au nord de la chaîne des Alpes, qui étaient anciennement couverts par des glaciers, mais où s'établirent à la longue les Celtes, les Teutons et les Slaves, qui tous connaissaient déjà bien l'agriculture, ainsi que les principaux métiers primitifs, comme le prouvent les mots qui désignent ces choses et qui sont communs dans leurs langues, et en partie, même dans toutes les langues aryennes.

C'est surtout chez les nations de race teutonique que l'établissement en villages a été caractéristique, et on croit pouvoir précisément démontrer de quel état de civilisation ils sont sortis. Dans les pays scandinaves, on a gardé, surtout comme districts judiciaires, les anciennes divisions des centaines. Ce sont, du reste, des divisions de la même étendue qu'on retrouve en Angleterre, chez les Alamans et chez les Franks. Ce qu'on sait sur l'ancien territoire des Suèves en Allemagne, qui possédaient, d'après César, 1000 *pagi* et même qui avaient 200 000 guerriers, donne la même indication ; 200 000 guerriers représentent 124 000 familles et 1 million d'individus. Or, M. Meitzen calcule qu'un tel district, contenant de 10 000 à 30 000 hectares de bonnes terres, pouvait suffire à nourrir justement une « grande centaine », soit 120 familles, vivant de leur bétail, et que chaque village (il y en a environ une douzaine dans chaque district, ce qui donne une moyenne de 10 familles par village) avait aussi justement les terres qui étaient nécessaires pour les 10 familles. Il estime que ces 10 familles ont besoin des produits de 300 têtes de bétail environ (3 vaches, dans le pâturage, correspondant à 2 chevaux, à 36 chèvres, 30 moutons et 12 porcs). Au cours des migrations, il était possible de surveiller un troupeau qui ne dépassait pas 3600 bêtes de bétail de diverses espèces ; les membres des 120 familles suffisaient à cette occupation. Lorsque la centaine vient à s'établir, elle occupe un territoire qui satisfasse à ses besoins ; et des villages se forment. Lorsque la migration est arrêtée, il n'est pas possible de garder et de faire pâturer, dans une seule localité, plus de 300 têtes de bétail, qui constituent l'appoint d'un village. Les familles préfèrent vivre ensemble et elles le peuvent jusqu'à concurrence de l'étendue d'un tel village. Il est donc tout indiqué que le peuple, qui s'établit de cette manière, est un peuple nomade qui a été forcé de se fixer sur le sol. Le raisonnement paraîtrait déjà concluant, s'il n'était de plus, en même temps, corroboré par l'histoire.

On a émis sur la colonisation en villages des théories trop absolues. Des auteurs ont exagéré leur rôle dans le développement national, Kemble et même Freeman pour les Anglo-Saxons, Konrad Maurer, Landau, G. L. von Maurer, Georg Hanssen en Allemagne, peut-être aussi Paul Viollet en France[1]. D'autres ont voulu en tirer des théories générales pour le développement de la propriété : Sir Henry Sumner Maine, ayant porté spécialement son attention sur les Indes, essaya d'en déduire des résultats généraux que l'on pût utiliser pour une politique agricole contemporaine ; Émile de Laveleye chercha surtout à ressusciter d'anciennes formes de propriétés communes pour y puiser des raisons en faveur de leur conservation ou de leur rétablissement de nos jours. Enfin, des théories particulières et parfois entièrement extravagantes ont été émises par les partisans du village russe, le *mir*. Récemment, une série d'auteurs ont, de leur côté, opposé à ces théories des faits qui antérieurement n'avaient pas été observés. Souvent, ils sont allés trop loin dans leur opposition, et ont eux-mêmes généralisé d'une manière qui n'est pas entièrement justifiée : citons, par exemple, Fustel de Coulanges, en France. Nous reviendrons sur ce sujet.

Comme résultat d'ensemble nous trouvons qu'il y a, depuis le commencement de l'histoire, une différence marquée dans la manière dont les différentes races se sont établies. C'est chez les peuples de race teutonique que l'établissement en villages ou en fermes isolées est le plus accentué ; mais chez les Celtes aussi, il y a des particularités remarquables ; de même chez les Slaves, et là où les Teutons s'établirent sur un sol celtique ou slave.

1. La première autorité que l'on doive invoquer sur ces matières, est M. Auguste Meitzen, de Berlin. C'est un représentant de la meilleure lignée de professeurs allemands, de ceux qui cherchent la vérité et rien que

2. Dans les pays toujours teutoniques.

Dans les pays qui ont toujours été teutoniques, où on ne connaît pas d'habitants d'une autre race, à aucune période, nous rencontrons partout, au commencement de l'histoire, l'établissement du peuple en villages d'un certain ordre. C'est le territoire qui s'étend au nord de l'ancien *limes Romanus* ; limité à l'est par le *limes Sorabicus*, frontière qui, à l'époque de Charlemagne, séparait les Teutons et les Slaves, depuis Ratisbonne et le petit fleuve de Regnitz, à Erfurt, en passant par la Saale, par l'Elbe, à gauche de l'Elbe par l'Ohre, à gauche de l'Ilmenau, et dans le Holstein, par la Delvenau et la Schwentine jusqu'à la baie de Kiel ; limité à l'ouest par le Weser et plus au sud par les montagnes. Il faut y comprendre encore le Danemark, les pays colonisés les premiers en Suède, c'est-à-dire, en dehors de la Scanie alors danoise, les Götelands et l'Upland, le Södermanland et le Westmanland et même plus vers le nord et l'ouest ; et enfin les côtes du sud-est de la Norvège, unies au commencement de l'histoire, avec le Danemark, et les côtes de l'ouest jusqu'au delà du fjord de Bergen.

Il semble que César ait indiqué, chez les Teutons, la transition d'une vie demi-nomade à l'établissement en villages. Ordinairement, on déduit de ce que César dit spécialement en parlant des Suèves, ce qui a été confirmé par Strabon, que les Teutons changeaient alors continuellement de champs et d'habitations d'après les ordres de leurs chefs. Nous avons vu un état analogue dans des périodes récentes chez les Russes du Caucase, et aux Indes. Nous voyons encore aujourd'hui, en Suède et en Finlande, les cultures alterner, pour le plus grand profit, avec des périodes où les terres sont rendues au pâturage ou même à la forêt. C'est là une étape naturelle pour la culture la plus extensive et la plus primitive. Il est bien possible que les chefs aient essayé, comme l'indique

la vérité et qui poursuivent ce but avec une activité et une patience infatigables qui ne peuvent guère être surpassées. M. Meitzen est un juge d'autant meilleur, sur ces questions, qu'il paraît s'être occupé lui-même de travaux d'arpentage. Il a écrit un grand nombre d'articles de revues et d'encyclopédies, pour la Prusse : *Die Boden-und die ländlichen Verhältnisse des preussischen Staates nach die Gebietsumfänge von* 1866, 1867, etc. Nous venons de recevoir, après avoir écrit ces articles, son ouvrage principal : *Siedlung und Agrarwesen der Westgermanen und Ostgermanen, der Kelten, Römer, Finnen und Slawen*, 3 vol., 1895. V. la bibliographie dans l'article *Classes rurales* et, chez d'autres auteurs, notamment Sir H. S. Maine, *Village Communities in the East and West*, 1871. — Max Weber, *Römische Agrargeschichte*, 1891. — Dr Lothar Dargun, de Cracovie, dans *Zeitschrift für vergleichende Rechtswissenschaft*, 1884. — Maxime Kovalevski, dans la revue italienne *la Riforma ciale* (1894).

César, de retarder l'établissement du peuple comme cultivateurs sédentaires. Tacite, cent cinquante ans plus tard, parle des habitations fixes avec les terres distribuées d'après *dignationem*, que l'on peut interpréter comme signifiant ou la « dignité » des.personnes ou la bonté des terres. Ces mots : *Arva per annos mutant et superest ager*, très discutés, sont le plus souvent compris comme indiquant qu'on change tous les ans les places de cultures et qu'il y a encore une superfluité de de terres. En tout cas, partout où l'on cultivait des terres fertiles permettant une telle colonisation, on trouve chez les peuples, depuis les temps les plus anciens que nous connaissons, l'habitation ensemble et la culture de champs communs distribués, pour être exploités, aux participants.

Le village teutonique se compose de 10 à 40 fermes situées, chacune isolément, sans aucun ordre défini. Le village embrasse le plus souvent une moyenne de 500 hectares de terres cultivées ; la ferme, une moyenne de 15 hectares. Près des habitations sont de petits clos possédés en pleine propriété, d'un hectare environ ou un peu plus ou un peu moins, *Toft* en Allemagne et en Angleterre, devenu *tot* ou *tuit* dans les noms de lieux en Angleterre, en Danemark et dans la Normandie ; *Würth*, en Allemagne ; *worth*, chez les Anglo-Saxons. Dans l'ancienne Italie, les citoyens et les colons paraissent avoir eu, d'une manière semblable, deux *jugera* près des habitations. La grande masse des terres cultivées forment de vastes champs, *infield* en Angleterre, *Indmark* en Danemark, *Flur* et *Gemarkung* en Allemagne. Il y a au moins un de ces grands champs pour chaque sole dans l'assolement, mais plus souvent un plus grand nombre, concordant avec les époques où l'on a étendu le défrichement, ou seulement établis pour compenser les différences de fertilité et de situation. Plus tard, dans le moyen âge, l'assolement comprend d'ordinaire 3 soles, ou 2, quelquefois plus ou moins ; primitivement, au contraire, on faisait, pendant plusieurs années consécutives, une culture d'herbages. Dans chacun de ces grands champs, *Gewanne* en Allemagne (que l'on suppose dérivé de *Gewende*, tour, mais plutôt de *gewinnen*, gagner ce qu'on a défriché ailleurs), *Vang* en Danemark, *wong* en Lincolnshire, *furlong* en Angleterre (de *furrow long*, long rayon, aussi *Furlang* ou *Forling* en allemand), chacun reçut sa part, une longue bande (*Aas* en danois), dans les cas où cela était possible, et la quantité qui pouvait être labourée avec une charrue dans une demi-journée (*acre* en anglais, de *ager*, *Morgen*, matinée, en allemand, aussi *jurnalis*, journée,

Joch, le *jugerum* du latin) ; ces bandes étaient séparées par des lignes de gazon.

On distingue, dans les anciennes lois scandinaves, le *Hammerskifte, Hammerskift*, et le *Solskifte, Solskift*, ou partage d'après le *Solfald*. On entendait sans doute par *Hammerskifte* l'ancien partage au sort des champs communs, qui se faisait à l'aide d'un marteau qu'on lançait devant soi, et où l'on croit retrouver le symbole du dieu Thor ; d'après l'ancienne loi bavaroise, on lançait une hache qui indiquait, en retombant, l'emplacement où l'on pouvait élever une clôture pour la ferme ; les Hongrois lançaient une flèche (*distributio sagittaria*). Le *Solskifte* était un procédé régulier, qui déterminait d'abord l'ordre des petits *tofts* dans le village, et les distribuait d'après le sort ; puis il déterminait, dans les grands champs, des bandes de terrain, dans la même ordre et la même orientation que les *tofts*. La loi autorisait à demander le partage par *Solskifte*. En descendant chez les Teutons au sud, on retrouvait cette coutume de distribuer les champs d'après l'ordre qui avait présidé à la distribution des enclos du village.

Cette distribution des terres dans les champs communs obligeait tout le monde à suivre la même mode de culture, *Flurzwang*, en Allemagne. Après la récolte, entreprise par tous en même temps, ainsi que dans les années de jachère, les pâturages étaient utilisés en commun. Enfin, chacun avait sa part de jouissance dans les pâturages permanents communs, dans les marécages et les forêts. Ces dernières, utilisées pour leur bois, l'étaient encore davantage comme pâturages et spécialement servaient à la nourriture des porcs, comme maintenant encore dans certains pays. Le pâturage indivis, c'est le *outfield* ou *commons* en Angleterre ; l'*Udmark* ou *Alminding*, *Fælled*, *Overdrev* en Danemark ; l'*almänning* en Suède, le *Mark*, *Allmeine*, *Gemeine*, *Almend*, si célèbre encore, en Suisse et dans certaines montagnes de l'Allemagne. Fustel de Coulanges veut que le *Mark* n'ait désigné que les limites et non pas l'étendue : le mot est continuellement employé pour ces terres communes, mais il est vrai que ce sont surtout les auteurs modernes qui l'emploient pour indiquer toute la communauté.

On a voulu identifier les terres en communauté de village (*open field* en Angleterre, d'après la façon dont se présentaient récemment encore ces terres sans clôture) avec l ancienne terre anglo-saxonne dite *folk-land*. Ce mot désigne plutôt la même chose que *ager publicus* chez les Romains, *ager fiscalis*, dit Palgrave, et est opposé au *bok-land*, la terre de charte, propriété privée et aliénable. La terre de communauté de village peut être et propriété publique et propriété privée. Il y a là la même différence qu'entre les terres en communauté de village et les terres qui appartiennent aujourd'hui aux communes en tant que propriété publique.

La règle est que, dans les villages, ce sont les fermes et non les personnes qui ont chacune un droit égal dans les propriétés communes des villages, dans celles des centaines et parfois dans celles des plus grandes divisions. Les *Mark* de l'ancienne Allemagne, qui ont fait beaucoup parler d'eux, et que l'on trouvait sous d'anciennes administrations, et avec des droits particuliers, paraissent être des propriétés communes de cette nature, d'anciens districts qui existaient même avant la formation des centaines et des *gauen* des temps historiques, et dont les limites ne coïncident pas avec celles de ces dernières. Il n'y a pas de propriétés communes, ayant le même caractère que celui des *mark* de l'ancienne Allemagne, dans l'Allemagne du Sud, qui n'a été conquise que plus tard par les Teutons, ni dans la Scandinavie. Là, les grandes étendues incultes et qui ne servaient pas aux villages et aux centaines sont devenues les propriétés des rois ou de l'État, qui le plus souvent se sont hâtés de les distribuer à des vassaux ou à l'Église. C'est ainsi que les rois danois et norvégiens ont possédé ces territoires, que le roi des Svear avait comme première source de subsistance la *Upsala öde*, dans le district d'Upland. Ces droits de propriété n'empêchaient pas que les paysans n'eussent certains droits d'usage, sur le bois et même le pâturage. Le régime particulier des Alpes en Suisse et dans le Tyrol ne s'est développé que depuis le xiiie et xive siècle, après avoir été institué, dit-on, d'abord par le monastère de Muri. Il s'est maintenu jusqu'à nos jours, avec une grande fidélité de principes, nécessités par la nature des choses.

Aussitôt que l'histoire nous permet de connaître les droits de celui qui participe à cette communauté, il apparaît comme ayant sa part à lui, part distincte dans le champ et part indivise dans les autres propriétés; il est actionnaire, comme l'appelle déjà Justus von Moeser dans le siècle passé. Le droit d'héritage et de disposition croît aux dépens des droits de la famille et de la commune; mais on n'a jamais rien connu d'analogue au *mir* ou commune des Grands-Russes, dans lequel chaque « âme » a, de par sa naissance, droit à sa part. On ne connaît pas non plus les renouvellements périodiques, comme chez les Grand-Russes, où ils sont une conséquence du droit communiste des âmes, ou

comme chez les Basques et chez les Afghans dans des époques récentes. On ne changeait de pièces cultivées que lorsqu'on changeait de champs, par exemple à la suite d'un défrichement de terres vierges, et l'on ne distribuait des parts dans un grand nombre d'endroits différents que pour obtenir par là plus d'égalité dans la distribution; on avait enfin conservé le droit de corriger des erreurs, que les petites divisions rendaient faciles, par de nouveaux mesurages à la corde, le *Rebning* danois qu'on a voulu retrouver dans l'ancienne Normandie; mais chaque ferme avait sa part déterminée : le renouvellement possible ne portait aucunement préjudice aux droits des propriétaires.

M. Fustel de Coulanges commet une erreur, lorsqu'il suppose qu'on ne connaît pas le *Mark* avant le xiie siècle. Mais il est vrai que le village ou le *township* n'est nullement l'ancienne unité politique, ainsi que l'ont prétendu beaucoup d'auteurs enthousiasmés pour l'ancienne liberté teutonique : en Angleterre, Palgrave, qui du reste était plutôt un fervent de la civilisation romaine, Freeman lui-même, et dernièrement certains auteurs aux États-Unis. Les villages et les *Marks* ne sont que des unités économiques, et c'est pour cela qu'il n'est plus question de leur constitution dans les lois. La colonisation teutonique s'est faite, comme le démontre par exemple, en France, M. Glasson, sous forme de centaines, divisions militaires des peuples, de grandes centaines de 120 guerriers (les *hundreds* en Angleterre, *hundari* chez les Svears de la Suède, *härad* dans les Götelands suédois, *Herred* en Danemark, *hunderi* chez les Frisons, *hunaria* sur le bas Rhin, *hundari* chez les Alamans, le plus souvent *pagus*, pays, en Allemagne, et plus tard *Zenderei* ; la centaine était sous l'autorité d'un *Zentgraf*, *thunginus* chez les anciens Franks Saliens, *herse* en Norvège, *häradshoef'ding* plus tard en Suède, *hunno* chez les Alamans. Ce sont les mêmes mots qui reviennent là où il est question de l'armée nationale, *Haer* dans le Nord ; *her*, dans la chronique anglo-saxonne de l'armée normande qui colonisa une grande partie de l'Angleterre centrale). Ce sont les assemblées de ces divisions, de ces centaines, et non pas, comme on l'a voulu, celles des villages, qui sont, comme *thing*, *moot*, *gemot*, *mallum*, *curtis*, *court*, l'expression primitive de la volonté populaire. Les centaines ont, aussi bien que les villages, des forêts ou des pâturages en commun ; il y a des forêts et des pâturages qui appartiennent en commun à plusieurs villages parce que ceux-ci tirent leur origine d'un seul et même village ; mais il y en a aussi qui ont été depuis le commencement une propriété commune pour la centaine, en usage pour elle, et la même chose a lieu pour les divisions encore plus grandes. Celles-ci (*Gauen* en Allemagne, *foik* en Angleterre et en Suède, plus tard, *shires* en Angleterre, *land* ou *landskap* en Suède, où la province de l'Upland renferme l'*Aattundaland*, le pays de 8 *hundare* ou centaines, et le *Tiundaland*, le pays de 10 centaines, *Land* ou *Syssel* en Danemark, *fylke* en Norvège) embrassaient d'ordinaire un certain nombre de centaines et conservaient les propriétés qui n'étaient pas de nature à être distribuées entre les divisions les plus petites.

Il est vrai que les centaines ont été des divisions des plus grandes tribus et que les villages ont, sans doute, été formés souvent par des groupes d'individus qu'unissaient des liens de famille ; voyez les noms patronymiques fréquemment donnés aux villages, et ce que l'on sait sur les diverses nations teutoniques et sur les peuples d'autres races aryennes, par exemple les *genealogiæ*, comme sont appelés les petits groupes chez les Alamans. Il y a chez les Teutons quelque chose qui correspond à ce qu'étaient les tribus, les *curiæ* et les *gentes* chez les Romains et les divisions analogues chez les Grecs. Même pour les Teutons, on revient probablement pour le commencement de la propriété ou à la tribu ou à la famille plutôt qu'au village [1].

1. C'est par les recherches du professeur danois, M. O.-C. Olufsen (*Bidrag til Oplysning om Danmarks indre Forfatning i de aeldre Tider iscæri det 13de Aarhundrede*, 1821) qui a étudié, dans la première partie de ce siècle, et les anciennes lois et les faits actuels dont il a eu connaissance comme arpenteur, qu'on connaît le mieux la situation véritable de la communauté du village teutonique. Ses travaux ont été utilisés et, en partie, traduits par M. Georg Hanssen, né à Hambourg d'une famille slesvigeoise, professeur à Göttingen, qui a traité toutes ces questions mieux qu'aucun autre (*Agrarhistorische Abhandlungen*, 1880-1884, etc.). Les anciennes lois danoises, différentes pour les trois parties du royaume, le Jutland (y compris le Slesvig et, en dehors de la péninsule, la Fionie), la Sélande avec les petites îles, et la Scanie, nous fournissent les informations les plus sûres pour comprendre la véritable situation ; elles ont été écrites dans le XIIIe siècle, mais sont beaucoup plus anciennes. Les lois suédoises, également intéressantes, datent à peu près de la même époque.

Pour la Moselle supérieure, dans la région de Trèves et dans le pays de Siegen, M. Georg Hanssen croyait que les *Gehoeferschaften*, c'est-à-dire des cultures faites par les paysans en commun avec renouvellement périodique du partage des terres, qui subsistent spécialement pour des propriétés de forêts, où l'on change périodiquement une culture de quelques années avec une période d'utilisation en forêts et qu'on retrouve aussi dans les Ardennes belges, dans le Hundsrück et le Eifel en Allemagne ainsi qu'en Norvège, étaient des colonies originales de village ; le savant M. Lamprecht a pu montrer qu'ils ont été introduits par la colonisation et la culture de paysans dépendants sur des propriétés des grands depuis le Xe jusqu'au XIVe siècle. On peut encore moins les comparer aux communautés, parfois dites « taisibles », qu'on rencontre dans les parties les plus pauvres de la France du centre.

Pour les *Marks*, V. la bibliographie de *Classes rurales*, et y ajouter von Hammerstein-Loxten, ministre de l'agriculture

3. Chez les Celtes.

Chez les Celtes la situation est différente. On ne connaît pas cette forme teutonique du village dont nous venons de parler ; au contraire, on y trouve, aussi haut que l'on remonte, la ferme séparée. L'abbé de Clanmacnois écrit vers 1100, dans le livre du *Dun Cow*, qu'en Irlande, dans le VIIe siècle, on pouvait circuler librement, sans rencontrer ni fossé, ni mur. Un ancien poème irlandais, dont on suppose que la matière date du VIIe siècle, raconte pourtant que l'île fut alors distribuée entre 184 clans, *Tricha cèds* ou « 30 centaines de vaches » ; chaque clan fut divisé en 30 *bailes* ou *townlands*, dont chacun était supposé, cependant, nourrir non pas 100, mais bien 300 vaches ; chaque *townland* fut divisé en quatre *quarters* à raison de 75 vaches par quarter ; enfin chaque *quarter*, divisé en 4 ou 6 *tates*, ou terres nourrissant une famille. Ces divisions de *tates*, de *quarters*, de *townlands*, ont marqué à la carte d'Irlande d'une empreinte qu'elle a conservée jusqu'à nos jours. On suppose qu'il y eut là une disposition générale qui se fit lorsqu'il devint nécessaire, au lieu de vivre de l'élevage des vaches, de cultiver plus sérieusement la terre. La superficie de chaque *tate* (dont les limites existent encore souvent aujourd'hui), calculée d'après l'étendue des terres cultivables de l'île, peut avoir été en moyenne de 30 acres irlandais, 40 acres anglais ou 16 hectares ; mais, si l'on tient compte que la part des chefs était plus considérable, il est probable que cette superficie était un peu moindre, et qu'elle n'atteignait qu'une moyenne de 30 acres anglais, soit 12 hectares. La « *tate* » correspond à la ferme ordinaire du continent. Deux *tates* ont aussi formé un *seisrigh* ou *ploughgate*, terre d'une charrue. L'étendue de la *tate* et du *townland* est doublée dans le Monaghan qui est plus pauvre, de même que la ferme des forêts, *Waldhufe*, est le double de la ferme ordinaire en Allemagne. Il y a plus de 600 noms de lieux en Irlande qui se se terminent en *quarter* ou ses équivalents : *carrow*, *cartron* (employé cependant aussi pour de plus petites parties). Ce sont les délimitations de ces divisions, mesurant 160 acres ou 640 hectares, qui se retrouvent le plus facilement sur les cartes. Comme superficie, elles se rapprochent du *hyde* anglais, la manse, la huba sur le continent. La *baile* ou *townland* est la superficie qui se rapproche le plus de celle du village teutonique ; l'étendue des 184 *tuath* on clans répond à celle des cen-

en Prusse, *Der Bardengau*, 1869, et von Miaskowsky, *Die Verfassung der Alpen, Land- und Forstwirthschaft der deutschen Schweiz*, 1878.

taines, surtout si l'on suppose, d'après le poème cité et d'après d'autres indices, que, au début du partage que l'on dit avoir eu dans le viie siècle, ils n'ont renfermé qu'une moyenne de 3000 vaches au lieu de 9000, comme plus tard. La superficie du territoire occupé par le clan est certainement plus considérable, presque le double, que celle d'une centaine dans les bonnes contrées fertiles de l'Allemagne et de la Scandinavie.

Il y a cependant une grande différence entre le système irlandais et le système du village. Les habitants de tout le townland cohabitaient pendant l'hiver dans de grands bâtiments communs. Ces maisons forment trois nefs ; le toit repose sur six grandes colonnes, formées par des arbres dont les branches supérieures sont réunies en ogives ; la nef centrale constitue une grande salle pourvue d'un feu toujours allumé, et où le chef, « l'aire », a sa place au mur de pignon supérieur. Dans les deux nefs adjacentes, sous les bas-côtés, les diverses familles ont leurs couches de roseaux et ils se servent, comme de sièges, des planches qui séparent les lits de la nef centrale. Les nefs du côté sont partagées par les deux colonnes centrales. Les colonnes sont appelées gavaels (ce mot signifiant pignon dans plusieurs langues teutoniques, Gabel, Gavl, et aussi fourchette, Gabel, Gaffel), ou nen fyrch (fourche) ou colovyn (colonne). Le mot gavael est intéressant parce qu'il signifie encore les quatre divisions principales de la maison et de ses habitants et aussi la descendance et le droit d'héritage qu'elle apporte, gavelkind, que, en Irlande, comportait l'égalité entre les enfants légitimes et les illégitimes (l'origine du mot gavelkind est cependant aussi expliquée différemment : « recevoir de la tribu »). Les gavels, qui répondaient aux quarters comme divisions des terres, étaient partagés chacun en quatre ou six gwelys ou randirs (gwele ou wele, en gaélic, est traduit en latin par lectus, lit). Cette division répond à la tate ou ferme ordinaire. Il y avait des établissements particuliers pour les hommes dépendants de diverses classes. Ces grands bâtiments de famille étaient souvent, en particulier ceux des chefs de clan, avec les constructions accessoires qui s'y rattachaient, entourés par une fortification de terre, rath, dont on retrouve des traces en beaucoup d'endroits. Les chefs des tuath ou tribus devaient avoir, dans leurs territoires, plusieurs duns ou fortifications d'un ordre supérieur.

Soit qu'une telle organisation n'ait pas été faite pour toutes les tribus à l'époque indiquée par le poème que nous avons cité, c'est-à-dire sous les fils d'Aed Slane dans le viie siècle. Il est même certain que l'on continue de mener une vie qui était surtout pastorale. D'autres récits rapportent que le grand roi Brian Boroimhe, qui défit les Scandinaves près de Dublin dans la bataille de Clontarf (1014), où il périt lui-même, a fixé les limites des tuaths ou tribus de l'Irlande. L'ensemble du tableau tel que le représentent les récits est cependant véridique. Aussi dans toutes les chroniques ayant trait aux guerres avec les Scandinaves, aux ixe et xe siècles, est-il continuellement question d'occupations pastorales, d'expéditions faites en vue de s'emparer des troupeaux de vaches et d'une vie en commun, soit dans les centres ecclésiastiques, soit autour des chefs. Quand le pouvoir est entre les mains des Danois et des Norvégiens, ce sont eux qui perçoivent les redevances, et plusieurs fois, quand par exemple une grande flotte a occupé Limerick, on raconte même que les occupants, pour percevoir ces redevances, plaçaient un de leurs hommes comme toisech ou taniste, dans chaque tribu, un abbé dans chaque monastère, un maër ou maire dans chaque baile et un percepteur même dans chaque tigi ou tate.

Ce qui a causé cette différence fondamentale dans la manière de coloniser des Normands, en Angleterre, où ils occupaient les fermes dans la plus grande partie du pays de l'Est, dans le Lincolnshire, le Yorkshire et autres régions, et en Irlande, où ils se sont établis dans un petit nombre de places fortes, le long des côtes, c'est évidemment que, dans cette dernière île, il n'y avait pas de fermes à prendre.

La cohabitation dans les grandes maisons est remarquable parce qu'elle est liée intimement au pouvoir patriarcal des chefs. Sans ce pouvoir, elle n'aurait pas été possible. Sans le pouvoir des chefs sur leurs tribus et sur les tuaths (territoires des tribus), sans le pouvoir des rois des cinq grandes divisions de l'Irlande, et sans celui du roi suprême consacré à Tara, tout ce système de partage que l'on dit avoir été répandu n'aurait pas été possible. L'existence des tribus ou clans et ce pouvoir des chefs n'étaient pas seulement une suite naturelle du grand développement de la famille ; c'était plus encore une conséquence de l'état de guerres continuelles dans lequel vivait la population. Le fait de cohabiter dans les grandes maisons de famille avait aussi pour but de mieux se protéger et n'était pas exclusivement une institution économique explicable par un état pastoral qui ne faisait que commencer à devenir un état agricole.

Comme dans la zadrouga, ou communauté familiale des Slaves du Sud, dans laquelle l'homme peut exiger une place pour une maîtresse à côté de la femme légitime, les mœurs n'étaient pas sans souffrir de la cohabitation. César dit que la polygamie régnait chez les habitants de la Grande-Bretagne, et les Irlandais semblent, d'après Strabon, avoir eu des mœurs encore plus dissolues et n'avoir eu aucun respect pour les liens les plus sacrés de la famille. Saint Jérôme dit que les « Scoti » pratiquaient la communauté des femmes.

Dans le pays de Galles, le *cantrev* ou territoire du clan (que l'on appelle aussi *cenedl*, comme *cinel*, en Irlande, *ciniol*, en Écosse, *kin* en anglais moderne, pour tribu), *Lewith*, était, d'après le code vénédotien ou la loi pour la Gwynedd, dans le nord, partagé en 200 *trevs* (4 *trevs* formant un *maenol* ou *maenawl*, 12 *maenols* plus 2 *trevs* supplémentaires formant un *cynwd* ou *comote*, dont il fallait donc deux pour former le *cantrev*). Le *trev* répond à ce qu'est le *townland* en Irlande. Il était divisé en 4 *gavells* ; chaque *gavell*, en 4 *randirs* ; chaque *randir* en 4 *tyddins*, qui représentaient ce que les *tates* étaient en Irlande et la ferme moyenne sur le continent ; le *tyddin* comprenait enfin 4 *erws* ou acres. Il y avait des *villas*, propriétés entièrement séparées en dehors des *trevs*. Dans le pays de Galles du Sud, le Gwent, le *trev* était divisé en 4 *randirs*. Chaque *randir* contenait un total de 312 *erws*. Déduction faite du terrain employé pour des bâtiments, etc., le *trev* dans la Galles du Sud contenait 1248 *erws*, correspondant au *townland* irlandais qui contenait 640 acres ou, dans les contrées plus pauvres, 1280 acres. Il en résulte, quand on estime la part de terre cultivée, que chaque *tyddin* ou quart d'un *randir* contenait, dans le pays de Galles du Sud, la même superficie qu'une ferme en Irlande ou ailleurs ; dans le pays de Galles du Nord, elle était cependant seulement de 5 ou même 4 *erws*, sans doute parce que la part, nécessaire à chaque famille, pouvait être là plus restreinte, grâce aux vastes pâturages qui couvraient les montagnes, et qui étaient excellents, notamment sur la grande montagne de Snowden. Dans la situation du pays de Galles, d'après Seebohm, les cultivateurs étaient, dès cette lointaine époque, de petits fermiers laitiers (*dairy farmers*). Aussi longtemps que vivait le chef de la famille, celle-ci demeurait chez lui ; les quatre générations formaient ce qu'on appelle un *wele* (*lectus*, lit) ou, plus correctement, pour désigner l'ensemble de ces personnes, un *welegord*. A certains points de vue, on comprenait dans la famille jusqu'au IXᵉ degré. Chaque jeune homme de condition libre appartenant à la race avait, à partir de l'âge de quatorze ans, le droit de posséder 5 *erws* ou acres, à prendre part à la culture en commun des terres qui jusque-là étaient en friche, et de chasser librement. Il existait des établissements séparés où s'étaient fixés des étrangers et qui n'appartenaient pas au peuple, et d'autres, habités par des hommes de condition servile, et tenus de rendre des services particuliers aux chefs.

Chez les Gaéls d'Écosse, en y comprenant ceux des îles, on trouvait une organisation analogue ; les divisions de la terre y présentaient le même caractère et portaient des noms similaires ; les chefs y exerçaient la même prépondérance, les liens de famille y étaient aussi étroits. L'ancien pouvoir des chefs, dans les tribus, ou, dans les divisions plus petites (*fînés* ou *septs*) a, plus tard, pris un caractère féodal, sous la forme du *thanage*. Les grands chefs, *mormaers*, se sont transformés en earls ; les *toisechs* ou *thochachs*, en *thans*. Les clans (*clann* signifie enfants, descendants) s'étaient cependant constitués, tels qu'ils existaient jusqu'à la bataille de Culloden (1745) dans les siècles précédents, grâce à un état continuel de petites guerres intestines. Sous beaucoup de rapports, le développement de la propriété avait suivi la même marche qu'en Irlande.

Les terres appartenaient à la tribu, et les chefs ou leurs successeurs élus redistribuaient fréquemment les familles dans des localités diverses. Le droit de propriété a cependant subi, plus qu'en Irlande, l'influence des idées féodales et celle de la jurisprudence romaine. Dans les Orcades norvégiennes, les principes féodaux ont simplement transformé les propriétaires en tenanciers.

Dans les Highlands écossais et dans les Hébrides, les *tacksmen*, lieutenants des chefs, et le plus souvent de leur famille, jouissaient d'un grand pouvoir ; parfois même ils s'appropriaient le territoire qu'ils administraient, et prenaient le titre de chef. Plus tard, ces tacksmen devenaient de grands tenanciers et servaient souvent d'intermédiaires entre les chefs et les petits tenanciers. Une forme ordinaire de contrat est celle que l'on nomme *steel-bow*, ou arc d'acier, par laquelle le propriétaire s'engage à fournir le bétail et quelquefois même des outils et des semences ; elle constitue, dans les Hébrides, souvent un régulier métayage, *half-foot*, un demi-pied. Des groupes de tenanciers sont souvent dirigés, dans leurs travaux, par le *constable* qui représente le propriétaire. Les divisions des terres sont fréquemment arrivées à ressembler à celles qui étaient en usage en Angleterre. Nous ne parlerons ni des Lothians du Sud, qui avaient le *carucate* divisé en *oxgangs* comme en Angleterre, ni du Caithness du

Nord, où existait, comme aux Orcades, la méthode scandinave de l'évaluation des terres en argent, mark et œre. Un *thanage* ou un *davoch* était partagé en 4 *ploughgates*, terres de charrue, ou *trefs*, correspondant au *baille* ou *bally* de l'Irlande. Dans le nord-est de l'Écosse, un de ces *Ploughgates* contenait 8 *oxgangs*, comme le *hide* en Angleterre ; en Dalriade, le *davoch* contenait 20 *pennylands*. Comme cela existe aujourd'hui, le *township*, dans les Highlands, doit plutôt être comparé à une propriété qu'à un village teutonique. Il est affermé tantôt à un seul tenancier, tantôt à un groupe de tenanciers solidaires. D'abord l'étendue des terres cultivables d'un *township* des Highlands diffère sensiblement d'un village teutonique qui est en étendue moyenne de onze cents acres ; le champ intérieur ne mesure en moyenne que 90 acres dont une vingtaine seulement sont cultivables. Ce sont les petits fermiers établis sur ces townships, les *crofters*, dont la position a été si misérable que le gouvernement s'est trouvé obligé, exceptionnellement, de légiférer à leur sujet (V. Lois AGRAIRES).

Dans tous ces pays de race celtique, les habitations se groupaient souvent par 4, 6, 12, 16, mais non sous la forme de villages avec de grands champs communs. Les familles cultivaient parfois des terres distribuées en longues bandes, et qui existent souvent encore, le *runrig* ou *rundale*, dans l'Écosse et dans l'Irlande ; et elles utilisaient aussi, en commun, les terres incultes ; parfois elles changeaient de lot les unes avec les autres, tous les ans ou tous les trois ans ; il y avait même un système très développé de coopération en labourage, dans le pays de Galles, par exemple, mais, dans cette cohabitation, il n'avait rien du grand village régulier teutonique. Les cartes topographiques sont, à ce sujet, absolument décisives.

L'ouest de la France, toujours celtique, se caractérise aussi par des fermes entièrement séparées. Pour toute la Gaule, M. d'Arbois de Jubainville suppose qu'à l'origine les propriétés étaient publiques, appartenaient aux tribus, mais étaient plus particulièrement entre les mains de l'aristocratie. Plus tard, lorsque la propriété s'est développée, sous l'influence romaine, le *fundus* (fonds de terre) a appartenu à la *villa*, à l'habitation. Cette propriété porte souvent le nom de la famille, suivi de la désinence *acus*.

Le régime des terres en Provence (l'ancienne *Provincia* des Romains) était entièrement romain.

Les excavations de Bibracte ont mis à jour des vestiges de grands bâtiments, qui rappellent les grandes maisons familiales de l'Ir-

lande[1]. Les anciennes institutions des Celtes ont aussi laissé leur empreinte sur les communautés que l'on a connues dans les provinces les plus celtiques de la France, le Berry, la Marche, le Bourbonnais, le Nivernais, l'Auvergne, enfin la Bretagne. Il est encore parlé de ces communautés « taisibles » dans certains des cahiers de la Constituante. Elles ont été dissoutes au xviie siècle ; mais il en restait des traces au milieu du xixe ; on trouvait encore, à cette époque, des paysans qui cultivaient et vivaient en commun et, parfois même, habitaient la même maison. Ces institutions n'ont rien à voir avec le village teutonique.

On suppose que la superficie de la tribu celtique était en moyenne de seulement 9 milles géographiques contre 30, pour le petit peuple teutonique du Gau, et 50 à 100, pour la tribu slave. La tribu celtique peut donc être regardée comme intermédiaire entre la centaine et la tribu teutoniques.

1. Nous connaissons la situation de l'ancienne Irlande et du pays de Galles par les anciennes *Triades*, phrases versifiées contenant des pensées épigrammatiques sur la vie, et formulant des règles qui servaient de lois. On les a écrites dans le pays de Galles au xive siècle, et il y en a qui ont une certaine valeur. En Irlande, elles sont déjà conservées dès le ixe siècle, surtout, dit-on, par ordre du savant roi Cormac, de 903 à 908 ; il en existe deux collections, appelées *Brehon Laws*, d'après les savants juristes irlandais héréditaires, les Bréhons, l'une *Aicill*, du xe siècle, et l'autre *Senchus moor* du xie siècle ; elles servirent de lois jusqu'au xviie siècle. V. *Ancient Laws and Institutes of Ireland*, publié par le gouvernement en 1865 ; *Ancient Laws and Institutes of Wales*, publié par Aneurin Owen, en 1841 (V. Lois AGRAIRES). Comme autres anciennes sources : *Gildas*, clerc gaulois, *Epistolæ aux rois et au clergé des Bretons*, 547, et son *Liber querulus de exidio Britanniæ*, 560, histoire des Bretons ; — Nennius, *Historia Britonum*, compilation de textes anciens faite en 950. Sur l'Irlande, beaucoup de renseignements nous sont fournis par la série des anciennes chroniques : *Annales Hibernici* et *Chronicon Scotorum* de l'abbé Tigernach (1088) ; — les *Four Masters* par Cléry et trois autres clercs ; — *Annales Inisfalenses* ; — *Annales de Loch-Cé* ; — *Three fragments* ; — *The wars of the Gaill and the Gaidheal* (guerres entre les Irlandais et les Scandinaves), dans la forme actuelle par *Donald Mac Firbis*, historien héréditaire, vivant dans la première partie du xviie siècle. — Le poème cité, la *Bataille de Magh Lena*, est publié par M. O'Donovan dans le *Liber Hymnorum* ; — *Galfred of Monmouth, De gestis rerum Britanniæ*, avant 1139 ; — *Brut y Tyiwygion*, ou l'histoire des Princes de Galles ; — l'évêque Giraldus Cambrensis, d'après ses voyages : *Cambriæ descriptio* ; *De illandabilibus Walliæ* ; *Topographia*. — Tous ces écrits sont maintenant publiés, en d'excellentes éditions, qui ont été faites aux frais publics. — V. aussi *National Manuscripts of Scotland*, et les anciens historiens écossais John of Fordurn et Hector Boece ; Sir John Davies, attorney général de l'Irlande, dans *Calendar of the State Papers*, 1606-1608, publiés en 1874, et *Historical Tracts or Discovery of the State of Ireland*, 1612 ; — O'Curry, *Manners and Customs of the ancient Irish*, 1873 ; — W. E. Montgomery, *The History of Land Tenure in Ireland*, 1889 ; — A. Skene, *Celtic Scotland, a history of ancient Alban* ; — R. W. Cochran Patrick, *Mediæval Scotland*, 1892 ; — Duke of Argyll, *Scotland as it was and as it is*. — Enfin Seebohm et autres, auteurs déjà cités ; D'Arbois de Jubainville, *Recherches sur l'origine de la propriété foncière et les noms des lieux habités en France, période celtique et période romaine*, 1890 ; — Nombre d'arti-

4. La colonisation teutonique sur sol celtique en Allemagne.

La colonisation teutonique sur sol celtique en Allemagne éveille des questions difficiles et d'un grand intérêt. On suppose qu'avant les Teutons, c'est-à-dire, jusqu'au IVe siècle avant J.-C., des Celtes ont habité le nord-ouest de l'Allemagne actuelle et, beaucoup plus tard, une très grande partie de l'Allemagne du Sud. Dans ces régions, on trouve, généralement, des fermes séparées, jamais de villages. M. Schwerz a indiqué très clairement les limites des territoires occupés par les fermes séparées en Westphalie. Presque jamais on ne trouve la colonisation en villages au delà du Weser, chez les Frisons des côtes de la mer du Nord, chez les Franks Saliens du bas Rhin et de la basse Meuse ni chez les Saxons Westphaliens, dans des limites formées, en dehors du Weser, par l'*Osning* et les Montagnes des Cheveux Rouges, *Rothhaargebirge*. Il n'y a qu'une exception, pour une pointe que le système des villages fait sur le Helweg, ancien pays des Bructères et des Marses, jusqu'à Dortmund. On trouve, au contraire, des villages chez les Saxons Ostphaliens et Engeren ; mais ils ne paraissent pas avoir été très grands : les noms se terminent souvent en *heusen*, pluriel du mot qui signifie maison ; et chez les populations plus à l'ouest, souvent en *hof*, singulier du mot qui signifie « ferme ». Dans quelques parties, entre Lunebourg et Lippe, par exemple, leurs villages constituent souvent ce qu'on a appelé villages de transition : ce sont des fermes séparées groupées en ligne sur les routes. M. Schaumann, auteur qui a écrit sur ce peuple, croit que tous les anciens Saxons ont colonisé par le système des fermes séparées. M. Haxthausen, le célèbre auteur qui a écrit sur la communauté chez les Russes et autres peuples, croit que le système des fermes séparées a caractérisé tous les anciens Germains de l'Ouest, les Ingævones. Le même fait, en tout cas, s'est produit chez une grande partie de la race bavaroise, qui a colonisé beaucoup des pays de l'Allemagne du Sud et spécialement de l'Autriche. Les Teutons y ont rencontré non seulement des Celtes, mais aussi des Rhéto-Romains qui étaient établis dans le Tyrol et dans la partie voisine de la Carinthie.

Les Frisons n'avaient pas la mesure de la *Hufe*, manse ou ferme normale ; ils n'avaient pas non plus les *Marks*, et cela, peut-être à cause de la nature de leur pays ; les Saxons

cles de MM. de Tourville, Desmoulins et de Calan dans la *Revue de la Science sociale.* — Pour les communautés françaises, plusieurs articles dans la *Réforme sociale* et dans le *Journal des Économistes.*

westphaliens connaissaient la *Hufe*, introduite chez eux peut-être par le régime frank ; ils avaient également des *Marks*.

La théorie de M. A. Meitzen, le savant économiste qui a spécialement traité ces questions, est que les Teutons se sont établis dans le nord-ouest de l'Europe centrale, avant d'avoir développé eux-mêmes la coutume de la vie en villages. C'était dans la période dont parle encore César dans les renseignements qu'il donne sur les Suèves. Ils ont donc, en même temps qu'ils s'emparaient des habitations des Celtes après les avoir conquis, ou plutôt chassés, adopté leur manière de vivre. Il croit même retrouver là le motif de la manière dont l'on construit dans ces régions. La ferme des Franks consiste en bâtiments séparés, celle des Danois également, et toujours en forme d'un carré fermé ; forme qui se retrouve aussi chez d'autres Teutons de l'Est et qui s'est développée dans la plaine, où il était utile de clôturer les aménagements de cette manière. La ferme appelée ferme saxonne ou westphalienne (qu'on retrouve aussi dans le Holstein jusque dans la toute petite partie du Slesvig qui est allemande depuis l'antiquité, et aussi, sous une forme un peu modifiée, dans la Frise), est un grand bâtiment comprenant tout ensemble le ménage du paysan, les granges, étables, etc. M. Meitzen croit pouvoir identifier cette forme avec celle de l'ancienne maison celtique qu'on trouve en Irlande, par exemple. Il distingue même l'influence qui a été exercée sur les coutumes des divers peuples allemands selon que chaque peuple a colonisé entièrement ou partiellement sur sol celtique ou non. Il croit, par exemple, que les Saxons établis sur la rive droite du Weser et dans le Holstein, ont appris la construction de leurs habitations chez leurs frères de la rive gauche, qui s'étaient installés sur sol celtique. Le genre d'habitations s'est même répandu chez les Slaves dans le Holstein oriental et jusque dans la Poméranie ultérieure, par l'intermédiaire des colons bas-saxons. L'intérieur de la maison scandinave, ainsi que celui de la maison slave, a, prétend-on, subi plutôt l'influence de la maison grecque. Il est cependant probable, qu'il a subi aussi, notamment en Norvège et en Islande, une influence celtique considérable.

L'ensemble de la théorie de M. Meitzen est pourtant si étrange qu'on s'arrête involontairement pour en douter et pour se demander si des coutumes différentes ne peuvent s'être développées chez une même race d'après les différentes conditions naturelles dans lesquelles elle a vécu, dans les plaines ou dans un pays accidenté et de forêts, par exemple.

Même à l'époque de colonisation, il est souvent difficile de décider la part de la nature dans cette remarquable différence, entre les deux systèmes d'établissement.

Les fermes séparées se rencontrent spécialement dans les montagnes qui laissent peu de place pour les villages, et sur les côtes marécageuses, où les difficultés d'un coup de main rendent moins nécessaire pour la sécurité la création des villages. Dans les plaines du Danemark et de la Suède, comme dans le sud de la Norvège, il y a des villages; dans les forêts de la Suède septentrionale, et dans la plus grande partie de la Norvège, il y a des fermes séparées. Ces dernières parties de la Scandinavie ont été colonisées relativement tard, et il a été émis des théories spéciales qui tendent à prouver que cette colonisation fut le résultat d'une immigration spéciale (MM. Keyser et P. A. Munch, en Norvège). Le principe premier de cette théorie, à savoir, qu'une immigration aurait eu lieu par le nord du golfe de Bothnie, est dénué de vraisemblance; mais, d'après les objets trouvés, les traditions et les traits ethnographiques, des relations ont sans doute existé entre l'Allemagne du Nord-Ouest et la Norvège du Sud-Ouest, par le Jutland. Dans une partie du Jutland occidental, on trouve également des fermes séparées; mais, là aussi, la pauvreté du pays s'oppose déjà au système de culture par village. Les différences sont palpables; mais il est bien difficile de savoir ce qui est dû à la nature et ce qui est dû aux coutumes originales de la population. Certains auteurs pensent que, même sur les côtes de la mer du Nord, à partir de l'Oldenbourg et plus au sud, l'habitation en fermes séparées ne serait apparue qu'après l'établissement des digues par Charlemagne; Pline parle d'habitations sur les lieux élevés et paraît indiquer des villages. Le caractère de la maison dépend aussi, en grande partie, du climat et du matériel de construction. Malgré tout, M. Meitzen est encore celui qui paraît avoir formulé, sur ces matières, les meilleurs arguments.

Dans l'Allemagne du Sud, des Celtes plus ou moins romanisés et des Rhétiens cultivaient les trois provinces Vindelicia, Rhetia et Noricum. Nous ne parlerons pas ici des Suèves de l'Arioviste, c'est-à-dire les Vangioners, Némètes et les Tribocci dans l'Alsace et le Palatinat. Les Hermunduri (qui sont plus tard appelés Thuringiens) avaient de grands villages en Franconie. Les Alamans, les Juthungs suèves et les Bajuvarii ou Bavarois, qui s'établirent définitivement dans l'Allemagne du Sud, fondèrent des villages dans les plaines. Dans les Alpes, les fermes séparées continuèrent d'exister. D'anciens habitants sont restés dans les montagnes, qui offrent toujours un refuge aux populations dans des époques aussi bouleversées que l'était celle de la grande invasion. Des Rhéto-Romains ont même gardé leur langue, dans les Grisons (évêché de Coire), et dans les vallées du Tyrol peuplées par les Ostladines (jusqu'à ce siècle); d'autres populations accusent leur origine plus ou moins romaine par leur type qui diffère de la race bavaroise, près de Salzbourg, par exemple; il y a une série de villages dans le sud-est de la Bavière dont le nom de Walch (étranger) indique l'origine latine, Walchdorf, Walgau, etc. On est d'avis que les maisons qui existent encore aujourd'hui, dans les montagnes, et qui diffèrent entièrement des maisons allemandes, sont de type italien.

Dans les plaines, les villages comportent le plus souvent des champs divisés en bandes et distribués à ceux qui y participent, selon la coutume teutonique. Les Alamans avaient le plus souvent, en Suisse jusqu'au Jura, au fleuve de l'Aar et aux Grisons, en Alsace et sur la rive droite du Rhin, des villages formés par de petits groupes de fermes moins nombreuses que celles des villages teutoniques ordinaires. Ils ont détruit les villas romaines, même dans les Décumates si bien cultivés, mais soit par suite de l'état déjà développé de la culture, soit par une conséquence de la nature le plus souvent accidentée du terrain, ils ont rarement créé des villages aussi considérables que dans l'ancienne Allemagne et le Scandinavie (*Gevanndörfer*).

Ce sont les plus petits *weiler* (*vilare*, de *villa*). Les Juthungs, qui sont aujourd'hui confondus avec les Bavarois, s'établirent à l'est des Alamans, depuis le fleuve Iller, et du lac de Constance jusqu'au Danube et au Lech, et créèrent des villages ordinaires à grands champs divisés en bandes; le territoire de Kempten, où les paysans possèdent aujourd'hui des fermes séparées, n'a eu ces fermes que depuis le xvie siècle, époque d'où l'on a voulu instituer une méthode de cultures plus profitable avec plus d'élevage. Les Bavarois ont de même fondé des villages ordinaires à partir de la frontière slave (dans la Franconie en passant par la Forêt de Bohême jusqu'au Danube qu'elle suit sur une certaine étendue jusqu'à Melk), dans toutes les vallées qui se dirigent vers le sud, même dans celle de l'Inn dans le Tyrol. Ce n'est que sur les terrains qui commencent à s'élever, et notamment dans toute la Bavière du Sud-Est, que les villages revêtent une autre forme, sont moins étendus et consistent en des champs distribués, non pas en longues bandes, mais en portions plus carrées. Ce sont là des villages qui ont été évidemment formés par des maîtres, et nous savons aussi que les ducs pouvaient distribuer, dans ces contrées, un grand nombre de fermes possédées par des Celto-Romains. Les conquérants teutoniques, là où, pendant la conquête, ils s'établirent eux-mêmes en grand nombre, détruisirent les villas romaines ; mais ils gardèrent beaucoup de colons romains, affranchirent des esclaves pour en faire des colons et ils instituèrent, pour ceux-ci et autres hommes dépendants, des villages d'une autre forme que celle où des possesseurs égaux procédaient minutieusement à la distribution égale des grands champs communs. Dans les montagnes de la Forêt-Noire, de l'Odenwald, du Spessart et de la Forêt bohémienne, la colonisation ne devient générale qu'au xie siècle et le système que l'on y emploie est celui des grandes fermes doubles, *Waldhufen*, groupées le long des routes, mais sans communauté des champs.

Il y a aujourd'hui encore une très grande différence entre les diverses parties de l'Allemagne, en dehors de l'ancienne partie slave, selon qu'on y a introduit le système des champs de village, très morcelés, ou celui des fermes séparées, plutôt maintenues comme propriétés distinctes. Dans l'Allemagne de l'Ouest et du Centre, les terres sont très morcelées par suite de l'ancien système de village, sous le droit frank, de partage égal entre les héritiers, qui prévalait dans la Franconie, le Palatinat, le Hesse-Nassau et la plus grande partie de la Province rhénane prussienne, ainsi que dans la majorité des régions occupées par les Alamans ou les Souabes, l'Alsace, la Lorraine, la plus grande partie du duché de Bade, du Wurtemberg et le nord de la Suisse. La Thuringe et la plus grande partie de la Saxe actuelle, y compris le sud et l'ouest de la province prussienne de Saxe, sont essentiellement sous le même régime. Une partie de la Thuringe présente le système des *Wandelackeren* ou « terres migratrices », c'est-à-dire où l'habitation et les terrains qui l'entourent immédiatement deviennent la propriété de l'héritier principal, tandis que les terres, qui se trouvent plus éloignées de cette habitation, peuvent être partagées. La Marche palatine du Brandebourg (Kurmark), le nord de la province de Saxe et le Lauenbourg offrent un état de transition. Dans le nord-ouest de l'Allemagne, chez les anciens Bas-Saxons, sur la rive droite du Weser, il y a des villages, mais sans partage égal entre les héritiers, et peut-être est-ce une conséquence du climat et du caractère des productions que, dans

tout le nord, on ait maintenu les fermes dans leur plus grande étendue, bien que rien ne s'opposât à ce qu'elles fussent partagées. Le partage n'existe pas chez les Bas-Saxons même là où ils vivent près d'une autre race (dans le Rinteln de la Hesse, par exemple). Les Frisons de l'Oldenbourg et du Hanovre partagent la fortune, mais ils ont pourtant d'assez grandes fermes. Tandis que les Souabes du duché de Bade et de Wurtemberg, ont des terres qui proviennent du morcellement des grands champs des anciens villages et qu'il en est résulté, chez eux, la coutume du partage dans les cas d'héritage, les paysans de l'ancienne Bavière, *Altbayern*, ainsi que les paysans allemands des montagnes autrichiennes, ont principalement, comme cela existe en Westphalie, des fermes séparées et ils ne les partagent pas. Les grandes fermes situées dans les montagnes bavaroises, *Einöden*, ne pouvaient pas être divisées, jusqu'au milieu du dernier siècle, époque où le partage fut autorisé sous la condition d'une permission spéciale ; mais la coutume de ne pas faire de partages, dans les cas d'héritage, y a subsisté, et la même chose a lieu pour les grandes fermes, *Hofgüter*, de la Forêt-Noire, dans le Wurtemberg et le duché de Bade. Tout cela, ce sont des divergences qui donnent un caractère particulier à tout l'état social et, par là aussi, à la politique rurale, même dans les législations modernes [1].

5. La colonisation teutonique en Angleterre.

En Angleterre, Erwin Nasse, le savant professeur de Bonn, causa un vif étonnement en démontrant, par un livre sur la communauté de village, l'identité de l'ancien état rural anglais avec celui de l'Allemagne. Récemment plusieurs auteurs, et spécialement M. F. Seebohm, sont, au contraire, arrivés à regarder la communauté anglaise de village, qui a laissé des vestiges pratiques encore existant de nos jours et qui était entièrement en vigueur, dans une grande partie du pays, au milieu du siècle dernier, comme beaucoup plus ancienne, d'origine romaine et même antérieure.

On s'efforce maintenant de prouver que le système des champs communs de village

1. Justus von Moeser, *Patriotische Phantasien*, 1778, et *Osnabrückische Geschichte* ; — A. von Haxthausen, *Ueber die Agrarverfassung in dem Fürstenthum Paderborn und Corvey*, 1829 ; — A. F. G. Schaumann, *Geschichte des niedersächsischen Volks*, 1839 ; *Zur Geschichte der Eroberung Englands*, 1835 ; — Schwerz, *Beschreibung der Landwirthschaft in Westphalen*, 1836 ; — Plusieurs traités dans *Schriften des Vereins für Socialpolitik* et dans *Schmoller's Forschungen* ; — A. Meitzen, *Das deutsche Haus in seinen volkswirthschaftlichen Formen mit Karte und Abbildungen*, 1882 ; — R. Henning, *Das deutsche Haus in seiner historischen Entwickelung*, 1882.

ne fut pas établi par les Anglo-Saxons ; ils n'auraient fait que reprendre les fermes et la culture telles qu'ils les avaient trouvées. Il faut considérer comme résultat d'un développement antérieur à leur venue le système des fermes séparées qui a toujours existé dans le Kent (de là ces noms fréquents de lieux avec, pour terminaison, le mot qui signifie ferme, *Gaard* dans le Nord, *garth* en Kent), partie du pays qui était occupée par une tribu belge. Mais ce qu'il faudrait savoir, c'est d'où proviennent les grands champs de village dans la plus grande partie de l'Est et du Centre, tandis que dans la partie celtique de l'Ouest, on rencontre un autre système de fermes séparées avec prépondérance des pâturages. Une des preuves que ces grands champs sont antérieurs aux Anglo-Saxons serait que l'on a employé, en Angleterre, depuis l'ancien temps, l'assolement triennal, le froment, l'orge ou l'avoine et la demi-jachère; en Allemagne ou dans le Slesvig, d'où sont venus les Anglo-Saxons, on n'a adopté ce système que beaucoup plus tard.

En vérité, il n'y a que des preuves très peu convaincantes que l'origine du système de village remonte à une époque aussi ancienne, et, si leurs prédécesseurs ont exagéré l'influence des conquêtes teutonique et danoise, ces nouveaux auteurs vont, de leur côté, trop loin en faisant remonter ce système à une époque aussi éloignée. Les véritables contributions à notre connaissance, apportées par M. Seebohm et par ceux qui le suivent, ont plutôt trait au caractère social sous le régime de la communauté de village, tel que nous le trouvons chez les Anglo-Saxons. Il est certain que les conquérants anglo-saxons n'ont pas détruit ou chassé partout l'ancienne population dans la même mesure ; les contrées de l'Ouest, où l'on ne trouve pas le système de village aussi répandu, en portent témoignage. On ne sait réellement que très peu de choses sur la situation économique qui régnait à l'arrivée des Anglo-Saxons. Il est probable que la communauté de village était connue avant leur conquête ; mais il y a eu aussi dès avant cette époque des colonies teutoniques; ainsi, par exemple: celles qui avaient été formées par des légions romaines composées de Teutons ; et, en dehors des Kymris et des Gallois de l'Ouest, tout ce que l'on sait de la civilisation et de l'ethnographie de la population antérieure, du grand peuple des Loegriens ou des Iceni de Boadicea, par exemple, est bien douteux.

Il est encore moins prouvé, pour la seconde partie de la nouvelle théorie, que la communauté ait toujours été formée par des paysans dépendants, des serfs; c'est seulement par là, prétend-on, que pourrait s'expliquer l'étendue égale des fermes et d'autres particularités. Il est curieux que Fustel de Coulanges, qui prétend arriver aux mêmes conclusions, en ce qui concerne la dépendance, se place à un point de vue contraire quant à l'époque où furent établies les communautés. Tandis que Seebohm les suppose antérieures même aux Romains, lui, au contraire, essaie de tirer ses arguments d'une constitution tardive des villages, au xııᵉ siècle. En général, Seebohm tire trop facilement des conclusions de cas spéciaux, en faisant, par exemple, de la coopération en labourage, que l'on sait avoir existé dans le pays de Galles, une règle générale pour l'Angleterre; il agit de même en ce qui a trait à la liberté personnelle dans les communautés de village. Si Seebohm et Fustel de Coulanges ont pu détruire l'ancienne théorie trop absolue de communautés de village formées par des hommes égaux et libres, ils n'ont guère, d'autre part, établi eux-mêmes qu'il y ait eu une règle contraire. Les faits bien connus et incontestables des pays scandinaves et aussi de l'Allemagne prouvent qu'il y a eu à la même époque des communautés d'hommes libres qui étaient propriétaires. La colonisation qui se fait par des hommes libres et égaux est même une conséquence nécessaire de l'ancienne méthode de guerre où les hommes combattaient à pied, homme contre homme. Plus tard, lorsque l'état féodal est devenu presque universel, la communauté paysanne est une partie du système de dépendance. Mais, à l'origine, nous savons que, dans les pays purement teutoniques, la grande masse des hommes étaient libres et essentiellement égaux. Or, nous ne pouvons pas nous imaginer que la communauté, avec ses traits tout à fait démocratiques, soit née d'une autre manière. Au contraire, la situation est très bien définie par M. Paul Vinogradof, quand il compare la communauté, sous les seigneurs féodaux, à une mer glacée; le mouvement a cessé, mais la surface des vagues congelées prouve qu'il y a eu un mouvement antérieur et révèle, à l'origine, des établissements fondés par des hommes libres et égaux. C'est le cas en Angleterre comme dans les autres pays plus ou moins teutoniques. Sans doute, il y a eu là, de bonne heure, comme dans la plupart des autres pays, des villages composés d'hommes libres et d'hommes dépendants (Voy. Classes rurales).

L'ensemble du tableau que présente une carte de l'Angleterre, si on l'envisage au point de vue des villages ou des fermes séparées, montre que celles-ci ne se trouvent que dans le Kent et plus à l'ouest sur une partie de la côte du sud, dans les montagnes du nord de l'Angleterre et en Écosse, et dans les contrées de l'Ouest où les Celtes ne furent que tardivement subjugués, le Devon et la Cornouailles et le pays de Galles. Dans le Sud-Est, les Belges avaient, comme nous l'avons déjà remarqué, avant l'arrivée des Anglo-Saxons, de grandes fermes séparées, comme ils en avaient vis-à-vis sur les côtes du continent. Le Kent et l'île de Whigt, ainsi que la côte anglaise qui fait face à cette île, furent conquis par des « Jutes », nom qui probablement, d'après les observations linguistiques, désigne des peuples venus des côtes du nord-ouest de l'Allemagne. Les villages, avec communautés des champs divisés en longues bandes, ont couvert toute la partie de l'Angleterre qui a été conquise, dans la dernière partie du ixᵉ siècle, par les Danois, et qui est couverte de noms d'origine danoise; c'est là que les Normands, encore païens, massacrèrent les Anglo-Saxons. Ces villages s'étendaient cependant plus loin encore et surtout dans le centre du pays. Ils avaient donc, selon toute apparence, été fondés déjà par les Angles, qui suivaient les mêmes routes de conquête que devaient suivre plus tard les Danois. Le parti saxon du Sud, une certaine partie du Centre et surtout les parties conquises plus tard par les Anglo-Saxons sur les Celtes, ont eu des formes de colonisation plus mélangées et surtout ont eu des villages de moindre étendue et des champs plus carrés. C'est aussi là que l'on trouve le plus grand nombre d'hommes dépendants.

Mais précisément la différence qu'il y a, sous ce rapport, entre les différentes régions de l'Angleterre, contribue à l'évidence de l'origine teutonique des villages anglais (1).

(1) Les auteurs qui ont étudié spécialement l'influence teutonique, y compris celle des Scandinaves, ont marqué une réaction naturelle contre leurs prédécesseurs plus romanistes. Freeman a pu donner, comme historien, un tableau très différent de celui de Sir Francis Palgrave (ou Cohen, nom primitif de cet auteur); et il démontre que la belle description des relations entre les Normands français et les Saxons que nous a donnée Augustin Thierry est, sous plusieurs rapports, beaucoup plus un roman qu'une histoire. Mais, à leur tour, les nouveaux auteurs ont détruit beaucoup de ce qu'il y avait de trop absolu dans les théories de M. Freeman et de ses contemporains.

E. Nasse, Ueber die mittelalterliche Feldgemeinschaft und die Einhegungen des 16ᵗᵉⁿ Jahrhunderts in England, 1869. Les opinions de M. Seebohm (The English Village Communties, 1883 ; The Tribal System of Wales, 1895) ont trouvé beaucoup d'adhérents, et la théorie de la continuation de la culture depuis l'époque romano-celte par les mêmes classes et sous la même forme est aussi adoptée par un grand nombre d'auteurs (G. L. Gomme, The Village Community with special reference to the original form of the survivals in Great Britain, 1890; antérieurement, H. C. Coote, The Romans of Britain, 1878; M. Ashley, maintenant professeur à Harvard en Amérique; dernièrement l'historien F. York Powell).

6. La colonisation teutonique en France.

La colonisation teutonique en France ressemble à la colonisation teutonique du sud de l'Allemagne. Les tribus habitent en villages comme en Allemagne. On trouve de grands villages chez les Vangiones, les Nemetes et les Tribucci qui suivent Arioviste dans le Palatinat Rhénan et la basse Alsace; chez les Ubii qu'Agrippa conduit vers Vanloo. On trouve des villages moins grands chez les Alamans sur les deux rives du Rhin, depuis la Suisse jusqu'en Belgique. Là où, plus tard, les conquérants ne pénètrent qu'en petit nombre, ils prélèvent, comme les Romains, une partie des revenus, comme l'ont fait les Burgondes, les Visigoths (et les Lombards en Italie), qui en prenaient en produits ou bientôt en terres, un tiers, la moitié ou deux tiers. Mais il en fut autrement là où ils s'emparèrent de toute la terre, ou, en tout cas, de grandes parties du terrain. Les Franks Saliens conservent leur système de fermes isolées dans le Brabant et les Flandres jusqu'en Normandie. Les Franks, en général, colonisèrent en villages. On signale les villages depuis les limites du Brabant et des Flandres jusqu'à Boulogne et à Dieppe; dans le Beauvaisis et l'Île-de-France; jusqu'aux régions qui avoisinent la Loire entre Orléans et Blois; dans la Champagne, dans la Côte-d'Or et jusqu'à l'Yonne. Les Burgondes ont probablement, eux aussi, colonisé en plus grand nombre en Bourgogne et en Franche-Comté, entre Arbois et Lons-le-Saulnier, les Visigoths dans la région de la Loire supérieure, Polignac, Saint-Étienne et Montbrison, dans les vallées de Saint-Flour, de Marvejols et de Rodez, de Clermont-Ferrand et dans la vallée de l'Allier à Bourges, et enfin dans le pays compris entre la Charente et la Sèvre Niortaise. Dans toutes ces localités, on retrouve des traces de leurs villages. On croit reconnaître, aux environs d'Alençon, des villages qui, d'après Jordanes, proviennent des Alains, des villages saxons à Bayeux, à Saumur, dans l'île de Ré à l'embouchure de la Loire (si ce ne sont pas des Normands), des villages de Normands danois à Évreux, à Bernay, aux Grands-Andelys.

Il apparaît que Rollon établit ses Scandinaves sur toutes les frontières de sa province: on trouve une large zone qui s'étend entre Bayeux, Argentan, Évreux et la Seine, et qui couvre le pays entre l'Eaume et l'Andelle, tandis que les fermes isolées sont maintenues vers l'embouchure de la Seine entourées par cette zone de la Dive à l'Andelle et à l'Eaume. Guillaume de Jumièges dit que Rollon distribuait les terres à ses compagnons suivant la méthode de la corde (*funiculus*), que nous avons signalée comme étant particulière aux pays scandinaves.

Deux tiers de la France ont gardé le système des fermes isolées ; dans le dernier tiers elles ont été transformées en villages d'après le système teutonique. Les limites de ces régions sont indiquées sur une nouvelle carte de M. Meitzen. Comme les Hautes-Alpes, le Jura a conservé les fermes séparées. On trouve des villages dans les vallées du Doubs et de la Saône jusqu'à quelques lieues de Lyon. Les limites de la grande région des villages suivent, à partir de Dijon, la ligne de partage des eaux entre la Seine et l'Yonne, passent par le confluent de ces deux cours d'eau, et par Orléans, d'où elles suivent la Loire jusqu'à Blois. De là, elles se dirigent vers le Nord sur Châteaudun et Nogent-le-Rotrou et atteignent à Verneuil l'Eure, qu'elles suivent jusqu'à la Seine. Nous avons parlé de la zone plus étendue des villages normands et des îlots de villages saxons et notamment visigoths. Dans le nord, la ligne qui sépare la région des villages du territoire des fermes séparées de l'Allemagne du Nord-Ouest, auquel il faut rattacher aussi une partie de la Belgique, les Pays-Bas et le Kent en Angleterre, se dirige de Boulogne sur Saint-Omer, Douai et Mons, jusqu'à Louvain par le Dyle et jusqu'à Maëstricht, puis franchit la Meuse à Maaseyk et le Rhin à Kaiserswerth ; elle suit l'ancienne frontière vers le nord des Ubii. Les noms teutoniques des localités ne suivent pas exactement le territoire des villages : il y en a, par exemple, deux groupes au sud de ce territoire, l'un dans le pays des Sénones, au sud de Sens et de Troyes jusqu'à Auxerre, et l'autre dans la Sologne et le haut Berry ; dans ces deux groupes les conquérants ont donc trouvé et occupé des fermes séparées. Les premières tribus des conquérants ont formé des villages avec communauté des champs distribués en longues bandes, comme dans l'ancienne Allemagne proprement dite. Ainsi les Chattes, lorsqu'ils ont passé le Rhin aux IVᵉ et Vᵉ siècles, ont établi ces villages dans le pays de Trèves, dans le Palatinat et dans la Lorraine. Telle a été la forme naturelle de colonisation mise en pratique par les envahisseurs lorsqu'ils ont détruit les possessions qui existaient antérieurement à leur venue. Il est plus étonnant de la retrouver, quand, plus tard, Clodion établit les Franks Saliens, qui jusqu'alors avaient eu des fermes isolées, dans l'Artois, depuis la plaine de Flandres jusqu'au Canche et ensuite plus loin, même jusqu'à la Loire. Il faut voir là un signe de luttes véhémentes et de changements rapides.

Des auteurs allemands et belges (les auteurs français ne s'occupent pas de cette question) signalent des traces de ces grands villages avec communauté des champs (*Gewanndörfer*) dans toute l'Ile-de-France jusque dans les environs de Chartres et de Châteaudun ; mais il faut dire que dans l'Ile-de-France de tels villages ne sont toutefois qu'en minorité. La plupart des villages en France ont, plus encore que cela n'existe dans le sud de l'Allemagne, des champs de forme carrée et d'un seul tenant ; ils fournissent une preuve que les conquérants ont gardé, au moins en partie, l'ancienne distribution gallo-romaine, et qu'ils ont, en leur qualité de maîtres, réparti la terre entre des colons qui leur étaient soumis.

Comme dans le sud-ouest de l'Allemagne au delà du *limes romanus*, en Gaule, beaucoup de villages ont été établis par les Franks, surtout pour y fixer leurs hommes dépendants, sur les champs déjà créés par les Gallo-Romains. D'Arbois de Jubainville signale, comme forme la plus ordinaire de la propriété en Gaule, les *latifundia* romains, qui mesuraient le plus souvent environ 900 hectares ; il en existait, en tout cas, un certain nombre dans le nord de la France comme dans le sud de l'Allemagne. On sait que la colonisation romaine, pendant et après la dernière période de la République, s'effectuait dans un grand nombre de localités par divisions rectangulaires de 200 ou de 240 *jugera*, 57 ou 68 hectares 2/5, divisées probablement le plus souvent entre 3 possesseurs, (entre 4 ou 8, croit-on en Angleterre). On montre les traces de cette colonisation dans la Campanie entre le Vésuve et la mer, depuis l'époque des colonies fondées par César et Galba, et aussi près de Padoue, et l'on croit en trouver également en France, dans le sud de l'Allemagne et même en Angleterre. En tout cas, les villages en France, à l'ouest de la Côte-d'Or, ont le plus souvent des champs de forme carrée et non des champs divisés en longues bandes.

Si l'on admettait que Seebohm ait émis une opinion juste en ce qui concerne la haute antiquité des communautés de villages en Angleterre, il faudrait admettre également que les différences qui s'observent entre la France de l'Ouest et la France de l'Est et du Centre, existaient dès la période celtique. Nous avons déjà cité l'opinion de M. d'Arbois de Jubainville, qui conclut à l'universalité chez les Celtes de la propriété appartenant, non pas à des villages, mais à la tribu, propriété qui se transforma plus tard en *latifundia* privés sous les Romains. Du moins, aucune théorie semblable à celle de

M. Seebohm n'a encore été prouvée, pas plus pour la France que pour l'Angleterre. Les villages sont, selon toute apparence, une création teutonique (1).

7. Noms des lieux.

Les noms de lieux contribuent à nous éclairer sur la nature de la colonisation qui s'y est produite et à signaler la participation des divers peuples qui y ont contribué, et ils pourront, sans doute, à mesure qu'ils seront étudiés davantage, fournir encore des documents plus nombreux.

On a voulu déduire des terminaisons fréquentes signifiant « habitation », que la colonisation n'a pas eu lieu en villages. On peut, à l'aide de diverses autres circonstances, arriver à des conclusions sûres pour certaines périodes ; mais presque toujours ce sont les mêmes mots qui indiquent ces deux choses, habitations séparées et villages. Ils indiquent plutôt avec certitude les races qui ont, dans un endroit donné, apporté leur colonisation. En latin, le mot *vicus* désigne les habitations ; on suppose qu'il est identique au mot οἶκος en grec ; il revient sous diverses formes, *vic, wic, wijk, wyk, wich,* dans les langues teutoniques. Mais il signifie aussi les villages, comme chez Tacite dans son livre sur les Germains, ainsi que des mots identiques en d'autres langues, le *grama* des Indes, le *hvaetu* des Iraniens, la χωμή des Grecs. *Vicini* (voisins) est le premier mot qui signifie concitoyen. Même le nom *viking,* donné à la dernière émigration teutonique, celle des Normands dans la dernière partie du IXᵉ siècle, que l'on a cru autrefois dérivé de *vik* ou *vic,* une baie, est maintenant (M. Bugge, de Christiania) expliqué comme voulant dire ceux qui s'établirent dans des places fortes, dans les *vici*. Le mot latin qui désigne des établissements de second ordre, *vicula, villa,* lui aussi, s'applique aussi bien à des villages ou des villes qu'à des habitations ; dans les lois des Franks Saliens et des Frisons, il signifie fermes séparées ; dans d'autres régions, il signifie ordinairement villages. Le mot *heim, home* en anglais, *Hjem* et *hem* dans le Nord moderne, signifie domesticité, la χωμή des Grecs, mais il est une terminaison de nom de village qui caractérise spécialement les Franks du Rhin et leur colonisation répandue depuis le vᵉ siècle sur le Rhin, en Alsace, sur le Neckar et sur le Mein, au nord de la Moselle et en Artois, où souvent il se rencontre sous la forme de *hen*. Il se retrouve

sur les côtes de la mer du Nord jusqu'en Danemark, où plus tard il est souvent changé en *um* ; cette terminaison *um,* cependant, peut aussi venir, comme aux Pays-Bas, de *hemme,* pâturage, enclos. Une grande quantité de noms anglo-saxons se terminent en *ham.* Cette désinence revient sous la forme de *hem* dans les Götelands suédois et sous celle de *heim* en Norvège. Une autre terminaison est très usitée en Angleterre : c'est *ton, stane* ou *stone* en Écosse, mots qui viennent de l'ancien *tun,* signifiant un lieu clos près d'une maison, encore employé en Islande, et qui se retrouve dans les langues slaves sous la forme de *tuin.* En allemand, le mot *zaun,* signifiant un clos quelconque, est de la même étymologie. Dans une partie de l'Allemagne centrale, beaucoup de noms de lieux se terminent par *thun.* Tandis que la terminaison *hem* se retrouve particulièrement, comme nous l'avons dit, dans les Götelands, la terminaison *tun* ou *tuna* se trouve au nord des grands lacs suédois chez les Svears, et dans l'intérieur de la Norvège. S'il est une terminaison qui peut être supposée caractéristique du village teutonique, c'est *turba, dorf* en allemand, *thorp,* chez les Goths, *derevnia* chez les Slaves, dont le désordre des habitations faisait un pêle-mêle, une *tourbe,* en quelque sorte : le mot latin *turba.* C'est aussi le nom que donne Tacite aux villages teutoniques. Il caractérise, en Allemagne, une partie des villages des Franks, des Thuringiens et des Hessois. On le retrouve dans le *thorpe* des anciens Saxons et des Anglais et dans le *torp* des Scandinaves, qui se change, en Danemark, en *trup, drup, rup;* mais, dans ce dernier pays, ce sont les établissements secondaires qui ont cette terminaison, et, en Suède, *torp* signifie même aujourd'hui les cottages, toutes les petites maisons situées à la campagne. Dans le Nord scandinave, le nom de village et de ville est *by,* changé en *bue, bœuf, buf* dans la Normandie ; le village à l'origine était l'*Adelby,* sur les terres incultes duquel furent fondés les *Torp.* Le *by* même (originairement *byr; bur, buren, beueren, bauer* chez les Anglo-Saxons, Frisons, Saxons, Souabes) est cependant aussi dérivé de *bo,* habitation, *bod* chez les Celtes, et revient, sous cette forme, là où il n'y a pas de villages, comme par exemple, dans l'ancienne Islande.

Une terminaison caractéristique c'est *ingen,* qu'on retrouve chez les Alamans depuis la Bavière jusque dans la Lorraine et dans le bas Rhin, partout où ils colonisèrent soit seuls, soit, pendant quelque temps, comme alliés des Franks ; c'est *igne, igny* en France. On la retrouve chez d'autres peuples, sous

---

(1) Les sources les plus autorisées, pour le système du village en France, sont, en dehors d'indications éparses chez quelques auteurs belges, presque toutes des ouvrages d'auteurs allemands, notamment ceux de M. Meitzen.

d'autres formes, *ing, iken, ungen*. La forme *ing* est une des plus ordinaires chez une partie des Anglo-Saxons, et Kemble considère comme caractéristique que cette forme existe sur la côte, où il suppose qu'elle désigne la famille et le clan, et que plus à l'intérieur elle s'additionne de *ham* ou de *ton* (Colding, Coldingham, etc.). Le territoire qui, en France avoisine Boulogne et Calais a été couvert, depuis la même période de colonisation, de *ingenhems, inghens*.

Ces désinences, *ingenhems, inghens*, se retrouvent aussi fréquemment dans les districts de Belgique, où plusieurs peuples se sont rencontrés. On croit qu'elles désignaient surtout le principal centre d'habitation. On retrouve ces désinences sous la forme *ghen*, dans les Flandres occidentales, où elles signaleraient la présence d'une colonisation franque, tandis que les terminaisons *em* et *ham* seraient d'indice d'une colonisation saxonne. Dans une région française voisine, les terminaisons *thun, thune*, sont considérées comme étant d'origine saxonne.

On a remarqué l'identité des noms terminés en *ing*, dans les colonies alamanes et en Angleterre, par exemple. Les mêmes noms se retrouvent cependant aussi dans le Jutland danois. On suppose que les Juthungs, la tribu la plus puissante des Alamans, qui ont colonisé en Alsace (Alisaz, le pays des étrangers), sont aussi venus du nord de l'Allemagne. Lorsqu'on veut déduire spécialement de cette forme de *ing* qu'elle désigne un village qui a eu pour origine l'habitation d'une seule famille, la conclusion n'est guère fondée. La terminaison *ing* signifie encore dans le Nord : ce qui appartient à quelque chose, à un certain pays, par exemple, le Falstring, le Fœring, l'homme de l'île de Falster ou des îles des Fœroë.

Souvent, on peut tirer des conclusions de l'union d'un nom personnel teutonique avec certaines terminaisons, en France, par exemple, les mots romains de *villa, curtis, mons, vallis*. Si l'on consulte les cartulaires des anciens monastères, on trouve des groupes nombreux de noms composés de cette manière entre le Doubs et la Saône, sur la rive droite de la Meuse, dans la direction de la Marne et jusqu'à la Seine et en Sologne. On trouve en Normandie une quantité de noms de guerriers danois, suivis du mot *ville*, qui datent de l'époque des invasions normandes. Une grande partie de ces noms se retrouvent, suivis du mot *bys* dans la partie danoise de l'Angleterre qui a été conquise la première, à cette même époque d'invasions ; on pourrait citer plus de mille exemples de ces noms terminés en *bys*. Les recherches prouvent presque toujours qu'ils ont pour origine un nom personnel, comme (en Normandie) les noms terminés en *ville*. Certes, il y a parfois des exceptions curieuses, ainsi lorsque les colons scandinaves du Cumberland transformèrent Aballala, nom d'une colonie formée par une légion romaine de Maures ou d'Asiatiques, en Appleby, ville de pommes. Plus loin, dans l'intérieur, dans le Northampton et le Nottinghamshire, par exemple, que les Normands ont conquis plus tard et où ils n'ont pas, sans doute, dans la même mesure, massacré ou chassé les Anglo-Saxons, les noms de lieux, qui sont formés à l'aide des mêmes noms danois, se terminent par le *ton* anglais. En Danemark, ce ne sont pas les anciens villages, les *bys*, que l'on adjoint le plus souvent à ces noms personnels ; là, ce sont les *torps*, qui sont des établissements plus jeunes.

Plusieurs formes de noms de lieux sont un signe qui permet de reconnaître les périodes de colonisation. C'est surtout à l'époque des colonisations ultérieures que beaucoup de noms de lieux commencent à être formés par des noms personnels. Mais les terminaisons sont aussi d'une indication précieuse pour déterminer ces périodes. Nous avons déjà mentionné la grande quantité de terminaisons en *villare, weiller, wyl*, qui sont employées surtout pour désigner de petits villages établis par des chefs particuliers ou par l'église. De même que les nombreux *torp* danois et tous les noms qui en dérivent sont la marque d'établissements plus récents, de même, il y a, pour des époques plus modernes, dans les forêts suédoises, un grand nombre de *bodas*, dans les montagnes norvégiennes, des *seters*, enfin des *sides* dans le Cumberland et Westmoreland anglais. On compte plusieurs périodes d'expansion et on en trouve, en partie, la trace dans les noms. On a commencé à pénétrer dans les montagnes dès le VIᵉ siècle ; une seconde période d'expansion a eu lieu sous les Carolingiens aux VIIIᵉ et IXᵉ siècles. A cette époque, il existait déjà en Allemagne des noms qui se terminent en *hofen, hausen, heusen* (de ferme, maison) ou qui manifestent d'une manière absolue le défrichement comme ceux terminant en *roden*. Du IXᵉ au Xᵉ siècle, le défrichement continue, par la création de fermes isolées, dans les forêts de l'Allemagne centrale, le Spessart, la forêt franconienne, dans les Ardennes, dans le Soon, dans le Hagenau. Ces dernières grandes forêts ont été réservées comme forêts royales, et il a été interdit au peuple d'y aller librement. C'est surtout à partir de la dernière moitié du XIᵉ siècle jusqu'à la fin du XIVᵉ siècle que les grandes colonisations ont eu lieu (dans le Jura ainsi après 1237) et que l'on en découvre la trace dans une grande quantité de noms, en Allemagne *rhoden, voden, rode, rath* (de défricher, *roden*) ; en Danemark, *röd* ; en Suède, *ryd* ; en Allemagne encore : *hagen* (champ dans la forêt), *brand* (feu), *schwend* (défrichement par le feu). Il en est de même pour certains noms qui désignent des châteaux, *fels* (rocher), *stein, burg* ; ou, des possessions de l'église, *kirchen* (église), *kappel* (chapelle), *zell* (cellule).

Nous donnons ces exemples pour indiquer les études qu'on pourra, sans doute, encore faire en vue d'élucider l'origine de nos sociétés. Les noms des lieux sont une contribution à ces études, comme l'est souvent la distribution actuelle des terres. Il y a beaucoup de choses que nous ne savons pas encore, ni sur les mélanges qui se sont faits entre les peuples à l'époque de la grande migration, ni sur leur manière de s'établir. Mais nous en savons assez pour constater que la plupart des Teutons se sont établis en villages et rien ne nous autorise à conclure que ces villages ont immédiatement tiré leur origine ou de familles particulières ou d'établissements dépendants (1).

8. Le Mir russe et autres formes de communauté slave.

Le Mir, textuellement « monde », ou commune possession du sol (sans cette reconnaissance de la propriété individuelle qui existe dans la commune teutonique où chacun a sa part), avec distribution de la terre à toutes les « âmes », paraît être une institution particulièrement moscovite, qui s'est développée avec le servage sous le système oppressif légué au grand-duché de Moscou par le régime tartare. C'est le grand-duc et la noblesse qui demandèrent, dans la période des durs impôts qui sévirent à la fin du xvı⁰ siècle, la solidarité de la commune pour le paiement de l'impôt, et l'on regarde même la redistribution moderne de la terre tous les 3 ou 6 ans comme n'ayant été introduite

(1) Les noms de lieux ont été étudiés avec une érudition approfondie par des auteurs allemands tels que Jacob Grimm, Zeuss, E. Förstemann (*Die deutsche Ortsnamen*, 1863; *deutsche Namenbuch*); W. Arnold (*Ansiedelungen und Wanderungen deutscher Stämme*, 1875; *Deutsche Urzeit*, 1869; *Die Ortsnamen als Geschichtsquelle*, 1889); O. R. Nielsen et autres en Danemark; Olaf Rygh en Norvège; V. par ex. *Letterstedtske Tidsskrift; Historisk Tidsskrift; Aarböger for Nordisk Oldkyndighed og Historie;* Joret pour la Normandie; pour l'Angleterre, Kemble, dans son *Histoire des Anglo-Saxons;* le chanoine Isaac Taylor (*Words and Names*, 1882, qui n'est pas toujours sans erreurs) et un grand nombre d'auteurs, souvent des pasteurs, pour les différentes parties de la Grande-Bretagne, avec un savoir plus ou moins établi; pour l'Écosse, le *Dictionnaire* de Jamieson, et celui, moins bon quoique plus récent, de Murray.

qu'avec la capitation sous Pierre le Grand (1719). Cette forme de commune est un corollaire naturel du servage et s'est développée avec lui. Avant l'institution du servage et de la commune, l'inégalité était admise dans l'étendue des terres qui appartenaient aux paysans, et le droit légitime d'en être pourvu n'existait pas pour chaque « âme ». C'était aussi, au commencement, non pas chaque individu, mais chaque ferme ou famille (tiaglo, « attelage ») qui devait fournir la redevance, et seulement les possesseurs des fermes qui étaient obligés de rester sur les domaines.

La partie nord et nord-est de la Russie, au delà d'une ligne passant par le lac Ilmen et aboutissant à Samara, a été principalement peuplée de tribus finnoises. Les Finnois, race qui, après s'être d'abord développée sur les Tundras ou steppes polaires, occupa bientôt aussi les grandes forêts du Nord, ne possédaient qu'une civilisation rudimentaire et ils ont vécu plutôt isolés. Même avant d'avoir pénétré jusqu'en Finlande, au vıı⁰ siècle, ils avaient des mots de culture venus presque exclusivement des peuples teutoniques, surtout des Scandinaves, avec lesquels ils ont évidemment été en relations bien avant de les avoir rencontrés sur les côtes du golfe de Bothnie et de la mer Baltique, soit que tous les Scandinaves ne soient arrivés en Scandinavie, soit par des anciennes colonies scandinaves de guerriers-commerçants. Les Finnois de la Finlande se divisent en deux races, les Tavastes, plus blonds, vers l'Ouest, auxquels se rattachent aussi les Esthoniens et les Lives ; les Careliens, plus bruns, dans l'Est de la Finlande et dans les parties proches de la Russie, auxquels se rattachent aussi les Coures dans la Courlande ; enfin une race intermédiaire, dans le centre de la Finlande, est constituée par les Savolax. La plus grande partie de la population de la Livonie appartient cependant aux Lettes lithuaniens, dont font aussi partie les Semgalles dans la Courlande. La race lithuanienne se rapproche des ancêtres des Celtes, les Kimmériens.

Les habitations caractéristiques des Finnois étaient de rondes *jourtes* ou *cotas* et toute leur vie était primitive. On trouve aujourd'hui des villages finnois dans la Finlande, dans l'Esthonie, dans une partie restreinte du nord de la Livonie et en Russie ; mais on suppose que ces villages se sont formés entièrement sous l'influence de nations plus civilisées ; en Finlande et en Esthonie, sous l'influence des Suédois et des Danois ; en Russie, sous celle des Slaves, qui ont eux-mêmes pénétré partout par les grands fleuves et, le plus souvent, absorbé la population finnoise. Sur les côtes de la Finlande, où il y a eu aussi, dans les anciens temps, une colonisation suédoise considérable, on trouve des villages comme en Suède et en Allemagne. En se dirigeant vers le centre, on trouve des villages qui ont évidemment été fondés plus tard par des paysans libres, les seuls qui furent connus en Finlande comme en Suède, mais établis sans doute parfois par de grands propriétaires. En Russie, des Finnois ont été sujets à l'institution du mir. Ce qui caractérise cette race, ce sont cependant les habitations isolées.

Pour montrer combien on était éloigné du système de village dans tout le nord de l'Empire, il suffit de dire qu'au xvᵉ siècle, dans le Gouvernement de Perm, avec une population presque entièrement d'origine finnoise, il n'existait d'ordinaire qu'une seule ferme par localité habitée; de une à trois fermes en moyenne, dans celui de Novgorod; trois, dans celui de Tver; et même dans le Sousdal, ce pays dont est sortie la Moscovie, on n'en comptait que 4 1/2: il n'y en a que 5 1/2 dans le Dimitrof; c'est seulement dans le Riasan que la moyenne atteint le chiffre de 10. En ce qui concerne le Nord, les recherches consciencieuses de M. P. S. Jefimenko et de Mᵐᵉ Alexandra Jefimenko constatent qu'il s'y trouvait partout de grandes fermes séparées, des fours ou feux (*peeziszcze*). Ces grandes fermes ont été partagées entre les membres de la famille, mais de manière à ce que chaque personne eût sa part en propriété particulière. Les noms des endroits dérivent presque toujours de la famille originaire. Cette formation de groupes, obtenus en partageant des fermes isolées, est une manière de procéder que nous avons rencontrée aussi dans la péninsule scandinave. Le nom slave de village, *derevnia*, s'applique dans le nord de la Russie à une ferme séparée comme le *torp* suédois. Le même régime, celui des propriétés particulières, a régné autrefois partout dans le pays de Novgorod et de Pskof. Ce n'est que plus tard que les Moscovites y ont introduit leurs institutions sans respecter ces droits. Dans le Nord, on n'avait cependant pas modifié l'état des populations rurales. Jusqu'au milieu du siècle dernier, on se contentait de taxer un individu pour chaque grande ferme. C'est seulement à cette époque qu'on se décida à les soumettre au régime ordinaire, mais ces décisions, prises à plusieurs reprises, ne furent pas exécutées, et même, on les suspendit quelquefois. Enfin, d'après un ordre donné en 1829 par le ministre des finances, le comte Cancrine, on établit, en 1831, la redistribution des terres par « âme », en révolutionnant par là tous les droits de la propriété, et les cours de justice reconnurent cette mesure en 1848, en déclarant que toutes les terres qui ne pouvaient pas formellement justifier d'un propriétaire étaient propriétés de la couronne.

On prétend que ce n'est qu'en 1783 et 1796 que le servage a été introduit par les Russes dans toute la Petite Russie, c'est-à-dire dans le Kief, le Tchernigof, le Poltawa, le Kharkof et le Novgorod Seversk, ainsi que dans la nouvelle Russie, c'est-à-dire dans le Jekatarinoslaf, le Kherson, la Tauride et le Voronèje. Les paysans polonais étaient certainement assez opprimés, mais il est incontestable que leurs villages n'avaient pas le même caractère communiste que ceux des Grands-Russes; chacun y avait sa part personnelle. Chez les 15 millions d'habitants qui peuplent les pays compris entre la Grande Russie et la Pologne, Ruthènes ou Russes rouges, Rousniaks, Russes noirs, Russes blancs et Lithuaniens, il y a également plus d'esprit d'individualisme. MM. Henri Martin et Duchinski veulent que cette différence soit due surtout aux qualités de race des Grands-Russes, qui seraient plutôt des Asiates, Tartares ou Finnois, que des Aryens. Chez les peuples de race lithuanienne qui habitent les pays au sud-est de la Baltique, y compris les Lettes, Eustir ou Aestii chez Tacite, « gens de l'Est », race très ancienne et que séparent des leurs frères slaves surtout les grands marais de Pripet, on ne trouve que très peu de villages sur le modèle des villages d'Allemagne ou même de leurs voisins de race finnoise; ils ont des fermes séparées; et les grandes fermes séparées dans la Livonie et dans la Courlande ont toujours eu, dans leurs cultures, une grande supériorité sur les villages russes, quoique leurs possesseurs aient aussi été des serfs et n'aient obtenu qu'aujourd'hui en partie le droit de propriété. Les tenanciers de ces grandes fermes séparées ont été utilisés avec grand succès comme colons, plus à l'Est. Dans l'ancienne Lithuanie: le Vilna, le Kovno, le Grodno, ainsi que dans une partie du Vitebsk, le Gouvernement russe n'a pas, lors de l'émancipation des serfs, trouvé de communes capables de servir de base à la réforme agraire. On n'y trouvait, le plus souvent, que des fermes séparées ou réunies en petits groupes. La situation est en partie la même dans le Mohilev.

Dans l'Ukraine, « le pays des frontières », lors de la séparation de la Pologne sous Bogdan Chmelnitski, on ignorait le servage tel qu'il est conçu en Russie. Le système communal n'a été introduit dans le pays de Kharkof que dans la seconde moitié du siècle dernier, pour quelques domaines de l'État et quelques propriétés privées. Pierre le Grand l'avait étendu à un grand nombre de soi-disant Odnowortsi, ou paysans possesseurs d'une armure, *broigne* (*brunie* en scandinave), qui étaient établis sur les frontières mêmes de la Moscovie. Catherine et Paul l'étendirent ensuite dans les nouveaux pays, surtout dans ceux qui étaient peuplés par les Cosaques petits-russes, à plus d'un million 1/2 d'habitants. Dans le Kherson, la Tauride et le Voronèje, ce n'est cependant que de 1840 à 1850 que le Gouvernement a établi partout le mir ; et dans le Samara, on dit que ce n'est qu'à une époque récente que les paysans ont introduit volontairement ce système dans leurs villages. Dans la Sibérie occidentale, le servage a existé, mais dans des fermes séparées ou de très petits villages.

Les Cosaques du Don, Grands-Russes mélangés de Tartares, commencèrent à habiter ensemble de grands villages, *stanitsas*, qui étaient considérés comme une mesure de sécurité, et même, pour cultiver les terres, ils sortaient toujours armés. Ces terres n'avaient d'autre division que celle des districts de ces grands villages. Plus tard, quand la sécurité fut devenue plus grande, et les terres moins vastes eu égard à la population croissante, et qu'il fut nécessaire de les mieux cultiver, on créa de petits villages. Le développement a été à peu de chose près le même chez les Cosaques de l'Oural de race russo-tartare et, sous quelques rapports, différent chez ceux de la mer Noire de race petite-russienne. On a renoncé à soumettre les Cosaques au régime du mir.

Les Zadrougas ou grandes fermes familiales sont une institution particulière aux Slaves du Sud : les Croates, les Slovènes, les Serbes, les Bosniaques, les Monténégrins et les Bulgares. Ce sont des communautés dont le nombre des membres s'élève à 60, 80 et même 100 personnes, continuant à vivre ensemble sous la direction de l'un de leurs aînés jusqu'au jour où il devient absolument nécessaire de former une autre communauté. Ces fermes familiales sont très grandes, dans la Slavonie, tandis qu'elles sont beaucoup moindres en Croatie. Il y en avait même en Styrie et en Carinthie. On les compare aux communautés qui existaient chez les anciens Celtes, chez les Bretons et chez les Irlandais, par exemple, aux cousinages modernes de la Bretagne, aux associations nivernaises, à la consorteria de la Toscane, à la compania de la Galice espagnole, etc. Ce ne

sont cependant que comme des exceptions que les grandes habitations tribales des Celtes se sont développées en communautés familiales. La Zadrouga est une forme antique qui a été maintenue par le Gouvernement austro-hongrois pour des raisons d'administration et de défense dans les confins militaires, au sud de la Hongrie. Mais les habitants n'y sont plus attachés et y renoncent aussitôt qu'ils le peuvent. C'est ainsi qu'il n'en existe plus dans la Serbie, et les seuls pays où l'on en rencontre encore, en nombre considérable, sont probablement ceux qui restent sous la domination turque, et où la liberté du mouvement économique et social se heurte encore à bien des obstacles. Les communautés ne se trouvent guère dans des villages ; elles sont si grandes qu'il n'y a pas de place pour ces derniers, bien que, dans d'autres pays, au nord-ouest de l'Inde et au sud de l'Irlande, il en soit différemment. Il y a aussi certains exemples, dans les pays slaves, de villages formés par le groupement de plusieurs communautés.

C'est une question très discutée de savoir si ces mêmes communautés existaient également chez les Slaves du Nord. Ceux-ci sont essentiellement de la même race que les Slaves du Sud. Les Croates, par exemple, sont venus de la Galicie (Chrowates), et il est probable que les Serbes vinrent aussi du nord des Carpathes : leur nom est en effet le même que celui des Sorbes de la Lusace. Les langues des Slaves du Sud ont plus d'affinité avec le russe, tandis que celle des Czechs se rattache au polonais et aux idiomes slaves qui survivent dans l'Allemagne du Nord. L'opinion de Palacky et de Jiracek est qu'il y a eu des communautés de famille dans l'ancienne Bohême et ils croient en trouver encore des traces au xvie et même au xviie siècle.

M. Ivan Loutchisky, de Kief, a démontré leur existence, aux xve et xviie siècles, chez les Cosaques de l'Ukraine. De très nombreux noms de localités portent la marque de l'origine d'une grande famille. Souvent des noms patronymiques se terminent en *ici*, ou *owici*. On les retrouve souvent ainsi dans d'autres pays slaves, et déjà changés, dès le xviie siècle. de *ici* en *itz* ou *witz* ; ainsi dans l'Allemagne actuelle. On trouve encore souvent des *siabres* ou individus ayant chacun leur part individuelle dans les fermes de la Petite-Russie. M. Loutchisky constate que nombre de villages des grands steppes de Poltawa et de Tchernigof sont sortis des communautés de famille des premiers colons qui ont traversé le Dnieper aux xvie et xviie siècles ; ces communautés ont formé de grandes communes, des *gromadas* ou *hromadas* ; mais, même là ou elles se sont développées en villages, ce n'étaient point des mirs ; chacun des habitants avait son droit individuel. Il n'est pas non plus probable qu'elles aient donné naissance aux anciens grands villages russes; on constate au contraire, comme M. Maxime Kovalewski l'a fait pour le Caucase, cette forme des communautés comme une forme primitive à côté des villages et d'autres formes primitives.

Que la communauté du mir soit l'ancienne forme de propriété de la race, c'est sans doute une pure fantaisie. Au contraire, la Petite-Russie, avec la Galicie et la Pologne, le berceau de la race, avait des fermes séparées qu'on voyait encore dans le dernier siècle jusqu'à Orel, qui se trouve aux trois cinquièmes de la route de Kief à Moscou. D'autre part, il n'y a pourtant pas non plus de raison suffisante pour croire que la forme des communautés des familles ait été dans l'ancien temps universelle. Le vieil historien Nestor parle, dans le XII⁰ siècle, des ménages, des « feux » séparés (*ogniszcze*) qui existaient chez certains peuples à l'arrivée des princes scandinaves de la famille des Rurik, mais les raisons que l'on en peut déduire s'appliquent aussi bien à des fermes séparées qu'à des communautés de villages. Ces princes varegs distribuèrent des terres à leurs compagnons, la Drusjina, et déjà le code de lois de Jaroslaf, Prawda Ruskrja (1030 environ) distingue des terres « blanches » appartenant aux princes, à la Drusjina et bientôt aussi à l'Église, et des terres « noires » appartenant au peuple et payant des impôts. Mais il n'y a, dans ce code, aucune trace ni du servage ou d'une autre dépendance personnelle ni de la communauté du « mir ». Les Varegs ne connaissaient que la liberté personnelle telle qu'elle existait en Suède. Ils ont probablement pratiqué l'établissement en villages chez les Russes et chez les Polonais, si réellement ce sont ces forts guerriers qui ont aussi organisé la première société polonaise, comme le croient aujourd'hui beaucoup de savants. Des savants allemands paraissent supposer que l'établissement des Slaves en villages ne leur a été entièrement enseigné que plus tard par les Allemands. Il est cependant impossible que tous ces peuples, qui ont vécu, en grande partie, dans les mêmes conditions que les anciens Teutons, ne se soient pas aussi établis de la même manière, si naturelle chez les nomades qui se transforment en cultivateurs sédentaires.

Lorsque les Allemands reconquirent l'est de l'Allemagne sur les Slaves, ils trouvèrent partout de grands villages ; avant d'arriver au fleuve de l'Oder, c'était surtout de grands villages construits en forme de cercle pour la défense, ainsi qu'on en trouve aussi en Bohême et en Moravie ; plus à l'est, dominait surtout la forme oblongue, les fermes étant situées le long des routes. Il est vrai que des tribus teutoniques ont été dans ces pays avant l'arrivée des Slaves, venus à la suite d'Attila, aux Vᵉ, VIᵉ et VIIᵉ siècles. Mais rien n'indique qu'ils n'aient pas eu eux-mêmes la coutume de s'établir en villages, et surtout, il n'est guère probable que cette coutume ne se soit pas développée spontanément dans l'intérieur de la Russie. Cependant, comme nous l'avons dit, rien n'indique non plus que le communisme du mir ait été la forme originaire des villages. Il est curieux que la part à laquelle chacun avait droit sur les terres de la commune porte encore l'ancien nom scandinave qui désigne l'ancienne propriété indépendante, *odel; udel*, en Russie ; *udal* dans les Orcades d'origine norvégienne ; *ethel*, dans l'ancien anglo-saxon. Comme dans la Scandinavie, la coutume a été en Russie de former de nouveaux groupes, des *derevni*, issus de l'ancien village, le *selo* ou *tselo* (*domus*), le *sal* dans les anciennes langues teutoniques. Les meilleurs auteurs trouvent, quand ils étudient les temps anciens, que les communautés de propriété ont surtout existé dans les grandes agglomérations, les tribus ou les gentes, ce qu'on appelle en Russie *volosts* ou districts, réunissant un certain nombre de villages. Les anciennes divisions des Slaves qui répondent aux *gau* en Allemagne, aux *folklands* en Suède, aux *Fylker* en Norvège, aux *shires* en Angleterre, avaient une étendue le plus souvent de 50 à 100 milles géographiques carrés. La tribu était divisée en ce que les anciens auteurs allemands qui parlent des Slaves appellent *civitates*, d'une étendue semblable à celles des centaines dans les pays teutoniques, contenant chacune 10,000 à 50,000 habitants, et chacun de ces districts possédait toujours une place forte qui pouvait servir de refuge à la population.

Nous ne trouvons aucune trace du mir avant le développement du servage et le système des lourdes impositions sur les individus, qui nécessitent aussi une part de possession donnée à ceux qui doivent les supporter. Mais il faut admettre que le mir, comme aussi la communauté familiale, est, d'autre part, une conséquence naturelle du génie général du peuple peu individualiste, qui a un évident besoin d'un joug autoritaire et qui tend lui-même à le subir; tendance que l'on retrouve dans les associations remarquables des ouvriers, les *artels*. Même dans les villages slaves tombés sous la domination allemande, on a toujours trouvé l'autorité d'un supérieur de village, *zupan* ou *starjesina* (*starost*, en Russie). Ce caractère et ces tendances peuvent se développer particulièrement là où l'on est arrivé à l'institution du mir, chez les Grands-Russes, race d'origine finno-tartare et qui a vécu pendant longtemps sous le joug des Mongols ; mais ils existent plus ou moins chez tous les Slaves, dont le caractère est très différent de celui des Teutons.

Le premier qui ait pour ainsi dire découvert le village russe, est un Allemand, le baron Alexandre von Haxthausen, au cours des voyages qu'il fit dans la Russie en 1842 et 1843. Il rencontra à Moscou un cercle de jeunes Russes intelligents, dont la plupart avaient étudié en Allemagne et avaient accepté les idées philosophiques de Hegel ou de Schelling. Lui-même, conservateur catholique westphalien, contribua à créer les deux écoles nationales russes qui exercèrent dans la période suivante une influence si puissante sur le pays. Les disciples romantiques de Schelling acceptèrent comme slavophile l'idée du mir, le regardant comme une institution particulière de l'antiquité russe, institution à laquelle était réservé le rôle de renouveler la civilisation pourrie par l'individualisme de l'Occident. La commune russe, qui donne une terre à tous, devait être la base de la véritable humanité, maintenir et développer la force populaire. Alexandre Herzen et ses amis, parmi lesquels l'anarchiste Bakounine, appartenant à la gauche des Hégéliens et influencés aussi par le socialisme français, mettaient, au contraire, en relief surtout le côté démocratique de la commune russe. Herzen concédait, du reste, qu'elle est trop communiste, qu'elle absorbe l'individualité et engourdit le peuple. Dans le monde littéraire de Moscou, le professeur Tchitcherine représentait l'autre parti, dit « gens de l'occident », et voulait suivre la civilisation occidentale. On discuta jusqu'en 1859, lors de la préparation de la loi d'émancipation des paysans ; des slavophiles exerçaient une influence considérable dans les Commissions chargées de décider si l'on conserverait le mir ou non. A cette époque, Katkof défendait avec Vernadski la propriété personnelle. Solovief, Kochelef, comme aussi Smirnof, recommandaient, du reste, le développement de la propriété communale à côté de la propriété personnelle. Les deux partis, les slavophiles réactionnaires et les slavophiles radicaux, s'unirent pourtant, après la malheureuse insurrection polonaise de 1863, lorsque Herzen eut perdu son influence en soutenant

les Polonais ; tous les deux voulurent dès lors se servir de la commune paysanne comme d'une arme contre les propriétaires polonais dans la Pologne proprement dite, ainsi que dans les anciennes provinces polonaises de la Petite-Russie et de la Lithuanie. Il ne pouvait pas être question de la commune agraire, qui n'existait pas dans ce pays, mais ils firent une révolution économique et utilisèrent, en partie, la commune administrative. Milutine fut, dans son œuvre néfaste, assisté par J. Samarine et le prince Tcherkasky, par Kochelef et, en fait, par tout le parti national, aristocrates et démocrates, sous la féroce direction de Katkof. Ce furent, en partie, ces mêmes hommes qui attaquèrent aussi la liberté et la civilisation des Provinces baltiques, et qui furent, plus tard, envoyés pour organiser la Bulgarie et faire soi-disant son bonheur.

En général, on trouvait donc lors de l'abolition du servage, en 1861, chez tous les Grands-Russes, le mir ou la commune avec le système des partages renouvelés périodiquement au bénéfice des âmes (il s'agit ici des âmes telles que les comprennent les listes de revision, c'est-à-dire seulement des individus mâles) ou des familles (c'est-à-dire des hommes mariés). Le partage par âmes était la règle des domaines de la couronne, et le partage par famille était celle des propriétés privées. Dans certaines parties du pays, les paysans payaient, par commune, l'obrok ou la capitation ; dans d'autres parties, ils cultivaient une portion des terres, un tiers, par exemple, pour le seigneur, en y consacrant trois jours par semaine, et ils cultivaient le reste, le *Nadel*, à leur profit particulier. La plus grande part de l'industrie nationale était aussi l'œuvre des villages qui exerçaient là aussi, dans une certaine mesure, une action d'ensemble, qui achetaient et vendaient à compte commun, etc. Les paysans d'une propriété seigneuriale étaient souvent, dans les régions fertiles, groupés dans de très grands villages. Les Petits-Russiens, ainsi que d'autres populations unies à eux par la race, cultivaient aussi d'ordinaire les terres seigneuriales, mais le plus souvent ils avaient, surtout hors des domaines de l'État, conservé leurs possessions héréditaires dans des villages sans l'institution particulière du mir.

Lors de l'émancipation des serfs, on tomba d'accord pour conserver le mir : les uns le regardaient comme la forme qu'il fallait définitivement maintenir et qui était même destinée à renouveler le monde ; les autres le reconnaissaient comme une forme indispensable de transition. Les neuf années que l'on croyait nécessaires à une transition ont été prolongées, et le gouvernement a assumé les obligations qui étaient dues aux anciens maîtres, en devenant, à leur place, créancier des paysans. La commune devait conserver son principe de redistribution périodique, à condition que les deux tiers des paysans décidassent de l'effectuer; chaque individu est dépendant de la commune, à moins qu'il n'obtienne la permission de la quitter; il peut aussi payer tout ce qu'il doit, et se libérer d'un seul coup, mais cela n'arrive qu'exceptionnellement. Cependant, il parait que non seulement les paysans en général ne désirent pas qu'il soit procédé à une redistribution des terres, mais encore que le Gouvernement jugerait nécessaire, au moins pendant une certaine période, d'en refuser régulièrement l'autorisation, parce que les parts de terre sont devenues trop petites pour la subsistance d'une famille. En somme, la commune présente réellement tous les caractères de ce que beaucoup de ses partisans se sont proposés d'en faire : une institution socialiste. Les individus manquent du stimulant qu'apporte la concurrence, et au lieu d'être liés les uns avec les autres par des rapports mutuellement et réciproquement profitables, ils savent trop bien que le travail de chacun profiterait aux autres et non à son auteur. Il n'y a rien qui s'oppose à l'augmentation des familles ; seulement, la moitié des enfants meurent dans la première année. Voyez, d'autre part, pour le caractère de nouvel esclavage de la commune : CLASSES RURALES (1).

(1) Le baron Auguste von Haxthausen, *Studien über den inneren Zuständen, den Volksleben und in besonderem die ländlichen Einrichtungen Russlands*, 1847-1852, *Étude sur la situation intérieure, etc.*, 1848-1853 ; *Die ländliche Verfassung Russlands*, 1866 ; *De l'abolition par voie législative du partage égal et temporaire des terres dans les Communes russes*, 1858.
Parmi ceux qui, sous l'influence de M. Haxthausen, ont accepté la commune russe comme « la nouvelle formule de la civilisation » : Khomiakof, Jurri Samarine, Constantin et Ivan Aksakof, les deux frères Kireievski. Comme radicaux, Alexandre Herzen, dans le journal le *Kolokol*, et ses amis. D'autre part, comme adversaires de la commune, M. Tchitcherine et d'autres qui sont de vrais libéraux, « gens de l'Ouest » dans le *Russki Vestnik*, en 1856, et qui renient l'antiquité de la commune. Beliaief, au contraire, la soutenait, dans une autre publication périodique, *Russkaja Besseda*, de même que Kryline, Jurri Samarine, Butovski, Stukof, Michailof, Néjélef et autres ; dans les Commissions, MM. Aksakof, Samarine, Solovief, Kochelef, ce dernier professant ouvertement des théories socialistes ou communistes, Vladimir Tcherkaski, Valyef et même Kaveline. Tchernichef était entièrement socialiste et fut, sous quelques rapports, le fondateur du nihilisme.
Sur Nicolas Milutine, Voy. Anatole Leroy-Beaulieu dans son livre trop flatteur, *Un homme d'État russe*, 1884.
La discussion fut continuée plus tard : Sokolofski, Kochelef, Trirogof, Boboruskine, le prince Vasiltchikof défendant le mir et le droit de chaque individu à la terre ; Leschkof prouvant, au contraire, que tel n'était pas le cas dans les petits villages qui existaient autrefois. Toute cette discussion

9. Colonisation teutonique sur sol slave.

La colonisation teutonique sur sol slave a créé le système rural de tout le nord-est de l'Allemagne et en partie aussi celui du sud-est ; d'après l'opinion des Allemands. elle a eu également beaucoup d'influence sur le développement des pays d'origine polonaise, sur celui des autres Slaves en Autriche, notamment sur celui des Bohêmes et des Moraves ainsi que sur celui de la Hongrie. On se trouve là en face d'une situation mixte ; car, avant que les Allemands n'eussent repoussé ou subjugué les Slaves dans presque la moitié du pays qui forme aujourd'hui l'Allemagne et l'Autriche allemande, c'étaient les Slaves qui occupaient, depuis le $\mathrm{n^e}$ siècle jusqu'à l'établissement du *limes sorabicus* par Charlemagne, de grands territoires s'étendant jusqu'à la Vistule, territoires qui avaient eux-mêmes été occupés antérieurement par des Teutons, comme il apparaît des récits de Tacite. Dans tous ces pays, on trouve cepen-

a eu lieu principalement en russe; on peut lire pourtant en d'autres langues : Anatole Leroy-Beaulieu, *L'Empire des Tsars et des Russes*, 1881-1889 ; — Joh. von Keussler, *Zur Geschichte und Kritik des bäuerlichen Grundbesitzes in Russland*, 1876-1887, avec un grand nombre d'articles de revues; Engelmann, professeur à Dorpat, *Die Leibeigenschaft in Russland*, 1884, etc.; K. D. Kaveline, *Die bäuerliche Gemeinde in Russland*, en traduction allemande, 1877 ; Tchitcherine, dans un article sur le servage russe, paru dans le *Dictionnaire de la politique* de Bluntschli ; les écrits de Julius Eckardt, qui concernent surtout les provinces baltiques, mais qui ont trait aussi à la Russie ; Sehédo Féroti (le baron Firks), le *Patrimoine du peuple*, 1868 ; Maxime Kovalevski, *Modern Customs and Ancient Law of Russia*, 1891, conférences faites à Oxford.
Kluchewsky, professeur à l'Université de Moscou, a démontré que le servage existait déjà avant Boris Godunov (*Les hommes d'argent dans le xvi siècle*), que des terres appartenaient alors à l'église et aux grands seigneurs. Boris Godunov protégeait les petits nobles.
Sur les grandes fermes du nord de la Russie, M. P. S. Jefimenko et, après lui, sa veuve, Madame Alexandra Jefimenko : *Situation des paysans du nord de la Russie*, années 1882-83, en russe.
Sur le Zadrouga ou communauté familiale des Slaves du Sud : Fedor Demélic, *Le droit coutumier des Slaves méridionaux d'après les recherches sur la communauté* par M. M. V. Bogisic, 1877; — F.-S. Krauss, *Sitte, der Sudslawen*, 1885 ; — M. de Laveleye, Sumner Maine et autres.
Sur la communauté familiale, chez les Petits-Russes, spécialement M. Lazarewski et M. Ivan Loutchiski de Kief (dans la *Revue internationale de Sociologie*, juin 1895).
Sur le système qui fait sortir des communautés les grands villages de la Russie centrale, des slavophiles tels que Aksakof, Kostomarof, Kohmiakof, Beliaief et même d'autres qui ne sont d'ailleurs pas des adhérents de théories sans fondement, par exemple MM. Kaveline et Engelmann.
Sur le système qui veut que les tribus et les gentes, et non les familles, aient été les propriétaires originaires : Ewers, von Rentz, l'historien Schafarik, Sergejevich, Ivanischef, Gortchakof, Solovjef, Tchitcherine. Sur le système que la généralité des paysans russes ont vécu anciennement chacun séparément. M. M. Tchitcherine, Sergejevich et autres.
Encore les livres d'un caractère général sur la Russie : Mackenzie Wallace, Tikhomirov, Stepniak (socialiste) et autres ; — Sur l'histoire de la Finlande : Yrjö Koskinen

dant des modes de colonisation que l'on est forcé d'attribuer aux populations slaves.

Dans ces pays, il existe partout de grands villages dont la forme diffère absolument du pêle-mêle que nous avons signalé dans le village teutonique. Dans la région comprise entre l'ancienne Allemagne et l'Oder, le Neisse et la Moldau, ainsi que dans le Holstein oriental, c'est-à-dire chez les Vagriens, les Vendes et les Sorbes, les villages d'origine slave sont de forme ronde, ou disposés en fer à cheval. Il n'y a qu'une seule entrée, pour les hommes et pour les bêtes. Autour d'une place centrale, fermes, jardins, groupes d'arbres et champs s'étendent en forme d'éventail. Sur la rive droite de l'Oder, la forme des villages est ordinairement oblongue; les fermes sont situées le long d'une route. C'est la règle en Russie, où l'on rencontre cependant aussi, dans certaines régions, la forme ronde; mais, tandis qu'en Russie les terres sont maintenant cultivées en longues bandes, comme dans les villages teutoniques, les champs des anciens slaves du nord de l'Allemagne étaient plutôt carrés. On explique cette différence par l'emploi de la charrue en forme de bêche, *uncus*, araire, au lieu de l'*aratrum* dont se servaient les Allemands; *plaumoratum*, comme l'appellent les Romains (évidemment le même mot que le *ploug* ou *plough* des Scandinaves et des Anglais, *pflug* des Allemands) quand ils la rencontrent dans le nord de l'Italie, chez les Rhètes. Cet emploi de la charrue en forme de bêche nécessite, en effet, un double labour, dans les deux sens, et non un seul labour, dans un seul sens, comme l'*aratrum* qui retourne pleinement le sol. Ces deux usages divergents créèrent, dès le commencement de la colonisation, une différence curieuse entre les villages que conservaient les Slaves et ceux que les Allemands établirent comme villages nouveaux.

Une exception au système du village a lieu dans l'île de Rugen. Elle fut conquise d'abord par les Danois et devint à l'époque moderne dépendance suédoise; mais les Scandinaves n'y colonisèrent pas. Elle paraît, comme la Lithuanie, avoir eu toujours des fermes séparées.

L'assujettissement et la colonisation se sont faits de manière différente. Les Slaves de la Franconie, sur le Regnitz, dans la région de Ratisbonne, etc., subjugués de 800 à 850, gardèrent leurs terres, avec leur ancienne distribution. En dehors de la haute Franconie, on trouve intact l'ancien système slave dans les régions de la Lusace et de la Bohême. Les Slaves de la haute Saxe, jusqu'à l'Elbe, les Sorbes et les Vendes subjugués de 850 à 1000, ainsi que, après 1150, le petit peuple des Vendes dans le Hanovre actuel, furent d'autre part réduits au servage et forcés d'adopter le système de village teutonique à grands communs. Là aussi, la situation diffère cependant selon le caractère de la conquête, selon que les Slaves sont restés ou ont été chassés. Henri le Lion, Albert l'Ours et Adolphe de Schaumbourg conquirent, le premier le Mecklembourg, le second le Brandebourg, le troisième la Vagrie ou le Holstein oriental actuel. Les princes, les nobles et le clergé, qui dirigeaient la colonisation, appelèrent le plus souvent des colons allemands sur des fermes installées de la même manière que dans leur ancien pays, et de la population slave ils firent des serfs qui devaient cultiver les fermes domaniales. À l'époque des luttes acharnées qui se sont produites sur les frontières, la classe supérieure des Slaves, dans le nord de l'Allemagne, a été anéantie; et ceux qui jouissaient d'une situation élevée parmi le peuple, comme les *supans* (chefs des grandes familles ou des villages) et les *withasii* (écuyers), furent en tout cas transformés en paysans dépendants. Plus tard et plus vers l'Est, les circonstances ont été totalement différentes. Ce sont les princes et les nobles slaves qui appelèrent et établirent des colons allemands, et les paysans slaves descendirent à une condition relativement plus basse ou se retirèrent dans d'autres contrées qui demeuraient slaves (le Pommerellen et la haute Lusace, par exemple). La Pologne s'était donnée au pape en 1000 et des évêchés s'étaient établis à Gnesen, Breslau et Colberg, comme il s'en était déjà établi antérieurement dans les pays slaves de l'Ouest. Dans le xie siècle, l'église et les monastères étaient les grandes sources de colonisation. Les Prémontrés et les Cisterciens déployaient une grande activité. En Silésie, il y avait déjà des colons allemands en 990, des *Niemci* (étrangers, Allemands). On y trouvait même des Augustins de l'Artois. Au xiie et au xiiie siècle, un grand nombre de colonies sont créées par des entrepreneurs qui établissent des villages entiers où ils reçoivent souvent eux-mêmes quelques fermiers, et où ils exercent désormais la fonction de baillis, *Schultzen*.

Les paysans westphaliens colonisèrent surtout les régions voisines de la mer Baltique. Le Brandebourg recevait des colons hollandais et flamands, spécialement de la Seelande hollandaise et des contrées rhénanes. Des paysans saxons s'établirent aussi en Brandebourg, ainsi qu'en Mecklembourg et en Poméranie; des Thuringiens et des Franconiens, dans le Meissen, la Lusace, la Silésie et le nord de la Bohême; des Bavarois, dans le sud de la Bohême, dans la Moravie et dans le Salz bourg ; des gens de la Moselle et du Rhin, dans la Hongrie et dans la Transylvanie. En 1226, l'ordre teutonique établit, « d'après le droit de Culm », des fermes libres, dont les possesseurs n'étaient tenus que de fournir le service militaire, et son exemple, en tant que régime libéral fait pour attirer des colons, fut suivi dans la Pologne, au XIIIᵉ siècle, par le roi Casimir, et aussi au commencement du XVᵉ siècle, avant que la décadence polonaise n'eût commencé. En 1620 encore, on y accueillait bien des paysans silésiens qui y cherchaient un refuge. Partout se manifestait la plus grande activité. Pour l'Autriche et le centre de l'Allemagne, von Inama Sternegg nous explique que l'extension allemande fut très facilitée par la faiblesse de la population des marches slaves qui forment maintenant l'empire d'Autriche, ainsi que dans la Saxe actuelle à l'est de la Saale et de l'Elbe, c'est-à-dire : outre la Saxe supérieure, la marche orientale de l'Autriche, la Carnie y compris la plus grande partie de la Styrie, et la Carinthie y compris l'Istrie et une partie du Frioul. Sous les Carolingiens et sous les Ottons, on ne toucha guère, dans ces pays, aux villages slaves. Il en fut de même en Bohême. Ce n'est qu'après la défaite des Magyars à Lechfeld, en 955, et même, plus exactement, dans la période qui s'étend entre 940 et 1058, que commence, dans une partie de ces pays, une colonisation allemande plus considérable. Dans toutes les régions montagneuses, ce sont des paysans allemands qui s'établissent (des Bavarois, dans les pays autrichiens) ; ailleurs, ce sont les princes, l'église et quelques nobles, tous grands propriétaires, qui gardent la population slave, sous des conditions différentes dans les différentes contrées, le plus souvent dans des villages, souvent aussi en grandes fermes qu'ils distribuent, *Königshufen* et *Waldhufen*, non seulement dans les montagnes, mais, par exemple, en Moravie et en Silésie, sur les plaines jusqu'à la frontière polonaise. Sous Henri III et Henri IV, la colonisation allemande commença déjà en Hongrie, comme souvent ailleurs, par des colonies que des entrepreneurs établissaient sur les terres seigneuriales. Dans la période des Croisades, un grand mouvement économique a lieu partout. Les princes indigènes appellent tantôt des colons allemands qu'ils établissent en villages spéciaux ; tantôt ils établissent les Slaves eux-mêmes de cette manière que l'on supposait plus profitable et pour les colons et pour les maîtres. C'est ainsi qu'agissent les margraves et ducs des pays maintenant autrichiens ; les princes de la Bohême, de la Pologne et de la Hongrie, les ducs de la Poméranie, les princes de la race des Piasts en

Silésie et, plus tard, l'ordre teutonique dans la Prusse lithuanienne et polonaise.

Dans l'Autriche, il semble qu'il y ait un mélange de races et de formes de colonisation dans les montagnes ; on y trouve des fermes isolées, de petits villages de forme irrégulière et, dans les vallées, des villages à champs communs comme dans l'ancienne Allemagne. Souvent, dans ces vallées, on trouve de grandes fermes, les « fermes doubles de forêt », *Waldhufen*, le long des routes, avec les terres disposées, par derrière, en longues bandes, notamment dans les vallées du Danube et de l'Inn. Les villages dans ces contrées ont, le plus souvent, des champs d'une forme irrégulière, qui laisse à penser qu'ils ont été des villages établis sur l'ordre d'un maître. Tandis que les villages dans la vallée du Danube se présentent plutôt avec des caractères mixtes, ils eurent plutôt un caractère uniforme dans les vallées du Mur, de la Drave et de la Save. Les très grands villages sur les plaines de la Moravie et de la Hongrie supérieure ont été établis au XIIᵉ siècle.

Dans le nord de l'Allemagne, les Hollandais, qui colonisèrent en grandes fermes, furent appelés dès 1106, après l'une des grandes inondations qui ravagèrent leur pays. Leurs premières colonies furent établies dans des marais du bas Weser et bientôt aussi de l'Elbe inférieur, près de Hambourg, dans le Holstein oriental (le Ditmarsch) et dans le Stade. Il paraît que c'est dans la même période qu'ils ont établi des fermes sur les côtes marécageuses de l'Angleterre orientale (les districts de Fen) et que des paysans de la Hollande et de la Frise ont immigré dans le Slesvig du sud occidental. En Allemagne, ils s'établirent encore sur le Netze et même jusqu'à l'embouchure de la Vistule. On trouve encore la trace de ces grandes fermes dans toute une grande zone de marais qui s'étend du littoral du Mecklembourg et de la Poméranie. Ces colons, venus de la Hollande ou de l'Allemagne occidentale, peuplaient d'anciens villages slaves, mais les terres étaient alors réorganisées, et, le plus souvent, distribuées selon le mode des pays d'où venaient les colons. Souvent, en Silésie, par exemple, et aussi ailleurs, on trouve, à côté des villages allemands, des villages slaves, que l'on appelle polonais en Silésie, où les fermes ne mesurent régulièrement que la moitié ou les deux tiers des fermes ordinaires des villages allemands, parce que les paysans peuvent labourer une superficie de terrain double en employant l'*aratrum* au lieu de l'*uncus* slave. Les terres des fermes allemandes ont parfois été plus tard redistribuées en forme ordinaire de communautés de village. Tout ce mouvement fut une immigration analogue à celle qui a lieu aujourd'hui en Amérique; toutes les parties du peuple y participèrent, et tout le monde, en général, y améliora sa position. Dans l'Allemagne du Nord-Est, la langue slave disparut, parce que la population y fut réellement transformée. Le plus souvent, les Slaves ne furent gardés que pour cultiver les terres domaniales comme serfs. C'est de cette période que date l'origine de tout le système rural si particulier de cette partie de l'Europe (Voy. CLASSES RURALES). Les colons allemands pénétrèrent notamment dans presque toutes les montagnes de l'Europe centrale, à partir du XIIIe siècle, celles qui entourent la Bohême et la Moravie, les Sudètes et les Karpathes jusqu'en Bukovine, en Transylvanie et en Roumanie. On y appelle encore aujourd'hui ces Allemands des Saxons. De même que les Slaves n'avaient pas mis en culture les riches terres basses du littoral et des rives fluviales, ils n'avaient pas non plus pénétré dans les forêts des montagnes ; le plus souvent ils ne cultivaient que les plaines ; c'est ce qui a rendu possible d'installer des populations allemandes considérables dans les pays même où il restait des populations slaves. Par ces conquêtes belliqueuses ou pacifiques qui se sont faites pendant les six siècles qui ont suivi le règne de Charlemagne, les Allemands ont regagné à peu près trois cinquièmes de leur ancien territoire qu'ils avaient perdu après la période dont parle Tacite, et par l'envahissement des Slaves, des Avares et des Magyars, et ils ont établi le fondement réel de deux grands pouvoirs, la Prusse et l'Autriche. On peut presque toujours suivre, par l'organisation des champs et de toute la culture, la manière dont s'est faite l'occupation. Ce n'est qu'au commencement du XVe siècle, après la défaite des chevaliers teutoniques à Tannenberg par le roi Jean Casimir, par suite des luttes soutenues par les Hussites et Georges Podiebrad en Bohême, par Matthias Corvin en Hongrie, que cette expansion remarquable prit fin. Les diverses nationalités dans ces régions sont alors assez développées pour occuper elles-mêmes leurs territoires.

Ce n'est pas seulement en Allemagne qu'une colonisation et une expansion remarquables eurent lieu pendant la période des Croisades. Dans le Nord, les Suédois civilisaient, au XIIIe et au XIVe siècle, la Finlande ; les Danois occupèrent l'Esthonie et l'île d'Oesel ; et une activité plus grande encore est développée par l'ordre allemand des Chevaliers du Glaive en Livonie et en Courlande, et surtout par l'ordre des Chevaliers teutoniques en Prusse. Les Croisades elles-mêmes, conduites surtout

par les Normands, de l'Italie méridionale et de la France, constituent une énorme tentative d'expansion. Dans la France elle-même, un grand effort se manifeste à l'intérieur après la dernière Croisade jusqu'à la guerre de Cent ans, notamment sous le règne de Philippe le Bel.

L'apparition des guerres religieuses est ce qui a le plus contribué à enrayer le mouvement économique de l'Europe. Les découvertes maritimes du Portugal et de l'Espagne ont vu leur importance très diminuée par le fait que ces pays ne possédaient pas une forte classe moyenne.

Les Highlands écossais, après la dissolution des clans de 1746, ainsi que la Suède, à une époque tout à fait récente, offrent des exemples frappants d'une grande expansion intérieure. Ce n'est cependant que la colonisation d'outre-mer de nos jours, surtout celle des États-Unis, qui offre une véritable analogie avec celle dont nous venons de parler dans l'Allemagne du moyen âge et qui même la surpasse (1).

10. Dans l'Orient et notamment aux Indes

Dans la *Turquie et dans d'autres pays mahométans*, le fait le plus remarquable dans l'organisation du droit de propriété est le pouvoir du gouvernement. Le principe fondamental, c'est que le chef suprême est le maître absolu, et que les possesseurs des terres n'ont sur elles qu'un droit d'usage. Les droits de famille ou de tribu qui peuvent exister ont pris probablement naissance dans le besoin que l'on éprouvait de se mettre à l'abri du pouvoir arbitraire du gouvernement.

Une intéressante situation est celle que présente la *Bosnie et l'Herzégovine*, aujourd'hui soumises à l'Autriche. Là existent encore les anciennes *zadrougas* ou communautés de famille, conservées et développées par les habitants slaves qui ont appelé les Turcs

---

(1) Depuis que ces lignes ont été écrites, nous avons reçu une contribution importante à la discussion de ces questions ; mais elle nous est arrivée trop tard pour être utilisée dans le texte. Nous aurions voulu pouvoir la résumer pour le Supplément, mais cela même dépasserait l'étendue dont nous pouvons disposer.
C'est un article de M. P. Lauridsen dans *Aarböger for nordisk Oldkindighed og Historie*, 1896. L'auteur démontre que les anciens villages que l'on trouve partout dans le Danemark, excepté dans l'île de Bornholm et dans les landes du Jutland occidental, se présentaient sous une forme ronde ou oblongue, quoique différant de celle des anciennes formes slaves, mais étaient cependant identiques aux formes des villages de colonisation dans le Holstein oriental ; dans l'un et l'autre pays, ils sont le résultat de la redistribution qui eut lieu au moyen âge (le *Solskifte* ou distribution systématique dont nous avons parlé dans le § 2).

dans le pays et embrassé la religion musulmane. Ils y ont probablement trouvé une certaine garantie pour l'indépendance de leurs familles. On est cependant d'accord pour préférer le régime turc qui ne reconnaît, en principe, aucun droit de propriété aux individus, mais qui, néanmoins, malgré le droit formel de propriété du gouvernement ou des mosquées (terres de *vakouf*, constituant presque la moitié des terres en Turquie), par son droit d'usage héréditaire, offre réellement aux individus plus de garanties et plus de liberté que ne le fait le régime de la *zadrouga*. L'administration autrichienne s'occupe d'introduire les principes généralement usités en Europe de la propriété individuelle, principe dont on reconnaît même en Turquie, quoique à des degrés différents, la nécessité.

Aux *Indes*, dans cette grande région civilisée de l'Asie qui est gouvernée par des Européens, les conquêtes musulmanes et le despotisme oriental ont eu pour conséquence que ceux qui détenaient le pouvoir se sont attribué en même temps tous les droits de propriété qu'il leur convenait de posséder. Ce fait explique, plus qu'aucun autre, les procédés que l'on a suivis pour l'organisation terrienne. Les anciennes lois de Manou parlent des cultivateurs comme propriétaires indépendants et ayant chacun sa terre à lui. Des conquêtes consécutives avaient bien modifié l'ancienne situation. Les Grands Mogols avaient, de leur côté, commencé par laisser subsister l'organisation telle qu'ils la trouvaient, mais, par suite de la corruption et de toute la décadence de leur pouvoir, ils laissèrent plus tard des intermédiaires de diverses sortes occuper le véritable pouvoir sur les terres. C'est cette situation que trouvèrent les Anglais lorsqu'ils arrivèrent dans le pays. Les Indes offrent cependant un intérêt tout particulier (et c'est d'ailleurs la raison qui nous en fait parler ici) à cause de la place qu'y occupe le village dans l'organisation économique, entre les mains de ceux qui gouvernent; il est un instrument dont ils se servent pour tirer, du cultivateur, un important revenu.

Dans les *parties montagneuses*, dans l'Himalaya, par exemple, il n'y a que des habitations séparées ou tout au plus des hameaux formés d'un très petit nombre de maisons. De même dans les parties tout a fait tropicales qui produisent une végétation luxuriante, on ne trouve que de petits jardins défrichés et cultivés séparément. Mais, en général, dans les plaines, il y a des villages. Ils ont une grande cohésion chez les tribus guerrières du Nord-Ouest et spécialement dans le pays des cinq fleuves, le Pènjab. Ils ont été établis par les races venues postérieurement aux races aryennes qui ont conquis le Bengale, parfois même par des races qui n'étaient pas aryennes. Il y a des villages qui ont été créés par des conquérants qui cultivaient eux-mêmes les terres, d'autres qui ont été créés par des conquérants propriétaires ou demi-propriétaires qui faisaient cultiver par des hommes d'une autre race inférieure comme fermiers. Ces villages de l'Inde ont une étendue qui ne diffère pas beaucoup de celle des villages d'Europe; dans le Penjab, ils ont une étendue moyenne de 900 acres; dans les provinces centrales, de 1300; dans les provinces du Nord-Ouest et dans l'Oude, pays très fertile, leur étendue moyenne n'est que de 600 acres. Les communautés de villages possèdent, dans le Penjab et dans les provinces du Nord-Ouest, les 9/10 des terres; dans le Penjab seul, elles occupent 48 millions et demi d'acres; mais, comme nous l'avons dit, les terres sont souvent cultivées en partie par des tenanciers. Dans les provinces du Centre, les nombreux villages sont le plus souvent la propriété d'un particulier. Partout, les cultivateurs possesseurs des villages sont, le plus souvent, soumis à la direction d'un ou de plusieurs individus dont les fonctions sont généralement héréditaires, même s'ils ne sont pas propriétaires. Ceux qui sont propriétaires le sont devenus parfois grâce à l'emploi de ces fonctions héréditaires, quelquefois parce qu'ils descendent des anciens conquérants qui avaient obtenu le droit de propriété, enfin par les titres que leur ont conféré les Anglais mêmes. Il y a, dans les villages, des fonctionnaires héréditaires, le comptable, le garde, le forgeron et d'autres artisans. En dehors de la communauté de village, il y a le plus souvent des habitants qui appartiennent à une classe servile, et qui peuvent occuper une petite terre, mais sans avoir aucune part dans les droits communs, par exemple les droits aux pâturages et autres terres incultes. On a essayé d'établir, mais sans succès, l'identité de l'ancien village teutonique et des villages actuels des Indes. Ces derniers sont plutôt des exemples de l'élasticité avec laquelle les institutions peuvent s'adapter aux circonstances et surtout aux exigences fiscales. Ce sont en effet celles-ci qui ont le plus contribué à la conservation et aussi à la formation des liens qui unissent les habitants de ces villages. Comme ces villages sont, en quelque sorte, des instruments de perception des redevances, il fallait plutôt s'attendre à leur trouver une ressemblance avec le mir russe. Quelques auteurs croient aussi trouver, comme formes originaires aux Indes, de grandes communautés de familles analogues à celles qui existaient chez les Slaves du Sud. Il y a cependant cette différence entre les Indes et la Russie que le servage n'existe pas aux Indes, soit parce que la population y est si nombreuse que la main-d'œuvre n'y a qu'une valeur très minime, soit parce qu'il serait impossible de retenir des individus qui ne possèdent aucun bien qu'ils ne puissent emporter avec eux. Or, c'est probablement par une conséquence de ce fait, que jamais on ne rencontre aux Indes la caractéristique du mir russe, c'est-à-dire le droit de chaque individu à une terre; il n'y a pas eu ici la même nécessité de donner une terre à chaque individu que là où il fallait procurer un moyen de subsistance au serf. En effet, les communes des Indes ne sont jamais communistes; elles possèdent souvent des droits communs sur des pâturages ou sur des terres non cultivées; mais chaque individu possède une part individuelle; tout au plus peuvent-elles offrir des ressemblances avec les anciennes communes teutoniques dont les redistributions avaient pour but de garantir ces parts individuelles et non de les détruire. Chez des peuples guerriers, tels que les Rajpoots, les Sikhs, les Maharattas, la société avait nécessairement un caractère féodal. Encore aujourd'hui, la féodalité régit les États des Rajpoots. Chez tous les Hindous existait puissamment le principe féodal qui fait que tous les droits tendent à devenir héréditaires; l'Inde est le pays des castes. Le musulmanisme est cependant, comme nous l'avons remarqué, hostile à la féodalité; il ne reconnaît que le droit supérieur de propriété du gouvernement. Il y a encore des États aux Indes où le droit de propriété n'existe pas pour les particuliers et où le prince est le seul propriétaire de toutes les terres, l'État de Holkar, par exemple. Les Anglais, en héritant des pouvoirs musulmans, n'ont le plus souvent trouvé chez leurs sujets aucun droit véritable de propriété. Ils essayèrent généralement de conserver les droits existants, et lorsqu'ils voulurent avoir des propriétaires, ils durent les établir. La plus grande difficulté, pour l'administration fiscale dans un pays comme les Indes, est toujours l'innombrable classe pauvre dont il faut s'occuper. La culture est presque toujours la petite culture; dans le Penjab, elle a une moyenne de 6 acres; dans les Provinces du Nord-Ouest de 4 1/4; dans l'Oude et le Bengale de 3; il n'y a que dans les Provinces centrales qu'elle atteigne de 14 à 20 acres. L'agriculture n'est pas mauvaise, comme l'ont constaté d'abord les Anglais; au

contraire, les indigènes, avec leurs petites charrues qui ne dessèchent pas la terre, réussissent là où ne réussissent pas les Anglais. Néanmoins, il est presque impossible pour un gouvernement de percevoir des impôts ou des redevances sur cette quantité de petits cultivateurs, généralement très pauvres. Il fallait donc, croyait-on, nécessairement trouver des intermédiaires entre le fisc et les cultivateurs.

Dans le *Bengale*, on prit, comme tels intermédiaires, les grands percepteurs semi-héréditaires, les *zemindars* (mot d'origine perse signifiant possesseur de terres). On leur donna 1/11 des redevances alors payées. On a cru que l'acte de *settlement* de 1793 était simplement dû à une erreur commise par Lord Cornwallis, qui s'imaginait que ces *zemindars* étaient de véritables propriétaires, et non pas que l'on ne pouvait directement atteindre les vrais cultivateurs, les *ryots* (mot d'origine arabe venus de la Perse et signifiant protégé, sujet); on savait ce qu'ils étaient, mais on croyait ne pas pouvoir se passer d'eux. On n'avait pas les fonctionnaires nécessaires. Les villages dans le Bengale ne sont pas développés comme ceux du nord des Indes; les conquérants, auxquels est dû leur établissement, y sont arrivés en nombre beaucoup moins considérable que dans le Nord-Ouest; parmi la nombreuse population indigène. Les villages ne forment pas des groupes très cohérents. Il est vrai que le gouvernement attendait des *zemindars* beaucoup plus qu'ils n'ont donné; il croyait les voir se développer dans une voie d'activité et de progrès comme grands propriétaires, ainsi qu'en Angleterre. Il s'est créé des droits de propriété très distincts, en partie à la suite de nombreux procès (dont les Indiens sont très friands). Les droits des veuves sont une cause de plaintes, parce qu'elles tiennent toujours à se dépouiller en faveur de leur famille et encore plus en faveur des Brahmanes. Les Anglais ont reconnu aux Indes la liberté de tester. Un grand nombre de droits de propriété se sont produits au-dessous de ceux qui avaient été primitivement accordés aux grands percepteurs. Mais ceux-ci ne sont pas devenus des propriétaires que l'on puisse comparer aux propriétaires anglais occupés d'améliorer leurs terres et d'assister leurs tenanciers; ils sont semblables à de bons propriétaires irlandais, qui reconnaissent les droits et les coutumes en usage et les laissent subsister. Ils ont vu leurs revenus s'augmenter par l'augmentation des redevances qu'ils exigeaient des *ryots*, tandis qu'eux-mêmes continuent à n'être tenus qu'aux mêmes payements envers le Gouvernement, ainsi que par le revenu des terres autrefois incultes qui leur ont été données.

On estimait, en 1793, que 400 000 livres leur étaient laissées ; et leurs revenus, il y a quelques années, atteignaient, avec déduction de ce qu'ils payent au gouvernement, la somme de 13 millions de livres. Des décisions prises par les cours et des actes nouveaux (notamment ceux de 1859 et de 1885) ont désormais reconnu aux *ryots*, selon des principes surtout défendus par M. Édouard Currie, non seulement le droit régulier d'héritage, mais encore celui de disposer de leur tenure, selon leur bon plaisir, et même, de la vendre. S'ils sont d'anciens possesseurs, on ne peut augmenter leurs redevances. D'ailleurs, pour aucun des *ryots* établis pendant 12 ans, les redevances ne peuvent être augmentées, à moins que la valeur des produits n'ait monté, ou que la terre ne donne davantage sans que cela soit le résultat d'un effort du tenancier. Il a fallu spécialement protéger les *ryots* contre les exigences des planteurs européens d'indigo dans le Bengale du nord ainsi que dans la province voisine de Behar, où la population, étant de plus basse origine, et se trouvant plus faible, a particulièrement besoin de protection.

Dans l'*Oude*, que les Anglais n'ont annexé qu'en 1856, et où les questions administratives n'ont été définitivement réglées qu'après l'insurrection de 1859, lord Canning a reconnu, comme propriétaires sujets à une revision pour leurs taxes tous les 30 ans, les *Toloukdars*, qui étaient parfois des chefs de clan, plus souvent des financiers en possession de vastes étendues de terres, ou même de simples brigands dont la fortune a été heureuse. Ils ont souvent donné eux-mêmes ces terres à des sous-propriétaires qui sont encore au-dessus des *ryots*. Ceux-ci sont ici des fermiers sans garantie de possession.

Dans les *Provinces du nord-ouest*, dans l'Hindoustan proprement dit, acquises par les Anglais plus tard que le Bengale, la règle pour le settlement, depuis 1822, sous l'administration de M. Thomason, était d'accorder à chaque village le droit de propriété sur ce village à une ou plusieurs personnes ; on créait un propriétaire là où il n'en existait pas encore un, souvent on donnait des compensations à ceux qui possédaient jusqu'alors certains droits secondaires. Le gouvernement s'était toutefois réservé de régler à nouveau après 30 ans les redevances qui devaient être payées. Dans ces provinces, surtout après avoir décidé d'utiliser l'assistance des fonctionnaires indigènes, on a enregistré également les droits de possession des *ryots* et autres subordonnés, au rebours de ce que l'on avait fait dans le Bengale. Le gouvernement alors préleva les deux tiers des revenus ; plus tard,

après un nouveau règlement, il n'en préleva plus que la moitié. Des règlements ont été pris pour la protection des *ryots* analogues à ceux qui l'avaient été dans le Bengale, et ils ont même présenté pour les *rgots* de plus grands avantages. Les résultats de ce système paraissent en général avoir été bons.

Tandis que, dans les Provinces du nord-ouest, la majorité des propriétaires appartiennent à une classe moyenne plus élevée que celle des *ryots*, dans le *Penjab*, où les villages sont encore plus fortement développés, on a reconnu, sous l'administration de lord Lawrence et de Sir John Lawrence, la grande masse des cultivateurs eux-mêmes comme propriétaires. Ils possèdent les villages à titre de copropriétaires, et assument, à cet égard, toute responsabilité vis-à-vis du gouvernement. Le système paraît entièrement réussir ; mais il est admis qu'il ne doit être qu'une transition devant conduire à la propriété individuelle.

Dans une partie de la province de *Madras*, il y a des *zemindars* ; mais en règle générale, dans cette province et dans celle de Bombay, on s'est, sous l'administration de Sir Thomas Munroe, adressé directement et individuellement aux *ryots*, système qu'on appelle *ryotwari*. On en a fait des propriétaires soumis à des revisions périodiques des redevances. Le gouvernement garde ici lui-même les terres incultes, qu'il a, ailleurs, données aux grands propriétaires ou aux villages. Les premiers règlements qui ont été établis dans la province de Madras n'ont pas toujours été bien exécutés. La part du gouvernement a été fixée à la moitié des revenus nets. Dans la province de Bombay, Mountstuart Elphinstone était favorable au système du village ; mais ici le village n'est pas formé par une association de copropriétaires ; on a fini par y suivre le système de la province de Madras et, en général, les résultats en ont été bons. Pendant quelque temps, les *ryots* en vinrent à s'enrichir, surtout grâce à la hausse du coton pendant la guerre civile aux États-Unis. Plus tard, on a estimé que 75 0/0 étaient ruinés et on crut nécessaire de protéger, par des lois particulières, les *ryots* contre les usuriers, notamment dans les régions du plateau du Dekkan, une situation analogue à celle des Juifs dans certaines régions de l'Europe.

Dans les *Provinces centrales*, acquises tardivement, les villages n'étaient pas non plus constitués par une association de copropriétaires. On y a établi des propriétaires d'une classe plus élevée, et l'on a fait, quand le besoin s'en présentait, propriétaires des villages les fermiers des taxes de ces villages.

Ni l'*Assam* ni la *Birmanie* ne connaissaient non plus ces villages à copropriété.

Des ventes de terre en *pleine propriété* à la mode européenne, au prix de 6 pence à 2 sh. 6 d. par acre, ont été instituées surtout au profit des Européens qui voulurent cultiver du thé dans l'Assam et le Cachar ou du café dans le Nilghuiries, dans l'Inde centrale et ailleurs.

Tout le *settlement* des revenus terriens aux Indes a été exécuté entre 1835 et 1875. La part du gouvernement a été estimée, pour les différentes provinces, entre 4, 6 et 6,8 0/0.

Tout ce système de village de copropriété, où les propriétaires sont solidaires en ce qui concerne la propriété, système puissamment soutenu, parfois même institué par les Anglais, dans les Indes, peut être utile et même nécessaire pour certaines étapes du développement général. Il n'y a aucune raison de le préconiser comme une institution qui doive être la base de la société indienne, et encore moins comme institution sacrosainte de la race aryenne. Comme partout ailleurs, ce système est, aux Indes, destiné à disparaître avec le progrès.

A *Java*, les Hollandais et leurs vassaux, les princes indigènes, font un grand usage de la responsabilité solidaire des villages. Ceux-ci font spécialement porter leur action commune vers les travaux d'irrigation pour la culture du riz. Les rizières sont distribuées périodiquement aux cultivateurs. Les institutions javanaises, en général, et aussi en ce qui concerne les relations rurales, ont été importées principalement des Indes. La communauté très étendue a été, à Java comme en Russie, un corollaire naturel d'une grande dépendance personnelle. Les Hollandais se sont efforcés de faire entrer dans la communauté des villages, et dans leurs droits communs, les simples manœuvres qui ne possédaient aucun animal de trait et qui étaient exclus de cette communauté.

En Orient, le plus souvent, les villages, pour quelque raison qu'ils aient été établis, sécurité, coopération, assistance mutuelle, etc., ont été utilisés par les gouvernements comme principal moyen de s'assurer la perception des revenus.

11. Causes générales de la vie des cultivateurs en villages ou en villes.

Nous avons examiné spécialement l'établissement des villages au point de vue de la race et de la nationalité. Parmi d'autres causes qui exercent une influence particulière, il faut signaler le climat, qui détermine en partie le caractère de la culture. La communauté de village, que nous avons spécialement examinée, n'est possible qu'avec l'agriculture ordinaire, celle qui a trait principalement à la culture du blé, mais non avec la culture des fruits, de la vigne, etc... D'autre part, le Midi permet souvent, précisément par le caractère de ses cultures, de s'éloigner davantage des habitations que ne le permettent les régions où l'on est obligé de rester avec les bestiaux pour leur donner leur subsistance et pour les besoins du labourage. Dans le Nord, la dureté du climat rend nécessaire l'utilisation de plus grands espaces et il est impossible d'y vivre sur un territoire aussi restreint. Nous avons parlé des fermes séparées du nord de la péninsule scandinave, et de celles du nord de la Russie, où l'on ne trouve que de très petits villages bien différents des villages du centre dont la population peut s'accroître jusqu'à atteindre des milliers d'habitants. De même dans le nord de la Chine, on ne trouve que de très petits hameaux, de 5 maisons en moyenne, suivant le calcul qui en a été fait; ces hameaux présentent un contraste frappant avec les immenses agglomérations qui existent dans les régions méridionales de cet empire. En Andalousie, de grandes villes vivent presque entièrement de la culture des terres qui ont une étendue pouvant atteindre 100 000 hectares, à cause de la nature particulière de cette culture. Les grands villages ou villes paysannes en Hongrie, qui comptent jusqu'à près de 30 000 habitants, se sont développés sous un régime de vie demi-nomade ; il y a eu là une véritable communauté de terres avec distributions périodiques. En réalité, les habitants ne demeurent à l'heure actuelle dans les villes qu'aux époques de fêtes ; le reste du temps, ils vivent dans des cabanes sur leurs terres. Les anciens villages teutoniques et slaves étaient le plus souvent entourés d'une haie et d'un fossé, et des anciens villages de la Grèce et de l'Italie, on a fait de bonne heure des cités fortifiées pour plus de sécurité. En Grèce, les Eléens continuèrent à vivre à la campagne parce qu'ils étaient protégés par les fêtes olympiques ; leur pays, par là même, était sacré. Les villes à l'est des montagnes de Hartz en Allemagne ont été établies par la concentration des villages à la suite des guerres entre les Allemands et les Slaves. Roscher rappelle que les villages dans la Haute-Italie ont disparu au temps des chevauchées des XIVe et XVe siècles, et ceux de la campagne romaine et des Maremmes à Sienne, après qu'ils eurent été dévastés par les Espagnols en 1554. Les villages de la Champagne en France, qui ont une étendue supérieure à celle qui est d'usage, se sont développés, sans doute, à cause des nécessités de défense plus grandes dans un pays de frontière. Dans une partie du Dauphiné et dans les Basses-Alpes, les villages portent l'empreinte de la communauté teutonique. Dans la Provence, la concentration en villes est sans doute largement due aux incursions continuelles des Sarrasins depuis Charlemagne jusqu'à François Ier. La ville de Kecskemet en Hongrie a été établie pendant les guerres avec les Turcs par la fusion de 23 villages qui se sont réunis et dont les terres ont formé un énorme champ commun de 12 milles géographiques carrés. Dans le Kurdistan, tous les habitants sont actuellement forcés, par le brigandage commun, de vivre dans des villes.

Des causes différentes, venant de la nature ou de l'état politique, ont, dans le cours des temps, développé des goûts nationaux ; les peuples de race teutonique, spécialement les Anglais, ont le plus de penchant pour la vie de la campagne ; les nations romaines, pour la vie des villes ; les Slaves, pour celle des villages. D'autre part, l'intensité extraordinaire de la vie économique et la capacité de produire les produits agricoles par le moyen d'un petit nombre de personnes ont créé une concentration extraordinaire en villes dans les nouvelles colonies anglo-saxonnes, jusqu'à plus de la moitié et même jusqu'à deux tiers de la population, aux États-Unis et en Australie, notamment dans la Victoria. Nombre de motifs ont déterminé la manière dont se sont groupés les hommes. Mais c'est l'ancienne institution de la communauté du village agricole chez les Teutons et chez les Slaves qui a originairement déterminé, et qui détermine aujourd'hui encore, par ses conséquences d'une manière tout à fait sociale, les différents systèmes terriens.

N.-C. FREDERIKSEN.

Bibliographie.

V. en dehors des écrits cités en note au cours de l'article et des ouvrages de MM. INAMA-STERNEGG, LAMPRECHT, MEITZEN ainsi que des ouvrages ordinaires d'histoire et, parmi les anciens, l'histoire des Slaves de *Helmold* (+ 1177), comme exemples d'écrits spéciaux : G. MORAVICANSKY, *Das Slavische Altgermanien*, 1882 ; — O. KAMMEL, *Die Anfange des deutschen Lebens in Oesterreich*, 1879 ; — F. WINTER, *Die Cistercienser des nordostlichen Deutschlands*, 3 vol. 18. — Un grand nombre de communications dans les revues locales de l'Allemagne.

B. H. BADEN POWELL, *Manual of Land Revenue Systems* 1882; *The Land Systems of British India*, 1892 ; *A short Account of the Land Revenue of India*, 1894. — Sir JAMES CAIRD, *India and its People*, 1883 ; — Sir GEORGE CAMPBELL, *Modern India* ; *Tenure of Land in India* (dans le *System of Land Tenure in Various Countries*, publié par le Cobden Club, 1881) ; — H. C. CUNNINGHAM, *British India and its rulers* ; — G. D. FIELD, *Landholding in Various Countries*, 1884. — IRVIN, *The Garden of India* (Oude); — Sir HENRY SUMMER MAINE, *Village Communities*, 1871 ; — Sir JOHN PHEAR. *The Aryan village in India and Ceylan*, 1880 ; *Property in land in England and India*, 1883. — Sir JOHN STRACHEY, *India*, 1888. — Sir RICHARD TEMPLE, *l'Inde britannique, type de colonisation moderne*, 1889.

CONRING (Hermann), né en 1606 à Norden, dans la Frise orientale, mourut en 1681 à Helmstedt, dans le Brunswick, où il occupait une chaire de sciences politiques. Il avait étudié à Helmstedt et à Leyde la médecine, la théologie et la philologie et fut un des plus ardents propagateurs de la théorie de la circulation du sang de Harvey. Polygraphe dans la meilleure acception du mot, son épitaphe l'appelle le miracle du siècle. Louis XIV lui fit une pension.

C'est pendant la dernière partie de sa vie qu'il s'occupa plus particulièrement de questions économiques. Comme la plupart des anciens économistes allemands, il était un chaud zélateur du développement de la population : « Partout où la population est élevée, abondent les produits de l'industrie et de l'intelligence humaine. » Cette tendance était d'ailleurs justifiée dans un pays qui, comme l'Allemagne, avait été dévasté et dépeuplé par d'interminables guerres. Partisan du contrôle des dépenses publiques par des assemblées délibérantes, il n'attribue pas au maintien des domaines de l'État l'importance qu'y attachaient ses compatriotes. Grâce peut-être à son éducation en partie hollandaise, il échappe aussi au mercantilisme de l'époque, combat les monopoles, sauf ceux accordés aux inventeurs, et la réaction contre les doctrines mercantilistes est si marquée chez lui que sa théorie monétaire en est ressentie et qu'il accorde à l'État le droit de régler la valeur de la monnaie sur l'utilité publique sagement entendue. Il a exprimé en cinq mots la loi de l'offre et de la demande : « *Quo quid rarius, eo carius.* »

Il a donné en 1671 une édition de la *Responsio ad paradoxa Malestretti* et d'une partie du sixième livre de la *République* de Bodin.

Bibliographie.

ROSCHER, *Gesch. der Nat. Œkonomik in Deustchland*, pp. 253-262. — Ses écrits économiques sont les suivants : *De vectigalibus*, 1653. — *De ærario*, 1663. — *De re nummaria*, 1663. — *De importandis et exportandis*, 1665. — *De commerciis et mercatura*, 1666. — *De contributionibus*, 1669. — *De maritimis commerciis*, 1680. — Ses œuvres complètes ont été rassemblées et publiées en 7 vol. in-folio à Brunswick en 1730; sa *Notitia rerum publicarum* est insérée dans le vol. IV.

COPERNIC (Nicolas) né à Thorn en 1472, mort le 24 mai 1543.

La nationalité de Copernic a donné lieu à de vives discussions ; l'Allemagne et la Pologne se disputent l'honneur de le compter au nombre de leurs plus illustres génies. Quoi qu'il en soit, Copernic acheva à Gracovie les études qu'il avait commencées sous la direction de son oncle l'évêque de Warmie et y obtint le grade de docteur. S'étant spécialisé dans les sciences mathématiques et astronomiques, il fit un voyage en Italie, se lia d'amitié avec les plus célèbres astronomes, fut reçu docteur en médecine à Padoue et professa les mathématiques à Rome. Au bout de quelques années il revint dans sa patrie et son oncle le gratifia d'un canonicat.

Nous n'avons pas à nous occuper ici des découvertes et des théories scientifiques de Copernic, ni à analyser des ouvrages comme le *De orbium cœlestium revolutionibus* (1543) ou le *De lateribus et angulis triangulorum*, mais il est de lui un mémoire relatif aux monnaies, *Monetæ cudendæ ratio* qui doit nous retenir un instant et qui permet de classer son auteur parmi les plus anciens économistes financiers [1].

Le grand-maître de l'ordre teutonique, Albert de Brandebourg, s'étant emparé des biens du chapitre de Warmie, Copernic fut délégué à la Diète polonaise de Graudentz (1521) pour protester contre cette usurpation. A cette occasion le roi de Pologne Sigismond Ier le chargea d'un rapport sur l'altération des monnaies tant en Pologne qu'en Prusse alors vassale de ce premier pays. Plusieurs villes, Thorn, Elbing, Dantzig frappaient elles-mêmes leur propre monnaie, de sorte que la plus grande confusion régnait dans le régime monétaire des deux pays. D'altération en altération on en était arrivé, sous Albert de Brandebourg, à ne plus faire rentrer le métal fin que pour un douzième dans la composition de monnaies fabriquées originairement au titre de neuf douzièmes!

Dans le *Monetæ cudendæ ratio* Copernic expose avec une grande justesse d'expression les vrais principes en matière monétaire et fait, en même temps, l'historique de la question particulière dont il avait à s'occuper. C'est à la fois un rapport et un projet de réforme.

Pour Copernic l'avilissement des monnaies est pour un État un terrible fléau qu'il compare à la guerre civile, l'épidémie ou la famine. Il montre le rôle utile que la monnaie joue dans la société, comment elle sert d'instrument d'échange et il proclame que sa valeur ne saurait être arbitrairement fixée, mais dépend du métal fin qu'elle contient. A ce propos, il indique l'utilité de l'alliage et nous donne des renseignements sur la frappe des pièces. « La monnaie, dit« il, est une mesure et comme toute mesure

1. Cette œuvre découverte à Kœnigsberg en 1815 par le professeur Severin Vater, a été traduite en français et publiée, par M. Wolowski; elle accompagne son édition du *Traicté* d'Oresme (Guillaumin 1864).

« elle doit être fixe. Que dirait-on d'une « aune ou d'un litre dont la longueur et le « poids changeraient au gré des fabricants « de mesure? La valeur de la monnaie pro« vient non de l'empreinte qu'elle porte, « mais de la valeur de métal fin qu'elle con« tient, et entre ces deux valeurs il ne doit y « avoir qu'une seule différence, celle des « frais de fabrication; à quoi bon alors simu« ler une forte monnaie en alliant un peu « d'argent à beaucoup de cuivre? »

Ce que Copernic, tout comme Oresme (V. ce nom) et d'autres esprits éclairés avaient si bien vu, ceux que l'on a nommés les *rois faux monnayeurs* ne l'avaient pas compris, d'où les altérations successives sans aucun profit pour personne, puisque, ainsi que le remarque notre auteur, le prix des denrées ne se trouvait pas abaissé

« Seuls les orfèvres et ceux qui se connais« sent en métaux précieux profitent de nos « malheurs. Ils *trient* les pièces anciennes « qu'ils refondent afin de vendre l'argent, « recevant toujours du vulgaire inexpéri« menté plus d'argent avec la même somme « de monnaie. Quand les anciens *sous* ont « presque disparu, ils choisissent ce qu'il « y a de meilleur parmi le reste, ne laissant « que la masse des plus mauvaises mon« naies. De là vient cette plainte incessante « que l'on entend de tout côté, que l'or et « l'argent, le blé et les provisions domes« tiques, les salaires et le travail des arti« sans, tout ce dont les hommes font usage « ordinairement augmente de prix. Mais « notre négligence nous empêche de voir « que la cherté de toutes choses provient de « l'avilissement du numéraire. En effet, le « prix augmente et diminue proportionnel« lement à la monnaie. »

Après avoir constaté le mal, Copernic veut indiquer quels sont les remèdes à la situation. Il propose d'arriver avant tout à l'*unité* de monnaie et, dans ce but, il conseille au roi de réduire à deux les ateliers monétaires, l'un frapperait les pièces de Pologne, l'autre celles de Prusse. D'autre part, le prince ne doit pas chercher à tirer un profit quelconque de la monnaie qu'il fait frapper.

Il s'agit ensuite de remplacer la monnaie altérée par une autre monnaie contenant un poids de métal fin assez important pour lui donner une valeur appréciable. On ne peut songer, selon Copernic, à revenir de suite, brusquement au titre primitif. Originairement le marc, valant 60 sous, pesait une demi-livre d'argent, à l'époque où Copernic écrivait, 30 marcs dans une livre d'argent; Copernic propose de tailler dorénavant 20 marcs dans une livre de métal fin.

Les sages conseils de l'illustre savant n'obtinrent pas grand succès, ce n'est qu'en 1528 que le roi Sigismond donna un commencement d'exécution à ses projets de réformes, mais l'on ne devait pas tarder à retomber dans les mêmes errements.

ED. VIDAL-NAQUET.

COURCELLE-SENEUIL né en 1833 à Seneuil (Dordogne) est mort à Paris en 1893. Il commença de bonne heure la carrière d'écrivain. Déjà doué de l'esprit philosophique qui devait prendre chez lui, plus tard, de si larges développements, il publiait vers l'âge de dix-huit ans un assez fort volume intitulé *Lettres à Édouard sur les Révolutions*. Le titre appartient bien à l'époque, mais la forme et le fond de l'ouvrage indiquaient déjà ses préférences et la tournure de son esprit. Son tempérament le poussait vers les discussions scientifiques et la polémique. Il entra donc très jeune dans le journalisme où, près d'Armand Carrel, il combattit en faveur des idées libérales, abordant les sujets les plus divers : politique, histoire, droit, littérature, économie politique. Sa première tendance vers les études économiques se manifeste dans le *Crédit et la Banque*. C'était une orientation. A partir de cette époque il dirigea plus particulièrement son activité intellectuelle vers les questions sociales. Le crédit était alors fort discuté, Courcelle-Seneuil entra donc dans l'économie politique par la porte de la polémique. Ainsi son premier livre, contrairement à ce qui arrive à beaucoup d'auteurs économiques qui n'ont point passé par le commerce ou l'industrie, fut ce qu'on appelle aujourd'hui une œuvre « pratique ».

Au cours de cette étude son esprit avait été fortement éveillé sur les avantages que présentent les fonctions industrielles. C'est alors qu'il se rendit en Limousin pour y prendre la direction d'une usine métallurgique. Peut-être aussi le découragement lui était-il venu en voyant l'ignorance des hommes qui faisaient de l'opposition au gouvernement de Juillet, et qui pouvaient, du jour au lendemain, être portés au pouvoir sans préparation sérieuse. Il garda même toujours cette première impression et, jusqu'aux derniers moments de sa vie, ne put se défendre de pessimisme à l'endroit du personnel politique de notre pays. C'est pourquoi aussi, à maintes reprises, il essaya de grouper autour de lui des jeunes gens pour leur apprendre que la politique est un art rationnel, complexe qu'il faut étudier longuement. Comme il avait exclusivement pour but de vulgariser une doctrine, les élèves furent rares,

très rares, et ses essais n'aboutirent pas.

Il resta peu de temps — quelques années — dans l'industrie, assez néanmoins pour y recueillir de précieuses observations qu'il utilisa dans la suite. A la révolution de 1848, son tempérament de combat le rejeta dans la politique. Ses amis étaient au pouvoir. Le ministre Duclerc fit appel à sa collaboration et le nomma Directeur général de l'Enregistrement. Les illusions de Courcelle-Seneuil ne furent pas longues à disparaître. Il ne demeura que quelques jours dans cette fonction, et se retira après avoir vainement essayé de faire entendre la voix de la raison. Les fautes dont il avait prédit les conséquences, et particulièrement l'établissement de l'impôt des 45 centimes, amenèrent les événements que l'on connaît. Après l'établissement de l'Empire, Courcelle-Seneuil estimant qu'il n'y avait plus rien à tenter pour un esprit indépendant, très ardemment attaché aux idées de liberté, accepta la proposition qu'on lui fit d'aller professer l'Économie politique à l'École de droit de Santiago de Chili.

Courcelle-Seneuil habita pendant sept ans environ ce pays, qui fut pour lui un champ d'étude et d'expériences. Le Chili vivait encore — comme beaucoup d'autres nations actuellement — en ce qui regarde les institutions financières et économiques, sur des idées surannées. L'auteur du *Crédit et de la Banque* trouva donc la matière à appliquer ses théories. Son ascendant fut tel, qu'il parvint bientôt à jouir d'une grande autorité près du gouvernement. Dans un excellent article nécrologique, don Diégo Barros Arana, l'un de ses élèves, a rappelé les services que Courcelle-Seneuil rendit au Chili. Pendant ses « fonctions de conseiller au ministère des fi- « nances, dit M. Barros Arana, il donna, sur « une grande variété de matières, des avis « d'une indiscutable autorité, qui furent la « base de lois et décrets. Entre autres, on doit « se souvenir de ses conseils sur l'organisa- « tion des douanes, sur la loi monétaire, sur la « comptabilité des bureaux chargés du fisc. »

Cet homme que ses adversaires scientifiques combattaient comme un *à prioriste* pur avait été un praticien heureux, un réformateur dont les réformes furent la cause d'immenses avantages pour le pays qu'il appelait sa seconde patrie. Il dédaignait cependant de rappeler ces choses, et laissait dire ceux qui croyaient innover en proclamant indispensable l'observation en économie politique. Grâce à une mémoire peu commune, Courcelle-Seneuil parlait non seulement l'espagnol, mais encore deux autres langues outre sa langue maternelle. Il prenait peu de notes, classait ses observations dans son cerveau, et n'employait pas, dans les démonstrations scientifiques ces détails pittoresques qui attirent les esprits superficiels et paraissent donner un cachet d'authenticité à une description ou à une analyse de faits.

Et pourtant, au milieu des travaux les plus divers, il poussa très loin l'observation, ne la limitant pas à des catégories étroites de causes et embrassant avec son esprit philosophique, et autant que le permettait alors l'état de la science, l'ensemble des phénomènes sociaux. Le cours qu'il fit à l'université de Santiago, et qu'il publia plus tard sous le titre de *Traité d'Economie Politique* en est la preuve. On y trouve peu de développements littéraires mais une méthode rigoureuse dans le groupement des théorèmes économiques. Frappé de la confusion qui régnait parfois dans les ouvrages didactiques, il s'efforça de faire pour la science économique ce qu'on avait fait depuis le XVIII° siècle pour les sciences physiques et naturelles : il sépara la théorie de l'application — besogne assurément fort difficile en ces matières. Ce nouvel arrangement dans l'exposé des doctrines économiques n'était pas de nature à lui attirer les lecteurs d'instruction moyenne. Il entrait dans l'économie politique par un exposé qui touchait en quelque sorte à la science sociale tout entière et continuait par la recherche purement scientifique des lois naturelles qui régissent la vie économique de l'humanité. La tentative était audacieuse et digne d'un esprit de cet ordre ; elle offre certainement des avantages à tous ceux qui s'attachent à l'examen scientifique des idées et qui ne cherchent pas un roman dans un livre d'économie politique.

Il a été de bon ton, en ces dernières années, de reprocher aux économistes français, ou à ce que l'on désigne avec fort peu de précision, à notre avis, par cette formule vague, l'école française, une sorte d'engourdissement classique qui les tiendrait prisonniers de doctrines surannées dans lesquelles ils se trouveraient dogmatiquement claquemurés. La critique est fausse et injuste en ce qui regarde des écrivains, notamment comme M. de Molinari, dont la plume infatigable continue de nous donner de si remarquables travaux, et comme Courcelle-Seneuil.

Bien avant que les théories de l'évolution fussent à la portée des gens du monde, alors qu'on n'avait point encore vulgarisé ces idées chez les lettrés, Courcelle-Seneuil, dès la première édition de son *Traité*, indiquait l'origine et les modifications de l'appropriation des richesses comme relevant de modifications successives accomplies lentement à travers les siècles dans les mœurs et l'esprit des hommes. Il n'ignorait pas que la science est en perpétuel progrès, et montrait bien qu'il tenait compte de ce mouvement puisque ses ouvrages ont été non des ouvrages de vulgarisation, mais des œuvres de recherche.

A cet égard il se rattache à Turgot. Mais il a, d'un autre côté, avec l'auteur du *Discours en Sorbonne sur le Progrès* un autre point commun.

En France, pour des raisons historiques qu'il serait trop long d'exposer ici, les précurseurs des économistes et, plus tard, les économistes eux-mêmes, se sont plus spécialement occupés du rôle et des attributions de l'État, bien qu'ils fussent partisans de diminuer et de limiter l'action du gouvernement. A l'encontre des économistes anglais, qu'un milieu différent poussait aux études d'économie industrielle, chez nous, les questions financières et d'organisation administrative tinrent une place très grande dans les préoccupations des écrivains économiques. Les physiocrates cherchèrent le meilleur impôt, et Turgot, aussi bien dans son intendance du Limousin qu'au ministère, s'appliqua constamment à améliorer les services, si mauvais alors, de l'administration.

Courcelle-Seneuil, qui fit son premier cours devant des étudiants en droit (université de Santiago), devait être amené, et par cette occasion, et par ses études antérieures, à s'occuper des attributions du gouvernement, et, par voie de conséquence, des principes fondamentaux du Droit public. Revenu en France, il publiait, après la guerre 1870-71, une étude sur la décentralisation administrative, l'*Héritage de la Révolution*, dans laquelle il établissait, avec une grande rigueur, les règles de gouvernement d'un pays libre. Sa tentative, est-il besoin de le dire, n'eut pas d'écho dans un pays où règne le mandarinat. Il ne perdit pas néanmoins courage et dirigea son activité intellectuelle vers la théorie. C'est alors qu'il traduisit une étude de Sumner Maine sur l'*Ancien Droit*, à un moment où l'on ne préparait guère, en France, les esprits aux recherches de cet ordre. Les questions de droit, et surtout celle du droit de propriété, le passionnaient. Aussi, dirigea-t-il tous ses efforts de ce côté ! Peu d'années après, il faisait paraître son volume *Préparation à l'étude du Droit, Etude des Principes*, pensant avec raison qu'il faut, comme le dit Domat, « considérer quels sont les principes des lois pour connaître la nature et la fermeté des règles qui en dépendent. » Il sortait donc de l'économie politique pure pour aborder l'étude de l'une des branches les plus importantes de la science sociale. Le livre était destiné aux étudiants en droit. C'est un des ouvrages que Courcelle-Seneuil a peut-être écrit avec le plus de soin, où il a condensé plus spécialement ses idées générales. Il s'y occupe, en effet, non seulement de droit mais de morale, et défend, encore là comme dans sa *Morale Rationnelle* publiée quelques années avant, la morale utilitaire.

Plus Courcelle-Seneuil avançait en âge, plus il revenait à ce qui avait fait l'objet de ses études premières, la science sociale. Il avait à peu près abandonné les travaux techniques après avoir écrit son *Traité théorique et pratique des Banques* qui eut un si grand succès, ainsi que son livre sur les *Entreprises industrielles et commerciales*. Son intention était de résumer, en un dernier volume d'ensemble, ses études sur la société ; mais sa santé, fort atteinte, l'empêcha de mettre ce projet à exécution. Il dut se résoudre, ainsi qu'il l'explique dans sa courte préface de la *Société Moderne*, à réunir et à classer ses études sur cette matière, éparses en différents recueils.

Ce qui domine en Courcelle-Seneuil pour qui l'a bien étudié, c'est l'esprit plein de finesse pour trouver le sophisme et de force pour le dénoncer. Il est impitoyable envers les formules toutes faites dont le vague a souvent assuré le succès ; il écarte avec dédain tout ce qu'il n'aperçoit pas solidement établi sur les bases de l'observation et du raisonnement. Par sa méthode il est positiviste, et, comme Spencer, déclare qu'il est inutile et imprudent de s'aventurer sur des terrains inconnus où l'esprit ne peut plus observer et comprendre. Mais il ne critique pas pour critiquer, dans le but de se faire une renommée. Il sait de quel poids est l'opinion au sein de nos sociétés démocratiques ; il n'ignore pas à quelles sources troublées cette opinion va chercher ses inspirations, et alors il s'efforce de tracer le plan d'un enseignement rationnel et de mettre en garde contre les leçons mal conçues de l'histoire.

Au moment où tant d'esprits incertains pliaient devant le grand courant protectionniste, Courcelle-Seneuil fut parmi ceux bien rares qui demeurèrent fidèles aux principes de liberté. Et non pas en résigné, satisfait de n'avoir qu'à protester dans les conversations journalières de son attachement aux doctrines qu'il avait professées toute sa vie, mais bien la plume à la main, en homme qui savait qu'on ne défend réellement ses idées qu'en tirant sur ceux qui les combattent.

L'œuvre de Courcelle-Seneuil est considérable, aussi bien par la profondeur de la pensée que par la variété des problèmes qu'il a abordés. Elle est une source abondante en idées, où pourront puiser tous ceux qui s'adonnent sérieusement à l'étude de la science sociale.

Courcelle-Seneuil était entré au conseil d'État en 1879. Depuis 1882, il faisait partie de l'Institut.

ANDRÉ LIESSE.

COURNOT (Antoine-Auguste) est né à Gray (Haute-Saône) en 1801. Reçu à l'École normale vingt ans après, il entra bientôt dans l'Université où il fournit une longue et laborieuse carrière. Il débuta dans l'administration comme inspecteur adjoint d'académie à Paris, ne professa que peu de temps à Lyon (1834-1835), fut nommé recteur de l'académie de Grenoble (1835), puis inspecteur général des études en 1838, et enfin recteur à Dijon en 1854. Il est mort en 1877.

Si l'on en excepte les tentatives de Condorcet, d'ordre plus général (Voir MÉTHODE), Cournot est le premier en date qui ait fait, avec la méthode mathématique, une œuvre économique digne d'attirer l'attention. Avant lui, Canard avait essayé, sans succès scientifique d'ailleurs, d'ouvrir cette voie nouvelle. Cournot le constate dans la préface de son ouvrage : *Recherches sur les principes mathématiques de la théorie des richesses*, et critique en ces termes Canard (voy. ce mot), auteur des *Principes d'économie politique* (an X) couronné par l'Institut : Ces principes sont si radicalement « faux, écrit-il, et l'application est telle- « ment erronée que le suffrage d'un corps « éminent n'a pu préserver l'ouvrage de « l'oubli ». Mais plus tard Cournot devint moins ironique et, à la suite de l'insuccès presque absolu de son premier livre sur la théorie mathématique de la richesse, il abandonna complètement les formules lorsqu'il écrivit, en 1863, ses *Principes de la théorie des richesses*.

Nous avons indiqué au mot MÉTHODE les difficultés qu'éprouva Cournot pour traduire, au moyen de l'algèbre, la complexité des phénomènes économiques. Nous n'y reviendrons pas ici. Toutefois, il est intéressant de montrer que, dans son premier ouvrage, il hésitait quelque peu devant les résultats assez inattendus de ses recherches. Généralement, il prend une théorie de Adam Smith ou de Jean-Baptiste Say et tente de la vérifier. Or, le plus fréquemment, la solution trouvée par Cournot est opposée à celle de ces économistes. Il en est ainsi, par exemple, pour les barrières de douanes et leurs conséquences. Après une suite de problèmes, dans lesquels l'économiste-mathématicien établit assez bien l'influence du concours des producteurs, il étudie les conséquences de la « communication des marchés », et il en arrive à trouver que cette communication des marchés diminue la production, et que leur isolement tend à augmenter la quantité des denrées livrées à la consommation. Par suite, cela tendrait à établir que l'amélioration des voies de communication ne procure pas d'avantages au corps social. Mais Cournot, que ce résultat étonne, constate le fait sans avoir la prétention « absurde » de contredire l'opinion qui croit à l'amélioration des voies de communication ou à l'extension des marchés.

Il en est de même dans ses recherches, sur le « revenu social » et ses variations résultant de la communication des marchés. Là encore il prend un exemple dans J.-B. Say — le fret hollandais — et conclut à la protection de la marine nationale. Il ne voit en ce problème que les bénéfices de cette protection obtenus par ceux qui en profitent. Il s'arrête à la solution arithmétique parce qu'il n'a point introduit, dans ses données, les conséquences multiples de l'établissement d'un monopole sur la puissance productive du peuple qui le subit. Cournot pense d'ailleurs « que les questions telles que celles de la « liberté commerciale, ne se résolvent ni « par les argumentations des docteurs ni « même par la sagesse des hommes d'État. » Une saine théorie a pour but surtout d'apprendre à éviter les changements brusques et à ménager les transitions. Et comme, malgré l'influence considérable exercée sur lui par l'argument du travail national, son esprit scientifique se refuse à accepter l'absolu de ces solutions, Cournot écrit : « En tout « cas l'État ne peut pas préférer à tout prix « les nationaux aux étrangers. »

Ce premier essai de Cournot n'eut pas de succès. Les économistes de l'époque qui ne s'adonnaient guère à l'étude des mathématiques, ne le critiquèrent pas. Peut-être même certaines solutions de ce livre, si contraires à l'évidence des choses, contribuèrent-elles à faire considérer les mathématiques comme absolument impuissantes en ce qui regarde les problèmes économiques. Quoi qu'il en soit, l'auteur abandonna ses recherches sur l'économie politique et entreprit d'autres travaux. Il publia vers 1843, une *Exposition de la théorie des chances et probabilités*, et en 1851 deux volumes sur les *Fondements de nos connaissances et sur les caractères de la critique philosophique* où il revient encore à la théorie du probabilisme. Enfin, après avoir écrit un livre de philosophie sur l'*enchaînement des idées fondamentales dans la science et dans l'histoire*, il revint à

l'économie politique en 1863, avec son exposé des *Principes de la théorie des richesses*. Cette fois, un peu découragé, dit-il, par sa première tentative avortée, éclairé en outre, sur la relativité et la complexité des phénomènes sociaux, par ses études philosophiques, il n'introduisit dans cet ouvrage aucune formule mathématique. Ses idées s'étaient lentement modifiées. A la ferveur du début succédait une prudence acquise dans la méditation des problèmes de l'histoire ; aussi, conclut-il, après trente et quelques années de travail, dans l'un de ses derniers ouvrages, *Considérations sur la marche des idées et des événements dans les temps modernes* par les considérations suivantes : « Nous sommes « sûrs, écrit-il (liv. V, chap. VII) que notre « mécanique, notre physique, notre chimie, « ne sont pas de purs amusements de l'esprit, « quand la nature nous offre, dans la struc- « ture des êtres inanimés la copie ou le « modèle de nos poulies, de nos leviers, de « nos filtres. Donc nous avons des motifs « de croire que les conditions qui rendent « pour nous la science possible sont aussi les « conditions qui, dans le plan de la nature, « président à l'apparition des phénomènes « dont la science s'occupe ; et c'est ce que « nous avons tâché d'établir en rappelant « les circonstances qui favorisent de plus en « plus, l'avènement de la liberté économi- « que ».

Le dernier ouvrage que publia Cournot, ouvrage qui est loin d'avoir l'importance de ceux que nous venons de citer, est une *Revue sommaire des doctrines économiques* qui parut l'année même de sa mort. Comme l'indique le titre, l'ouvrage est plutôt une sorte de résumé.

Si l'on considère Cournot au point de vue économique, il nous semble être surtout un critique. Il s'essaya bien plus, en effet, à vérifier les travaux des autres, qu'à établir des théories, même lorsqu'il suivit la méthode positive dans l'étude philosophique de l'histoire. Comme tel, on doit reconnaître à Cournot, une des plus hautes et des plus nécessaires qualités du critique : la probité scientifique. Ses travaux d'ailleurs, même ceux qui n'aboutirent pas, sont loin d'avoir été inutiles, puisqu'ils ont été le point de départ — surtout à l'étranger — d'essais plus complets et plus méthodiques dans l'application de l'analyse mathématique à l'étude des phénomènes économiques. A cet égard Cournot a eu le mérite d'être un précurseur.

A. L.

Bibliographie.

Recherches sur les principes mathématiques de la théorie des richesses. 1838. — *Exposition de la théorie des chances et probabilités.* 1843. — *Traité de l'enchaînement des idées fondamentales dans les sciences et dans l'histoire.* 1861. — *Principes de la théorie des richesses.* 1863. — *Considérations sur la marche des idées et des événements dans les temps modernes. Sommaire des doctrines économiques.* 1877.

(Nous n'indiquons pas ici tous les ouvrages de Cournot mais seulement ceux qui traitent d'économie politique ou de questions s'y rattachant.)

CRÉDIT AGRICOLE.

SOMMAIRE

1. Nécessité du crédit agricole.

Il n'y a pas deux sortes de crédit : l'un commercial et industriel, l'autre agricole, il y a le crédit tout court, ainsi que l'affirmait M. Léon Say au congrès international d'agriculture qui s'est tenu à Paris, en 1889. « Le crédit ne crée pas le capital, il constitue tout simplement une organisation, une méthode pour mettre à la disposition des uns, l'argent qui appartient à d'autres. » On ne peut le concevoir, qu'il soit appliqué à l'agriculture ou à l'industrie, que comme une spéculation sur le taux de l'intérêt, et l'agriculteur n'a intérêt à emprunter que pour faire des opérations fructueuses, lui procurant un bénéfice supérieur à la charge que lui occasionne l'argent emprunté.

Mais en l'absence de toute possibilité de recourir au crédit, l'agriculteur qui n'a pas un capital de réserve solidement constitué et disponible, en est fréquemment réduit à manger son blé en herbe, à couper ses chênes en baliveaux, comme on dit, c'est-à-dire à se résigner à vendre ses récoltes à la première offre, ou même sur pied, et plus souvent à recourir à l'hypothèque. Dans un village, un épicier, un forgeron, un boulanger, pourra, avec quelques centaines de francs seulement, s'établir commerçant, acheter une charrette, un cheval, contre du papier négociable ; l'agriculteur dont l'actif est bien plus considérable ne le pourra pas. Des éleveurs qui présentent toutes les conditions désirables pour avoir du crédit, qui ont besoin d'acheter du bétail d'engraissement à certaines époques de l'année pour le revendre à une époque assez rapprochée, des cultivateurs propriétaires ou fermiers qui ont besoin d'acheter des engrais réalisables avec la récolte même, sont contraints de limiter leurs opérations au grand détriment de la bonne utilisation des ressources dont ils pourraient faire un meilleur usage, et même de l'intérêt général sans parler du progrès agricole. Le viticulteur qui ne peut vendre son vin qu'après la vendange et qui fume copieusement ses vignes, n'a-t-il pas très souvent aussi besoin du crédit? il n'existe même pas pour lui d'autres sources de recettes, venant en cours d'exercice renouveler les fonds de son capital circulant, comme dans tant d'autres systèmes de culture, la viticulture étant dans un grand nombre de régions absolument spécialisée.

Autrefois le crédit agricole n'avait pas une utilité bien reconnue. L'agriculteur exportait ses produits, mais il n'en importait pour ainsi dire pas. Depuis que l'agriculture s'est industrialisée, le champ s'est transformé, comme l'usine, en lieu de transformation des produits : il faut lui faire des avances considérables en matières premières, il faut augmenter son bétail, il faut aussi disposer d'un outillage qui va sans cesse se perfectionnant. Le capital d'exploitation n'est plus cet élément immuable ou à peu près de la culture ancienne, c'est un agent actif variant et se modifiant chaque jour, et le roulement des fonds, dans l'entreprise agricole moderne, n'a pas, toute mesure gardée, une moindre importance que dans l'entreprise industrielle. L'utilité du crédit pour notre agriculture est indiscutable. Nous ne nous attarderons pas à démontrer que, dans un pays vieux comme la France, où la culture, sur des terres représentant un capital élevé, est soumise à la concurrence de pays jeunes où abonde la terre à bas prix, il n'est possible d'exploiter économiquement que par des systèmes de culture des plus intensifs et qu'il faut absolument industrialiser l'agriculture.

Le principe de la nécessité du crédit à l'agriculture ne peut donc faire de doute pour quiconque connaît la marche de l'exploitation agricole moderne.

Nous laissons évidemment de côté le crédit foncier ou hypothécaire qui correspond au crédit réel, à la propriété foncière et qui n'apporte généralement à la culture qu'un secours dangereux ; c'est de celui-là que l'on a pu dire avec grande apparence de raison : le crédit soutient l'agriculteur comme la corde soutient le pendu. Ce crédit, identique d'ailleurs à celui qui est fait à la propriété bâtie, présente les mêmes avantages et les mêmes inconvénients que ce dernier, et quoique bien organisé aujourd'hui, il est encore cher et dangereux pour la culture (V. CRÉDIT FONCIER).

2. Résumé historique de la création du crédit agricole mobilier.

L'organisation du crédit agricole mobilier a déjà dans notre pays une longue histoire.

La première tentative de création légale de caisses rurales remonte, en effet, à 1840, et c'est seulement en 1894 qu'elle a reçu une première consécration, une solution partielle. C'est dans sa session de 1840-1841 que le conseil général de l'agriculture, des arts et manufactures, émit le vœu qu'on fît étudier à l'étranger et spécialement en Allemagne « des institutions de crédit signalées comme pouvant fournir d'utiles indications pour des créations similaires susceptibles d'être fondées en France ».

Afin de répondre à ce vœu, Cunin-Gridaine, alors ministre de l'agriculture et du commerce, confia, en 1843, à un inspecteur général de l'agriculture, Royer, le soin de faire sur les lieux l'enquête sollicitée. Le choix de Royer était des plus heureux, et son rapport, imprimé en 1845, peut être, encore aujourd'hui, considéré comme une œuvre économique de premier ordre.

A la fin de 1845, le conseil, à la demande duquel l'enquête avait été faite, fut réuni de nouveau, et émit l'avis que « dans l'intérêt de la propriété et de l'industrie agricoles, il y aurait une grande utilité à introduire en France une institution analogue à celle des sociétés de crédit foncier allemandes, et à continuer les études sur l'organisation du crédit agricole mobilier ».

Sous le gouvernement républicain de 1848, un ministre d'affaires, qui sut faire de grandes choses en peu de temps, Tourret, présenta à l'Assemblée nationale un premier projet de loi partiel, mais bien conçu, sur les avances à l'agriculture par l'État, projet qui n'aboutit pas. Depuis lors la constitution du crédit agricole mobilier n'a jamais cessé d'être à l'étude, à l'ordre du jour même.

Il semblait que cette institution fût une chimère irréalisable à la poursuite de laquelle on s'acharnerait vainement; on a accumulé les travaux, enquêtes, rapports, projets officieux et officiels, sans jamais aboutir à autre chose qu'à constater l'impuissance du législateur en cette matière. Deux grandes commissions furent convoquées sous le second empire, en 1856 et en 1866, pour étudier à nouveau la question et préparer un projet de loi : on s'est toujours égaré dans la recherche d'un idéal insaisissable, les rapports succédant aux enquêtes, les projets succédant aux rapports, sans pouvoir arriver à obtenir une sanction légale du principe en cause. Citons cependant au passage les beaux travaux de M. Josseau sur cette question.

En 1879-1880, sous la république, une troisième commission extra-parlementaire solennellement constituée, dont M. Labiche, sénateur, fut rapporteur, formula des conclusions qui peuvent être ainsi résumées :

1° Ni l'État, ni les départements, ni les communes, ne doivent directement s'immiscer dans les opérations du crédit au profit d'une industrie quelconque.

2° L'État ne doit accorder aucun concours, même sous forme de surveillance ou de contrôle, aux établissements de crédit fondés dans l'intérêt de l'agriculture.

3° Il y a lieu d'apporter diverses modifications à la législation.

Ainsi, d'une part, on restait au principe non interventionniste des économistes, tandis que, d'autre part, on reconnaissait la nécessité de modifier certains textes du code civil qui entravaient la libre organisation du crédit.

Le rapport de cette commission fut suivi du dépôt au Sénat par MM. Léon Say, ministre des finances, et de Mahy, ministre de l'agriculture, d'un projet de loi ayant pour objet : 1° le nantissement sans déplacement du gage; 2° la réduction du privilège du bailleur d'un fonds rural; 3° l'attribution des indemnités dues par suite d'assurances; 4° la commercialisation des billets à ordre. Déposé le 20 juillet 1882, ce projet de loi aboutit, après sept ans de discussions, de renvois d'une Chambre à l'autre, et de modifications à la loi restreinte du 19 février 1889, relative à la restriction du privilège du bailleur d'un fonds rural et à l'attribution des indemnités dues par suite d'assurances. Le crédit agricole était un peu relégué au second plan dans cette loi.

Le dernier projet a heureusement subi moins de vicissitudes. Il date seulement de 1892, et a eu pour parrain M. Méline, qui a pu fort opportunément utiliser l'institution récente des syndicats agricoles. Mais il ne faut pas l'oublier, et nous allons essayer d'en exposer les raisons, la loi du 5 novembre 1894 ne crée pas le crédit agricole purement et simplement : son objet est plus limité.

Remarquons toutefois, au préalable, que depuis quelque dix ans, on a beaucoup fait en France dans la voie de la création d'institutions de crédit agrcole mobilier. En l'absence d'une loi réglant la matière, l'initiative privée s'est exercée en divers sens, et la pratique de ces dernières années, devançant la loi, a pu fournir d'utiles enseignements. La série des expériences confuses, si le mot n'est pas excessif, aura donc eu cela de bon qu'elle aura servi à indiquer, pour l'avenir, ce qu'il y a de mieux à faire.

3. Difficultés du crédit agricole.

Le fonctionnement du crédit agricole se heurte à des obstacles qui peuvent se classer en deux ordres: les obstacles qui dérivent de la loi, du code civil en particulier, et ceux qui sont d'un ordre purement économique, ceux-ci ayant le plus souvent avec les premiers une connexion très étroite.

Au point de vue du droit, on a invoqué autrefois, avec insistance, le privilège de l'article 2102, § 1er, consacrant le privilège du propriétaire sur les biens du fermier pour tous les fermages dus ou à échoir, soustrayant ainsi aux tiers contractants avec les fermiers le gage qui pourrait garantir leurs créances. Cet article ne vise que le cas spécial du fermage, et de plus, aujourd'hui, la loi du 19 février 1889, article 1er, en a singulièrement diminué la portée en réduisant son étendue à quatre années (pour les biens ruraux seulement et non pour les biens urbains), savoir: deux années échues, l'année en cours et une année d'avance. Cet article 2102, dans son ancienne rédaction dont beaucoup regrettent l'abrogation, était lui-même une source de crédit pour le fermier qui se servait de ses recettes en retardant le payement de ses fermages au propriétaire, d'autant moins exigeant qu'il était plus solidement garanti par la loi.

Puis on a, avec plus de raison, invoqué l'obstacle de l'article 2076, qui veut, pour qu'il y ait valable constitution de gage, que ce gage soit mis « en la possession du créancier ou du tiers convenu entre les parties », autrement dit, interdisant la constitution du gage au domicile de l'emprunteur sans que celui-ci s'en dessaisisse. Or, précisément, le cultivateur a besoin pour son exploitation de garder chez lui ses animaux, ses instruments et machines qui pourraient garantir le crédit mobilier. Il n'en est pas de même, il est vrai, de ses récoltes, mais il est rare qu'un cultivateur gêné d'argent les garde longtemps après la moisson ou la vendange : il s'en défait le plus tôt possible pour dégager sa situation. Depuis longtemps, en France, le droit commun autorise que le débiteur saisi soit constitué gardien des objets mobiliers qui forment le gage du créancier poursuivant. De plus, le vendeur de meubles non payés conserve son privilège lorsque ces effets sont encore en la possession de l'acheteur. Et enfin les lois du 11 juillet 1851 et du 24 juin 1874 acceptent le principe du nantissement sans déplacement, en autorisant, au profit des banques coloniales, l'engagement des récoltes pendantes.

Bien d'autres articles du code civil ont été visés comme nuisant à l'établissement du crédit agricole mobilier, et notamment les articles 1800 à 1831, relatifs au cheptel, afin d'établir la liberté des conventions, dans ce contrat particulier ; les articles 520, 521, 522, 524, que l'on proposait de modifier en vue de rendre aux objets qualifiés immeubles par destination par ces articles la qualité de meubles, et d'en faciliter ainsi le nantissement ; puis d'autres encore, les articles 2072, 2078.

On a demandé également l'application aux cultivateurs des dispositions de l'article 634 du code de commerce pour les effets, billets, lettres de change et autres engagements commerciaux qu'ils auraient signés ou cautionnés, ce qui résume en un mot la *commercialisation* des engagements des cultivateurs.

Sur ce point rappelons que la législation actuelle permet de rendre justiciables des tribunaux de commerce les agriculteurs souscripteurs de billets à ordre, pourvu que ces billets portent la signature d'un commerçant, et que la jurisprudence de la Cour de cassation consacre cette interprétation.

On demandait enfin la revision de la loi du 3 septembre 1807 sur le taux légal de l'intérêt (aujourd'hui revisée en ce qui concerne les engagements commerciaux), ainsi que de la loi du 19 décembre 1850 sur le délit d'usure.

Cette énumération des textes de nos lois dont on proposait la revision n'est même pas complète. Elle est suffisante ainsi pour montrer combien cette création du crédit agricole mobilier soulève de difficultés, et expliquer pourquoi les discussions des projets de lois les mieux étudiés ont si souvent dévié de leur objectif pour aboutir à des échecs pitoyables.

Il est cependant utile de constater dès maintenant que, chaque fois qu'on l'a bien voulu, des méthodes de crédit se sont établies qui, sans violer la loi, ont été efficaces pour atteindre le but qu'on se proposait : témoin le crédit aux emboucheurs (ou engraisseurs) de la Nièvre, si bien organisé par le directeur de la succursale de la Banque de France à Nevers, à partir de 1867 et étendu ensuite à la Normandie ; témoins encore ces magasins généraux emmagasinant les récoltes, analogues aux élévateurs des États-Unis, de la Russie, que l'on a d'abord établis en Algérie à Affreville, à Bouffarick, que l'on essaie d'acclimater en France à l'heure présente et qui ne sont qu'une application pure et simple du warrant commercial à l'agriculture; témoins enfin les avances que font régulièrement de nombreuses fruitières de Franche-

Comté à leurs adhérents sur les fromages fabriqués et non encore vendus par la Société, ou encore les fromagers du Larzac sur les fromages que leur apportent les éleveurs de brebis de toute la région.

Au point de vue économique, le cultivateur pour ses opérations est exactement dans la même situation qu'un industriel ordinaire ; le gage qu'il peut offrir est instable ; on ne peut fonder le crédit à lui accorder que sur le crédit personnel, sur ses qualités morales, sur son habileté professionnelle.

Par contre, ses engagements diffèrent beaucoup de ceux du commerçant, par suite de la nature même de son industrie. La production agricole est lente, le renouvellement des capitaux circulants demande un délai beaucoup plus long que dans l'industrie, dépassant de beaucoup la durée de trois mois généralement assignée au papier commercial et accepté à l'escompte par les banques. En cas d'insolvabilité, de non-payement à l'échéance, les engagements de l'agriculteur n'étant pas commercialisés, sauf exceptions d'ailleurs de plus en plus nombreuses, heureusement, on ne pourrait recourir à la procédure simple et rapide de la liquidation commerciale ou de la faillite ; il faudrait s'engager dans une procédure civile extrêmement longue, hérissée de complications. D'où ces deux conséquences : le papier agricole doit être renouvelé au moins une fois, et souvent deux, pour qu'il puisse prendre la forme de papier commercial ; le marché de ce papier est très restreint, la banque ordinaire le refuse impitoyablement. Ces conséquences se traduisent par une cherté considérable de l'argent emprunté par la culture : le taux de l'escompte du papier agricole reste très élevé en raison même de sa difficulté de circulation et de réalisation. La faillite contrairement au préjugé courant, et encore moins la liquidation commerciale, ne sont pas si dangereuses qu'on le pense pour le cultivateur. Le concordat lui serait tout aussi avantageux qu'à un commerçant.

Cette liquidation interviendrait d'ailleurs fort rarement, car nul plus que l'agriculteur n'est en mesure de tenir exactement ses engagements. Ses opérations ne comportent qu'une somme d'aléa presque négligeable, il ne se hasarde jamais dans aucune spéculation hasardeuse. Bien mieux, la mesure de son honorabilité et de sa solvabilité est facile à déterminer et à contrôler : il vit dans un milieu restreint, tous ses voisins le connaissent, connaissent son avoir, ses capacités professionnelles, sa moralité, et pourraient facilement le cautionner. En réalité le crédit agricole est plus sûr que le crédit

commercial, la rareté même des protêts, partout où il fonctionne, fait foi de ce que nous avançons ici. Rien de plus logique, de plus naturel, que l'on ait songé depuis longtemps à en élargir les bases. Il serait suffisant, croyons-nous, dans la plupart des cas, d'admettre en principe, comme l'a proposé la Société des agriculteurs de France, que la négociation en banque d'effets de commerce seulement et les ouvertures de crédit rendraient les agriculteurs passibles de la juridiction commerciale.

Avant de laisser ce sujet, n'oublions pas de signaler les revendications des marchands d'engrais qui, depuis 1866, demandent qu'il soit créé en leur faveur — et par voie de conséquence, en faveur du crédit à la culture — un privilège légal sur la récolte, analogue à celui que consacre le code pour le vendeur de semences, ou pour l'entrepreneur qui fait les frais de la récolte. Les engrais sont aujourd'hui la base de la production agricole ; le développement de leur emploi a été la cause déterminante de l'augmentation des rendements de la culture. Au moment de la rédaction du code civil, les fumiers produits directement dans la ferme étaient à peu près les seules matières fertilisantes employées ; le commerce des engrais n'existait pas, il n'y avait pas lieu de s'en préoccuper ; aujourd'hui la création d'un privilège spécial faciliterait encore à la culture l'emploi plus général des engrais chimiques au grand avantage de notre production nationale. Cette revendication ainsi présentée paraît justifiée ; elle n'a jamais été admise cependant par des raisons tirées de l'observation pratique des faits.

L'efficacité des engrais est loin d'être toujours manifeste et proportionnelle aux quantités employées — en supposant la sincérité la plus complète dans la livraison faite au cultivateur — de nombreuses contestations surgiraient. Bien plus, on ne peut logiquement soutenir que les engrais représentent, aux termes de l'article 2102, des « frais faits pour la conservation de la chose », privilégiés même sur les droits du propriétaire, alors que l'on soutient encore en doctrine que quelques engrais chimiques, s'ils améliorent la récolte, dans de bonnes conditions de sol et de circonstances météorologiques concordantes, risquent éventuellement de diminuer la fertilité naturelle des terres cultivées.

Des diverses considérations présentées, jusqu'ici il se dégage ces deux faits : 1° le crédit agricole sans l'intervention de l'État, dont on ne veut pas plus que dans l'industrie, est difficile à organiser parce qu'il se heurte à des obstacles légaux ou à des pratiques contraires à la rapide circulation des capitaux nécessaires à la banque, qui est appelée à escompter le papier en provenant ; 2° partout où la pratique du crédit agricole s'est établie (avec plus ou moins d'efficacité), ce crédit a toujours revêtu la forme d'avances sur des valeurs réalisables à aussi brève échéance que possible : il y a un gage visé dans chaque opération d'avance dont la traite mise en circulation ne porte cependant la trace qu'exceptionnellement. Ainsi organisé, le crédit agricole reste du crédit réel, mais la constitution du gage n'étant pas faite expressément, il se confond avec le crédit purement personnel dont il ne diffère guère que par des nuances.

Un troisième fait qui ne découle pas directement des deux précédents, mais qui n'en garde pas moins une importance de premier ordre, ainsi qu'on le verra dans les quelques détails qui vont suivre, est le suivant : le crédit agricole mobilier semble réservé surtout aux petites opérations d'avances ou de garanties, il est consenti plus facilement, plus simplement par des caisses de prêts qui opèrent dans un petit rayon, la commune, le canton. Dans cette sphère d'action limitée, il est possible de mieux connaître la consistance morale et économique des emprunteurs dont la véritable situation ne peut faire de doute ; il est de plus très aisé de contrôler et de suivre sans surveillance inquisitoriale l'emploi des sommes avancées, comme aussi d'empêcher que la garantie sur laquelle on peut compter ne disparaisse par fraude.

4. La mutualité et le crédit agricole.

La solution de la création du crédit agricole réside malgré tout dans la liberté. Le crédit, la confiance, ne se décrètent pas. Les efforts dispersés, dus à l'initiative privée, ont donné des résultats sérieux que l'initiative officielle a été impuissante à stimuler.

Quand il s'agit d'un emprunt important, remboursable à longue échéance, le prêteur exige des garanties matérielles, l'emprunteur se soumet aisément à des formalités légales, consent à l'hypothèque ; mais les grosses opérations de crédit sont rares dans l'industrie agricole. Pour les opérations ordinaires de la culture les mouvements de fonds sont toujours assez limités, si on les compare à la valeur du capital foncier engagé, et alors la constitution d'un gage serait une entrave gênante ; les engagements personnels toujours d'assez courte durée suffisent. C'est dans la pratique de la mutualité, avec la forme coopérative, que le crédit agricole a trouvé sa meilleure solution jusqu'ici. De

petites banques locales de types très divers qui desservent, la plupart du moins, aussi bien la petite culture que la petite industrie, se sont organisées en différents pays, et ont rendu de très grands services. Nous ne voulons pas entrer ici dans la description du fonctionnement des banques d'Écosse et de Jersey, des banques populaires d'Allemagne, Schultze-Delitsch et Raiffeissen, des caisses rurales italiennes, de Leone Wollenborg, de celles de la Haute-Italie qu'a décrites Léon Say, et de tant d'autres, imitées des unes ou des autres, qui ont été créées en Belgique, en Russie, en Autriche et ailleurs [1]. Partout on les signale comme ayant contribué à réprimer l'usure et à améliorer la situation des petits ouvriers et des petits cultivateurs. Elles n'ont cependant pas été favorablement accueillies en France, et c'est à peine si l'on en signale quelques exemples à Angers et à Senlis.

N'oublions pas de mentionner ici cependant la caisse de crédit mutuel de Castellar près Menton, organisée en 1895 sur la triple base de la solidarité illimitée de tous ses membres, l'absence d'actions et de dividendes et l'indivisibilité du capital.

Le type qui a prévalu dans notre pays n'admet pas la solidarité de tous les membres de l'association coopérative qui a pour objet le crédit mutuel. Il prend la forme de la société anonyme à capital variable, dans laquelle la responsabilité de chacun est limitée à son apport à la caisse de crédit.

Les débuts ont été pénibles, indécis, non que les échecs aient été nombreux, mais parce qu'on innovait, on cherchait une voie nouvelle, c'était l'organisation pratique qu'il fallait trouver. Le principe syndical — qui date, dans l'application à l'agriculture, de 1883 — ayant été consacré définitivement dans notre législation par la loi du 21 mars 1884, est venu fort à point donner une base solide au crédit mutuel. La facilité de surveillance dont peuvent disposer les syndicats agricoles sans grever leur budget, leur permet de pratiquer le crédit sans qu'ils aient à se préoccuper de se réserver un privilège quelconque. L'agriculteur est toujours soucieux de sa réputation au village ; il ne peut se dérober aux jugements de l'opinion publique ; et il peut encore moins liquider rapidement au cas où il serait tenté de mal faire.

La grosse difficulté à surmonter pour toute association de crédit mutuel, a été de se pro-

1. Voir divers articles du DICTIONNAIRE : COOPÉRATION, BANQUES POPULAIRES, CRÉDIT AGRICOLE, SOCIÉTÉS COOPÉRATIVES, et, en outre, F. Convert, *Les entreprises agricoles*, ch. XXII, et le crédit agricole au Congrès international de 1889, par le même (*Annales agronomiques*, 1890).

curer l'argent nécessaire aux prêts ; on pouvait s'adresser à des procédés divers : émission d'actions, prêts par les caisses d'épargne, admissions de dépôts, ventes d'obligations agricoles ; quelques syndicats ayant réuni un patrimoine ont pu l'utiliser pour le faire servir de garantie vis-à-vis d'un banquier intermédiaire, qui avançait les fonds des opérations. On a aussi fait du crédit indirectement en garantissant la dette des cultivateurs, sans qu'il fût versé aucune somme d'argent, cette garantie se traduisant efficacement pour eux en un délai qui leur était accordé pour le paiement de sommes exigibles.

Le syndicat de Poligny a créé, dès 1885, une société anonyme à capital variable conformément à nos lois générales sur les sociétés commerciales ; — c'était à cette date la loi du 24 juillet 1867. — Le capital de cette association divisé en actions de 500 francs a été formé de deux parties bien distinctes : la première qui s'élève à 20 000 francs attribuée aux actionnaires-fondateurs, s'étant interdit de demander eux-mêmes des avances à la société, et qui statutairement n'ont droit qu'à un intérêt fixe de 3 p. 100 ; la seconde souscrite par les actionnaires-sociétaires comprend des actions libérées d'un dixième seulement, mais le dividende à leur servir peut s'élever à 5 p. 100 ; ces actionnaires-sociétaires ont seuls la faculté d'user du crédit de la caisse. On doit remarquer que la constitution même du capital ne répond pas ici aux vrais principes de la mutualité ; on fait une situation meilleure aux petits actionnaires, mais on grandit d'autant l'influence des fondateurs qui passent au rang d'actionnaires-bienfaiteurs.

La coopération doit être réelle pour porter tous ses fruits ; dans d'autres milieux on risquerait, si on voulait généraliser ce type, de ne pas trouver le même concours de bonnes volontés. Le conseil qui dispose de l'autorité et qui peut écarter les demandes de crédit qui ne lui agréent pas, peut en certaines occurrences se faire l'instrument d'une coterie. Reconnaissons néanmoins que l'association de Poligny a admirablement réussi et rendu de grands services : la progression régulière de ses bilans annuels en fait foi. On ne peut évidemment contester à personne le droit de s'intéresser à une institution qu'il trouve bonne, conforme à ses vues et de la propager ; mais il n'en est que plus indispensable de voir se créer des caisses de crédit sans caractère doctrinal, absolument neutres, impersonnelles, impartiales autant que peuvent l'être des institutions humaines, quelque chose comme des caisses d'épargne,

les bureaux de poste ou des monts-de-piété. L'intervention de la loi peut seule donner les bases nécessaires à ces institutions.

Parmi les autres types de caisses de crédit mutuel antérieurs à la loi de 1894, signalons celui de la société d'agriculture de Belfort, qui avance simplement aux petits cultivateurs les engrais et semences, et ne se fait payer qu'après la récolte ; on fait là du crédit à long terme, jusqu'à huit et dix mois, mais aucun papier n'est mis en circulation. A retenir également la pratique du syndicat de l'Ariège qui se sert de son fonds de roulement constitué sur la caisse syndicale pour acquitter en une seule traite les commandes des membres associés faites à un même fournisseur.

Il faut enfin signaler comme intéressant, le fonctionnement du syndicat de Compiègne. Ce syndicat n'ayant pas de capital a traité avec un banquier intermédiaire, responsable directement vis-à-vis des vendeurs, et de la banque à laquelle il négocie les traites qui lui sont remises en échange de produits achetés à crédit : cet intermédiaire prélève un intérêt de 6 p. 100, soit 0 fr. 50 par mois.

L'organisation cherchée n'a pas été partout également heureuse, ainsi que ces exemples le démontrent.

Il y a lieu de prévoir évidemment que, sous l'influence de la nouvelle loi de 1894, beaucoup de ces caisses de crédit que nous citons vont se transformer en caisses mutuelles conformément au type que consacre cette loi.

De l'observation attentive de la pratique du crédit par les syndicats avant la loi de 1894 on déduit un enseignement. Il faut que les opérations d'avances soient faites avec aisance et sans gêne, aussi bien par la caisse mutuelle que par l'emprunteur ; si le syndicat ne peut faire que des prêts insuffisants, il ne pourra avoir une clientèle sérieuse ; si le remboursement n'est pas reporté à une date normale de rentrée de fonds pour le cultivateur, celui-ci s'interdira toute opération de crédit ou compromettra même le succès de l'institution de crédit. De plus, pour les avances de sommes un peu importantes, il faut pouvoir admettre la libération du débiteur par acomptes échelonnés sur un espace de temps convenablement calculé. Bien évidemment aussi, le crédit doit être facile et à bon marché pour être accessible et éloigner toute tentation de recourir à l'usurier.

L'intervention d'un syndicat agricole dans la mise en circulation d'un billet d'agriculteur donne à cet effet une garantie considérable et précieuse qui en augmente la valeur. Que le syndicat ait inscrit dans ses statuts la clause de la solidarité de ses membres — ce qui est assez rare — ou qu'il ne l'ait pas inscrite, le simple fait qu'il intervient pour avancer des fonds à l'un de ses adhérents est une manifestation évidente de solvabilité du souscripteur, en même temps qu'il ajoute sa signature collective à l'effet créé et offert à la négociation en banque.

C'est ce puissant élément d'action qu'a utilisé la loi du 5 novembre 1894, qui a organisé en France le crédit agricole mutuel, et on ne peut qu'approuver le principe posé par l'article premier de cette loi : « Des sociétés de crédit agricole peuvent être constituées soit par la totalité des membres d'un ou de plusieurs syndicats professionnels agricoles, soit par une partie des membres de ces syndicats ; elles ont exclusivement pour objet de faciliter et même de garantir les opérations concernant l'industrie agricole et effectuées par ces syndicats ou par des membres de ces syndicats. »

Si le syndicat agit lui-même comme banquier, et surtout s'il peut ne recourir au réescompte de son portefeuille que lorsque le papier n'a plus que trois mois à courir, toutes les difficultés sont levées.

On pourrait encore procéder très simplement s'il existait une grande banque (ou plusieurs) qui accepte spécialement le papier des agriculteurs qui lui serait présenté par les syndicats. Malheureusement, on n'a pas voulu ou pas osé créer ce crédit mobilier, analogue au crédit foncier, qui aurait été le grand régulateur nécessaire au mécanisme imaginé. La loi est absolument muette sur ce point.

Le vrai crédit agricole est lié à l'accueil que lui feront les sociétés de crédit par action, qu'on confond avec la haute banque d'autrefois, à moins d'un grand effort financier que ne comporte guère une entreprise à ses débuts. Il ne faut pas perdre de vue que l'intervention des syndicats aura pour effet et d'augmenter la solvabilité du papier, et d'en retarder l'escompte à la banque, qui devra le garder en portefeuille jusqu'à l'échéance.

Le but du crédit mobilier à créer est simplement de pouvoir fournir au cultivateur le moyen de se procurer des objets déterminés indispensables à sa culture, tels que semences, engrais, machines, bestiaux, etc., et de ne les payer qu'après réalisation de ses récoltes, en retardant l'échéance jusqu'à ce moment. Pour obtenir la prorogation des échéances et la circulation facile des traites nées à l'occasion de fournitures déterminées, la loi cherche à obtenir sur ces traites trois signatures, c'est-à-dire à ajouter à celle du cultivateur la signature d'une banque organisée par le syndicat agricole dont il fait partie, et celle d'une banque centrale à déterminer ultérieurement, qui serait au moins soutenue moralement par l'État. D'autre part, on semble prévoir que les sociétés locales se fonderont en assez grand nombre pour servir d'annexe à la grande banque centrale à organiser et étendre le marché du papier agricole. Mais toute cette organisation complémentaire n'est pas indiquée dans la loi, on la trouve seulement ébauchée dans les travaux préparatoires et dans les commentaires auxquels elle a donné lieu.

Les dispositions de la loi nouvelle interdisent l'émission d'actions pour la formation des sociétés de crédit agricole, le capital ne peut être souscrit que sous forme de parts nominatives prises par les syndicataires eux-mêmes. On a cherché à éloigner de ces sociétés toute pensée de spéculation à gros profits éventuels. Cette préoccupation est surtout nettement affirmée dans l'article 3 en entier, qui, entre autres prescriptions, porte la suivante : « il ne pourra en aucun cas être distribué de dividendes entre les membres de la société. »

Ces sociétés toutefois jouissent d'un régime très simple et très favorable à la diminution des charges qui pourraient les atteindre, afin de ne pas surélever le taux de l'intérêt des prêts. On en fait des sociétés commerciales, et, en même temps, on les exempte de la taxe sur les valeurs mobilières, et de la patente, comme les sociétés coopératives.

De plus l'article 5 organise pour elles une publicité et une surveillance spéciales. Le juge de paix et le tribunal de commerce ont pour mission de les contrôler, et le public peut toujours, en s'adressant aux greffes de ces tribunaux, connaître exactement les opérations et la situation des caisses de crédit. Enfin, les articles 2 et 5 règlent très étroitement les questions de responsabilité des administrateurs et des sociétaires.

Cette loi procède d'une idée juste; malheureusement elle suppose que tous les agriculteurs ayant à recourir au crédit sont affiliés à un syndicat ou voudront y recourir, elle crée une branche de crédit et non le crédit agricole en général. En l'absence d'une grande banque centrale, il est à prévoir deux conséquences peu encourageantes : 1° les disponibilités des caisses de crédit pourront se trouver rapidement épuisées; 2° faute d'exutoire facile, le crédit agricole restera cher.

Pour tourner ces difficultés, la plupart des caisses de crédit agricole fonctionnant déjà en France ont eu recours à des intermédiaires plus ou moins obligeants, plus ou moins désintéressés, qu'elles ont parfois fait surgir à grand'peine, et qui jouent pour elles l'office de banque d'escompte. Ajoutons, cependant, avec M. de Rocquigny, qu'une observation capitale a été faite très généralement : c'est que dès que se fonde une institution de crédit agricole, les dépôts y affluent, malgré la concurrence des caisses d'épargne, et que souvent ils précèdent même les demandes d'emprunt. Ce fait est du plus heureux augure pour l'avenir du crédit agricole.

Pour que les nouvelles sociétés de crédit puissent fonctionner, la loi exige le versement du premier quart du capital souscrit. Et elle ajoute : « Dans le cas où la société serait constituée sous forme de société à capital variable, le capital ne pourra être réduit par les reprises des apports des sociétaires sortants au-dessous du capital de fondation. » En prévision de débuts difficiles, on a donc intérêt à fixer le capital initial à un chiffre très bas, 10 000 francs ou 20 000 francs, constitué par des parts nominatives de faible valeur, de 100 francs par exemple ; il sera toujours loisible et facile de le relever ensuite, au fur et à mesure que le développement des opérations l'exigera.

Ce capital n'est guère qu'une garantie vis-à-vis du banquier de la société de crédit ; les prêts sont réalisés sur les capitaux réalisés par d'autres voies, soit au moyen des dépôts en comptes courants ou imités de ceux des caisses d'épargne avec ou sans intérêts, soit par l'emprunt direct à des capitalistes, ou encore par la vente d'obligations agricoles émises par la caisse de crédit et qui doivent aisément se placer dans le public, dès que l'on sera un peu familiarisé avec ces nouveaux titres, similaires d'ailleurs de ceux de même nature déjà mis en circulation par les sociétés industrielles, les compagnies de chemins de fer, les municipalites et surtout le Crédit foncier.

Cette variété même des procédés à employer indiqués par l'article premier donne la certitude que les capitaux de roulement ne feront pas défaut. Le capital libéré partiellement seulement ne joue qu'un rôle secondaire; les versements non appelés augmentent la garantie que la caisse de crédit peut offrir. Il ne faut donc pas beaucoup de capitaux pour pouvoir réaliser les opérations de crédit agricole prévues par la loi de 1894, l'important est de s'assurer le concours d'une banque d'escompte sérieuse qui accepte le papier ainsi créé.

La Société départementale d'encouragement à l'agriculture de Montpellier a adopté, pour la création d'une caisse de crédit mutuel, des bases qu'il nous paraît intéressant de signaler ici.

Afin de familiariser d'abord sa clientèle avec l'institution nouvelle, elle s'est activement employée, avant tout, à créer dans les centres agricoles les plus importants du département de l'Hérault, des syndicats agricoles qui dépendent d'un bureau central établi au chef-lieu. De telle sorte qu'elle s'assure ainsi une clientèle naturelle pour sa caisse de crédit et une connaissance parfaite de la solvabilité de ses emprunteurs. La pratique obligatoire du crédit personnel en matière de crédit mobilier agricole devient par là même sans inconvénient sérieux.

Les banques ordinaires acceptent facilement dans ces conditions le papier émis par les nouvelles institutions de crédit, et le taux des prêts reste à peine supérieur à celui de la Banque de France de un à un et demi pour cent; elles y trouvent d'ailleurs des éléments d'accroissement de leur clientèle ordinaire.

Les opérations de la Société sont exclusivement limitées aux membres des syndicats affiliés. Pour se faire faire des avances par la caisse, il faut en justifier l'utilité agricole et se faire cautionner par une tierce personne ou déposer des titres en garantie. Les statuts prévoient, en outre, l'escompte des effets souscrits par les syndicataires, la garantie des achats qu'ils font vis-à-vis de leurs fournisseurs, en escomptant par exemple des traites fournies par ceux-ci sur leurs clients syndicataires. Et, enfin, ils prévoient aussi les opérations d'avances sur des marchandises ou denrées vendues par les adhérents et dont le payement aura été différé. Cette opération est de rigueur presque dans tout le vignoble languedocien où, d'après les usages consacrés, les acheteurs de vins payent seulement un acompte au vendeur au moment du contrat et se libèrent ensuite par fractions suivant la rapidité de l'enlèvement du liquide, enlèvement qui peut se prolonger de longs mois parfois.

A Amiens, à Remiremont, à Nîmes, à Aix, à Die, Épinal, Genlis, Besançon, un peu partout, ces caisses mutuelles conformes à la loi de 1894 se sont rapidement propagées, et les premiers bilans déjà publiés démontrent leur pleine réussite.

Il resterait encore cependant à autoriser, par une modification de nos lois, les caisses d'épargne à faire fructifier régulièrement leurs fonds par cette voie. Ce serait pour elles un placement avantageux, bien vu de leur clientèle, et qui dégagerait le Trésor dans une certaine mesure. Les dépôts qu'elles feraient aux caisses de crédit agricole seraient assurés d'un revenu régulier et y trouveraient assurément une sécurité absolue. En même temps, ce serait un excellent emploi de la petite épargne que de la faire servir à favoriser la petite culture.

5. — Principes généraux. — Conclusions.

L'avenir du crédit agricole reste donc lié à son accès dans les banques ordinaires. Cet accueil si désirable est déjà consacré par voie d'exceptions, il ne reste qu'à le généraliser graduellement chaque fois que les circonstances le permettront. La Banque de France fait depuis longtemps des opérations très fructueuses avec la culture en Normandie, dans le Nivernais et ailleurs. A Remiremont, à Poligny, elle accepte le papier qui lui est présenté par les caisses de crédit agricole parce qu'elle est garantie par un dépôt de titres ou de toute autre manière ; elle n'élève donc pas d'objections de principe contre cette pratique, elle applique simplement ses règlements avec une grande rigueur. Le papier agricole est accepté par elle à l'escompte, d'où qu'il vienne, pourvu qu'il porte des endossements auxquels elle a confiance, mais elle n'accepte les renouvellements si nécessaires à la culture, que dans des conditions étroitement délimitées. Elle n'aurait guère qu'à se montrer plus large pour donner satisfaction à tous. Chaque billet est, en effet, signé par le débiteur, par sa caution et par la Société de crédit mutuel, les trois signatures réglementaires y sont bien.

A Montpellier, la succursale de la *Société générale* accepte le papier de la Caisse de crédit agricole dans des conditions de bon marché aussi douces qu'il est possible de les concevoir : 1/2 p. 100 au-dessus du taux de la Banque de France ; elle rend ainsi de très grands services et y trouvera certainement les éléments d'une clientèle nouvelle pour l'avenir. Les renouvellements se font sans frais, l'intérêt du prêt seulement continue à courir jusqu'à l'échéance, ce qui n'est que juste et équitable. Il y a là une expérience fort intéressante qui se poursuit et que l'on pourra juger par ses résultats dans un très petit nombre d'années. Ces résultats semblent dès aujourd'hui promettre un plein succès. La Société générale n'a pas exigé de garanties spéciales, mais le directeur de Montpellier, qui est en même temps porteur de parts du capital social, fait partie du conseil d'administration de la Caisse de crédit agricole et peut ainsi contrôler directement la qualité du papier qui est créé par le canal de cette Caisse et qui doit lui être négocié plus tard.

Sous forme de conclusions générales, nous résumerons en quelques idées les principes qui se dégagent de cette courte étude.

Tout d'abord, il est à retenir ce fait fondamental : l'agriculture se trouve en concurrence avec l'industrie et le commerce sur le marché financier pour ses besoins d'argent et elle ne peut prétendre à aucune faveur particulière. Si les placements agricoles présentent quelques avantages pour les capitalistes, ils présentent aussi des inconvénients. Il faut que la culture, qui réclame une place égale vis-à-vis de la banque, s'attache à mobiliser les valeurs qu'elle met en circulation et qu'elle paie le même intérêt au moins que le commerce.

Dès maintenant, il est acquis qu'avec une bonne organisation locale, avec la facilité de contrôle dont on dispose à l'égard des cultivateurs, toutes les banques opérant dans une région peu étendue peuvent pratiquer le crédit agricole avec la plus grande sécurité et rendre tous les services qu'on est en droit d'en espérer.

Beaucoup de bons esprits pensent que la coopération n'a pas d'avenir sérieux en France, que nous sommes trop individualistes pour consentir à nous aider les uns les autres dans nos affaires. Cette opinion n'est pas fondée : on commence à s'en apercevoir aujourd'hui. De ce que nous ne sommes entrés que tard dans la voie de la création des banques coopératives, il ne s'ensuit nullement que nous ne sachions pas en tirer un profit avantageux.

En règle générale, l'argent mis à la disposition de la culture a été rare et fort cher jusqu'à notre époque par suite de son défaut d'organisation financière. Cet état de choses est en cours de transformation à l'heure présente. Le crédit agricole s'organise, s'étend et se régularise en même temps que la culture s'habitue à y recourir pour ses besoins normaux. Et l'évolution, qui sera la conséquence de cette réforme dans l'entreprise agricole, aura, sans nul doute, une répercussion considérable non seulement dans l'économie de la ferme, mais encore sur la productivité du sol national.

Si jusqu'à présent le crédit ne paraît se propager qu'en faveur de ceux qui sont affiliés à un syndicat, et sous la forme mutuelle, ce n'est là qu'une phase transitoire ; peu à peu, des règles générales se feront jour, s'imposeront à la pratique et créeront des habitudes ; les cultivateurs, ayant définitivement accès dans les banques, arriveront bientôt à s'émanciper de la tutelle syndicale et à se découvrir eux-mêmes.

Il faut que le crédit agricole soit général

comme le crédit commercial, sans organisation spéciale qui déroge trop aux usages reçus et aux principes pas plus qu'aux procédés habituels de la banque ordinaire, pour qu'il soit véritablement fondé en France; on y viendra sûrement. On est désormais en bonne voie, et les institutions coopératives, qui doivent le jour à la loi du 5 novembre 1894, auront été une utile préparation pour cette grande conquête, dont la petite culture aura été ainsi la première à profiter.

FRANÇOIS BERNARD.

Bibliographie.

Note sur le crédit agricole mobilier, juillet 1880, et *Suite à la note, etc.*, août 1881, 2 vol. Publications du ministère de l'agriculture donnant l'état le plus complet à cette date de la question. A signaler de fort nombreuses thèses de doctorat en droit sur ce sujet. — F. CONVERT, *Les entreprises agricoles*. Montpellier et Paris, 1890. — A consulter également la plupart des traités d'*Économie rurale* et les ouvrages traitant des syndicats agricoles, les comptes rendus des Congrès internationaux d'agriculture de Paris, 1889 ; La Haye, 1891 ; Bruxelles, 1894. — E. CABLAT, *Le crédit aux agriculteurs*. Toulouse et Paris, 1892. *Bulletin du crédit populaire*, publication mensuelle paraissant depuis 1893. Paris, Guillaumin. — BENOIT LÉVY, *Manuel des Sociétés de crédit agricole*. Paris, 1895.

CRÉDIT FONCIER.

SOMMAIRE

1. Définition et objet.
2. Historique.
3. La suppression de la dette hypothécaire par le crédit foncier.
4. Fondation du crédit foncier.
5. Précautions inutiles.
6. Le prêt en obligations.
7. Le crédit foncier au point de vue agricole.
8. Prêts communaux.
9. Conclusion.
10. Opérations du crédit foncier.
11. Institutions de crédit foncier à l'étranger.

1. Définition et objet.

Le crédit est personnel ou réel. Il est personnel, quand il repose sur la confiance qu'inspire la personne : il est réel quand il repose sur un objet, affecté spécialement à la garantie de l'engagement.

Quand le crédit réel est constitué par le prêt sur gages, comme dans le mont-de-piété, ou sur le prêt sur marchandises comme dans le système des magasins généraux avec warrants, on l'appelle crédit réel mobilier.

Dans ce système, le débiteur est dessaisi de l'objet engagé. C'est la première forme du crédit réel, facile à comprendre et à réaliser.

Dans l'autre système, le débiteur ne se dessaisit pas de l'objet : l'engagement provient d'un acte, privé ou public, qui, tout en laissant la chose aux mains du débiteur, en assure la propriété au prêteur en cas de non paiement. Quand cet engagement concerne les terres et les maisons, on l'appelle crédit réel foncier ou immobilier.

Tout crédit réel implique deux conditions : la spécialité, car le créancier ne peut saisir que le gage qui lui est affecté, sans s'attaquer aux autres biens du débiteur ; la préférence, selon la convention ou la loi.

La notion du crédit réel mobilier est simple et de facile conception : on la trouve chez les peuples peu avancés en évolution. Il n'en est pas de même du crédit réel foncier. Il exige des notions juridiques très développées. Si le mot hypothèque est d'origine grecque, le prêt hypothécaire y paraît avoir été organisé d'une matière primitive. A Rome, il était précaire : car il ne reposait pas sur la publicité des droits réels[1]. Le crédit foncier se développe à mesure que les droits personnels sont plus nettement séparés des droits réels : — ainsi le serf du moyen âge ne pouvait engager sa terre ; — il se développe à mesure que la propriété est plus solidement constituée, et à mesure qu'elle peut être plus facilement mobilisée.

Un créancier prête d'autant plus facilement et à un taux d'autant plus bas qu'il sait que son gage est plus sûr et qu'il pourra le réaliser plus facilement.

Jusqu'en 1850, en France, on n'avait connu que le système de l'hypothèque isolée : un propriétaire était mis en rapport, directement ou par un intermédiaire, le plus souvent un notaire, avec un prêteur : celui-ci prêtait directement. Cette forme de prêt hypothécaire conserve souvent, sinon légalement, du moins dans les faits, un caractère personnel. On prête au propriétaire d'un immeuble, non seulement parce que l'immeuble présente des garanties, mais aussi parce qu'on a confiance en lui.

Quelque considérable que soit la clientèle d'un notaire, à son égard, le marché des capitaux disponibles pour prêts hypothécaires est restreint. Un notaire de campagne peut ne pas en trouver pour des hypothèques alors qu'ils abondent à Paris, d'autant plus que le notaire ne garantit pas au prêteur la valeur du gage. C'est donc à celui-ci de se renseigner directement : travail délicat, difficile, dispendieux. Un petit bourgeois de Paris n'ira pas faire une enquête pour placer mille francs sur une propriété située en Basse Bretagne ou dans les Pyrénées. Tels ne peuvent emprunter que pour mille francs : tel prêteur a une somme de dix mille francs qu'il ne veut pas répartir en petites fractions.

Le prêteur ne veut se dessaisir de son capital que pour une période plus ou moins

---

[1] V. Yves Guyot, *Évolution de la propriété*. *Réfutation de M. Paul Lafargue*.

courte : il ne veut pas immobiliser, pour une longue période, le capital prêté : de là un gros inconvénient pour l'emprunteur : il est obligé de se libérer à brève échéance : et s'il ne peut se libérer qu'en renouvelant son hypothèque, le taux en est fortement majoré par les frais et les droits qu'il est obligé de payer pour ce renouvellement ; et l'intérêt des notaires est de le rendre fréquent. De plus, le prêteur ne peut admettre que son débiteur se libère par fractions. Tel est le caractère et tels sont les inconvénients de l'emprunt direct et isolé sur hypothèques.

Alors se pose cette question :

Le crédit réel immobilier devrait être supérieur au crédit personnel et, par conséquent, moins onéreux ; il en est autrement : pourquoi ? et comment remédier à cette situation ?

D'abord, deux réformes s'imposent : augmenter la nécessité du crédit réel par une meilleure constitution de la propriété (v. art. *cadastre* et *Act Torrens*) ; par une plus grande sécurité du prêt, à l'aide de la publicité et de la spécialité de toutes les hypothèques (V. *Prêts hypothécaires*).

C'est une œuvre législative à accomplir qui s'adresse au prêt hypothécaire isolé, mais qui n'en supprime pas les autres inconvénients que nous avons signalés, lesquels exigent les solutions suivantes :

1º Concilier le placement à longue échéance et l'immobilité du gage avec la mobilisation du titre donnant au prêteur la possibilité de rentrer, à tout instant, à sa volonté, dans les fonds prêtés ;

2º Substituer pour l'emprunteur au remboursement intégral, à échéance fixe et rapprochée, un remboursement par annuités réparties sur une longue période, en même temps que la faculté de se libérer à volonté et par fractions ;

3º Assurer à l'emprunteur au lieu d'un marché financier restreint, un marché financier illimité ;

4º Permettre à l'emprunteur et au prêteur de faire chacun son opération, selon leurs convenances respectives, sans avoir à s'occuper de faire cadrer exactement les besoins de l'emprunteur avec les disponibilités du prêteur ;

5º Dégager le prêteur de toute préoccupation sur la solidité du gage hypothécaire, par l'intervention d'un intermédiaire garant, prenant à sa charge tous les risques.

Tels sont les problèmes qu'ont essayé de résoudre les institutions dites de Crédit foncier et dont la plus importante, dans le monde, non par la durée, mais par la puissance, est le Crédit foncier de France.

Nous allons examiner comment ces institutions et tout spécialement cette dernière ont réalisé le programme qui a été leur raison d'être.

2. Historique.

Dans le *Dictionnaire d'économie politique*, publié en 1853, par M. Guillaumin, l'article *Crédit foncier* avait pour auteur M. Wolowski : et il ne pouvait y en avoir de plus compétent : car c'est lui qui a importé cette institution en France, l'a fait connaître, dès 1835, en a été l'infatigable propagateur et, quand il est parvenu enfin à la réaliser, le premier directeur.

Je ne saurais mieux faire que de lui emprunter, en l'abrégeant, l'historique des institutions qu'il a adaptées à la France.

Les premières institutions de crédit foncier ont été établies en Silésie, à la suite de la guerre de Sept ans, alors que les propriétaires obérés ne pouvaient plus faire face à leurs engagements. Frédéric le Grand accueillit et sanctionna en l'appuyant d'une dotation de 300 000 écus de Prusse (1 125 000 francs) le plan du négociant Buhring, qui proposa la formation d'une association de crédit territorial, formée de la réunion solidaire de tous les propriétaires silésiens. Les prêteurs cessèrent de s'inquiéter de la position plus ou moins obérée de tel ou tel propriétaire ; ils prêtèrent à la *Société* qui s'engagea à leur servir exactement les intérêts et à rembourser le capital. Les inconvénients attachés au crédit morcelé s'évanouirent, et la confiance revint. Telle est l'origine des lettres de gage (*Pfand-Briefe*.)

On facilita le remboursement de la créance par deux moyens : un amortissement forcé, joint à l'intérêt ; un amortissement facultatif, en donnant au propriétaire la faculté de se libérer à volonté et par fractions, à l'aide du remboursement facultatif de tout ou partie de la créance, au moyen de la remise d'une quotité équivalente d'obligations territoriales émises par la société.

M. Wolowski citait, dans son article, une liste qui ne comprenait pas moins de dix-huit numéros d'établissements de crédit foncier se rapprochant plus ou moins de ce type existant en Allemagne, en Pologne et en Belgique.

La plupart reposaient sur le principe de l'association des propriétaires. Onze d'entre eux opéraient sous la surveillance et quelques-uns avec le concours de l'État.

Si ces institutions permirent aux propriétaires de *biens paysans* grevés de charges féodales à l'égard de *biens nobles*, de s'en libérer par des emprunts à long terme, elles avaient été fondées dans des pays de grande propriété et d'aristocratie territoriale.

3. La suppression de la dette hypothécaire par le crédit foncier.

Les promoteurs des institutions de crédit foncier en France espéraient qu'elles allaient supprimer l'emprunt hypothécaire isolé, remboursable à court terme et à échéance fixe. Selon l'habitude des législateurs, ils représentaient qu'il « était urgent de venir en aide à la propriété » ; et pour le prouver, M. Chegaray, dans son rapport à l'assemblée nationale en 1851, calculait que le montant de la dette hypothécaire était de 8 milliards, son intérêt, frais compris de 7 p. 100, d'où il résultait une charge annuelle de 560 millions pour un revenu brut de 1920 millions, dont il fallait déduire 240 millions, pour le principal et les centimes additionnels de l'impôt foncier. Près des deux cinquièmes du revenu étaient donc absorbés par l'impôt réuni à l'intérêt de la dette. On représentait la dette s'élevant chaque jour davantage : M. Léon Faucher, un économiste cependant, montrait en 1848 à l'assemblée, la propriété foncière surchargée d'une dette annuelle de 557 millions de francs, et il disait : « Si vous ne procurez pas à l'agriculture des capitaux à un prix modéré, la propriété foncière marchera infailliblement à la banqueroute. »

Les promoteurs du crédit foncier ne s'apercevaient pas qu'en proposant la création d'institutions de crédit, destinées à faciliter les prêts hypothécaires, loin de les diminuer, elles devaient contribuer à les augmenter, si elles remplissaient bien leurs fonctions. Je cite ce fait pour montrer une fois de plus la contradiction existant trop souvent dans les œuvres législatives, entre les motifs invoqués et l'objet proposé.

Les institutions de crédit foncier n'ont point, en effet, diminué la dette hypothécaire de la France. D'après une enquête faite en 1876, le montant réel de la dette hypothécaire, déduction faite des inscriptions périmées, mais non rayées, était de 13536 millions auxquels il fallait ajouter 832 millions d'inscriptions prises à la requête du crédit foncier, soit un total de 14369 millions. Ce chiffre s'est encore élevé de plusieurs millions et les inscriptions du crédit foncier qui, depuis l'origine, sont montées à 88000 et au chiffre de 3845 millions, s'élevaient, au 31 décembre 1893, à 1913 millions.

Ils nous indiquent dès maintenant deux choses : 1° que l'institution du crédit foncier n'a pas eu pour résultat de diminuer la dette hypothécaire, ce qui était à prévoir ; 2° Que l'institution du crédit foncier n'a pas supprimé le prêt hypothécaire isolé, à échéance fixe et brève pour le remboursement intégral et qu'il ne représente qu'environ la huitième ou neuvième partie de la dette foncière.

J'ajoute que, malgré ces résultats, la propriété foncière n'a pas fait banqueroute depuis près d'un demi-siècle que M. Léon Faucher formulait sa prédiction alarmée ; ce qui prouve que les législateurs doivent se garder de grossir les dangers, pour préconiser des remèdes qui souvent les aggravent, ou n'ont pas l'efficacité qu'ils en attendaient.

J'ajouterai toutefois que lorsque les promoteurs du crédit foncier prévoyaient qu'ils pourraient abaisser le taux du prêt hypothécaire, ils avaient raison. Dès la fin de la seconde année de l'existence de cet établissement, Wolowski pouvait dire à l'assemblée des actionnaires :

« L'influence de notre institution s'est déjà montrée : dès que nos opérations ont commencé, l'intérêt a baissé dans les transactions hypothécaires ordinaires, l'existence seule du Crédit foncier a suffi pour amener ce changement qui a profité à la propriété foncière. »

C'est là un résultat de la concurrence ; mais ce fut la propriété urbaine qui en profita et non « l'agriculture » dont parlait M. Léon Faucher.

L'intérêt du Crédit foncier est si bien d'augmenter la dette hypothécaire qu'il se plaint quand des remboursements anticipés la diminuent : « la situation, dit le conseil d'administration dans son rapport le 6 avril 1892, s'est encore améliorée pendant le premier trimestre de l'année 1892 ; le chiffre des remboursements anticipés n'a été que de 20 millions au lieu de 30 millions pendant la même période de 1891. »

Depuis son origine, le crédit foncier a fait 90325 prêts pour une somme totale de 3908 millions. Sur ce chiffre 1668 millions lui ont été remboursés par anticipation et 370 seulement par amortissement. Il est vrai que, dans ce chiffre, sont compris les prêts communaux : il faut ajouter que beaucoup de ces remboursements prouvent non pas que le débiteur est dégagé de sa dette, mais qu'il a changé de créancier.

Du reste, l'activité des prêts hypothécaires est si peu une preuve de détresse qu'en 1878, en même temps que les prêts demandés au crédit foncier s'élevaient dans une proportion beaucoup plus considérable que les années précédentes, les remboursements anticipés les avaient presque égalés.

C'est un vieux préjugé que de considérer

l'hypothèque comme un signe de malaise pour la propriété : elle doit être considérée comme un moyen de la mobiliser. Le propriétaire qui, en 1872, dans un sentiment patriotique et avec une appréciation exacte de ses intérêts, a hypothéqué ses propriétés pour souscrire à l'emprunt de la libération du territoire, non seulement a rendu un service à son pays, mais il a fait une excellente affaire personnelle. Je cite ce fait pour combattre la prévention qui, faisant encore trop souvent considérer l'emprunt hypothécaire comme un signe de détresse, frappe d'une sorte de flétrissure le propriétaire qui y a recours.

4. Fondation du crédit foncier.

En 1851, deux commissions, nommées, l'une par le gouvernement, l'autre par l'assemblée étaient arrivées aux conclusions auxquelles aboutit actuellement la commission extra-parlementaire du cadastre : publicité des actes translatifs de propriété, publicité et spécialité de tous les droits réels grevant les immeubles. Ces conclusions furent repoussées par le conseil d'État et par l'Assemblée législative, le 8 juin 1851.

Le coup d'État survint, l'avènement du prince Napoléon à la dictature ne devait pas entraîner de profondes modifications dans le code Napoléon; on laissa, à la Belgique, le soin de profiter de ces travaux, et elle s'en est admirablement trouvée; ils ne devaient aboutir en France, qu'à la loi sur la transcription de 1855.

Mais pendant ce temps, on n'avait pas cessé de s'occuper des institutions de crédit foncier. M. Wolowski avait présenté une proposition de loi, dans ce sens, à l'Assemblée législative; M. Josseau avait été chargé par le gouvernement de réunir les documents sur le fonctionnement des institutions de crédit foncier et de crédit agricole existant dans seize États: Russie, Pologne, Prusse, Autriche, Bavière, Danemark, Saxe, Hanovre, Mecklembourg, villes Hanséatiques, Hesse-Cassel, Hesse-Darmstadt, duché de Nassau, Suisse, Belgique, Grande-Bretagne. Ces travaux avaient abouti à un projet déposé, le 8 août 1850, au nom du gouvernement, par M. Dumas, ministre de l'agriculture et du commerce. La commission, chargée de l'examiner ainsi que les propositions Wolowski, Loyer et Martin (du Loiret) avait abouti à un autre projet, dont M. Chegaray était rapporteur.

Tous ces projets avaient un point commun : le principe de l'association; mais le projet du gouvernement plaçait les obligations émises sous la garantie, jusqu'à concurrence des deux tiers, de l'État et des départements. La commission repoussait cette garantie. Le prince-président voulant signaler son pouvoir dictatorial par un acte, qui semblât utile à la propriété et à l'agriculture, fit ces travaux au décret du 28 février 1852. Ce décret déclarait que des sociétés de crédit foncier, ayant pour objet de fournir aux propriétaires d'immeubles qui voudraient emprunter sur hypothèques la possibilité de se libérer au moyen d'annuités à long terme, pouvaient être autorisées par décret, et que les autorisations pouvaient être accordées soit à des sociétés d'emprunteurs, soit à des sociétés de prêteurs, pouvant émettre des obligations. Leurs prêts ne devaient pas excéder la moitié de la valeur de l'immeuble.

L'emprunteur a toujours le droit de se libérer par anticipation, soit en totalité, soit en partie. Le titre IV déterminait les privilèges accordés aux sociétés de crédit foncier pour la sûreté et le recouvrement du prêt. Le titre V les plaçait sous la surveillance du ministre de l'intérieur, de l'agriculture et du commerce et du ministre des finances. Le choix du gouverneur était soumis au premier.

Le 28 mars, un décret autorisait la constitution de la *Banque foncière de Paris* et lui accordait un privilège de 25 ans pour les sept départements du ressort de la cour de Paris. D'autres sociétés se fondèrent à Marseille, Nevers, Lyon et Toulouse, mais elles ne purent fonctionner à cause de la difficulté qu'elles éprouvèrent à placer leurs obligations et à trouver des capitaux: un décret du 10 décembre 1852 étendit le privilège de la banque fondée à Paris à tous les départements, l'autorisa à incorporer les autres sociétés, et lui donna le nom de *Crédit foncier de France*. Après divers incidents, le décret du 6 juillet 1854 spécifia que le gouverneur et les deux sous-gouverneurs seraient nommés par l'empereur.

5. Précaution inutile.

Le gouvernement avait voulu prémunir le crédit foncier contre ses imprudences. Tandis qu'il lui donnait 10 millions de subvention et exigeait un capital de 60 millions, il limitait ses prêts sur hypothèques à 200 millions de francs et l'obligeait de les répartir proportionnellement à la dette hypothécaire inscrite dans chaque département.

Le gouvernement avait limité à 5 p. 100 l'annuité, comprenant l'intérêt, l'amortissement en cinquante années, les frais d'administration : le crédit foncier émit un emprunt de 200 millions, représenté par des obligations foncières de 1000 francs au porteur, produisant un intérêt de 3 p. 100, remboursable avec lots et primes, dans un laps de temps égal à celui des prêts.

Cet emprunt échoua en partie : le 21 septembre 1853, un décret substitua au taux fixe, une échelle mobile calculée d'après le cours moyen de la rente 3 p. 100.

M. de Germiny émit en 1854, des obligations rapportant 5 p. 100, sans lots ni primes et éleva l'annuité des prêts à 5 fr. 95 et 6 fr. 06 p. 100.

L'article 68 des statuts fixait le maximum des prêts pouvant être faits au même emprunteur à 1 million pour la société de Paris (art. 68 des statuts).

On avait fixé à 0 fr. 60 p. 100 la commission réservée au crédit foncier pour se couvrir de ses frais.

Cette commission portait sur le montant total du prêt; il en résultait qu'au fur et à mesure que l'amortissement en diminuait le chiffre, la commission de 0 fr. 60 devenait de plus en plus disproportionnée.

En 1879, le crédit foncier renonça à cette commission fixe et ne demanda de rémunération qu'à l'écart résultant du prix de revient de ses obligations et de l'annuité.

Le décret de 1852 avait exigé la purge obligatoire et avait rendu l'emprunt public; les remboursements anticipés étaient frappés d'une prime de 20 p. 100. La purge devint facultative par la loi du 10 juin 1853; la prime attachée aux remboursements anticipés a été réduite à 0 fr. 50 p. 100.

Les précautions du début qui avaient pour objet de défendre le crédit foncier contre l'envahissement des emprunteurs, ont été rapidement supprimées, non seulement comme inutiles, mais comme nuisibles au fonctionnement de l'institution.

Le gouverneur est nommé par le gouvernement : le Crédit foncier est un établissement à la fois autonome et placé sous le contrôle du gouvernement. Cette surveillance n'a pas empêché le Crédit foncier de se trouver chargé de 168 millions de papier de la Dette égyptienne au moment où le khedive suspendit ses payements en 1876.

Dans la campagne qui eut lieu en 1890, contre le crédit foncier, dans les interpellations de M. Blavier au Sénat sur le fonctionnement du Crédit foncier, on a pu voir les inconvénients de cette fausse situation. On essayait d'atteindre le gouvernement en même temps que le gouverneur du crédit foncier. Le ministre des finances était obligé de se faire renseigner sur l'administration de l'établissement par une commission composée d'inspecteurs des finances. On voyait le gouverneur interpréter dans un sens et

le ministre dans un autre sens, le droit du crédit foncier de régler le placement du fonds social et des réserves, le ministre des finances prétendant que les dispositions du titre IV, relatives aux prêts hypothécaires, lui étaient applicables, tandis que le conseil d'administration prétend, non sans raison, qu'elles ne sont applicables qu'aux fonds provenant de l'émission d'obligations ; mais le ministre n'a pas qualité pour trancher la question.

L'inspection des finances discutait les frais d'émission des emprunts; et le gouverneur du Crédit foncier lui répondait par leurs succès. Elle discutait la valeur des immeubles pris pour gage : et le gouverneur répondait que quelques dépréciations étaient inévitables à la suite des crises qui avaient frappé les propriétés foncières. Elle discutait les opérations financières de la société faites en dehors des prêts hypothécaires, et le gouverneur lui répondait qu'il ne pouvait pas immobiliser les fonds disponibles dans une tirelire. Elle le blâmait d'avoir fait quelques opérations financières étrangères à son objet: bons de la presse, bons des loteries réunies, bons algériens, bons de l'exposition ; le gouverneur répliquait que « c'était toujours sur le désir du gouvernement qu'il était intervenu ». Le rapport du ministre des finances est du 28 juin 1890; la dernière interpellation de M. Blavier est du 23 novembre 1893 : le gouverneur du crédit foncier est resté à la tête de l'établissement dont les opérations ont été gênées et ralenties; et il en est ressorti, une fois de plus, avec évidence que le crédit foncier est bien un établissement privé sur lequel le gouvernement ne peut avoir une action efficace, car le ministre des finances ne peut ni ne doit s'ingérer dans son administration [1].

6. Le prêt en obligations.

Les promoteurs du crédit foncier avaient présenté, comme un de ses grands avantages, la possibilité de faire ses prêts en obligations : d'un côté, il y aurait eu des souscripteurs d'obligations, de l'autre, des preneurs d'obligations, simple échange de papier; la société n'aurait plus été obligée d'emprunter toujours, quel que fût le taux de l'intérêt, de restreindre ces prêts au montant des sommes qu'elle pouvait se procurer et de changer le taux de ses avances pour le mettre en rapport avec le cours de ses titres. Elle aurait remis à l'emprunteur ses titres sans changement de conditions et sans autre limite que les

[1]. Ces lignes étaient imprimées avant la constitution du ministère du 2 novembre 1895; quelques jours après M. Christophle donnait sa démission.

besoins de la production. C'eût été à l emprunteur d'en opérer la négociation.

C'était là une illusion qui était exprimée de la manière suivante, dans le rapport précédant le décret du 5 juillet 1854 : « Le crédit foncier ne sera complètement fondé que le jour où l'emprunteur pourra recevoir en lettres de gage le montant intégral du prêt qui lui sera fait et trouver facilement à le négocier. » Cette illusion a été tenace, car en 1872, M. Josseau répétait : « Le prêt en lettres de gage, c'est le crédit foncier dans son vrai caractère, dans sa propre nature. Le jour où l'emprunteur peut accepter indifféremment ou du numéraire ou une obligation qui lui procure ce dont il a besoin, le signe représentatif de la propriété foncière est trouvé. La lettre de gage est à l'immeuble ce que le billet de commerce est à la marchandise. Ce que la société prête à chaque propriétaire, c'est le crédit même de son immeuble sous la forme perfectionnée d'une lettre de gage, et l'annuité qu'elle lui impose est à l'abri des variations du cours des valeurs publiques. »

C'était « la pensée du décret de 1852 » dit M. Josseau ; mais elle ne fut pas réalisée.

L'article 51 des statuts, revisés en 1856, spécifie que « les prêts peuvent être faits soit en numéraire, soit en obligations foncières ou lettres de gage. »

L'administration du crédit foncier essaya, au commencement de 1857, de remettre une portion des prêts en obligations : à la fin de l'année, elle décida que tous les prêts seraient faits intégralement en obligations foncières : mais elle se chargea de la négociation pour leur compte. En réalité, c'était là un artifice auquel le crédit foncier a renoncé.

L'emprunteur ne savait jamais à quel taux il empruntait, puisque le cours des obligations pouvait varier entre le moment où était signé l'acte conditionnel, et celui où l'emprunt était réalisé.

La perte que les emprunteurs ont subie par la négociation des obligations, s'est élevée en 1871 à 5 et 8 p. 100 ; en 1872, à 11 et 15 ; en 1873, à 15 ; en 1874, à 15, 14 et 9 ; en 1875, à 7, 6, 3 et 4 ; en 1876 à 3 et 2 p. 100.

Il était beaucoup plus simple que le crédit foncier empruntât, de son côté, en numéraire, et versât en numéraire à son emprunteur, à un taux déterminé. C'est la pratique à laquelle on a définitivement et complètement abouti depuis 1877.

Le prêt pouvant être fait en obligations, le remboursement peut être fait en obligations ou en numéraire au choix des débiteurs, sous la réserve que les obligations appartiendront à l'émission indiquée par le contrat de prêt et qu'elles seront reçues au pair, quel qu'en soit le cours (art. 63).

En pratique, de même que le prêt est fait en numéraire, le crédit foncier exige des remboursements en numéraire.

Actuellement, dans le contrat conditionnel de prêt, le crédit foncier spécifie que « la libération ne pourra être faite qu'en numéraire. »

Interpellé sur ce point au sénat, le ministre des finances, M. Peytral, reconnaissait que si cette pratique n'était pas rigoureusement conforme aux statuts, il fallait « l'expliquer par les conditions mêmes dans lesquelles s'opèrent les prêts ; je ne comprends pas, disait-il, étant donné le taux auquel les emprunts de 1883 et de 1885 notamment, ont été émis, comment l'emprunteur qui reçoit 500 francs en argent serait en droit de se libérer de cette somme en remettant au crédit foncier une obligation 1883, par exemple, qui ne lui aura coûté que 330 francs. » Et il constatait que l'article 63 était devenu « caduc ».

Donc, sur ce point, le programme des promoteurs du crédit foncier ne s'est réalisé que très partiellement et, après vingt ans d'expériences, on a dû y renoncer définitivement : en fait, le crédit foncier emprunte aux uns et prête aux autres ; il n'y a plus que les prêteurs qui en connaissent les obligations : les emprunteurs touchent en numéraire les prêts consentis.

Cet échec prouve, une fois de plus, la vanité des combinaisons qui ont pour but d'essayer de substituer dans les transactions, un titre au numéraire ou à son équivalent, le billet de banque.

7. Le crédit foncier au point de vue agricole.

C'est une mode en France que les pouvoirs publics doivent toujours « venir en aide à l'agriculture » ; il y a longtemps qu'elle dure ; si elle change de procédés, elle ne disparait pas.

On cherchait sous le gouvernement de Louis-Philippe, sous la République de 1848, sous le second Empire, comme on cherche maintenant, à fonder le crédit agricole.

En 1861, on institua auprès du crédit foncier, en exécution de la loi du 28 juillet 1860, une autre société anonyme, dite de Crédit agricole pour « venir en aide à l'agriculture ». Elle était fondée avec un capital de 40 000 000, administrée par le gouverneur et les sous-gouverneurs du crédit foncier.

Le 29 novembre 1876, le gouverneur constatait que n'étant pas parvenu à atteindre son objet spécial, elle avait dû se livrer à des opérations de banque et à des participations financières pour lesquelles elle avait obtenu des crédits du crédit foncier, dont 168 000 000 pour « l'affaire égyptienne ».

Quand le gouvernement égyptien suspendit ses paiements on trouva qu'en dehors des affaires égyptiennes, l'excédent du passif sur l'actif était de plus de 30 000 000.

Dans son rapport du 30 novembre 1876 à l'assemblée générale des actionnaires, le gouverneur du crédit foncier constatait que les valeurs escomptées au profit du crédit agricole s'élevaient à 168 000 000 dont 4800 obligations égyptiennes 1873 et le reste en avances payées et en bons de la Daïra et du Mallieh. Quand le gouvernement égyptien suspendit ses paiements, le crédit foncier qui avait engagé en avances tous ses crédits disponibles, se trouva atteint.

Il fut relevé grâce à l'énergie et à l'habileté avec lesquelles M. Christophle, nommé gouverneur le 12 février 1878, liquida l'affaire égyptienne et celle du crédit agricole : la première liquidation, préparée par le traité du 9 novembre 1878, conclu avec le Khédive, laissa, à la place des pertes redoutées, un reliquat de 7 253 000 francs. Il vint atténuer la perte qui résulta de la liquidation du crédit agricole et qui fut limitée à 16 000 000.

Par la loi du 17 juillet 1856, le gouvernement avait pris un engagement de 100 000 000 pour faciliter les travaux de drainage. Il fallait le réaliser : en 1858, le gouvernement se substitua le crédit foncier. Il avait réduit prudemment à 10 000 000 la somme des obligations de drainage qui pourraient être émises en 1858 et 1859. Or, en 1859, les sommes prêtées se montèrent à 36 000 francs. Le maximum, atteint dans une année, l'a été en 1864 : 180 000 francs. L'échec a été complet ; on peut l'attribuer en grande partie à l'excès de réglementation qui concerne ces demandes de prêts.

Nous constatons ces faits afin de démontrer qu'il ne suffit pas d'ajouter l'épithète d'agricole au mot crédit et de fonder un établissement portant ce titre pour le fonder ; qu'il ne suffit pas d'inscrire solennellement des crédits dans la loi pour favoriser tel ou tel acte de propriété, comme les 100 000 000 du drainage.

8. Prêts communaux.

La loi du 6 juillet 1860 autorisa le crédit foncier à prêter, sans affectation hypothécaire, aux communes et aux départements les sommes qu'ils auraient obtenu la faculté d'emprunter.

Ce genre d'opérations a pris une importance de premier ordre. Depuis la loi du 6 juillet 1860 jusqu'au 31 décembre 1893, le total des prêts communaux s'élève à la somme de

2 231 848 000 francs. Sur ce capital, le crédit foncier a recouvré 1 026 000 000 francs ; le solde des capitaux restant dus sur les prêts communaux, au 31 décembre 1893, est de 1 205 000 000 francs.

9. Opérations du crédit foncier.

Les prêts hypothécaires réalisés depuis l'origine du crédit foncier jusqu'au 31 décembre 1893 sont :

Sur les immeubles situés dans le département de la Seine : 2.397.000.000 fr.
Sur les immeubles situés dans les autres départements et en Algérie.............. 1.448.000.000 fr.

Si on examine la nature des immeubles, on trouve :

Propriétés urbaines......... 3.045.000.000 fr.
Propriétés rurales........... 800.077.000 fr.

Nous devons ajouter que ce n'est que depuis 1880 que les opérations du crédit foncier se sont développées dans les départements et se sont étendues aux propriétés rurales.

Si on classe les prêts hypothécaires d'après leur importance, on trouve :

De 5.000 francs et au-dessous.	68.000.000 fr.
De 5.001 à 10.000............	138.000.000
De 10.001 à 50.000..........	866.000.000
De 50.001 à 100.000........	675.000.000
De 100.001 à 500.000........	1.340.000.000
De 500.001 et au-dessus......	755.000.000
	3.845.000.000

Ces chiffres nous montrent que contrairement aux motifs mis en avant par ses promoteurs, le crédit foncier n'a été que de peu d'utilité pour la propriété rurale et pour la petite propriété, et que ses opérations ont surtout servi à la grande propriété urbaine.

10. Conclusion.

L'expérience du Crédit foncier est fort intéressante, parce qu'elle montre les contradictions existant entre les objections de ceux qui le combattaient et les arguments de ceux qui le soutenaient, et les faits.

Les premiers annonçaient son échec, l'impossibilité de fonder une telle institution ; d'autres l'appelaient une société d'expropriation foncière, le représentaient comme une véritable machine destinée à absorber toute la propriété.

Ses promoteurs en faisaient une panacée : tout en fondant une société de prêts hypothécaires, ils prétendaient qu'elle devait éteindre la dette hypothécaire ; ils croyaient supprimer l'hypothèque à échéance brève et fixe et la remplacer complètement par l'hypothèque s'éteignant par amortissement : ils prétendaient « venir en aide à l'agriculture », ils prétendaient enfin supprimer le numéraire des opérations du crédit foncier.

Or, ni les dangers, ni les bienfaits annoncés ne se sont produits. Le crédit foncier est devenu un des plus puissants établissements financiers du monde. Il n'a point absorbé la propriété et les expropriations ont été fort rares.

D'un autre côté, il n'a point diminué la dette hypothécaire de la France ; il a plutôt contribué à l'augmenter. Il n'a point supprimé la dette hypothécaire isolée, à brève échéance, car il n'en absorbe guère que la huitième partie ; il a renoncé à essayer de remplacer le numéraire par ses obligations ; ses tentatives pour « venir en aide au crédit agricole » n'ont pas été heureuses ; il doit sa prospérité à ses opérations sur les immeubles situés à Paris et dans quelques grandes villes et sur les prêts communaux.

S'il n'a pas rendu les services au nom desquels on réclamait son institution, il en a rendu d'autres et de premier ordre ; en mettant dans la circulation une masse de titres hypothécaires, fractionnés en petites coupures, il a appelé les épargnes les plus réduites en aide à la propriété. C'est ainsi qu'il a contribué depuis l'origine jusqu'à la fin de 1893 aux travaux d'intérêt public pour une somme de 2.234 millions, répartis ainsi : communes, 1 716 millions ; départements, 229 ; associations syndicales, 113 ; chambres de commerce, 151 ; fabriques d'église, 10 ; hospices, 11.

Au point de vue économique, il a un caractère progressif ; car il a facilité la mise en œuvre et le groupement des petits capitaux et la mobilisation de la propriété foncière.

11. Institutions de crédit foncier à l'étranger.

On peut distinguer différents types dans l'organisation du crédit foncier : 1° les grandes institutions corporatives ; 2° les institutions de l'Etat ou des provinces ; 3° les institutions organisées en vue de rémunérer les capitaux fournis par les actionnaires.

Parmi les facteurs qui viennent en aide aux besoins de capitaux des propriétaires, il faut citer les Caisses d'épargne dans les pays où la législation les autorise à faire des avances sur hypothèques, et c'est le cas en Allemagne, en Autriche et aux États-Unis.

En Autriche, en 1889, on a constaté l'existence d'une dette hypothécaire de 3 600 millions, dont les 2/3 sont dans les mains de particuliers, 1/3 dans celles d'institutions de crédit parmi lesquelles les Caisses d'épargne, de tutelle, etc. en absorberaient 1/4, et 350 millions seulement par des institutions émettant des lettres de gage.

En Prusse, en 1885, les Caisses d'épargne avaient placé 1282 millions de marks, dont 651 millions en hypothèques rurales.

En Saxe, elles avaient avancé 96 millions ; dans le Grand-Duché de Bade, en 1891, elles avaient avancé 196 millions.

Les institutions de crédit foncier en Prusse sont administrées d'une façon autonome par des administrateurs élus par les propriétaires, sous le contrôle d'un commissaire du gouvernement ; elles ont des privilèges spéciaux pour la vente en cas de non paiement des intérêts et pour la mise sous séquestre en cas de mauvaise administration.

Ces institutions ont surtout rendu service à la grande propriété. Actuellement, il en existe une vingtaine en Prusse qui ont conservé, en partie, la forme ancienne et qui, en partie, ont reçu des statuts plus modernes. Parmi les banques de crédits fonciers ou banques hypothécaires fondées par l'industrie privée, l'une des plus anciennes est la banque de Stockolm qui, en 1754, a adopté la forme des annuités.

En Allemagne, la banque hypothécaire la plus ancienne est une banque bavaroise fondée en 1834. Il existe en tout, en Allemagne, une vingtaine de banques hypothécaires qui ont émis pour 3 1/2 à 4 milliards de marks de lettres de gage, et qui sont arrivées à réduire le taux qu'elles bonifient à leurs obligataires à 3 1/2 p. 100.

Dans d'autres parties de l'Allemagne, il existe des associations de crédits fonciers dont les uns sont limités à certaines catégories de propriétaires, et dont d'autres reposent sur la solidarité limitée des associés.

En Autriche-Hongrie il a été créé de 1836 à 1884, six banques hypothécaires qui servent surtout à la propriété urbaine ou à la grande propriété rurale.

En Italie, à côté de huit banques anciennes dont le rayon d'activité est limité territorialement, on a créé une banque de crédit foncier s'étendant à toute l'Italie.

Dans un certain nombre de pays, le gouvernement a créé des établissements avec ses propres capitaux pour pratiquer le crédit hypothécaire et émettre des obligations qui servent à faire les avances. On compte quatre institutions gouvernementales en Prusse, neuf dans le reste de l'Allemagne ; on en trouve en Autriche tandis qu'en Russie où dès 1754, l'Etat était intervenu pour avancer des capitaux à la noblesse, fonctionne une banque foncière de l'Etat, connue seulement sous le nom de banque de la noblesse, et qui a absorbé une banque foncière fondée sur le principe de la mutualité.

Une banque gouvernementale avançait aux

nobles quarante roubles par tête de serf au taux de 5 p. 100 d'intérêt et 3 p. 100 d'amortissement.

A côté de cette banque de la noblesse, le gouvernement a établi une banque spécialement destinée à faciliter le crédit aux paysans.

On fonda en 1825, en Pologne, un crédit foncier provincial qui fonctionne encore.

En 1841, la noblesse du gouvernement de Nijni-Novgorod fonda une banque foncière à son profit.

En 1864, le gouvernement sanctionna les statuts d'une banque foncière dont les opérations étaient limitées a la province de Kherson. Mais ce n'est qu'en 1871 que fut établie la première banque véritable dont il existe aujourd'hui une dizaine dans le pays.

YVES GUYOT.

D

DARU (Pierre-Antoine-Noël-Bruno, comte), né à Montpellier le 12 janvier 1767, mort à Meulan le 5 septembre 1829.

Daru était le fils d'un intendant militaire, qui le fit nommer à seize ans sous-lieutenant ; mais le jeune homme donna bientôt sa démission pour entrer dans l'administration de l'armée. Il était commissaire des guerres, lorsque éclata la Révolution, et fit en cette qualité la campagne de 1792. Comme beaucoup de ses collègues, il eut tantôt la faveur, tantôt l'inimitié du gouvernement révolutionnaire. Incarcéré sous la Terreur, et sur le point d'être guillotiné, il échappa à l'échafaud pour être nommé chef de division au ministère de la guerre en l'an IV et secrétaire général en 1799. Napoléon qui l'avait apprécié à l'armée du Rhin se l'attacha étroitement, en l'appelant successivement aux plus hautes fonctions : tribun en l'an X, conseiller d'État, comte, intendant général de sa maison et enfin ministre. C'est de lui qu'il disait qu'il joignait le travail du bœuf au courage du lion.

La Restauration ne lui tint pas longtemps rancune de ses opinions impérialistes et en 1819 le créa pair de France.

C'était aussi un lettré fin et distingué, qui traduisait Horace dans sa prison pour se préparer à l'échafaud ; il composa de charmants contes, des livres d'histoire et de statistique, qui lui valurent son élection à l'Institut en 1816.

Mais son grand mérite, c'est d'avoir été un financier intègre et clairvoyant, lorsqu'il administrait le Trésor de la Guerre avec une rigueur pour faire rentrer les deniers publics dans ses caisses, comme dit Las Cases, qui n'avait d'égale que son scrupule à en rendre compte ; et l'on sait quelle fut l'importance de ce service à cette époque où nos armées rayonnaient sur tous les points du continent, où nous prélevions des contributions et taxes de guerre sur l'Autriche et sur l'Espagne, où la Pologne, pour subvenir aux besoins de la Grande-Armée faisait venir des millions de la Hollande et de l'Italie.

C'est Daru qui organisa toute la campagne de Russie, qui administra, avec sa sévérité habituelle, les finances de la Confédération germanique ; aussi, lors de l'invasion, eut-on toutes les peines à empêcher Blücher de brûler son château de Meulan. En temps de paix il s'occupait beaucoup d'économie politique, et maints des discours qu'il prononça dans les diverses assemblées dont il fut membre, laissent voir ses aperçus en cette matière.

Un entr'autres, sur les monnaies, mérite d'être étudié, par ce qu'il nous expose clairement la situation monétaire à cette époque, d'où la nôtre découle immédiatement. Il s'agissait de donner une plus grande stabilité à notre système financier si éprouvé par la Révolution, en réglant le cours des monnaies pour quelques années au moins, pensait-on ; en réalité la législation préconisée par Daru a persisté intégralement jusqu'en 1876 et subsiste encore en majeure partie.

Beaucoup de financiers et d'économistes de ce temps demandaient déjà le système du monométallisme, se basant sur ce principe que de même qu'il y a un étalon unique pour les poids et les mesures, de même il ne doit y en avoir qu'un pour les valeurs, comme cela avait existé de tous temps dans les principaux centres financiers, Hambourg, Venise, Gênes, etc. Cette donnée admise, le métal type ne pouvait être que l'argent, comme dans ces villes commerçantes, et du reste le seul métal précieux répandu en France ; de plus, on faisait pièce à l'Angleterre, qui, sur les conseils de Lord Liverpool, venait d'adopter le monométallisme-or.

Daru ne partageait pas cette opinion ; il commence son rapport par une courte mais excellente histoire de la monnaie, montrant d'abord que l'idée de remplacer le troc par la vente est née de l'initiative individuelle, et que l'État l'a faite sienne plus tard, en frappant des lingots égaux de valeur et de poids, et finissant par croire qu'il pouvait leur attribuer une valeur arbitraire.

Il nous montre les graves conséquences de cette erreur économique, ces rois faux-monnayeurs qui, ajoute-t-il spirituellement, « semblaient ne poursuivre chez leurs sujets le crime de fausse-monnaie que pour se réserver le privilège de le commettre », ces banqueroutes et perturbations économiques qui ruinèrent le crédit de l'État ; car, l'État est le premier puni de toute fraude qu'il commet en cette matière, car, si chaque consommateur est frappé, combien plus ne perd pas l'État qui est le plus grand des consommateurs.

Il fait alors une rapide étude des rapports intrinsèques des deux métaux monétaires dans tous les temps et tous les pays, jusqu'au fameux rapport 1 à 15,5, qui lui semble exact à l'époque où il parle, mais qui pourra varier, et être modifié sans porter atteinte à la Constitution de l'État. Mais il ne voit pas dans cette hypothèse plausible d'un changement de valeur, une raison pour démonétiser l'or, comme le projet en avait été déposé au Tribunat. Il montre alors l'importance de chaque métal suivant la nature de ses fonctions ; l'or sert aux voyages à cause de son petit volume, et surtout aux compensations de créances internationales ; l'argent est le métal de paiement par excellence à l'intérieur du pays, et le cuivre sert aux usages communs et quotidiens ; il blâme seulement le billon qui contient assez d'argent pour tromper le public et trop peu pour être estimé des banquiers. « A quoi servirait, dit-il, la mesure préconisée, on n'a pas l'intention, ni surtout la possibilité de bannir l'or de la République ; dès lors, on s'en servira dans les transactions, mais comme les bases de l'échange avec l'argent ne seront plus fixées par la nation, la spéculation en profitera, le trouble sera jeté dans nos caisses publiques, et l'on n'aura réussi qu'à faire profiter les banquiers des pertes du contribuable, ce ne peut être le dessein du gouvernement.

Il convient donc de conserver actuellement un rapport légal de 1 à 15,5, sauf plus tard à le modifier, si la valeur relative des métaux varie ; mais au lieu de troubler la confiance du public si impressionnable en matière financière, il faut la ramener en maintenant, au moins temporairement, la stabilité par une loi ; en frappant des monnaies de bon aloi, en relation avec le système

métrique adopté pour les autres unités de mesure, en exigeant une retenue pour couvrir les frais de fabrication et pour empêcher surtout les spéculateurs de profiter des petites variations du change au détriment du commun des contribuables, et montrer par l'exemple tout-puissant de l'État créancier, l'égalité parfaite entre l'or et l'argent comme moyens de paiement. »

Ce discours produisit un grand effet sur le Tribunat et contribua à faire maintenir la nouvelle législation monétaire qui produisit jusqu'à nos jours ces excellents résultats, qui ont fait de la France une des premières nations au point de vue monétaire.

RENÉ CAHEN.

Bibliographie.

DARU, Discours sur les monnaies au Tribunat (3 germinal an XI).

Le Consulat et l'Empire.

DAVANZATI (Bernardo) 1529-1606, marchand florentin, qui retourna dans sa ville natale après avoir quelque temps été établi à Lyon, où s'y adonna au commerce et aux lettres, est célèbre en Italie par une traduction de Tacite dans laquelle il a réussi à l'emporter en concision sur l'original. Il a encore écrit un traité de l'agriculture en Toscane, une histoire du schisme d'Angleterre, une *Lezione sulle monete* et une *Notizia dei Cambi* : ces deux derniers opuscules figurent dans la collection Custodi (Vol. II. *Parte antica*).

La *Notizia* est un exposé clair et succinct du mécanisme des échanges et du change. Dans la *Lezione*, Davanzati expose avec une remarquable clarté l'origine et le rôle de la monnaie et termine en mettant les souverains en garde contre toute tentation de l'altérer : « Ce qu'ils gagnent une première fois sur leurs pauvres peuples, ils le reperdent autant de fois qu'ils font de recettes en monnaie mauvaise ». Il voudrait que la valeur de la monnaie fût telle « qu'on pût sans perte transformer comme un animal amphibie la monnaie en métal et le métal en monnaie ». Jusqu'aux frais du monnayage devraient donc demeurer à la charge du prince. Davanzati ne consent pas à ce qu'on prenne des mesures contre l'exportation de la monnaie droite : « On n'y court aucun danger ; on ne la donne pas à qui l'emporte : elle lui coûte le prix de la bonne et il y laisse, comme on dit, de son poil. S'il la refait mauvaise, comme mauvaise il la dépensera et l'échangera. »

DAVID (Christian-Nathan). — Économiste et homme d'État danois (1793-1874) ; fils d'un riche commerçant juif de Copenhague, baptisé lui-même en 1823 ; critique littéraire célèbre sous le pseudonyme Y. Z. ; reçu docteur de Göttingen, avec une thèse intitulée *Traité sur les impôts danois au xviiie siécle* ; il fonda les revues *Statsökonomisk Arkiv*, 1826-1839, et *Nyt statsökonomisk Arkiv*, 1841-1843 ; professeur d'économie politique à l'Université de Copenhague (1830), forcé de démissionner (1836) pour ses opinions politiques libérales ; fonda et dirigea, (1834-1839), le *Fædrelandet*, hebdomadaire libéral (plus tard journal quotidien et, pendant un grand nombre d'années, le « Journal des Débats » du Danemark) ; directeur et réformateur des prisons ; en 1848, de nouveau *Docent* à l'Université ; directeur du bureau de statistique (1854-1858) ; directeur de la Banque nationale (1858) ; conseiller municipal ; pendant plusieurs périodes, député : avant 1848, de la Diète consultative des Iles, plus tard de la seconde Chambre du *Rigsdag*, le *Folkething*, ou de la première Chambre, le *Landsthing*, ou du *Rigsraad* de la monarchie dano-allemande ; ministre des finances (1864-1865).

M. David débuta dans l'opposition libérale ; il finit comme membre du ministère conservateur de M. Bluhme, devenu possible après la défaite de 1863-1864. Son changement fut en grande partie une conséquence du développement des événements et de l'opinion publique. Il était, par conviction, opposé au suffrage universel de 1848, et au mouvement national dominant de 1848 à 1863.

Son activité si répandue dans l'administration et la politique ne lui permettait ni des études approfondies ni un grand travail comme professeur ou auteur. C'était cependant un homme de grande largeur d'esprit, qui suivait et comprenait la meilleure littérature économique et contribuait beaucoup à la faire connaître dans sa patrie. Dans ses premières revues économiques, on trouve déjà quelques idées de beaucoup de valeur, telles qu'un exposé développé de la catégorie « productif » et une autre du véritable revenu net, dans lequel David demande pour l'ouvrier une déduction ou un amortissement de la valeur des forces personnelles avant que d'arriver au même revenu net que représente l'intérêt. Ce sont là d'ailleurs des idées qu'il ne suivit pas plus tard. Parmi les grands auteurs de la science, il subit surtout l'influence de J.-B. Say ; plus tard, il suivit même les idées de Bastiat dans ses *Harmonies économiques*.

M. David était très répandu et très connu parmi les économistes d'Europe, et il représenta le Danemark dans un grand nombre de congrès et de conférences internationales.

N.-C. F.

DE LA COURT (Pierre) 1618-1685, marchand hollandais, écrivit en collaboration avec son ami Jean de Witt, le grand pensionnaire de Hollande, un ouvrage favorable à la liberté du commerce et intitulé *Het Interest van Holland door V. d. H.* 1662 (initiales de Van den Hove, traduction néerlandaise de De La Court). Cet ouvrage fut traduit en français sous le titre de *Mémoires de Jean de Witt* (1709) et on en trouvera l'analyse au mot Witt (Jean), mais il n'est pas le seul qui soit sorti de la plume de De La Court. Dans son premier ouvrage demeuré inédit *Het Welvaren der Stad Leyden* 1659 (La prospérité de la ville de Leyde) dont une édition a été donnée en 1845 par M. Uittewaall sous le titre *Proeve uit een onuitgegeven Staathuishoudkundig Geschrift* (Extraits d'un écrit économique inédit), De La Court s'était déjà vivement élevé contre le système des corps de métiers privilégiés et de la réglementation de la qualité des produits manufacturés ; marchand et industriel lui-même, il avait l'expérience pratique des entraves que ce système oppose au progrès industriel. C'est après avoir lu la *Prospérité de la ville de Leyde* que Jean de Witt insista auprès de De La Court afin qu'il étendît ses conclusions à la Hollande tout entière.

De La Court a joué un rôle prépondérant à son époque. Plusieurs historiens allemands et hollandais l'ont étudié à fond, notamment M. Laspeyres dans sa *Geschichte der volkswirthschaftlichen Anschauungen der Niederländer* (1863) qui fournit le tableau le plus complet que nous possédions de la littérature économique des Pays-Bas au temps de la République, et M. Van Rees dans sa monographie *Verhandeling over de Aanwyzing der Politièke Gronden en maximen van Pieter De La Court* (Utrecht 1851). Ils font remarquer que les théories libérales de De La Court se distinguent de celles d'Adam Smith en ce point : Adam Smith invoque de préférence les intérêts du consommateur, tandis que De La Court se place surtout au point de vue du développement du commerce national.

Cette préoccupation est chez lui si persistante qu'elle influe sur ses idées en matière d'impôts.

C'est ainsi qu'il recommande d'épargner les commerçants et les industriels travaillant pour l'exportation et de taxer de préférence les fonctionnaires, les pêcheurs, les classes qui pourvoient à la consommation intérieure, d'autant plus que ces derniers ne peuvent pas, comme les premiers, se soustraire aux exigences du fisc par l'expatriation.

Bibliographie.

On lira avec intérêt le chapitre consacré par M. Roscher à l'École hollandaise dans sa *Geschichte der Nat. Œkonomik in Deutschland*, pp. 222-228.

DOMAT (Jean), né à Clermont-Ferrand en 1625, y mourut en 1696 après avoir rempli pendant trente ans les fonctions d'avocat du roi au présidial de sa ville natale. Dans ses *Lois civiles dans leur ordre naturel* (Paris, 1689-1694, 3 vol.) et dans son *Droit Public* (publié après sa mort en 1697), il s'efforça de remonter aux principes et réussit à mettre de la clarté et de la méthode dans le dédale de la jurisprudence coutumière et de la littérature juridique française ; mais, ami de Pascal et des Jansénistes, son austérité religieuse a entretenu dans son âme les traditionnelles préventions canoniques contre le prêt à intérêt. Il reste fidèle à l'antique distinction entre le prêt des choses fongibles et l'usage des choses, qui ne le sont pas ; pour lui, la monnaie est chose fongible, c'est-à-dire se consommant par l'usage et n'étant pas dès lors susceptible de restitution en nature. Il en conclut que « dans le prêt, celui qui emprunte devient le maître de ce qui lui est prêté et s'il ne l'était, il n'en saurait user. De sorte... que celui qui avait prêté la chose, n'y a plus aucun droit. » (*Lois civiles* I, p. 246). Comme conséquence « l'usure n'est pas seulement injuste par la défense de la loi divine et par son opposition à la charité, mais elle est de plus naturellement illicite comme violant les principes les plus justes de la nature des conventions » (p. 248). A l'argument invoquant les profits que l'emprunteur réalise au moyen des capitaux qu'on lui a confiés, il répond que « le profit que peut faire de l'argent prêté, celui qui l'a emprunté,... n'est aussi qu'une illusion... Car c'est la règle des profits à venir pour y avoir part, il faut s'exposer aux événements des pertes, qui peuvent arriver... Il ne reste pour tout titre de l'usure que la cupidité de celui qui prête et l'indigence de celui qui emprunte » (p. 251). Le « restaurateur de la raison dans la jurisprudence », comme l'appelle Boileau, en est donc resté, en matière de prêt à intérêt, aux opinions des docteurs du moyen âge sur le caractère illicite de l'indemnité stipulée et il impose l'obligation de se soumettre aux risques d'une entreprise dont on entend partager les profits. Comme eux encore, il ne sanctionne de perception d'intérêt que du chef du *damnum emergens* le plus strict, autrement dit dans « les cas, où celui qui a emprunté ne payant pas au terme, le créancier demande son paiement en justice avec les intérêts pour le retardement *depuis sa demande* » (p. 259). Cependant les contrats de rentes constituées à prix d'argent trouvent grâce à ses yeux, comme à ceux de ses devanciers, parce qu'ils représentent la *vente* d'un revenu certain ; sur ce point, il est donc aussi l'écho des docteurs et des scholastiques.

En fait, Domat a sur la question du prêt à intérêt des conceptions surannées et en retard sur les doctrines libérales de Dumoulin et de Saumaise ; elles retardent même sur celles d'un grand nombre d'auteurs ecclésiastiques des deux siècles précédents. Troplong les a exactement caractérisées en disant que « Domat, quoique doué d'un esprit naturellement ferme et indépendant, disserta sur l'usure comme un professeur de droit canon du treizième siècle. » (*Le Droit civil expliqué*, tome XIV (*du Prêt*), préface p. CLVIII).

L'école s'est souvent amusée de ce que Domat, dont la science dans la matière des legs et successions était universellement reconnue, a fait un testament qui pour ses irrégularités a été cassé.

E. CASTELOT.

Bibliographie.

Henri Loubers, Jean Domat, *Philosophe et magistrat*. Paris, 1873.

DOUBLEDAY (Thomas) 1790-1870, auteur dramatique et réformateur radical militant, (il faillit être arrêté en 1832) suscita en 1841 une vive controverse par la publication de son livre intitulé *The True Law of Population shown to be connected with the food of the People* (La vraie loi de la population dans ses rapports avec l'alimentation du Peuple). La « grande loi générale » de Doubleday est formulée par lui en ces termes : « Toutes les fois qu'une espèce ou un genre est en danger, la nature fait invariablement un effort pour assurer sa conservation et sa continuation par un surcroît de fécondité ou de fertilité » ; il étend donc l'application de sa loi au règne végétal. Il en conclut que la *déplétion* est favorable à la fécondité, tandis que la *réplétion* lui est contraire, et donne une longue liste d'exemples à l'appui. Pour ce qui concerne la population humaine en particulier, Doubleday a commis l'erreur d'attribuer une cause physiologique à un phénomène d'ordre moral se rattachant aux habitudes de prévoyance qu'engendrent, toutes choses égales d'ailleurs, le progrès de la civilisation et la recherche des jouissances matérielles.

Dans son *Histoire financière, monétaire et statistique de l'Angleterre* (1847), Doubleday se livre à des attaques assez directes contre Malthus et ses théories.

Bibliographie.

The True Theory of Population est analysée pp. 218 et suivantes dans le *Mémoire sur le Paupérisme dans les Flandres* de Ducpetiaux. Bruxelles, 1844.

DUMOULIN (Charles), plus connu à l'étranger sous son nom latinisé de Molinæus, naquit en 1500 et devint avocat au Parlement de Paris. Il mourut en 1566. Appelé le prince des jurisconsultes français, il mérite ce titre par l'ampleur de son érudition, la rigueur de ses raisonnements et l'étendue de son horizon intellectuel, mais la lourdeur de la forme fait tort à la valeur du fond de ses écrits. Sa conversion au protestantisme et la publication de son traité sur les usures (*Tractatus Commerciorum et Usurarum, Redituumque pecunia constitutorum et Monetarum*, 1 vol. Paris, 1546) lui attirèrent de persistantes inimitiés inimitiés le forcèrent à s'expatrier et à aller enseigner dans des Universités allemandes, notamment à Strasbourg. Il était du reste d'humeur peu portée aux concessions : « *Ego qui nemini cedo*, disait-il, *nec a nemine doceri possum*. »

Si son contemporain Calvin est le premier des théologiens protestants qui ait rejeté l'enseignement de l'Église en matière de prêt à intérêt, Dumoulin est le premier en date des grands jurisconsultes, qui ait abondé dans le même sens. Repoussant « les ambages infinis, les erreurs et les paralogismes nombreux où sont tombés les théologiens scolastiques, les canonistes et les légistes et dont sont remplis leurs livres épineux », il entend démontrer « qu'ils n'ont pas compris l'objet de la loi divine, qui est la charité, ainsi qu'il ressort des enseignements du Christ ».

« La loi divine n'interdit l'usure et ne la déclare illicite qu'en tant qu'elle est contraire à la charité », l'usure, synonyme d'intérêt, « étant tout ce qui se perçoit en sus du capital prêté (*quicquid ultra sortem mutuatam percipitur*) ». C'est l'exploitation de la misère et de la détresse que le Christ a seule condamnée ; « si le débiteur peut sans se ruiner restituer le capital prêté avec quelque intérêt (*cum aliquo foenore*)..., le Christ n'en prohibe pas la répétition, même devant un tribunal, pourvu qu'il soit toujours et partout tenu compte de la charité que nous devons à notre prochain dans la pauvreté. » Intervertissant l'interprétation de ceux des docteurs, qui, portés à l'indulgence, avaient cherché à légitimer des intérêts raisonnables en invoquant le *damnum emergens*, Dumoulin soutient que c'est le *lucrum cessans* qui doit

servir de base à l'estimation des intérêts dus au créancier.

Il fait valoir avec force et à diverses reprises la considération qu'en s'obstinant à repousser les usures raisonnables et librement débattues, on ferme la porte à des contrats justes et utiles et qu'on emprisonne dans un filet les besoins du commerce et ceux des peuples eux-mêmes. A l'Église, qui avait validé les constitutions de rentes perpétuelles et leur avait témoigné une véritable prédilection, il démontre combien ces rentes avaient été en fait des succédanés du prêt à intérêt honnête ; que prêter sans hypothèque, ni caution, sur la seule obligation personnelle du débiteur, écarte tout soupçon d'usure illégitime, et que malgré tous les prétextes invoqués, les hypothèques spéciales et générales n'ont pas été inventées en vue de justifier les rentes, mais uniquement en vue d'affermir la sécurité des créanciers.

La doctrine de Dumoulin tend donc en substance à établir l'accord de la loi divine et de la loi naturelle pour reconnaître la validité et l'utilité du contrat de prêt à intérêts, sans aller toutefois jusqu'à sanctionner la liberté illimitée d'en fixer le taux. Elle considère comme coupables les usuriers au sens moderne du mot, mais elle les considère comme moins dangereux que les marchands rapaces et voleurs, et Dumoulin appelle ainsi tous ceux qui font payer leurs marchandises aux malheureux beaucoup au-dessus du juste prix. « Les rapines de ces pirates terrestres, s'écrie-t-il, constituent en réalité un crime trois fois plus inique, plus redoutable et plus odieux que l'usure. » Aussi exhorte-t-il avec véhémence les juges à ne pas les ménager et à ne pas réserver aux seuls usuriers les rigueurs de la répression pénale.

E. Castelot.

DUNOYER (Barthélémy-Pierre-Joseph-Charles), né à Carennac (Lot) le 20 mai 1786, mort à Paris, le 4 décembre 1862.

C'est l'honneur de l'économie politique et, en particulier, de l'école libérale française, de compter, au nombre de ses écrivains, des hommes qui furent, en même temps, des savants et des hommes d'action, à une époque où il y avait quelque courage à combattre l'absolutisme au nom de la liberté. J. B. Say, Ch. Comte et Dunoyer n'ont pas seulement su garder, avec une opiniâtreté intrépide, la foi en leurs idées, ils l'ont proclamée, défendue à leurs dépens, tout en agrandissant le domaine de la science.

Le nom de Dunoyer est donc attaché au nom de J. B. Say, qui fut son premier maître en économie politique, et à celui de Ch. Comte, qui fut son compagnon de lutte contre la réaction des Bourbons.

Elle est curieuse à lire cette histoire du *Censeur*, le vaillant recueil que Ch. Comte fondait en 1814 lors du premier rétablissement des Bourbons, et dont Mignet nous a décrit la vie si courte et si mouvementée! De 1814 à 1815, sept fascicules paraissent; le dernier, saisi, est mis au pilon. Pendant cette année, les deux polémistes tiennent fièrement tête, aussi bien au despotisme royal qu'à la puissance éphémère de l'empereur retour de l'île l'Elbe. Bientôt ils voient briser leur plume. Ils n'avaient encore défendu, dans cette courte et rude campagne, que la liberté politique. Les loisirs qu'on leur donne vont leur permettre de devenir, sous l'influence suggestive de J. B. Say, des économistes. Dès 1817, forts de nouveaux arguments, ils reprennent la lutte en fondant un nouveau *Censeur* plus large d'idées, qu'ils appellent le *Censeur européen*. Là, ils soutiennent que la civilisation est intimement liée au progrès industriel, et que ce progrès dépend de la liberté. Saint-Simon, qui les suit, prend l'idée, pour en faire ce que l'on sait. Eux, simplement, sans charlatanisme tirent les conséquences logiques du principe; c'est-à-dire, la liberté du commerce, la diminution des attributions gouvernementales, et vulgarisent la formule synthétique de la liberté du travail, sur laquelle Dunoyer va diriger son esprit critique et investigateur pour publier, quelques années plus tard, ses remarquables études.

Le nouveau *Censeur*, en effet, ne dure que jusqu'en 1819. Il est alors supprimé. Dunoyer abandonne, pour un temps, la polémique, et fait de la science.

Mais son passage à travers la politique de combat lui a montré sous tous ses aspects l'étendue de la science des sociétés. Déjà, d'ailleurs, comme il l'écrira plus tard, il a été préparé aux idées d'ensemble par la lecture de Benjamin Constant et de Montlosier. L'économie politique qu'il tient de J. B. Say demeurera toujours le fond solide de ses doctrines, néanmoins les idées ambiantes le sollicitent. Le *Cours d'Économie politique* de l'économiste russe Storch est publié à Paris en 1823 avec des notes critiques de J. B. Say. Dans cet ouvrage, Storch recherche l'action des influences morales et de ce qu'il appelle, assez improprement, « les produits immatériels », sur la civilisation. C'est aussi vers 1824 qu'Auguste Comte publie, après avoir quitté Saint-Simon, son *système de Politique positive*. L'idée d'une science sociale est dans l'air, encore vague et si indéterminée,

si inquiétante pour l'économie politique pure, que J. B. Say rectifie, par ses critiques judicieuses, les premiers tâtonnements.

Dunoyer est plus prudent peut-être que Storch, mais il défend, à coup sûr, ses idées avec plus de puissance. A cet égard, on peut affirmer que, bien avant une école qui s'intitule « éthique », Dunoyer a analysé l'influence des facteurs moraux sur le développement de la société. Son premier ouvrage, publié en 1825, porte ce titre caractéristique: *L'Industrie et la morale considérées dans leurs rapports avec la liberté*. C'est, à notre avis, son œuvre capitale au point de vue de l'originalité des idées. Il refait, en 1830, sous le titre de *Nouveau traité d'Économie sociale* etc. ce premier livre, et l'étend en plusieurs volumes. La presque totalité de l'édition de 1830 disparaît dans un incendie. Enfin, en 1854, il publie la *Liberté du Travail* qui n'est que l'étude plus poussée, plus mûrie des questions qu'il a traitées déjà sous les deux titres que nous venons d'indiquer. Ces perfectionnements apportés successivement dans la démonstration et l'exposition des idées qui lui étaient chères, suffisaient à montrer le caractère de l'homme plein de convictions et de confiance dans la science, si nous ne savions déjà ce qu'avait été au début le polémiste du *Censeur*.

Mais il est resté fidèle aux idées et à la méthode adoptée dans son premier livre. Il déclare très nettement dans l'introduction intitulée « Objet de l'ouvrage » qu'il ne veut faire ni un traité de morale, ni un traité d'industrie, mais qu'il entend indiquer l'influence de ces deux choses sur l'exercice de nos facultés, et montrer comment elles donnent naissance à la liberté humaine. « Nous faisons aux arts, dit-il, de merveilleuses applications de la chimie et des autres sciences naturelles, et nous ne songeons point à y appliquer la science des mœurs qui pourrait tant ajouter à leur puissance ».

Le livre est original, aussi, par la méthode suivie. Dunoyer y examine successivement, avec les renseignements qu'il pouvait avoir à cette époque, la condition sociale des peuples barbares, nomades, etc., réfute les exagérations de Montesquieu relatives à l'influence du milieu, réduit à néant les sophismes de Rousseau et de Mably, et établit, avec de lumineux développements, que le progrès moral doit suivre le progrès industriel, pour qu'il y ait réellement amélioration sociale dans un peuple.

Après la révolution de 1830, il entra dans l'administration, fut successivement préfet de l'Allier, puis de la Somme, et passa au Conseil d'Etat en 1837. Il y demeura jusqu'au coup d'État. C'est pendant qu'il était préfet de la Somme qu'il donna, aux classes indigentes de son département, le conseil de se conduire prudemment en mariage afin d'éviter la misère, tout en signalant l'insuffisance des secours publics pour soulager leur sort. Ces idées furent vivement critiquées par le clergé du diocèse et par la presse parisienne. Dunoyer n'était pas homme à se taire. Il répondit, aux uns et aux autres, par une brochure, en 1835. Au clergé, il montra, qu'avant Malthus, des pères de l'Eglise comme Lactame avaient recommandé la prudence en mariage; aux socialistes, il opposa les premiers communistes réglementant cruellement le chiffre de la population.

Ses discussions avec Cousin, à l'Académie des sciences morales et politiques, eurent un certain retentissement. Toujours fidèle à sa méthode d'étendre la science des sociétés, il empiéta sur le domaine de la philosophie et de l'histoire. Cousin, quoique éclectique, n'admit point cette prétention et défendit le terrain philosophique que son éclectisme avait rendu fort vague d'ailleurs. Dunoyer ne se laissa pas entamer, et ses conclusions sur ce point, loin d'être rejetées aujourd'hui, ont été reprises par les écrivains qui s'essaient dans la tâche difficile de constituer la sociologie.

Il publia successivement : l'*Industrie et la morale considérées dans leurs rapports avec la liberté* (1825); ouvrage refait en 1830 sous le titre de *Nouveau traité d'Économie Sociale*, et perdu dans un incendie au moment de la mise en vente; — *Esprit et méthodes comparées de l'Angleterre et de la France dans les entreprises des travaux publics* (1840); — *De la liberté du Travail, ou simple exposé des conditions dans lesquelles les forces humaines s'exercent avec le plus de puissance* (1845, 3 vol., nouvelle éd. 1885).

A. L.

DUPIN (Claude), le célèbre fermier général, naquit à Châteauroux vers la fin du dix-septième siècle et avait commencé par servir dans le régiment d'Anjou. Il mourut à Paris en 1769.

Ses ŒCONOMIQUES (3 vol. 1745) prétendûment imprimées à Carlsruhe, furent en réalité et malgré la vue de Carlsruhe qui s'étale en frontispice, imprimées à Paris, mais sans nom d'auteur, à un très petit nombre d'exemplaires presque tous détruits par crainte de la police, et avec une telle précipitation que le premier volume n'est même pas paginé. Dans celui-ci figure le *Mémoire sur les Bleds*, publié à part en 1748 et réimprimé dans le *Journal Economique* de février et de mars 1760;

le second volume renferme un traité d'administration financière et une description au point de vue administratif des trois Évêchés et de l'Alsace ; le troisième un *Discours général sur la levée des impositions et autres droits* dans lequel Dupin pose au nom de l'équité naturelle le principe de la proportionnalité de l'impôt.

Dupin a le mérite d'avoir, avant la publication en 1755 de l'*Essai sur la Police générale des grains* de Herbert, défendu l'inauguration d'une politique plus libérale. Quoiqu'il écrive: « Si le commerce des grains était constamment libre, ils ne manqueraient jamais », il ne s'enhardit pourtant pas à pousser jusqu'aux dernières déductions logiques de son principe et, dans le *Projet d'Edit* qui accompagne le *Mémoire*, il se contente de réclamer la liberté intérieure et la liberté de l'exportation quand les prix sont inférieurs à douze livres par sac, tandis qu'à l'entrée il propose une véritable échelle mobile. Cependant il se rend très bien compte des effets nuisibles de la réglementation, lui qui s'écrie: « Quelle autorité est capable de faire exécuter ces précautions? Elle y a échoué toutes les fois qu'elle l'a tenté; l'esprit de l'homme a plus de ressources quand il est question de faillir que la loi n'a de prudence pour l'empêcher de mal faire. »

Les *Œconomiques* sont semées de réflexions, qui dénotent chez Dupin une vue très nette du rôle de la monnaie, ainsi que des avantages et des conditions d'existence du commerce. L'ouvrage étant à peu près introuvable, il sera peut-être opportun d'en citer quelques-unes. « Jamais personne n'a tiré de l'argent d'un État sans lui en avoir fourni la valeur en denrées ou en marchandises ; il est à croire que cette marchandise était nécessaire à celui qui l'a achetée par la seule raison qu'il l'a achetée....L'argent doit être considéré comme marchandise. On ne doit jamais arrêter sa course ; plus elle est rapide, plus il rapporte; celui qui sort en fait rentrer; celui qui rentre en fait sortir. Telle est la mécanique du commerce : s'y opposer, c'est en ignorer les principes, c'est le détruire. » Dupin ne pensait pas avec Montaigne que le profit de l'un fait la perte de l'autre : « Il est de l'intérêt d'un État que les États voisins soient riches... Un marchand qui ouvrirait boutique dans une ville de mendiants, ne vendrait rien... C'est une grande erreur, une erreur invétérée dans le commerce, peut-être même dans l'esprit de ceux qui tiennent les premières places, que nous pouvons nous passer de nos voisins et qu'ils ne sauraient se passer de nous; plus notre climat est favorisé du ciel, plus nous avons besoin d'eux pour consommer ce que nous avons de trop. Si la nature nous a refusé quelque chose, si le dérangement des saisons nous prive des productions ordinaires, ces mêmes voisins viennent à notre secours. »

Dupin écrivit encore des *Réflexions* très acerbes sur l'*Esprit des Lois* ; sur les instances de Madame de Pompadour, il les retira de la circulation et les remplaça, avec la collaboration des Pères Jésuites Plesse et Berthier, par des *Observations* anonymes conçues dans un langage plus modéré.

Bibliographie.

Un article de M. Du Plessis dans le *Bulletin du Bibliophile* (Paris, 1859) fournit l'historique détaillé de l'impression et de la suppression des œuvres de Dupin.

E

ÉCOLE ANGLAISE DEPUIS STUART MILL (L'). — L'histoire des théories économiques en Angleterre pendant la seconde moitié du dix-neuvième siècle se caractérise par un remarquable mouvement : la plupart des écrivains se sont éloignés de l'orthodoxie et des autorités consacrées pour se rapprocher de l'éclectisme et affirmer leur indépendance, pendant que l'opinion publique passait d'une attitude de déférence à une attitude médiocrement respectueuse. A leur première apparition en 1848, les *Principes d'économie politique* de John Stuart Mill (1806-1873) avaient pourtant été accueillis avec enthousiasme. De ses prédécesseurs, trois seulement avaient été jugés dignes de lui être comparés ; encore parmi ces derniers, deux avaient acquis leur autorité par des écrits spéciaux : Ricardo sur les questions financières et monétaires, et Malthus par son *Essai sur la population*. Outre sa connaissance des auteurs français et anglais et celle de Sismondi (c'est à ces auteurs que se limitaient les connaissances des économistes anglais de l'époque en matière de littérature économique), Mill apportait à sa tâche une intelligence qui avait subi l'influence de l'utilitarisme de Bentham, de la sociologie de Comte et des doctrines juridiques d'Austin ; sa réputation de penseur et de logicien, son style clair et facile digne d'un appréciateur de la littérature française, sa sympathie pour les mouvements politiques et les idées avancées ; cet ensemble de qualités inspira à ses lecteurs la conviction que, nouveau Sieyès, « *il avait achevé sa science* ». Il était supérieur à ses contemporains, Senior et Mac-Culloch, par l'ouverture de son esprit compréhensif et la facilité avec laquelle il traitait l'ensemble d'un sujet ; les classes commerçantes goûtèrent l'insistance avec laquelle, au milieu des agitations de cette époque critique, il appuyait sur les bienfaits de la libre concurrence et l'utilité sociale du capital, tandis que ses tentatives d'application des principes économiques dans le domaine de la philosophie sociale rehaussèrent le prestige de ses doctrines et les firent regarder comme le fruit d'une science politique infaillible. En même temps ses opinions radicales et son zèle connu pour l'amélioration du sort des classes ouvrières lui valurent une popularité encore plus étendue. Telle était la fascination qu'il exerçait, que pendant près de vingt ans nul ne prêta l'oreille aux objections de ses critiques ; il fallut que lui-même en 1870, peu de temps avant sa mort, fît à Thornton des concessions importantes. Les services qu'il a rendus sont sérieux et solides, mais n'ont pas empêché Jevons de penser et de proclamer que son autorité n'avait grandi que comme un ombrage funeste dont l'effet avait été d'arrêter la vie et le développement des études économiques. Aussi l'attaqua-t-il sans ménagements en 1871, tant au point de vue économique qu'au point de vue de la logique. Cette période n'avait pourtant pas été aussi dénuée de critique que Jevons se l'était imaginé, car déjà la grande réputation de Mill avait été petit à petit sapée de plusieurs côtés à la fois. Sa théorie du fonds des salaires avait été renversée par Long, par Thornton et par Walker ; la philanthropie humanitaire s'était révoltée contre son affirmation de l'action bienfaisante et absolue de la concurrence illimitée et la critique avait eu pour organes :

1° Les socialistes chrétiens tels que Kingsley, Maurice, Hughes, Neale et Ludlow ;

2° L'antagonisme littéraire contre la poursuite exclusive de la richesse matérielle, antagonisme dont Carlyle et Ruskin furent les impitoyables interprètes ;

3° Les efforts philanthropiques de lord Shaftesbury et d'autres encore pour atténuer les effets du *Laissez-faire* au moyen des *Factory Acts*, etc.

L'esprit historique en se développant avait

contribué aussi à modifier l'opinion. Marchant sur les traces de Richard Jones, Cliffe Leslie (l'un des premiers économistes anglais qui ait subi l'influence de l'école allemande) s'était attaché à démontrer la relativité de la théorie économique et à faire ressortir l'importance de la coutume et des autres influences qui restreignent ou détruisent les effets de la concurrence. Le succès des *Trades' Unions* était venu fournir une leçon de choses qui bouleversa la théorie de Mill sur le fonds des salaires, et sa « philosophie sociale » fut passée au crible de la théorie purement économique de Jevons. Enfin les invectives amères et la dialectique habile de Karl Marx et de Lasalle, quelque faibles que fussent d'ailleurs leurs propres théories, ne réussirent pas moins à porter sur son propre terrain des coups sensibles à la théorie « classique » défectueuse, à laquelle ces novateurs s'étaient attaqués.

Plusieurs événements européens contribuèrent aussi à ébranler la confiance publique dans la sûreté des analyses de Mill. L'économie politique allemande recueillit sa part du prestige que valurent à l'Allemagne ses victoires de 1870-71. Plus généralement étudiée en Angleterre depuis cette époque, elle a poussé les économistes anglais à soumettre les grands maîtres du passé à une critique de plus en plus serrée. Se combinant avec les doctrines des économistes américains, qui eux aussi ont subi pour la plupart l'influence allemande, ces tendances ont excité l'émulation de la génération anglaise nouvelle et peu à peu, à une ou deux exceptions près, elles ont détourné son attention des questions à l'ordre du jour en France. En dehors de toute discussion théorique, la longue durée de la crise commerciale a ébranlé la foi du public dans les assertions de l'économie politique, de même qu'une épidémie prolongée propage la méfiance de la médecine. Dans les deux cas, on se sent porté à traiter la science en suspecte, et c'est ainsi qu'en Angleterre la grande majorité des économistes théoriques s'est convertie au bi-métallisme envisagé par eux comme un moyen de soutenir le taux du change vis-à-vis des pays à étalon d'argent et de résister à l'avilissement croissant des prix. Les lacunes de Mill sur ce point spécial contribuèrent encore à miner son autorité auprès du grand public.

En somme, il a été jugé nécessaire d'examiner à fond les assises de la science. Tant qu'a duré cet examen, l'école anglaise a été comme un sel à l'état de solution, mais elle s'est aujourd'hui suffisamment cristallisée pour qu'il se soit formé entre les économistes scientifiques anglais un accord pratique sur les principes généraux qui doivent guider ses travaux. La question un peu oiseuse des méthodes, longtemps agitée, est tranchée depuis la publication de l'*Essai* de M. le professeur Sidgwick sur *l'Objet et la méthode de la science économique*, et particulièrement depuis celle de l'ouvrage plus étendu de M. Keynes, qui a paru sous le même titre. La distinction entre la science et l'application est soigneusement maintenue, mais un arrangement tacite reconnaît à chaque méthode sa raison d'être dans la vaste tâche qu'il reste à accomplir. Ce qui paraît aux économistes anglais le plus pressant, ce n'est pas tant de produire de nouveaux exposés théoriques ou de nouveaux manuels, mais de se livrer à des analyses de plus en plus spéciales, de rassembler les éléments de nombreuses monographies statistiques et historiques, et de noter avec précision l'action des forces économiques qui agissent au fond des différents « problèmes » économiques et sociaux.

Nous n'avons pas à parler de Mac-Culloch, de Jones, de Torrens et de Senior, qui sont tous morts après 1848, mais qui cependant appartiennent en réalité à la période précédente; passons à Cairnes (1824-1875), le principal disciple de Mill. Clair, logique et tenace, il s'est livré à une revision minutieuse des théories existantes dans le but de leur imprimer un caractère plus défini et il a mis son remarquable talent au service des doctrines « orthodoxes » de Ricardo et de Mill. Néanmoins, ses efforts ont eu plutôt pour résultat d'ébranler la soumission aux autorités classiques. Fawcett, le dernier disciple de Mill, s'est essayé en vain à vulgariser les doctrines de son maître; il n'est pas parvenu à les réhabiliter. L'école historique d'abord et ensuite la brillante originalité de Jevons en matière de théorie pure, devaient seules animer d'une vie nouvelle l'école économique anglaise.

1° La première école historique n'est pas uniquement d'origine germanique. Cliffe Leslie, qui, on peut le dire, a introduit les économistes d'outre-Rhin en Angleterre, avait déjà subi l'influence analogue des études de Maine sur l'histoire de la jurisprudence. L'ouvrage de premier ordre de Thorold Rogers, sur l'*Histoire de l'agriculture et des prix en Angleterre* (1866-1887), procède directement de l'*Histoire des prix* (1838-1887) de Tooke et de Newmarch; de même les écrits étincelants d'esprit de Bagehot (1826-1877) sur les marchés monétaires et sur les sociétés économiques primitives, et les conférences de Toynbee (1852-1883) sur la *Ré-*

volution industrielle ne doivent que peu de chose aux écoles allemandes. Toutefois M. le professeur Cunningham dans son *Histoire de l'industrie et du commerce en Angleterre* (1892) et M. le professeur Ashley dans son *Histoire économique* (1888-1893) s'y rattachent, et les jeunes économistes historiques anglais les plus récents (M. le professeur Gonner et M. Hewins) reconnaissent les obligations qu'ils ont contractées envers les écoles allemandes.

2° Ce qui constitue peut-être le caractère spécial et distinctif de l'économie politique anglaise contemporaine, c'est le soin méticuleux avec lequel elle s'est vouée à élucider la théorie de la valeur; l'honneur en revient à Jevons (1835-1882), le premier économiste anglais de son époque. Réagissant avec énergie contre la prépondérance attribuée par Ricardo et par Mill au coût de la production, et cessant de se placer au point de vue de l'offre, il étudia cet ordre de phénomènes au point de vue de la demande; ce dernier point de vue lui semblait fournir une explication exacte des lois de la valeur en rapport avec les degrés variables de l'utilité. Il se produisit ainsi dans le développement des idées économiques, une solution de continuité que M. le professeur Marshall, de Cambridge, a depuis comblée par ses *Principes économiques* (3e édition, 1895). M. Marshall est le chef incontesté de l'école moderne anglaise : il a rassemblé tous les résultats acquis de l'œuvre scientifique du passé, les a refondus et il y a ajouté des compléments personnels aussi originaux qu'importants.

Mathématicien consommé, l'étude qu'il a faite de bonne heure des œuvres de Cournot et de Von Thünen l'avait excellemment préparé à la tâche de perfectionner les doctrines de Jevons. En réalité, sa critique de Ricardo et de Mill est plus approfondie que celle de Cairnes; mais moins sec que ce dernier, il paraît plus près de l'école classique qu'il ne l'est en effet. Toutefois ses conclusions marquent un pas en avant bien plus qu'une séparation radicale. Acceptant à la fois la théorie de la valeur en tant qu'elle dépend du coût de la production et celle qui se fonde sur l'utilité, il les a combinées dans sa propre théorie de la coïncidence des deux facteurs, l'offre et la demande. À la vérité, cette formule déjà vulgarisée par Mill même était devenue un véritable lieu commun, mais grâce à M. Marshall, elle a pris une tout autre valeur analytique et doit être considérée comme un premier principe lumineux éclairant tout le domaine de l'économie politique; elle n'est plus un banal: « Sésame, ouvre-toi » à l'usage d'un *Laissez-faire* superficiel et im-

puissant. Son application à la détermination des rôles à assigner aux différents agents de la production a conféré une symétrie logique à l'exposé des principes. Il faut signaler encore sa théorie de la rente du consommateur et de l'action considérable que l'exerce la durée sur les phénomènes de transformation économique. Grâce à son enseignement, son influence, tant directe que transmise par ses anciens élèves, n'a été surpassée par celle d'aucun autre économiste anglais.

M. le professeur Edgeworth, d'Oxford, a aussi employé et développé la méthode mathématique dans sa *Psychique mathématique* (1884) et dans les remarquables articles qu'il a publiés dans des recueils de sociétés savantes et en particulier dans l'*Economic Journal*, organe trimestriel de la *British Economic Association*. M. Edgeworth, rédacteur en chef de cette revue, est également très connu par ses travaux originaux sur les bases philosophiques de la statistique qu'il justifie par les calculs mathématiques. MM. Wicksteed, Flux, H. Cunynghamme et d'autres encore ont pratiqué la méthode mathématique. M. le professeur Smart, de Glasgow, a été l'interprète accrédité de l'école autrichienne dont il a publié des traductions. Mais l'ascendant de cette école d'abord signalée aux Anglais par M. Bonar n'a pas éclipsé celui de Jevons.

Le côté philosophique de la théorie économique a été mis en lumière par M. le professeur Sidgwick dans ses pénétrants traités sur l'*Economie politique* (1887) et la *Politique* (1891), par le docteur Keynes dans l'ouvrage déjà cité et par M. Bonar dans son savant volume sur les *Rapports historiques entre la philosophie et l'économie politique* (1893). La littérature économique s'est encore enrichie de l'ouvrage de M. Bonar sur *Malthus* (1885), de son édition des *Lettres de Ricardo à Malthus* (1887) et du *Catalogue de la bibliothèque d'Adam Smith* (1894), de l'*Histoire de l'économie politique* du docteur Ingram (1887), de l'*Histoire des théories de la production et de la distribution en Angleterre de 1776 à 1848*, par M. Cannan (1893), du *Socialisme contemporain* et de la *Vie d'Adam Smith* de M. John Rae; mentionnons aussi les passages d'*Histoire doctrinale* dans l'*Histoire du Commerce de l'Angleterre* du docteur Cunynghame.

Les théories de M. Macleod sur le crédit sont fort démodées aujourd'hui et sa réputation de théoricien est loin d'avoir grandi, mais il a fait preuve d'une érudition étendue dans le *Dictionnaire d'Économie politique*, encore incomplet, qu'il s'est proposé d'écrire à lui tout seul. Ses écrits sur les *Banques* sont estimés, et de même que l'*Essai sur les* changes étrangers de M. Goschen et que le traité des *Finances publiques* (2e édit. 1895) de M. le professeur Bastable de Dublin, ils sont très connus à l'étranger. Après avoir traité de la *Monnaie* et des sujets qui s'y rapportent, et avoir publié une édition nouvelle de l'*Essai sur la richesse des nations*, M. le professeur Nicholson, d'Édimbourg, vient de faire paraître le premier volume d'un traité d'*Économie politique* (1893) consacré à défendre avec beaucoup de verve plusieurs des doctrines anciennes, après leur avoir fait subir l'alliage des résultats obtenus par les recherches historico-économiques modernes.

A des connaissances bibliographiques sans rivales, M. le professeur Foxwell de Londres et de Cambridge unit une science financière et monétaire qui apparaît dans sa brochure sur l'*Irrégularité dans l'emploi du travail et les fluctuations des prix*. Ses articles sur le *Monopole* dans la *Revue d'Économie politique*, sur le *Bimétallisme* dans la *Contemporary Review*, sur la *Justification sociale de l'Intérêt de l'argent* dans le *Journal de l'Institut des banquiers* et aussi son article sur le *Mouvement économique en Angleterre*, restent malheureusement perdus dans les livraisons de revues périodiques. Ils prouvent que les fruits de l'activité scientifique anglaise demeurent trop souvent disséminés et ne se présentent pas assez sous forme de livre. Cependant l'étendue des connaissances de cet auteur, la clarté de son esprit et la sûreté de son jugement lui valent une grande réputation en Angleterre. Citons encore les articles et les comptes rendus de M. L.-L. Price, également auteur de la *Paix industrielle* (1884) et d'une *Courte histoire de l'Économie politique en Angleterre* (1891), les ouvrages de Mlle Potter (aujourd'hui Mme Webb) sur le *Mouvement coopératif*, de M. et Mme Webb sur les *Trades'Unions*, de M. David Schloss sur les *Méthodes de rémunération industrielle*, de M. J. E. C. Munro, ainsi que les travaux de plusieurs autres écrivains de mérite.

Sir R. Giffen, le célèbre statisticien, a également abordé les études économiques dans ses écrits sur les marchés monétaires, et particulièrement dans ses *Spéculations de Bourse* (1882), ses *Essais sur les finances* et sa *Réfutation du Bimétallisme* (1892). L'ouvrage de M. Charles Booth sur la *Vie des Classes travailleuses à Londres*, monument de persévérante énergie et de généreux dévouement, se recommande à la fois par ses vastes proportions et par son rare mérite. Ses récentes études sur les *Pensions de la vieillesse* ont par contre un caractère plutôt politique qu'économique.

Bref, les études économiques jouissent en Angleterre d'une santé robuste et vigoureuse. On s'y intéresse aux publications étrangères, on interroge les faits scrupuleusement ; on constate par-dessus tout une ouverture d'esprit inconnue il y a une trentaine d'années. La fondation toute récente de la *London School of Economics* dirigée par M. Hervins et le fait de la publication (non encore terminée) du *Dictionnaire d'Économie politique*, publication dirigée par M. Palgrave, l'attestent suffisamment, non moins que la liste de ses collaborateurs, dont plusieurs représentent l'élite des jeunes économistes anglais.

HENRY HIGGS.

Bibliographie.

J. K. INGRAM, *History of Political Economy* (1887). — LUIGI COSSA, *Introduction to the Study of Political Economy* (1893). — H. S. FOXWELL, *The Economic movement in England* (*Quarterly Journal of Economics*, 1887) et BONAR, *English School* (*Modern Economics*) dans le *Dictionary of Political Economy* (1894). — G. COHN, *Die heutige National Oekonomie in England* dans le *Jahrbuch* du prof. Schmoller, Leipzig, 1889.

ÉCOLE CHRÉTIENNE PRIMITIVE ET ÉCOLE CANONIQUE.

— Le culte de la pauvreté avait été en honneur parmi les prophètes et les sectes juives qui s'inspiraient de leur esprit ; ce culte, dont on retrouve l'écho dans les sermons de Bossuet, fut l'âme du christianisme naissant. Les premiers groupes chrétiens, véritables associations de secours mutuels, ne connaissaient ni riches, ni pauvres ; tout était mis en commun, tout était à tous. L'exaltation du pauvre, le rabaissement du riche en général et non pas seulement du mauvais riche, l'insouciance du lendemain, la confiance absolue en Dieu, les promesses pour l'au delà que Victor Hugo a résumées en un seul vers :

Qui donne aux pauvres prête à Dieu,

dictent la règle de conduite qu'a prêchée Jésus et qui demeurera celle des chrétiens tant que, honnis et persécutés, ils auront à se serrer contre les attaques du dehors. Les apologistes et les Pères seront animés du même esprit : « Nous apportons tout ce que nous possédons, écrit Justin, et nous partageons tout avec les pauvres ». « Tout est commun parmi nous, s'écrie Tertullien, tout, excepté les femmes ». Saint Ambroise attaquera nettement la légitimité de la propriété individuelle : « La terre a été donnée en commun aux riches et aux pauvres ; pourquoi, riches, vous en arrogez-vous à vous seuls la propriété ? » « La nature a mis en commun toutes choses pour l'usage de tous, ajoute-t-il encore. La nature a créé le droit commun ; l'usurpation a fait le droit privé. » A Byzance, saint Jean Chrysostome, plus conciliant par intervalles, est tout aussi tranchant dans d'autres : « On appelle vol l'action de prendre et de retenir le bien d'autrui, dit une de ses homélies. En conséquence, sachons bien que chaque fois que nous aurons refusé de faire l'aumône, nous serons aussi sévèrement punis que les voleurs. » Ailleurs nous lisons : « D'où as-tu tiré ta richesse ? De mon aïeul, diras-tu, de mon père. Remonte aussi haut que tu voudras dans la suite de tes ancêtres et montre-moi, si tu le peux, que cette possession est légitime : *tu ne le pourras jamais...* Dieu a donné à tous la même terre, qui est commune à tous les hommes... » Et plus loin encore : « Si tu veux léguer tes richesses à tes enfants, que ce soient des richesses justement acquises, *si toutefois il y en a de telles.* »

A Alexandrie, au troisième siècle de notre ère, ce flot de haine de la richesse se grossit de l'enivrement métaphysique de l'école néo-platonicienne, proclamant avec son chef, Plotin, que l'âme n'a cure des choses extérieures.

« L'intelligence (ou l'âme), écrit Plotin dans ses *Ennéades* et son *Exhortation à la Philosophie*, ne s'occupe pas des choses extérieures, par exemple de sauver le corps en danger. Tout au contraire, elle l'abandonne si bon lui semble ; elle ordonne à l'homme de renoncer à la vie, à ses richesses, à ses enfants, à sa patrie même, car elle a pour but de faire ce qui est honnête pour elle et non de sauver l'existence de ce qui lui est inférieur. » Le but de la vie est la purification. Celle-ci consiste « à séparer le plus possible l'âme d'avec le corps. C'est là ce qui s'appelle mort, affranchissement et séparation de l'âme avec le corps ; seuls les philosophes s'étudient convenablement à affranchir l'âme... Nous devons donc nous appliquer à la philosophie, qui nous procure le plus grand des biens en délivrant notre âme des liens par lesquels elle a été enchaînée par la génération. »

Ce parfait idéalisme est, suivant l'expression de Renan, « la plus haute règle de la vie détachée et vertueuse. Il a créé le ciel des âmes pures, où se trouve ce qu'on demande en vain à la terre ». Mais à mesure que l'Église s'étendit, à mesure qu'elle refoula et conquit le paganisme, à mesure qu'elle embrassa, non seulement les âmes d'élite altérées d'idéal, mais l'immense majorité des médiocres et des faibles, elle dut, à peine de compromettre son empire récemment établi, concéder à ces médiocres et à ces faibles des conditions d'existence compatibles avec leurs forces morales. Les Chrysales, qui peuplent en foule la terre, ne s'accommodent point d'une doctrine de renonce-

ment intraitable ; guenille si l'on veut, leur guenille leur est chère, et à vouloir la leur faire par trop mépriser, on arriverait à les rebuter à tout jamais et à les chasser hors de la portée des exhortations moralisatrices, dont ils ont cependant grand besoin. Plusieurs Pères s'aperçurent du danger qui menaçait la religion chrétienne et, faisant sa part à la débilité humaine, saint Clément d'Alexandrie par exemple, interprète d'une façon plus douce la prescription de vendre son bien pour le donner aux pauvres ; il va jusqu'à découvrir des avantages à la propriété individuelle : « Ne vaut-il pas mieux que chacun en conservant des richesses médiocres évite pour soi l'adversité et vienne au secours de ceux qui ont besoin ? Quel partage pourrait-il y avoir entre les hommes si personne n'avait rien ?... Puisque les richesses ne sont par elles-mêmes ni bonnes, ni mauvaises, il ne faut donc pas les blâmer. Lorsqu'il nous est ordonné de renoncer à toutes nos richesses et de vendre tous nos biens, il faut entendre ces paroles des passions et des mauvais sentiments d'esprit. » Malgré la fougue de son tempérament, saint Augustin consent de son côté à concéder la légitimité *humaine* du droit de propriété : « De quel droit chacun possède-t-il ce qu'il possède ? N'est-ce pas de droit humain ? D'après le droit divin, Dieu a fait les riches et les pauvres du même limon et c'est une même terre qui les porte. C'est donc en vertu du droit humain qu'on peut dire : Ce domaine est à moi, cette maison est à moi, cet esclave est à moi. Or le droit humain n'est pas autre chose que le droit impérial. Pourquoi ? Parce que c'est par les empereurs et les rois de la terre que Dieu distribue le droit au genre humain. Otez le droit des empereurs et qui donc osera dire : Ce domaine est à moi, cet esclave est à moi, cette maison est à moi. » Si, à première vue, il paraît donc regretter la concession qu'il est forcé de faire, par contre le fait qu'il attribue aux princes la mission de dicter le droit, équivaut à sanctionner, au nom de Dieu, le droit de propriété qu'ils ont institué.

Le précepte impératif était donc devenu un conseil de perfection ; pour le commun des hommes, il suffisait d'agir avec modération et de faire un bon emploi de leurs richesses. L'âpreté au gain et la dureté de cœur restaient criminelles ; la possession de la richesse était pour le moins tolérée. Après avoir poussé à l'extrême sa réaction contre le droit de propriété absolu et exclusif des Romains, la loi religieuse sanctionnait l'existence de l'institution sans laquelle ne peut subsister aucune société humaine étendue ; après avoir condamné le principe même, elle ne prétendait plus qu'à réprimer les excès auxquels l'égoïsme humain se laisse volontiers entraîner. Mais où finissait l'usage permis ? où commençait l'abus ? Déterminer leur ligne de démarcation, telle est la tâche délicate que le droit canon s'est imposée au moyen âge et qu'il s'est efforcé d'accomplir au milieu de conditions dont il importe de nous rendre compte.

On sait qu'on donne le nom de Corps de droit canon (*Corpus juris Canonici*) à une vaste compilation de lois, de décrets et d'opinions ecclésiastiques ayant pour fondement un premier recueil rassemblé vers l'an 1130 par un moine de Bologne du nom de Gratien. Le *Decretum Gratiani* s'était d'abord appelé la *Concordantia discordantium Canonum*. Par la suite on y engloba en 1234 les *Décrétales* de Grégoire IX, en 1298 sous Boniface VIII le *Liber sextus*, et en 1317, sous Jean XXII, les *Clementinæ*. En 1582 le pape Grégoire XIII conféra une autorité égale à des compilations postérieures connues sous la désignation d'*Extravagantes Joannis XXII* et d'*Extravagantes communes*. A l'ensemble de ce groupe, doivent se rattacher les parties de la *Somme théologique* (*Quæstiones LXXVII et LXXVIII secunda secundæ*) de saint Thomas d'Aquin, étudiant vers le milieu du treizième siècle la validité des contrats de vente et d'achat et du prêt à intérêt.

Les Pères de l'Église avaient écrit à la veille de l'effondrement de la civilisation antique; pourtant les échanges incessants s'opéraient encore entre les différentes parties de l'empire, la vie économique était encore en pleine activité. Du cinquième au treizième siècle, s'étend au contraire une période plusieurs fois séculaire de marasme économique; sauf les bandes de conquérants germaniques, tous vivaient péniblement au jour le jour du produit de maigres récoltes et de troupeaux d'un bétail chétif disputé aux envahisseurs. C'est par excellence le temps de ce que les économistes allemands ont appelé la *Naturalwirthschaft*, c'est-à-dire de la consommation au lieu de production et des échanges en nature, des services et des choses; encore ces échanges n'étaient-ils possibles que dans un rayon des plus restreints. Aux mains d'une population clairsemée, la monnaie raréfiée à l'extrême avait cessé d'être un instrument de circulation journalière pour devenir un instrument de conservation de quelques minces ressources épargnées à grand'peine en vue de calamités toujours imminentes. La sécurité était si précaire que les propriétaires d'alleux, autrement dit les proprié-

taires libres, préféraient se dépouiller de leur indépendance et de la plénitude de leur droit de propriété pour se contenter d'un simple droit d'usage grevé en sus de redevances et se mettre dans la mouvance et sous la protection de maîtres laïques ou ecclésiastiques puissants. Tout concourait donc à affermir l'adhésion populaire à la méfiance que les Pères de l'Église primitive avaient nourrie à l'endroit de la poursuite de la richesse ; cette méfiance trouvait des interprètes naturels et convaincus parmi les moines écrivant au fond de leurs cloîtres ou se livrant à la prédication chrétienne. Toutefois, malgré leur préférence non déguisée pour la possession en commun, ceux-ci n'allèrent pas jusqu'à rejeter le droit de propriété privée et s'en tinrent à son acceptation à titre d'institution légitimée par la volonté du prince. L'opinion de saint Augustin que nous avons déjà citée, fut insérée dans le *Corpus juris Canonici*. Mais si les auteurs de ce recueil permettent de posséder des biens, le commerce leur inspire une insurmontable appréhension. Ils évoquent Jésus chassant les vendeurs du temple ; ils professent qu'il est difficile d'écarter le péché de l'acte d'achat et de vente ; ils estiment qu'il est naturel aux parties en présence de chercher à se tromper ; ils vont même jusqu'à dire « qu'il est à peu près impossible au marchand de plaire à Dieu, car comment pourrait-on vendre et acheter sans avoir recours au mensonge et au parjure ? » Saint Thomas d'Aquin, plus large, reconnaît que la poursuite d'un gain n'est pas en soi chose illicite : une fin honnête ou nécessaire suffit à la justifier. Telle sera la fin d'assurer la subsistance de sa famille, de secourir les pauvres, de contribuer à l'utilité publique : dans ces cas, le gain (*lucrum*) devient un quasi-salaire (*quasi stipendium*). Saint Thomas va même jusqu'à accorder des latitudes pour le moins inattendues en matière de vices de la chose vendue. Saint Ambroise avait imposé au vendeur l'obligation de les déclarer tous sans exception. Saint Thomas distingue entre les vices apparents et les vices cachés. Pour les premiers, par exemple celui d'un cheval n'ayant qu'un œil, le vendeur n'est pas tenu de les révéler, car l'acheteur en profiterait peut-être pour exiger une réduction de prix au delà de ce qui est juste. Il peut même garder le silence pour les seconds, à la condition expresse que son silence ne soit pas une cause de préjudice pour l'acheteur. Du reste toute cette matière est dominée par la conception du *juste prix* déjà formulée par saint Augustin ; restée en honneur pendant tout le moyen âge, elle découle de la conception de la *justice* ou de l'*égalité des avantages* que le contrat de vente doit procurer à la fois aux vendeurs et aux acheteurs. Qu'était-ce que le juste prix des canonistes ? Ce n'était ni plus ni moins que le coût de production comprenant les dépenses de transport et d'entretien de la marchandise, ainsi qu'un bénéfice raisonnable ; conception en somme assez naturelle dans une époque où, comme nous l'avons vu, la consommation s'opérait au lieu de production et où le coût de revient était dès lors relativement aisé à déterminer. Qu'il y ait des oscillations de prix résultant des variations de l'offre, c'est ce que saint Thomas ne conteste pas et il mentionne même le cas de la cherté du blé. Mais pour lui comme pour les autres docteurs, il existe en chaque lieu et à chaque moment un juste prix pour toute chose, et il est d'obligation que celui des contractants qui a été *notablement* lésé, soit indemnisé par la partie adverse. Seules les différences modiques en plus ou en moins ne vicient pas le contrat. Au moyen âge, la conception de la valeur est donc purement objective et il n'est fait aucune concession à ce que nous appellerions sa détermination subjective. Cette conception objective régit les actes de l'acheteur comme du vendeur, quoique l'Église et avec elle les pouvoirs publics se soient particulièrement préoccupés des intérêts de l'acheteur, c'est-à-dire du consommateur et surtout du consommateur des denrées et des produits nécessaires à la vie.

Nous avons reconnu que saint Thomas d'Aquin se prononce en faveur de la légitimité d'un gain raisonnable considéré comme rémunération d'un service rendu ou d'un travail effectué. C'est que dans ses enseignements l'Église a eu le mérite de demeurer fidèle à son rôle de protectrice des petits et des humbles, que, rompant avec les mœurs de l'antiquité, elle a assigné au travail une place d'honneur, et que sa doctrine a toujours inflexiblement défendu ce dernier. A la vérité, quelques rigoristes austères imbus de la supériorité de la vie contemplative avaient pu objecter que le travail ne procure pas la vraie tranquillité, celle qui mène à Dieu, mais l'immense majorité des canonistes déclare que le travail a une valeur en soi et que tout travailleur mérite son salaire ; le *Corpus* va même jusqu'à traiter de frères celui qui verse le sang et celui qui fait tort à son serviteur à gages. La terre étant la source première des biens nécessaires à la vie, le travail agricole est le plus honorable ; l'*artificium*, c'est-à-dire le travail appliqué aux substances fournies par

la terre ne vient qu'au second rang ; cependant il ne déplaît pas à Dieu et il est licite de se livrer au commerce des objets qu'on a fabriqués soi-même. Nous avons déjà signalé les scrupules qu'excitait la *mercatura* ou le commerce d'achat et de revente d'articles produits ou achevés par autrui.

En effet le commerce proprement dit semblait aux canonistes confiner d'une façon périlleuse à l'usure qu'ils ont implacablement et invariablement condamnée : nous touchons ici au principe qui a imprégné toute leur doctrine économique, qui l'a faussée et qui les a égarés dans un dédale de distinctions et de subtilités le jour où les échanges commerciaux venant à renaître, ils ont dû s'employer à concilier les exigences de la réalité avec les exigences de leur principe. Celui-ci se fonde sur l'interprétation littérale du célèbre verset de saint Luc : « *Mutuum date, nihil inde sperantes :* Prêtez sans rien espérer en retour. » Au sens de l'Église, il n'était pas circonscrit aux seuls prêts en argent, mais comprenait tout prêt quelconque : « Il y a usure, dit le *Corpus*, toutes les fois qu'on réclame plus qu'on n'a donné... Il peut y avoir usure pour la nourriture, usure pour le vêtement ; il y a usure toutes les fois que quelque chose s'ajoute à l'objet prêté ; donne-lui le nom que tu voudras, c'est toujours de l'usure. » Pourtant, aux premiers siècles, alors que le droit romain, qui autorisait le prêt à intérêt, était encore en pleine vigueur, les conciles (en particulier celui de Nicée en 325) n'interdirent l'usure qu'aux clercs ; néanmoins la tendance constante fut d'étendre le cercle de cette interdiction et, dès 443, le pape Léon III déclarait l'usure damnable pour les laïques, décision qui fut ratifiée par les Capitulaires de Charlemagne et plusieurs conciles du neuvième siècle. A partir du milieu du douzième siècle, les sentences pontificales se succèdent sévères et rapprochées et s'attaquent à toutes les formes que l'usure est susceptible de prendre. En 1179, Alexandre III prononce l'excommunication et la privation de la sépulture chrétienne contre les usuriers manifestes. En 1186, Urbain III frappe ceux qui réclament une indemnité élevée à cause d'un retard dans le remboursement ; en 1213, il est interdit de stipuler un prix plus élevé pour une vente à crédit ; en 1236 Grégoire IX va jusqu'à déclarer usuriers ceux qui se font attribuer une indemnité *ultra sortem* pour se couvrir d'un risque encouru. Les prêts à la grosse aventure bénéficièrent seuls d'une exception à cette règle. En 1273, Grégoire X ordonne de chasser les usuriers des communes, des villes et des corporations et les déclare incapables de faire un testament; enfin en 1311, au concile de Vienne, Clément V frappe de nullité toute loi émanant d'une autorité temporelle, qui serait en contradiction avec la doctrine de l'Église entendue dans son acception la plus stricte. Cependant, prisonnière du texte de l'Évangile, celle-ci cherchait à s'appuyer sur des raisons d'ordre naturel et, pour y arriver, saint Thomas d'Aquin établit une distinction entre les choses qui demeurent après l'usage et celles, comme le vin et le blé, qu'il fait disparaître. Pour ces dernières l'usage de la chose est d'après lui inséparable de la chose elle-même : celui qui vendrait à part du vin et l'usage de ce vin, vendrait deux fois une même chose ou vendrait ce qui n'existe pas et se rendrait ainsi coupable du péché manifeste d'injustice. Or, au dire d'Aristote, qui est pour saint Thomas le philosophe par excellence, la monnaie a été inventée pour servir aux échanges; son usage propre et principal est d'être consommée et de disparaître dans l'échange : il est donc illicite en soi d'accepter le prix de l'usage d'une somme de monnaie prêtée. Quelque portés que nous soyons à nous récrier contre cette argumentation, il convient pourtant d'avouer qu'au temps où vivait saint Thomas, cette méprise était plus excusable que chez Aristote : depuis plusieurs siècles, le produit des emprunts était presque invariablement absorbé par des dépenses improductives, qui ne laissaient rien après elles. Le moyen âge pouvait croire à l'improductivité du capital-monnaie, puisque celui-ci n'existait pour ainsi dire plus, ou que le peu qui en existait, semblait s'anéantir dans des consommations sans lendemain, qu'elles fussent dictées par les appétits de luxe des grands ou la détresse des petits. On s'explique de la même façon que les canonistes aient affirmé que la monnaie, qui était devenue un instrument de thésaurisation, n'enfante point de monnaie. Théologiquement parlant, ils ajoutaient que le temps, qui n'appartient qu'à Dieu, ne doit pas faire l'objet d'un marché à titre onéreux. Toutefois l'existence du préjugé théologique fondé sur la lettre de l'Écriture, a seule dû empêcher un esprit aussi pénétrant que saint Thomas de reconnaître que quelques mesures de blé prêtées pour être confiées à la terre, deviennent pour l'emprunteur une source de gain légitime et qu'à ce titre, cet emprunt peut donner lieu à une rétribution également légitime. A vrai dire, la conviction que « l'usure est une rapine » et même une rapine contre nature, était une conviction universellement répandue : Dante relègue

les usuriers avec les sodomites au plus profond du septième cercle de l'enfer.

Néanmoins cette ère de stagnation tirait à sa fin et les commentateurs du droit canon allaient se trouver aux prises avec la tâche épineuse de faire plier la rigueur de leur règle tout en la maintenant en principe. Le commerce méditerranéen reprenait son essor; même dans nos régions septentrionales, les relations commerciales allaient se nouer entre les contrées voisines; partout l'instinct économique se réveillait. Sans sortir de France, nous voyons dans le curieux registre de ses tournées pastorales qu'il nous a laissé, Eudes Rigaud, archevêque de Rouen de 1248 à 1269, exhaler sa douleur au sujet des curés de son diocèse qui s'adonnent au négoce et à l'armement des navires et ne craignent pas de faire des ventes de blés à livrer. Si des clercs s'enhardissaient et allaient jusqu'à enfreindre aussi effrontément les injonctions pontificales, les laïques et les marchands de profession devaient s'y montrer encore plus rebelles. Dans son intéressant *Mémoire sur les opérations financières des Templiers*, M. Léopold Delisle exprime de son côté l'opinion que, sous une forme ou une autre, ceux-ci devaient toucher les intérêts des sommes dont ils restaient souvent longtemps à découvert, mais il avoue qu'il est réduit à des conjectures portant sur des sommes que les Templiers réclamaient pour frais (*pro custibus*) payés à des marchands, c'est-à-dire évidemment à des banquiers.

La faculté de percevoir une *pœna conventionalis* ou *usure punitoire* en cas de non-remboursement au terme prévu, servit de transition entre la proscription absolue de l'usure et la validation du prêt à intérêt commercial. Déjà saint Thomas déclare que le prêteur peut sans pécher convenir avec l'emprunteur qu'il sera dédommagé de toute défalcation sur le montant de ce qui lui revient, mais il ne lui permet pas de stipuler une indemnité le couvrant d'un profit qui lui échappe; pour parler le langage scolastique, saint Thomas sanctionne l'indemnité accordée du chef du *damnum emergens*, mais rejette celle qu'on pourrait allouer du chef du *lucrum cessans*. En pratique on se tirait d'affaire en concluant des contrats de prêts gratuits à brève échéance, et en prévoyant une indemnité calculée à raison de tant pour cent en cas de non-remboursement au terme fixé; en fait ces contrats étaient productifs d'intérêts, sauf pendant un court intervalle initial de prêt gratuit. A la vérité, il fallait prouver la réalité du dommage subi, mais on s'habitua à se contenter de présomptions, et à partir du quinzième siècle, les tribunaux romains se rangèrent à l'avis du juriste Paul de Castro exonérant les marchands de fournir la preuve du préjudice subi : c'était, pour ce qui les concernait, effacer toute distinction entre le *damnum emergens* et le *lucrum cessans*. On avait vu plus clair en France dès le quatorzième siècle : Buridan, recteur de l'Université de Paris en 1327, n'avait-il pas écrit que l'utilité sociale peut conduire à permettre l'usure, et le pieux chancelier Gerson ne confessait-il pas que de légères usures, moyennant lesquelles il est pourvu à des nécessités urgentes, sont un moindre mal que le défaut de ressources qui pousse les malheureux à se défaire de leurs biens à vil prix, avec une perte bien plus lourde que le paiement d'un intérêt modique ?

Le prêt à intérêt étant l'objet d'un article spécial dans ce Dictionnaire, il est inutile qu'il nous retienne plus longtemps. Toutefois il peut être intéressant de jeter un coup d'œil rapide sur l'attitude que prit l'Église vis-à-vis de quelques manifestations de l'activité économique, qui participent de sa nature.

Pour la constitution de rentes foncières, elle se montra de bonne heure accommodante, bien que selon la doctrine stricte du droit canon la perception des fruits d'un objet donné en gage dût s'imputer sur le remboursement du principal de la dette. Mais cette doctrine fut restreinte aux objets mobiliers, la terre représentant l'unique forme de la richesse pour laquelle l'Église éprouvât de la tendresse. Aussi Martin V décida-t-il en 1425 que toutes les fois qu'une constitution de rente foncière avait pour but de fournir les capitaux nécessaires à l'amélioration de la culture, ce genre de contrat devait être sanctionné, s'il s'appliquait à des immeubles portant des fruits (*bona stabilia et frugifera*), si la rente était rachetable et si le taux des intérêts ne dépassait pas de 7 à 10 p. 100. Ce mode de placement jouit même d'une telle vogue auprès des autorités et des communautés religieuses que plusieurs auteurs ont fait du *census ecclesiasticus* une catégorie spéciale.

C'est dans le même esprit que l'Église autorisa les ordres religieux à se livrer à la *negotiatio œconomica* ou travail ayant pour objet la sustentation, tandis qu'elle leur interdisait expressément toute *negotiatio lucrativa* quelconque.

Le *Corpus* même ne donne pas de théorie de la monnaie : c'est dans le traité *De Regimine principis* de Thomas d'Aquin qu'il faut aller la chercher. Sa théorie, appuyée sur celle d'Aristote, servit de pierre angulaire à toutes les dissertations postérieures. D'après elle la monnaie est par nature improductive ; son unique raison d'être, c'est de fournir l'indispensable instrument d'échange et de mesure du prix de toutes choses. Le prince fixe sa valeur et taxe officiellement celle des monnaies étrangères ; elle remplit donc son rôle d'instrument d'échange en vertu de sa *bonté extrinsèque* ou *valor impositus*. Le prince a pour devoir de la frapper *probe et juste*, c'est-à-dire qu'il convient que sa *bonté extrinsèque* corresponde à sa *bonté intrinsèque*, mais, ne l'oublions pas, dans l'accomplissement de ce devoir, il ne relève que du for intérieur, bien que saint Thomas rappelle avec insistance que la monnaie droite est seule apte à être la mesure, la règle et le prix de toutes choses.

On sait combien les souverains de la seconde moitié du moyen âge se sont peu souciés de correction en cette matière ; on sait aussi la multiplicité et la variété des monnaies en circulation. De là l'intervention nécessaire des changeurs (*cambiatores* et *campsores*), qui dès les douzième et treizième siècles dressèrent leurs tables de change sur les champs de foires et jouirent d'un monopole de fait et de droit. Fidèle au principe que tout travail mérite sa rémunération, saint Thomas d'Aquin reconnaît la validité de leurs profits en tant que rétribution de leurs peines ; mais seuls à même de se retrouver dans le dédale monétaire de l'époque, les changeurs s'attribuèrent des bénéfices qui pour toute autre marchandise auraient été condamnés comme entachés d'usure. Comme on ne pouvait se passer d'eux, une connivence plus ou moins forcée les autorisa à la longue à accepter telles monnaies d'après l'*estimation du poids de la matière* et à en payer d'autres suivant l'*estimation de la loi positive :* c'était leur faire la partie belle et leur fournir l'occasion, qu'ils n'eurent garde de négliger, de se livrer à des *négociations lucratoires*. Quant aux effets des altérations des monnaies survenues en cours de contrat, on finit par décider que tout remboursement devait s'opérer conformément à la *bonté* qu'avait la monnaie au moment de sa conclusion. On rentrait ainsi dans la vérité, mais au travers d'une large brèche ouverte dans la théorie de la bonté extrinsèque.

Le temps n'appartenant en propre à personne, les docteurs ne s'écartaient point de la logique de leur principe en interdisant la rémunération du crédit, quelque dehors qu'elle affectât. En 1575, par exemple, nous voyons une constitution du pape Pie V condamner les *cambia sicca* ou traites stipulées payables en des foires déterminées, alors qu'en réalité, elles étaient payables en un autre lieu. Toutefois, sur ce terrain encore, on s'accoutuma à se départir de la rigidité première ; du caractère licite de la *permutation de monnaies présentes* on réussit à déduire le caractère également licite d'une *permutation de monnaie absente* en *monnaie présente* ; on inventa en outre une théorie du transport imaginaire et on arriva à n'exiger qu'une condition unique : la traite ne devait pas être payable au lieu d'émission. Grâce à toutes ces concessions, il devenait à peu près impossible de démêler ce qui, dans les bénéfices des changeurs et de leurs successeurs, les banquiers, avait une source usuraire au sens théologique du mot.

Les associations commerciales ouvrirent une autre porte à l'usure. Nées en Italie sous le nom de *commenda*, de *societas maris* et de *collegantia* à Venise, elles affectèrent peu à peu la forme de sociétés dans lesquelles des bailleurs de fonds sédentaires confiaient des capitaux à un *tractator* allant trafiquer dans les ports du Levant; d'abord simple commis rétribué par un tantième des bénéfices recueillis, celui-ci devint par la suite un véritable associé chargé de la gestion de l'entreprise. Pour ce qui concernait sa part personnelle des bénéfices, représentant la rémunération d'un travail accompli, l'Église n'avait aucune difficulté à soulever, mais il n'en était pas de même pour les parts de ceux que nous appellerions aujourd'hui les associés commanditaires. Cependant nous possédons une lettre du pape Innocent III, datée de l'an 1206, recommandant de confier dans certains cas des douaires à des marchands afin d'en tirer un gain honnête. L'explication de cette contradiction réside dans le fait qu'aux yeux de l'Église, le commanditaire restait propriétaire de ses fonds — tandis que pour elle un prêteur ordinaire transférait son droit de propriété sur la chose prêtée — et qu'ainsi il restait exposé à supporter sa part des risques de l'entreprise : « donc, déclare saint Thomas, il peut licitement s'attendre à recueillir une partie du gain comme d'une chose qui est restée sienne ». Conformément à cette doctrine, une Bulle de Sixte-Quint promulguée en 1586 réprouvait encore très explicitement à cette date tout contrat, convention ou pacte, par lesquels l'intégrité de sa part sociale était garantie à l'un des associés ; de même l'autorité ecclésiastique n'admettait pas la stipulation d'un dividende fixe, indépendant de la fortune de l'entreprise. Toutefois, à partir de la fin du quinzième siècle, cet ensemble de prohibitions s'était heurté par trop violemment à des coutumes devenues générales et plusieurs théologiens de renom,

entre autres Biel et Eck en Allemagne, prirent la défense des prêts à intérêts commerciaux et adhérèrent à la théorie du triple contrat (*contractus trinus*), proposée pour la première fois par Angelus de Clavasio dans sa *Somme des cas de conscience* publiée en 1476. Puisqu'il est permis, disait cette théorie, de conclure avec une première personne un contrat d'association à partage de bénéfices et de pertes, de s'assurer chez une seconde contre les éventualités de perte de sa mise de fonds, et chez une troisième contre les fluctuations du *prorata* de ses profits, pourquoi ne serait-il pas permis de conclure d'un seul coup les trois contrats avec la première ? Cette argumentation propre à calmer les scrupules, fut peu à peu universellement adoptée.

Ces quelques exemples empruntés à des branches diverses du commerce montrent dans quelles difficultés s'était jetée l'Église par sa législation trop prompte à poser un principe absolu et à en tirer des règles de conduite non moins absolues. En assimilant le prêt à intérêt à l'exploitation de la pauvreté, qui elle relève assurément de la juridiction morale et religieuse, les anciens canonistes ont légué aux théologiens du quinzième et du seizième siècle la tâche ingrate d'essayer de mille subterfuges pour élargir le réseau des prescriptions ecclésiastiques de façon à ratifier des opérations d'abord proscrites et sans lesquelles aucun progrès économique n'était pourtant réalisable. Au contraire, Calvin excepté, les auteurs de la Réforme se sont montrés inflexibles rebelles à toute tentative d'accommodement.

En somme, l'Église a eu raison de proclamer que la richesse n'est pas une fin en soi et qu'elle ne vaut que par l'usage qu'on en fait. Son utilité dépend de son emploi. Cette vérité, qui constitue le fond de la doctrine économique du Droit Canon, ne perd rien à être répétée, et nul économiste ne s'inscrira en faux contre elle. En réhabilitant en outre le travail méprisé par l'antiquité, l'Église a donné à la morale un caractère social qui lui faisait défaut à Athènes et à Rome ; si parfois elle a placé son idéal trop haut, elle n'en a pas moins puissamment contribué à fortifier la cause de la civilisation et de la dignité humaine. A ce prix, on peut lui pardonner d'avoir commis des erreurs d'application et d'avoir fait une part trop étroite à la liberté de la pensée et de l'activité économiques. D'ailleurs l'Église a petit à petit fait du chemin, puisque vers 1620, un théologien romain, Scaccia, affirmait, dans son traité *De commerciis et cambiis* revêtu de l'approbation papale, qu'il est également hérétique de soutenir que le commerce est illicite et que tous les biens doivent être communs. Et puis n'oublions pas que si l'Église a prêché le renoncement, elle n'a jamais excité à la spoliation.

E. Castelot.

Bibliographie.

Les deux ouvrages les plus complets sur le droit canon envisagé au point de vue économique sont ceux de M. Endemann : *Die nationaloekonomischen Grundsätze der kanonistischen Lehre* (Iéna, 1863) et les *Studien in der romanisch-kanonistischen Wirtschafts-und Rechtslehre* (Berlin, 1874). Le premier, aujourd'hui épuisé, a également paru dans le premier volume des *Jahrbücher für Nationalœkonomie und Statistik* de Hildebrand (Iéna, 1863). Pour saint Thomas d'Aquin, voir la *Philosophie de saint Thomas d'Aquin* de M. Charles Jourdain (Paris, 1858). On consultera encore avec fruit le mémoire de ce dernier sur l'*Économie politique dans les écoles du moyen âge* (Académie des Inscriptions et Belles-Lettres (novembre 1869); l'*Histoire des doctrines économiques* de M. A. Espinas (pp. 63-112); Cibrario, *Économie politique au moyen âge* (trad. franç. 2 vol., 1859); Contzen, *Die volkwirthschaftliche Literatur im Mittelalter* (1869); Neumann *Geschichte des Wuchers in Deutschland*, 1 vol. Halle, 1865; Cossa, *Introduzione allo Studio dell' Economia politica*, pp. 158-176 (Milan, 1892); le chapitre d'introduction dans la *Geschichte der National Œkonomik in Deutschland* de M. Roscher et deux chapitres excellents (*Economic Theories and Legislation* et *The Canonist Doctrine*) dans le premier volume de l'*English economic History and Theory* de M. W.-J. Ashley (Londres, 1888 et 1893), en prenant, bien entendu, comme point de départ le *Corpus juris canonici* et les ouvrages de saint Thomas d'Aquin. M. Brants, professeur à l'Université de Louvain, vient également de publier un savant ouvrage sur les *Théories Économiques aux XIIIᵉ et XIVᵉ siècles*. 1 vol. Louvain et Paris, 1895.

ÉCONOMIE RURALE DE LA GRANDE-BRETAGNE.

SOMMAIRE

1. **Fermes.**
2. **Étendue de la propriété.**
3. **Causes de ce développement particulier.**
4. **Développement historique.**
5. **Clôtures.**
6. **Droits et coutumes de succession.**
7. **Propositions et lois pour la réforme de la succession.**
8. **Prêts pour améliorations.**
9. **Transfert des terres.**
10. **Rapports entre fermiers et propriétaires**
11. **Ouvriers agricoles.**
12. **Développement agricole.**
13. **Période pénible.**
14. **L'île de Man et les îles Normandes.**

1. Fermes.

L'Angleterre et l'Écosse en dehors de la région des crofters l'emportent sur tous les autres pays, par le nombre des grandes fermes et des grandes propriétés. Ces deux faits sont non pas identiques, mais liés l'un à l'autre.

La caractéristique des *fermes* anglaises et écossaises, c'est le nombre relativement considérable qu'on en trouve d'une étendue de 100 à 500 acres. En 1886, on en comptait 80000 de 100 à 300 acres, et 14 000 de 300 à 500 acres, les deux classes formant ensemble le sixième de toutes les possessions, *holdings*,

et comprenant plus des 2/3 de toutes les terres : en Angleterre 72 p. 100, en Écosse 71 p. 100. Les plus grandes fermes étaient, au nombre de 5000, de 500 à 1000 acres et, de 700, de 1000 acres ou de plus. Il y en avait 65 000 d'une étendue de 20 à 50 acres, et 149 000, de 5 à 20 acres. Pour les toutes petites cultures, qui sont le plus souvent sans grande importance pour l'agriculture, au-dessous de 5 acres, il y en avait 159 000, représentant un tiers du nombre total de 550 000 fermes.

Dans certaines parties du pays, il y a un nombre relativement plus considérable de petites fermes ou de fermes de classe moyenne. La classe de 5 à 100 acres forme en Angleterre et en Écosse 52 et 53 p. 100 du nombre total, mais dans le Pays de Galles, 66 p. 100. Le major Craigie porte la superficie moyenne pour l'Angleterre à 60 acres, mais, pour le centre-ouest et le nord-ouest, à 58, pour le nord (où il y a pourtant aussi un certain nombre de très grandes fermes) et le nord-ouest, à 49, et pour le Pays de Galles même, à 47 acres. On trouve de petites fermes en dehors du pays de Galles, dans le pays accidenté du Westmoreland et du Cumberland (Pays des Lacs), ainsi que dans les vallées voisines de l'ouest du Yorkshire et du Lancashire. Elles sont moins profitables et leur nombre va décroissant dans quelques-unes des régions pauvres, mais elles sont rémunératrices et leur nombre va augmentant, par exemple, près des centres industriels du Lancashire; dans le Staffordshire et le Derbyshire, où des mineurs occupent souvent avec profit des petites terres; elles sont aussi profitables dans quelques-unes des régions de fromage, du Cheshire et dans la partie du Leicestershire où l'on fabrique le fromage de Stilton, par exemple; dans le sud-ouest, dans les comtés de Devon, Cornwall et Somerset, où il y a aussi de riches pâturages et, en outre, une culture considérable de fruits; dans le Kent, où l'on cultive les fruits et le houblon; dans des parties du Cambridgeshire et du Lincolnshire, spécialement dans l'île d'Axholme à l'ouest de la rivière Trent, où les terres sont encore distribuées d'après l'ancien système de la communauté des villages, malgré les inconvénients qui en résultent; enfin, près des grandes forêts, New Forest, Epping Forest, les landes de Dartmoor, qui fournissent aux petits cultivateurs des revenus particuliers. Nous donnons ces exemples parce qu'ils caractérisent bien la situation. Ils démontrent l'existence de causes particulières.

Pour le pays dans son ensemble, il est cependant caractéristique que les cultivateurs anglais constituent une classe tout à fait différente des paysans, qui occupent presque partout sur le continent une place si prépondérante. Particulièrement on trouve en France 61 p. 100 du nombre des propriétés terriennes et 66 p. 100 de la superficie cultivée entre 1 et 100 hectares, 59 p. 100 du nombre et 43 p. 100 de la superficie entre 1 et 40 hectares, 54 p. 100 du nombre et 36 p. 100 de la superficie entre 1 et 20 hectares et 39 p. 100 du nombre, 2 p. 100 de la superficie au-dessous de 1 hectare, d'après l'enquête 1881-1882.

2. Étendue de la propriété.

Le cultivateur anglais de classe moyenne est presque toujours fermier, *farmer* étant aussi en Angleterre le mot ordinaire pour désigner un cultivateur. Car, encore plus que la grandeur des fermes, l'étendue de la propriété est caractéristique de la Grande-Bretagne. En 1866, John Bright calculait que la moitié de l'Angleterre était entre les mains de 150, la moitié de l'Écosse entre celles de 10 ou 12 personnes. En 1876, une statistique officielle, The New Domesday Book, encore bien imparfaite, donna les résultats suivants : la superficie totale de l'Angleterre avec le Pays de Galles est de 37 320 000 acres. Exception faite, sur cette superficie totale, de 2 millions d'acres, qui sont aux mains de la couronne, de l'Église, des Universités et des institutions charitables, et de plus de 2 millions d'acres de terre non cultivées, c'est-à-dire, occupées par des chemins de fer, des villes, etc., il reste une étendue de 33 millions d'acres. Cette superficie était pour la moitié la propriété de 2250 personnes. Elles possédaient en moyenne 73 000 acres et chacune plus de 2 600 acres ; 1750 possédaient de 1000 à 2 000 acres ou un total de 2 millions et demi ; 34 000, de 100 à 1000 acres, ou un total de près de 9 millions ; 217 000 personnes, de 1 à 100 acres ou un total de près de 4 millions d'acres. Le pays embrassant 12 000 paroisses, les 2250 plus grands propriétaires possédaient donc, en moyenne, chacun 2 paroisses et demie. Sir James Caird estime qu'il y a 180 000 propriétaires terriens d'importance ; il divise les terres en quatre parties égales et trouve ainsi qu'un quart est possédé par 12 000 personnes ayant une possession moyenne de 16 200 acres ; un quart, par 6200 personnes ayant une moyenne de 3 150 acres, un troisième quart par 50 770 personnes ayant une moyenne de 350 acres, un dernier quart, enfin, par 264 380 personnes ayant une moyenne de 70 acres.

Pour tout le Royaume-Uni, nous relevons le calcul de M. Shaw Lefevre : 166 000 propriétaires de terres de 1 acre ou au-dessous ; au-dessus de 1 acre, environ 200 000 proprié-

taires, dont 955 possédant 30 millions d'acres (sur un total de 70 millions), c'est une moyenne de 30 000 acres pour chacun ; 4000 possédant 20 millions d'acres ou en moyenne chacune 5000 acres ; 10 000 possédant 10 millions d'acres ou chacun de 500 à 2000 acres ; 50 000 possédant 9 millions d'acres ou chacun de 50 à 500 acres ; 130 000, 1 million 3/4 d'acres ou chacun de 1 à 50 acres.

George C. Brodrick, dans un *Essai* paru dans les publications du Cobden Club, de 1881, distribue les classes pour l'Angleterre et le Pays de Galles d'une manière un peu différente : 400 *peers* possédant 5 700 000 *acres* ; 1 288 *commoners* possédant 8 millions et demi d'acres, chacun au moins 3000 acres et avec 3000 livres de revenu ; 2529 *squires* possédant 4 300 000 acres, chacun de 1000 à 3000 acres et un revenu au-dessous de 3000 livres ; 9600 *greater yeomen* possédant 4 800 000 acres, chacun de 300 à 1000 acres et en moyenne 500 acres ; 24 400 *lesser yeomen* possédant 4 000 000 d'acres, chacun 100 à 300 acres, en moyenne 170 acres ; 217 000 cultivateurs, possédant 4 millions d'acres, chacun 1 à 100 acres, enfin 709 000 *cottagers* possédant moins d'un acre. Mais on remarque qu'en tout cas, les grands *yeomen*, parfois même les « moindres » *yeomen* seraient, dans beaucoup d'autres pays, appelés : grands propriétaires.

Les Anglais comparent aussi la distribution de la propriété terrienne chez eux avec celle de la France : 1/3 en propriétés paysannes, en moyenne de 7 hectares et demi ; 1/3 aux mains de propriétaires indépendants dits *yeomen* en Angleterre, en moyenne 75 hectares ; et 1/3 par des propriétaires plus considérables, le plus souvent avec une moyenne de 750 hectares (Cliffe Leslie).

Déjà au xiiie siècle, un village anglais consistait le plus souvent en fermes dépendant du lord, à côté duquel était placé le recteur spirituel ou son vicaire. C'est encore aujourd'hui la règle, dans une grande partie du pays, que la plupart des fermes appartiennent au *squire*, au grand propriétaire qui les a données en fermage, le plus souvent annuellement ou jusqu'à ce qu'il donne congé. Aujourd'hui encore, le pasteur de l'Église anglicane occupe, dans la communauté rurale, une position importante à côté du *squire*, Seulement, la plupart des fermes ne sont plus placées dans le village lui-même, qui contient maintenant surtout des ouvriers et des artisans.

3. Causes de ce développement particulier.

Il y a plusieurs causes de ce développement particulier. L'étendue des fermes est déterminée principalement par les nécessités de la culture, plus grande dans les régions de froment dans l'Est, moindre dans les régions de laiterie dans l'Ouest, surtout là où l'on produit du fromage, qui est presque la seule production qui paraisse être d'un succès décisif pour le petit fermier ; elle subit aussi l'influence de la nature du sol, le sol argileux étant plus propre au grain, d'autres variétés du sol étant meilleures pour l'agriculture mixte, les terres les plus infertiles ne servant qu'à nourrir de grands troupeaux de moutons de race adaptée au milieu ; elle varie aussi avec tout le développement social et industriel, avec l'art agricole, avec les prix des produits. Arthur Young regardait, vers la fin du dernier siècle, 300 acres comme l'étendue normale d'une ferme ; il trouvait que les hauts prix des produits, pendant la grande guerre, avaient conduit à redistribuer les terres du sud de l'Angleterre en fermes d'une moindre étendue qu'auparavant ; plus tard, on voit ces dernières disparaître à leur tour au profit des plus grandes fermes avec lesquelles elles pouvaient difficilement lutter en production de froment.

On voit l'étendue suivre les exigences de la culture ; mais lentement, parce qu'il ne sert guère de changer les constructions et autres arrangements si le profit n'est pas très considérable. Comme nous l'avons déjà remarqué, l'étendue est la résultante d'une foule de circonstances, qui trouvent toutes leur expression dans la valeur d'achat et dans le loyer en cas de fermage. Et si quelques-uns croient que l'Angleterre doive entrer beaucoup plus largement dans la voie des productions qui sont le côté fort des petits fermiers : les légumes, les fruits (citons, par exemple, les recommandations de M. Gladstone pour la production de petits fruits, groseilles, cassis, des confitures, etc.), la volaille, toutes choses qui sont maintenant grandement importées, d'autres les regardent comme des productions relativement peu adaptées au climat, au caractère des cultivateurs, à la répartition des capitaux. Une plus grande diversité de productions en même temps que chacun se spécialise, est, du reste, en Angleterre comme partout, caractéristique pour les temps modernes.

4. Développement historique.

Toute la situation est bien, comme dans les autres pays, un résultat du développement historique et spécialement *de l'ancienne liberté.* De bonne heure il se forme un peuple, sous l'influence de l'unité de race entre les Anglo-Saxons, les Danois, qui avaient conquis plus de la moitié du pays, et les Normands,

qui n'étaient que des Danois francisés. Sous le régime puissant des rois normands, tout le peuple, y compris les seigneurs, fut forcé de servir l'État, sans qu'il y eût de privilèges particuliers oppressifs. Les *villains* et autres classes moins libres (Voy. *Classes rurales*) remplaçaient déjà dans le XIIIᵉ siècle leurs prestations par de l'argent ; et, avec la monnaie, suivait la liberté personnelle au lieu du service personnel. Leurs redevances étaient, comme d'ordinaire pour des tenanciers personnellement dépendants, déterminées par la coutume. Le résultat fut une tenure fixe et des redevances qui n'augmentèrent pas avec la valeur de la terre. En réalité, les *copyholders* possédant selon les registres seigneuriaux, d'après la « copie » de ceux-ci, et embrassant la moitié des cultivateurs, devinrent des tenanciers héréditaires en effet presque égaux en droits aux pleins propriétaires, *freeholders*.

Ce sont ces cultivateurs anglais, les *yeomen* et, avec eux, les *copyholders*, qui servaient comme archers et qui défirent la chevalerie française à Crécy et à Azincourt. Fortescue dit, sous Henry VI, qu'aucun pays n'avait un si grand nombre de cultivateurs moyens. Les *freeholders* à 40 sh. de rente qui eurent le droit de vote au Parlement de 1430 en représentaient une partie. Ce sont les grands seigneurs qui ont surtout souffert et, en grande partie, péri sous les guerres des Deux Roses. Thorold Rogers trouve communément des contrats de fermage de sept à dix ans, dans les XIVᵉ et XVᵉ siècles ; mais le fermage libre fut une conséquence naturelle et heureuse de la liberté personnelle et de la situation fixe et relativement claire de la propriété. Ce n'est que la dépendance personnelle qui engendre les rapports mixtes relativement à la terre.

Les lois sévères contre le vagabondage, édictées dans la dernière partie du XIVᵉ siècle, et, beaucoup plus tard, les lois qui fixent le séjour des pauvres, concernent les ouvriers plus que les cultivateurs proprement dits.

Sous les Tudors, une sorte de révolution a aussi lieu quant aux ouvriers : mais elle vient de causes purement économiques. Dans la politique, les Tudors sont plutôt favorables au peuple ; ils sont les successeurs des Yorkistes opposants de l'aristocratie lancastérienne. A cette époque, on n'a guère peur de solutions même radicales ; on discute la fixation des rentes, des fermages et l'on veut empêcher, en vain, la diminution de la culture du blé. La confiscation des monastères eut de dures conséquences pour les pauvres. Mais ce qui exerça surtout de l'influence, en amenant au défrichement des pâturages communs et en conduisant à changer beaucoup de terres cultivées en pâturages enclos, ce fut le développement industriel; la laine eut beaucoup de valeur; on la produisit pour l'industrie nationale et pour l'exportation. Dans le xve siècle, c'est une cause de la transformation de terres paysannes en plus grandes fermes avec plus de pâturages. On se plaignait des *clôtures* des terres communes et de la diminution du travail; une insurrection dans les comtés de l'Est, en 1543, est dirigée contre les *clôtures*. L'on se rappelle les plaintes de l'évêque Latimer dans ses sermons, de sir Thomas Moore dans son *Utopie*, et d'autres, contre le pacage des moutons envahissant les terres arables; lorsque les petits propriétaires vendent leurs fermes aux grands, c'est sans doute parce qu'ils le trouvent profitable; Fitzherbert, dans son *Book of Surveying* de 1523, défend aussi avec énergie les *clôtures*; de même lord Bacon.

DANS LE SIÈCLE DERNIER, lorsque la famille de Richard Cobden et une masse d'autres petits propriétaires vendent leurs fermes, c'est parce que l'immense développement de l'industrie et du commerce les attire. S'il n'y a aujourd'hui encore qu'un très petit nombre de fermiers qui désirent devenir propriétaires, c'est parce qu'il est plus avantageux de rester fermier et de ne payer que 2 à 2 1/3 p. 100 du capital fixe qu'ils emploient quand eux-mêmes reçoivent plutôt 10 p. 100 de leur capital, qu'ils emploient en capital circulant. La grande richesse du pays et tous les avantages sociaux, communaux et politiques rendent possible cet arrangement, ces placements en terre et ces fermages à bon marché.

DANS CE SIÈCLE ce développement économique, qui rend avantageux pour les petits propriétaires de vendre leur ferme, a continué, et quelques auteurs croient même que la plus grande absorption de ceux-ci par les grands propriétaires s'est faite à notre époque et que la disparition de beaucoup de petits *statesmen* du Cumberland et du Westmoreland n'est qu'un exemple de ce qui s'est passé partout. Dans d'autres endroits, on a cependant vu un morcellement considérable, mais par suite de transferts à d'autres classes plus adaptées aux exigences modernes. Faute d'une statistique officielle, nous n'avons guère de données certaines.

5. Clôtures.

Les *clôtures* ou les défrichements des pâturages communs ont nécessairement eu un autre caractère en Angleterre et en Écosse que dans beaucoup d'autres pays, simplement parce que la propriété y a été développée d'une manière plus libre et moins confuse. Le plus souvent, c'est à tort qu'on a porté des plaintes contre l'utilisation des vastes pâturages par les grands propriétaires. Tout au plus, ce sont les ouvriers qui y ont perdu, parce qu'ils ont été privés de certains droits coutumiers, surtout du droit de pâturage. D'après Arthur Young et toutes les autres autorités de valeur, rien n'a plus contribué, pendant certaines périodes, au développement de l'agriculture. L'Écosse possède déjà, en 1695, un *act* sur la *clôture* des terres communes. L'*act* général pour l'Angleterre ne date que de 1845. Nous ne parlons pas ici des anciennes *clôtures*. Mais, depuis 1710, époque de la publication du premier *act*, jusqu'à 1843, on a enclos au total un tiers de toutes les terres cultivées; au milieu du siècle dernier, la moitié du pays était encore en communautés de village (Voy. *Colonisation ancienne et villages*, etc.); pendant la seule période de 1769 à 1799, on en enclôt 2 millions et demi d'acres. Récemment, on a eu soin de conserver les belles forêts et autres étendues d'intérêt général pour le public et l'on a favorisé l'emploi des terres en lots pour les ouvriers, changement de législation auquel l'économiste Henry Fawcett, par exemple, travailla très activement en 1869.

Des *clôtures* qui ont donné occasion à des objections particulières sont celles qui ont eu lieu dans les *Highlands écossais* après l'abolition de la constitution des clans, lors de l'insurrection de 1745. Il fallait transformer la société féodale en société industrielle. Le gouvernement et les cours ont reconnu les chefs comme propriétaires sans établir des droits spéciaux pour les membres des clans. On s'est pourtant plaint moins de la *clôture* des terres communes que de l'éviction des tenanciers des petites fermes qui, pour les propriétaires ne représentaient aucune valeur militaire. L'exemple le plus connu, c'est celui de Sutherland dont parle Léonce de Lavergne dans son livre sur l'*Économie rurale de l'Angleterre et de l'Écosse*, et où le duc a réduit le nombre des fermes mal cultivées, et fait émigrer ou placé comme pêcheurs sur les côtes une partie des anciens petits fermiers. (V. sur les CROFTERS : LOIS AGRAIRES).

6. Droits et coutumes de succession.

Le droit *de primogéniture* contribue beaucoup à la concentration de la propriété foncière. Contrairement à l'ancien droit teutonique et anglo-saxon, il a été introduit par la féodalité normande et par les jurisconsultes normands, spécialement vers 1200 et dans le siècle suivant.

Avant cette époque, le principe du partage égal fait ordinairement partie des droits de famille et de tribu; mais la possession féodale suit bientôt la règle développée d'abord dans les familles princières. Elle entraîne un service public, elle est attribuée au mâle aîné. Partout elle se développe spécialement même lorsque la féodalité réelle avec ses services est en décadence. En Angleterre, les vestiges de service sont abolis sous Charles II, les fiefs, *knights fees*, sont entrés dans la grande catégorie de la propriété ordinaire, *free and common socage*; mais le *droit* et la coutume d'aînesse des mâles sont restés et se sont même, par de nouvelles coutumes, développés d'une manière plus active ; ils dominent maintenant la propriété foncière. Néanmoins, il faut excepter la propriété en général dans la plus grande partie du Kent, et, dans quelques autres contrées, les possessions héréditaires dites *copyholds*, qui se transmettent d'après le partage égal, le *gavelkind*, mot d'origine celtique indiquant la succession égale dans les familles. La primogéniture n'est guère une coutume populaire ; mais elle continuerait, sans doute, pour le moment, à être suivie par la *gentry* et la *nobility*, alors même qu'elle ne serait pas règle légale.

L'influence des droits de primogéniture est augmentée par la coutume de l'*entail*, ou l'imposition de *liens* particuliers sur la propriété foncière, obligation de la laisser à d'autres « en queue », avec des dispositions spéciales sur la fortune au profit de divers membres de la famille, *family settlements*. Presque tous les propriétaires considérables règlent, par ce mode de substitution testamentaire, la tenure des propriétés *en tail*, et disposent, largement, en connexion avec cette succession, de leur fortune pour la famille, *settlements*. C'est même, en pratique, par ces moyens, que les deux tiers probablement des terres sont héréditairement transmises. On voit la coutume d'hériter, d'après un certain ordre déterminé, se développer sous Édouard Ier, qui la reconnaît par ses deux lois célèbres : *De donis conditionalibus* et *Quia emptores caveant*. Plus tard les juristes trouvent des formes légales pour défaire ces dispositions, et on croit que les coutumes moins strictes pendant deux siècles, depuis Édouard IV et surtout depuis Henry IV jusqu'à la République, ont contribué à créer une meilleure distribution de la propriété entre une classe plus nombreuse de *gentry* et de *yeomen*. Sous la République et après la Restauration, on affirme de nouveau le pouvoir de lier la propriété et la fortune, surtout par la création de *trustees* ou de gardiens.

C'était une manière de garantir les fortunes familiales contre les confiscations des parlements de Cromwell. La règle actuelle, et en même temps la seule chose permise, c'est qu'on dispose de la succession entre personnes vivantes et au profit d'un successeur qui n'est pas encore né, jusqu'à ce qu'il ait atteint sa majorité de vingt et un ans (c'est la personne *en tail*, « en queue »). Mais, en fait, un nouvel arrangement survient presque toujours, avant l'arrivée de cette majorité, entre ce successeur et son « protecteur », c'est-à-dire le possesseur actuel. Le fils y consent parce qu'il obtient lui-même immédiatement un revenu annuel. En pratique, les *liens* subsistent pendant un laps de 50 à 90 années et sont presque toujours renouvelés avant l'expiration.

Le système de succession qui régit de cette manière la propriété terrienne en Grande-Bretagne est *peu satisfaisant*, quoi que disent les adhérents de M. Le Play. On a tiré les meilleures raisons en faveur de sa continuation, de la politique et surtout de l'administration locales. Mais les très grands propriétaires ne vivent plus beaucoup sur leurs terres ; ils en possèdent le plus souvent dans diverses localités et pourraient tout au plus rester peu de temps en chaque endroit. Avec les communications et les goûts modernes, ils ont aussi pris l'habitude de rester une partie considérable de l'année à l'étranger ou, du moins, hors de leurs terres. Toute l'influence et toute l'activité et de la *gentry* et de la *nobility* sont amoindries par suite de tout le développement moderne. Alors même qu'ils restent magistrats, comme *justices of the peace*, ou occupent d'autres fonctions analogues, on les a privés d'une grande partie de l'administration, depuis les administrations de l'assistance publique, *boards of guardians*, jusqu'aux nouveaux conseils des comtés, *county councils*. En tout cas, les raisons tirées de la vie publique sont aujourd'hui moins puissantes. Quant à la famille, on a toujours relevé de graves objections contre le système de laisser tous les autres enfants dans la pauvreté pour en enrichir un seul, comme l'a dit Adam Smith; on l'a même regardé comme un malheur pour celui qui sait qu'il héritera de la propriété : c'est empêcher, en tout cas, l'éducation du fils aîné, disait Berkeley. De la façon dont fonctionnent les *entails*, on trouve surtout que la procédure, d'après laquelle on dissout et renouvelle le *settlement* pendant la minorité du successeur, est très discutable. Tout le système, avec les intérêts viagers, amoindrit les avantages et les pouvoirs du plein propriétaire et empêche des dispositions utiles de vente et de partage, de constitutions d'hypothèques, d'améliorations, de fermages.

7. Propositions et lois pour la réforme de la succession.

Un certain nombre de propositions et de lois ont essayé de remédier à ces maux.

Aucun homme d'influence ne songe, en Angleterre, à abolir le pouvoir illimité de tester. Mais, en premier lieu, on désire abroger le droit de primogéniture en cas de succession *ab intestat*. Cette abrogation sera sans influence directe sur la masse des grandes propriétés pour lesquels on a fait les dispositions de l'*entail* et *settlement*, et qui continueront, en tout cas, à être léguées par testament ; mais on avance justement, comme une des raisons de l'abrogation, que cette règle s'applique maintenant dans mille cas où des propriétaires de petites pièces de terre n'ont guère pensé à prendre des mesures particulières par testament ou d'autre manière ; ce ne sera que le rétablissement, pour la propriété foncière aussi, de la règle ordinaire de succession. On espère en outre qu'une telle loi pourra avoir des conséquences indirectes sur les usages en vigueur, et, par suite, sur la distribution de la propriété. Un certain nombre de propositions ont été faites, depuis 1836, spécialement par Locke King, en 1859-1873 ; par M. T. B. Potter en 1870 (l'une de ses propositions a été reprise, en 1876, par le gouvernement), et par lord Halsbury, comme ministre, en 1887. Une telle législation a été recommandée dernièrement d'une manière énergique par M. Leadam. C'est une proposition qui ne rencontre à présent que peu d'opposition. On ne veut pas pousser à la division de la terre en nature ; au contraire, on a voulu laisser le plus grand pouvoir à ceux qui exécuteront les arrangements après le décès.

Plus difficiles sont les questions de réforme de l'*entail* et des règles de *family settlements*. On ne veut pas toucher au *settlement* en cas de mariage et on reconnaît que les arrangements ordinaires, quant à la fortune, amèneront, en effet, aussi, des dispositions sur les terres. Une série d'*acts*, 1856, 1858, 1864, 1882, ont augmenté le pouvoir du possesseur temporaire, *life tenant*. Jusqu'à 1856, il ne pouvait faire de contrats de fermage pour plusieurs années. Spécialement, la loi de 1864, *Land improvement Act*, a permis de grever la propriété ou les successeurs pour le drainage, la construction de bâtiments de fermes, les routes, la culture forestière, avec la sanction de la commission des *clôtures* (plus tard changée en *Department of Agricul-*

ture). On s'est plaint des dépenses de la procédure et de l'insuffisance sous plusieurs rapports des moyens accordés (*Select Committee of the Lords*, 1873 : seulement 3 millions d'acres sur 20 millions sont drainés). Le *Settled Lands Act* de lord Cairns, de 1882, a permis de vendre, moyennant remploi, sauf en ce qui concerne la principale maison de famille, *the principal mansion*, avec la terre qui en dépend. Celles-ci ne pourront être aliénées que moyennant permission donnée par des gardiens, *trustees*, ou par la Haute Cour. On regarde encore comme nécessaires des dispositions législatives relatives aux *entails* et aux *settlements* sinon l'abolition totale des *entails*. En Écosse, la libération complète de ceux-ci, autrefois encore plus développés qu'en Angleterre au point de vue de la perpétuité, est maintenant bien organisée.

8. Prêts pour améliorations.

Le manque d'institutions de crédit foncier en Angleterre s'explique en partie par la modicité de la rente dont se contentent les propriétaires du sol, et qui rend sans profit et impossibles des emprunts hypothécaires ordinaires. Une législation spéciale, qui permet une première hypothèque, malgré l'existence d'autres charges antérieures, à des prêts pour drainage et certaines autres améliorations indubitables, fournis par certaines compagnies et approuvés par certaines autorités, s'explique en partie par ce manque de crédit hypothécaire, mais est aussi une conséquence du système d'*entail* et de *family settlement* avec leurs nombreuses charges. Une partie de cette législation peut cependant être recommandée pour d'autres pays également.

9. Transfert des terres.

Plusieurs lois ont enfin essayé de faciliter le *transfert des terres*, ainsi que les constitutions d'hypothèques, mais sans cependant y avoir entièrement réussi. Le *Land Registry Act* de lord Westbury, de 1862, a institué des registres de titres, et le *Land Transfer Act* de lord Cairns, de 1875, a établi des titres ou absolus ou possédant un caractère de preuve absolument valable, si elle n'est pas détruite par la preuve contraire. Cet acte a aussi tâché de faciliter la procédure. On a encore, par le *Conveyancy and Law of Property Act simplified*, et les *Solicitors Remuneration Act*, de 1881 et de 1882, tâché de rendre l'institution plus pratique. L'act de lord Cairns est, en partie, une imitation du célèbre *Act* de sir Robert Torrens, établi en 1857 dans l'Australie du Sud, et, en 1874, dans les autres colonies australiennes ; mais on n'a pas encore institué le fonds d'assurance destiné à réparer le préjudice causé par les erreurs possibles, ce qui est aussi une création de l'*Act Torrens*, et l'on se plaint également toujours des retards et des dépenses.

Deux commissions royales et un *Select Committee of the House of Commons* ont réuni une grande quantité de renseignements pour élucider ces questions. Des propositions de lord Halsbury, comme chancelier, en 1887-1889, et une proposition gouvernementale encore plus récente, ont voulu introduire une immatriculation générale et obligatoire ; mais l'opposition des hommes de loi, *solicitors*, a empêché jusqu'ici les projets de loi de passer à la Chambre des Lords. On croit qu'une réforme sérieuse aurait surtout de l'importance pour la petite propriété et contribuerait à une plus grande et meilleure distribution du sol.

10. Rapports entre fermiers et propriétaires.

On se rappelle le mot sur le bail à fermage : que toute la sagesse du monde ne peut réussir à rédiger un contrat de fermage entièrement satisfaisant. D'après la nature des rapports entre les parties, il est difficile de ne pas se heurter à l'un ou l'autre de ces deux écueils : ou lier trop les mains au fermier, par la défense de tirer parti du sol comme il l'entend, de vendre de la paille, du fourrage, etc., ou ne pas assurer suffisamment les intérêts du propriétaire. S'il était possible de régler convenablement le fermage, ce serait dans la Grande-Bretagne, où la classe des fermiers est si développée, où ils sont cultivateurs de profession, pleins de capacité, possèdent des capitaux, et sont en état de calculer et d'agir d'après leurs calculs. D'après les circonstances, le fermage lui-même paraît, dans ce pays, une bonne manière d'unir les différentes formes de capitaux et l'habileté personnelle et de dégager l'agriculture de l'esprit de routine pour l'élever au niveau de l'industrie moderne.

Même en Angleterre, les rapports entre fermiers et propriétaires ne vont cependant pas sans difficultés. Ce qui reste de l'ancien *copyhold*, c'est-à-dire les anciennes terres dépendantes devenues héréditaires (ce qui représentait encore au commencement du dernier siècle, un tiers des fermes) n'est en réalité pas beaucoup différent du *common freehold*, ou de la pleine propriété, et l'on se hâte aussi de le transformer, au moyen de lois sur le rachat des droits, en propriété ordinaire. V. AGRAIRES (LOIS). Mais nous parlons ici des *leaseholders* et des *tenants at will*, des fermiers avec ou sans contrat. Sir James Caird regar-

dait comme la réforme la plus importante la nécessité d'introduire des contrats pour un nombre d'années qui fût un multiple du nombre des années d'assolement, et l'on a spécialement recommandé, pour l'Angleterre aussi, la règle des *Lowlands* écossais de contrat de 19 à 21 ans. En Angleterre, on avait plus de contrats, *leases*, dans le dernier siècle ; la variation des prix des produits, sous les guerres napoléoniennes, rendit plus difficile de contracter un engagement pour plusieurs années. Plus tard, les lois électorales ont, dit-on, contribué à ce que les propriétaires préférassent la coutume des *tenants at will*, fermiers annuellement congédiables ; surtout l'*act* électoral de 1832 qui donne spécialement le droit de vote à toute personne payant un loyer de 50 livres sterling. Dans certaines contrées, on a eu des contrats de 7 à 14 ans, et Sir James Caird recommande, par exemple, ce que faisait lord Leicester dans le Norfolk en consentant des contrats de 20 ans. Dans quelques parties de l'Ouest, on a conservé des contrats pour la vie d'une ou plusieurs personnes. Ils sont moins désirables, parce que le propriétaire n'a pas alors assez d'intérêt à faire les améliorations. Mais ce qui constitue la règle, c'est le *tenancy at will*, surtout à présent que la baisse des prix a empiré la situation des *lease-holders* à contrats de longue durée. En effet, les fermiers, sans contrats, d'une année à l'autre, ne sont pas sans garantie ; ils en trouvent une dans le caractère des propriétaires, et surtout dans l'état patriarcal qui est en vigueur sur les grandes propriétés ; mais c'est une garantie qui n'est pas absolue et qui devient spécialement, dans certains cas, insuffisante. L'agriculture, dirigée par des hommes de la haute classe, *gentlemen-farmers*, est regardée comme peu profitable. Dans les comtés du centre, il y a cependant un certain nombre de très grandes fermes administrées par des *bailliffs*, ou intendants. La baisse des produits, spécialement du froment, qui a ruiné un certain nombre de fermiers sur les terres argileuses des comtés de l'Est, a surtout rendu impossible d'affermer les terres même la moitié de l'ancien loyer, ou même encore beaucoup au-dessous, et a forcé les propriétaires à prendre eux-mêmes la direction de leurs terres, s'ils ne veulent pas les laisser sans culture.

En Écosse, la situation diffère beaucoup selon les différentes régions du pays. Dans le Forfarshire et l'Aberdeenshire, vers la côte de l'Est, on rencontre un certain nombre de fermiers labourant personnellement de 20 à 100 acres. Dans la plus grande partie des *Lowlands*, surtout dans le sud-est, dans les

Lothians, l'agriculture était, il y a 20 ans, la plus développée du monde, on était arrivé à créer de grandes fermes, à les louer pour 19 à 21 ans, sous la forme la mieux adaptée aux exigences de la culture. La dépression agricole a plus tard rendu la situation de ces fermiers assez difficile. On voit cependant encore des fermiers écossais émigrer en Angleterre pour louer des fermes que leurs confrères anglais ont été forcés d'abandonner.

Une classe particulière, ce sont les *agents*, c'est-à-dire les administrateurs des domaines des grands propriétaires, qui sont aussi des hommes d'une grande capacité professionelle, et qui ont leur part dans le développement de l'économie nationale.

Il n'est pas question de faire des lois pour réglementer les rapports des tenanciers avec les propriétaires, comme on l'a fait en Irlande et dans une partie des Highlands écossais, où l'on a presque accordé aux fermiers une partie du droit de propriété. Même en Angleterre, on est pourtant allé jusqu'à limiter la liberté des contrats relatifs aux fermages. On l'a fait surtout en ce qui concerne les remboursements aux fermiers pour améliorations. Il y a, sous ce rapport, des coutumes spéciales dans certaines contrées — Léonce de Lavergne et Sir James Caird en parlent —; mais, le plus souvent, on n'en a pas été très content. Un *Agricultural Holdings Act* de 1875 régla les remboursements, en cas de silence des parties sur ce point. Mais cette liberté des contrats rendait la loi sans grande importance. Le *Ground Game Act* de 1880 décida que les fermiers peuvent, sans égard pour les contrats, tuer le « gibier du sol », c'est-à-dire les lapins et les lièvres. Enfin, l'*Agricultural Holdings Act* de 1883 limite, dans l'Angleterre elle-même y compris le pays de Galles, la liberté des contrats : pour certaines améliorations dont le fermier n'a pas encore tiré tout le profit telles que l'emploi de la chaux et de la craie, du fourrage et de l'engrais, le tenancier a, sans égard au contrat, le droit d'être remboursé ; le drainage ne doit l'être que si le propriétaire dûment averti se refuse à l'exécuter. Les améliorations permanentes des constructions de bâtiments, des plantations de haies, des routes, des clôtures, ne sont remboursées que s'il y a eu consentement écrit du propriétaire. La valeur des remboursements est fixée par arbitrage. La période avant laquelle le congé doit être signifié est augmentée ; dans le cas où rien n'a été fixé sur ce point, de six mois à un an. En réalité, dit-on, le remboursement pour les améliorations est surtout payé par le nouveau fer-

mier, et, en somme, on ne trouve pas la loi très efficace.

11. Ouvriers agricoles.

Il faut admettre que la haute classe qui a gouverné l'Angleterre, la *gentry* avec la *nobility*, n'a pas fait tout ce qu'elle pouvait pour les ouvriers agricoles et les a parfois même traités assez durement. On peut s'en rapporter, par exemple, aux anciennes lois contre le vagabondage et, plus tard, à la loi de *settlement* ou nécessité de rester dans la paroisse pour avoir droit à l'assistance publique ; au caractère des lois criminelles, même de celles contre les braconniers ; à l'absence, dans l'Angleterre anglicane, de l'éducation obligatoire et gratuite des pays luthériens et même de l'Écosse ; au caractère de l'assistance des pauvres pendant plusieurs périodes ; à la difficulté pour les ouvriers de trouver des cottages et de petites terres. Même l'assistance privée, donnée ou organisée par la famille du *squire* et le pasteur, toute considérable qu'elle fût, a été trouvée peu conforme aux idées modernes d'indépendance. A présent, tout cela est changé. L'émigration, l'attraction de l'industrie et des villes ont contribué énormement à émanciper l'ouvrier agricole, *poor Hodge*, lui aussi. Surtout des services, comme celui des chemins de fer et de la police, ont attiré la fleur de la jeunesse rurale. On a essayé d'étendre les syndicats, *trades-unions*, de l'industrie à l'agriculture (Joseph Arch et autres). Les associations coopératives et de prévoyance ont pénétré dans les campagnes, et non plus seulement dirigées par le pasteur et le *squire*. L'instruction primaire est maintenant organisée. Dernièrement, on a cru contribuer à améliorer le sort des ouvriers par l'introduction des conseils de paroisse qui ont pouvoir d'établir même des institutions de confort et d'agrément. Le manque de classe moyenne, de paysans propriétaires ou fermiers, contribuant, comme classe intermédiaire, à élever la classe ouvrière, s'est fait vivement sentir. D'autre part, l'ouvrier agricole est mieux payé que sur le continent, et est aussi, le plus souvent, plus habile. La transformation de la classe des domestiques en ouvriers à salaire plus indépendants s'est opérée aussi bien plus tôt en Angleterre, — où elle était déjà presque accomplie de 1820 à 1830, — que dans les autres pays de l'Europe occidentale. Ces hommes, *ploughmen, carters, herders* et autres, ne sont pas encore payés — surtout dans les contrées purement agricoles du Sud — comme les ouvriers dans le Nord minier et industriel ; mais ils sont, généralement, dans une condition très supérieure à celle de leurs confrères continentaux. Il y a moins maintenant qu'autrefois, de bandes migratrices d'ouvriers. Sur la plus grande partie des grandes propriétés, il y a de bons cottages avec des jardins moyennant un loyer d'environ 2 p. 100 du capital dépensé pour les créer.

Spécialement, il faut citer les efforts qui ont été faits afin de créer de petites douanes pour les ouvriers, *allotments*. Le principe n'en est pas nouveau. Déjà le *Select Vestry Act* de 1819, loi concernant l'administration des paroisses, attribuait aux gardiens des églises, *churchwardens*, et aux inspecteurs des pauvres, *overseers*, le pouvoir de donner à louage de petits lopins de terre jusqu'à un acre d'étendue. Un nouvel effort fut fait par la loi de 1831. Des résultats plus considérables ont, cependant, été produits plus tard. Ils sont dus en grande partie au mouvement de ces dernières années, à la tête duquel était Jesse Collings, membre du Parlement, appartenant à une famille de fermiers issue d'ouvriers. On connaît sa fameuse demande de *three acres and a cow*, (3 acres et une vache) comme condition indispensable d'amélioration dans la situation des ouvriers agricoles. Il a été surtout appuyé par M. Joseph Chamberlain. Le *Commons Act* de 1876 décida de conserver des terrains qui serviraient aux exercices physiques, récréations, etc., et des *allotments* à l'occasion de la clôture des terres communales, c'est-à-dire de leur transformation en propriétés individuelles. Il décida aussi que là où existait le droit de prendre du bois pour le chauffage, il serait remplacé par de petits morceaux de terres conservés et donnés à louage aux ouvriers. L'*Allotments' Extension Act* de 1882 décréta que l'on consacrerait aux *allotments* les terres des institutions charitables. En 1887, les *Sanitary Authorities*, c'est-à-dire, à la campagne, les *Boards of Guardians* ou administrations d'assistance publique, maintenant remplacées, en partie, sous ce rapport, par des *Parish Councils*, conseils de paroisses, ont obtenu le pouvoir d'acheter ou de louer. Elles peuvent même, par le moyen des administrations de comtés approuvées par le Parlement, exproprier des terres pour les louer aux ouvriers par morceaux n'excédant pas 1 acre. Les *Boards of Guardians* étant composés de députés élus par les contribuables ou de grands propriétaires qui en font partie en leur qualité de magistrats, on a essayé, en 1890, de rendre la loi plus efficace en permettant à six contribuables d'appeler de « l'autorité sanitaire rurale » au conseil de comté. Des décisions

sont prises dans le même sens dans le *Glebe Lands Act* de 1888, pour une partie des terres appartenant au clergé des paroisses. Lorsque les commissaires ecclésiastiques vendent des terres des évêques ou des chapitres, ils les offrent toujours en premier lieu aux tenanciers contre un payement de 15 p. 100, et le reste est payable par annuités pendant vingt ans.

Tout le principe des *allotments* a été étendu par le *Small Holdings Act* de 1892, d'après la proposition d'une commission parlementaire que présidait M. Joseph Chamberlain. Les conseils des comtés peuvent donner à louage des terres jusqu'à une valeur annuelle de £ 15, dont l'étendue .era le plus souvent de 2 à 5 acres, jusqu'au maximum de 15 acres. Cette disposition est conçue dans le même esprit que les autres lois d'*allotments*. Mais le principal de cette loi de 1892 est de créer de nouveau une classe de paysans. Les conseils de comté peuvent acheter des terres, les améliorer, construire des maisons, pour les revendre moyennant le payement du cinquième, le quart du reste continuant d'être dû comme rente permanente, les trois autres quarts devant être remboursés tous les six mois pendant cinquante ans, avec défense de diviser, de louer et sous-louer, etc., sans la permission du conseil. On peut, dans ce but, emprunter jusqu'à 10 millions de livres. L'opposition des conservateurs sous lord Salisbury empêcha le vote d'une des clauses proposées, qui tendait à permettre l'expropriation des terrains, dans tous les cas où il en était besoin. L'expropriation n'est permise que pour créer, dans l'intérêt de l'hygiène, des cottages avec jardins.

Les *allotments* ou morceaux de terres séparés ont augmenté, de 1873 à 1890, de 243 000 à 455 000, chiffre sur lequel les terres au-dessous du quart de 1 acre étaient de 323 000. Mais cette augmentation est principalement due à l'initiative privée, à[des sociétés et surtout aux efforts de quelques grands propriétaires. Spécialement, les lois de compulsion sont demeurées presque sans application. Il paraît qu'il en sera de même de la nouvelle loi, le *Small Holdings Act* de 1892, qui est émanée plutôt d'une théorie favorable à la propriété paysanne que d'un besoin réel. On a cru que des hommes en dehors de la classe agricole proprement dite, de petits boutiquiers, des artisans, des spéculateurs, chercheraient à profiter de cette loi; mais ces personnes elles-mêmes ne paraissent guère goûter les entraves imposées à la libre disposition des terres. Elle n'a eu absolument aucun résultat.

12. Développement agricole.

L'agriculture anglaise est étroitement liée à l'industrie et au commerce ; son développement suit, en grande partie, celui des autres branches de l'activité humaine. Elle s'est, cependant, développée elle-même de la manière la plus étonnante. Elle, qui, dans la première partie du siècle passé, ne donnait pas de récoltes supérieures à celles qu'on trouve aujourd'hui en Russie, a atteint de nos jours au niveau le plus élevé. Dans le dernier siècle, son progrès est lié au mouvement des autres pays, aux tendances générales, au retour à la nature et aux industries agricoles, toutes choses qui caractérisent en France, par exemple, l'œuvre des physiocrates, et qui se retrouvent, sous diverses formes, dans la plupart des pays.

Il suffit de nommer des hommes comme Jethro Tull, qui propagea la manière de semer les navets en lignes et beaucoup d'autres améliorations ; comme lord Townshend, qui se retira du ministère pour introduire, sur ses propriétés, l'excellente alternance de quatre soles, une verte après une jaune, spécialement de trèfles et de navets, assolement qui reste la base de la bonne agriculture anglaise et que l'on appelle, d'après le pays de lord Townshend, « le système de Norfolk » ; enfin comme Bakewell, qui créa la race célèbre des moutons de Leicester, appelée aussi du nom de sa ferme de Dishley, mais duquel on peut dire que ses principes pour la formation des races ont aussi créé indirectement les autres races qui forment aujourd'hui la base de la haute agriculture, les vaches Durham ou *Shorthorn* de M. Collings et les moutons Southdown de M. Jonas Webb. Plus tard, vers la fin du siècle, une immense influence réformatrice est exercée par Coke de Holkham et par les deux hommes qui devinrent le président et le secrétaire du *Board of Agriculture*, Sir John Sinclair et Arthur Young. Ce dernier a surtout été le propagateur de la *clôture* des terres, c'est-à-dire, comme nous l'avons expliqué plus haut, du défrichement des terres utilisées en commun.

Les difficultés des agriculteurs anglais au milieu de ce siècle, après l'abolition de leurs privilèges, des droits d'entrée sur les blés et autres denrées, sont surmontées, après 1846, surtout par une plus grande extension donnée aux récoltes vertes et à l'élevage du bétail, principalement du mouton. On lira là-dessus les divers écrits de Sir James Caird, à commencer par sa description de la situation des diverses parties du pays, publiée pour la première fois sous forme de lettres dans le *Times*, 1850-1851. Les grandes améliorations continuent ; parmi celles-ci il faut spécialement nommer le drainage, *under-draining*, après l'introduction des tuyaux poreux par M. Reed, en 1843 ; et plus tard les engrais chimiques, pour l'application desquels personne n'a plus de mérite que Sir John Lawes, de Rothhampstead ; les excellentes machines agricoles, les meilleures semences, et, avant tout, les races d'animaux d'une précocité plus rapide (les bœufs de 14 à 18, les moutons de 8 à 9 mois), que l'on suppose avoir à elles seules fait augmenter d'un quart en cinquante ans, la production de la viande.

13. Période pénible.

Depuis 1770, époque du calcul d'Arthur Young, jusqu'à 1850, époque du calcul de sir James Caird, la rente moyenne des terres a plus que doublé, s'étant élevée de 13 sh. 4 d. à 26 sh. 10 d. par acre. De 1850 à 1875, il y a encore un progrès considérable. Le prix de la viande augmente d'un tiers ; celui du beurre, de la moitié ; et celui du blé maintient son prix, tout au profit des cultivateurs, tandis que le salaire ne hausse que d'un huitième. Depuis lors, il y a un recul énorme. Les évaluations diffèrent, mais toutes sont d'accord pour constater cette tendance générale. M. Shaw Lefèvre évalue, déjà pour la période de 1875 à 1880, les revenus agricoles à 26 millions de moins par an que ceux de 1869 à 1874, et même si l'on prenait seulement les mauvaises années de 1878 à 1881, à 40 millions. Sir Robert Giffen arrive, en 1882, à des chiffres pareils. Sir James Caird évalue la diminution des revenus agricoles annuels, pendant la période de 1875 à 1885, à 42 millions de livres (il les compare aux 5 années précédentes), 20 millions pour les propriétaires, 20 millions pour les fermiers et 2 1/2 pour les ouvriers. Pour une plus longue période, la perte incombe surtout aux propriétaires et monte, comme moyenne pour toute l'Angleterre, d'après le calcul de M. Price pour les propriétés des collèges d'Oxford, probablement à plus de 25 0/0, pour la période de 1883 à 1893. La valeur des terres, d'après l'évaluation pour l'impôt sur le revenu, était le plus élevée en 1879-80, plus de 51 millions et demi, mais était diminuée, en 1892-93, de près de 13 millions de livres et demi.

La diminution du revenu, des rentes et de la valeur des terres a été très différente dans les diverses parties du pays, très considérable dans les contrées de froment de l'est de l'Anleterre, en Essex, par exemple, ainsi que dans le Sud, beaucoup moins dans les contrées de paturages, dans l'Ouest et dans l'Écosse, par exemple, où on a même vu continuer la hausse de la valeur des terres ; moins là où l'on a des productions relativement profitables, comme celles des fromages de Stilton, ainsi que là où il y a de petits maraîchers auxquels les chemins de fer ont donné un meilleur débouché. Pour quelque années, de 1875 à 1882, par exemple, on a pu constater une série remarquable de mauvaises récoltes ; mais c'est surtout l'énorme baisse de prix, principalement du froment, qui a causé le recul, de même que la crise agricole après les guerres napoléoniennes a été, en grande partie, causée par les grands progrès de la production agricole. Sir James Caird constate que, pendant les 50 années qui s'étendent de 1840 à 1889, la production de la viande a augmenté par habitant de 90 à 115 livres ; celle du froment de 311 à 400 livres. Déjà en 1889, la plus grande récolte de froment avait une valeur moindre ; il était évident que le revenu avait baissé malgré que la production moyenne par acre eût augmenté de 2 boisseaux. Une plus grande influence a encore été exercée par la diminution des prix de transport entre l'Angleterre et plusieurs pays lointains. Le prix du froment avait encore augmenté, de 1864 à 1868, de 60 0/0, de 5 shellings à près de 8 shellings par boisseau. Mais depuis lors il a baissé, par suite du développement des moyens de transport et de la colonisation dans l'Ouest des États-Unis, et plus tard dans l'Argentine ; en même temps les réserves en Russie et aux Indes peuvent suppléer, depuis la construction des chemins de fer, à chaque défaut temporaire des récoltes européennes.

L'importation américaine a surtout été importante de 1879 à 1883, et ce qui prouve bien l'influence exercée par la diminution des frais de transport, c'est le fait que, dans la vallée du Mississipi, la baisse des produits agricoles n'a pas eu lieu. Dans le Minnesota, la moyenne des prix s'est maintenue de 1862-66 à 1891-94, et cependant les frais de production n'atteignent que la moitié de ceux de l'Europe. La baisse totale est estimée, pour le Royaume-Uni, dans le *Journal of the R. Statistical Soc.*, juin 1896, d'après des périodes quinquennales de 1866 à 1895 inclusivement, à 49 0/0 pour le froment ; à 35 0/0 pour l'orge, et à 29 0/0 pour l'avoine. Les trois quarts de cette baisse pour le froment, et davantage encore pour l'orge et l'avoine, se sont produits dans les derniers quinze ans.

La superficie totale du froment aux États-Unis s'est étendue : de 19 millions 1/3 d'acres, dans les années 1869 à 1878, jusqu'à 37 millions de 1881 à 1883. Une fois même, plus tard, en 1891, elle a atteint 40 millions d'acres. Elle a diminué là aussi avec la baisse des prix.

En Angleterre, la baisse fut suivie d'une diminution de la superficie du froment de 50 0/0 et de la production par tête de 3 boisseaux 1/4, en 1869-1871, à 1 3/4, dans les années 1891-1893. Dans une certaine mesure, la culture paraît maintenant, en Grande-Bretagne aussi, varier selon les années. Mais, d'une manière constante, le froment a diminué de superficie, tandis que l'avoine, d'ailleurs moins caractéristique pour les pays avancés, et surtout le pâturage permanent, ont augmenté, ce dernier, de 1873 à 1893, ayant augmenté de 10,2 à 13 millions d'acres. De 1875 à 1895, l'ensemble de la superficie cultivée de la Grande-Bretagne s'est élevé de 31 millions et demi à 32 millions et demi d'acres, mais la superficie des cultures qui nécessitent chaque année l'emploi de la charrue a diminué de 2 millions d'acres, tandis que l'ensemble des pâturages a augmenté, dans cette période, de près de 3 millions d'acres. Cette diminution a presque entièrement porté sur la culture du froment, et la moitié s'en est produite dans les cinq dernières années (*Journal of the R. Statist. Soc.*, juin 1896). Les frais de production du froment en Angleterre atteignent presque le double des mêmes frais au Dakota, en Russie, et dans l'Argentine, et on sait combien, pour venir de ces pays, les prix du transport se sont abaissés depuis quelques années.

La viande a également subi une baisse, quoique moins considérable. Pendant quelque temps, la viande de mouton a soutenu ses prix mieux que les autres produits ; elle continuait donc à augmenter. Mais, dernièrement la concurrence des moutons gelés de provenance australienne est aussi devenue formidable, et c'est en vain que l'on a diminué considérablement le nombre de moutons en Angleterre. La diminution, de 1893 à 1895, a été, pour le Royaume-Uni, de deux millions (29 millions 3/4 au lieu de 31 3/4). La baisse de la viande a eu lieu, de 1866-70 à 1891-95, sur deux marchés de Londres (le *Metropolitan* et le *Dead Meat Market*), de 21 1/2 et 35 0/0 sur les qualités secondaires, et de 12 1/2 et 10 3/4 0/0 sur les premières qualités.

Les salaires des ouvriers agricoles ont continué de monter, dans les derniers 30 ans, au moins de 25 0/0, en même temps que ce qu'ils achètent est devenu meilleur marché. Les fermiers ont perdu beaucoup pendant quelque temps jusqu'au moment où les loyers des terres ont été diminués et leur position est devenue encore plus difficile parce que la perte est arrivée aussi vite et qu'ils ont perdu souvent la plus grande partie de leur capital d'exploitation. Enfin ce sont les propriétaires qui subissent la plus grande perte dans la rente des terres et dans la valeur des propriétés. Il est vrai que la plus grande partie des valeurs mobilières, rentes d'État et autres valeurs, rapportent aussi maintenant beaucoup moins, plus de 16 0/0 de moins comparativement aux années qui précèdent 1883. La valeur des terres a diminué encore plus qu'elle ne devait d'après la diminution de la rente; en effet, on ne compte plus comme autrefois sur une hausse continue de la rente; on n'est donc plus satisfait si le capital rapporte le même intérêt qu'autrefois.

On a autrefois regardé les fermiers anglais comme les premiers de l'Europe pour l'intelligence et le savoir pratique; maintenant on les regarde plutôt comme arriérés dans leurs méthodes qui ne sont guère adaptées aux exigences des circonstances qui se sont modifiées. Il est vrai que ni le climat ni la distribution de la propriété ni les habitudes ne permettent d'adopter les cultures et les productions qui souffrent surtout moins de la concurrence d'outre-mer que ne le font le froment et la viande. Tout de même, surtout les cultivateurs qui possèdent une expérience coloniale reprochent, probablement avec raison, aux fermiers anglais de ne pas savoir changer de méthodes et de productions assez vite d'après les conjonctures. Un des progrès récents sur lequel tous paraissent d'accord, c'est une meilleure organisation, avec moins de dépenses causées par les intermédiaires, pour la vente des produits des fermiers aux consommateurs des grandes villes. Mais même avec de grands progrès, la dépression de la propriété terrienne anglaise est loin d'être surmontée. Autrefois, la Grande-Bretagne était l'exemple le plus remarquable de la tendance de la rente de la terre à s'accroître ; exemple que Ricardo a si fortement mis en lumière; maintenant, elle est un exemple frappant de l'influence énorme qu'exerce sur la rente le progrès, représenté ici par la diminution des frais de transport, et par le développement que l'extension de la colonisation a donné à l'agriculture.

C'est surtout par une conséquence du changement de culture que le nombre des personnes qui vivent de l'agriculture en Angleterre, tant fermiers qu'ouvriers, a diminué, de 1870 à 1891, d'un million. L'Angleterre, encore dans la première partie du siècle dernier, était un pays essentiellement agri-

cole. A présent, on n'y compte plus qu'un septième de la population qui se consacre à l'agriculture. Et c'est une conséquence du caractère de l'agriculture, que même dans ce pays de grandes fermes, il n'y a en moyenne que quatre ouvriers pour un cultivateur entrepreneur. L'agriculture n'y est plus maintenant qu'une industrie comme une autre.

14. L'île de Man et les îles Normandes.

L'île de Man et les îles Normandes, ces dernières surtout, méritent une mention particulière. Dans l'île de Man, les possesseurs de terres d'une étendue de 20 à 100 acres, population d'origine mixte celtique et scandinave, sont presque des propriétaires. Le seigneur de l'île, lord Derby, essaya, en 1643, de les changer en tenanciers ordinaires, *leaseholders*, pour 21 ans, mais fut, en 1707, forcé (ce qui fut confirmé, en 1777, par un acte voté par l'Assemblée nationale, 24 *keys* formant le *Tynewall*) de reconnaître leur ancien droit à la possession, moyennant redevances minimes, avec droit de vente. Nominalement, la couronne, à laquelle le duc d'Athol, l'héritier, par mariage, de lord Derby, a plus tard transféré ses droits, est propriétaire ; mais les possesseurs le sont en fait. On dit qu'ils ont obtenu le même droit qu'on a voulu donner aux tenanciers irlandais en 1883; ils ont en réalité davantage. Leur situation est bonne, et on y relève spécialement la facilité pour les ouvriers d'arriver à devenir possesseurs, plus grande ici qu'en Angleterre. Voyez, pour les *crofters* écossais dans les îles et dans d'autres régions, où l'on est allé, dans la Grande-Bretagne même, jusqu'à l'adoption de lois agraires limitant le droit de propriété : l'article *Lois agraires*.

Les îles Normandes, Jersey et Guernesey, offrent spécialement un exemple intéressant de petits propriétaires et de petite culture dans une heureuse situation, avec une production énorme, souvent d'une moyenne de 2000 francs par acre, une haute valeur de la terre et un bien-être général. Les 20 000 acres de Jersey sont distribuées entre 2 500 propriétaires à raison de moins de 8 acres par personne, et ce n'est que dans les dernières années qu'un nombre considérable d'ouvriers immigrés de la Bretagne ont commencé de cultiver comme fermiers, de sorte que les propriétaires-cultivateurs sont devenus la minorité. Guernesey est encore plus morcelée, à raison de moins de 5 acres par propriétaire, et elle a une agriculture encore plus développée, l'île étant, en grande partie, couverte par des serres pour la culture jardinière. Lorsque les îles furent séparées de la Normandie et retenues par le roi Jean-sans-Terre, les grands propriétaires s'enfuirent, et leurs propriétés furent confisquées par le roi. On a conservé principalement le droit coutumier normand ou français et les Anglais trouvent que la situation ressemble plus à celle qui existe sous le Code Napoléon qu'à celle qui existe en Angleterre. Le fils aîné conserve la maison et deux acres. Le reste est partagé, les 3/5 aux fils y compris l'aîné, les 2/5 aux filles, une fille ne pouvant jamais recevoir plus que la part d'un fils; mais le partage de la terre elle-même est le plus souvent évité sous un bon régime de rentes négociables. C'est le système anglais libre, sans les restes de la féodalité: le droit d'aînesse et la coutume des substitutions. Le résultat est une prospérité encore plus grande que celle de la Grande-Bretagne elle-même.

N.-C. Frederiksen.

EDEN (Sir Frederick Morton) 1766-1809. Il conçut de bonne heure le projet du grand ouvrage qu'il publia en 1797 sur l'*État des pauvres* en Angleterre et fut surtout poussé à l'entreprendre par le spectacle des souffrances causées par les chertés de 1794 et de 1795. Ne reculant devant aucune dépense, il étudia personnellement et à fond la population de plusieurs paroisses, s'adressa pour d'autres au clergé, à qui il soumettait un long questionnaire aux interrogations précises et nombreuses, et s'assura pour le reste les services d'un agent zélé et intelligent qui voyagea pendant plus d'une année à ses frais. Disciple d'Adam Smith, Eden déclare dans sa préface que « les choses abandonnées à elles-mêmes manquent rarement de trouver leur niveau convenable », mais il ajoute que « de parti pris il s'est abstenu d'une manière à peu près générale de tirer lui-même les conclusions des faits qu'il présente au public ». Peut-être est-ce cette réserve, coïncidant avec l'abondance des renseignements qu'il fournit sur son époque et sur les époques rapprochées, qui lui a valu le compliment de Karl Marx déclarant que « seul de tous les disciples d'Adam Smith au xviii° siècle, Eden a produit un ouvrage ayant quelque valeur ».

Le moyen le plus sûr de faire apprécier l'importance du livre est encore de reproduire à peu près *in extenso* son titre, qui, suivant un usage plus fréquent aux siècles passés que de nos jours, détaille tout ce que le lecteur y trouvera; ajoutons que l'auteur tient ses promesses. Ce titre, le voici : *De l'état des pauvres ou histoire des classes laborieuses de l'Angleterre à partir de la conquête, où sont en particulier considérés leur économie domestique en fait de nourriture, de vêtement, de chauffage et d'habitation et les divers plans mis en avant pour l'Assistance des pauvres, avec des rapports paroissiaux sur l'administration des maisons de travail, des sociétés de secours mutuels... et un appendice donnant un tableau comparatif et chronologique des prix du travail, des denrées, ainsi que plusieurs documents originaux.* Dans les *Rapports paroissiaux* (vol. II et III) se trouvent intercalés d'assez nombreux budgets ouvriers.

Eden est encore l'auteur de *Porto Bello ou Projet d'embellissement du port de Londres*, d'un *Dénombrement estimatif des habitants de la Grande-Bretagne et de l'Irlande* (1800), de *Huit Lettres en faveur de la paix* (avec la France) et d'un *Discours sur les droits maritimes de la Grande-Bretagne* (1807). Président et l'un des fondateurs de la Compagnie d'assurances, *Le Globe*, il a également traité des questions d'assurances.

Bibliographie.

L'*Histoire des pauvres* a été traduite en partie dans Duquesnoy, *Recueil de mémoires sur les établissements d'humanité* (t. VII. 1799). Cabanis l'a analysée dans le *Mercure français*, Nos 29, 30, 32. An VI.

F

FAWCETT (Henry) 1833-84; son père était originaire de Kirkby-Lonsdale dans le Westmoreland, et s'était plus tard, établi comme drapier et agriculteur à Salisbury. Fawcett étudia d'abord les mathématiques à Cambridge; il devint aveugle en 1858, à la suite d'un accident de chasse dû à l'arme de son père. Après avoir publié son *Traité d'économie politique*, il fut élu professeur d'économie politique à Cambridge, en 1863, contre des économistes plus considérables que lui, Léonard Courtney et H. D. Macleod; il fut membre du Parlement depuis 1865 pour Brighton et Hackney.

Évidemment, M. Fawcett a été une personnalité considérable, sympathique et de beaucoup de caractère. Ce caractère se révéla non seulement par le courage avec lequel il supportait son malheur, assisté de sa femme, Millicent Garrett, elle-même écrivain distingué. Il fit preuve de beaucoup d'indépendance dans la politique, et contribua, par exemple, à la défaite de ses amis, les libéraux, par son vote lors de la question des universités irlandaises, en 1873, ce qui ne l'empêcha pas de devenir *Postmaster General* dans le ministère Gladstone de 1880. Partisan du principe du laisser-faire, il protégea pourtant toujours les faibles. M. Leslie Stephens le caractérise de la manière suivante : « Une haine spontanée pour tout ce qui est injuste se montrait dans toutes ses actions, qu'elle prît la forme de la sympathie pour le journalier agricole, ignorant et déprimé, pour les enfants laissés sans instruction, pour les femmes exclues des occupations où elles auraient pu gagner leur vie, pour les habitants des villes privées du seul endroit où ils pouvaient jouir de récréations salutaires, ou pour les millions d'Indiens, gouvernés par une race étrangère, trop disposée à négliger les vrais intérêts de ses sujets. »

M. Fawcett n'eut pas une grande influence sur le développement de la science économique. Son manuel n'est qu'un extrait de Stuart Mill ; il reproduit quelques-unes des plus graves erreurs scientifiques du maitre, et pêche comme lui par le manque de système et les mauvaises définitions. Que ce manuel ait pu obtenir 8 éditions, c'est, comme d'ailleurs la manière dont sont acceptées les œuvres de Mill lui-même, dans une certaine mesure, un honneur pour la nation, mais, c'est aussi un témoignage des limites particulières et curieuses de l'esprit anglais.

N. C. F.

Bibliographie.

Tur Hare's, Reform Bill simplified and explained, 1860 (défense pour l'élection proportionnelle). — *Manual of Political Economy*, 1863. — *The Economic Position of the British Laborer* (son cours), 1865. — *Essays and Lectures on Social and Political Subjects* (6, par M. F., 8, par M⁰ᵉ F.), 1872. — *Speeches on some current Political Questions*, 1875. — *Free Trade and Protection* (son cours), 1878. — *Indian Finance* (articles reproduits du 19ᵗʰ Century), 1880. — *State Socialism and the Nationalisation of Lands* (extrait du Manuel), 1883. — *Labor and Wages* (qui est aussi une reproduction de quelques chapitres du Manuel), 1884.

FORÊTS EN ALGÉRIE (LES). — Le massif forestier algérien est très considérable. Sa conservation est utile au point de vue des intérêts même du principal propriétaire, c'est-à-dire de l'État, et il ne saurait être question de l'abandonner sans protection et sans contrôle aux tribus qui compromettraient jusqu'à son existence.

Néanmoins il est indispensable de respecter les droits des indigènes, de tenir compte des besoins impérieux de leur existence, et des différences profondes qui séparent les populations françaises des populations algériennes au point de vue du genre de vie.

M. Jules Ferry, dans un rapport sur l'organisation et les attributions du gouvernement général de l'Algérie, a montré les dangers que présente l'assimilation trop complète des forêts de l'Algérie aux forêts françaises.

En France, l'usage des forêts n'intéresse pas toujours directement la population rurale, qui trouve dans l'exploitation de la terre arable la source véritable de ses profits, et ses moyens d'existence.

Depuis longtemps, nos paysans ou nos cultivateurs français ont appris à respecter le droit de propriété individuelle, et ils ne connaissent plus la jouissance collective de la terre. En outre, les limites des forêts de l'État sont partout et depuis bien des siècles, nettement établies, et parfaitement connues.

Il en est autrement en Algérie. Au moment de la conquête, les massifs boisés de ce pays étaient habités. C'est dans la forêt que la population vivait fort souvent, parce qu'elle y trouvait les pâturages nécessaires aux troupeaux dont l'exploitation constitue sa principale ressource. La loi de 1851 ayant annexé au domaine toutes les forêts comme propriétés de l'État, les tribus algériennes ont été privées d'un droit de jouissance qui leur avait été jusque-là concédé. Les terrains couverts uniquement de broussailles ont été eux-mêmes soumis au régime forestier.

La loi du 9 décembre 1885 dit, en outre, expressément dans ses articles 6 et 12.

ARTICLE 6. — « Les exploitations abusives ou l'exercice du pâturage (dans les bois des particuliers) devant avoir pour conséquence d'entraîner la destruction de tout ou partie des forêts dans lesquelles ils sont pratiqués, seront assimilés à des défrichements, et par conséquent donneront lieu, contre les particuliers qui les auront faits, à l'application des articles 221 et 222 du code forestier (amende de 500 fr. au moins et de 1500 fr. au plus par hectare de bois défriché, et obligation de reboiser).

« ARTICLE 12. — Les dispositions du titre XV du code forestier relatives au défrichement des bois des particuliers, et celle des articles 5, 6 et 8 de la présente loi sont applicables aux broussailles, 1° se trouvant sur le sommet ou sur les pentes des montagnes ou des coteaux ; 2° servant à la protection des sources ou cours d'eau. »

Ainsi, les lois antérieures, de 1851 et de 1863, avaient déjà écarté l'indigène des forêts et interdit le pâturage; les droits d'usage réservés au profit des tribus qui en jouissaient avant la conquête avaient été, en fait, supprimés parce que l'exercice en était subordonné à des restrictions qui le rendaient impossible dans la plupart des cas. La loi de 1885 interdit le pâturage et le défrichement des broussailles elles-mêmes dans un pays où les indigènes n'ont guère d'autres ressources que de faire pâturer ou de défricher des terrains improductifs. La situation faite aux populations pastorales devenait donc de plus en plus difficile. On peut ajouter même que, dans la plupart des cas, les indigènes se sont considérés comme injustement dépouillés de droits séculaires qui assuraient leur existence inséparable de l'entretien de leurs troupeaux. La multiplication des incendies paraît devoir être attribuée à des mesures trop rigoureuses, contre lesquelles ont protesté les personnes et les conseils électifs les plus autorisés. En 1889, le nombre des procès-verbaux dressés contre les indigènes pour délits commis sur le territoire forestier a été de 11 258 et le chiffre des condamnations s'est élevé à 947 000 francs, alors que les recettes brutes moyennes des dix dernières années n'atteignaient que 477 000 francs.

On peut donc dire que les procès-verbaux avec les condamnations qu'ils entraînent constituent la principale recette des forêts algériennes soumises au régime actuel. C'est là évidemment une situation anormale.

La commission sénatoriale chargée d'examiner les modifications à introduire dans la législation et dans l'organisation des divers services de l'Algérie, à publié récemment son rapport (3 février 1893).

Elle propose :

1º De nommer une commission chargée de rédiger un code forestier applicable à l'Algérie;

2º En attendant la promulgation de ce code, de réglementer par décrets le parcours des troupeaux dans les forêts et les broussailles;

3º De proposer au Parlement l'abrogation ou la modification des articles 6 et 12 de la loi du 9 décembre 1885 relatifs à l'interdiction du pâturage et du défrichement des broussailles;

4º De faire délimiter les véritables forêts;

5º De décharger le service forestier de la surveillance des terrains couverts de broussailles et d'arbustes improductifs, terrains qui doivent servir soit à la colonisation, soit au parcours des troupeaux, soit à la culture;

6º De créer à Alger, sous la direction du conservateur, un institut forestier algérien où les fonctionnaires venant de France auraient à suivre pendant six mois des cours sur la culture des chênes-liège, sur le repeuplement et le reboisement et sur les connaissances indispensables à l'exercice de leurs fonctions en Algérie.

Il serait à désirer, en effet, que des réformes fussent introduites dans la pratique de l'application du code forestier français aux forêts algériennes. Ce que nous avons dit suffit à montrer les vices et les dangers des méthodes actuellement appliquées.

D. ZOLLA.

Bibliographie.

BAUDRILLART, *Traité général des eaux et forêts*. Paris, 1821 à 1845. — *Statistique forestière*. Paris, 1878. Imprimerie Nationale. — *Annales forestières et métallurgiques*. Paris, 1842 à 1862. — *Bulletin des annales forestières*. Paris, 1842 à 1862. — *Revue des eaux et forêts*. Paris, 1862 à 1890. — *Répertoire de législation et de jurisprudence forestières*. Paris, 1862 à 1890. — *Annuaire des eaux et forêts*. Paris, 1862 à 1889. — DUVERGIER, *Collection complète des lois, décrets, règlement et avis du conseil d'État*, Paris, 1836 à 1885. — *Enquête sur les incendies de forêts dans la région des Maures et de l'Esterel*, Paris, 1869, Imprimerie nationale. — *Enquête sur les incendies de forêts dans la région des landes de Gascogne*. Paris, 1873, Imprimerie Nationale. — COMBE, *Les forêts de l'Algérie*, 1889, Alger, Giralt. — *La région du chêne-liège en Europe et dans l'Afrique septentrionale*, 1889. Alger, Giralt. — MATHIEU, *Les forêts de la province d'Oran*, 1889, Alger, Fontance. — Rapport de M. J. GUICHARD sur le régime forestier de l'Algérie, Sénat, annexe au procès-verbal de la séance du 3 février 1893.

G

GRAMONT (Scipion de), seigneur de Saint-Germain, naquit en Provence vers la fin du seizième siècle et devint secrétaire du cabinet de Louis XIII. En 1612 il était à Venise, en 1637 on le retrouve à Rome et on pense qu'il mourut peu après à Venise.

Son livre: *Le Denier Royal, traité curieux de l'or et de l'argent*, imprimé à Paris en 1620 et dédié au comte de Schomberg, surintendant des finances, a pour objet déclaré de démontrer que « la France est un des royaumes le moins foulé qui soit en tout le monde et que le roi ne charge point son peuple si démesurément que l'on crie ». C'est donc un plaidoyer probablement dicté par le désir de faire sa cour en haut lieu. Gramont fonde toute son

argumentation, destinée à établir que les
impôts n'étaient pas excessifs en France à
son époque, sur le fait de la dépréciation
des métaux précieux à la suite de la découverte des mines d'Amérique. « Vous me direz,
écrit-il, que pour cinq écus on avait jadis
vingt setiers de bled, mais vous ne me dites
pas que pour avoir cet argent, il vous fallait
tout ce bled. Pour faire donc un habit de
velours à un escu l'aulne, comme il était alors,
il vous y fallait employer vingt setiers de bled.
Vous n'en dépensez pas maintenant plus de
quinze; qui l'a donc à meilleur marché:
nous ou les anciens? » Il expose très clairement les motifs qui ont fait prendre l'or
et l'argent comme matière monétaire : leur
divisibilité, leur grande valeur sous un petit
volume et leur inaltérabilité; il discerne
aussi l'influence favorable au débiteur et
nuisible au créancier qu'exerce l'affaiblissement de la valeur des métaux précieux et
ce que l'idée de prix a toujours de relatif.

Tout en soutenant que « le prix de l'argent,
quoiqu'il mesure le prix des autres choses,
change, accroît et diminue suivant l'abondance et la variété », nous le voyons reprendre ailleurs l'ancienne théorie des canonistes
du moyen âge, que « la monnoye n'emprunte
point sa valeur de la matière dont elle est
composée, mais bien de la forme, qui est
l'image ou la marque du prince, laquelle
étant empreinte en quelque autre sujet, pour
si vil et abject qu'il soit, ne laissera de lui
donner sa valeur ». Malgré cette contradiction, Gramont peut être considéré comme
un disciple de Bodin en matière monétaire.

Bibliographie.

Gramont a été étudié récemment par un économiste italien, M. C.-A. Conigliani, dans un article L'aumento apparente delle spese pubbliche e il Denier royal inséré dans le
Filangieri (Milan 1890). Dans son Dictionnaire historique,
Bayle reproduit l'éloge que Naudé, son contemporain, a fait
des connaissances financières de Gramont.

GRESHAM (SIR THOMAS), célèbre financier
anglais, fondateur du Royal Exchange et de
Gresham College, né à Londres en 1519, mort
en 1579. Fils de sir Richard Gresham, riche négociant et lord maire de Londres, sir Thomas
Gresham apprit, après de fortes études à
Cambridge, tous les secrets du commerce
chez l'un de ses oncles qui occupait une haute
situation dans le monde des affaires. Au bout
de plusieurs années d'apprentissage il fut
reçu, en 1543, membre de la Mercer's Company
et sut rendre aux Pays-Bas d'importants
services au gouvernement de son pays. Il
contracta auprès des négociants d'Anvers un
emprunt au nom de l'Angleterre et réalisa,

lors de cette mission, de grandes économies
qui lui gagnèrent la faveur du roi Edouard VI.
Les services qu'il rendit à la reine Marie
furent aussi largement rétribués, mais ce
fut surtout sous le règne d'Elisabeth qu'il sut
se distinguer et qu'il arriva aux plus hauts
honneurs. Ayant reçu le titre de marchand
royal, il fut chargé d'une ambassade auprès
de la duchesse de Parme et fut créé baronnet
en 1559.

En 1565 Gresham construisit à ses frais un
lieu de réunion pour les commerçants de
Londres; en 1569 les portes de cet édifice
étaient ouvertes, et en 1570 la reine elle-même
proclamait, solennellement, la fondation du
Royal Exchange.

Gresham régla, dans son testament, la
fondation d'un grand collège qui devait être
installé dans la somptueuse demeure qu'il
s'était fait faire à Londres. Sept chaires
(théologie, médecine, astronomie, géométrie,
etc.) y furent créées par ses soins et riche-
ment dotées par lui.

L'influence de Gresham sur la gestion
financière de l'Angleterre fut grande et bienfaisante.

En 1560, ce fut sur ses conseils que la reine
Elisabeth ramena à leur véritable valeur
les monnaies qui avaient été altérées par
Henri VIII.

Le gouvernement anglais avait coutume de
faire appel aux étrangers quand il s'agissait
de contracter un emprunt, et Gresham, chargé
à plusieurs reprises de semblables négociations, parvint à persuader à Elisabeth de
s'adresser à ses propres sujets et régla lui-
même les conditions de ces emprunts.

Le nom de Gresham est également resté
attaché à un principe économique connu
depuis longtemps mais qu'il fut l'un des
premiers à formuler. D'après cette loi, qui
ne saurait avoir la rigueur absolue d'une loi
physique ou chimique (V. le mot Monnaie),
la mauvaise monnaie chasse la bonne, mais la
bonne monnaie ne peut chasser la mauvaise.
C'est ce qu'en France Nicolas Oresme avait,
au xive siècle, exprimé en disant : « la bonne
monnaie disparaît de tout pays où l'on fait
des empirances. »

Lorsque de nouvelles pièces sont émises,
elles sont, à cause de leur poids en métal fin,
retirées de la circulation par des commerçants
qui spéculent sur le métal, trient les monnaies
et font le commerce du change (V. ce mot);
pour eux, la monnaie est une marchandise qui vaut plus ou moins selon son poids,
tandis que pour le reste du public elle n'est
qu'un instrument d'échange. Ceux qui trient
la monnaie se servent des pièces usées pour
leur paiement et ainsi la mauvaise monnaie

chasse la bonne. Ce qui donne une importance très grande au commerce du change, c'est que dans les pays étrangers, d'une façon normale, les monnaies des autres pays ne valent qu'en raison de leur alliage et ne sont considérées que comme lingots.

La loi de Gresham ne s'applique pas seulement aux relations de monnaies d'un genre unique ; elle doit aussi s'étendre aux rapports respectifs de monnaies différentes : or, argent, cuivre, papier. M. Stanley Jevons (V. ce nom) dans son ouvrage sur la monnaie indique un exemple curieux de la loi de Gresham montrant la disparition du moyen d'échange le plus onéreux, et il l'emprunte à l'histoire monétaire du Japon. Le *Kobang*, pièce d'or pesant 200 grains, avait en 1858 cours au Japon pour 4 *itzebus* d'argent et valait en monnaie anglaise 18 sh. 5 p. tandis que la valeur de l'*itzebus* était de 1 sh. 4 p. Si

on se réfère aux valeurs relatives des métaux dans les autres parties du monde, on remarque que les Japonais n'estimaient leur monnaie d'or qu'au tiers environ de sa valeur. Le traité de 1858 entre la Grande-Bretagne, le Japon et les États-Unis ayant ouvert le commerce du Japon aux négociants européens, ceux-ci achetaient le *Kobang* au taux du pays et triplaient ainsi leur argent ; cette source de profit ne disparut que lorsque les Japonais eurent retiré de la circulation le reste de l'or [1].

Il se peut que deux monnaies dont l'une est bonne et l'autre mauvaise coexistent pendant un certain temps dans la circulation, bien que leur valeur légale soit la même. On a montré au mot *monnaie* dans quelles hypothèses la loi de Gresham cessait ainsi de s'appliquer, nous y renvoyons le lecteur.

Ed. Vidal-Naquet.

H

HAMILTON (Alexandre) [1757-1804] est probablement le plus grand des hommes d'État américains. Né aux Indes Occidentales, dans l'île de Nevis, il fut élevé à New-York. Lorsque éclata la brouille entre la mère-patrie et les colonies américaines, il embrassa chaleureusement le parti de ces dernières, s'engagea dans l'armée patriote et devint en 1776 aide de camp de Washington. Un dissentiment le força à résigner ces fonctions, mais il resta dans l'armée jusqu'à la conclusion de la paix et se fit alors inscrire au barreau de New-York, où il acquit bientôt une grande réputation comme avocat. Mais c'est surtout comme homme d'État qu'il s'est acquis des titres à l'estime de la postérité en signalant les défauts de l'organisation gouvernementale de la jeune République et en collaborant activement à l'élaboration de la constitution actuelle. Premier secrétaire de la Trésorerie de 1789 à 1795, il a été le créateur du système d'administration financière qui est encore de nos jours en vigueur aux États-Unis. Sa fin fut malheureuse ; mêlé aux âpres querelles politiques, il fut tué en duel par Aaron Burr, personnage véreux de l'époque.

Ses titres économiques consistent dans les rapports qu'il écrivit comme secrétaire de la Trésorerie. Les plus remarquables sont : 1° le premier rapport sur le crédit public ; 2° le rapport sur l'institution d'une banque nationale, et 3° celui sur l'industrie manu-

facturière ; les autres traitent de questions fiscales et monétaires. Les deux premiers attestent sa connaissance approfondie des principes économiques et financiers, qui régissent ces matières, et montrent qu'il se rendait un compte exact des conditions de leur heureuse application aux exigences complexes de la vie pratique. Son rapport sur l'industrie manufacturière (1791) est imbu des erreurs du protectionnisme ; c'est dans ses pages qu'ont été puisés la plupart des arguments contraires au libre échange qui, de nos jours encore, sont couramment invoqués aux États-Unis ; il a donc une importance plutôt historique que doctrinale. Hamilton avait lu le chef-d'œuvre d'Adam Smith, mais ne s'était pas complètement assimilé les enseignements du maître. Ses qualités furent celles d'un spécialiste habile à résoudre quelques-uns des problèmes isolés de la politique économique.

C. J. Bastable.

Bibliographie.

Hamilton, *Complete Works*, 9 vol. édités par H. C. Lodge, New-York, 1885-6. Voir aussi ses biographies par H. C. Lodge (Boston, 1882) et par W. G. Sumner (New-York, 1890) ainsi que Ugo Rabbeno, *Il Protezionismo Americano* (Milan, 1893) traduit en anglais sous le titre *American commercial Policy* (Londres, 1895), pp. 282-324.

1. Stanley Jevons, *La monnaie et le mécanisme de l'échange*, traduction française. Félix Alcan, éditeur, in-8, 1885 (4° édit., p. 70).

HARRINGTON (James), 1611-77, avait étudié à l'Université de Cambridge, voyagé et servi dans l'armée, lorsque, sous le protectorat de Cromwell, il publia son *Oceana* (1656) afin de proposer ses idées sur le gouvernement de l'Angleterre. Le livre, mal accueilli des républicains et des royalistes, est d'ailleurs lourd, diffus et bourré de citations. Ce qu'il a de particulier, c'est que Harrington veut donner à l'organisation politique une base économique, la propriété foncière, « car, dit-il, toute autre propriété est en quelque sorte suspendue en l'air ». Toutefois il consent à laisser partager ce rôle à la fortune mobilière dans les républiques commerçantes, n'ayant qu'un territoire exigu, telles que la Hollande et Gênes. Nul ne pourra posséder de domaines d'un revenu annuel supérieur à 2000 livres sterling, ce qui constitue une marge très généreuse, surtout pour l'époque, et le gouvernement se décomposera « en une superstructure de trois ordres, le sénat délibérant et proposant, le peuple décidant, et une magistrature exécutive élue suivant un système de roulement par le suffrage populaire ».

Montesquieu, qui connaissait l'*Oceana*, la tient en assez médiocre estime. « Harrington, écrit-il dans l'*Esprit des Lois* (Livre XI, Chap. VI), a examiné quel était le plus haut point de liberté où la constitution d'un État peut être portée. Mais on peut dire de lui qu'il n'a cherché cette liberté qu'après l'avoir méconnue et qu'il a bâti Chalcédoine, ayant le rivage de Byzance devant les yeux ».

Dans son essai sur l'*Idée d'une République Parfaite*, Hume se montre moins rigoureux et repoussant la *République* de Platon et l'*Utopie* de Thomas Morus, trouve que seul de tous les plans d'État modèle, qui ont été soumis au public, l'*Oceana* a de la valeur. Cependant, lui aussi, ne ménage pas ses critiques. Le système de roulement exclura par intervalles du gouvernement des hommes d'une capacité reconnue. La limitation de la fortune foncière des citoyens sera inopérante en pratique, car ils trouveront aisément des prête-nom, jusqu'au jour où, lassés de cette dissimulation devenue de plus en plus fréquente, ils se mettront ouvertement en contradiction avec la loi. Enfin les libertés publiques seront mises en danger par suite du rôle prépondérant du Sénat : grâce à son droit de consultation préalable, celui-ci pourra toujours écarter une mesure, qui lui déplaira.

Bibliographie.

Une traduction française de l'*Oceana* a été publiée à Paris en l'an IV. Voir aussi Bonar *Philosophy and Political Economy* (Londres 1893, pp. 87-90).

HEGEL.

1. Biographie

Hegel (Georg-Wilhelm-Friedrich). philosophe allemand, est né à Stuttgart en 1770, et est mort à Berlin en 1831. Sa famille était de petite bourgeoisie. Son père occupait un poste dans l'administration financière du grand-duché de Wurtemberg. Le jeune Hegel fit ses études classiques au gymnase de Stuttgart, de 1778 à 1788. Mais il s'occupa plus de lettres grecques et latines et d'esthétique contemporaine que de science et de philosophie. Déjà pourtant il lisait Rousseau. A sa sortie, on le destina à la théologie. Il entra comme élève boursier au séminaire de Tubingue, en 1788. Il détesta de prime abord la discipline intellectuelle et matérielle qui régnait dans l'institution. Il négligea la théologie et commença à lire Kant et Jacobi, à traduire Platon. Lorsque éclata la Révolution, il organisa avec quelques camarades un club révolutionnaire secret à l'Université.

Ses premiers travaux, par lesquels il conquit ses grades en 1790 et 1793, traitaient de la possibilité de concevoir une morale indépendamment du dogme théologique ; il évita l'épreuve de théologie positive en choisissant un sujet d'histoire de l'Eglise.

Rien, dans les années qui suivirent, ne fait prévoir encore chez lui la formation d'un système. Précepteur à Berne de 1793 à 1796, il s'occupa surtout d'histoire. Il compléta ainsi son émancipation religieuse. Il lut Gibbon, Montesquieu, Raynal, Hume et Schiller. Dans une *Vie de Jésus*, qui date de 1795, il essaie de reconstituer la biographie du Christ en faisant abstraction de tous ses miracles. Dans une *Critique de l'idée de religion positive* (1796) il se propose de déterminer les conséquences pratiques du christianisme. Il établit que le christianisme n'a pu vivre qu'en déviant de ses principes. Il aurait péri s'il avait conservé le principe de la communauté des biens. L'Eglise en fit le principe de l'aumône chrétienne. Mais elle capitalisa à son profit les offrandes et fonda ainsi sa richesse, garantie de sa durée. Le principe de l'égalité chrétienne qui faisait de l'esclave le frère de son maître, dut être interprété dans le sens d'une égalité « aux yeux de Dieu » qui ne nuisait pas à l'autorité terrestre. L'étude que Hegel fit de Fichte, d'abord de la *Critique de la révélation* et ensuite de la *Théorie de la science*, date de ce temps, et exerça sur lui une action profonde.

Son esprit tout réaliste le conduisit même à des essais de réformes pratiques. Il étudia jusque dans le détail l'administration financière de Berne. Son séjour à Francfort-sur-le-Mein, où il fut précepteur, de 1797 à 1800, dans la famille d'un négociant, favorisa encore cette disposition d'esprit. Il étudia l'économie politique, commenta par écrit James Steuart (le manuscrit de ce commentaire existe encore), suivit avec passion les débats du Parlement anglais sur la *poor law*, et prit des notes sur la réforme alors débattue du *Preussiches Landrecht*. La publication de la *Théorie du droit* de Kant (1797) et de sa *Métaphysique des mœurs* (1798) acheva de pousser Hegel à une crise intellectuelle où fut ébranlée sa croyance aux institutions établies. Ses manuscrits l'attestent. Son pamphlet *sur l'état intérieur du Wurtemberg* (1798), très imbu des idées de Rousseau, manifesta publiquement la douleur qu'il éprouvait de la décadence politique et économique de l'Allemagne de son temps.

Il semble qu'il ait ébauché alors, sous l'influence des philosophies grecques, des mystiques allemands du moyen âge et des écrits de Schelling, une première forme de son système.Cette esquisse n'a jamais été publiée entièrement. Les fragments que nous en connaissons montrent cependant que si l'ossature du système est encore inachevée, la pensée s'est déjà émancipée à la fois du kantisme et des doctrines de Fichte et de Schelling. Ses théories sur la morale, sur le droit et sur l'Etat sont presque arrêtées définitivement.

C'est donc avec une conscience entière de sa personnalité philosophique qu'il se fit inscrire comme *privat-docent* à l'Université d'Iéna en 1801. Il prit position tout de suite par une étude sur la *Différence entre les systèmes de Fichte et de Schelling* et par une thèse inaugurale *De Orbitis planetarum*. Dans ces écrits il s'éloigne davantage de Schelling, qui enseignait à Iéna comme lui : mais il espère encore « qu'ils pourront se rencontrer en amis ». Et comme leur désaccord ne portait pas encore sur les principes de la doctrine de Schelling, mais sur la manière de la compléter, ils éditèrent ensemble un *Journal de critique philosophique* qui dura de 1802 à 1803. Les articles que Hegel publia dans ce recueil sont peut-être ce qu'il a écrit de plus spontané, de plus vif et de plus éloquent. Une dissertation fougueuse sur les *Méthodes scientifiques dans le droit naturel* termina le recueil : Hegel y attaquait les principes juridiques des codes, incompatibles selon lui avec la moralité et la liberté, et il dénonça les systèmes de Kant et de

Fichte comme devant conduire à une organisation de l'État policier plus forte encore que celle de l'ancien régime. A ces conceptions surannées, il comptait substituer une doctrine sociale nouvelle, qu'il avait résumée dans un pamphlet intitulé *Critique de la Constitution de l'Empire allemand*, et plus abstraitement dans un écrit sur le *Système de la Moralité*. Mais il n'eut pas le loisir de les faire paraître. M. G. Mollat les a publiés de nos jours.

Son système en effet, mûri par l'enseignement, s'élaborait et l'absorbait tout entier. Hegel en exposa les bases psychologiques dans une large et poétique introduction, qu'il intitula *Phénoménologie de l'esprit ;* et il en commença l'impression lorsque éclata la catastrophe d'Iéna. Elle n'étonna point Hegel. Il l'avait prédite et souhaitée. La comparaison entre l'armée française et l'armée prussienne lui avait paru, même moralement, tout à l'avantage de la première.

Il professait une admiration enthousiaste pour Napoléon, « cette âme du monde », comme il l'appelle dans une lettre à Niethammer. Et il ne souffrit pas trop du pillage de la ville, puisqu'il put sauver ses manuscrits. La *Phénoménologie* put paraître en 1807. Ce fut la rupture avec Schelling.

La difficulté de trouver de l'avancement à Iéna engagea Hegel à quitter cette Université. Il fit du journalisme à Bamberg de 1807 à 1808, et accepta en mai 1808 de prendre la direction du gymnase de Nuremberg. Son mariage en 1811 avec une jeune patricienne de Nuremberg, Marie de Tucher, le fixa dans cette ville jusqu'en 1816. Ces années, passées dans l'enseignement secondaire, ne furent point perdues pour son développement philosophique. Sa doctrine, qu'il s'habitua à exposer pour de jeunes esprits, se clarifia et prit la forme de déduction rigoureuse que nous lui connaissons. C'est à Nuremberg que parut, de 1812 à 1816, sa *Science de la Logique*.

Toutefois il guettait une occasion de rentrer dans l'enseignement des universités. Une chaire s'offrit à Heidelberg. Hegel l'occupa de 1816 à 1818. Pour la première fois il y enseigna la psychologie et l'esthétique, et dans son cours de 1816-1817, il résuma l'ensemble de son système désormais achevé. Ce cours est devenu l'*E ncyclopédie des sciences philosophiques*, publiée la même année. Une critique approfondie qu'il publia dans les *Heidelberger Jahrbücher*, en 1816, sur les états de Wurtemberg réunis pour délibérer d'une constitution, lui attira la haine des partis aristocratiques de l'Allemagne du Sud, comme plus tard les mêmes doctrines constitutionnelles lui valurent les dénonciations de l'aristocratie féodale prussienne. Il y échappa provisoirement en acceptant une chaire à l'Université de Berlin que lui offrit le ministre Altenstein en 1818.

Le succès de son enseignement fut immense, bien que son style eût perdu la vivacité de sa jeunesse et que son débit fût languissant. Mais dès sa première publication, les attaques politiques recommencèrent. Sa *Philosophie du droit*, qui parut en 1821, ne plut ni aux faiseurs de constitutions abstraites ni aux partis réactionnaires. Elle était, en somme, une justification rationnelle à la fois du pouvoir personnel napoléonien, du parlementarisme anglais et de l'aristocratie anglaise. En Prusse on l'accusa de n'avoir pas été patriote. Le ministère toutefois lui sut gré d'avoir combattu la démagogie.

Encouragé, il reprit ces idées dans le cours de philosophie de l'histoire professé en 1822 et en 1830. Mais en vieillissant il revenait aux prédilections de sa jeunesse : il recommença ses études d'art et de littérature. A Berlin il collabora à une revue toute littéraire : les *Berliner Jahrbücher für Kritik*. A Dresde, à Vienne, en Hollande, à Paris (où il vint en 1826), il se préoccupa de voir tous les théâtres et tous les musées. Son cours d'esthétique est sorti des matériaux amassés au cours de ces voyages et de ces lectures.

Le système, incessamment agrandi depuis 1807, ne reçut jamais une rédaction définitive. Les éditions remaniées de l'*Encyclopédie* (en 1827 et 1830) ne peuvent en tenir lieu. Les notes de ses élèves qui occupent les tomes IX à XV de ses œuvres complètes n'y sauraient équivaloir. Nous ne connaîtrons jamais complètement ses idées sur la philosophie de l'histoire et de la religion, sur l'esthétique et sur l'histoire de la philosophie. La vieillesse le gagnait, et, avec elle, une aigreur profonde du mouvement d'idées qui l'environnait. L'approche de la révolution de 1830 le troubla et l'avènement du nouveau régime acheva de le jeter dans la réaction. Son dernier écrit, qui fut une *Critique du Reformbill anglais* (1831) décèle une amertume égale à l'endroit des idées démocratiques et de l'aristocratie anglaise, préconisée par lui naguère encore. Pour la première fois, il fit l'apologie pure et simple de la monarchie prussienne. Hegel mourut du choléra, brusquement, en 1831.

2. Doctrine de Hegel.

Il ne peut être ici question que de ses idées sociales, juridiques, économiques, politiques. Mais la doctrine sociale de Hegel obéit à la même dialectique que le système dont elle fait partie. Cette dialectique consiste en un certain nombre d'identifications et de conciliations par où Hegel croit que l'esprit saisit le lien véritable des choses, et justifie à la fois leur existence et la certitude que nous en avons. Dans l'existence absolue, il ne saurait y avoir de différence entre un monde extérieur et un monde intérieur. Si donc notre connaissance empirique admet cette différence, ce ne peut être là qu'une vue provisoire qu'il faut dépasser. La tendance qui est en nous de soumettre, d'identifier à notre vouloir interne la matière extérieure, en est la preuve. L'action est en nous une manifestation de l'absolu.

Mais, dans une connaissance absolue, il ne peut y avoir non plus de différence entre le concept intellectuel et l'intuition, entre le général et le particulier. Connaître absolument, c'est unir tous ces modes de connaissance ; c'est voir le général dans le particulier, et inversement. C'est joindre, dans une vision unique, la notion de toutes choses à leur intuition. En appliquant ce principe à la philosophie de l'action, on ne considérera jamais un vouloir particulier que du point de vue de la loi générale, et inversement. On ne concevra pas les existences individuelles sans un lien qui les unisse, ni une loi générale sans une adaptation à des individus. On s'élève à l'idée d'une union parfaite de tous les individus dans un être concret et général à la fois, qui s'appelle un *État* ou une *Nation*, et qui est la réalisation même de la liberté.

Dans cette déduction de la philosophie pratique de Hegel, nous omettrons les théories purement morales, et dirons ce qu'elle fut dans la période de 1801 à 1821.

1. *Théorie du droit.* — L'étude du droit est la recherche des conditions de la liberté. Cette liberté n'est pas l'arbitraire de chacun, comme est le libre arbitre psychologique. Elle est l'accord de toutes les volontés individuelles avec la volonté générale. Reste à définir cette volonté générale et à se demander comment se produit cet accord.

Il faut placer en tête de la philosophie pratique la considération du vouloir psychologique et montrer comment il se transforme en liberté juridique et morale. Psychologiquement, vouloir, c'est identifier une notion générale, un dessein, avec une sensation particulière, qui est l'objet auquel s'arrête notre résolution. Et c'est aussi, en vertu d'un mécanisme que la philosophie de la nature explique, assimiler et identifier à notre vouloir l'objet extérieur de nos perceptions. Ce double mouvement par où le vouloir se manifeste dans le monde extérieur, tandis que le monde extérieur entre du même coup au service du vouloir, constitue la satisfaction de nos besoins, ou *travail*.

Tout homme est de la sorte une volonté pensante qui travaille dans les objets sensibles. Et dans la moindre manifestation de volonté se reconnaît la loi dialectique de toute existence. Mais cette faculté par laquelle les hommes s'assimilent les choses, n'est pas égale en tous : il y a des volontés fortes et des volontés faibles. C'est pourquoi la première relation entre les hommes est un rapport d'inégalité absolue : un rapport de maître à esclave.

Il appartient à la philosophie de l'histoire de montrer comment l'esclavage, qui est d'abord général et qui s'exprime par la soumission aveugle de tous à un seul dans le despotisme oriental, se transforme, par divers intermédiaires, en l'émancipation de tous chez les peuples occidentaux. La théorie du droit doit seulement déduire les autres rapports possibles et nécessaires qui résultent du rapport primitif.

Le maître est celui dont la volonté se traduit par la prise de possession complète d'un objet extérieur. L'esclave est celui qui ne possède pas, qui n'a pas de vouloir à manifester et qui veut, de gré ou de force, ce que veut le maître. Mais entre gens qui possèdent, un autre rapport intervient. La personnalité juridique consiste à posséder. Le premier rapport entre personnes juridiques est l'identification de leurs volontés en ce qui touche leurs possessions : c'est ce qu'on appelle un *contrat*.

On ne peut conclure de contrat qu'à propos de choses, et non de personnes. Cela ressort de la définition même de la personne juridique. Mais le contrat n'est encore qu'une forme provisoire du rapport entre les personnes. La preuve, c'est qu'il n'enferme pas en lui-même la garantie de sa durée. Il se peut qu'une des personnes juridiques veuille ressaisir son vouloir. Il se peut qu'elle le veuille faire d'une manière contraire à la volonté commune, en substituant, par le fait ou par l'interprétation, des termes nouveaux aux termes stipulés. Il arrive enfin qu'une personne lèse une autre personne dans son existence. Cette méconnaissance de la personnalité juridique s'appelle *crime*. Le crime commis, la négation de la personnalité juridique par un vouloir hostile, appelle la destruction de ce vouloir hostile lui-même, ou *vengeance*. Mais la vengeance, primitivement directe et individuelle, se continuerait à l'infini, si elle demeurait aux mains de l'intéressé. Il faut donc la remettre en des mains impartiales, et elle s'ap-

pelle alors *châtiment*. Mais il reste à se demander qui a le droit de châtier.

Toute contrainte physique faite à un homme rétablit le rapport primitif de maître à esclave. Le châtiment, pour n'être pas une simple vengeance, ne saurait donc être exercé par une personne juridique sur une personne juridique égale. Mais il existe un autre rapport entre personnes, plus vrai, c'est-à-dire les unissant plus intimement d'un lien unique et qui rétablit à la fois entre elles la différence la plus grande qui puisse se produire, la différence entre l'autorité souveraine et la soumission stricte. Ce rapport nouveau est la vie de *famille*.

La famille est une unité absolue de volonté entre plusieurs personnes. C'est pourquoi les biens matériels sont communs à toute la famille. Et cette union complète du vouloir et du sentiment place pour la famille le lien du mariage au-dessus de tous les contrats. Car il est faux, selon Hegel, que le mariage soit un contrat. Le chef de famille est investi de toute autorité, y compris, à l'origine, l'autorité judiciaire ; et toute autorité vient de là. La famille est le germe de toute société. Et la seule raison d'être d'une autorité sociale est de remplacer la famille, quand le lien familial est dissous.

Dans toute agglomération de familles qui ne sont pas elles-mêmes consanguines et dirigées par un même patriarche, le lien familial se dissout quand les enfants sont adultes. Ils deviennent des personnes juridiques à leur tour, et sont égaux désormais et non plus soumis aux parents. L'ensemble de tous les individus adultes constitue la société civile. Et de ce que dans la société les individus ne forment plus une personne unique, comme dans la famille, il résulte qu'ils ont aussi des biens séparés, des intérêts différents, des besoins contradictoires. Au premier abord l'aspect de la société civile est donc très confus ; elle semble livrée au hasard des compétitions individuelles. La vérité est ici, comme toujours, de montrer que la diversité même des individus les solidarise. Cette recherche des *besoins généraux* fait l'objet d'une science admirable, qui est l'Économie politique. Hegel en a emprunté la notion à James Steuart, à Adam Smith, à J.-B. Say et à Ricardo.

2. *Économie politique*. — Cette science s'appelle, dans Hegel, le *système des besoins*. Elle part en effet de la notion psychologique du besoin. Nous subissons le besoin. Mais nous lui donnons aussi un caractère intellectuel, en le multipliant et en le rendant plus délicat. Le besoin, on l'a vu, se satisfait par un objet extérieur. Le degré de satisfaction

qu'un objet d'une certaine qualité procure constitue son *utilité*. Les objets utiles, quoique différents, sont tous comparables en ce qu'ils satisfont un besoin quelconque à quelque degré. Le *degré* de leur utilité, qui mesure l'intensité du besoin satisfait, quand on fait abstraction de sa nature spécifique, s'appelle *valeur*. L'idée de valeur rend donc commensurables entre elles toutes les choses utiles.

Il s'ensuit qu'on a pu créer un signe représentatif de toute utilité, une valeur qui ne satisfait pas tel besoin particulier, mais tout besoin : c'est l'argent. Et cette marchandise générale qui peut toujours tenir lieu de toute autre permet de réaliser le contrat juridique de l'échange sur les bases d'une équité absolue.

Mais qu'est-ce donc qui oblige à pratiquer l'échange ? C'est que le travail se spécialise comme le besoin se raffine. Chacun ne produit plus, dans un régime civilisé, tout ce dont il a besoin : il y a division du travail, d'où la nécessité de l'échange. L'ensemble des valeurs d'échange constitue la *richesse sociale*. L'on recherche des raisons qui motivent la participation des individus à la richesse sociale et la théorie de la répartition.

Personne ne doit rien retirer du trésor commun s'il n'y verse une richesse équivalente, acquise ou produite. La part du revenu de chacun varie donc avec sa richesse acquise et avec sa faculté de produire. Mais il y a des raisons sociales qui nécessitent le développement de certaines facultés de travail plutôt que d'autres, et l'accumulation de certains genres de capitaux. La profession que nous exerçons, et la nature de notre revenu ne dépend donc pas seulement de notre choix : la division existante du travail l'impose.

Mais la division du travail crée entre les travailleurs d'une même catégorie une solidarité nouvelle d'intérêts. Ces intérêts se groupent en *corporations*. C'est à tort que plusieurs États modernes ont supprimé les groupes corporatifs, car la corporation est le véritable intermédiaire entre l'individu et la totalité. Un lien de sentiment unit tous ses membres, et la certitude qu'elle donne à chacun d'être socialement utile, comme membre d'une corporation, donne la satisfaction et la fierté professionnelles. La corporation fait de nous des hommes libres.

Il y a trois grands groupes corporatifs, c'est-à-dire trois *états* dans la société. Le premier est celui des travailleurs de la terre. Leur travail leur assure la propriété, non pas collective, mais individuelle. Le hégélianisme professe la théorie de la petite propriété agricole. Le deuxième état est celui des *industriels*. Ils travaillent les objets extraits de la terre, soit pour satisfaire une commande individuelle (*artisans*), soit en vue d'une demande générale (*fabricants*), ce qui chez Hegel signifie les ouvriers industriels. Ou bien encore ils font circuler, au moyen de l'argent, les objets d'échange (*commerçants*). Dans cette analyse que fait Hegel du commerce et de l'industrie, le rôle du capitaliste n'est pas prévu, mais il n'est pas exclu non plus. Enfin il y a un troisième état qui s'occupe des intérêts de la collectivité tout entière. Ce sont les *fonctionnaires* ou *administrateurs*. Ils ont la supériorité intellectuelle. Ils concilient les intérêts privés là où ils sont en conflit. En 1801, Hegel identifiait cet état à la *noblesse*.

3. *Théorie des fonctions sociales. — Justice. — Police. — Corporation.* — Les trois fonctions qui appartiennent en propre à la société et qui sont exercées par le troisième état, sont : 1º de protéger la personnalité juridique, c'est-à-dire de réprimer le crime ; 2º de surveiller les échanges ; 3º d'assurer du travail à tout individu. Économiquement, ce sont les deux dernières fonctions qui importent.

La société ne procède pas elle-même aux échanges. Hegel n'est pas collectiviste. Le rôle de la société est de veiller à ce que les échanges soient équitables, c'est-à-dire que la valeur soit partout la règle du prix. Elle interdit les prix de monopole. Elle fixe le tarif public des denrées. Elle s'oppose à la vente des denrées avariées. Cette fonction s'appelle police, au sens antique du mot πολιτεία.

La société doit protéger l'individu non seulement contre l'injustice individuelle, mais contre l'injustice sociale, plus inévitable encore : elle empêche la *misère*. Le fonctionnement économique engendre la misère nécessairement et pour deux raisons : 1º il donne lieu à des *surproductions* et l'écoulement des stocks exige alors l'arrêt de tout travail et le renvoi d'ouvriers. « La société, dit Hegel, est pauvre de son trop de richesses ». 2º La division du travail favorise ceux qui disposent des moyens *les plus généraux* de satisfaire le plus grand nombre de besoins. Les richesses tendent à s'accumuler entre les mains des *commerçants*, aux dépens du travailleur voué aux besognes parcellaires. Il se forme ainsi et du même coup une classe riche et une classe dont la destinée est le travail le plus monotone et le moins rémunéré. Le luxe naît avec la misère et par les mêmes raisons. Il se forme au-dessous de la classe des ouvriers industriels qui mènent la plus précaire existence malgré leur travail, une classe d'hommes qui ne travaillent même plus, parce que le travail leur manque ; cette classe d'hommes dénuée de profession et dès lors d'honneur professionnel s'appelle la *populace* (Pöbel).

La société doit empêcher avant tout qu'il y ait une populace. Il y a un certain minimum de ressources nécessaires pour vivre dans un milieu donné. Tout homme y a droit en échange de son travail. Donc il a d'abord droit au travail. Et le remède au paupérisme est d'assurer du travail à ceux qui en manquent. La charité privée et l'assistance publique ne sont que des palliatifs qui démoralisent. Hegel conçoit une *assistance par le travail* qui régénère.

Cette assistance incombe aux corporations sous le contrôle de la société. Ce ne sont pas les ressources qui manquent, puisqu'il y a surproduction de richesses inutiles : et ce n'est pas le travail qui fait défaut, dans un régime où il y a une classe infiniment nombreuse de travailleurs surmenés. Le mal est que le travail n'est pas organisé.

L'organisation du travail, selon Hegel, pourrait avoir lieu par les associations de travailleurs. Ces associations seraient ouvertes aux capitalistes qui y apporteraient leurs richesses acquises, et aux travailleurs qui y apporteraient leur main-d'œuvre. Le contrôle social auquel elles seraient soumises aurait pour but de fixer les tarifs de vente, de régler la production, et surtout de distribuer équitablement les heures et les moyens de travail. La doctrine sociale de Hegel est un socialisme d'État qui respecte la propriété privée, mais en empêchant d'exploiter ceux qui ne possèdent pas.

4. *Théorie de l'État.* — La société ainsi organisée n'est plus le conflit implacable des intérêts individuels. Elle a repris le rôle tutélaire de la famille. Elle unit les individus, sans effacer leur personnalité juridique distincte, en une personnalité collective nouvelle. Sans leur rien enlever de leurs droits acquis, elle leur confère un surcroît de droits. Cette organisation qui fait la synthèse du principe de famille et du principe de l'indépendance sociale s'appelle l'*État*.

L'État est la liberté même : car il réalise l'union de toutes les volontés en une volonté générale. Cette définition exclut la possibilité d'une liberté anarchique. Elle exclut de même l'idée d'une absolue égalité matérielle. L'inégalité est au contraire l'état de choses naturel : l'égalité ne saurait consister que dans l'égal respect des personnes juridiques. Toute organisation suppose, pour être conforme à la loi de toute existence, la subordination de tous les individus à un principe général, et l'incarnation de tous les principes

généraux en des individus. D'où les différents pouvoirs de l'État et leur répartition entre les corps constitués.

L'agencement de ces pouvoirs porte le nom de Constitution. Il ne faut donc pas entendre par là, selon l'usage parlementaire moderne, une charte qui stipule la participation des particuliers aux affaires publiques. La Constitution a une existence plus profonde, invisible. Elle est la vie même d'un peuple ; et elle existe chez tous les peuples. Elle est le *gouvernement absolu*, c'est-à-dire la loi inconsciente qui domine la marche des affaires.

Les formes de la constitution peuvent différer. La forme la plus rationnelle est la constitution qui proclame l'unité absolue des vouloirs dans un même vouloir, et incarne cette unité du vouloir total en un individu unique. C'est la constitution monarchique. Mais le monarque symbolise seulement le pouvoir total de l'État. Il y a lieu de représenter en outre : 1° le vouloir général ; 2° les volontés particulières. Le vouloir général s'appelle la *loi*. Le pouvoir qui la fixe abstraitement et la porte à la connaissance de tous s'appelle *législatif*. Hegel semble l'avoir réservé à une haute chambre composée de fonctionnaires ou de nobles. Mais il faut faire rentrer les volontés particulières dans cette loi générale, par voie de déduction. Cette besogne est faite idéalement par l'*autorité judiciaire*, et réellement par le *pouvoir administratif*. Ainsi est justifiée aux yeux de la raison la théorie des trois pouvoirs, empruntée par Montesquieu à la constitution anglaise. Mais il n'est pas exact de les considérer comme séparés. Leur division est simplement logique : et il faudrait parler plutôt de leur coopération nécessaire et de leur union organique.

Le gouvernement, avec les trois pouvoirs qu'il a sous ses ordres, a en face de lui les volontés particulières, qui ont aussi une part aux affaires publiques, du moins dans une constitution rationnelle. Toutefois la participation des particuliers ne saurait être individuelle. L'État livré à un simple agrégat d'individus, au *peuple*, se désorganiserait : le peuple ne doit pas gouverner, mais être gouverné. La part de chacun aux affaires publiques est déterminée par son utilité sociale, c'est-à-dire par sa place dans une corporation. Les corporations seules ont donc à jouer un rôle constitutionnel. Elles élisent l'*Assemblée des États*. Cette Assemblée est consultée par le gouvernement pour le budget public annuel. Mais elle n'a pas le pouvoir de refuser ce budget. Son rôle est de faire connaître au gouvernement les intérêts corporatifs, et non pas de lutter contre le gouvernement.

L'État ainsi conçu est un être rationnel, une personne. Et son existence est toujours légitime, puisqu'elle est rationnelle. Fût-elle réalisée par la force, il n'y aurait point à y redire. Le crime même n'est pas un mal, s'il s'agit de créer l'État. Machiavel, dont Hegel fait l'éloge dans tous ses ouvrages, l'a bien vu ; et Napoléon l'a montré. L'origine de l'État n'importe pas : il faut qu'il soit.

L'État, personne juridique, manifeste sa personnalité par la prise de possession de ses moyens d'existence, au nombre desquels il faut tout d'abord compter son territoire. Il faut donc qu'il soit doué d'un corps et d'une force physique, comme toute personne : cette force, agent aveugle de la volonté totale, c'est l'*armée*. L'armée assure l'autonomie de l'État. Le droit d'un État à l'existence consiste uniquement dans son pouvoir d'assurer son autonomie. Les conflits juridiques entre peuples se résolvent par la guerre et c'est une solution légitime. On a agité des projets de paix perpétuelle, d'arbitrage international. Mais il n'y a d'arbitrage possible que dans un État unique : et dire qu'il ne doit plus y avoir de guerre, c'est dire que la terre ne doit appartenir qu'à une seule nation. Si, au contraire, plusieurs nations ont le droit d'exister simultanément, il faut considérer la guerre comme inévitable.

Les succès militaires d'une nation prouvent ses droits. L'exemple de Napoléon est encore ici de mise. Mais il y a un esprit universel où se confond l'existence de tous les États et devant lequel comparaissent, comme devant un juge, toutes les nations. Cet esprit existe dans le temps, et non dans l'espace. Ses arrêts se manifestent par l'avènement et par la destruction des peuples. Le véritable tribunal des nations, c'est l'histoire, qui réalise toute liberté.

Cette doctrine sociale a été donnée par beaucoup de personnes pour une glorification du régime monarchique de la Prusse et de l'esprit prussien ; par d'autres, pour un essai de restauration de l'État antique. La première de ces appréciations est fausse, parce que Hegel a professé la doctrine de la monarchie et du militarisme dès l'époque de son séjour à Francfort. Elle apparaît plutôt comme une justification du régime napoléonien, auquel Hegel voudrait adjoindre des fragments de la constitution anglaise. Avant tout elle est une critique de la constitution du Saint-Empire Allemand. Et par là, de même que par une réaction contre les idées républicaines, elle dut ne pas déplaire au ministère Altenstein. Mais quand Hegel fit adhésion entière aux idées

prussiennes (en 1831), il dut abandonner quelques-unes des opinions qu'il avait professées toute sa vie.

Sa doctrine n'est pas non plus identique à la conception de l'État antique. Elle en diffère comme tout son système diffère des systèmes de Platon et d'Aristote, et Hegel a critiqué vivement, dans ses cours de philosophie de l'histoire, les constitutions de la Grèce et de Rome. Il désapprouvait en elles la subordination complète des individus à l'État et l'organisation démocratique de cet État. Il en pouvait reconnaître la légitimité historique, mais non pas y adhérer. Il faut voir dans la doctrine sociale de Hegel, non pas une œuvre d'imitation, mais une œuvre originale et d'inspiration toute moderne. Et elle est non pas seulement la justification d'un état de choses donné, mais la justification de tout ce qui a pu être. En justifiant quelques constitutions récentes, il a paru y faire adhésion. On ne prend pas garde qu'il les tient, elles aussi, pour passagères.

3. Influence de Hegel.

L'influence des doctrines sociales de Hegel s'est exercée surtout dans le domaine du droit et de l'économie politique. Et son école s'est scindée, ici comme ailleurs, en droite et en gauche hégélienne. Le hégélianisme qui fut un essai de synthèse entre l'idée et le fait, et entre l'unité et la multiplicité, se décomposa en deux théories distinctes : l'une professant un idéalisme unitaire et conservateur ; l'autre, un empirisme démocratique et révolutionnaire.

1. *Droite hégélienne*. — Le juriste le plus éminent de la droite hégélienne et le plus fidèle à la pensée du maître, fut Édouard Gans. Il appliqua les principes généraux de Hegel à des recherches de détail. L'histoire entière du droit lui parut justifier la construction logique de Hegel. Son ouvrage intitulé *Das Erbrecht in weltgeschichtlicher Entwickelung* (4 vol. 1824-35) et son *System des Römischen Civilrechts* (1827) furent le plus vigoureux effort de l'école hégélienne en matière juridique. Cette école trouva pour la contredire l'*école historique*, représentée surtout par Hugo et Savigny. Hegel déjà les combattit : mais la discussion dégénéra en vive querelle à propos d'un livre de Savigny : *Das Recht des Besitzes* (6e édition, 1837), qui mit en question les fondements mêmes du droit de propriété. La propriété diffère de la simple possession, selon le hégélien Gans, comme le droit diffère du fait, c'est-à-dire comme la volonté générale diffère du vouloir particulier. Toutefois, comme la volonté, même particulière, est juridiquement respectable,

la possession de fait elle-même renferme un germe de droit. Savigny reprochait à ce système de se contredire : car tout en proclamant que la volonté générale seule est le droit, auquel elle oppose le vouloir particulier comme un fait non juridique, il exige cependant le respect de ce vouloir individuel peut-être illégal. Quant à Savigny, il voyait dans la *possession* non pas un droit en germe, mais un fait juridiquement indifférent, auquel se surajoute plus tard le caractère légal, quand la tradition, la coutume, les habitudes inconscientes de l'esprit populaire (Volksgeist) l'ont sanctionné. Mais Gans répondit éloquemment dans son livre : *Ueber die Grundlagen des Besitzes* (1839), où il démontra que jamais un droit ne peut sortir d'un fait. La querelle se généralisa et gagna même les autres écoles. Les disciples de Schelling, avec Stahl, se rangèrent du côté de l'école historique. Thibaut, ancien collègue de Hegel à Heidelberg, prit une position intermédiaire.

La conciliation ne se produisit qu'avec le livre éminent de Ferdinand Lassalle, intitulé : *System der erworbenen Rechte* (2 vol. 1861). Lassalle montre que les catégories juridiques auxquelles Hegel avait attribué une valeur rationnelle absolue n'ont qu'une valeur historique. La volonté générale, source de tout droit, comme l'avait bien dit Hegel, peut elle-même changer. Elle peut, après avoir sanctionné pour un temps la propriété, la supprimer ensuite ; en sorte qu'à la lettre, la propriété ne serait plus alors un droit, mais une illégalité. Et il lui sembla qu'en politique, en économie politique et en droit, les prérogatives particulières vont ainsi en diminuant au profit des prérogatives de la collectivité.

Un économiste de génie et tout imbu de l'hégélianisme, Lorenz von Stein, opérait dans l'ordre économique une conciliation analogue. Dans son ouvrage : *Sozialismus und Communismus des heutigen Frankreich* (1842), il analysait à nouveau l'idée de société hégélienne. Le mystère des Constitutions que Hegel n'avait pu dévoiler lui parut résider dans la répartition des propriétés ; l'opposition des classes sociales lui parut guider toute l'évolution historique. Dans sa *Verwaltungslehre* (7 vol. 1865-68), il analysa de même l'idée de l'État, et il formula un socialisme d'État mitigé, d'essence hégélienne par la prépondérance accordée au principe d'autorité, mais de tendance historique, par sa tentative de réduire à des idées économiques même les idées du droit civil.

2. *Gauche hégélienne.* — La gauche hégélienne se réclame de la méthode de Feuerbach.

Elle professe que l'hégélianisme est vrai tout entier, à condition qu'on en prenne le contre-pied. Elle conserve la dialectique hégélienne, le procédé par antithèses et conciliations. Sensualistes en théorie, les sectateurs de cette école furent individualistes et égoïstes en pratique. Tous n'allèrent pas sans doute jusqu'à l'individualisme anarchiste de Max Stirner, mais tous commencèrent, comme lui, par la critique de la philosophie du droit de Hegel, qu'ils trouvèrent autoritaire et a priori.

Ruge et Echtermeyer, qui ouvrirent cette polémique dans les *Hallesche Jahrbücher* (1838-41), puis dans les *Deutsche Jahrbücher* de Leipzig (1841-43), s'en tinrent à un libéralisme à la fois humanitaire et nationaliste, qui médisait de la propriété et de la patrie, sans oser se détacher ni de l'une ni de l'autre. Ils restèrent strictement Étatistes, mais revendiquèrent une certaine liberté corporative.

Plus tard, le même recueil, continué à Paris sous le titre de *Deutsch-französische Jahrbücher* (1844) et rédigé par Ruge et Karl Marx, avec l'arrière-pensée de rapprocher la pensée philosophique allemande des tentatives révolutionnaires françaises, alla bien plus loin. Marx y démontrait que toute l'économie sociale nouvelle devait partir de ce fait démontré par Hegel : l'apparition inévitable de la misère à la suite du régime juridique existant. Frédéric Engels y inséra une « critique de l'économie politique » et les premiers chapitres de son livre sur « la situation des classes ouvrières en Angleterre ». Il établit que les idées économiques courantes aboutissaient à une série de contradictions sans issue.

Engels et Marx demandaient tous deux la révolution par le prolétariat et la destruction de l'État traditionnel : « car il ne s'agit pas d'administrer les hommes, mais d'administrer les choses ».

Ainsi naquit le socialisme révolutionnaire marxiste.

Toute une nombreuse école de révolutionnaires allemands, Karl Grön, Wilhelm Marr, Moses Hess, Jellinek, Rittinghausen, se consacra aussitôt à la même propagande. Ils s'avisèrent que pour émanciper l'Europe, il fallait lui enseigner la méthode dialectique hégélienne. Karl Grün et Karl Marx, durant leur séjour à Paris, l'enseignèrent à P. J. Proudhon. Et cet enseignement détermina Proudhon à rédiger sous la forme d'une série d'antinomies le « Système des contradictions économiques (1845). L'école révolutionnaire russe, avec Alexandre Herzen, Ogareff, Tschernichewsky, emprunta à la gauche hégélienne sa méthode à la fois et ses idées ;

et Bakounine lui-même ne fit qu'amalgamer les idées de Proudhon avec celles de Max Stirner.

Quelques-uns des révolutionnaires allemands de notre temps ont gardé toute leur vie l'empreinte de la discipline hégélienne. Karl Marx, dans les premiers chapitres de son *Capital* (1869), se servait encore « par coquetterie » de la méthode de Hegel; et il ne s'est jamais départi de la « dialectique matérialiste » et antiéthique qu'en avaient fait les disciples de Feuerbach. Frédéric Engels qui s'est expliqué sur cette question de méthode dans son livre sur *Ludwig Feuerbach* (1888) dit avec quelque apparence de raison que « le mouvement ouvrier allemand est l'héritier de la philosophie classique allemande ». On peut dire avec plus de précision encore que les socialistes d'État en Allemagne sont des hégéliens de la droite, et les socialistes démocrates des hégéliens de la gauche. Et les mêmes différences d'esprit apparaissent quand il s'agit de changer économiquement le monde que lorsqu'il s'agit de l'interpréter métaphysiquement.

CHARLES ANDLER.

Bibliographie.

KARL ROSENKRANZ, *Hegels Leben*. Berlin, 1844. — R. HAYM, *Hegel und seine zeit*. Berlin, 1857. — CAIRD, Hegel. London, 1883. — ŒUVRES : les œuvres complètes de Hegel ont été publiées par ses élèves de 1832 à 1887 en 19 volumes. Le tome XIX contient sa correspondance. ROSENKRANZ a réédité en 1870 l'*Encyclopédie* dans sa forme primitive. — G. MOLLAT a publié pour la première fois la *Critik der Verfassung Deutschlands* (1893), et le *System der Sittlichkeit* (1893) demeurés manuscrits jusqu'à cette date. — Il n'y a pas encore de bon ouvrage d'ensemble sur la doctrine sociale de Hegel. Signalons : BUHL, *Hegels Lehre vom Staate und seine Philosophie der Geschichte*, 1837. — KAHLE, *Darstellung und Kritik der Hegelschen Rechts philosophie*,1845. — RUGE (Arnold), *Ueber das Verhältniss von Philosophie, Politik und Religion*, 1847 et la *Correspondance de Ruge*. — SCHUBARTH, *Ueber die Unvereinbarkeit der Hegelschen Staatslehre mit dem obersten Lebens und Entwickelungs princip des preussischen Staats*, 1839. — KÖSTLIN, *Hegel in philosphischer, politischer und nationaler Beziehung*, 1870. — BARTH (Paul), *Die Geschichts philosophie Hegels und der Hegelianer bis auf Marx und Hartmann*, 1890. — Une monographie de G. MOLLAT est annoncée. — Pour une bibliographie plus détaillée, voir : UEBERWEG et HEINZE, *Grundriss der Geschichte der Philosophie*, t. III, et G. MOLLAT, Appendice à la réédition du *System der Sittlichkeit* de Hegel, 1893.

HOMESTEAD ET EXEMPTION (États-Unis et Canada).

SOMMAIRE

1. Différence entre le homestead fédéral et le homestead d'un État particulier.

Le terme *Homestead* a deux significations tout à fait distinctes l'une de l'autre. Par *homestead* on comprend dans les États-Unis et au Canada, a) le domicile d'un citoyen exempt de l'exécution civile. En vertu de cette exemption, un propriétaire peut soustraire la maison qu'il occupe et le terrain sur lequel elle est bâtie à toute vente forcée en exécution de jugements rendus contre lui.

b) Une partie du domaine public donnée à certaines personnes par le gouvernement fédéral des États-Unis à titre gratuit.

Entre le « Homestead » accordé par le gouvernement fédéral, et celui donné par un État particulier, il y a une différence bien grande. Le « Homestead » fédéral n'est pas nécessairement la résidence d'une famille; il ne dépend point de la condition d'y rester pour toujours; il n'est assujetti à aucune limitation en fait de vente et de dispositions testamentaires après l'avoir acquis, comme sont les « homesteads » des États particuliers. Les deux différences les plus importantes touchent la propriété et l'exemption. Le « homestead » d'un État particulier est taillé sur les propriétés qui sont déjà en possession de la personne qui va jouir du « homestead »; le homestead fédéral est un pur don de la part du gouvernement, quoique sous certaines conditions. Le « homestead » de l'État est exempt des dettes ordinaires du propriétaire, contractées après notification; mais il n'est nullement exempt des dettes contractées antérieurement à la notification.

Le « homestead » fédéral, par contre, est exempt des dettes antérieures à l'acquisition du titre, mais non pas des dettes postérieures.

Le « homestead » propre est donc une partie du domaine public (*public lands*) de l'Union, dont le gouvernement fédéral fait cadeau à une personne selon les *statutes* (lois) des États-Unis. Les conditions principales sont : a) l'occupation du terrain qui formera le « homestead »; et b) la culture du terrain ainsi occupé.

Les États-Unis poursuivent la politique de multiplier les résidences de famille plutôt que de les conserver.

2. Le homestead fédéral.

Le « homestead » est un terrain de 160 « *acres* » américains du domaine public des États-Unis, donné à réclamant sans paiement aucun. Ces donations ont été introduites, non sans beaucoup de difficultés, par la loi du 20 mai 1862, approuvée par le

Président Lincoln. Antérieurement à cette loi, le gouvernement fédéral vendait des parties considérables du domaine public à ceux qui avaient un droit de « préemption » ; c'est-à-dire, qui, après avoir défriché ou bien « amélioré » (*improved*) un terrain du domaine public, ont déclaré leur intention de l'acquérir moyennant un prix de $ 1. 25 (6 fr. 25), au minimum par « *acre* ». Celui qui a déjà 320 « *acres* » du sol dans les États-Unis, ne pouvait, et ne peut pas acquérir davantage par le moyen de la préemption. Et c'est, en général, un des traits les plus saillants de la politique agraire des États-Unis, que d'empêcher l'accumulation des *latifundia* ou grands domaines dans les mains d'un individu. Il faut toutefois faire remarquer que des terrains immenses ont été donnés aux compagnies des chemins de fer.

Le but de la loi de Homestead est de créer un grand nombre de « homes », ou maisons de famille ; et par conséquent, l'intention du donataire doit toujours être celle de cultiver le terrain donné et d'y demeurer. Les détails de la loi, rendant plus ou moins impossible l'élusion de ce but sont nombreux.

La personne réclamant un homestead dans n'importe quelle partie du terrain public disponible à l'établissement des homesteads, doit s'informer d'abord, si personne n'a déjà obtenu un droit de préemption sur le terrain réclamé. C'est d'autant plus important, que le droit de préemption date du temps des premières améliorations faites sur le terrain. S'il n'y a aucun droit antérieur, le réclamant se présente au bureau du « *land-office* » (bureau des terres) du district, et fait son « *affidavit* » ou affirmation solennelle quant à son âge et son droit de cité. Il y a toutefois quelques frais, variant entre $ 1 et 12. Contre paiement de ces frais, le réclamant reçoit un document constatant son droit temporaire quoique exclusif au homestead décrit selon la « section », « town-ship » et « range », c'est-à-dire selon les sous-divisions du cadastre. Afin d'obtenir la propriété complète, ou le « patent » du homestead, le réclamant doit s'établir sur le terrain dans les six mois à partir du jour du reçu de son premier document, et doit y demeurer et le cultiver pendant cinq ans. Pendant ce temps il ne doit pas avoir d'autre domicile. S'il est dans le service militaire ou maritime des États-Unis, il suffit que sa famille habite le terrain en question. A ceux d'entre les soldats qui ont servi dans la guerre civile de 1861-1865, on déduit leur temps de service militaire du nombre de cinq ans, jusqu'au chiffre de quatre ans. Aux soldats qui ont reçu un congé honorable par suite de blessures ou d'incapacité contractée dans le service militaire, on compte chaque année de service pour une des cinq années requises pour les homestead, sans s'arrêter à la quatrième année.

Quant aux qualités de la personne qui veut acquérir un « homestead » fédéral, elle doit être majeure (21 ans) ou chef de famille, et en plus, citoyen des États-Unis, ou au moins jouissant du droit de cité.

Deux personnes mariées ne peuvent pas prendre deux « homesteads », quoiqu'elles ne perdent pas leurs droits à des homesteads que chacune d'elles avait réclamés avant le mariage. La veuve d'un colon de « homestead » a droit de compléter le titre que son mari avait laissé inachevé. Un étranger peut acquérir un homestead fédéral, pour peu qu'il ait déclaré antérieurement l'intention de devenir citoyen des États-Unis. Mais une personne qui par suite d'une maladie est incapable de manifester sa volonté, comme par exemple celui qui est affligé d'une dégénérescence du cerveau, ne peut pas réclamer le privilège du homestead, ni même par son tuteur. L'épouse abandonnée devient par cela même chef de famille, et il lui est permis de compléter les années requises par la loi pour l'acquisition du homestead. La veuve a le même droit. Les héritiers mineurs en jouissent aussi.

Quant à la qualité du terrain, ceux qui contiennent des minéraux ou salines sont exclus de l'acquisition comme homestead. Si toutefois l'agriculture d'un tel terrain était plus profitable que l'exploitation comme mine, il reste accessible aux homesteads. Dans le *far west* des États-Unis, des quantités considérables de terrains ont été occupées, c'est-à-dire appropriées par des colons qui ne se sont jamais préoccupés d'avoir un titre officiel de « propriété ». Au point de vue de la loi stricte, ces terrains seraient toujours exposés aux réclamations conformes aux dispositions de la loi de homestead. Mais les tribunaux du gouvernement fédéral ont toujours reconnu la propriété « équitable » de tels occupants envers des réclamants privés. Envers les États-Unis ils n'ont pas de droits.

L'exploration du homestead doit se faire personnellement, et nul autre ne peut agir comme représentant du réclamant. On ne peut non plus avoir un compagnon qui partagerait le droit du homestead ; et par conséquent une maison de commerce à plusieurs associés ne peut pas réclamer un homestead. En effet, le droit du homestead est non pas seulement personnel, mais individuel. La seule exception à cette règle est le cas des cohéritiers.

Si le réclamant, après avoir fait l'*affidavit*, et après l'enregistrement de son titre provisoire, abandonne le terrain durant six mois, le terrain est perdu pour lui.

Jusqu'à ce que le réclamant ait obtenu le *patent* lui donnant un droit complet sur son terrain, il lui est strictement défendu de vendre son homestead, et tout contrat préalable fait pour transférer la propriété du homestead avant l'acquisition du patent, est nul. La raison juridique de cette règle relève du serment que le réclamant doit faire en recevant le patent. Dans ce serment il affirme solennellement que nulle partie du terrain en question n'a été aliénée par lui.

Cette question si simple en théorie a toutefois donné lieu à beaucoup de difficultés en pratique. Les cours des États-Unis sont enfin arrivées à une doctrine presque généralement adoptée, et selon laquelle on doit distinguer trois phases du droit du « homesteader » à la vente de son homestead : *a*) avant d'avoir versé la somme due au gouvernement fédéral ; *b*) après l'avoir versée, sans encore avoir obtenu le « patent » ; *c*) après avoir reçu le « patent ». Dans les cas *b*) et *c*) seuls la vente du homestead est admissible.

3. Tableau général de la loi sur les Homesteads fédéraux dans les États-Unis.

CONDITIONS	*Chef de famille*	le mari. / l'épouse quelquefois. / la veuve avec les enfants. / hommes de ménage, qui soutiennent d'autres personnes.	
	Propriété	par « *leasehold* » (long bail). / par « *freehold* » { « *in fee simple* ». / par « *less estate* ». } { pour quelques années. / à vie. } / par titre dit « équitable ».	
	Dédication (acquisition)	par déclaration. / par enregistrement du titre (de l'acte) en écrivant le « Homestead » sur la marge de l'acte.	
	Possession	actuelle. / intentionnelle, avec préparation, dans quelques États. / avec absence temporaire.	
LIMITATIONS	*Étendue*	Rural { varie de 40 jusqu'à 200 acres ; la plupart : 160. / Urbain { varie d'un lot à un *acre*, ou une fraction d'un acre.	
	Valeur	varie de 500 dollars à 5000 dollars.	
RESTRICTIONS	*à l'aliénation*	*par acte de vente ou d'hypothèques* { par l'époux seul sans consentement de sa femme / pendant le veuvage de la veuve et la minorité des enfants.	
	aux dispositions testamentaires.	par défense expresse { en vertu de la constitution de l'État. / en vertu d'une loi particulière de l'État.	
		par défense indirecte { en vertu de stipulations donnant le « homestead » à l'un des époux survivant. / en vertu de stipulations donnant le « homestead » aux enfants mineurs. / en vertu d'une disposition absolue de la loi du « homestead ».	
LE HOMESTEAD EST POURTANT SAISISSABLE POUR.	*le prix d'achat*	le vendeur ayant un gage. / le vendeur n'ayant pas de gage. / l'acheteur ayant emprunté l'argent ; dans quelques États.	
	améliorations	aux mécaniciens { dans plusieurs États, sans que le gage soit enregistré. / dans d'autres, après enregistrement. / aux ouvriers. / pour le matériel.	
	dettes préalables.	à la loi du homestead de l'État. / à une date déterminée. / à l'achat. / à la déclaration (enregistrement). / à la possession.	
	gages (hypothèques)	conventionnels (par contrat) { fait et signé par les deux époux. / fait par le propriétaire seul, pour certaines dettes. / par un propriétaire célibataire.	
		légitimes (suite d'une loi). / réalisables dans certains cas.	

Le Homestead est pourtant saisissable pour. (*Suite*).

- *obligations d'un*.........
  - employé d'État ou municipal, etc.
  - « trustee ».
  - avocat.
- *délits*..................
  - commis par le propriétaire, et, dans quelques États, pour délits commis par sa femme.
- *l'impôt* ....
  - de l'État.
  - du comté (*county*) ou de la ville.
  - des fonds d'écoles.

Le Homestead est exempt.........

- *de l'exécution judiciaire*.
  - par « *attachment* » (saisie-arrêt).
  - par « *exécution* » (saisie-exécution).
  - par d'autres procédures.
- *de « foreclosure »* (procédure d'exclusion)....
  - tant que d'autres biens hypothéqués simultanément ne sont point épuisés.

4. Le homestead des États particuliers.

Les lois américaines de homestead des États particuliers sont peu connues. Elles méritent pourtant d'attirer toute l'attention des économistes et des législateurs. Elles sont remarquables à trois points de vue : 1° elles assurent la permanence du foyer domestique et la conservation de l'épargne qui a permis de le constituer ; 2° elles édictent des règles successorales qui sauvegardent, à la mort d'un des époux, l'indépendance de la famille ; 3° elles n'ont pas surgi tout d'un coup dans l'ensemble des États-Unis ; elles se sont propagées d'un État à l'autre, successivement adoptées et améliorées d'après la méthode expérimentale. Nous allons les examiner à ces trois points de vue.

Les nations modernes ont peu à peu adouci les rigueurs exercées autrefois contre le débiteur insolvable ; c'est ainsi que ce dernier n'est plus contraint à payer de sa liberté lorsqu'il ne peut payer de son argent. Les créanciers doivent se contenter des biens du failli, mais la loi leur permet de s'emparer de tous. Une réserve existe en France quant à la couchette du débiteur et aux vêtements qu'il porte ; mais la demeure est vendue, avec les meubles qu'elle renferme, au profit des ayants droit. La famille est ainsi frappée tout entière dans son existence; les divers membres en sont jetés sur le pavé; jeunes et vieux se trouvent, par la déconfiture de leur chef, non seulement sans ressources, mais encore sans abri ; le foyer est quelquefois détruit à jamais. Les choses se passent autrement en Amérique, où le législateur a su allier, dans une juste mesure, dont l'équité n'est contestée par personne, les droits des créanciers avec les intérêts de la famille.

Le citoyen qui veut placer sa propriété sous le régime de homestead n'a qu'à faire une déclaration devant l'autorité compétente, par exemple le *recorder* [1] du comté.

1. Fonctionnaire chargé d'enregistrer les actes tels que ventes, hypothèques, jugements, mariages, naissances et décès.

Cette déclaration est insérée dans le journal officiel des actes publics ; elle est en outre habituellement reproduite dans des feuilles quotidiennes d'annonces que reçoivent les banquiers et les gens d'affaires.

L'exemption du homestead n'a aucun effet rétroactif ; elle ne peut servir à frauder les créanciers, à les priver d'un gage qui leur aurait été expressément ou tacitement promis. C'est ainsi que le domicile peut être vendu, si des jugements antérieurs à l'enregistrement de la déclaration ont été rendus contre le propriétaire, ou si des hypothèques ont été prises sur ses biens ; si le vendeur de l'immeuble, les entrepreneurs, artisans et ouvriers qui ont travaillé n'ont point été payés. L'exemption ne s'applique pas non plus aux taxes publiques, ni aux responsabilités encourues par les officiers publics, magistrats, fidéicommissaires, avoués, etc., à raison de deniers touchés par eux et dont ils seraient comptables.

L'expression homestead ne s'entend que de l'immeuble habité par la famille. Nul ne pourrait faire placer sous ce régime une propriété qui ne serait pas sa résidence ou sa maison de travail (*business house*).

Enfin, le homestead ne constitue jamais un droit illimité. Un riche propriétaire ne pourrait, à la faveur du privilège qu'il confère, posséder de vastes domaines et y vivre dans l'opulence en narguant ses créanciers. Le législateur a voulu protéger le foyer domestique et non créer de scandaleux abus. Il a donc déterminé la valeur maxima de l'immeuble pour lequel l'exemption légale peut être invoquée.

La qualification du homestead est très variable. Tantôt elle s'applique à une certaine valeur maxima de la propriété urbaine ou rurale : ainsi cette propriété est exempte jusqu'à concurrence de 1000 dollars pour l'Illinois et le Tennessee, de 5000 pour la Californie et le Nevada. Tantôt elle représente une étendue déterminée pour la propriété urbaine : dans l'Alabama, l'exemption porte sur une résidence valant 2000 dollars dans une cité, ville ou village, et, en dehors, sur un domaine avec ses dépendances de 80 acres de superficie. Tantôt enfin, par une extension du principe même du homestead, l'exemption porte à la fois sur la propriété mobilière et sur la propriété immobilière : ainsi, dans la Géorgie, la première est protégée jusqu'à 1000 dollars, la seconde jusqu'à 1600; en Virginie, l'exemption s'applique à une valeur de 2000 dollars de propriété mobilière ou immobilière, au choix du débiteur.

Dans tous les États, le homestead une fois créé ne peut être aliéné ou hypothéqué par le mari, sans le consentement de la femme, et réciproquement, si le homestead a été créé par celle-ci.

4a. Ce que devient le homestead après décès du titulaire.

Les législateurs américains ont pensé qu'il ne suffisait pas de soustraire le *home* à toute éventualité pendant la vie du père de famille. Celui-ci peut être frappé de mort juste au moment où il vient d'affermir son domicile grâce au succès de ses entreprises, ou par suite d'un héritage, ou encore à l'aide d'épargnes péniblement accumulées. Si le homestead disparaissait alors, laissant sans abri une veuve et enfants mineurs, la sollicitude de la loi demeurerait sans effet. C'est au moment où, le ménage étant privé de son chef, l'exemption légale deviendrait plus bienfaisante, que cette exemption s'évanouirait tout à coup. Le stimulant qui porte un citoyen au travail et à la prévoyance ne réside pas seulement dans l'ambition d'acquérir ; il a aussi sa source dans le désir de conserver et de transmettre. Un créateur de homestead ne vise pas uniquement à posséder de son vivant un foyer insaisissable ; la pensée de le léguer un jour aux siens dans les conditions où il en jouit lui-même est de nature à accroître l'effort qu'il fait pour le constituer.

C'est pourquoi les lois américaines contiennent toutes des clauses successorales en ce qui concerne le homestead. Ces clauses varient entre les différents États. D'une façon assez générale, elles peuvent être résumées comme il suit :

Le homestead ne peut être l'objet d'une disposition testamentaire de la part du mari qu'avec le consentement de la femme, exprimé d'une façon formelle et authentique. La transmission s'en fait le plus souvent *ab intestat*. Il passe à la veuve et aux enfants mineurs, non seulement comme propriété, mais avec les privilèges qui lui sont attachés; il

demeure insaisissable pour toutes les dettes personnelles contractées par les héritiers du défunt.

Si la veuve vient à mourir, les enfants en jouissent jusqu'à leur majorité, aussi longtemps que leur tuteur l'occupe avec l'autorisation des tribunaux.

Les revenus ou profits dont le homestead peut être productif sont partagés habituellement entre la veuve et les enfants dans des proportions déterminées. Ainsi, dans l'Arkansas, ce partage a lieu par moitié ; dès que l'un des enfants a atteint l'âge de vingt et un ans, sa part profite aux puînés ; lorsque tous sont devenus majeurs, la veuve a la jouissance intégrale.

4b. Comment les lois de homestead varient d'un État à l'autre.

Le homestead peut être cité comme un des meilleurs exemples d'expérimentation politique [1]. Les imitations se sont faites d'État à État; elles se sont tellement propagées que l'exemption légale du domicile peut être considérée comme une des bases de la constitution américaine. Quarante-quatre États en ont fait à l'envi l'expérience; nous en connaissons dix-neuf qui l'ont inscrit dans leur constitution politique [2].

Ces lois locales diffèrent entre elles par bien des détails. On voit varier, de l'une à l'autre, la valeur du homestead, la nature de ses éléments, les règles relatives à l'aliénation et à la transmission, les provisions qui concernent la femme. Les législations séparées ont permis de mettre plusieurs systèmes à l'épreuve, de les améliorer par l'observation des résultats produits, de se rapprocher ainsi, malgré les dissemblances que présentent les diverses régions du territoire, d'un type idéal aussi bon que possible. Grâce à leur organisation politique, les États-Unis sont arrivés en cette matière à l'unité sans uniformité, sans une uniformité qui n'était ni nécessaire ni désirable. A un moment donné des formules, non pas identiques, mais fort analogues seront adoptées partout. L'Union américaine se trouvera ainsi dotée d'une loi bien meilleure que si des essais concurrents n'avaient pas été tentés dans les divers États, et elle atteindra ce résultat plus vite que si elle avait été placée

1. Voir Léon Donnat, *Politique expérimentale*, Reinwald, éditeur.
2. Alabama, Arkansas, California, Colorado, Florida, Georgia, Illinois, Indiana, Kansas, Michigan, Nevada, North Carolina, South Carolina, Tennessee, Utah, Texas, Vermont, West-Virginia, Wisconsin.

sous le coup d'une législation d'ensemble. Nous avons relevé dans le tableau suivant, les diverses délimitations du homestead d'un chef de famille aux États-Unis.

ÉTATS.	PROPRIÉTÉ				OBSERVATIONS.
	Rurale.	Urbaine.	Immobilière (¹).	Mobilière.	
	Acres.		Dollars.	Dollars.	
Alabama...............	80	2.000 d.	»	»	(¹) Cette colonne s'applique aux cas pour lesquels aucune distinction n'est faite entre la propriété urbaine et la propriété rurale.
Arizona...............	»	»	4.000	»	
Arkansas	160	1 acre.	2.500 (²)	500	
Californie.............	»	»	5.000	»	
Colorado.............	»	»	2.000	»	(²) Valeur maxima pour les 160 acres ruraux ou l'acre urbain.
Florida...............	160	1/2 acre.	»	»	
Georgia...............	»	»	1.600	1.000	
Idaho, père de famille.....	»	»	5.000	»	
— autres personnes...	»	»	1.000	»	
Illinois	»	»	1.000	»	
Indiana	»	»	300 (³)		(³) Valeur immobilière ou mobilière, au choix du débiteur.
Iowa	40	1/2 acre.	800 (⁴)	»	
Kansas................	160	1 acre.	»	»	(⁴) Valeur maxima de la propriété, augmentée de la maison de travail.
Kentucky..............	»	»	1.000	»	
Louisiana.............	160	»	2.000 (³)		
Maine................	»	»	500		
Maryland	»	»	100 (³)		
Massachussets	»	»	800	»	
Michigan	40	1.500 d.	»	»	
Minnesota.............	80	(⁵)	»	»	(⁵) A city lot.
Mississipi	160	»	2.000 (ou 3.000)		(⁶) D'une valeur maxima de 1500 d.
Missouri..............	160 (⁶)	3.000 d. (⁷) 1.500 d. (⁸)	»	»	(⁷) Dans les villes de 40 000 habitants et au-dessus.
Montana	160	1/4 acre.	2.500	»	(⁸) Dans les villes de moins de 40 000 habitants.
Nebraska..............	160	20 acres.	2.000	»	
Nevada	»	»	5.000	»	
New-Hampshire	»	»	500	»	
New-Jersey............	»	»	1.000	»	
New-Mexico...........	»	»	1.000	»	
New-York.............	»	»	1.000	»	
North-Carolina	»	»	1.000	500	
North-Dacota..........	»	»	5.000	»	
Ohio.................	»	»	1.000	»	
Oklahoma	160	1 acre.	»	»	
Pennsylvania (⁹)........	»	»	»	»	(⁹) Pennsylvania n'a pas de loi de homestead propre; mais des biens jusqu'à la valeur de 300 d. sont exempts de l'exécution judiciaire. Voir *Brightly's Purdon's Digest*, vol. I, p. 636-8.
South-Carolina	»	»	1.000	»	
South-Dacota..........	160	1 acre.	5.000	»	
Tennessee.............	»	»	1.000	»	
Texas................	200	5.000 d.	»	»	
Utah, père de famille......	»	»	1.000	»	
— et sa femme........	»	»	500	»	
— et chac. de ses enfants.	»	»	250	»	
Vermont..............	»	»	500	»	
Virginia..............	»	»	2.000 (³)		
Washington............	»	»	1.000	»	
West-Virginia..........	»	»	1.000	200	
Wisconsin	40	1/2 acre.	»	»	
Wyoming.............	160	1.500 d.	1.500	»	

En Iowa et Louisiane il est défendu de renoncer aux privilèges d'exemption accordés par la loi des homesteads. Dans les autres États ayant une loi de homestead, on peut y renoncer, pourvu que l'épouse ait donné son consentement.

5. Appréciation des lois de homestead.

M. Sering, dans un remarquable ouvrage sur la concurrence agricole des États-Unis, a porté un jugement bien sévère sur ces lois. Il maintient qu'elles n'ont pas empêché les propriétaires des fermes homesteadées de contracter des dettes et d'hypothéquer leurs terres au delà de leurs valeurs. En plus, le crédit personnel, d'une si grande importance dans le commerce, se trouve négligé aux dépens du crédit foncier. Dans les rapports des consuls anglais remis au Parlement, à Londres, par l'ambassadeur d'Angleterre à Washington, sur l'effet des homesteads américains, en 1887, il est dit que cette institution est assez avantageuse pour les ouvriers, mais les fermiers et les propriétaires des petites terres ne s'en servent qu'exceptionnellement.

Le consul anglais de Boston, dans son rapport sur l'effet de la homestead-loi en Massachussets, Vermont, New-Hampshire et Maine, résume l'opinion générale de ces États en disant que l'on ne se sert que rarement des privilèges accordés par cette loi. Tous les consuls se sont exprimés dans des termes pareils.

En Serbie, la loi sur la procédure civile, supplémentée par une loi du 24 décembre 1873, a introduit (paragraphe 471, 4 *a*) l'exemption de 5 hectares de terres possédés par un agriculteur habitant soit la campagne soit la ville.

Dans les colonies anglaises, à l'exception du Canada, il n'y a pas de lois de homestead. Une loi de homestead faite pour le Dekkhan, en Inde (« Agriculturists' Relief Act xvii de 1879 ») a été abolie.

6. Analyse de la loi californienne de homestead.

Pour donner plus de clarté aux explications qui précèdent, nous croyons qu'il n'est pas inutile d'analyser une loi de homestead. Nous prendrons pour exemple celle de la Californie [1].

La constitution de cet État, dans son article 17, s'exprime en ces termes : « La législa-« ture protégera par la loi contre toute vente « forcée une certaine portion du domicile « et de la propriété des chefs de famille. »

En vertu de cette disposition constitutionnelle, la loi reconnaît à tout citoyen le droit de faire une déclaration de homestead devant le *recorder* du comté. L'exemption ainsi constituée souffre certaines exceptions : ainsi, le domicile peut être vendu si des jugements ont été rendus contre le propriétaire, ou si des hypothèques existent sur la propriété avant l'enregistrement de la déclaration : si des hypothèques ont été prises ultérieurement avec le consentement commun du mari et de la femme; si les vendeurs, artisans ou ouvriers, n'ont pas été payés.

La loi restreint à 5 000 dollars pour un chef de famille, à 1 000 dollars pour tout autre citoyen, la valeur de l'immeuble exempt de la vente forcée.

Tout créancier ayant un jugement rendu en sa faveur a le droit de se pourvoir devant la cour du comté dans lequel est situé le homestead, s'il pense que la propriété a une valeur supérieure à 5 000 ou à 1 000 dollars suivant les cas. Le juge du comté nomme alors des experts, qui font sous serment une évaluation et adressent leur rapport au magistrat. Ressort-il de ce rapport que l'immeuble excède la valeur légale, deux cas peuvent se présenter : ou bien l'immeuble peut être divisé sans inconvénient, alors le juge ordonne que le défendeur restera en possession de la portion du terrain, comprenant le domicile, dont la valeur n'excède pas celle de l'exemption légale, et que le surplus sera vendu au profit du demandeur; ou bien l'immeuble ne peut être divisé, et

1. Voir Léon Donnat, *Lois et mœurs républicaines*, Delagrave, éditeur.

alors la licitation est ordonnée aussitôt; sur le produit de la vente on paye au défendeur la valeur protégée par la loi; le reste est attribué au créancier. La somme ainsi payée au titulaire du homestead jouit pendant une période de six mois de la même protection que le homestead lui-même : elle échappe aux poursuites judiciaires et le mari ne peut en disposer contre le gré de la communauté. On a voulu laisser ainsi au chef de famille le temps d'acquérir un domicile nouveau.

La loi est très large dans le sens qu'elle attribue, en ce qui concerne la délimitation du homestead, à l'expression *chef de famille*. Elle n'applique pas seulement ce terme à l'époux : elle l'applique également à toute personne qui garde à son foyer, à sa charge et sous sa protection : son enfant mineur ou l'enfant mineur de son conjoint défunt; un frère ou une sœur mineurs; l'enfant mineur d'un frère ou d'une sœur décédés; un père, un grand-père, une mère ou une grand'-mère, les parents ou grands-parents du mari ou de la femme décédés; enfin une sœur célibataire ou les enfants sus-mentionnés ayant atteint l'âge de la majorité, s'ils sont incapables de se suffire par eux-mêmes.

Le mari peut déclarer homestead un des biens de la propriété commune ou de sa propriété personnelle, ou encore de la propriété personnelle de sa femme, mais dans ce dernier cas, avec le consentement de celle-ci. Le renoncement au privilège que le homestead confère ne peut avoir lieu que par la volonté simultanée des deux époux; il peut toutefois être autorisé par la cour de *probate* du comté où est situé le domicile, sur la demande d'un seul des conjoints, quand l'autre est atteint d'une folie incurable et dûment démontrée.

Telle est, dans ses dispositions générales, la protection dont la loi californienne couvre le domicile. Cette protection produit les plus favorables résultats. Le nombre des chefs de famille propriétaires est très grand en Californie. Les ouvriers qui, même dans une grande ville comme San-Francisco, réussissent par le travail et l'épargne à acquérir le foyer domestique, savent qu'aucune éventualité fâcheuse ne le leur enlèvera contre leur gré. L'attrait naturel qui partout pousse les citoyens laborieux et honnêtes à posséder la maison qu'ils habitent, s'augmente ici de la sécurité dont cette possession jouit.

7. Conclusion.

Il y a plus de treize ans que nous parlons des lois de homestead en France et que nous ne négligeons aucune occasion de les faire connaître. Le principe de cette institution semble ne pas avoir été compris ou avoir été accueilli avec peu de faveur. Et pourtant on s'occupe activement, à Paris et dans plusieurs villes de province, de faciliter à l'ouvrier l'acquisition de sa demeure. Si d'honorables efforts ont été déjà couronnés de succès, il faut néanmoins reconnaître que le nombre des ouvriers propriétaires de leur habitation est beaucoup plus faible chez nous qu'aux États-Unis. D'aucuns voudraient faire intervenir l'État ou la commune dans la construction de logements ouvriers au moyen des deniers des contribuables. C'est un procédé vers lequel a paru pencher à plusieurs reprises le conseil municipal de Paris.

Le but est atteint d'une façon bien simple en Amérique. D'une part, les *Building Societies*, déjà fort nombreuses, s'y propagent de plus en plus : dans la seule ville de Philadelphie, en 1886, on en comptait 600 avec 75,000 membres et 400 millions de francs de capital (V. LOGEMENTS OUVRIERS). D'autre part, le homestead excite les citoyens à l'épargne en même temps qu'il assure la conservation du foyer.

Les Français ont à un haut degré le sentiment de la permanence, en matière de propriété tout au moins. Nos législateurs trouveront donc dans l'adaptation à notre pays des lois de homestead un des éléments de la solution cherchée en faveur des classes laborieuses. Ils ne courraient pas grand risque à essayer cette solution, comme aux États-Unis, d'après le principe de la méthode expérimentale.

ÉMILE REICH.

Bibliographie.

L'œuvre la plus récente et la plus complète sur les lois de homestead des États-Unis, fédérales et *state-laws*, est celle de M. RUFUS WAPLES : *A treatise on Homestead and Exemption*, p. 1027, Chicago, 1893, in-8. Un sommaire de ces lois a été donné dans « Supplementheft zum Archiv des deutschen Landwirthschaftsraths » (Berlin, 1882 et 1889). Voir aussi le livre de RUDOLF MEYER, « Heimstätten-und andere Wirthschaftsgesetze der Vereinigten Staaten, Kanada, Russland, China, Indien, Rumänien, Serbien und England » (Berlin, 1883). — M. SERING, « Die landwirthschaftliche Concurrenz Nordamerika's pour 1882-83, I, 565 sq (discours de Bismarck), 1890, II, pp. 155-168, 239, 377, 752. — *Reports from H. M. Minister at Washington on the Homestead and Exemption laws in the United States* (Parliamentary Papers n° 2 (commercial), 1887, London). Voir surtout le « *Digest* » de STORY sur les lois et arrêts les plus récents ; et un article du savant K. SCHNEIDER, dans le *Jahrbuch für Gesetzgebung und Verwaltung* (vol. XVI, 1892). Le *Comité pour la législation étrangère* à Paris a publié un résumé des « state-laws », ayant rapport aux homesteads (1889).—Les discussions dans les parlements de France, en Prusse et ailleurs, ne sont pas encore sorties de l'état de la théorie ; elles sont toutefois bien instructives. Voir les *Verhandlungen des Preussischen Abgeordnetenhauses* pour 1882-83, I, 565 sq (discours de Bismarck), 1890, II, pp. 1983 et 2036, etc. *Reichstagsverhandlungen*, 8° « Legislaturperiode », Ie session, 162e séance. Rapport du XXIVe comité sur le projet de la loi de homestead pour l'empire

allemand, dans les n° 711 des « Drucksachen » du Reichstag, 1892. — Rapport du comité du *Sénat français* sur le projet d'une loi de homestead, le 7 février 1887.—La littérature sur la question est considérable. Voici les œuvres les plus remarquables : H. PEYRER, Ritter von, « Heimstätt » Denkschrift betreffend die Erbfolge in landwirthschaftliche Güter und das Erbgüterrecht nebst einem hierauf bezüglichem Gesetz entwurf (Vienne, 1884). — POSPISCHIL, « Die Heimstätte mit besonderer Rücksicht auf...Oosterreich »(Vienne,1884).—« *Die Heimstättenfrage* » (Separatabdruck aus den Verhandlungsberichten des deutschen Landwirthschaftsraths, XIX Plenarversammlung, 1891). — *Eduardo Sanz y Escartin*, La cuestión económica (Madrid, 1890). — OFNER, « Die neue Gesellschaft und das Heimstättenrecht », 1889. — RUDLAND, « Agrarpolitische Versuche » 1890. — RATZINGER, Erhaltung des Bauernstandes, 1889. *Verhandlungen des Vereins für Socialpolitik*, vol. XXVIII. — *Bulletin de la Société de législation comparée*, tome VII (1877), pp. 27, etc. — Publications des *Unions de la paix sociale*, 1889. — SATURNIN VIDAL, dans Recueil de l'académie de législation de Toulouse, 1887-88, pp. 63 et suiv. — *Revue de la Suisse catholique*, juin 1885. — AD. COSTE, « Nouvel exposé d'économie politique » (M. Coste est opposé à toutes lois de homestead). — IGNACIO SANTANGELO SPOTO dans « Rassegna di scienze soc. e pol. 1890-91. — KORN, dans « Oesterreichische Zeitschrift für Verwaltung », 1882. — K. GRUNBERG, Archiv für sociale Gesetzgebung und Statistik, tome II, 79, etc. — K. VON RIEPENHAUSEN, Gesicherte Familienheimstätten für alle Stände im Deutschen Reich (3e édition, Leipsic, 1891). — En outre un certain nombre de thèses de doctorat en France.

HORN (Edouard) naquit à Vag-Ujhely (Hongrie), le 25 septembre 1825. Son instruction fut commencée dans la maison paternelle par un précepteur et terminée aux Universités de Presbourg et de Prague. E. Horn se lança de bonne heure dans la politique militante ; non seulement il fournissait des articles à des journaux hongrois et allemands, mais encore il faisait des conférences. A mesure que la lutte devenait plus ardente entre la Hongrie et la dynastie autrichienne, ses articles et ses discours trouvaient plus d'écho dans l'âme des patriotes. Ils furent entendus même en Autriche, et lorsque le parti national succomba sous l'effort combiné des Autrichiens et des Russes, Horn dut quitter son pays natal. Il se rendit en Allemagne où il publia plusieurs ouvrages sur la révolution hongroise : *Louis Kossuth, Arthur Görgei, Ungarn in Vomärz* ; en 1850, il publiait un ouvrage sur *Spinoza* ; il s'y montrait partisan de la libre-pensée. Ce fut vers cette époque qu'il se fit recevoir docteur ès lettres et qu'il se rendit en Belgique. De politiques, ses travaux étaient devenus philosophiques ; lorsque E. Horn quitta l'Allemagne, ils devinrent économiques. Il publia un ouvrage fort important, *Tableau statistique de la Belgique*, qui fut bientôt suivi des *Etudes démographiques*. La critique apprécia hautement ces ouvrages devenus classiques. La même année, il publia un travail historique, « *François Rakoczy II* ». qui eut plusieurs éditions. Avant de quitter la Belgique, E. Horn publia *Bruxelles, son passé et son présent* ; il se rendit à Paris, où dès son arrivée il la connaissance de Michel Chevalier qui lui ouvrit les colonnes du *Journal des Débats*; sauf quelques interruptions, il y collabora jusqu'à sa mort. Il y publia d'abord des articles sur la statistique et sur l'économie politique; il traita les mêmes sujets au *Journal des Economistes*, à l'*Encyclopédie du* xix⁰ *siècle*, à l'*Annuaire encyclopédique*, etc. Il publia de 1856 et 1858 deux ouvrages importants sur des questions financières : *Jean Law* et *Das Creditwesen in Frankreich*; il fit aussi paraître une traduction, en allemand, des leçons de Michel Chevalier. Le premier en France, il fit connaître les banques populaires allemandes et plus tard s'occupa avec ardeur des *Sociétés coopératives*. Il y consacra une partie de sa fortune et fut membre fondateur de presque toutes les Sociétés coopératives qui furent créées les dernières années de l'empire. En 1859, il commença la publication de l'Annuaire international du *Crédit public*, qui ne parut que trois ans, mais que l'on consulte encore avec profit. Il publia en 1861 *le traité de commerce franco-allemand*; il s'y montrait partisan de la liberté commerciale.

Les événements politiques qui se passaient en Hongrie ramenèrent l'activité de Ed. Horn sur ce point; il entreprit une campagne de presse dont le souvenir est resté dans la mémoire de tous ses compatriotes. Il publia de nombreux articles sur la Hongrie dans la presse française, belge, allemande, anglaise, etc., et fit paraître de nombreuses brochures, entre autres : *La Hongrie et l'Autriche de 1848 à 1859*, *La Hongrie et la crise européenne*, *Liberté et Nationalité*, *les Finances de l'Autriche*, *La Hongrie en face de l'Autriche*, etc. Il fut reçu en 1859 membre de la Société d'Économie politique et devint l'un des orateurs les plus assidus.

En 1864 E. Horn se rendit en Égypte où on l'appelait pour aider à la reconstitution économique et financière du pays. Sous son égide, des institutions de crédit furent fondées. Il fut nommé membre de l'*Institut d'Egypte* et prononça lors de sa réception un discours dénotant une profonde connaissance du pays. Pendant son séjour au Caire et à Alexandrie, il envoyait au Journal des Débats, *les Lettres du Delta*. Il revint en France et fut l'un des principaux fondateurs de « l'Avenir national ». Il fut appelé à déposer dans l'enquête sur le renouvellement du privilège de la Banque de France. Sa déposition fut une des plus remarquables. Il en publia le résumé l'année suivante sous le titre de *La liberté des Banques* qui parut simultanément en allemand et en hongrois. La même année son travail sur Boisguillebert était

couronné par l'Institut et paraissait peu après sous le titre : *L'économie politique avant les Physiocrates*. Cette sorte de naturalisation intellectuelle et les autres travaux économiques de E. Horn lui valurent la grande naturalisation.

L'un des premiers, il usa de la loi du 6 juin 1868 et présida de nombreuses réunions publiques; orateur très écouté, il ne cessa de parler en faveur des droits du peuple. Il publia à cette époque le *Bilan de l'Empire* qui eut de nombreuses éditions en quelques semaines et fut bientôt suivi du *Salut au troisième milliard*. Il refusa la candidature que lui offrait le septième arrondissement pour les élections de 1869; sa patrie enfin rouverte le rappelait, il s'y rendit et fut élu député de la ville de Presbourg. Il devint le véritable leader de l'opposition. Il publia plusieurs ouvrages et consacra ses efforts et sa science à la renaissance économique de son pays et y devint secrétaire d'État. Il mourut le 2 novembre 1875, à peine âgé de cinquante ans.

Pendant la guerre franco-allemande, il avait lutté dans la presse et au Parlement en faveur de la France. Son fils a réuni et traduit ses discours et ses articles qui ont paru sous le titre : *La grande nation en 1870-1871*, avec une préface de Jules Simon.

HUFELAND (Gottlieb), 1760-1817, né à Dantzig, enseigna la science du droit successivement dans les universités allemandes d'Iéna, de Wurzbourg et de Halle; de 1808 à 1812, il fut bourgmestre de Dantzig, sa ville natale, devenue ville libre à l'époque où Napoléon victorieux remaniait à son gré la carte de l'Allemagne.

M. Roscher range Hufeland parmi les disciples allemands d'Adam Smith et Hufeland exprime en effet une vive et judicieuse admiration pour le maître écossais dans la préface de ses *Nouveaux principes de l'économie politique fondés sur la critique et la justification des conceptions fondamentales des biens, de la valeur, des prix, de la monnaie et de la richesse nationale* (2 vol. 1807 et 1813). Hufeland, cherchant avant tout les bases philosophiques de l'économie politique, fait une très large part au rôle joué par l'élément psychologique; pour lui « les biens (*Güter*) ne sont biens qu'en vertu de la représentation que s'en font les hommes comme but et comme moyens d'atteindre ce but ». Comme conséquence logique de cette assertion, ce n'est pas la proportion entre l'offre et la demande, qui détermine les prix, mais l'opinion qu'ont les hommes de cette proportion. Il attache par suite infiniment moins d'importance qu'Adam Smith au rôle du coût de production et annonce certaines théories subjectives de la valeur que la fin de notre siècle a vues éclore. De même il fait de la rente foncière une manifestation spéciale de la prime générale à la rareté, autre tendance qui a ses représentants attitrés de nos jours.

Par contre, cet économiste idéaliste est le premier qui ait distingué en Allemagne entre les profits de l'entrepreneur et les intérêts du capital, ce qui s'explique par l'estime toute particulière qu'il faisait de J.-B. Say.

D'ailleurs Hufeland, qui s'est surtout adonné aux études juridiques et métaphysiques, professe les théories les plus individualistes dans ses ouvrages sur le droit. Pour n'en citer qu'un exemple, il déclare qu'il est de droit naturel que les époux jouissent de la faculté de stipuler toutes leurs obligations futures dans leur contrat de mariage et acceptent ou rejettent à leur gré la monogamie, la polygamie ou la polyandrie; selon Hufeland, le droit naturel admet les unions temporaires et ne connaît pas les degrés de parenté prohibitifs du mariage.

Bibliographie.

Roscher, *Gesch. der Nat. Œkonomik in Deutschland*, pp. 654-662.

HUME (David) [1711-1776]. — Philosophe, historien et économiste, précurseur d'Emmanuel Kant dans la philosophie et d'Adam Smith dans l'économie politique, il appartient aux grands hommes qui inaugurent la période de la fin du dernier siècle, où la pensée affranchie veut aussi régner dans la vie pratique. Appartenant au cercle des penseurs écossais et tenant de la France la clarté et la précision d'expression, il devint une des grandes figures dans ce siècle qui proclama l'amour de l'humanité, la liberté et l'égalité. Sa philosophie sceptique, qui se base sur les phénomènes extérieurs, arrive à la causalité et à l'universalité; par là, Hume devient un des créateurs de tout ce développement intellectuel de la science de la pensée, de la philosophie, du droit et de la politique, et de l'économie politique. Il mourut l'année où Turgot tombait du pouvoir en France, où les États-Unis déclarèrent leur indépendance et où Adam Smith publiait son grand ouvrage.

Fils d'un riche propriétaire de terres de l'ancienne famille des Hume de Douglas, mais ayant peu de fortune, il s'essaya sans succès, après avoir été à l'Université d'Édimbourg, au droit et au commerce.

A l'âge de vingt-trois ans, il passa en France pour y vivre tranquille selon ses moyens; il passa trois ans à Reims et à La Flèche, en Anjou. Revenu en Angleterre, il publia, en 1739, sans succès, son Traité sur *la Nature humaine*, qui, remanié et publié sous le titre de *Recherches sur l'entendement humain*, souleva de nombreuses contradictions, spécialement en Écosse, pour ses libres pensées.

Ses *Essays moral, political and litterary* (1742) réussirent brillamment et c'est dans leur seconde édition de 1753, *Essays and treatises on several subjects* (traduits en français par Le Banc, Dresde, 1758) que parurent ses excellents Essais économiques.

En 1746, il fut secrétaire du général Saint-Clair dans une malheureuse expédition en France et, en 1748 et 1749, il fut attaché à une mission militaire que dirigeait le même général à Turin et à Vienne. A Édimbourg, ses opinions de libre-penseur l'avaient empêché, en 1744, en 1745, et de nouveau en 1751, d'obtenir une place de professeur à l'Université. De retour dans le pays, il fut nommé bibliothécaire à la bibliothèque des avocats (1752) et trouva, dans cette position, de grandes facilités pour les études qu'il publia dans sa grande *Histoire de la Grande-Bretagne* (1754-1761), continuée plus tard par Smollet et Hughes, grand ouvrage qui forme un total de dix-sept volumes (1848-1864). Cet ouvrage fonda sa célébrité, quoiqu'on lui reproche d'être trop tory et trop Écossais, et quoique sa clarté française le fasse appeler par Samuel Johnson un « écho de Voltaire », et fasse parler de la structure française de ses phrases.

En 1763, il suivit lord Herfort comme secrétaire d'ambassade à Paris, où il resta trois ans et noua des amitiés avec Diderot, d'Holbach, Helvétius et autres encyclopédistes et où le gros et laid Écossais devint le lion des salons. Il ramena avec lui J.-J. Rousseau en Angleterre, et en fut récompensé par la colère de l'excitable philosophe, qui se déclara déshonoré par une tentative qu'avait faite Hume pour lui procurer une pension du gouvernement. Hume accepta encore, en 1767, le poste de sous-secrétaire d'État, mais se retira, en 1769, à Édimbourg, afin de vivre exclusivement pour la science.

Sa philosophie et son Histoire sont inséparables de son économie politique ; on y retrouve sa méthode et sa tendance philosophiques, son savoir et sa *manière pragmatique* historiques. Il discerne et explique les causes des phénomènes économiques. Il se rend un compte très clair de l'utilité du commerce, de la richesse qu'il produit et de son influence sur la politique et la civilisation. Le travail crée les richesses, mais ce sont l'industrie et le commerce qui engendrent du travail, et tous les intérêts légitimes sont harmoniques. Il y a deux sortes de luxe ; mais l'inégalité est née avec la civilisation ; elle est nécessaire et utile, alors même qu'une grande inégalité deviendrait désastreuse, et, de même, le luxe sert la cause du progrès. La monnaie n'est que l'huile dans la machine économique. Ce n'est pas le nombre de pièces de monnaie qui forment la richesse et le capital.

Le taux d'intérêt dépend de l'offre et de la demande de capital, et non pas de la quantité de monnaie. La baisse du taux de l'intérêt est caractéristique d'une civilisation développée. L'affluence de l'argent stimule, pour un temps, au moment où se produit l'altération des prix, la production, mais elle n'exerce plus aucune influence, sous ce rapport, lorsque cette altération est une fois accomplie ; elle empêche alors l'importation par les prix plus élevés. Il comprend parfaitement l'égalisation qui se fait par la balance du commerce, la nécessité et l'utilité de l'afflux et de la sortie de la monnaie, à la différence de Locke, de John Law et de Montesquieu, qui partagent en partie les erreurs mercantilistes populaires. Il n'aime pas le papier-monnaie, quoiqu'il reconnaisse l'avantage qu'il peut y avoir à exporter ses métaux précieux ; et il regarde les emprunts publics comme nuisibles, parce qu'ils sont une trop grande tentation pour les hommes d'État et que les rentes créent une classe de paresseux. Comme taxes, il préfère les taxes sur la consommation et surtout sur le luxe ; il a vu trop d'arbitraire dans la taxation directe ; il est spécialement opposé à la capitation et réfute l'impôt unique des physiocrates ; les terres ne payent pas tout l'impôt dont on les charge. Contrairement à Tucker, il croit qu'un développement considérable de l'industrie et du commerce ne peut durer ;

la richesse généralisée dans le pays rend impossible la continuation de la production à bon marché ; la production s'en ira donc aux pays pauvres ; les sociétés développées tomberont comme celles de l'antiquité, de l'Espagne, des républiques italiennes du XVIIe et du XVIIIe siècle. C'est la même opinion qu'ont partagée Aristote, Machiavel et Roscher, qui regardent les sociétés comme étant aussi des organismes naturels, avec une jeunesse, un âge mûr et une vieillesse, opinion déjà réfutée chez Hume par J.-B. Say.

Pour comprendre tout le mérite et toute l'influence de Hume, il faut se rappeler qu'il a écrit avant les physiocrates. Il est l'ami intime d'Adam Smith ; il se réjouit de son livre, et, d'autre part, il fut le maître de Smith ; Dugald Stewart dit qu'aucun livre n'a été aussi utile à Smith que celui de Hume. Dans la question de la rente, il corrige Smith, en lui expliquant, ce qu'enseigna plus tard si bien Ricardo, que la rente n'est pas la cause, mais l'effet du prix du blé créé par l'offre et la demande.

Après d'anciennes traductions mauvaises des *Essais économiques* de Hume, telles que celles de Mme Bellot et de la malheureuse Mlle de la Chaux, on en a aujourd'hui de bonnes éditions dans les mélanges d'*Économie politique* (*Collection des principaux économistes*, 1847), et dans une traduction encore plus récente par Formentin : *Œuvres économiques* de *David Hume*, dans la *Petite Bibliothèque économique française et étrangère* (1888), publiée sous la direction de J. Chailley-Bert, avec une introduction de Léon Say, l'Autobiographie de Hume et une lettre de Adam Smith à Strachan. C'est là enfin une excellente édition de la contribution apportée à la science économique par le grand auteur écossais.

N.-G. F.

J

JEVONS (William Stanley) [1835-1882]. — Né à Liverpool, où son père était négociant en fer ; il étudia les sciences naturelles à l'Université de Londres ; émigra en 1858 en Australie, où il fut chimiste à la Monnaie de Sidney (1855-1858) ; retourna en Europe (1859) ; fut *fellow* à l'Université de Londres (1864) ; professeur de logique et d'économie politique à Owens College, Manchester, en 1866 ; professeur d'économie politique à l'Université de Londres en 1876 ; démissionnaire pour cause de santé, en 1881 ; il se noya en se baignant sur la côte du sud de l'Angleterre, en 1882, à l'âge de quarante-six ans.

M. Jevons excelle par ses idées correctes et exactes sur la science économique. Comme Bastiat, Macleod et beaucoup d'autres des meilleurs économistes, il regarde la théorie de la valeur comme constituant, à elle seule, la pure science. Les lois de la science sont hypothétiques, infaillibles sous les conditions supposées; leur application rentre dans d'autres sphères. Sur cette base, il raisonne avec une logique qui est irréprochable; il donne des définitions excellentes; et tout son système devient clair et presque sans défaut.

Son idée de restreindre la science pure est émise de bonne heure. Dans une lettre qu'il écrit à l'âge de vingt ans, il dit : « L'économique, à parler scientifiquement, est une science très restreinte. C'est une sorte de mathématique, qui calcule l'effet et la cause de l'industrie humaine et indique comment elle peut être mieux appliquée. Il y a une foule de branches alliées du savoir qui touchent à la condition de l'homme : le rapport de ces branches à l'économie politique est semblable à celui de la mécanique, de l'astronomie, de l'optique, de la chaleur et des autres branches de la science physique aux mathématiques pures. »

En même temps, Jevons est très fort dans les applications de la théorie, et, si ses publications ont excité un intérêt si considérable, c'est, dans une large mesure, parce qu'elles touchent souvent à des questions importantes pour le monde des affaires. Il traite notamment les questions monétaires, les crises, la question de l'épuisement des houillères anglaises, les rapports de l'État avec les ouvriers. Il est essentiellement monométalliste; sans méconnaître la possibilité de relier les deux métaux, il reconnaît la périodicité des crises de dix ou onze ans et cherche même à les retrouver dans le siècle passé; mais il conçoit cette idée singulière que la cause en peut être les taches du soleil, qui influencent les récoltes; et comme il ne trouve aucun fait suffisant pour appuyer sa théorie dans les récoltes européennes, il cherche la cause des mouvements dans l'Orient lointain. Il peut se tromper, mais il cherche toujours, de la manière la plus consciencieuse, les faits réels.

La méthode de Jevons est excellente; il reconnaît que la science commence par de certaines choses, des faits simples de l'échange, et qu'on peut, en ayant trouvé les lois, déduire de ces mêmes lois. Il commet des erreurs, par exemple, lorsqu'il n'admet pas le coût de production comme le niveau vers lequel gravite la valeur. Il y a des points où Bastiat, le plus souvent peu scientifique, comparé au professeur anglais, est bien en avant de lui; mais, d'une façon générale, les définitions et les déductions de Jevons sont complètes, et, si l'on excepte N. W. Senior, il y a peu d'auteurs anglais (quant à leur méthode scientifique) qui puissent être mis à côté de lui. Il a entièrement raison lorsqu'il s'élève contre le manque de véritable

logique chez J. Stuart Mill, même dans ses définitions économiques.

Jevons a développé la théorie de l'utilité finale ou marginale, c'est-à-dire cette théorie d'après laquelle la valeur et le prix sont déterminés, d'une part, par la dernière utilité qu'on apprécie, et d'autre part, par la dernière peine nécessaire. Cette théorie n'était pas entièrement nouvelle, elle avait été, en partie, enseignée antérieurement par von Thuenen, von Hermann et l'« Économiste inconnu », M. Gossen; mais, en tout cas, Jevons a ajouté beaucoup à ce qu'ont dit déjà d'autres, et le fait d'avoir fait entrer dans sa théorie de l'utilité le sentiment de la jouissance, l'exemption de peine, et le sacrifice considéré comme moindre jouissance, est, dans toute son application, une véritable addition à la science économique. S'il y en a d'autres qui ont élargi cette idée, Jevons a, de son côté, le mérite de ne pas avoir exagéré cet élément psychologique au détriment de tout le système, comme l'a fait la soi-disant école autrichienne.

Jevons croit avoir fait de l'économie politique une science mathématique. C'est plutôt une faiblesse. Si l'on comprend par mathématique autre chose que la logique exacte, l'économie politique n'est pas spécialement mathématique. On peut employer les signes mathématiques : M. Edgeworth pense qu'on peut le faire surtout pour indiquer les tendances; d'autres le font d'une manière différente; mais, pour nous en tenir ici à Jevons, la manière dont cet excellent économiste emploie les mathématiques démontre justement que ce n'est pas la sphère particulière de la théorie des quantités exactes; il n'y a presque aucune idée qu'on ne puisse expliquer mieux, plus clairement, d'une manière plus intelligible, que Jevons ne le fait par des signes mathématiques. D'après notre opinion, la mathématique est un défaut de ses excellents livres.

En résumé, il n'y a guère de livre que l'on puisse plus sûrement recommander à l'étudiant en économie politique que la *Théorie* de Stanley Jevons. Si nous ne goûtons pas entièrement la manière dont le loue le professeur Foxwell, c'est parce que les Anglais d'aujourd'hui nous paraissent, en général, un peu exagérés et trop solennels dans l'éloge de leurs amis et précurseurs; ce n'est nullement parce que nous désirons placer Stanley Jevons ailleurs qu'au premier rang.

N.-C. F.

Bibliographie.

Diagram showing all the weekly accounts of the Bank of England since the passing of the Bank Act 1844, 1862. — *Diagram showing the prices of the English funds, the price of wheat, the number of bankrupties, and the rate of the discount monthly since 1761 to 1862*, 1862. — *A severe fall in the value of gold ascertained, and the social effects set forward* 1863. — *Probable exhaustion of the coal mines*, 1865 (la première de ses œuvres qui fut très connue). — *The coal question*, etc., 1866. — *The match tax, a problem in finance*, 1871 (impôt sur les allumettes). — *The Theory of Political Economy*, 1871 et 1879, traduit en plusieurs langues. — *The Railways and the State*, 1874. — *Money and the Mechanism of Exchange*, 1875, qui a eu beaucoup d'éditions et a été traduit en français dans la Bibliothèque scientifique internationale. — *Primer of Political Economy*, 1878, dans *Series of Science primers* ; dans la Bibliothèque utile, 1878, sous le titre de *L'Économie politique*. — *The State in relation to Labor*, 1882. — *Methods of Social Reform and other papers*, 1883. — *Investigation in Currency and Finance with an introduction, by* H. S. FoxWELL, 1884. — *Letters and Journals of Stanley Jevons, edited by his wife*, 1886. — Comme tous les auteurs anglais de cette classe, Jevons a publié, au moins pour la première fois, beaucoup d'essais dans les revues ; mais nous ne donnons pas la liste de cette classe de travaux qu'on trouve facilement dans l'*Index des Périodiques* de M. POOLE.

JUSTI (Johann Heinrich Gottlob von, [1702-1771] eut une existence fort accidentée. Successivement soldat au service de la Prusse, professeur de caméralistique au *Theresianum* de Vienne, commissaire de police et conseiller des mines à Goettingue, où il fit des cours de sciences politiques et naturelles, inspecteur colonial à Copenhague, directeur royal des Mines en Prusse, il finit par mourir dans la forteresse de Kustrin, où il était enfermé depuis trois ans sous une inculpation de malversations.

D'une activité littéraire infatigable, il écrivit sur les sujets les plus divers ; son style est clair et coulant d'un esprit net et méthodique. « La caméralistique, a dit un économiste allemand, M. Mangoldt, était un assemblage de fragments de doctrines d'économie publique, auxquels se mêlaient des études de questions économiques, financières et techniques ». Justi a été le premier — et c'est là son principal mérite — à mettre de l'ordre et du système dans cette masse confuse : ses deux traités de l'économie publique (*Staatswirthschaft* 1755, ouvrage dédié à Marie-Thérèse) et des principes de la police intérieure des États (*Grundsätze der Policeywissenschaft* 1756) nous initient aux principes de gouvernement en honneur aux cours des princes allemands les plus éclairés : fruits d'une période de transition, ils s'inspirent naturellement d'un éclectisme économique partagé entre des tendances à la réglementation et des aspirations vers le libéralisme. On s'en remettait au despotisme éclairé de souverains tels que Frédéric le Grand, Marie-Thérèse et Joseph II pour concilier ces exigences opposées.

Justi, par exemple, est admirateur de Montesquieu et de la constitution anglaise ; il voudrait voir abolir les vestiges de l'organisation judiciaire féodale et remplacer la noblesse héréditaire par une noblesse purement personnelle ; il recommande le rachat des corvées, s'élève contre la fiscalité des cours camérales, qui lui rappelle la cupidité d'un avare faisant abattre les arbres fruitiers de son verger afin de les vendre comme bois à brûler, mais il reste partisan des restrictions commerciales, tout en reconnaissant les services que rendent aux peuples les échanges internationaux, fait de l'impôt un moyen de protection industrielle et résume sa pensée maîtresse en proclamant que « le prince est le créateur de l'État : par des mesures convenables, il a le pouvoir d'obtenir tous les résultats qu'il désire ».

Pour Justi, sur ce point encore interprète fidèle de son siècle, un pays n'est jamais peuplé à l'excès : sa population a pour effet sa mise en culture intérieure, qui à son tour communique l'âme à sa culture extérieure ; il nous rappelle ainsi la vivification intérieure et la vivification extérieure du marquis de Mirabeau dans l'*Ami des Hommes*. A la vérité, Justi ajoute qu'il faut à tout prix développer ce qu'il appelle l'état alimentaire (*Nahrungsstand*) ; néanmoins il tient pour démontré que le peuplement pousse nécessairement au développement de l'état alimentaire : « Ce sont, écrit-il, deux aimants qui s'attirent l'un l'autre ». Chaque enfant déposé aux Enfants Trouvés doit être considéré « comme une souche précieuse de population future ; il faudrait décerner une récompense aux personnes qui les apportent ». Son même engouement pour ce qu'on a appelé en Allemagne la *populosité*, lui inspire une prédilection marquée pour la petite culture.

Toutefois il serait injuste de ne voir dans Justi que l'écho banal des erreurs et des exagérations en vogue autour de lui. L'un des premiers avocats des assurances contre la grêle, il voulait même établir des assurances contre les dégâts causés par les eaux. En matière d'impôts, il pose des règles sages et éclairées : 1° l'impôt ne doit entraver ni la liberté humaine, ni la liberté du travail ; 2° il doit respecter l'équité et la justice, règle en vertu de laquelle il condamnait l'immunité des biens nobles, puisque leurs propriétaires s'étaient affranchis de l'obligation du service militaire ; 3° son assiette ne doit prêter à aucune équivoque ; 4° les rouages de la perception doivent être simples et peu nombreux. Il ne va pas jusqu'à recommander l'impôt unique des physiocrates ; il rejette de même l'impôt sur le revenu. S'il propose un impôt général sur les revenus professionnels, c'est afin d'avoir les moyens de supprimer les droits sur la consommation perçus sous le nom d'Accise. Aussi dans son *System des Finanzwesens*, critique-t-il vertement les errements financiers de la monarchie française.

En somme, les écrits de Justi sont ceux d'un publiciste réformateur à la mode de son temps et de son pays; ils ont guidé toute une phase de l'évolution économique et sociale de cette époque : à ce titre, il convenait de ne pas les passer sous silence. Ils ont également inspiré ceux du ministre d'État et professeur autrichien Sonnenfels, son successeur et son émule, qui sont demeurés classiques en Autriche pendant toute la première moitié de notre siècle.

E. CASTELOT.

Bibliographie.

ROSCHER, *Geschichte der National Œkonomie in Deutschland*, p. 444-465.

K

KLOCK (Kaspar) [1583-1655] étudia à Marbourg et fut successivement chancelier des comtes de Stolberg, des évêchés de Minden et de Hildesheim, ainsi que premier syndic et conseiller de la ville de Brunswick. Il a écrit de gros volumes sur la jurisprudence, mais nous n'avons à nous occuper ici que de son *Tractatus economico-politicus de contributionibus in Romano Germanico Imperio usitatis* (Nurenberg 1634) et de son *Tractatus juridico-politico-polemicus de Aerario* (Nurenberg 1651 et 1671); comme le reste de ses contemporains, il a des allures pédantesques et s'abandonne aux digressions encombrantes et superflues.

Au point de vue politique, le premier de ses ouvrages se distingue du second par un attachement plus marqué aux anciennes libertés locales. Klock s'y élève contre les *novi politici* et les *Machiavellistes* : le roi est fait pour les sujets, non les sujets pour le roi ; les impôts consentis ne doivent servir qu'à suppléer aux déficits laissés par les revenus des biens caméraux. Dans le second il accuse au contraire un penchant à l'absolutisme semblable à celui que les Stuarts avaient cherché à implanter en Angleterre.

Au point de vue économique, Klock fut un défenseur des idées mercantilistes, mais ce qui le caractérise comme écrivain financier, c'est le souci constant de la justice distributive en matière d'impôt. On ne doit frapper que les revenus, mais après déduction des charges; on ne doit rien demander ni aux terres stériles, ni aux capitaux temporairement improductifs (*otiosa pecunia*). Klock réclame l'établissement d'un cadastre et s'élève contre les immunités fiscales dont jouissaient les classes privilégiées, immunités qu'il réserve à la seule pauvreté. Loin de partager l'engouement de son époque pour l'accise, telle qu'elle fonctionnait en Hollande, il ne la trouve supportable que dans les pays riches, ayant une population dense, et il fait observer que dans les Provinces Unies, les citoyens ayant moins de 600 florins de revenu étaient à titre de compensation affranchis de toute contribution extraordinaire. La viande et la farine en particulier ne peuvent être taxées qu'en cas d'inéluctable nécessité. Son principe fondamental est celui-ci : « Tous les impôts doivent être levés selon les facultés (*secundum facultatem patrimonii*) ; toutes les fois que leur proportionnalité ne mesure pas les charges en raison des forces des contribuables, il y a une injustice commise. »

Hostile à l'extension de la mainmorte ecclésiastique, il est resté sur bien des points aux conceptions chères au moyen âge. C'est ainsi qu'en cas d'aliénation de domaines de l'État, il préfère qu'au lieu de les vendre à prix d'argent on les concède à titre de fiefs grevés de redevances ; il a un faible pour les amendes judiciaires comme moyen de battre monnaie. Il éprouve aussi pour les pères de familles nombreuses une admiration et un sentiment de reconnaissance en somme assez naturels dans un pays dépeuplé et dévasté par les guerres politiques et religieuses.

Bibliographie.

ROSCHER, *Geschichte der National Œkonomie in Deutschland*, p. 210-217.

L

LEIBNITZ ou **LEIBNIZ** (Godefroy-Guillaume) [1646-1716]. Né à Leipzig et ayant perdu son père de bonne heure, Leibnitz se forma en grande partie lui-même. Quelque temps attaché au service de l'électeur de Mayence, il vint, après un séjour à Paris et un voyage à Londres et en Hollande, se fixer à Hanovre, où son protecteur, le duc de Brunswick Lunebourg, le fit nommer conservateur de la bibliothèque.

Le génie de Leibnitz a pour traits dominants l'universalité, la clarté et la pondération ; aussi est-il très naturel que dans son *Histoire de l'Économie Politique en Allemagne*, M. Roscher, qui prisait très haut ces qualités, ait exprimé le regret, qu'absorbé par l'immensité de ses travaux, Leibnitz ne se soit occupé qu'incidemment de questions relevant de la science économique. Ce n'est pas qu'il les tint en médiocre estime ; mêlé comme conseiller et correspondant des princes à tous les dissentiments qui déchiraient l'Europe, sachant à merveille que la puissance des États repose sur leur prospérité, il ne craignait pas d'affirmer que la science économique constitue la partie de beaucoup la plus importante de la science du gouvernement et que les malheurs de l'Allemagne étaient dus à l'ignorance ou à l'oubli où on l'avait laissée. « La puissance d'un pays, écrivait-il dans son *Specimen Demonstrationum Politicarum pro eligendo Rege Polonorum*, consiste dans ses terres, dans ses capitaux, dans sa population (*Regionis potentia constitit in terra, rebus, hominibus*) ». Également éloignée des tendances exclusives qui devaient animer les physiocrates et de celles, à peu près tout aussi exclusives, qui animaient alors les mercantilistes, cette idée n'est jetée qu'en passant, mais dans sa concision elle fait sa part à chacun des facteurs de la richesse. Il est vrai qu'à la dernière page de sa *Jurisprudentia*, il fait cette part très large, trop large même, à la population : *Vera ergo regni potestas in hominum numero constitit.* (La vraie richesse consiste dans le nombre des hommes.) Mais, s'il en donne pour motif que *Ubi sunt homines, ibi substantiæ et vires*, assertion dont l'expérience n'a pas invariablement démontré la vérité, il a cependant soin d'ajouter le correctif : « surtout si on les applique à des arts utiles, tels que les manufactures ». *præcipue si in operibus utilibus illis utimur*

sicuti in manufacturis). Il s'agissait au surplus dans cette occurrence de déterminer si la Prusse était suffisamment puissante pour rendre ses souverains dignes de porter la couronne royale ; ayant relevé le chiffre de sa population, Leibnitz ne néglige pas d'appuyer sur le fait que nulle part en Allemagne, ni dans le Nord, les arts utiles n'étaient alors plus florissants.

Dans une autre occasion, il a fait paraître combien était fausse la conception de l'antagonisme irréductible qui, au dire de certaines gens, existe entre la production agricole et la production industrielle ou commerciale. Cette fois il s'agissait de l'Angleterre où les Tories se proclamaient les défenseurs nés du *landed* et les Whigs les défenseurs du *Monied interest*. En réponse à un pamphlet tory soutenant que les gentilshommes campagnards étaient accablés de taxes et sacrifiés à l'intérêt égoïste de la classe financière et commerçante, Leibnitz publia en 1715, en français, son *Anti-Jacobite ou Fausseté de l'Avis aux Propriétaires Anglais* ; il découpe l'*Avis* en extraits et fait suivre chaque extrait d'annotations destinées à le réfuter. Dans l'extrait III portant que les Whigs s'acharnaient à détruire les *Terriens*, seuls vrais patriotes, Leibnitz établit que l'agriculture, le commerce et l'industrie sont au contraire solidaires : « L'auteur forme une opposition entre les *Terriens* et les gens qui subsistent par leur commerce et par leur industrie... Ce préjugé d'opposition s'est assez emparé des esprits, mais il importe au bonheur de l'Angleterre qu'il soit déraciné. La culture des terres est la base de la grandeur de la nation et comme le tronc et la racine de l'arbre. Mais le commerce et les manufactures attirent l'argent du dehors et enrichissent le royaume ; ce sont comme les branches de l'arbre, qui le rendent fleurissant et fructifiant. L'un a besoin de l'autre : les gens qui possèdent des terres, vendent bien leurs denrées quand le commerce est florissant ; et de leur côté les marchands et les manufacturiers sont à leur aise quand les vivres abondent et quand on leur fournit chez eux de bonnes laines et d'autres matériaux du commerce. Et ceux qui ont acquis du bien par le négoce, tâchent d'acquérir des terres, sachant que c'est le meilleur moyen d'établir leurs familles. Les taxes doivent être proportionnées en sorte que cette harmonie ne soit point troublée ». A part une pointe de mercantilisme, on ne pouvait mieux dire : l'harmonie naturelle entre toutes les branches du travail humain est ici pleinement mise en lumière par le père de la doctrine métaphysique de l'harmonie préétablie.

Mathématicien, jurisconsulte, archéologue, philosophe apte aux plus hautes spéculations, Leibnitz ne méprisait pas les exigences de la vie pratique. S'agit-il de l'érection d'une Académie Royale à Berlin, il écrit sur ce sujet un *Discours* français dans lequel il commence par poser en principe que « le premier fondement de la félicité humaine est la bonne éducation de la jeunesse » et que « les ouvrages faits pour Mgr le Dauphin auraient été bien utiles si ceux qui ont eu soin de ces ouvrages se fussent attachés davantage aux sciences réelles au lieu de ne presque penser qu'aux humanités et à ce qu'on appelle les auteurs classiques » ; sa sollicitude s'étend ensuite « aux affaires de l'économie publique et particulière et aux moyens qui font subsister les hommes en gagnant leur vie, c'est-à-dire la culture de la terre et des mines, les ouvrages et manufactures de toutes sortes d'artisans et ouvriers, le commerce et les beaux arts ». Aucun détail n'est trop mesquin pour lui. Il va jusqu'à demander « l'introduction des seringues à boyaux (pompes à incendie), par tout le pays, même dans les petites villes » et « quant à l'eau, on pourrait souvent la divertir, en assurer les rivages et diminuer les inondations ». Dans les *Meditationes et Observationes*, il émet encore le vœu de voir fonder des écoles professionnelles afin de mettre les jeunes apprentis à l'abri des mauvais traitements de leurs patrons et d'avancer leur entrée dans la période productive de la vie.

Dans sa correspondance avec Burnet, l'ancien chapelain de Guillaume d'Orange élevé à l'évêché de Salisbury, Leibnitz suit avec intérêt le grand travail de réfection de la monnaie qui s'effectua en Angleterre après la révolution de 1688. Il raconte à son correspondant que le règlement des monnaies est une question qu'il a étudiée à fond. « J'ai fait tant de remarques là-dessus qu'il me serait aisé d'en faire un volume ». Il approuve les écrits de Locke et félicite le Parlement d'avoir mis à la charge du trésor public les frais de cette entreprise et la perte résultant de l'usure et de la rognure des pièces retirées de la circulation. Pour lui la *bonitas extrinseca* des anciens légistes, autrement dit la valeur fixée par la volonté du prince est « une chimère... l'argent étant lui-même une marchandise». A la vérité, son imagination curieuse s'était sentie attirée vers l'alchimie et il estimait qu'en pareille matière — comme en fait de miracles — il fallait se garder de croire trop aisément comme de tout rejeter à la légère. Le succès lui semblait peu probable ; toutefois il appréhendait des effets désastreux si après tout l'*ars aurifica et argentifica* arrivait à porter des fruits ; les métaux précieux perdraient leurs qualités monétaires et au paysan rentrant du marché, il faudrait, non plus une bourse, mais un chariot pour emporter le prix de ses denrées (*Oedipus Chymicus* dans les *Opera Philologica*).

Pour l'usure, il tient que « s'il est permis de partager le gain avec ceux à qui on prête pour les faire gagner, il n'est point juste d'accabler les personnes misérables, qui empruntent pour vivre». (*Lettre III à M. Veyssière La Croze*.)

Il appelle le crédit un *Organum universale politicum* dans sa *Denkschrift über die politische Weltlage* (*Mémoire sur la situation politique*) adressée à l'empereur, tout en rappelant que l'expérience faite en France et en Angleterre établissait que pour avoir du crédit, un État est tenu d'inspirer et de mériter la confiance.

On sait que dans son *Concilium Aegyptiacum*, il a invité la France à s'emparer de l'Égypte. Déjà dans ses *Pensées sur la sécurité de l'Allemagne* (*Bedenken über Securitas Publica interna et externa*) jetées sur le papier au mois de juillet et d'août 1670, c'est-à-dire à une époque où l'ambition désordonnée de Louis XIV n'avait pas encore donné l'éveil à sa méfiance, il avait tracé un plan de politique générale qui, s'il avait été suivi, aurait épargné à l'Europe des torrents de sang et de larmes. L'Allemagne devait à son avis travailler à consolider, à cimenter l'union entre ses membres et s'abstenir d'entrer dans la Triple-Alliance afin de ne pas exciter la jalousie de Louis XIV et de ses partisans dans l'Empire. « L'Angleterre et le Danemark trouveraient de quoi s'occuper dans l'Amérique Septentrionale, l'Espagne dans l'Amérique du Sud, la Hollande dans les Indes Orientales. Quant à la France, la Providence divine lui a évidemment réservé le commandement des armées chrétiennes dans le Levant; il lui appartient de donner à la chrétienté des Godefroy de Bouillon, des Baudoin et surtout des saint Louis. Il lui incombe, sans parler de ses colonies dans les Indes Orientales et Occidentales, d'attaquer les rivages opposés de l'Afrique, d'y détruire les nids des pirates et de prendre l'Égypte. » Et comme réflexion finale, il ajoute : « Et que de côtes étendues, inexplorées se présentent toutes sans exception comme prix de celui qui les occupera le premier. C'est là qu'on pourrait d'une conscience tranquille récolter une gloire immortelle, l'applaudissement de l'univers, une victoire certaine et d'inexprimables richesses. » Leibnitz est donc encore un des premiers promoteurs d'une politique de pacification en Europe et d'expansion colonisatrice dans les régions lointaines et barbares.

E. Castelot.

Bibliographie-

Roscher, *Geischichte der Nat. Oek. in Deutschland,* p. 329-340.

LESLIE (Thomas Édouard Cliffe), l'un des économistes anglais contemporains les plus remarquables, naquit en 1827 dans le comté de Wexford en Irlande. A l'Université de Dublin, il eut pour condisciple J.-E. Cairnes, autre futur économiste éminent, passa ses examens de la façon la plus brillante et se fit inscrire au barreau anglais. Sa nomination comme professeur de jurisprudence et d'économie politique à Queen's College, Belfast, détermina le cours de sa carrière.

Sous l'influence de sir Henry Summer Maine, dont il avait suivi les cours, Leslie s'attacha à considérer les problèmes législatifs et économiques au point de vue historique et persévéra jusqu'au bout dans cette attitude. Il se fit d'abord connaître par plusieurs essais publiés dans des revues sur les questions économiques et sociales de l'époque. En sa qualité d'Irlandais, il se sentait invinciblement attiré vers l'étude des divers régimes de la propriété du sol et la poussa à fond, non seulement pour le Royaume-Uni, mais encore pour la France, la Belgique et l'Allemagne. Ses investigations aboutirent à une série d'essais qu'en 1870 il rassembla en un volume sous le titre de *Land systems and industrial economy of Ireland, England and Continental Countries.* C'est un ouvrage de premier ordre, qui se distingue par une critique pénétrante du système anglais de la propriété foncière ; il oppose victorieusement la valeur économique du régime continental de petite propriété et de petite culture, aux préjugés contraires dominant en Angleterre.

Les effets des découvertes des mines d'or et la méthode propre à la science économique attirèrent également son attention et lui inspirèrent, en raison de ses habitudes, une série d'articles réunis en 1879 avec quelques autres sous le titre d'*Essais de philosophie politique et morale ;* la seconde édition de 1888 a été remaniée. La perte de la partie achevée de son manuscrit l'empêcha de faire paraître son grand ouvrage sur l'histoire économique de l'Angleterre dont il avait depuis longtemps conçu le plan, et qu'il avait commencé à écrire.

Écrivain, professeur et examinateur pour les sciences économiques dans les grandes écoles britanniques, il se signala encore par ses excellents comptes rendus d'ouvrages économiques : constamment impartial, même envers ses adversaires, il ne manquait jamais d'exciter ses lecteurs à réfléchir et à penser par eux-mêmes.

Il est mort le 27 janvier 1882 à Belfast, pendant le cours de son enseignement annuel. Ses œuvres peuvent se ranger en deux catégories : celles qui traitent de questions de méthode économique, et celles qui sont consacrées à élucider des problèmes économiques spéciaux. Les premières sont remarquables par leur puissance critique, car il a mis incontestablement le doigt sur plusieurs côtés faibles des doctrines anciennes ou orthodoxes et a rendu à la science de véritables services en insistant sur la nécessité d'appliquer aux déductions abstraites, comme une pierre de touche, l'observation et les vérifications historiques. Cependant il semble être allé trop loin quand il a condamné les raisonnements déductifs et qu'il a proscrit l'emploi d'expressions abstraites pour lesquelles il avait de l'aversion, comme celle de désir de la richesse (*the desire for wealth*). En Angleterre, son influence s'est plutôt fait sentir dans le sens de la revision des méthodes anciennes que dans celui de l'acceptation de méthodes nouvelles.

Nous avons parlé de ses essais d'économie rurale, mais il nous faut aussi mentionner sa critique de la théorie du fonds des salaires. Leslie a très clairement démontré que cette théorie, qui n'a été adoptée d'une manière absolue qu'en Angleterre, ne tient pas compte de quelques-uns des côtés essentiels du problème à résoudre et n'a en somme d'autre mérite que de fournir l'expression statistique d'un rapport des plus complexes.

Ses études sur les effets produits par l'augmentation de la production des mines et des dépôts aurifères sont fort instructives, car, prenant en considération les conditions d'alors, il s'est écarté des conclusions de Cairnes et s'est rapproché beaucoup plus que ce dernier de la vérité. Il a reconnu que par le fait du perfectionnement des systèmes de transport et de crédit étant donné le point de départ inférieur des prix, ceux-ci seraient plus affectés sur le continent qu'en Angleterre. De même, son essai sur les impôts indirects (écrit pour le Cobden Club), malgré sa tendance à ne voir qu'un côté de la question, met fortement en évidence les inconvénients de tout impôt sur la consommation et les obstacles qui en résultent pour le progrès du travail humain.

Leslie passe pour un dissident de l'orthodoxie économique. Bien que manifestant une vive admiration pour l'école historique allemande, il n'en a pas moins dans sa pratique vigoureusement défendu les saines doctrines économiques. Libre échangiste convaincu, il ne croyait pas non plus aux avantages du double étalon monétaire, et il est resté fidèle aux théories fondamentales de la rente et de la population. Seulement, comme son tempérament et son éducation le poussaient à observer soigneusement le milieu social et politique, il ne perdait jamais de vue les causes secondaires qui font parfois dévier les grands courants permanents des forces sociales. En insistant sur l'influence de ces facteurs trop souvent négligés, il semblait parfois réduire à un minimum exagéré la valeur des principes généraux, mais il n'avait garde de les méconnaître. Les accusations dont il a été l'objet sous ce rapport s'expliquent par son rôle de critique et plus encore par la nature fragmentaire de son œuvre.

C. J. Bastable.

Bibliographie.

J. C. Ingram, *History of political Economy*, p. 228-231. — L. L. Price *Political Economy in England*, p. 125-133.

LITTRÉ (Émile). — Suivant la méthode positive dont il fut l'un des plus clairvoyants adeptes, Littré a parcouru le cercle de toutes les connaissances humaines. Sciences exactes, sciences physiques et chimiques, physiologie, philologie, histoire, sociologie, rien n'échappa dans l'ordre des études positives à ce puissant esprit. Mais sa grande supériorité vient de ce qu'il sut se garer des travers dangereux que donne l'éducation encyclopédique. Ni la sublimité de l'œuvre, ni les tentations offertes par les nombreux et riches matériaux amassés, ni la symétrie de l'ensemble, dernière rêverie des philosophes, ne le conduisirent vers les systèmes.

Sa caractéristique est la prudence scientifique. Il a été une sorte d'essayeur d'idées, de contrôleur génial dont la pierre de touche critique a, pendant de longues années, servi à séparer la vérité de l'erreur, le principe du sophisme.

Malgré sa vaste érudition, il gardait ses préférences pour certaines études qui lui étaient chères. La médecine l'attira plus spécialement et aussi la philologie. Nous devons regretter que la sociologie et surtout l'économie politique n'aient pas été de sa part l'objet de critiques plus nombreuses et plus profondes.

La cause en fut peut-être à Auguste Comte. Littré nous a raconté la déception qu'il éprouva lorsque le maître lut, à la société positiviste de Paris, les premiers chapitres de sa *Politique positive*. C'était après 1848. Les esprits avaient été violemment excités par les déclamations révolutionnaires, par les inventions des utopistes. La politique incohérente des gens au pouvoir n'avait pas peu contribué à poser les problèmes de l'organisation des sociétés et de leur direction. Comte allait-il rien sortir de cette anarchie intellectuelle et sociale, de ce chaos d'idées et de faits, quelques lumineuses propositions? La politique n'était-elle qu'une littérature où le sentiment, la pitié, l'égoïsme brutal et la violence se mêlaient pour enflammer les passions et pousser à la guerre civile? L'étude de la société pouvait-elle être une science?

Comte ne répondit pas avec sa *Politique positive* à ces aspirations des esprits inquiets. Pendant tout le temps que dura la lecture, Littré demeura froid. Aucune lumière ne pointait pour lui à travers ces pages où il ne retrouvait plus la rigueur scientifique de la *Philosophie positive*. Quelque souffrance que l'on éprouve à entrer en contradiction avec un maître qui a fait luire à vos yeux la clarté des vérités premières, Littré revint à l'examen de la *Politique*. Écouter une lecture même en auditeur attentif ne vaut pas l'analyse du cabinet de travail, l'étude dans laquelle rien n'échappe à la raison. Cette épreuve ne fit que confirmer les appréhensions qu'avait éprouvées Littré. Il reconnut alors les causes de l'obscurité du maître sur la politique : une erreur de méthode. Cette erreur, Littré l'indiqua plus tard dans son livre *Auguste Comte et la Philosophie positive*, publié en 1863. Il n'a pas de peine à démontrer que les doctrines de la *Politique positive* ne sont pas la déduction effective de la *Philosophie positive*. A cette occasion, Littré reproche à Auguste Comte d'avoir, dans son étude sur la politique, employé la méthode subjective, de s'être servi d'un principe *à priori* et non d'un principe donné par l'observation ou l'expérience. Et cependant Auguste Comte suit, dès le début, dans sa *Politique*, la méthode déductive. Mais il est bientôt entraîné, comme le dit son éminent critique, hors de la voie positive, et ce livre sur lequel on comptait tant pour l'avancement d'une science dont les enseignements étaient si impatiemment attendus, ne se trouve plein que d'idées contradictoires, avec une « tête objective et une queue subjective ou métaphysique ».

C'est à cet égard que Littré peut être classé comme sociologiste. Il a, en effet, apporté dans l'examen des doctrines sociales de

Comte, une impartialité et un esprit scientifique indéniables. Amené, par la discussion des idées du maître, à exposer les siennes en ce qui regarde la méthode à suivre dans la sociologie, il détermine avec une grande circonspection le rôle de la déduction. Comme en toute science, la déduction est un instrument indispensable ; en matière sociale, cependant, la possibilité logique d'enchaîner les conséquences a des bornes étroites, de même qu'en chimie ; en tout cas la déduction doit être utilisée de toute autre façon que ne l'a fait Auguste Comte.

La *Politique positive* est donc une conception d'ordre sentimental bien plus que d'ordre scientifique. Son auteur le sentait si bien lui-même, qu'en face de la complexité des actions humaines, où il n'apercevait plus l'inflexible domination de la raison, devant ces phénomènes spéciaux qui pour lui demeuraient inexplicables, il tend à soumettre l'esprit au cœur. Littré encore relève cette défaillance, d'un homme parti pour un difficile voyage scientifique à travers la société, sans armes, sans provisions.

Malgré ces réserves importantes, Littré a très bien montré la part prise par Comte dans la fondation de la sociologie. Quoiqu'il ait eu des précurseurs qui, comme Turgot, Condorcet et même Kant, lui avaient largement ouvert le chemin, Comte n'en reste pas moins le créateur des théories historiques, parce que le premier il systématisa l'idée d'évolution et sut formuler (V. SOCIOLOGIE) la loi des trois états.

Outre ces critiques sur la méthode et les essais politiques du fondateur de la doctrine positive, Littré a publié dans la *Revue des Deux Mondes*, le *Journal des Débats* et la *Revue de philosophie positive*, des études sur des questions de sociologie et d'économie politique. Il a réuni ces travaux dans un volume intitulé *Fragments de philosophie positive et de sociologie contemporaine*.

Ce sont, le plus souvent, des comptes rendus de livres. On y sent l'insuffisance du savoir de Littré en matière économique. Il n'aborde pas la lecture attentive des économistes, et ne conduit pas ses critiques avec un fonds de connaissances qui puisse lui permettre de synthétiser ses observations et d'aller droit à l'idée principale de l'auteur. Il est entraîné par l'exposé de l'écrivain. Il se complaît en des remarques incidentes, en des vérifications de détail que la méthode positive lui suggère. Mais à aucun moment la prudence scientifique ne lui fait défaut. Toutes les fois que les données d'un problème lui paraissent compliquées, il en revient à la théorie de l'évolution, à la nécessité de s'incliner devant la lenteur parfois exaspérante du développement social. Pour contenir les ardeurs de ceux qui voudraient hâter ce développement, il rappelle que l'évolution dans le sens du progrès ne peut être telle que si elle est intégrale. Souvent l'exemple du moyen âge revient sous sa plume. Il tient visiblement à réagir contre les idées fausses qu'on a, au XVIIe et au XVIIIe siècle, professées à cet égard.

Aussi comprend-il très bien l'inanité des systèmes socialistes, de ces organisations construites de toutes pièces. C'est ce qui fait qu'en réalité, bien qu'il se déclare socialiste, il ne le soit pas, comme nous le verrons plus loin par la définition qu'il donne de ce mot. Il est vrai que Littré l'avait adopté alors qu'il y avait du courage à le faire, après les journées de juin et à la veille d'un coup d'État, en écrivant dans le *National* (décembre 1849) que le socialisme était un courant irrésistible ; mais il ajoutait, pour expliquer dans quel sens général il entendait le mot *socialisme*, « que ce mot était heureusement trouvé pour caractériser un ensemble de sentiments, sans engager aucune doctrine ». Il revint plus tard sur ce sujet dans un article intitulé « Socialisme » et publié dans la *Revue de Philosophie positive* de 1870. C'est le plus important travail qu'il ait écrit sur la question se rattachant étroitement à l'économie politique.

Il rappelle au début de cet article que l'expression « socialisme » est toujours bonne, à son sentiment, et qu'elle ne doit point être prise, comme il l'avait indiqué vingt ans auparavant, dans son sens étroit. On s'y était d'ailleurs trompé. Littré raconte que Proudhon lui reprocha de ne s'être pas fait chef d'école ; le philosophe répondit en invitant Proudhon à entrer dans le giron de la philosophie positive. Littré refusa d'être chef d'école et Proudhon d'être positiviste. Ni l'un ni l'autre — pas plus que la sociologie — n'auraient gagné à la transformation.

Il y a dans cette étude des contradictions plutôt apparentes que réelles. Fidèle à ses convictions scientifiques et à la méthode positive, Littré déclare que l'ère du socialisme s'ouvre non quand les ouvriers font l'émeute, mais lorsqu'ils discutent ; il n'y a donc vraiment « socialisme » que lorsque les classes laborieuses mettent « elles-mêmes » la main à l'œuvre. Il importe cependant de savoir que cette idée émise avant lui par Karl Marx n'est pas interprétée par le philosophe positiviste comme par le révolutionnaire allemand. Littré vota, en effet, la suppression de l'*Internationale* parce qu'elle s'était occupée de politique en coopérant à la commune de Paris.

Il estime du reste que la liberté politique ne suffit pas, qu'elle n'est pas le but unique du progrès, mais qu'elle est le premier instrument du progrès social. Le grand fait social des temps modernes est l'accession des classes laborieuses dans la direction des affaires publiques. C'est pourquoi Littré ne veut pas comparer les luttes sociales d'aujourd'hui aux luttes sociales de l'antiquité, aux guerres entre les riches et les pauvres. Et il a raison. La conception philosophique du monde était d'ailleurs différente. Les patriciens étaient une aristocratie militaire, très nécessaire en ces temps où l'état de guerre était presque permanent, et la plèbe avait des esclaves. Ce sont là évidemment des différences capitales. Mais Littré ne va pas jusqu'au bout de son analyse ; il n'aperçoit pas, dans le monde industriel moderne, la fonction de l'entrepreneur, son utilité, et l'indispensable action qu'elle a sur le mouvement économique.

Toujours fidèle à sa méthode de prudence, il ne s'avance pas en prophète à travers la science nouvelle ; il est l'ennemi des systèmes tout faits. Aussi déclare-t-il que les « rudiments » qu'il expose n'ont pas d'adversaires plus décidés « que ceux-là mêmes pour qui le socialisme a pris la forme d'un type systématique et idéalement conçu ». Il y a là, en effet, antipathie naturelle qui vient de ce que les deux méthodes s'excluent. La situation faite au socialisme par l'évolution historique, quoique certaine et sûre, n'est pas comparable aux grandioses promesses des réformateurs, aux rêveries d'où sont sortis le communisme, l'égalité de répartition et le droit au travail. Que sont cependant ces vaines conceptions auprès « du moindre grain de mil de l'expérience » ?

Ces moindres grains de mil, ce sont pour Littré la coopération, la participation aux bénéfices et les sociétés de secours mutuels. On voit se dessiner le tempérament de Littré, tempérament d'homme versé dans les études médicales. Il préconise ces différents remèdes sociaux comme des moyens de hâter l'évolution vers un état meilleur, les classant par ordre d'adaptation la plus facile. La coopération est une forme d'éducation économique qui réussit moins que les sociétés de secours mutuels, parce qu'elle est une forme plus complexe d'association. Herbert Spencer a, depuis, donné les mêmes raisons pour expliquer l'extension difficile de la participation aux bénéfices. Mais Littré, tout en critiquant avec un sens très juste l'action de ces remèdes empiriques, néglige complètement ce qu'on pourrait appeler l'hygiène sociale, ce développement lent de l'expé-

rience des individus dans la lutte commerciale et industrielle. L'influence prépondérante du commerce, du crédit, lui échappe parce qu'il a les yeux fixés sur ces expériences de laboratoire, si l'on peut s'exprimer ainsi, qui s'appellent la coopération et la participation aux bénéfices. Il est par ses déclarations réitérées partisan de la liberté du travail ; cette expression néanmoins ne vient pas sous sa plume. Peut-être a-t-il cru que c'était là un système, alors que la liberté du travail est une abstention raisonnée, dictée par la prudence, par une défiance scientifique des systèmes, des remèdes mirifiques du socialisme.

Cependant Littré — qui soutient en cela les idées de l'auteur anglais Thornton — ne semble pas avoir une conception nette de la détermination des prix par la loi de l'offre et de la demande. On croirait que lui, le contempteur implacable de toute méthode exclusivement déductive, il admet un prix idéal, un *vrai* prix, que la loi de l'offre et de la demande ne fixerait pas toujours. Il n'entrevoit pas les perpétuelles oscillations des prix, causées par ces deux forces rarement égales, éminemment variables, qui sont les éléments de la puissance productive et des besoins économiques de la société. La loi de l'offre et de la demande ne s'exercerait, à son avis, que si *toutes* choses offertes se trouvaient connues absolument de tous ceux qui les demandent, et réciproquement. Autant vaudrait dire que la loi de la pesanteur ne s'exerce que lorsqu'un corps tombe dans le vide. L'idée de relativité nous conduit pourtant à considérer les effets de la pesanteur dans des conditions qui sont loin d'être idéales, à en tirer des déductions et des lois mécaniques. On peut tendre à diminuer le frottement ; à le supprimer, jamais.

Cette relativité est malgré cela dans l'esprit du philosophe. Il y est ramené par la méthode positive, lorsqu'après avoir signalé les deux conditions prépondérantes du développement social, la condition historique et la condition biologique, il analyse rapidement cette dernière. La condition biologique est l'inégalité naturelle entre les individus. Quoi qu'on fasse, on n'échappera pas à la supériorité de la force, de la santé, du talent, du génie ; il faut accepter cette inégalité, « régulariser » les conditions biologiques. Quant à la condition historique, elle est dans la valeur de plus en plus grande que prend l'individu des classes laborieuses, par l'égalité des droits, par le progrès de son éducation, par le prix accordé au travail : c'est la tendance courante de l'histoire.

De ces critiques Littré tire la définition

suivante du socialisme : « Le socialisme est une tendance à modifier l'état présent sous l'impulsion d'une idée d'amélioration économique et par la discussion et l'intervention des classes laborieuses. » Cette définition est vague et peu compromettante; elle est assurément inférieure aux critiques qui la précèdent et qui, par leur profondeur, ne font point prévoir une telle conclusion. A la vérité, l'on sent bien que le critique positiviste ne tient pas compte, dans cette définition, de la condition historique d'où il tire son idée de tendance. Il oublie la condition biologique la plus importante parce qu'elle est la cause efficiente de l'évolution sociale. C'est à « régulariser » cette condition en étudiant les lois du développement social que s'attache l'économie politique; or Littré ne s'est pas adonné, comme nous l'avons dit et ainsi que le démontre la nature de ses critiques, à une étude approfondie de cette science.

Il n'en reste pas moins un sociologiste, dans le sens scientifique du mot, et par la méthode et aussi par les analyses lumineuses quoique courtes qu'il nous a données sur les deux conditions (historique et biologique) du développement social.

ANDRÉ LIESSE.

M

MANGOLDT (Hans von), né à Dresde en 1824, obtint en 1847 le grade de docteur en sciences politiques à Tubingue. Il entra dans le journalisme et fut ensuite attaché au ministère de l'Intérieur du royaume de Saxe, mais son caractère indépendant lui fit offrir sa démission lorsqu'en 1850, M. de Beust inaugura l'ère de la réaction politique. Après un nouveau passage par le journalisme, Mangoldt se tourna vers la carrière professorale et s'étant fait connaître en 1855 par sa thèse sur le *Profit des Entrepreneurs*, il fut nommé *Privat-docent* et en 1858, professeur extraordinaire des sciences économiques à Gœttingue. En 1862 il devint professeur titulaire à Fribourg et mourut en 1868 à Wiesbaden, où il était allé chercher le rétablissement de sa santé ébranlée.

En dehors de la thèse citée plus haut, qui a fondé sa réputation, Mangoldt est l'auteur d'un *Résumé fondamental d'économie politique (Grundriss der Volkswirthschaftslehre)*, 1863, dont une seconde édition posthume a été publiée avec des remaniements en 1873; d'un *Traité d'économie politique* (1868) (*Volkswirthschaftslehre*), écrit pour une *Bibliothèque des sciences commerciales* et demeuré inachevé, et de plusieurs articles insérés dans le *Dictionnaire des sciences politiques* de Bluntschli et Brater.

Mangoldt faisait profession de ne méconnaître les mérites d'aucune des différentes écoles économiques; en ce sens, il est éclectique. Toutefois, au lieu, comme la plupart de ses compatriotes, de ne jamais abandonner l'étude d'un sujet sans l'avoir fouillé et retourné dans tous les sens, il a une manière d'écrire nette et incisive et une méthode par-dessus tout logique et déductive qui lui assignent une place à part parmi les économistes allemands, ses contemporains. Dans son *Cours résumé* abondent les définitions marquées au coin d'un esprit lucide, pénétrant et ingénieux. En Allemagne, il est considéré comme ayant renouvelé la théorie scientifique du *Profit des Entrepreneurs*.

Pour lui, comme pour J.-B. Say, les entreprises se distinguent essentiellement des autres affaires commerciales par les risques de la production que le producteur y prend à sa charge. Leur développement exerce une influence extrêmement favorable sur la production : 1° en lui faisant fournir des produits considérablement perfectionnés ; 2° en réduisant notablement les frais de la production ; 3° en la mettant à même de satisfaire sur l'heure à toutes les demandes de la consommation qu'elles prévoient et estiment à l'avance, et 4° en rendant possible la fabrication en masse d'objets qui, produits isolément, reviendraient trop cher.

Quant au profit ou bénéfice de l'entrepreneur (*Unternehmers gewinn*), il constitue pour Mangoldt une rente dépendant du résultat de la production ; cette rente n'a rien de commun avec les salaires, l'intérêt des capitaux engagés et la prime d'amortissement, qui sont des revenus stipulés d'avance ; le bénéfice est un revenu non stipulé et sous condition des résultats de l'entreprise. Il représente le prix que le public paie les services rendus par l'entrepreneur, prix qui oscille autour d'un taux moyen déterminé par le rapport entre l'offre et la demande des services à rendre par les entrepreneurs. A l'objection que les taux des profits et de l'intérêt tendent souvent à monter ou à baisser simultanément, Mangoldt répond que ce sont là de simples cas d'analogie, mais nullement d'identité : un même trait du caractère humain, le désir de se procurer un avantage futur au prix d'un sacrifice présent, suffit d'après lui à expliquer cette concomitance. Quoi qu'il en soit, Mangoldt tire de son principe général le corollaire pratique que la participation des ouvriers aux bénéfices industriels repose sur une idée fausse et qu'elle ne pourra jamais exister qu'à l'état d'exception.

MARLO (de son vrai nom Charles-Georges WINKELBLECH) naquit près de Mayence en 1810, s'adonna aux sciences naturelles et fut nommé en 1843 professeur de chimie à l'école professionnelle supérieure de Cassel, où il mourut en 1865. C'est au cours d'un voyage technique en Norvège que son attention se porta pour la première fois sur les problèmes qui se rattachent à l'état des classes ouvrières, et qu'il forma le projet de les aborder dans toute leur ampleur. Il se mit à l'ouvrage et publia de 1850 à 1859, sous le pseudonyme de KARL MARLO les trois premiers volumes de ses *Recherches sur l'organisation du travail ou système d'économie universelle (Untersuchungen über die Organisation der Arbeit oder System der Weltœkonomie)*. Une seconde édition en quatre volumes a paru à Tubingue en 1884-1886 ; mais, dans l'une comme dans l'autre édition, l'œuvre, conçue sur un plan trop vaste, est demeurée inachevée. Elle passa à peu près inaperçue à l'époque de sa publication. C'est M. Schaeffle qui, dans son *Kapitalismus und Socialismus*, l'a mise en lumière.

Les critiques allemands reconnaissent que Marlo s'est visiblement inspiré de Fourier et de Louis Blanc ; ils lui décernent l'éloge d'être en Allemagne le premier penseur à tendances socialistes qui ait élaboré une œuvre d'ensemble d'un caractère scientifique. La première partie est historique ; il y est traité d'abord de l'organisation du travail chez les grandes nations européennes ainsi qu'aux États-Unis d'Amérique, et ensuite du degré de leur préparation psychologique à la transformation de cette organisation dans un sens socialiste. Marlo n'y dissimule pas son aversion pour la ploutocratie qu'il accuse d'offrir une résistance opiniâtre à toute tentative de réforme sociale.

Dans la seconde partie plus particulièrement doctrinale, Marlo se montre socialiste, mais socialiste modéré et accommodant, sachant, comme le dit M. Block dans son *Progrès des sciences économiques*, tenir compte de la nature des choses, et admettant, par exemple, que la concurrence l'emporte sur la réglementation en stimulant la productivité générale au lieu de l'engourdir. Cependant la liberté de la concurrence a fatalement pour lui le vice d'engendrer des monopoles immoraux, tandis que le progrès consiste à l'acheminement des sociétés humaines vers un état d'association générale pour la vente des produits, ce qui n'exclurait pas d'ailleurs le suprême épanouissement de l'individualité au sein d'une société qui aurait atteint le maximum du bonheur moral. Le droit de tous à l'exploitation de la terre et des biens naturels doit préparer la réalisation de cet idéal et se manifester par la fédération ou l'association universelle de tous les agents, physiques ou intellectuels, de la production. Toutefois Marlo ne va pas jusqu'au bout des déductions logiques de ses prémisses, car l'économie sociétaire qu'il préconise n'exclut pas toute entreprise privée ; il lui abandonne les métiers proprement dits, l'agriculture et l'élève du bétail, ainsi que le petit commerce et l'industrie des transports dans un sens très restreint. Il réserve aux entreprises publiques : l'exploitation forestière et minière, la chasse et la pêche, les canaux et les chemins de fer, les postes, le commerce de toutes les matières premières et de tous les produits susceptibles d'être exposés en vente dans des halles publiques, la création d'un *Schaffamt* ou office de renseignements statistiques sur tout ce qui intéresse la production, les institutions de crédit, les banques, l'assistance publique et l'enseignement populaire. Sauf le commerce en grand, il est déjà arrivé à plus d'un État de mettre la main sur la plus grande partie du reste : cette attribution à l'État du commerce en grand constitue donc la seule partie absolument nouvelle du programme de Marlo. Marlo ne prétend pas non plus supprimer le droit de propriété privée, et il se contente de chercher à arrêter la croissance désordonnée des fortunes fondées sur des monopoles de fait ou de droit.

Sur la question de la population, il se sépare nettement de la plupart des écrivains socialistes. Tandis que Marx par exemple traite Malthus d'écolier plagiaire et superficiel, qu'il soutient la non-existence d'une loi abstraite de la population, sauf pour les animaux et les végétaux, Marlo considère la question de la population comme la plus grave de toutes les questions économiques. « Quiconque, écrit-il, ose promettre au peuple la fin de ses souffrances et ne restreint pas son droit à se reproduire à l'excès, fait miroiter des espérances qui ne se réaliseront jamais et doit être avec raison redouté comme un démagogue dangereux. » Loin donc de méconnaître Malthus, Marlo lui reproche au contraire, de n'être pas allé assez loin : les publicistes libéraux, qui ont imité la réserve de Malthus, se sont, déclare-t-il, constitués « les chevaliers du vol, du meurtre et de la prostitution ». Selon lui, le mal provient, non seulement de la nature de l'homme, mais encore et surtout des institutions ; la loi ne devrait accorder l'autorisation de se marier qu'aux couples possesseurs d'un capital déclaré inaliénable pendant la durée du mariage et constituant un héritage assuré aux enfants. Son ardeur l'emporte à l'extrémité de condamner l'institution des caisses d'épargne. Grâce aux économies que les ouvriers y ont déposées pendant les jours prospères, ils n'arrivent en temps de crise qu'à prolonger leur existence misérable et peuvent se livrer inconsidérément à l'instinct de la procréation. Marlo en réclame la suppression et le remplacement par des caisses obligatoires d'assurance contre le veuvage, la perte des parents, les accidents et la vieillesse.

Bien que réservant à la société la propriété des établissements de crédit, Marlo ne voit pas d'inconvénient aux prêts individuels consentis par les sociétaires disposant de sommes de monnaie dépassant leurs besoins.

En somme, Marlo, convaincu que le travail n'est pas l'unique source de la richesse, admet que pour être productif, il faut y ajouter le concours du capital. Par contre il est non moins convaincu que le capital s'attribue la part du lion et il cherche les moyens de le mettre à la portion congrue ; de là des tiraillements entre ses aspirations philanthropiques et sa perception de la réalité, tiraillements qui tantôt le poussent sur la pente des réformes utopiques, et tantôt le rappellent en arrière.

MOESER (Justus), né en 1720 à Osnabruck, dans l'Électorat de Hanovre. Après avoir terminé ses études à Iéna et à Goettingue, il s'établit comme avocat dans sa ville natale, fut successivement nommé secrétaire et syndic de l'Ordre des Chevaliers, référendaire auprès du gouvernement électoral et enfin conseiller à la justice. Il mourut en 1794.

Malgré les éloges chaleureux que lui décernèrent Gœthe, qui dans son autobiographie (*Wahrheit und Dichtung*, XIII° livre) l'appelle « un homme incomparable » et le « Franklin allemand », et Roscher, qui dans son *Histoire de l'économie politique en Allemagne*, ne lui consacre pas moins de vingt-sept pages

(pp. 500-527) et l'intitule « *Le plus grand économiste allemand du* XVIII° *siècle*, » Moeser est à peu près inconnu en dehors de l'Allemagne. Cependant, outre son mérite considérable comme historien (dans son *Histoire d'Osnabruck d'après les sources*), il s'est un des premiers attaché à tracer un tableau fidèle des mœurs et des institutions économiques et se distingue des caméralistes et des publicistes allemands, ses contemporains, par l'indépendance de la pensée : il pensait par lui-même et ne se laissait pas emporter par le courant du jour. Tandis que tous, ou faisaient chorus pour célébrer la politique absolutiste de Berlin et de Vienne, ou s'engouaient des théories mises à la mode par Rousseau, Moeser ne cachait pas sa conviction « qu'à vouloir tout voir, tout lire et tout décider en personne, un prince agit comme s'il mettait dix mille de ses sujets à la poursuite d'un malheureux renard isolé » et « qu'un bon recueil de jurisprudence, fondé sur l'expérience, rend plus de services qu'un système, où les raisonnements et les hypothèses tiennent toujours la plus grande place ».

Moeser n'ayant pas laissé d'ouvrage économique doctrinal, il nous faut aller chercher ses opinions dans les *Patriotische Phantasien*, collection souvent réimprimée jusqu'à une époque récente, de deux à trois cents articles et essais publiés pour la plupart dans un journal, l'*Intelligenz Blatt* d'Osnabruck ; plus d'un siècle après leur apparition, ils ont conservé toute leur fraîcheur primitive. Moeser manie en maître une ironie douce et voilée, où il se plaît à plaider le pour et le contre et à indiquer plutôt qu'à étaler ses sentiments intimes.

Si par son ton populaire il rappelle Franklin, moins la sécheresse, le fond de ses idées politiques est celui de Burke ; comme Burke, il se méfie de l'analyse et envisage l'homme tout entier, tel que l'ont façonné le passé et le milieu dans lequel il a vécu ; l'égalité absolue n'est possible qu'à l'état de nature et l'état de nature est une fiction, dont le défaut capital est de ne pas exister. Comme Burke, il préfère donc la liberté à l'égalité et la variété à l'uniformité et n'aime pas à voir porter une main téméraire sur l'organisation sociale édifiée par les siècles. Il tient pour le régime des droits et des obligations réciproques que comportait le *vilainage*, tel qu'il subsistait encore en Allemagne, et en expose ingénieusement la raison d'être dans un apologue où il dépeint la population d'une région menacée par les envahissements de l'océan, s'entendant pour leur résister et grevant ses biens-fonds de redevances envers ceux des habitants spécialement chargés de veiller à la construction et à l'entretien des digues nécessaires au salut commun (*Kurze Geschichte der Bauerhoefe* dans les *Patriotische Phantasien*). De même, il défend le principe de la hiérarchisation traditionnelle des fonctions sociales, chaque fonction ayant son caractère d'honorabilité propre, mais différente et graduée (*Schreiben eines Schneiders*).

Cependant M. Ingram va trop loin quand, dans son *History of Political Economy*, il voit en Moeser non seulement un conservateur, mais encore un réactionnaire (p. 84, éd. 1893). Sans doute, passant sa vie parmi les petites gens d'une petite ville du Hanovre, Moeser estime très haut les vertus morales inspirées par cette existence empreinte d'une solidarité tranquille et paisible; néanmoins il recherche, et sa clairvoyance les discerne parfaitement, les moyens d'améliorer leur sort. Aux riverains du haut Weser il conseille de constituer une compagnie pour la conduite, l'entreposage et la vente à Brême de leurs grains, transport qui ne pouvait s'effectuer qu'à des conditions dispendieuses pour les cultivateurs isolés (*Vorschlag zu einer Kornhandlung auf der Weser*). Aux ports allemands, il recommande de s'entendre, d'imiter les exemples de leurs pères et d'imprimer ainsi un nouvel élan à l'exportation des produits allemands. Quoique très opposé aux tendances centralisatrices gouvernementales, il estime que le commerce et l'industrie s'animeraient d'une vie nouvelle, si la *Cour Impériale* avait mission d'unifier les droits d'entrée et de sortie et de les régler au regard des nations étrangères sur le pied de la réciprocité (*Zum bessern Unterhalt des Reichskammersgericht*). Ses tendances protectionnistes ne l'empêchent pas de se prononcer à plusieurs reprises et très nettement en faveur de la liberté absolue du commerce des grains : « Le moyen le plus sûr de prévenir une disette, c'est de laisser les prix monter à leur gré, et d'abandonner entièrement ce commerce à lui-même, sans que l'administration se préoccupe le moins du monde d'interdire l'exportation ou la distillation des grains » (*Vorschlag wie der Theurung auszuweichen*). Moeser, qui en 1763 avait fait un séjour prolongé en Angleterre, ne se lasse pas d'appeler l'attention de ses compatriotes sur les services que rendrait une Banque de Dépôts et d'Émission (*Vorschlag zu einer Zettelbank*) et sur le crédit en général, qui fait de la valeur morale d'un homme un capital fructueux et productif : il insiste avec raison sur le fondement par-dessus tout personnel du crédit. Enfin il a donné une dernière preuve de son esprit indépendant en réagissant contre le *populationisme* à outrance des sphères officielles et universitaires et en déclarant tout crûment que cette doctrine avait pour unique mobile « le désir d'élever un troupeau de bétail humain qu'on pourrait ensuite pousser à l'abattoir » (*Klagen eines Edelmanns im Stifte Osnabrück*).

N

NIHILISME.

1. Définition.

Notre intention est d'examiner ici la marche générale de l'esprit socialiste et révolutionnaire en Russie, et d'indiquer le moment précis de son évolution, auquel peut s'appliquer avec le plus d'exactitude le terme de *Nihilisme*.

Le mot *nihilisme* est un ancien terme philosophique désignant le système de la négation universelle, dont on se sert habituellement, aujourd'hui, pour caractériser le mouvement socialiste et révolutionnaire russe pris dans son ensemble. *Iwan Tourgueniew* a, le premier, dans son célèbre roman « *Pères et enfants* », donné le nom de nihilistes aux révolutionnaires de son pays. Ceux-ci, cependant, n'acceptent pas cette dénomination qui ne peut vraiment s'appliquer qu'à une seule phase : celle qui correspond à l'influence exercée par l'apparition, en Russie, des ouvrages des socialistes français et allemands et à l'impulsion donnée par Herzen et Tchernichewsky. Le nihilisme proprement dit ne fut qu'un mouvement littéraire et philosophique dans lequel l'esprit de négation, l'aspiration à un meilleur ordre social eurent leur large part.

Prenant le mot dans son sens habituel, nous allons retracer l'histoire entière de ce qu'on a appelé le *nihilisme russe* et, dans une section spéciale, nous étudierons le nihilisme proprement dit.

2. Le servage en Russie et les tentatives révolutionnaires. — Apparition du nihilisme.

La politique extérieure des tzars moscovites les poussait, inévitablement, à entrer en relation avec l'Europe occidentale et à lui emprunter certaines formes de sa civilisation. Dans ce but, Pierre le Grand supprima tout ce qui servait de contre-poids à son pouvoir absolu. Il fut secondé dans l'accomplissement de son œuvre réformatrice par la portion la plus progressiste de la société, qui aspirait à une transformation des institutions. Nous assistons alors à ce phénomène curieux d'une entente entre le gouvernement et le parti avancé, persuadé que toute opposition ne pouvait que retarder les effets bienfaisants du courant civilisateur.

Cette étrange alliance se consolida encore après l'avènement de Catherine II. La correspondante de Diderot et de Voltaire, l'amie et la protectrice des encyclopédistes, voulut donner la mesure de son libéralisme : prenant pour base les principes de Montesquieu et de Beccaria (V. ces noms), elle esquissa une constitution politique et fit venir des représentants de toutes les parties de son empire pour écouter leurs doléances et leurs projets de réforme.

Dès cette époque, pourtant, l'opposition gagne du terrain, et nous voyons apparaître et croître rapidement les premiers germes du mécontentement qui devait donner naissance au nihilisme.

La civilisation européenne, transplantée en Russie, n'avait fait que développer les aspirations à la liberté et à un meilleur ordre social de toute une partie de la société. La situation légale des paysans fit l'objet des revendications du parti progressiste. Les habitants des campagnes étaient alors généralement soumis au dur régime du servage ; attachés à la terre du seigneur, ils étaient tenus de la cultiver à son profit.

Cet asservissement de la classe rurale, loin d'être adouci par les empereurs pétersbourgeois, fut au contraire généralisé par eux, et rendu plus pesant encore au profit de leurs favoris.

Catherine II, malgré ses idées libérales, l'introduisit dans l'Ukraine. Les habitudes de luxe importées dans l'empire des tzars par la civilisation européenne ne firent que rendre le servage plus rigoureux encore, car ce fut la classe rurale qui dut, en définitive, en supporter tous les frais.

Au moment même où éclatait dans l'Amérique du Nord le mouvement insurrectionnel d'où devait sortir la république des États-Unis, les paysans russes se soulevaient à l'appel d'un cosaque, *Pougatchew*, qui, se faisant passer pour Pierre III, parvint à se créer un parti considérable dans plusieurs provinces. La véritable cause de cette insurrection doit être recherchée dans le mécontentement toujours manifesté de façon grandissante par les paysans, depuis la loi de Boris Godounow (24 nov. 1601) leur enlevant le droit de changer de résidence. Ce mouvement ne put être dompté qu'au prix des plus grands efforts, et ce ne fut pas sans quelque cruauté que Catherine II arriva à le réprimer.

L'insurrection de *Pougatchew* avait attiré l'attention du parti progressiste sur la question du servage. Les écrivains du parti ne se firent pas faute de démontrer tous les désavantages d'une pareille condition, et celui qui s'était fait le champion de cette noble cause, *Radichtchew*, fut puni de l'exil en Sibérie. Toutes les velléités libérales de Catherine II s'étaient alors dorées et déjà évanouies.

Quelques années plus tard éclatait la Révolution française. Craignant la contagion des idées révolutionnaires, le gouvernement prit une série de mesures franchement réactionnaires. Le fils de Catherine II, Paul Ier, accusa encore cette tendance. L'alliance entre l'absolutisme et les groupes progressistes, que nous avons signalée au début, fut à tout jamais rompue. Les principaux membres de ces groupes passèrent dans les rangs d'une opposition qui allait, dorénavant, s'accentuer de plus en plus. Suivons-en les diverses phases.

L'opposition fut d'abord libérale ; elle acceptait le programme des libéraux européens du début du XIXe siècle. Durant cette première période, à l'exemple de ce qui se passait en Italie où le *carbonarisme* était à son apogée, nous voyons se former plusieurs sociétés secrètes, et nous assistons à l'essai d'un pronunciamento dans les régiments du midi de la Russie et de Saint-Pétersbourg, le 14 décembre 1825. L'insurrection fut organisée par de jeunes officiers dont les idées françaises avaient pénétré l'esprit à la suite de l'invasion de 1812. Le véritable mobile auquel avaient obéi les *décembristes* (ainsi les nomme-t-on) était de protester contre la situation faite aux paysans et de créer, en leur faveur, une agitation dans le pays.

Cette tentative fut écrasée et le tzar Nicolas Ier s'efforça d'étouffer le parti des libéraux

C'est pourtant sous son règne que les idées révolutionnaires s'accentuèrent le plus et que s'unirent les différents groupes progressistes.

C'est en effet à cette époque que parurent les plus vives critiques de l'organisation sociale et que se fit jour un mouvement d'idées dirigé à la fois contre le gouvernement et la société. De brillants écrivains, *Tchédrine* et *Nekrassow*, entre autres, apportèrent à l'opposition le secours de leur talent.

Ici, commence la seconde période. Ce qui la caractérise c'est qu'elle place la question agraire au premier plan et que ceux qui tiennent la tête du mouvement, s'inspirent des philosophes et socialistes français et allemands dont les œuvres pénètrent en Russie.

La question de l'émancipation des serfs prime toutes les autres revendications politiques, bien que ceux qui la réclament la rattachent à l'introduction, en Russie, du régime constitutionnel.

Durant cette période, les événements de 1848, les œuvres des théoriciens socialistes étrangers donnent à l'esprit d'opposition une force nouvelle.

L'on aime à chercher dans ces œuvres la justification de doctrines égalitaires.

De tous ces auteurs, le plus en honneur fut certainement *Hegel* (V. ce nom). L'influence qu'il exerça sur le nihilisme russe ne fut pas moins grande que celle qu'il eut sur le socialisme allemand. Il était de mode de le commenter dans les salons de Moscou ; de petits cénacles se formaient dans lesquels le passe-temps favori était d'étudier les œuvres du philosophe. Le salon d'un riche seigneur, *Stankevitch*, fut longtemps le lieu de réunion des plus enthousiastes parmi les hégéliens : Herzen, Bakounine, Pissemsky, Tourguenew, Bilinsky, etc. Nulle part Hegel ne fut plus en faveur qu'en Russie. Ainsi que l'a fait observer un historien du nihilisme, « la doctrine hégélienne de l'évolution historique fit naître la théorie si importante dans la suite, du panslavisme, de l'avenir grandiose réservé au peuple russe affranchi, d'une suprématie européenne de la race slave [1] ».

Après ce qu'on pourrait appeler la crise de l'hégélianisme, la jeunesse russe alla chercher ses inspirations dans les œuvres de Darwin, Buchner, Hœkel et Moleschott. Ces diverses influences donnèrent naissance au nihilisme proprement dit. Parmi les membres de l'opposition, les uns ne veulent plus

se contenter de lutter contre l'absolutisme, mais désirent obtenir une série de réformes démocratiques et élargir leur champ d'action, tandis que les autres refusent de les suivre dans cette voie. A la tête des premiers se trouvent les véritables initiateurs du mouvement nihiliste proprement dit : *Herzen* et *Tchernichewsky*.

3. Le nihilisme proprement dit. — Alexandre Herzen et Nicolas Tchernichewsky.

Cependant l'opposition n'avait fait que grandir et devenait de plus en plus menaçante ; les désastres de la guerre de Crimée avaient provoqué le mécontentement général.

Le successeur de Nicolas Ier, Alexandre II, céda au mouvement populaire et entreprit une série de réformes. Obéissant au courant réformateur que la presse libérale, et notamment Tchernichewsky, avait réussi à créer, Alexandre II prit l'initiative d'une importante réforme en prononçant l'affranchissement des serfs (1861). L'ukase de 1861 n'était pourtant qu'un leurre, car des mesures vexatoires, des formalités compliquées limitèrent les bienfaits qu'une telle réforme [1] pouvait apporter. Aussi les progrès du nihilisme ne furent-ils pas enrayés ; sous l'influence de Herzen et de Tchernichewsky il allait prendre un rapide essor.

Nous devons interrompre un instant le récit des événements pour indiquer quel fut le rôle joué par ces deux hommes.

Alexandre Herzen fut un des écrivains les plus éminents de son époque ; critique de talent, brillant romancier, c'est surtout comme publiciste qu'il exerça une grande influence sur la jeunesse de son temps [2]. Dans ses œuvres, il avait saisi très nettement le caractère économique de la lutte des classes, et il appartenait à cette génération de penseurs pour lesquels le radicalisme démocratique ne présentait pas une différence trop marquée avec les tendances de Marx et d'Engels. Tout en se déclarant « socialiste impénitent », il s'appuyait sur l'opposition politique et libérale. « *L'Étoile polaire* », « *la Cloche* » qu'Herzen fit paraître avec *Ogarew*, et plus tard avec *Bakounine* (V. ce nom), soutenaient des théories libérales. C'est sous l'influence de Bakounine que « *la Cloche* » devint une feuille révolutionnaire et anarchiste.

Nicolas Tchernichewsky est celui de tous les publicistes russes qui eut le plus de part dans le mouvement d'opinion qui aboutit à l'émancipation des serfs. Son œuvre la plus

1. C. Oldenberg, *Der russische nihilismus*. Leipzig, 1888. — On peut consulter sur l'influence d'Hegel en Russie : Funck-Brentano, *Sophistes allemands et nihilistes russes*. — C. Courrière, *Histoire de la littérature contemporaine en Russie*.

1. Consulter sur ce point : *Journal des Économistes*, avril 1881.
2. *Revue des Deux-Mondes*, 1er juillet 1854, articles de M. Delaveu sur *Herzen*.

curieuse est le *Commentaire critique* dont il accompagna une traduction des *Principes de l'économie politique* de J. *Stuart Mill*[1]. Cette critique socialiste des doctrines du célèbre économiste anglais a fait considérer Tchernichewsky comme le Karl Marx russe. Dans de nombreux articles insérés au « *Contemporain* », Tchernichewsky attaquait les doctrines libérales professées en Europe. Le cachot, l'exil en Sibérie furent le prix de ses travaux. Au fond de sa prison, il écrivit son célèbre roman nihiliste « *Que faire?* » œuvre de propagande, dont le succès et l'influence furent immenses et qui devint l'Évangile de tous les révolutionnaires.

Sous l'influence de ces deux écrivains l'opposition prit un caractère nouveau ; elle devint plus doctrinaire, plus scientifique en même temps que plus vive. Le *nihilisme proprement dit* allait recruter en Russie un grand nomdre d'adeptes.

Ce qu'on appelle ordinairement le nihilisme russe ne constitue pas une théorie déterminée, un corps de doctrines précises. C'est plutôt un *état d'esprit* qui, sous l'influence des idées socialistes et des hommes dont nous avons cité les noms, s'empara de la société russe. Cet état d'esprit consistait dans la négation systématique de la plupart des principes jusque-là regardés comme le fondement même de la société [2]. Le nihilisme fut donc un mouvement intellectuel et social. Chacun lui assigne le but qui lui plait ; les uns poursuivent un but purement intellectuel, les autres désirent une rénovation philosophique, d'autres réclament des réformes économiques, plus ou moins hardies, en faveur du peuple. C'est le faisceau de toutes ces théories distinctes, économiques, scientifiques, philosophiques, littéraires, qui forme, à proprement parler, le *mouvement nihiliste*. Tous, à cette époque, ne peuvent donner qu'une forme à leurs idées : la critique. Aussi, ce genre littéraire prit-il alors un développement exceptionnel avec *Bielinsky, Dobrolioubow* et *Pissarew*.

Les nihilistes ne poursuivent pas, comme le nom qu'on leur donne semblerait l'indiquer et comme on le croit trop souvent, un but purement négatif. Ils ne veulent pas, comme Bakounine et ses disciples, détruire pour le seul plaisir de détruire ; ce ne sont donc pas des anarchistes. C'est une œuvre de rénovation qu'ils poursuivent et non pas une œuvre de *pandestruction* ; ils veulent créer un monde nouveau, touchés qu'ils sont par la vue des misères humaines. Loin de s'en tenir à un changement purement matériel de la situation des individus, ils vont plus avant, et dans leur désir ardent d'assurer le bonheur du plus grand nombre, ils veulent réaliser une réforme dans l'ordre moral. Ces désirs, cet amour profond du prochain expliquent fort bien cette tendance manifeste au perfectionnement moral que l'on peut observer facilement en étudiant la vie des principaux d'entre eux ; chez la plupart on peut retrouver des aspirations altruistes très developpées, en même temps qu'une véritable souffrance de se sentir trop faibles pour y apporter un soulagement efficace [1] ; ce sont de véritables *émotionistes*.

Les mesures auxquelles les nihilistes voulaient avoir recours pour la réalisation de leurs idées étaient le plus souvent pacifiques. Ceux qui, parmi eux, se refusant à compter sur le gouvernement, voulaient faire une révolution politique, soulever le peuple contre le tzarisme, ne formaient qu'un petit groupe. La plupart d'entre eux aspiraient à un régime libéral et réclamaient une constitution. Ils voulaient arriver à une réforme économique, proposaient de créer de nombreuses sociétés de production et de consommation et de développer l'antique institution de l'*artel*[2], association de travailleurs dont tous les membres sont égaux en droit et solidairement responsables.

Répandue dans toute la Russie, usitée dans toutes sortes d'industrie, elle était la preuve manifeste des bienfaits de la coopération, du travail en commun, et les premiers nihilistes ne manquaient pas, dans leur propagande, de montrer aux paysans les heureux résultats qu'engendrent les efforts combinés et d'en tirer argument en faveur du communisme.

Cette tendance des nihilistes à indiquer au

---

1. L'ouvrage de Tchernichewsky a été traduit en français sous le titre : « *L'Économie politique jugée par la science* » (Bruxelles, 1874). Sur Tchernichewsky, on peut consulter : *Revue socialiste*, 1885, p. 611 et p. 833, articles de M. P. Bonnier ; septembre 1887 et décembre 1889, articles de M. B. Malon.

2. Joseph de Maistre voyait déjà, en 1810, que sous l'influence de l'éducation qui leur était donnée, les jeunes Russes deviendraient des *rienistes*.

1. Un exemple montrera combien certains propagandistes (v. au § suivant) ont souffert de se sentir trop faibles pour la tâche qu'ils s'étaient assignée. Sophie Bardine, après s'être évadée de Sibérie, alla se fixer à Genève, et devant l'impossibilité où elle se trouvait de ne pouvoir plus aider à l'œuvre rêvée, elle préféra se donner la mort.

2. L'*artel* existe en Russie depuis plusieurs siècles. Les données précises ne remontent pas plus haut qu'au xive siècle, mais il y a de fortes raisons de croire que cette institution populaire et nationale est encore plus ancienne. La responsabilité solidaire des membres d'une *artel* est consacrée partout par la coutume, et quelques-unes de ses formes le sont même législativement. Outre les *artels* industriels, on trouve des *artels* de consommation, de crédit et d'assurance.

peuple russe les avantages qu'il peut retirer de certaines de ses institutions nationales est manifeste et peut être considérée, par l'historien, comme une des causes les plus sérieuses du développement que prit le socialisme en Russie. Nous venons de le voir en ce qui concerne l'artel, nous pourrons encore le constater pour le *mir*, en nous occupant de la propagande agraire.

Mais ces moyens pacifiques ne furent pas admis de tous; bientôt une fraction importante se détache du parti; plus hardie, elle veut aller de l'avant et rejette tous les remèdes proposés jadis, comme insuffisants et anodins. Les dissensions dans le parti progressiste (*intelligentzia*) deviennent de plus en plus tranchées et haineuses; le gouvernement allait avoir à combattre deux camps : les libéraux et les révolutionnaires.

Vers 1863, à la suite de l'insurrection de Pologne, se forma autour de *Katkow* un parti réactionnaire, soutenant de toutes ses forces l'absolutisme impérial et s'insurgeant contre tous les projets de réforme de nature à donner quelque satisfaction aux opposants. En même temps le gouvernement inaugurait un régime de persécution contre les publicistes du parti révolutionnaire : *Tchernichewsky*, *Michel Michaïlow* furent envoyés en Sibérie. C'est alors que surgit au sein du groupe révolutionnaire l'idée d'un attentat contre le tzar. *Karakozow* tenta, vainement, de tuer l'empereur (1866).

Sous la dictature de *Mouraview* les prisons de la capitale furent trop étroites pour contenir les « suspects » condamnés, et l'on dut les interner dans les provinces éloignées de l'empire. Les revues libérales les plus importantes, le « Contemporain » notamment, disparurent. Le gouvernement s'apercevant qu'il avait devant lui un parti qui non seulement poursuivait des idées humanitaires, mais qui voulait avant tout parvenir à la réalisation des théories socialistes, sévit avec une rigueur inouïe contre les adeptes des doctrines nouvelles.

Cependant le *nihilisme proprement dit* avait accompli son rôle. Le parti progressiste évolue vers le socialisme; les œuvres de *Lassalle* et de *Marx* (V. ces noms) traduites en russe, commentées dans un grand nombre de brochures, répandues avec profusion, allaient pénétrer l'esprit même de la nation. Une association portant le nom de son fondateur le « Tchaïkowsky » se forma en 1870 pour inonder le pays d'ouvrages utiles à la propagande.

Au nihilisme proprement dit, au nihilisme doctrinaire allait succéder le nihilisme propagandiste.

4. Le « Mouvement dans le peuple ». — Divisions dans le parti révolutionnaire : les libéraux et les socialistes.

Vers 1873 commence l'effort le plus considérable du socialisme russe : la propagande « dans le peuple ». Les jeunes gens des deux sexes montrèrent alors un tel esprit d'abnégation, une telle passion miséricordieuse pour le peuple que la plupart ne connaissaient que de nom, un tel dédain des joies de ce monde et une si grande indifférence pour les persécutions dont ils étaient l'objet, que ce mouvement peut être regardé, quoi que l'on puisse penser du but visé, comme empreint d'une grandeur surhumaine. « La folie du renoncement » semblait s'être emparée de toute cette génération qui « allait dans le peuple » vivre de sa vie, travailler comme lui, et prêcher, avec une ardeur infatigable, les principes socialistes. Il serait difficile de déterminer le nombre exact de ces nouveaux apôtres; on l'évalue pourtant à deux ou trois mille. Signe particulier, une grande partie de ces propagandistes appartenait aux classes les plus élevées de la société, et parmi eux les femmes étaient en grand nombre. Étudiants et étudiantes comptaient aussi pour beaucoup dans les forces du parti, surtout depuis le jour où un ukase impérial avait enjoint aux étudiants et étudiantes fixés à Zurich et y subissant l'influence de Bakounine, de rentrer en Russie (1873).

Les résultats de l'évangélisation du peuple furent remarquables. En 1875 le ministère de la justice devait avouer que des groupes socialistes et révolutionnaires étaient organisés dans 37 gouvernements sous forme d'ateliers, d'écoles, de sociétés de secours médicaux, etc. Les persécutions n'arrêtèrent pas cet essor; le nombre des prisonniers, allait pourtant et sans cesse grandissant et des procès retentissants étaient intentés à tous les suspects.

Le premier procès, celui « des cinquante » (1877), fut l'occasion de discours enflammés que prononcèrent des ouvriers et des jeunes filles devant leurs juges. En 1877, nouveau procès comprenant plus de 800 accusés qui eurent à subir un emprisonnement préventif de plus de quatre ans; 193 d'entre eux, seulement, comparurent devant le tribunal. Les discours prononcés à cette occasion furent d'une violence extrême et eurent dans le pays, où l'opinion publique montrait quelque sympathie pour les accusés, un retentissement considérable. Le verdict fut, d'ailleurs, des plus indulgents. Bientôt après se produisit un incident important; une jeune fille, *Vera Zassoulitch*, exaspérée par les mauvais traitements que le préfet de police *Trepow* faisait subir aux prisonniers, tenta de le tuer, à la suite d'une punition infligée à un condamné politique qu'elle ne connaissait même pas (avril 1878). Toutes les sympathies allèrent à elle, la société russe s'intéressa tout entière au procès criminel qui lui fut intenté et son acquittement par le jury fut accueilli avec un enthousiasme qu'on ne cherchait même pas à dissimuler [1].

A la même époque paraissait à l'étranger, notamment en Suisse, une presse révolutionnaire russe dont l'influence ne devait pas tarder à se faire sentir. Les partisans de *Bakounine* (V. ce nom) poussaient à l'insurrection et prêchaient l'anarchisme sans grand succès; *Pierre Lawrow* [2], rédacteur de la revue « En avant! » (*Vpered*), voulait au contraire préparer une révolution et, laissant de côté les doctrines anarchistes, se déclarait nettement socialiste collectiviste. Entre ces deux tendances une troisième parvint bientôt à s'immiscer; son organe fut « Le Tocsin » (*Nabat*), publié par *Pierre Tkatchew*. Pour les partisans de ce troisième parti il s'agissait, avant tout, de faire une révolution purement politique; la révolution économique, dans les conditions actuelles, ne leur paraissait que secondaire. De Genève et de Zurich partaient en même temps une quantité innombrable de brochures et de feuilles révolutionnaires.

En 1877, les écrits socialistes publiés à l'étranger perdirent leur importance par suite de l'apparition, en Russie même, d'une presse révolutionnaire clandestine. La mort de Bakounine (1876) amena la disparition des publications russes de ses adhérents, et la revue de *Lawrow* disparut en 1877. Le *Tocsin* continua seul sa publication dont l'influence resta minime. Les journaux révolutionnaires paraissant en Russie même, tels que « Le Commencement » (*Natchalo*, 1878), la « Terre et la Liberté » (*Zemljai Volja*, 1876-1879) transformèrent rapidement le mouvement révolutionnaire.

Le programme des socialistes de 1873-1878 avait eu pour point de départ l'organisation des forces populaires en vue d'une révolution sociale et politique. Les socialistes russes voulurent convertir le peuple à leurs idées, désirant que la révolution se fît par lui. Ils ne pouvaient s'adresser, comme le faisaient les socialistes des autres pays, à la classe ouvrière, qui, chez les Russes, peuple

essentiellement agriculteur, n'est que d'une importance relative. Leurs efforts pour grouper les forces ouvrières et créer un véritable parti-ouvrier, restèrent vains. La question se posa alors, pour ces réformateurs, de savoir s'il ne convenait pas de modifier les théories socialistes en raison de la situation économique particulière de l'Empire russe. Ils l'admirent d'autant plus facilement que les institutions nationales devaient aider à l'infiltration de leurs idées communistes chez les habitants des campagnes. N'était-il pas facile de montrer aux paysans les bienfaits des travaux faits en commun, des sociétés coopératives de consommation, de production, des sociétés d'assurance, de crédit, en mettant sous leurs yeux les résultats de leurs *artels*? L'antique institution du *Mir* [1] n'était-elle pas une preuve évidente des avantages que présentait la propriété collective dont les derniers vestiges existent encore en Russie. Les terres cultivées sont, dans une grande partie de la Russie, la propriété du village, du mir, qui la partage périodiquement entre les chefs de famille. Nous ne pouvons rechercher ici quelle est l'origine de la commune agraire; les controverses les plus vives ont pu se donner libre cours à ce sujet; qu'il nous suffise de dire que cette association collective ayant pour but de partager les terres est une association volontaire analogue aux *communautés agricoles* de l'ancienne France (V. Tenure de Terres, Classes Rurales et Colonisation Ancienne).

Au moment de la propagande « dans le peuple », tous les adeptes du Nihilisme considéraient la commune agraire comme un élément conservé d'un passé où régnait le communisme et ils croyaient que la propriété communale devait être la base de l'organisation nouvelle du régime foncier. Plus tard, lorsque la scission dont nous nous occuperons plus loin se fut produite, certains représentants du parti de la « Volonté du peuple », Plechanow et Axelrod notamment, repoussèrent énergiquement l'idée de la conservation de la propriété communale. Selon eux, le Socialisme ne pouvait triompher qu'après le règne du capitalisme, ce qui suppose la réduction de tous les ouvriers à l'état de prolétaires. La commune russe empêchant la généralisation du prolétariat devait, disaient-ils, se désorganiser et disparaître. Les théories de Plechanow n'eurent

---

1. V. *Revue des Deux-Mondes*, 1er mai 1878, «Vera Zassoulitch », par M. Valbert.
2. Sur Lawrow et le rôle qu'il a joué on peut consulter B. Malon, *Socialisme intégral*, t. I. — B. Gendre, *Études nihilosophiques et morales*.

1. Sur le mir on peut consulter : Anatole Leroy-Beaulieu, *L'empire des Tzars et les Russes*. — Paul Leroy-Beaulieu, *Le collectivisme*. — E. de Laveleye, *La propriété et ses formes primitives*. — Kowalewsky, *Tableau de l'évolution de la propriété et de la famille*. — Dr Letourneau, *L'Évolution de la propriété*.

jamais un grand nombre de partisans. La majorité des socialistes russes voyait dans la commune agraire le reste d'un communisme passé et l'embryon d'un communisme qui devait se généraliser dans l'avenir.

La propagande avait duré des années ; des milliers de *propagandistes* avaient été arrêtés et la question restait toujours au même point. C'est alors qu'un nouveau programme d'action fut arrêté. Un grand nombre de ceux qui avaient été « dans le peuple » voulurent, tout en restant fidèles aux doctrines socialistes, modifier le caractère de la lutte par eux entreprise en raison de l'absence de parti ouvrier et engager temporairement une lutte sans merci contre l'absolutisme impérial.

5. Le terrorisme.

Après l'attentat de Vera Zassoulitch, et l'émotion produite par le procès des 193, le gouvernement se vit obligé de recourir à des mesures plus rigoureuses encore, d'introduire d'importantes modifications dans l'administration des provinces, de restreindre de plus en plus la publicité des procès politiques, enfin, de recourir aux exécutions capitales. Les procès politiques furent retirés à la juridiction du jury et soumis à celle d'une commission spéciale.

Au terrorisme gouvernemental, les socialistes opposèrent, avec une violence inouïe, le terrorisme révolutionnaire. En 1878, les exécutions et les attentats se succèdent ; du 14/2 août 1878 au 13/1 mars 1881, on compte vingt-deux exécutions capitales, tandis que quatre victimes tombèrent sous les coups terroristes.

Les forces socialistes et révolutionnaires ne se trouvaient pas organisées ; il n'y avait aucun lien rattachant les uns aux autres, les nombreux groupes qui s'étaient formés. Le parti de la « Terre et Liberté », composé des révolutionnaires les plus avancés, résolut d'organiser les forces révolutionnaires et d'en opérer la centralisation. Ces questions d'organisation furent débattues au *congrès de Woronej* (1879). Quelques jours auparavant les membres les plus influents du parti s'étaient réunis à Lipetzk, et avaient créé une association nouvelle : « *La volonté du peuple* ». Le programme apporté à Woronej fut loin de réunir l'unanimité des voix et les dissidents lui opposèrent un programme fédéraliste qui devint celui de l'association du « *Partage noir* ». La fraction du « *Partage noir* » réprouva, avec vigueur, la politique terroriste, prétendant que la Russie ne devait pas suivre une autre voie, dans la propagande socialiste, que les autres peuples d'Europe,

et désireux de vulgariser les théories socialistes, le nouveau parti traduisit en langue russe les travaux des principaux socialistes étrangers.

La *Volonté du peuple*, au contraire, abandonna la politique fédéraliste, l'organisation par groupes qu'avaient suivie les disciples de Bakounine et du socialiste Lawrow. Sous l'influence de *Geliaibow, Kibaltchicth, Tikhomirow, Sophie Pérowsky, Marie Achanine* et surtout de *Michaïlow* fut organisé un *Comité exécutif*. Les chefs du parti veulent employer tous les moyens dans leur lutte contre le tzarisme. Pour eux, comme pour Bakounine, la révolution sanctifie tout, mais là s'arrête leur ressemblance avec le célèbre anarchiste, car ils ne considèrent le terrorisme que comme une triste nécessité et veulent que l'application des théories dont l'étude des socialistes allemands leur a révélé l'existence, soit faite après la ruine de la société actuelle. Dans une proclamation du 26 août 1879 le comité exécutif condamnait à mort l'empereur Alexandre II. Bientôt commence une série d'attentats dirigés contre le tzar ; tantôt on essaie de faire sauter le train impérial, tantôt on veut détruire par l'explosion le Palais d'Hiver (attentat de Kholtourine). Les 13/1 mars 1881, Alexandre II tombait sous les coups de ses implacables ennemis : Sophie Perowsky avait été l'organisatrice la plus zélée de ce complot : elle fut pendue ainsi que Geliaibow, Kibaltchicth, tandis que Michaïlow fut enfermé dans la forteresse de Schlusselburg.

La catastrophe du 13/1 mars ne trouva les libéraux nullement préparés pour exercer une pression sur le nouveau gouvernement déconcerté au premier moment et, alors, capable d'obéir à leur impulsion. Les terroristes ne pouvaient soulever le pays qui réprouvait cette guerre sauvage et sans merci ; ils étaient en trop petit nombre pour exercer une action quelconque sur le gouvernement. Les réactionnaires profitèrent du désarroi des premiers jours pour faire rejeter le plan de réformes qui, paraît-il, était préparé pour la signature d'Alexandre III. Vainement les socialistes firent appel au tzar ; les réformes projetées furent laissées de côté, celles dont la réalisation se faisait jour eurent le même sort. Tels furent les résultats de la politique terroriste.

Les terroristes se virent alors dans l'impossibilité, traqués qu'ils étaient par la police, de conserver en Russie la presse clandestine dont l'influence avait été si grande. Dès lors, de nombreux journaux socialistes et révolutionnaires parurent à l'étranger dont le plus influent fut le « Mes-

14

sager de la Volonté », qui comptait parmi ses collaborateurs D. Lawrow et Tichomirow [1].

Malgré d'insurmontables difficultés, quelques-uns parmi les terroristes ne renoncèrent pas à agir : *Vera Figner, Anna Corba, Lopatine*. De nouveaux attentats contre les policiers furent commis et le nombre des personnes compromises après les arrestations de *Lopatine* et de l'agitateur *Iwanow* fut très élevé. Le gouvernement, ayant décidé que les audiences des tribunaux, statuant sur les affaires politiques, resteraient secrètes et que l'exil et l'emprisonnement pourraient être ordonnés par mesure administrative, fît procéder à des arrestations en masse.

Depuis 1886, le mouvement terroriste semble être frappé de paralysie. De loin en loin on assiste bien à une tentative de résurrection de l'ancienne lutte, mais elle est promptement étouffée. Plus d'un a abandonné la lutte ; la plupart des révolutionnaires et socialistes qui ont pu échapper à la prison sont allés vivre à l'étranger, et il en est même qui sont passés dans le camp de l'absolutisme impérial, tel *Tichomirow* qui, reniant son passé révolutionnaire, s'est fait depuis le défenseur de la politique contre laquelle il avait jadis lutté.

La désorganisation du parti de la «*Narodnaja Volja* » donna lieu pendant les dernières années à la réapparition en Russie des velléités anarchistes, qui n'avaient eu quelque succès que du temps de Bakounine et de Netchaïew. Le véritable anarchisme n'eut jamais en Russie un grand nombre d'adhérents ; l'ascendant personnel de Bakounine, son influence et celle de quelques-uns de ses disciples réussirent quelque temps à créer un parti anarchiste dont les forces ne furent jamais bien grandes [2].

Les représentants du *Partage noir* formèrent le groupe des socialistes-démocrates, faisant paraître une revue non périodique, en russe, qui porte le nom de leur association et dans laquelle ils demandent — sans tenir compte de l'absence d'un parti ouvrier — qu'on suive le même programme d'action que

dans les pays de l'Europe occidentale. *Plechanow, Axelrod, Vera Zassoulitch* sont à la tête de ce parti. Le socialisme international, le collectivisme, comptent un grand nombre de partisans dans la société russe, mais la doctrine de Marx n'a pas subi, dans ce milieu, de modifications importantes.

Par cette longue étude historique nous avons pu assister à l'évolution du nihilisme russe. L'étude comparative du socialisme allemand, du socialisme français, du nihilisme russe, ne peut être qu'instructive pour le sociologue et l'observateur. Dans chaque pays, l'on voit l'idée socialiste s'implanter et se transformer, selon ses conditions d'existence. Les socialistes russes ne voulurent pas se contenter de construire des théories, ils voulurent agir et agir vite. Les diverses phases du mouvement nihiliste montrent bien, comme l'a fait remarquer un historien du nihilisme, *Stepniak*, qu'il est dans le caractère russe de se passionner fanatiquement pour une idée. C'est ce fanatisme, c'est la situation politique de l'Empire, c'est l'absence d'un parti ouvrier, la cruelle répression, qui expliquent comment un mouvement purement intellectuel et humanitaire en est venu peu à peu à se transformer en une véritable insurrection terroriste.

SOPHIE BALACHOWSKY.

Bibliographie.

Ouvrages en langue française. — ARNAUDO, *Le nihilisme et les nihilistes*, traduit de l'italien par M. Bellenger (Paris, in-32). — BOURDEAU, *Socialisme allemand et nihilisme russe* (1 vol. 1892). — FUNCK-BRENTANO, *Sophistes allemands et nihilistes russes* (1 vol. in-8). — B. GENDRE, *Études sociales philosophiques et morales* (1 vol. 1886). — DE HAXTHAUSEN, *Études sur la situation intérieure, la vie nationale, les institutions rurales de la Russie* (2 vol. in-8, édition française, Hanovre, 1847). — E. DE LAVELEYE, *Le socialisme contemporain*, édition de 1892. — LAVIGNE, *Introduction à l'histoire du nihilisme*, 1 vol. 1880. — P. LAWROW, articles divers dans le « *Messager du peuple* ». *Le socialisme en Russie* (*Revue socialiste*, 1889). — AN. LEROY-BEAULIEU, *La Russie et l'Empire des Tzars*, 3 vol. in-8. — MACKENSIE-WALLACE, *La Russie*, traduction de Bellenger, 2 vol. 1879. — E. DE MOLINARI, *La Russie et le nihilisme* (*Journal des Économistes*, avril 1881). — E. PETIT, *Esprit de révolution en Russie* (*Journal des Économistes*, mai 1881). — STEPNIAK, *La Russie souterraine* (préface de Lawrow. Paris, 1885). *Le Tzarisme et la Révolution* (Paris, 1886). — TICHOMIROW, *La Russie politique et sociale*, 1886.

Ouvrages en langue allemande. — KARL OLDENBERG, *Der russische nihilismus*. Leipsig, 1888. — A. THUN, *Geschichte der revolutionären Bewegungen in Russland*. (Leipsig, 1883). — *Jahrbuch von socialwissenschaft und von socialpolitik*. (1879).

En langue russe. — Articles de P. LAWROW. — La source la plus précieuse se trouve dans les publications qui ont été indiquées au cours de l'article.

---

1. Citons parmi ces journaux la « *Cause commune* », journal semi-libéral ; la « *Hromada* », journal nationaliste-ukranien ; *Na rodînje* (*Dans le pays*). — *Volnoje slowo* (*Parole libre*). On imprimait aussi à Genève les *Œuvres de Tchernichewsky* et de *Tchedrine* interdites en Russie.

2. La Russie a pourtant donné naissance à un théoricien de l'anarchisme, le prince Pierre Krapotkine, mais celui-ci, depuis qu'il vit hors de Russie, est resté complètement étranger au mouvement révolutionnaire de son pays.

O

ORTES (Giammaria) né à Venise en 1713, entra dans l'ordre des Camaldules ; cédant aux sollicitations maternelles, il le quitta à la mort de son père. Toutefois il resta dans les ordres, voyagea en France et en Angleterre, et mourut en 1790. Fidèle aux traditions de l'Église, il se constitua le défenseur de la mainmorte ecclésiastique dans ses *Errori popolari interno all' economia nazionale considerati sulle presenti controversie in ordine al possedimento di beni* (Venise, 1771 et *Collezione Custodi*, Vol. XXV), et traita des sujets purement économiques dans son livre *Economia Nazionale* (Naples, 1774 et Collection Custodi, Vol. XXI, XXII et XXIII) et dans ses *Riflessioni sulla popolazione per rapporto all'economia nazionale* (1790 et Collection Custodi, Vol. XXIV).

Ortes est un précurseur ; dans ses *Riflessioni*, antérieures de quelques années à la première édition de l'*Essai* de Malthus, nous trouvons une théorie détaillée et précise de la progression géométrique de la population. Suivant lui, celle-ci irait en se doublant tous les trente ans, si elle ne rencontrait aucun obstacle et pouvait s'abandonner aux inclinations de la nature. Dans le règne animal, cet accroissement est limité par la violence ; chez l'homme, il est réprimé par la raison, qui agit à la façon de la contrainte morale recommandée un peu plus tard par Malthus. Pour Ortes comme pour Malthus, toute population doit se restreindre et respecter les limites que lui trace le soin de sa subsistance ; sinon il lui sera impossible de vivre en liberté et en sécurité. Ortes pousse même l'appréhension jusqu'à faire bon marché des ressources alimentaires que procure le commerce avec l'étranger.

Cependant il n'est pas mercantiliste, puisque dans son *Economia Nazionale* il se prononce en faveur de la liberté du commerce et déclare que la monnaie, loin de constituer la richesse, n'en est que le signe : la richesse réelle et véritable, ce sont les biens échangés

et susceptibles d'être consommés (*i beni permutati e consumabili*).

L'or et l'argent affluent naturellement dans les pays qu'enrichissent le travail et l'industrie ; essayer d'autres moyens de les y attirer, c'est agir comme un homme qui essayerait de renfermer et de coudre du brouillard dans un sac ; les anciens mercantilistes confondent l'équivalence et l'identité. Par une inconséquence singulière, Ortes qu'on pourrait, à cause de l'importance capitale qu'il attache au développement de la production intérieure d'un pays, appeler un colbertiste moins la protection, a sur la formation du capital, des conceptions dont l'originalité ne rachète pas le manque de solidité. Pour lui, la somme de productivité possible d'une nation est fixe et l'activité des uns implique nécessairement le désœuvrement des autres : « L'oisiveté économique des uns, écrit-il, est tout aussi nécessaire que l'activité des autres. » « Dans chaque nation, la quantité des biens existants est déterminée par ses besoins sans qu'il soit possible de l'augmenter de l'épaisseur d'un cheveu. » Peut-être faut-il attribuer cette opinion singulière au fait qu'Ortes se complaît à considérer chaque nation à l'état isolé et réduite à la subsistance qu'elle produit elle-même ; il néglige l'action possible et souvent considérable des échanges internationaux et des établissements de crédit. Cet oubli est étrange de la part d'un citoyen de Venise, même de Venise déchue.

Dans son *Calcolo sopra il valore delle Opinioni Umani*, Ortes se sert de formules mathématiques et imagine des tracés graphiques pour résoudre des problèmes purement moraux.

Bibliographie.

Sur les tendances générales d'Ortes, voir Cantu, *Histoire des Italiens*, t. X, p. 193. Il est longuement analysé dans un ouvrage de M. Errera, *L'Economia Politica nei Secoli XVII e XVIII nella Reppublica Veneta* (Venise, 1877) ; M. Lampertico l'a également étudié en détail dans sa monographie *Ortes e la Scienza economica del suo tempo* (Venise, 1865).

P

PLACEMENT (des employés, ouvriers et domestiques).

SOMMAIRE

1. Notion et définition du placement.
2. Histoire sommaire du placement.
3. Organisation et législation actuelle du placement.
4. Projets de réforme de la législation du placement.
5. Statistique du placement.
   Bibliographie.

1. Notion et définition du placement.

Il y a le placement du travail et le placement du capital. C'est du placement du travail qu'il sera traité dans cet article. Si nous sommes amené à dire quelques mots du placement du capital [1], ce sera uniquement pour établir entre les deux phénomènes une comparaison nécessaire.

On a beaucoup écrit sur le placement du travail, dans ces dernières années. On semble avoir, en général, très peu songé à en donner une définition précise. Le remarquable volume [2] par lequel notre Office du travail a inauguré ses publications, en 1893, nous donne sur le placement les renseignements les plus complets qu'il soit possible de réunir aujourd'hui, mais on n'y trouve aucune trace d'une définition ou d'un essai de définition. C'est là une lacune regrettable. Comment observer et étudier un phénomène quelconque, sans savoir au juste en quoi il consiste, sans le déterminer en commençant par le définir? La préface de toute publication de statistique devrait être remplie par des définitions et des classifications [3].

En prenant le mot dans son acception la plus large, nous dirons qu'il y a placement du travail, quand celui qui offre son travail, employé, ouvrier ou domestique, et celui qui le demande se rencontrent et se mettent d'accord. Cette rencontre et cet accord, voilà bien ce qui constitue essentiellement le placement. Le placement nous apparaît ainsi sous les traits d'un contrat. C'est un contrat synallagmatique par lequel l'employé s'engage à fournir son travail pendant un temps plus ou moins long, mais nécessairement limité, moyennant une rémunération appelée salaire, que l'employeur s'engage à lui payer [1].

Dans la langue du droit, ce contrat porte le nom de louage d'ouvrage et d'industrie, et, comme le louage en général, il se distingue très nettement de la vente. C'est lui qui est visé par l'article 1779 du code civil, § 1, ainsi conçu : « Le louage des gens de travail qui s'engagent au service de quelqu'un ». Tout le monde admet qu'il faut faire entrer dans l'expression « gens de travail », les domestiques, les ouvriers et les employés [2].

Dans la terminologie un peu flottante et vague de l'économie politique, on donne tantôt le nom de contrat de travail ou de prestation de travail, tantôt le nom de contrat de salaire au contrat par lequel s'opère le placement. Pour la plupart des économistes, ce contrat n'est rien de plus, au fond, qu'une vente. Le travail serait une marchandise comme une autre. Le salaire en serait le prix. L'assimilation sur laquelle est appuyée cette conception, l'assimilation du travail de l'homme à une marchandise quelconque, nous semble très contestable. Du moins faut-il reconnaître que le travail est une marchandise présentant des caractères tout à fait particuliers, que, notamment, il se perd absolument par le seul fait qu'il n'est pas employé. Sous cette réserve, toutefois, nous admettons volontiers que le louage d'ouvrage du droit civil, que le placement peut se ramener, au point de vue économique, à la vente ou plus généralement à l'échange.

Ce qui importe seulement, c'est de séparer le placement du travail de tout échange n'ayant pas rigoureusement le travail pour objet.

Selon Courcelle-Seneuil [3], il y aurait un

---

1. On pourra consulter sur le Placement du capital maint article du *Dictionnaire*.

2. Le volume est intitulé : *Le placement des ouvriers, employés et domestiques*, in-8, 734 p.

3. Cette nécessité a été fort bien comprise par le savant chef du département du travail, au *Board of trade*, M. Giffen, dans la préface qui précède le *Report on agencies and methods for dealing with the unemployed*, publié également en 1893. V. p. 7. et suiv., p. 12-16.

1. Quand le placement est considéré du côté du patron, on le désigne souvent sous le nom d'embauchage. Embaucher signifie exactement engager un ouvrier. Embauchage et placement peuvent donc être considérés comme synonymes. On donne quelquefois, par une extension un peu abusive, le nom de placement aux opérations qui préparent et amènent le placement, aux recherches et aux démarches par esquelles soit l'ouvrier, soit un tiers agissant pour lui, s'efforce de trouver l'emploi de son travail.

2. Voy. Les textes relatifs au louage d'ouvrage dans les *Lois sociales*, par Chailley-Bert et A. Fontaine, p. 5-8.

3. *Traité d'économie politique*, 3e édit., t. II, p. 130.

contrat de prestation du travail, « chaque fois qu'un individu s'engage envers un autre à lui prêter ses services en échange d'une rémunération, exprimée ou sous-entendue, quel que soit, d'ailleurs, le genre de service qui en fait l'objet. Ainsi, il y aurait contrat de prestation de travail entre l'avocat et son client, le médecin et son malade... tout aussi bien qu'entre l'ouvrier et le fabricant ou entre le domestique et son maître ». Si autorisée que soit toujours, pour nous, l'opinion de ce maître éminent, nous ne pouvons pas la partager sur ce point. Courcelle-Seneuil a le tort, ici, de confondre des situations distinctes. Il méconnaît les différences qui existent entre deux catégories de contrats. Ces différences ne sont pas seulement d'ordre juridique, elles sont aussi d'ordre économique. Elles n'offrent pas moins d'intérêt pour l'économiste que pour le juriste.

On voit bien le phénomène de placement du travail dans le contrat qui intervient entre le domestique et le maître, entre l'ouvrier et le patron. Ce que le domestique et l'ouvrier promettent, en échange d'un salaire déterminé, c'est bien une quantité déterminée de travail, une quantité qui se mesure le plus ordinairement par la durée du travail, de même que le salaire se fixe par rapport à une certaine unité de temps, l'heure, la journée, le mois ou l'année. Mais quand l'avocat fournit une consultation ou plaide la cause de son client, quand le médecin prescrit un traitement ou fait une opération, il y a prestation d'un service et non pas, en vérité, placement de travail. C'est la nature et la qualité du service que l'on considère exclusivement et que l'on rémunère. On ne s'occupe en aucune façon du travail de celui qui le procure. De même, quand nous commandons un tableau à un peintre, une statue à un sculpteur, ce n'est pas son travail que nous demandons à l'artiste, ce n'est pas son travail qu'il nous offre et qu'il nous vendra, c'est le tableau ou la statue et le prix de l'objet sera fixé, quelle que puisse être la somme de travail réclamée par son exécution.

S'il fallait voir là un contrat de prestation du travail, il faudrait aller plus loin; il faudrait dire que la vente ou l'échange d'un objet matériel quelconque constitue une prestation de travail, parce qu'elle peut se ramener à un service rendu et à un service rendu par un certain travail. Cette conclusion serait certainement excessive. La notion de prestation et de placement du travail est évidemment beaucoup plus restreinte. Elle nous paraît se limiter naturellement aux cas dans lesquels le travail est,

en lui-même et directement, l'objet du contrat intervenu entre un employeur et un employé [1].

Nous compléterons ces observations sur la nature du placement du travail en indiquant les circonstances diverses dans lesquelles ce phénomène économique peut se réaliser.

A en croire certaines personnes, l'idée du placement du travail se lierait étroitement à celle du chômage. Le chômage serait l'antécédent nécessaire du placement, si bien qu'on pourrait définir ce dernier : le passage de l'ouvrier de l'état de chômage à l'état d'activité.

Que le placement se présente souvent comme succédant au chômage et y mettant fin, c'est absolument incontestable. Mais la moindre réflexion nous montre que le placement intervient souvent aussi sans avoir été précédé par le chômage. Cela peut arriver dans deux cas très différents : 1° quand un employé déjà occupé chez un patron passe au service d'un autre sans solution de continuité; 2° quand il s'agit d'enfants ou de jeunes gens entrant au service d'un patron à la sortie de l'école ou du régiment et employés pour la première fois.

Le placement du travail peut avoir lieu soit pour un ouvrier qui reste dans sa profession, soit pour un ouvrier qui entre dans une profession nouvelle. Que le placement coïncide ou non avec un changement de profession, il peut tantôt laisser l'ouvrier dans la localité qu'il habite, tantôt entraîner pour lui un changement de résidence ; dans ce dernier cas, la résidence nouvelle peut être plus ou moins éloignée de l'ancienne ; elle peut être située soit dans le pays auquel appartient l'ouvrier, soit dans un pays différent.

Voilà autant de circonstances sur lesquelles il y aurait le plus grand intérêt à faire porter les investigations de la statistique. L'Office du travail n'a pas poussé son ambition jusque-là dans la première enquête à laquelle il s'est livré sur le placement. Sans doute ne le pouvait-il pas. Il est à souhaiter qu'un effort soit fait pour combler cette lacune, quand une nouvelle enquête sera entreprise.

2. Histoire sommaire du placement.

Le phénomène économique du placement ne peut aller sans la liberté du travail. On ne

[1]. Y aura-t-il ou non prestation et placement du travail quand l'ouvrier sera rémunéré à la tâche et non à l'heure ou à la journée ? Le placement du travail est masqué, ici, par le mode de rémunération. Mais il suffit d'un peu d'attention pour reconnaître qu'il n'en existe pas moins, en réalité, du moins dans la plupart des cas. Le paiement à la tâche ne change rien à la nature du contrat. Il a seulement pour but de récompenser et d'exciter l'ardeur de l'ouvrier.

le conçoit pas pour l'ouvrier vivant sous le régime de l'esclavage. Comment l'esclave placerait-il son travail? Il n'en est pas le maître. Ce n'est pas son travail que l'on peut vendre. C'est sa personne même, ravalée au rang des choses. On ne le conçoit pas davantage sous un régime économique où l'ouvrier rural est attaché à la terre qu'il cultive, où l'ouvrier des villes est enfermé et immobilisé dans les cadres rigides d'une corporation.

Mais la liberté du travail n'est pas la seule condition de l'existence du placement, il faut encore que, par un certain développement de la division du travail, par un suffisant accroissement de la population, par la naissance et les progrès de la grande industrie, il se soit formé une catégorie assez nombreuse d'individus ne possédant que leur travail et condamnés à vivre en travaillant pour le compte d'autrui. On ne rencontrerait pas le placement dans une société où chacun, petit propriétaire ou petit capitaliste, exploiterait lui-même et par son seul travail, sa terre ou son capital. On peut remarquer, en outre, que la plupart des systèmes socialistes, s'ils étaient réalisés pleinement, exclураient aussi le placement, non seulement parce qu'ils excluraient, suivant leur prétention, tout au moins, le chômage, mais parce qu'ils feraient de chaque individu un simple rouage dont la place et la fonction seraient déterminées par voie d'autorité.

Il faut enfin, pour que le placement puisse acquérir une grande importance, que les moyens de communication soient très perfectionnés et que l'on arrive à constituer un véritable marché du travail.

Il y a peut-être quelque exagération à prétendre, comme on le fait parfois [1], « que la question du placement a surgi dès le milieu du moyen âge, le jour où les travailleurs affranchis du servage, devenus libres de changer de maître et de se placer, assumèrent la responsabilité de leur propre existence et l'obligation de se procurer eux-mêmes du travail ». Nous sommes porté à croire, au contraire, que le moyen âge a très peu connu et ne pouvait guère connaître la question du placement. Et cela est facile à comprendre. L'ouvrier a vécu, au moyen âge, sous le régime des communautés de métiers ou corporations [2]. Sous ce régime, en principe, l'ouvrier, le travailleur libre et

indépendant, n'existe pas. C'est à peine si on le trouve dans un petit nombre de métiers non définis ou pour des travaux passagers et pressants. Il n'existe qu'à l'état d'exception. Or, il ne pouvait être question de placement que pour lui. Il en était question aussi, il est vrai, pour les servantes et les nourrices [1], mais cela ne suffisait pas à donner au placement du travail une importance bien considérable. En réalité, il en a été ainsi jusqu'à la fin du XVIIIe siècle, c'est-à-dire tant que les corporations ont subsisté.

La tentative la plus intéressante qui ait été faite en vue d'organiser le placement est due à Théophraste Renaudot, le médecin ordinaire de Louis XIII, et elle remonte à 1612. C'est Renaudot qui obtint de Louis XIII « les permission et privilège, exclusivement à tous autres, de faire tenir bureaux et registres d'adresses de toutes commodités réciproques de ses sujets en tous lieux de son royaume et terres de son obéissance qu'il verra bon estre ». Le bureau d'adresses se chargeait de la négociation de toute sorte d'affaires. Mais c'était avant tout et surtout un bureau de placement [2].

Les corporations furent supprimées par le décret des 2-17 mars, 14 juin 1791. Le placement du travail devenait possible. Comment fut-il pratiqué durant la période révolutionnaire, de 1791 à la loi du 22 germinal an XI qui vint réglementer à nouveau l'industrie? Nous l'ignorons entièrement.

Les bureaux de placement furent institués par une ordonnance du préfet de police du 20 pluviôse an XII (10 février 1804) et étroitement reliés à la création du livret ouvrier due à la loi de germinal an XI. A côté de ces bureaux, soumis à la plus sévère réglementation, le compagnonnage, qui avait déjà joué un rôle assez important sous l'ancien régime, apparaît comme l'un des instruments les plus efficaces du placement du travail depuis le commencement du siècle jusqu'en 1848.

Peu de jours après la révolution du 24 Février, le 10 mars 1848, le gouvernement provisoire établissait un bureau gratuit de renseignements dans les mairies de Paris. Ces bureaux devaient dresser les tableaux statistiques de l'offre et de la demande du travail. Ils devaient faciliter et régulariser les rapports entre les personnes qui cherchent l'emploi de leur travail et celles qui demandent des travailleurs. Un peu plus tard, le préfet de police Caussidière, sous la pression des ouvriers de certaines professions, interdisait l'industrie du placement

---

1. Voy. le volume publié par l'Office du travail, p. 1.
2. Voy. dans l'Histoire générale de Paris, *Le livre des métiers*, d'Étienne Boileau, publié par de Lespinasse et Bonnardot, 1879, Introduction, p. 90 et 113. — Voir aussi sur le rôle des corporations, de Molinari, *Les bourses du travail*, p. 30 et 37.

1. Voir vol. Office du travail, p. 9-11.
2. Voir vol. Office du travail, p. 44-52.

qui se pratiquait alors librement, sans autre obligation que celle de payer patente. Mais son arrêté resta lettre morte. Les protestations continuèrent. Une enquête fut ordonnée le 2 janvier 1849. A la suite de cette enquête, un projet fut soumis à l'Assemblée législative ; mais le coup d'État survint avant que ce projet eût abouti. Le gouvernement nouveau reprit immédiatement la question et les travaux d'une commission nommée par lui, dès les premiers jours de janvier 1852, eurent pour conclusion le décret-loi du 25 mars 1852, sous le régime duquel nous vivons encore.

3. Organisation et législation actuelles du placement.

Avant d'exposer la législation qui régit le placement du travail, nous devons indiquer et définir les différentes formes qu'il peut revêtir et sous lesquelles, en fait, nous le voyons s'opérer aujourd'hui.

Nous distinguerons : 1° le placement *direct* et le placement fait *par intermédiaire* ; 2° le placement *libre* et le placement *réglementé*.

Nous dirons qu'il y a placement *direct* quand l'employeur et l'employé entrent en contact et traitent l'un avec l'autre, sans intermédiaire d'aucune sorte. Le placement est fait par intermédiaire, quand un tiers quelconque se charge, au moyen quelconque, de mettre l'employeur en rapport avec l'employé.

L'auteur du volume publié par l'Office du travail a cru devoir distinguer le placement *personnel* du placement *direct*. Ce dernier ne serait, d'après lui, qu'une variété du placement *personnel*, et le placement *personnel* comprendrait[1] non seulement le placement par les sous-entrepreneurs, piqueurs, tâcherons, marchandeurs, mais encore le placement par les fournisseurs, par les marchands de vin, par les journaux. Ne serait point *personnel*, au contraire, le placement par les bureaux autorisés, par les syndicats, par les sociétés de secours mutuels et par les sociétés charitables. Pourquoi le placement par l'intermédiaire des journaux est-il plus *personnel* que celui opéré par les bureaux autorisés ? Pourquoi le placement par l'intermédiaire des fournisseurs ou des marchands de vin l'est-il plus que celui opéré par les syndicats ou les sociétés de secours mutuels ? Ce sont là des distinctions que nous ne parvenons pas à comprendre et qu'il nous paraît impossible d'accepter. A moins de prétendre que tout placement, que le

placement fait par un intermédiaire quelconque est *personnel*, il faut admettre que le placement *personnel* se confond avec le placement *direct*.

Quand le placement est *direct*, c'est tantôt l'ouvrier qui va à la recherche du patron, tantôt le patron qui va à la recherche de l'ouvrier. Dans ce dernier cas, suivant une coutume extrêmement ancienne, les ouvriers se réunissent, à de certaines heures, en de certains lieux appelés *grèves*, tels que places publiques, coins de rue, débits de boissons, et c'est là que les patrons viennent les embaucher[1]. On pourrait être tenté de ranger le placement par les sous-entrepreneurs, piqueurs et tâcherons, dans le placement par intermédiaire. Il nous paraît préférable toutefois de le considérer comme un cas de placement *direct*. C'est, du moins le plus souvent, un cas de placement *direct* parce que les sous-entrepreneurs, piqueurs et tâcherons jouent véritablement le rôle de patron vis-à-vis des ouvriers qu'ils embauchent. C'est bien entre les ouvriers et eux que le contrat de travail intervient. Ajoutons que le placement *direct* n'exige pas nécessairement la présence du patron et de l'ouvrier dans la *même* localité ; il peut avoir lieu par correspondance aussi bien que de vive voix.

Le placement *par intermédiaire* se subdivise en autant de variétés qu'il y a de catégories d'intermédiaires. Sans avoir la prétention de donner une liste absolument complète, nous mentionnerons les catégories suivantes : — 1° les bureaux de placement, bureaux autorisés ou non autorisés ; bureaux privés et payants ; bureaux municipaux et gratuits ; — 2° les bourses de travail ; — 3° les syndicats professionnels soit d'ouvriers soit de patrons ; — 4° les sociétés de compagnons ; — 5° les sociétés de secours mutuels ; — 6° les sociétés philanthropiques ; — 7° les journaux, journaux politiques ordinaires ou journaux spéciaux et professionnels ; — 8° les fournisseurs, — 9° les aubergistes, restaurateurs et débitants chez lesquels les ouvriers sont nourris ou logés.

Tout le monde comprend, sans qu'il soit besoin d'en donner une définition, ce qu'il faut entendre par placement *libre* et placement *réglementé*.

Nous allons précisément montrer ce qu'est le placement réglementé, en résumant très brièvement la législation qui le régit aujourd'hui.

En principe, le placement direct est entièrement libre. Est seul réglementé par la

[1]. Voir vol. Office du travail, p. 174-198.

[1]. Voir la liste des principales *grèves* de Paris en janvier 1892. — Vol. Office du travail, p. 179-181

loi le placement fait par certains intermédiaires.

C'est le placement par les bureaux qui a plus spécialement appelé l'attention et l'intervention du législateur.

Le bureau de placement peut être défini : une agence privée établie dans le but de mettre, moyennant argent, l'employé en rapport avec l'employeur. Voici, à leur égard, les principales dispositions du décret du 25 mars 1852. — Art. 1er. « A l'avenir, nul ne pourra tenir un bureau de placement, sous quelque titre et pour quelques professions, places ou emplois que ce soit, sans une permission spéciale délivrée par l'autorité municipale et qui ne pourra être accordée qu'à des personnes d'une moralité reconnue. » — Art. 3. « L'autorité municipale surveille les bureaux de placement pour y assurer le maintien de l'ordre et la loyauté de la gestion. Elle prend les arrêtés nécessaires à cet effet et règle le tarif des droits qui pourront être perçus par le gérant. » — Art. 9. « Les retraits de permission et les règlements émanés de l'autorité municipale, en vertu des dispositions qui précèdent, ne sont exécutoires qu'après l'approbation du préfet. »

Le décret du 25 mars 1852 a été complété par une ordonnance du préfet de police du 5 octobre de la même année. Cette ordonnance établissait, à côté des droits de placement, un droit d'inscription qui ne pouvait, dans aucun cas, dépasser 50 centimes. Une autre ordonnance du 16 juin 1857 est venue supprimer ce droit d'inscription. Si l'on ajoute à ces divers documents une circulaire du ministre de l'intérieur en date du 10 décembre 1877, une instruction du préfet de police du 26 octobre 1881, on aura la liste à peu près complète de toutes les dispositions légales et réglementaires qui régissent les bureaux de placement établis par des particuliers. Ces dispositions ont été appliquées, en somme, tant par les municipalités que par les préfets, depuis quinze à vingt ans notamment, avec une suffisante fermeté et un assez grand libéralisme. On ne peut guère citer, croyons-nous, qu'un seul arrêté municipal dont le caractère arbitraire et fantaisiste ait pu justement appeler sur lui les foudres préfectorales, c'est un arrêté du 6 janvier 1895, pris à Marseille par le maire socialiste de cette ville.

Les textes législatifs relatifs au placement édictés sous la troisième république sont très nombreux. Ils sont, en revanche, d'une très grande importance. C'est d'abord la loi du 21 mars 1884 sur les syndicats professionnels, portant dans son article 6, § 5 :

« Les syndicats de patrons ou d'ouvriers pourront librement créer et administrer des offices de renseignements pour les offres et les demandes de travail. » — C'est ensuite le décret du 28 septembre 1889 déclarant d'utilité publique l'établissement à Paris d'une bourse du travail, et l'arrêté du préfet de la Seine du 19 mai 1892, faisant remise à un certain nombre de syndicats professionnels de Paris, « pour l'usage d'une bourse du travail » de l'immeuble situé rue du Château-d'Eau, 3, et rue de Bondy, 6. — C'est enfin la loi du 2 juillet 1890, qui est venue abroger les lois et décrets relatifs au livret d'ouvrier (art. 1er), qui a soumis le contrat de louage d'ouvrage au droit commun (art. 2), et dont l'article 3 est ainsi conçu : « Toute personne qui engage ses services peut, à l'expiration du contrat, exiger de celui à qui elle les a loués, sous peine de dommages et intérêts, un certificat contenant exclusivement la date de son entrée, celle de sa sortie et l'espèce de travail auquel elle a été employée. »

4. Projets de réforme de la législation du placement.

De graves et incontestables abus commis par certains bureaux de placement, une agitation populaire très intense dirigée contre eux, à l'instigation des syndicats, peu après la loi du 21 mars 1884, telles sont les origines et les causes d'un grand nombre de propositions soit municipales soit législatives, présentées depuis une dizaine d'années et relatives au placement.

Depuis 1886, le conseil municipal de Paris a très fréquemment exprimé un vœu tendant à abroger le décret du 25 mars 1852 et à remplacer les bureaux de placement par les syndicats ouvriers. Cette abrogation et cette substitution ont été aussi, depuis la même époque, demandées à la Chambre à diverses reprises. Quelques-uns ont réclamé l'abrogation pure et simple du décret de 1852 ; ce sont ceux qui attribuent à ce décret la création d'un véritable monopole au profit des bureaux autorisés. D'autres ont proposé la suppression de la législation de 1852 en même temps que la création de bureaux municipaux gratuits. Cette dernière proposition est venue à l'ordre du jour de la Chambre en mai 1893. Mais le débat qu'elle a provoqué a abouti à un ajournement et rien ne fait prévoir, en ce moment (février 1896), que la question doive être prochainement reprise.

Les problèmes soulevés par ces différents projets sont trop nombreux et trop délicats pour que nous puissions songer à en présenter, dans cet article, l'examen détaillé et approfondi. Nous nous contenterons d'indiquer les solutions principales qu'ils nous paraissent comporter, au point de vue de l'économie politique et à formuler quelques-uns des *desiderata* qu'il conviendrait, à ce même point de vue, d'essayer de réaliser.

En principe, le placement par l'intermédiaire des bureaux doit être libre, comme le placement sous une forme quelconque. Nous ne saurions admettre l'établissement d'un monopole du placement au profit de qui que ce soit. Qu'il appartînt aux bureaux autorisés, aux syndicats ouvriers ou aux municipalités, le monopole serait également détestable.

La suppression souvent réclamée des bureaux actuellement existants ne serait pas seulement une mesure contraire à la liberté du travail et au droit de propriété individuelle. Ce serait une mesure absurde, qui se retournerait contre ceux au profit desquels elle est demandée. Les chiffres que nous citerons dans un instant suffisent à le démontrer.

Mais si le placement, en général, et si, en particulier, l'industrie des bureaux de placement doivent être libres, cela n'exclut point une certaine surveillance et une certaine réglementation. Les prescriptions essentielles du décret du 25 mars 1852 dans lesquelles on ne saurait apercevoir rien qui ressemble à la création d'un monopole quelconque, ne nous semblent pas dépasser la mesure d'une sage et nécessaire réglementation. Il suffirait, pour les rendre parfaitement acceptables, d'y apporter quelques légères modifications et additions. C'est ainsi qu'il y aurait lieu, suivant nous, d'interdire, comme cela est fait à Paris et à Lyon, aux bureaux de placement de tenir un cabaret ou un débit de boisson. On devrait aussi renforcer la surveillance et les pénalités à l'endroit de l'exploitation scandaleuse à laquelle se livrent souvent certaines agences clandestines.

De même que le principe de la liberté du placement n'est point en contradiction avec une certaine réglementation, il ne saurait faire obstacle à ce que l'État, venant simplement en aide à l'initiative privée, essayât d'encourager certaines institutions de nature à faciliter le placement et à améliorer les conditions. Au premier rang de ces institutions, nous plaçons les bourses du travail. C'est par les bourses du travail, naturellement complétées par de puissants organes de publicité, que le marché du travail pourra tendre à s'universaliser, comme le marché des capitaux ou comme celui de certaines denrées, telles que les céréales, la laine et le coton. C'est par elles que l'offre et la demande

du travail, au lieu de rester locales, comme elles le sont trop encore aujourd'hui, pourront s'étendre à tout un pays et même à des pays différents, comme l'offre et la demande des capitaux et que tous les bras offerts auront toujours le maximum de chance de trouver leur emploi [1].

5. Statistique du placement.

On peut dire, sans la moindre exagération, qu'avant 1893 la statistique du placement n'existait pas en France. Elle est loin d'être complète, assurément, même après l'enquête de l'Office du travail et la publication des résultats de cette enquête. Elle ne le sera peut-être jamais. Mais elle existe et les chiffres qu'elle contient sont assez nombreux et assez sûrs pour fournir soit au savant, soit au politique et au législateur des matériaux d'une grande valeur. L'Office du travail fait d'ailleurs les plus louables efforts pour la tenir à jour et la perfectionner, dans son excellente publication mensuelle intitulée *Bulletin de l'Office du travail*. Ce *Bulletin* pourrait devenir un jour non seulement la source de la statistique du placement mais l'un de ces organes de publicité que M. de Molinari réclamait dès 1846, en vue de créer le marché du travail.

Il est à peu près impossible, on le comprend sans peine, de réunir des renseignements utiles sur le placement direct et même sur le placement par un certain nombre d'intermédiaires, tels que les fournisseurs et les aubergistes. C'est dire qu'un très grand nombre de cas de placement, — le plus grand peut-être, — échappera toujours sous le régime de la liberté du travail, aux investigations de la statistique.

C'est uniquement sur le placement par les bureaux autorisés, par les syndicats, par les bureaux municipaux, par les institutions philanthropiques, les sociétés de secours mutuels et les sociétés de compagnons que l'Office du travail a pu réunir et nous donner des chiffres assez abondants.

Le nombre des bureaux autorisés était, en 1891, en France et en Algérie, de 1374. Sur ce nombre, 994 seulement ont répondu au questionnaire envoyé par l'Office du travail. Ces 994 bureaux s'attribuaient une valeur de 9 135 000 francs. Voici le bilan de leurs opérations en 1891 :

Demandes d'emploi	2.495.079
Offres d'emploi	938.237
Placements à demeure	459.459
Placements à la journée	361.991

1. On trouvera sur ce point les développements les plus intéressants dans l'excellent livre de M. de Molinari, *Les bourses du travail*, 1893, p. 95, 193.

Il convient de faire observer :

1° Que les bureaux de placement sont loin de desservir toutes les professions ; le nombre de celles qu'ils desservent est extrêmement restreint, il s'élevait à quinze en 1891 [1] ; — 2° que les bureaux de placement les plus nombreux sont ceux qui s'occupent exclusivement des domestiques. On en compte 1085. Viennent ensuite, mais à une grande distance, les bureaux des boulangers (91), ceux des garçons de café, d'hôtel et de restaurant (74), ceux des coiffeurs (30), ceux des marins (22), ceux des bouchers et charcutiers (18), ceux des instituteurs et institutrices (17).

Sur les 3253 syndicats professionnels existant en 1891, 1212 seulement ont répondu au questionnaire de l'Office du travail, et sur ces 1212 syndicats, 390 avaient constitué un bureau de placement, soit 323 syndicats d'ouvriers, 54 syndicats de patrons et 23 syndicats mixtes. Voici, pour l'année 1891, le nombre total de leurs opérations :

Demandes d'emploi	147.818
Offres d'emploi	94.372
Placements à demeure	106.306
Placements à la journée	10.364

Les institutions philanthropiques, y compris les couvents, qui ont envoyé des renseignements à l'Office du travail, sont au nombre de 75. Elles ont reçu, en 1891, 132036 demandes et 25911 offres d'emploi. Elles ont opéré 26227 placements à demeure et 107431 à la journée. Dans ces chiffres, le département de la Seine figure à peu près pour les 98 centièmes.

Il existait, en 1891, 34 bureaux municipaux de placement gratuit, dont 20 à Paris. Ils ont reçu dans l'année 24805 demandes et 13292 offres d'emploi. Ils ont placé à demeure 10856 personnes.

La plupart des sociétés de secours mutuels s'occupent de placement. Un petit nombre seulement, 59, ont ouvert des registres d'offres et de demandes et créé ainsi de véritables bureaux de placement. Ces 59 bureaux ont reçu, en 1891, 35041 demandes et 33059 offres d'emploi. Ils ont fait 17794 placements à demeure et 16000 à la journée.

Les sociétés de compagnons semblent avoir perdu aujourd'hui leur raison d'être ; elles sont absorbées de jour en jour par les syndicats professionnels et les sociétés de secours mutuels : 31 se sont révélées à l'Office du travail, en 1891, comme des centres d'embauchage. Elles ont fait 6188 placements à demeure, le nombre des demandes d'emploi

s'étant élevé à 6288 et celui des offres à 6188.

On voit par ces chiffres que les bureaux autorisés l'emportent et de beaucoup sur toutes les autres institutions de placement réunies, si active que puisse être la concurrence qui leur est faite par certaines d'entre elles. Comment, dans ces conditions, peut-on songer à les supprimer? On pourrait les supprimer, on ne les remplacerait pas.

Mais ces chiffres prouvent aussi que les bureaux de placement ne possèdent aucune espèce de monopole, ni en fait, ni en droit. Ils prouvent que dans le plus grand nombre des professions industrielles le placement par intermédiaire est encore relativement très peu développé. C'est de ce côté et non vers la suppression des bureaux autorisés que les syndicats professionnels, s'ils étaient bien inspirés, devraient diriger tous leurs efforts.

Ce n'est pas seulement en France que le placement peut être observé et a été étudié depuis quelques années, c'est aussi dans la plupart des pays étrangers, notamment en Angleterre et aux États-Unis. Une enquête sur les employés et sur leur placement a été faite en Angleterre en 1892, par les soins du Département du travail et ses résultats ont été publiés, en 1893, dans le volume que nous avons cité plus haut : *Report on agencies and methods for dealing with the unemployed*. On trouve aussi, dans le volume publié par notre Office du travail, un certain nombre de renseignements sur le placement à l'étranger (Voy. p. 681-729).

FERNAND FAURE.

Bibliographie.

Les bourses du travail, de Molinari, 1893. — *Le placement*. Office du travail, 1893. — *Bulletin de l'Office du travail*, un numéro par mois depuis le 1er janvier 1894. — *Report on agencies and methods for dealing with the unemployed*, 1893 (Eyre et Spottiswoode, Fleet Street, Londres).

POLICE D'ASSURANCE. — Une forme d'assurance pratiquée depuis peu de temps par les Compagnies, est celle de la *perte des loyers*, qui n'est qu'une sorte de complément de l'assurance contre l'incendie.

L'assurance contre la perte des loyers a pour objet, non seulement de garantir aux propriétaires la portion ou la totalité des loyers que peut leur faire perdre le temps nécessaire à la réparation des dégâts causés à leurs immeubles par l'incendie, mais encore de compléter, en faveur des locataires, l'assurance du risque locatif en y ajoutant celle de la perte des loyers, perte dont ils sont responsables vis-à-vis du propriétaire, d'après la loi, aussi bien pour les

[1]. Voir le vol. de l'Office du travail.

dégâts matériels occasionnés par le feu que pour le dommage résultant de la privation totale ou partielle du revenu.

Le taux de la prime est le même que celui exigé pour l'assurance de la maison ; il est établi sur un capital égal au montant du revenu d'une année de l'immeuble.

L'assurance contre la perte des loyers, résultant d'un incendie, n'est généralement acceptée par la Compagnie que lorsque celle-ci garantit déjà la propriété. Il en est fait mention soit par avenant, soit dans la police même.

Quelques établissements d'assurances ont donné à ce genre de risque le nom d'*assurance contre le chômage* ; de fait, ces établissements garantissent aussi bien le propriétaire contre la perte de ses loyers que les commerçants et les industriels contre le dommage pouvant résulter pour eux de la privation des valeurs détruites ou rendues improductives par l'incendie, l'explosion de la foudre, du gaz et des appareils à vapeur. L'interruption dans un commerce, une industrie quelconque peut occasionner un réel préjudice, à l'égard duquel il est bon de se prémunir. Ces pertes sont garanties jusqu'à concurrence de 10 p. 100 du capital couvert par l'assurance contre l'incendie, quelle que soit la durée du chômage.

Ainsi, s'il s'agit d'un propriétaire, en admettant que la Compagnie garantisse sa maison pour 200 000 francs, elle fixe à 20 000 francs (10 p. 100) le montant du risque de chômage, et cette somme, en cas de sinistre, lui est payée pour l'indemniser de la perte de ses loyers, s'il y a interruption de la location, et ce moyennant 20 p. 100 de la prime payée pour le risque d'incendie.

S'il s'agit d'un industriel qui ait fait garantir l'ensemble de son risque pour 400 000 francs, la Compagnie complète son contrat en assurant 10 p. 100 desdits capitaux, soit 40 000 francs, moyennant également 20 p. 100 de la prime versée pour l'assurance principale. Si cette prime est de 800 francs, par exemple, la Compagnie exige une prime supplémentaire de 160 francs.

Faisons remarquer, en passant, que le mot *chômage*, ici, est pris dans son sens le moins étendu et perd, conséquemment, toute signification d'indemnité adéquate, si nous pouvons nous exprimer ainsi, payée du fait de l'inaction de l'établissement. C'est un surcroît d'assurance contre l'incendie, si l'on veut, ce n'est pas une garantie directe de chômage au sens réel du mot, puisque la Compagnie ne connaît pas d'avance la durée de ce chômage et l'importance de l'indemnité qu'il lui faudra payer, le cas échéant. Elle ne fait que limiter sa responsabilité en fixant d'une façon arbitraire et approximative le chiffre de sa garantie.

EUGÈNE ROCHETIN.

Bibliographie.

En matière de bibliographie générale des assurances, on peut consulter les ouvrages suivants : FRANCIS BAILY (traduit de l'anglais par A. DE COURCY), *Théorie des annuités viagères et des assurances sur la vie*. — CHAUFTON, *Les assurances*. — A. DE COURCY, *Essai sur les lois du hasard*. — EMILE DORMOY, *Théorie mathématique des assurances sur la vie* (2 vol. chez Gauthier-Villars). — EUGÈNE REBOUL, *Transactions viagères. Traité complet des intérêts composés, des annuités viagères et des assurances sur la vie*. — VERSIGNY, *Du droit en matière d'assurances sur la vie*. — CH. OUDIETTE, *Étude juridique sur le contrat d'assurance contre l'incendie* (Librairie des assurances). — CH. DUMAINE, *Du contrat d'assurance sur la vie en droit civil et en droit fiscal* (Delamotte, éditeur, 85, boulevard Saint-Michel). — P. GAUVIN, *Cours d'assurances contre l'incendie*. — E. COUTEAU, *Traité des assurances sur la vie. Doctrine, législation, jurisprudence* (Chez Marchal, Billard et Cie, éditeurs, place Dauphine, 27). — MAAS, *Théorie élémentaire des annuités viagères et des assurances sur la vie*. — GRUN et JOLIAT, *Traité des assurances terrestres et des assurances sur la vie*. — C. BÉZIAT D'AUDIBERT, *Théorie élémentaire des assurances sur la vie et autres opérations viagères*.

R

ROGERS (James Thorold), né en 1823 dans le Hampshire, fit ses études à l'université d'Oxford et entra dans les ordres. Il desservit pendant plusieurs années une petite paroisse aux portes d'Oxford, mais entraîné par son ami Cobden, il quitta l'Église pour l'enseignement universitaire et la politique. Élu en 1862 à la chaire d'économie politique de l'université d'Oxford, il siégea aussi à la chambre des Communes de 1880 à 1886 et mourut en 1891.

Doué d'une rare puissance de travail, Thorold Rogers a publié sur le passé économique et politique de l'Angleterre une longue suite de volumes, fruit de longues et persévérantes recherches dans les archives des collèges universitaires d'Oxford. Il convient de citer en première ligne sa monumentale *Histoire de l'agriculture et des prix*, en six volumes, qui va de 1259 à 1702 ; plus de la moitié de l'ouvrage se compose de listes de prix reproduits en détail et année par année : le seul reproche qu'une critique méticuleuse pourrait lui adresser, c'est de ne pas indiquer la source précise de chaque renseignement, et de s'être le plus souvent contenté de l'indiquer en gros. L'*Histoire des neuf premières années de la banque d'Angleterre* est également fondée sur une série de cotes des fonds publics anglais de la fin du XVIIᵉ siècle, exhumée et mise au jour par l'auteur.

Toutefois, malgré son goût pour les travaux d'érudition, auquel nous sommes encore redevables d'un volume d'*Extraits du dictionnaire théologique (Liber Veritatum)* de Gascoigne, théologien anglais du XVᵉ siècle, et d'un recueil d'*Oxford City Documents, financial and judicial*, 1268-1665, Thorold Rogers était à cent lieues de se désintéresser des questions à l'ordre du jour. Il se jetait volontiers dans la mêlée des partis et ses deux autres principaux ouvrages, l'*Histoire de six siècles de travail et de salaires* et l'*Interprétation économique de l'histoire* (traduit en français en 1892), n'ont rien de la sérénité du savant, qui, enfermé dans son cabinet, écarte soigneusement les bruits du dehors. Chez Thorold Rogers, l'historien économique, qui est de premier ordre, ne dépouille jamais le membre zélé et actif du parti radical anglais. L'ami et l'éditeur des *Discours* de Cobden et de Bright attribue sans hésitation toutes les souffrances du peuple anglais aux exactions de l'aristocratie et à la constitution aristocratique de la propriété foncière. Cependant, il a des prédilections pour certaines institutions du moyen âge ; dans son *Histoire commerciale et industrielle de l'Angleterre*, fragments posthumes publiés par son fils, il recommande comme remède à la crise agricole, la généralisation des *chief-rents*, véritable tenure à cens perpétuel, qui est encore en usage dans le nord du Royaume-Uni. Néanmoins cet avocat résolu des fermiers répudie avec énergie tout projet de nationalisation de la terre ; ce qui lui tient à cœur, ce n'est pas l'abolition de la grande propriété, c'est le morcellement de la culture et la reconnaissance légale du droit de jouissance stable et permanente des petits fermiers cultivateurs. L'attitude qu'il entend prendre est celle d'un démocrate agraire, nullement d'un collectiviste.

La suprématie traditionnelle des grands propriétaires fonciers n'était pas seule à exciter la bile de Thorold Rogers ; l'antipathie qu'ils lui inspiraient, s'étendait aux doctrines des économistes anglais du début de ce siècle. Ricardo et sa théorie de la rente, Malthus et sa théorie des rendements agriculturaux décroissants sont constamment l'objet d'une critique véhémente, qui passe fréquemment au sarcasme et même à l'invective. Jamais il ne se lasse de dénoncer les méfaits de ce qu'il appelle l'économie politique métaphysique et il a passé sa vie à les traduire au tribunal de l'histoire. « Les économistes (classiques), lisons-nous dans la préface de l'*Interprétation économique de l'histoire*, sont profondément ignorants des conditions sociales au sujet desquelles ils dogmatisent à perte de vue... J'ai le plus profond mépris, et j'espère le conserver toujours, pour l'économie politique de cette espèce. » L'*Interprétation économique de l'histoire* est de 1888, mais cette aversion pour le raisonnement abstrait était ancienne chez Thorold Rogers, car il avait déjà écrit longtemps auparavant que pour « être scientifique », l'économie politique doit constamment demeurer inductive ». (Préface de son édition de l'*Essai sur la richesse des nations* d'Adam Smith.)

Nous n'avons pas à entrer ici dans la vieille querelle entre économistes déductifs et inductifs ; la préférence pour l'une ou l'autre de ces méthodes est une question de tempérament personnel, et tout économiste complet, comme Adam Smith par exemple, se sert des deux et n'en repousse aucune de parti pris. Quoi qu'il en eût, Thorold Rogers faisait de même à l'occasion et il lui est arrivé de vérifier l'exactitude d'un fait historique au moyen de la simple constatation de l'existence d'un effet reconnu d'une loi économique.

Aussi n'est-il pas de l'école allemande pour qui toute loi économique est forcément relative. Trop riche de son propre fonds pour aller à l'emprunt chez le voisin, trop Anglais pour pousser à l'extrême aucune théorie, il déclare expressément « qu'il est des généralisations économiques qui sont d'une application aussi universelle qu'elles sont fondées en vérité » ; il se contente de rejeter ce qu'il appelle « les logomachies, qui n'ont aucun rapport avec les faits de la vie sociale ». J'ai déjà dit qu'il range impitoyablement la théorie de la rente et celle des rendements décroissants au nombre de ces « logomachies ». C'est que même si le principe de l'existence de lois économiques naturelles est accepté, la question du départ à faire entre les vraies lois naturelles et les généralisations artificielles ou hâtives est délicate à trancher et que chacun trace la ligne de démarcation au gré de ses préférences et de ses sympathies. Partisan convaincu du libre-échange et de l'émancipation politique et économique des classes travailleuses, peu enclin à ménager les intérêts des rentiers fonciers et des propriétaires,

Thorold Rogers professait que la rente est indépendante des prix et que dans toute industrie elle représente l'excédent qui demeure disponible, lorsque tous les frais de la production, y compris le profit de l'entrepreneur calculé au taux moyen, ont été couverts et remboursés. Il refuse donc d'assimiler la rente foncière à une prime résultant fatalement de la demande des produits agricoles et réclame l'intervention d'un facteur moral propre à sauvegarder avant tout la rétribution des producteurs. Mais il n'était pas nécessaire, semble-t-il, de traîner Ricardo aux gémonies parce que les propriétaires fonciers anglais, désagréablement surpris, n'ont pas immédiatement accepté de bonne grâce les effets de l'influence déprimante exercée sur les prix et par conséquent sur la rente par la mise en culture d'immenses territoires demeurés vierges depuis des siècles. Rogers avait assurément raison de soutenir qu'au point de vue social, il ne faut pas sacrifier aux intérêts des propriétaires les profits de ceux qui labourent et ensemencent le sol ; cette thèse, il l'a défendue avec éloquence et avec passion, mais ni la passion ni l'éloquence, fille de la passion, ne sont des guides sûrs en matière de controverse spéculative et théorique.

E. CASTELOT.

Bibliographie.

Voir dans les *Annales économiques* (Paris, 1891) un intéressant travail de M. René de Laboulaye sur *Thorold Rogers et ses Théories de la propriété*.

ROSCHER (Guillaume, Georges, Frédéric), fils d'un magistrat hanovrien, naquit à Hanovre en 1817. Il fit ses études universitaires à Gœttingue et à Berlin où il se pénétra de l'enseignement de Ranke, de Gervinus et d'Ottfried Müller. Nommé en 1843 professeur extraordinaire (chargé de cours) et en 1844 professeur ordinaire (titulaire) d'histoire et de sciences politiques à Gœttingue, il alla en 1848 occuper la même chaire à Leipzig ; il vécut dans cette ville jusqu'à sa mort survenue dans les premiers jours de juin 1894.

Roscher est le fondateur de l'école historique, qui a eu une fortune si brillante en Allemagne. Dès ses débuts, il avait exposé ses idées dans son *Programme sommaire d'un cours de science politique d'après la méthode historique (Grundriss zu Vorlesungen ueber die Staatswissenschaft nach geschichtlicher Methode)* qu'il publia en 1843 ; ces idées, il les a reprises et développées dans ses *Principes fondamentaux de l'Économie Nationale (Grundlagen der Nationalökonomie)*, dont la première édition a paru en 1854. « La science économique (*Nationalökonomik, Volks-*wirthschaftslehre), y lisons-nous, est la science des lois suivant lesquelles se développe la vie économique des nations. Comme la science politique, elle doit se rattacher d'un côté à l'étude de l'individu, de l'autre à celle de l'humanité prise dans son ensemble. » La vie des nations formant un tout, dont les différentes manifestations sont intimement liées, quiconque veut scientifiquement se rendre compte de l'une d'elles, devra les connaître toutes. Parmi ces manifestations de la vie nationale, celles qui relèvent du droit, de la politique et de l'économie forment toutefois un groupe à part et leurs domaines respectifs couvrent à peu près le même espace ; néanmoins chacune de ces trois sciences l'envisage sous l'angle qui lui est propre. La jurisprudence nous expose la forme extérieure des activités économiques ; la science économique nous initie à leur raison d'être intime, tant pour l'économie publique que pour l'économie privée. Toute science, qui étudie la vie des nations, cède à l'une ou à l'autre des deux tendances suivantes : ou bien elle se demande : « Qu'est-ce qui est ? » et dans ce cas elle a recours à la méthode historico-physiologique, ou bien elle se pose la question : « Qu'est-ce qui devrait être ? » et alors elle suit la méthode idéaliste. En parcourant la longue série d'écrits qui ont été dictés par la tendance idéaliste, on ne constate que tiraillements, conclusions diamétralement opposées, contradictions flagrantes ; c'est que les grands théoriciens ne sont le plus souvent que les interprètes des aspirations de leur époque. Or, il n'y a pas plus d'idéal économique universel commun à tous les peuples et à tous les temps qu'il n'y a de vêtement unique s'adaptant à tous les corps humains. En matière économique, il faut donc renoncer à l'élaboration théorique d'un idéal et commencer par l'étude de l'anatomie et de la physiologie économiques. De la sorte, considérant sous leurs faces diverses les hommes, qui ne sont jamais ni tout à fait des anges, ni de purs démons, ni radicalement égoïstes, ni résolument altruistes, on s'épargnera les controverses oiseuses des publicistes, qui s'obstinent à ne voir qu'une de ces faces, et l'on prendra d'utiles leçons de prudence, qui mettront en garde contre le penchant présomptueux à affirmer à la légère et sans preuves vérifiées. En d'autres termes, Roscher entend prendre pour base l'unique étude des réalités ; il s'efforce de tout comprendre et veut procéder à la façon du naturaliste. Certains des ouvrages de la fin de sa carrière portent les titres significatifs d'*Histoire Naturelle du Césarisme* (1888) et d'*Histoire Naturelle de la*

Démocratie (1890); il est donc resté fidèle, du moins en principe, à la méthode descriptive qu'il avait préconisée dès ses débuts.

Toutefois chez Roscher l'expression a dépassé la portée de sa pensée, car s'il ne s'est pas adonné à l'idéologie économique, il n'a pas fait table rase de tout idéal quelconque. Dans chaque époque, chaque parti a poursuivi un idéal particulier; si comme historien Roscher s'est avec raison successivement placé au point de vue de chacun d'eux, il ne s'est pas interdit d'examiner jusqu'à quel point ces idéals successifs correspondaient à l'idéal supérieur du bonheur général des hommes. Ses jugements ainsi localisés n'en sont pas moins des jugements portant aussi bien sur les théories que sur les actes; seulement ce sont les jugements d'une âme douce portée à la bienveillance. Du reste il a toujours admis qu'il faut autant s'attacher aux uniformités qu'aux diversités, et les adeptes intransigeants de l'historisme n'ont pas manqué de lui reprocher des phrases comme celle-ci : « Ricardo est un classique si éminent qu'aucune prescription ne prévaudra contre lui » (*Literarisches Centralblatt*, 1878, p. 19).

Acceptant ainsi en bloc l'héritage doctrinal du passé, Roscher a donc pris une position intermédiaire entre ceux qui ne s'attachent qu'aux individus et ceux qui les noient dans les groupements collectifs étendus, qui seuls attirent leurs regards.

Tout en concédant que tout ce qui a existé a eu une raison d'être suffisante, il ne demeure pas moins fort délicat d'opérer la conciliation de tant d'éléments en conflit. Comme l'avoue Roscher lui-même à la page 330 de son *Histoire de l'Économie politique en Allemagne*, ce travail de conciliation, s'efforçant de dégager de chaque système la part de vérité qu'il contient, implique la coexistence de qualités, non seulement rares, mais qui même semblent s'exclure. En outre, cet état d'équilibre mental parfait a généralement pour rançon l'absence de vues personnelles et originales.

Roscher lui-même n'a pas été un économiste créateur. Grand historien des institutions, des mœurs, des théories et des doctrines, son œuvre constitue l'historiographie complète de la jurisprudence économique universelle. Son *Histoire de l'Économie politique en Allemagne* est un monument que la France et l'Angleterre doivent envier à l'Allemagne; accoucheur d'idées, comme Socrate, il arrive parfois à Roscher d'accoucher l'un ou l'autre de ses obscurs devanciers d'idées que celui-ci n'avait fait qu'entrevoir confusément et de revêtir un

avorton informe de dehors qui ne sont pas tout à fait les siens : son indulgence native s'étendait jusqu'aux morts. Son *Système d'Économie des Nations* (*System der Volkswirthschaft*) comprend quatre parties : 1° les *Principes* (*Grundlagen*), traduits en français par Wolowski sous le titre de *Principes d'Économie politique*, qui ont eu vingt éditions en Allemagne entre 1854 et 1892; 2° la *Nationaloekonomik des Ackerbaues und der verwandten Urproduktionszweige* (12 éditions de 1859 à 1890) traduite en français par M. Charles Vogel sous le titre de *Traité d'Économie politique rurale* (1888); 3° la *Nationaloekonomik des Handels und Gewerbefleisses* (*Économie commerciale et industrielle*), six éditions de 1881 à 1890, et 4° son *System der Finanzwissenschaft*, trois éditions de 1886 à 1889. Son système de l'*Armenpolitik* (Assistance publique) a paru depuis sa mort.

Tous ces ouvrages se distinguent par d'éminentes qualités : un savoir encyclopédique, un style facile et élégant, une analyse pénétrante, une remarquable clarté d'exposition et, à défaut d'idées maîtresses originales, une infinité de vues de détail justes et sensées; au milieu des actions et des réactions, qui s'entre-croisent, Roscher ne s'égare pas, mais reste constamment un moraliste très fin, chez qui l'indulgence tempère, mais n'obscurcit nullement la perspicacité. Nous avons déjà cité ses *Histoires Naturelles du Césarisme et de la Démocratie;* dès 1848, il s'était aussi occupé des problèmes de la colonisation dans son ouvrage intitulé *Kolonien, Kolonialpolitik und Auswanderung* (Les Colonies, la Politique coloniale et l'Émigration) dont la troisième édition a paru en 1884, augmentée par M. Jannasch d'une partie écrite au point de vue spécial de l'Allemagne. Roscher est l'auteur du reste de l'ouvrage, comprenant une histoire naturelle des colonies (*Naturlehre der Kolonien*) et le tableau de la politique coloniale des nations modernes, en particulier celui de l'espagnole et de l'anglaise considérées comme les deux pôles de toute politique coloniale possible. Partisan d'une politique de colonisation, Roscher invoque dans sa préface l'opinion de List : cette politique a les effets d'une saison de bains de mer « où les nations se débarrassent de leur crasse bourgeoise (*Philisterunrath*) et apprennent à voir de loin ». En terminant, il rappelle la prédiction de M. Paul Leroy-Beaulieu promettant le premier rang au peuple qui colonisera le plus.

L'activité littéraire de Roscher a été si féconde qu'il est impossible de reproduire ici la nomenclature complète de ses travaux. Elle n'occupe pas moins de deux colonnes dans le *Handwoerterbuch der Staatswissens-chaften* de M. Conrad (Vol. V, Iéna 1893) ; nous y renvoyons le lecteur, nous contentant de mentionner pour finir ses *Ansichten der Volkswirthschaft vom geschichtlichen Standpunkte* (Considérations sur l'Économie politique du point de vue historique), 1871, ainsi qu'un choix d'études traduites en français sous le titre de *Recherches sur divers sujets d'Économie politique* et faisant partie de la *Collection des Économistes et Publicistes contemporains* de MM. Guillaumin et Cᵉ. Pour qui veut connaître Roscher intime, il faut se reporter aux *Geistliche Gedanken eines National-Oekonomen* (Pensées spirituelles d'un économiste) Dresde, 1895.

E. CASTELOT.

Bibliographie.

À comparer les jugements de M. Schmoller dans sa *Litteraturgeschichte der Staatswissenschaften* (Léipzig, 1888, p. 147-171) et de M. Cunningham dans la livraison de novembre 1894 des *Annals of the american Academy of Political and Social Science*, Philadelphie.

RURALES (CLASSES).

SOMMAIRE

1. Leur origine.
2. Le courant de la théorie.
3. L'ancienne liberté chez les races teutoniques.
4. Éléments aristocratiques.
5. Fermes paysannes.
6. Grandes propriétés.
7. La situation des paysans dans le moyen âge.
8. Réaction et servage sous la monarchie absolue.
9. Dernière classe.
10. Distribution des terres des divers pays.
11. Causes générales.
12. Politique des gouvernements.
    Bibliographie.

1. Leur origine.

L'origine de nos classes rurales se rattache aux anciennes communautés de villages (V. ANCIENNE COLONISATION EN VILLAGES OU EN FERMES SÉPARÉES). Les communautés de villages ont consisté en fermes paysannes ; les grandes fermes seigneuriales étaient le plus souvent en dehors et au-dessus des villages ; les maisons des ouvriers agricoles, au-dessous d'eux. Les trois classes, dans leur origine, représentent cependant plus encore tout le développement social, trois étapes ; les fermes paysannes, représentant l'antiquité, où régnait plus d'homogénéité ; les fermes seigneuriales, le moyen âge, où s'introduisit une plus grande différenciation, et où la défense militaire fut spécialement l'affaire des nobles ; les plus petites fermes, le temps moderne, plus démocratique. Ces trois classes ne figurent pas comme base des divisions adoptées par la statistique internationale, qui en adopte quatre principales, ce qui est une erreur et exprime

moins bien la situation réelle. Ces trois classes sont moins distinctes dans le Midi ; dans la plus grande partie de l'Europe, elles caractérisent encore absolument l'état social.

2. Le courant de la théorie.

La première question, c'est celle de savoir si nos sociétés furent originairement formées de paysans libres et égaux ou, au contraire, si elles consistaient principalement en hommes dépendants, question dont nous parlons aussi à propos des Villages. Le courant de la théorie et, en général, des idées à ce sujet, est cependant encore plus nettement prononcé alors que nous abordons l'ensemble de la situation légale et sociale de la population. Après les généralités en vogue dans le dernier siècle, les savants, spécialement en Allemagne, ont approfondi le développement historique : Savigny, celui du droit romain; Eichhorn, plutôt le droit teutonique ; Waitz et autres, les origines teutoniques politiques ; les historiens anglais, l'origine de leur état national ; Palgrave, l'influence romaine ; Kemble, Freeman et Green, l'origine teutonique, tandis que Stubbs a fait la même chose pour le droit constitutionnel en signalant surtout l'union remarquable des institutions normandes (spécialement relevées par l'Allemand M. Gneist), et des institutions anglo-saxonnes. Guizot et les deux Thierry, en France, appartiennent à cette même grande école idéalisant les formes antérieures. Les romanciers même retournent aux origines nationales et donnent au paysan un relief tout spécial : citons, en Allemagne, Gustave Freytag, et, pour les paysans d'aujourd'hui, Berthold Auerbach. C'est parfois en romancier qu'écrit Michelet, dans son livre *Du Peuple*, par exemple. On parle de l'antiquité nationale fondée sur la liberté et l'égalité, mais on vise aussi, par là, l'avenir que l'on désire créer. Cette tendance exerce une grande influence sur le mouvement de 1848 et sur les institutions qu'on cherche alors à former, telles que le suffrage universel. On peut la suivre dans la plupart des pays. En Danemark, où l'on a conservé les principes de 1848, elle a été une des causes évidentes du pouvoir prépondérant que l'on a donné aux paysans dans les élections. Cette tendance est fortement exprimée, par exemple, chez le principal historien de cette époque, M. Allen, ainsi que chez le prédicateur-poète-historien, N. F. S. Grundtvig. Dans la Norvège, ce coin extrême du nord-ouest, elle s'est maintenue et développée tardivement, exprimée dans les merveilleux contes paysans de Björnson et chez l'historien E. Sars, qui exaltent tant le paysan, et elle est **au** fond des difficultés politiques actuelles du pays.

Il est naturel et il est bon que les idées et la tendance trop romanesques aient trouvé une réaction réaliste comme chez Taine et chez d'autres auteurs dans les autres pays ; nommons comme exemple, en ce qui concerne la société rurale, l'auteur anglais, M. Seebohm. Mais la réaction est allée trop loin, et est aussi, de son côté, en dehors de la vérité. Il est nécessaire de le constater. L'ancienne tendance avait un grand fond de vérité et elle se manifestait en général un idéalisme heureux et utile.

Le Danemark offre un exemple intéressant de l'influence pratique de ces idées. Il n'y a probablement aucun pays où les réformes rurales dans la période du « gouvernement absolu « éclairé » de la dernière partie du xviiie siècle aient été mieux exécutées, dans l'ensemble ; elles transformèrent une population des plus misérables en citoyens relativement heureux et progressifs. A côté de toute la série de lois qui donnaient aux paysans la liberté, sur les domaines même le droit de propriété, une meilleure distribution des terres, des routes, des écoles, etc., il y eut cependant une loi qui fut une erreur. C'est une ordonnance de 1790 qui transforma en obligation la coutume d'affermer les fermes paysannes au paysan pour sa vie et celle de sa femme jusqu'à ce qu'elle se remariât, le *Livsfäste*. Cette loi, innocente en apparence, faisait des paysans une classe fixe, et alors qu'après 1848, on voulut abolir entièrement cette situation où la propriété était limitée, en tâchant de hâter la vente de toutes les fermes paysannes à leurs possesseurs momentanés, on vit s'élever, de la part de cette classe, réellement classe moyenne, des demandes entièrement socialistes ; on voulait dépouiller les grands propriétaires de leurs propriétés par une expropriation au-dessous de leur valeur, etc. Ce mouvement et cet esprit de classe partageaient le peuple, d'un côté les paysans, de l'autre, la classe bourgeoise dirigée par les fonctionnaires à éducation universitaire ; ils allaient même, pendant quelque temps, après que la lutte pour le Slesvig danois qui avait réuni les deux partis du peuple eût été terminée par la conquête allemande de 1864, arrêter tout le fonctionnement de la constitution libre de 1848. Or, cette loi malheureuse de 1790, ainsi que les demandes émises après 1848, était due à l'exagération des idées sur l'heureuse condition des anciens paysans libres. La loi de 1790 était notamment l'œuvre, non pas de la commission qui prépara les autres réformes, mais d'un haut fonctionnaire, M. Colbjörnsen, né

en Norvège et rempli d'admiration pour les anciens paysans normands.

Dans la moderne Allemagne, on a vu quelque chose d'analogue. La législation agraire des princes prussiens d'avant la Révolution, qui voulaient artificiellement conserver les paysans et réglementer leur situation, était sans doute plutôt une expression de toute leur politique qui consistait à mettre tout dans certaines rubriques : les villes qui seules avaient le privilège d'exercer l'industrie et le commerce, et qui payaient l'accise, les campagnes avec les paysans et les grands propriétaires, comme deux classes ayant de même chacune leurs droits et leurs obligations. Les réformes après 1807 étaient dans leur totalité excellentes ; mais déjà, à l'élaboration de ces lois, on éprouva ces effets d'idées maladives qui voulaient borner le libre développement de la situation rurale. Dans les temps plus modernes, on trouve, en Allemagne, une série d'auteurs qui ont traité la situation et les réformes rurales d'après des vues les plus correctes et éclairées : citons comme des exemples, parmi les anciens, MM. P. Reichensperger de la Westphalie et Lette, et parmi les contemporains, M. Bücher dans l'Allemagne du sud.

Dans l'Autriche-Hongrie, le développement historique a subi l'influence de l'incompatibilité des divers éléments nationaux et, en partie, aussi religieux. Cette cause a sans doute largement contribué au caractère des mesures gouvernementales encore plus révolutionnaires qu'elles ne l'ont été en Prusse. Il faut tenir compte de toute l'histoire de cette administration dont le despotisme s'est immiscé partout, et, presque toujours, même lorsqu'il était dirigé par d'excellentes intentions, a été beaucoup trop loin, pour comprendre le courant d'idées peu libérales et peu pratiques qu'on rencontre continuellement chez les auteurs et les hommes d'État dans la monarchie des Hapsbourg comme en Allemagne. On peut cependant sans doute dire de toute l'école émanée de Berlin, peut-être sous l'influence peu sûre comme direction scientifique de M. Schmoller, qu'elle a des idées peu pratiques, dues ou à un idéal romanesque de l'ancienne Germanie ou à la politique moderne dite « sociale ». D'après ces idées, on a voulu ou garder ou créer artificiellement des fermes paysannes sans égard aux besoins de la vie et des circonstances. Signalons les efforts faits pour introduire un droit spécial d'héritage pour un des enfants, *Anerbenrecht*, et ceux qui ont eu pour but de former ces *Rentengüter*, qui présentent des restrictions que les paysans eux-mêmes n'aiment pas, et qui de plus restent rarement entre les mains où on a eu l'intention de les placer.

La manière dont on entend la question de partage des fermes paysannes caractérise peut-être mieux la tendance générale. Les meilleurs auteurs désirent qu'on tâche de les tenir indivises, même là où ce n'est pas la coutume, par des lois conçues dans ce sens, dans le cas où il n'y a pas de testament : Roscher, Schmoller, Conrad, von Thiel, von Miaskowky, von Helferich et Buchenberger, dans l'Allemagne du Sud ; le comte Chlorinsky, von Peetz, le comte von Inama Sternegg, Marchet, Peyrer, en Autriche ; dont plusieurs du reste sont de vrais libéraux. Quelques petits Etats au Centre, surtout à l'imitation d'une loi de Schaumburg-Lippe, et le Mecklembourg (pour ses possessions héréditaires) ont publié des lois visant à empêcher le partage. Pour beaucoup de territoires allemands, on a institué un arrangement facultatif en établissant les *Höferollen*, enregistrement, pour ceux qui le désirent, d'après lequel les fermes vont, quand il n'y a pas de testament, sous des conditions particulières, à un seul héritier. Cette organisation n'est cependant utilisée que là où régnait déjà la coutume de ne pas diviser les fermes : dans certains districts rhénans, dans la Westphalie et dans certaines parties du Hanovre et d'Oldenburg, voisines de cette dernière contrée, où des grands chefs politiques tels que les catholiques Windhorst et Schorlemer-Alst et le grand national-libéral, M. von Bennigsen, ont tenu la main à l'application des lois. Beaucoup d'économistes allemands, des Prussiens comme Schmoller, Sering, von Thiel, des conservateurs autrichiens et même des économistes de valeur comme Schäffle et Ruhland, veulent aller encore plus loin et empêcher d'hypothéquer les fermes et de les partager *ad libitum*. On peut aussi, sous ce rapport, signaler les préjugés contre la spéculation qui a pour but de morceler les terres, *Güterschlachterei*, et il faut rappeler également les jugements que les auteurs portent sur les grandes propriétés.

D'un côté, on veut favoriser les uns aux dépens des autres par toute la politique protectionniste ; d'autre part, les mêmes auteurs ne reconnaissent pas suffisamment les services qui ont été rendus par les grandes fermes. Ce sont les grandes fermes (créées partout dans les provinces anciennement slaves, mais notamment dans l'ancienne Poméranie suédoise, en Mecklembourg, et dans le Holstein occidental) qui ont appris l'agriculture aux paysans, et qui l'ont apprise également à d'autres pays, par exemple, aux pays scandinaves. Ils plaignent les paysans et les laboureurs de ce qu'ils quittent les terres ; et pourtant ils s'en vont, parce qu'ils deviennent plus heureux, par exemple, aux États-Unis.

La plupart des auteurs portent sur tout le développement historique un jugement faussé par ces préjugés. Citons par exemple M. Paasche et les deux auteurs, du reste, de mérite, de l'Université de Strasbourg, MM. Knapp et Fuchs. Les causes de cet état des esprits en Allemagne et en Autriche sont multiples ; il y en a aussi, en dehors de l'histoire, du gouvernement et de l'administration, dans les idées philosophiques et il est lié à la manière dont on a traité l'histoire.

Ce qu'on voit en Allemagne, d'idées préconçues et romanesques sous ce rapport, n'est cependant rien en comparaison de ce que l'on a vu en Russie lors de la discussion sur le *mir* ou la commune paysanne communiste. On en a vu des conséquences on ne peut plus malheureuses lors de l'exécution des réformes organisées en Russie et encore davantage en Pologne. Les erreurs historiques ont été au nombre des armes dont se sont le plus servis les auteurs et les hommes d'État russes, barbares, réactionnaires et ennemis de la liberté. Nous en parlons en traitant de la question du village (V. COLONISATION ANCIENNE).

Le plus souvent, les théories savantes qui étaient encore en vogue, il y a une trentaine d'années, ont servi la liberté et le progrès. Il sera cependant très utile d'en savoir ce qui est vrai, et de refréner l'exagération réaliste et pessimiste de la réaction moderne.

3. L'ancienne liberté chez les races teutoniques.

L'ancienne liberté des paysans chez les races teutoniques est une vérité absolue, et les exemples de dépendance que relèvent des auteurs comme Seebohm et Fustel de Coulanges, surtout d'après le Polyptique d'Irminon, abbé de Saint-Germain-des-Prés (812), publié par l'érudit M. Guérard en 1844, ne peuvent être qu'une restriction à une trop grande généralisation d'autrefois. Les théories qu'ils veulent ériger sont plus fautives que celles qu'ils veulent détruire (Voy. par exemple, pour la manière erronée dont Fustel de Coulanges envisage la colonisation teutonique en France, son article dans la *Revue des Deux Mondes* du 15 mai 1872).

Il y en a de nombreuses preuves. Prenons-en une, la situation bien connue des Normands. C'est la dernière migration teutonique. Ce sont les derniers païens, et, avec le paganisme ils ont conservé l'ancien état social ; c'est, en partie, celui-ci qui leur donne leur grande force, comme autrefois aux Franks et aux Anglo-Saxons vis-à-vis

des Gallo-Romains. Or, ce qui est le plus caractéristique, c'est justement leur grande liberté et leur puissant individualisme; ce sont là les traits les plus instructifs de leur vie et la cause qui leur donne la victoire depuis leurs premières expéditions jusqu'aux conquêtes de l'Angleterre et de l'Italie par les Normands de Normandie; ce sont des personnalités fortes et infatigables, avec une fraîcheur, une spontanéité, et une élasticité des plus remarquables. C'est la grande masse du peuple qui est formée d'hommes libres, forts et puissants. Cela résulte du système de la guerre à cette époque, de même que l'aristocratie se relie à la méthode de guerroyer à cheval du moyen âge, et nous le savons de façon précise par tout ce qui nous est raconté par les chroniques franco-gauloises et anglaises ainsi que par les sagas et les œuvres historiques du Nord. Les Normands sortent du Nord, chaque homme ou chaque petit chef pour son propre compte, sur leurs petits navires qui suivent les côtes; mais ils atteignent dans leur ensemble un si grand nombre que, depuis le 28 mars 845, où le chef Régner avec 120 navires fit la conquête de Paris et rapporta en Danemark la serrure d'une des portes de la ville et une poutre de mélèze de l'église de Saint-Germain-des-Prés, jusqu'au siècle suivant, lorsque le roi Harald aux dents bleues fait voile pour la Norvège avec 700 navires, et plus tard, lorsque ses successeurs partirent pour la conquête de l'Angleterre, il est bien évident que ces guerriers représentent la masse du peuple. Un navire contient de 40 à 80 hommes; ce sont donc des arrivées de 5000 à 30 000 hommes. Lors de la conquête de la Normandie, les Normands répondent, d'après les chroniques françaises, aux questions de l'envoyé de Charles le Simple qu'ils viennent du Danemark et qu'ils sont tous libres, sans maître, et égaux.

C'est par l'Islande, où émigrent, dans la même période d'exode, à la fin du IXe siècle, les hommes les plus indépendants du sud-ouest de la Norvège, qui ne veulent pas se soumettre au roi Harald aux beaux cheveux, que nous connaissons le mieux l'état social de cette dernière société teutonique païenne. C'est la fleur de la société normande qui s'y cristallise et qui aura de bonne heure sa littérature, ces sagas qui appartiennent à la première littérature nationale du moyen âge et qui nous donnent un tableau si remarquable des habitants, de leurs puissantes personnalités et de leur caractère, de leurs luttes et de leur manière de penser. Nous connaissons même les noms et les origines des principaux colons, et, évidemment, la

république, qu'ils forment dans cette île lointaine et isolée, est, dans ses principaux traits, une image de la société qu'ils ont quittée. Ces hommes, grands lutteurs, caractères fortement trempés, entièrement indépendants et libres, sont des *bönder*, *Bonde* ou « habitant » étant le nom de l'homme ordinaire et encore aujourd'hui du paysan scandinave.

Les Normands sont les derniers colons teutoniques; mais, évidemment, ils ont eu, essentiellement, le même caractère et le même état social qu'avaient les autres conquérants de la race. Sans doute, les hommes qui s'occupent les premiers des travaux agricoles, alors que les Teutons défrichent le sol, sont les esclaves ou autres dépendants. Nous le savons même par les anciens écrits, tels que les sagas du Nord. Mais la masse des colons, ces paysans, qui s'établissent comme cultivateurs, sont les mêmes que les guerriers. C'est alors que la conquête finit, dans les IVe et Ve siècles, que les hommes teutons deviennent cultivateurs ou paysans. Je n'approuve pas la théorie d'après laquelle ils sont libres et égaux parce qu'ils sont guerriers; au contraire, la guerre engendre toujours un certain assujettissement; je préfère dire, avec Aristote, que c'est l'occupation agricole sous un climat dur et rude qui crée la liberté. Mais l'histoire entière des guerres et des conquêtes suffit pleinement pour faire désapprouver Fustel de Coulanges et Seebohm, quant à l'état général de dépendance, et pour donner essentiellement raison à l'ancienne théorie de la liberté et de l'égalité teutoniques. La même colonisation teutonique en villages (dont nous parlons ailleurs), dont M. Seebohm déduit que les paysans ont été dépendants d'un maître, suppose, d'après la meilleure des autorités, M. Meitzen, justement le contraire, c'est-à-dire que tous étaient libres et égaux et fort jaloux de leur droit d'égalité. Sans cela on ne peut concevoir le soin méticuleux que l'on apportait au partage des champs communs, soin qui n'existe pas là où les villages sont établis par des maîtres.

4. Éléments aristocratiques.

Certes, il y a eu partout, en même temps, de forts éléments aristocratiques. Ce fait a été déjà une conséquence de la guerre, qui implique toujours le commandement et la subordination, au lieu de rendre tous les hommes égaux, comme voudrait l'affirmer par exemple, M. Sars, de Christiania. Le chef militaire a toujours ses compagnons, *Gasindeschaft*, des *amici* et des hommes moins étroitement liés à sa personne, sinon des étrangers, du moins des hôtes, *gasti*. Le mot serviteur devient bientôt aussi le mot employé pour indiquer le noble, *gesith*, *mane* ou *thegn*, *vassus*. Dans la Scandinavie, le mot désignant le grand propriétaire, *Herremand*, *herreman*, signifie à l'origine, homme de l'armée, du *hœr*, de même que le mot allemand pour Monsieur, *Herr*. Tacite parle des trois classes chez les Teutons. Nous les trouvons partout.

Même chez les Scandinaves, nous avons une description graphique des trois classes dans un des anciens poèmes des *Eddas* islandais, de la période païenne, racontant, de la manière la plus pittoresque, comment le dieu Heimdal, voyageant sous le nom de *Rig*, riche, visite le *Jarl* ou noble, où il a un fils *herse*, chef de la centaine, le *Bonde* libre et indépendant, avec le fils *Karl*, et, enfin, le *Träl* ou serf. Les meilleurs historiens scandinaves, déjà avant le milieu de ce siècle, reconnaissent aussi cet élément aristocratique et qu'il y avait, déjà dans l'antiquité païenne, quelque chose de plus que les *Bönder*, les paysans libres et égaux. C'est notamment l'opinion de P. A. Molbech et H. M. Petersen, en Danemark, de Gejer, en Suède. Parmi les Teutons de l'Allemagne, nous trouvons, même chez les Saxons, pour lesquels rien ne nous est dit d'une conquête avant Charlemagne, les *edilinges*, *frilinges* et *lassi* (d'après Nithard, petit-fils de Charlemagne), comme chez les Franks les *nobiles*, *ingenuiles* et *serviles*, comme aussi dans les lois des Angles et des Varnes, les *adalinges*, et comme souvent les *liti*, *lètes* en français, *lœts* dans le Kent anglais, *Leute* avec une autre signification dans l'allemand moderne. On trouve ces classes dans presque toutes les lois teutoniques, quoique la plupart des auteurs ne pensent pas que les autres nations aient eu une classe constituée de nobles comme celle des Scandinaves et des Frisons. La classe de *lètes* ou d'hommes à demi libres n'a pas existé chez les Scandinaves et les Goths.

Il y a nécessairement une grande différence entre les pays romains conquis par les Teutons, où se trouvent, comme dans la Gaule du Nord et l'Allemagne du Sud, des *latifundia* avec un grand nombre de serfs et de colons, et d'autres pays qui ont toujours été habités par des peuples teutoniques. M. Hearn, le savant et original professeur d'économie politique de l'Université de Melbourne, croit même devoir rappeler, dans son livre sur l'*Aryan Household* (1881) que, dans tous les pays, qui sont devenus celtiques, il y avait eu une race antérieure aux Celtes, et que ce sont, sans doute, des descendants de cette race, plus petite et plus brune, qui ont formé,

de bonne heure, des groupes ou des villages dépendants en Angleterre, en Espagne, en France, dans les Pays-Bas. Nous avons rappelé que trois classes existaient, dont l'une dépendante, même chez les Saxons non conquis. Les Danois, établis d'abord principalement dans leurs îles, avec leur siège le plus important en Séeland, sont nommés pour la première fois dans le vi⁰ siècle, par les auteurs goths Procope et Jordanès, à propos des Hérules; Jordanès les appelle *procere* unis par la race avec les Suédois, et *procere* veut dire ici, sans doute, nobles et non pas de haute taille. Dans les incomparables récits islandais, nous voyons arriver les colons, dont une grande partie, probablement près d'un tiers, avait déjà été établis sur les îles écossaises ou en Irlande, avec leurs serfs et des hommes libérés qu'ils établissent avec eux. Citons la veuve du roi Olaf le Blanc, de Dublin, Aud la puissamment riche, qui a, par exemple, comme dépendant, Erp, fils d'un roi gaélic, accusé, dans les Triades gaéliques, d'attirer, en Islande, des gens du pays des Galles; citons un autre chef venant directement de la Norvège, Geirmund Heljarskin, établissant plusieurs fermes, et entouré de quatre-vingts hommes libérés. Nous trouvons, déjà dans la seconde ou la troisième génération, quelques hommes riches possédant un grand nombre de fermes en partie affermées. De même, dans les anciens pays, en Danemark par exemple, nous trouvons de bonne heure des baillis, le *Bryde* (*bryde*, défricher), devenu souvent aussi un métayer, ou le *Landbo*, qui est toujours un tenancier avec contrat annuel, le même que les *Landsassen* ou *Hintersassen* en Allemagne.

Les dates positives du Nord scandinave ainsi que des tribus teutoniques en Allemagne prouvent que les théories de Fustel de Coulanges et de F. Seebohm qui signalent une dépendance personnelle générale sont absolument fausses. Les Scandinaves avaient des *thräl*, esclaves, qui étaient quelque chose comme ceux des Romains et qui se trouvaient dans un état qu'on ne retrouve pas chez les autres peuples teutoniques lorsque ceux-ci font leur apparition dans l'histoire. Mais les Scandinaves eux-mêmes étaient des hommes parfaitement libres. Et ce cas est le même pour tous les autres peuples teutoniques qui n'ont pas été subjugués. Je ferai pourtant cette concession à M. Seebohm qu'il y a une certaine relation entre l'institution du village et un amoindrissement d'indépendance personnelle. Que cela soit dû au village, ou aux conditions naturelles elles mêmes qui rendent possibles les villages, c'est-à-dire des plaines et une certaine fertilité et facilité de culture, là où il y a des villages, il y a des rois. Les rares tribus qui n'ont pas de rois, mais seulement des juges et des chefs pris parmi le peuple, sont celles qui habitent des fermes isolées. Les Saxons, parmi lesquels les Westphaliens au moins n'ont pas de villages, n'ont que des ducs. Chez les Frisons, les rois jouent un rôle très peu prononcé. Les Trönder, ou les Norvégiens du Nord, Tröndelag, n'ont que des *jarls*, mais pas de rois comme ceux du Sud. L'établissement en villages est une suite d'habitudes acquises par une vie nomade et on dit aussi que cette vie nomade elle-même, avec toutes les querelles inévitables qui l'accompagnent, nécessite absolument un pouvoir royal. Les Svear au nord des grands lacs de la Suède, qui se sont établis relativement tard, avaient aussi un pouvoir royal particulièrement développé à côté d'une forte démocratie.

Sous les Carolingiens, il y a partout des maîtres. Tous les paysans sont les subordonnés de quelqu'un. L'Église devient propriétaire d'un tiers des terres de la France. La lutte avec les Arabes démontre à Charles Martel la nécessité d'une cavalerie, et dans les expéditions lointaines de Charlemagne lui-même, il devient d'une impossibilité absolue d'employer la masse des paysans ; il faut que ceux qui partent soient des guerriers payés et aidés par les autres. Le développement particulier de l'aristocratie chez les Gaulois avait nécessairement depuis la conquête germanique exercé une grande influence et des Gallo-Romains se trouvaient parmi les serviteurs les plus utiles des rois. L'organisation qui s'était développée en France après la conquête fut aussi introduite chez les Franks et chez les autres nations qui vivaient sous le régime du droit frank en Allemagne. Alamans, Bavarois, Thuringiens, et Chattes ou Hessois. Seuls les Saxons gardèrent en partie leur organisation nationale.

Il y a, déjà depuis le commencement de l'organisation franque, un curieux mélange de pouvoir et de dépendance publique et privée. Les anciens nobles de naissance se retirent ou se changent en nobles de service, dont la condition participe à la fois et des droits publics et des droits privés. Les personnes qui servent le roi sur ses fermes domaniales, et qui ordinairement sont plutôt de basse naissance que de noblesse, sont en même temps les administrateurs de ses propriétés et les receveurs des redevances publiques ; et de même en ce qui concerne ceux qui paient, il n'y a, déjà à cette époque, que peu de différence dans le fait de payer au roi envisagé comme propriétaire ou comme puince.

Cette situation, fondamentale pour tout le développement du moyen âge, on la voit aussi, sous quelques rapports, le plus clairement là où le nouvel ordre se produit le plus tard, dans le Nord scandinave et spécialement dans la Norvège, pour laquelle nous avons les récits des sagas islandais. Alors que, dans la dernière partie du ix° siècle, d'après les exemples du Danemark et de la Suède, Harald Haarfager, ou aux beaux cheveux, forme les populations habitant « la route vers le Nord », la Norvège, en royaume, les paysans, *Bönder*, regardaient partout leur soumission et les impositions du roi comme identiques à la perte de leur droit de propriété, leur *Odel*, et, parfois, déjà le premier roi remplace rigoureusement les chefs par ses fidèles, qui sont souvent de basse naissance. Plus tard, on voit, en Norvège, exactement le même développement que dans les royaumes carolingiens : les *Hœlds* ou paysans puissants qui habitent des terres qu'ils ont héritées de leurs ancêtres, sont remplacés par les représentants du roi, ses baillifs, les *Ländermen*. Lorsque le fils de Harald aux beaux cheveux, Hakon Adelstensfostre, qui avait reçu son éducation chez le grand roi anglais Athelstane, paraît en Norvège pour supplanter son frère Erik à la hache sanglante, le bruit « court dans le pays comme le feu sur les herbes sèches » qu'il a rendu leur *Odel* aux paysans.

La féodalité contient l'idée romaine de domination. La liberté teutonique s'y oppose, et l'une des formes de cette opposition se traduit par les efforts qui sont faits pour transformer promptement les offices publics en possessions privées et héréditaires. Le puissant élément aristocratique lui-même est une expression des libertés, de droits privés. Le mot féodalité d'ailleurs est d'origine teutonique : *fevum*, *fihu*, ancien haut allemand, signifie bétail, *Vieh* en allemand moderne, et devient l'expression qui indique la richesse mobilière, comme *chattel* en anglais qui n'est que le mot *cattle* ou « bétail » écrit d'une autre manière. Le mot *Fœ* signifie encore aujourd'hui, en scandinave, « bétail », et *Liggendefœ*, bétail « couchant », signifie richesse mobilière. Le *feodum*, c'est la possession temporaire, le *beneficium*, opposé à l'*allodium*, l'*alleu*, la propriété foncière complète. L'ancienne idée teutonique se maintient dans sa plus grande pureté en Islande, où la société est une fédération d'hommes libres qui ne reconnaissent aucun maître, payent tout au plus de minimes redevances au chef possesseur du temple dédié à leurs divinités païennes, et, dans le cas où ils restent chez eux, à ceux qui se rendent au *Thing* (cour de justice et assemblée législative); mais, d'autre part, ils n'ont aucun pouvoir exécutif; aux parties elles-mêmes incombe le soin d'exécuter les jugements; et cette anarchie perd enfin cette république si remarquable. Dans les trois pays scandinaves eux-mêmes, l'introduction des principes féodaux n'a cependant jamais été complète; il y en a tout au plus des traces et des ébauches. D'un autre côté, la propriété est restée plus nettement délimitée dans le Midi où le vrai droit romain se conserve plus pur, et où le développement est aussi, sans doute, influencé par la nécessité de la culture, et où le climat favorise naturellement la petite propriété. Déjà, en France, le Midi est dit *mater alleuorum*. Dans les royaumes carolingiens, aussi, on s'oppose à tout le nouveau régime; en Allemagne, on continue même l'opposition contre tout impôt direct jusqu'au dernier siècle, et le développement général du pays, avec sa carte si bigarrée de pouvoirs territoriaux, a été une conséquence de cette opposition. Déjà sous les Carolingiens, on arrive cependant à un tel développement de l'idée féodale, qu'il y a partout des seigneurs ayant des devoirs publics et des droits privés, et que l'on peut énoncer le principe qu'il n'y a nulle terre sans seigneur.

Prenons comme exemple la situation de l'Angleterre telle que nous la trouvons lors de la conquête normande dans le grand recensement de Guillaume le Conquérant ou le Domesday Book de 1086. Nous savons que l'état social était très aristocratique déjà sous les Anglo-Saxons. Nous entendons parler à cette époque de deux classes, les grands propriétaires ou les *eorls*, et les paysans, les *ceorls*, (c'est le même mot que *Karl* dans le Nord, que *Kerl* en Allemagne, l'homme armé), appelés aussi *frihals*, cou libre; mais nous entendons parler aussi de deux classes existant sur les grandes propriétés, les *geneats*, (même mot que le *Knecht* allemand), qui paraissent être taillables et corvéables à merci, entièrement dépendants, dont les plus grands sont appelés *casarii*, les plus petits *cotsetle*, et les *geburs*, paysans possesseurs d'une ferme ordinaire et jouissant d'un meilleur droit. A cette époque, après la conquête par les Normands français, en 1086, la population de la campagne est composée de 1400 chefs féodaux et de 7871 *subfeudataires*, de 13 700 hommes rendant seulement des services militaires aux seigneurs, de 30 831 hommes libres payant des redevances fixes ou rendant certains services déterminés, ce qui fait un total de 53 802 hommes libres. Parmi les hommes personnellement dépen-

dants, nous trouvons 110 000 *villani*, 82 000 *bordarii*, et 7000 *cottarii*, et enfin 25 000 *servi*.

Mais, ce qui est très curieux, c'est la différence entre les diverses régions du pays. Dans les provinces de l'Est, en grande partie colonisées par les Normands danois dans la dernière moitié du ixe siècle, il n'y a presque pas de serfs, mais il y a des classes particulières de petits possesseurs libres, tels que les *sochemanni*, comme on les appelle dans certains districts, qui atteignent parfois un tiers environ de la population. C'est dans les provinces anglo-saxonnes qu'il y a le plus de *villeins*. Dans les districts conquis les derniers sur les Gaëls par les Anglo-Saxons, il y a particulièrement un nombre considérable de serfs. Si l'on divise le pays en deux moitiés, on trouve, à l'est, les deux tiers des terres entre les mains des plus grands paysans, tandis qu'à l'ouest, au contraire, les deux tiers des terres sont entre les mains des *cottarii* et des *servi*, un tiers seulement étant entre celles des paysans qui sont ici surtout des *villani*. Plus tard, d'après le Boldon Book, par exemple (1183), ou les Hundred Rolls, sous Edouard Ier, on parle du *burriman*, au lieu de l'ancien *gebur*, et du *niet* ou *neat*, au lieu du *geneat* ou *villanus*. On distingue les *villeins en gros*, c'est-à-dire ceux qui étaient dans une dépendance personnelle, « serfs de corps » en France, la minorité, et les *villeins regardant*, constituant la partie plus considérable, « serfs de mainmorte » en France, qui appartenaient à la terre, et qui arrivèrent bientôt à payer en argent au lieu de payer en travail, devenant ainsi tenanciers héréditaires. Voyez sur leur situation les discussions entre Vinogradof, Ashley, Leadam et autres. Parfois, on parle des *bondi* ou des *bondemen*, par exemple, dans le poème du moyen âge *Piers the Ploughman*, ce qui est probablement un nom introduit par les Danois. Delisle trouve à peu près les mêmes classes en Normandie, les *vavasseurs*, hommes libres, et les dépendants, *bordarii* et *cottarii*. Les *Lowlands* d'Écosse avaient la même population que l'Angleterre, c'est-à-dire des Anglo-Saxons, des Danois conquérants et des Normands français qui y pénétrèrent comme administrateurs et seigneurs. On trouve là aussi des classes similaires : *libere tenentes*, qui sont possesseurs tout en rendant certains services publics ; *firmarii* ou *husbandi*, *husbondemen*, payant en argent ou en nature; *bondi*, attachés à la terre ; et *nativi*, nés en dépendance. Nous donnons ces exemples pour montrer la différence des classes, qui se développe de bonne heure. Mais on ne peut nullement regarder toute la masse de cultivateurs comme dépendants, avec Seebohm et Fustel de Coulanges; il n'est même pas probable, comme le veut Denman Ross, que cette classe ait, chez les anciens peuples teutoniques, formé la majorité.

5. Fermes paysannes.

Partout, mais surtout chez les nations de race teutonique, on trouve la masse des terres distribuées en fermes paysannes, contenant ce que peuvent cultiver un homme et sa famille avec une paire d'animaux de trait. Seebohm regarde cette distribution comme la plus forte démonstration de la généralité de la dépendance, à l'origine; il croit qu'elle ne peut être faite que par la loi. Au contraire, là où nous la trouvons, nous savons que les paysans ont été libres; elle est plutôt le témoignage d'une origine généralement libre. Du reste, l'étendue de la ferme diffère considérablement; elle n'est même pas universellement la même en Angleterre, comme l'a voulu Seebohm; elle est identique dans le même village dans lequel les terres étaient distribuées également à tous les membres participants de la communauté; elle diffère nécessairement entre les villages. La ferme ordinaire est mentionnée pour la première fois dans le testament de l'abbé Perpetuus, 450, puis dans les lois des Visigoths, 620. C'est le *manse* que l'on trouve en France non-seulement dans le Nord-Ouest où règne le système des villages, mais même notamment chez les Visigoths : ceux-ci, quoiqu'ils eussent conservé les fermes celtiques ou romaines isolées, paraissent avoir rapporté le principe de la *manse* de leurs anciens pays et avoir même redistribué les terres pour l'instituer. Pour donner une idée des *manses*, on peut noter quels étaient les bestiaux sur un *manse* ordinaire des Franks ripuaires : 12 juments et un étalon, 12 vaches et un taureau, six truies et un verrat, et chez les Franks saliens : 7-12 chevaux, 10-12 bœufs, 6-25 ou même 50 porcs et 40-50 ou 50-60 moutons. Ceci prouve bien qu'une telle ferme était celle d'un homme indépendant. Le *manse* est la base de l'organisation de l'armée de Charlemagne. En Angleterre, le *yardland* ou *virgate* est la mesure ordinaire, le plus souvent 30 acres ; deux *bovates* ou *oxgangs* forment un *yardland* ; quatre *yardlands* forment une *hyde* ou *carucate*, qui serait donc le plus souvent de 120 acres. Seebohm a cru, parce que cette superficie était labourée par des charrues attelées de huit bœufs, que chaque petit cultivateur y contribuait avec deux bœufs; mais Vinogradof a montré que c'est un des cas où l'auteur conclut trop facilement d'exemples particuliers; ce n'était pas la manière générale de cultiver les fermes, et leurs parts sont aussi d'étendue différente. On parle aussi des *halfyerdlings* ou cultivateurs de demi-yardlands et des *farlings* ou cultivateurs de quarts de yardlands, etc. En Allemagne, le nom général est *Hufe*, *huoba*, *hoba*, χῆπος en grec, et les auteurs, MM. Müllenhoff et Meitzen, veulent le faire dériver du mot « besoin », *Behuf*, en le distinguant du *Hof*, une ferme. Dans les langues scandinaves, en tout cas, le même mot est employé pour ferme et terre normale, le *Gaard*. On appelle aussi la mesure ordinaire *bol*, en danois, en frison et en anglo-saxon ; aussi *buttel* dans le bas-allemand ; *buht* dans l'ancien hautallemand. En Suède, on a encore le *hemman* (le *home*) ou *mantal* (nombre des parts d'un homme) comme base de l'ancien impôt foncier, comme autrefois les *bol* en Danemark; dans les anciennes parties du pays, il y a encore 40 000 de ces unités qui existent encore. On a encore indiqué la ferme par des mots équivalents au latin *sors*, soit parce qu'on distribuait les terres par voie de tirage au sort, soit simplement dans la signification de part : *lot* en Angleterre, *Lod* encore en Danemark, pour toute la terre d'un paysan; des mots équivalents à « part », *Del*, dans le nord scandinave et en Angleterre, *theel* dans les Pays-Bas, où une autre explication du mot *theelbauer* est probablement erronée. Le mot scandinave *Gaard*, qui est de même origine que le *yard* anglais, le *garth* sur les côtes de la mer du Nord, et qui se retrouve même dans le mot français « jardin », ainsi que dans quelques mots celtiques et dans le slave *gorod* ou *gard*, désignant une place enclose ou forte, signifie encore aujourd'hui et la place enclose et la ferme et les terres de cette ferme, c'est-à-dire, dans le village, sa part dans les champs communs. Le *Bondegaard* est la ferme paysanne, le *Gaardmand*, le paysan de la classe moyenne ordinaire.

En Allemagne, M. Waitz regarde 30 *Morgen* ou 15 hectares comme la mesure la plus générale d'une ferme, mais il l'indique, pour d'autres régions, comme étant de 15, 20, 60 *Morgen*. La *Hufe* rhénane paraît être le plus souvent 15 hectares, mais elle est parfois aussi de 38, les fermes de Brandebourg et de la Silésie de 17 à 18, celles de la Prusse sous les chevaliers teutoniques, de 17,5. Les fermes laissées aux Slaves en Allemagne après la conquête, avec leur *uncus* ou araire au lieu de l'*aratrum* ou charrue allemande, ont seulement la moitié ou les deux tiers de la ferme allemande ordinaire, c'est-à-dire de 9 à 11 hectares. M. Lamprecht croit que cette étendue est même partout plus restreinte que l'étendue ordinaire chez les paysans dépendants, sur les propriétés seigneuriales.

On rencontre continuellement, dans les montagnes du Sud et du Centre et sur les côtes marécageuses du Nord, de grandes fermes doubles, dans la période de colonisation, dès le ixe, mais surtout du xie au xive siècle, *Königshufe* (48-50 hectares), parce que c'est la mesure des donations royales déjà à partir du viiie siècle mesurée par *virga regalis* à 4.8 mètres, ou moitié plus que la *virga* ordinaire ; *Marschhufe*, dans les marécages du Nord ; *Hagenhufe*, d'après leurs longs enclos, et *Waldhufe*, ferme de forêt (30-40 hectares) ; ferme néerlandaise, ferme westphalienne, flamande, franconienne, d'après la nationalité des colons, etc. M. Meitzen regarde 15-20 hectares comme la moyenne pour les plus grandes *fermes* à l'est de l'Elbe et la transformation de l'ancien sol slave en fermes allemandes. (V. COLONISATION ANCIENNE EN VILLAGES OU EN FERMES SÉPARÉES.)

Si l'on suppose que les anciennes centaines formées à l'époque de l'établissement des peuples teutoniques comprenaient 120 fermes, ce nombre, dès que le *bol* est connu en Danemark et le *hemman* en Suède, est au moins doublé dans chaque centaine ou *herred*, et l'on trouve que leur superficie en terres utilisées d'une manière quelconque par la culture est à peu près la même que celle qui est indiquée comme étant la plus ordinaire en Angleterre pour le *hyde*, soit 120 acres. Les anciens manses des nations teutoniques, en France, avaient probablement la même importance économique. Aux États-Unis, les colons prennent le plus ordinairement possession de fermes de 160 acres, c'est-à-dire, le quart d'une « section » de terre ; et, si l'on tient compte aussi des fermes de moindre étendue, on arrive, là encore, à une moyenne de 120 acres, dont, au commencement, une petite partie est seule cultivée. Meitzen estime que chez les anciens Teutons, une moyenne de 7 hectares de terre était, par famille, nécessaire à la culture du grain, et que le reste était employé pour le pâturage. Plus tard, lorsque le défrichement fut devenu plus actif, on put diviser les fermes sans rien diminuer de leur valeur. Cependant, lorsque tout fut défriché, elles mesuraient le plus souvent plutôt le double de 7 hectares.

Les anciennes fermes normales se trouvent conservées d'une manière très différente selon les divers pays. Dans une certaine mesure, il a été plus facile de pratiquer des morcellements, là où — et c'est le cas le plus ordinaire — il y avait communauté du village, et où il suffisait de séparer les nombreuses pièces distribuées dans les champs communs ; le morcellement a été moins facile là où existaient des fermes constituant chacune un ensemble distinct. Là où les parcelles éparses des anciennes communautés ont été consolidées, comme en Danemark, par exemple, à la fin du dernier siècle, des fermes paysannes normales sont sorties du système de village ; et ce n'est que dans les temps modernes, alors que beaucoup de paysans ont obtenu le droit de propriété, brusquement et sans efforts de leur part, que les fermes ont été morcelées. Sur le Rhin, où sont développées la viticulture et d'autres cultures spéciales, M. Lamprecht trouve que l'ancien système était effacé, en grande partie, dès le xiie siècle, et que, dans le xve, l'étendue ordinaire des fermes n'était plus que le quart de ce qu'elle était à l'origine. Aujourd'hui la propriété est très morcelée dans tout le territoire de droit franconien, où existait aussi partout le système du village à champs communs. Elle l'est moins, d'ailleurs, dans le duché de Bade et le Würtemberg et même en partie, en Bavière et en Saxe. Pour la Normandie du moyen âge, M. Léopold Delisle note la distinction qu'il faut établir entre les « pleins paysans », les « demi-paysans » et ceux qui possèdent des terres encore plus restreintes. Dans toute la France, malgré le droit romain et la coutume des héritages, on trouva lors de l'enquête de 1881 et 1882, que l'on exploitait beaucoup plus de fermes de l'ancienne étendue normale que ne l'avaient supposé la plupart des auteurs.

En Russie même, ce n'est que le *mir*, introduit avec le servage, du xvie au xviiie siècle, qui a détruit l'ancienne ferme. Avant d'en arriver à la communauté avec partage égal, il y a eu, là aussi, les fermes entières, les demi-fermes, etc. Dans l'ancien temps, d'après les poèmes héroïques, par exemple, le paysan est *kmet*, « homme » ; au pluriel, on emploie aussi le mot *ljodi* (liti), que l'on retrouve sous diverses formes, dans d'autres langues (Leute), pour signifier « gens » ou *semane*, hommes du pays ; on emploie également *smerd*, c'est-à-dire « sales » ; il a reçu, depuis le temps de la domination mongole, le nom qu'il conserve, encore, de *krestianine*, « chrétien » ; ce n'est qu'avec le servage qu'il devient *moujik*, « corps ». La condition des terres suit celle des personnes.

6. Grandes propriétés.

Les grandes propriétés se développent avec les différentes classes de la société et suivent le mouvement de la civilisation au moyen âge, d'abord celles de l'Église et des rois, et bientôt celles des nobles. Lamprecht ne les trouve pas seulement dans la Gaule et dans d'autres pays romains de *latifundia;* elles existent partout, même dans l'Allemagne, dès la première moitié du viie siècle, et nous avons cité l'exemple de l'Islande à l'époque de sa colonisation. Mais au commencement, elles consistent principalement en fermes ordinaires. Le monastère de Prüm en Allemagne en possède « depuis le Neckar et la Lahn jusqu'en Hollande et jusqu'à Rouen et Angers en France »; celui de Fulda en possède, sous Charlemagne, 15 000; celui de Tegernsee, près de 12 000; celui de Saint-Gall, près de 4000. Les monastères de Fontenay, de Saint-Wandrille, de Saint-Germain-des-Prés ont aussi d'énormes possessions. La plus grande quantité de ces fermes sont établies sur les terres incultes des montagnes, que l'on a données à ces monastères, afin qu'ils y établissent des cultivateurs. Il faut y joindre de nombreuses fermes, que leurs propriétaires ont volontairement soumises à l'Église. Les domaines des rois sont organisés par groupes, mais consistent aussi presque tous principalement en fermes ordinaires. Il y a des grandes fermes sur les possessions royales et ecclésiastiques, mais en nombre relativement petit.

De même, lorsque se développe la noblesse du moyen âge, principalement pour fournir les cavaliers pour la guerre, ses propriétés, pendant longtemps, consistent surtout en fermes paysannes ordinaires. Sous Charlemagne, alors que les guerres exigent déjà une longue absence, seuls ceux qui possèdent de trois à cinq fermes doivent le service; mais pour servir comme cavalier, douze fermes sont nécessaires. Ce même nombre est encore obligatoire sous Edouard I⁰ʳ en Angleterre. En Danemark, où la noblesse n'a son origine dans aucune conquête, et a été constituée seulement par les guerriers du roi, ces mêmes *huskarle* qu'on connaît dans la période de Kanut le Grand et de Harold en Angleterre, sorte de fédérations guerrières, ces guerriers qui sont payés par l'exemption des taxes pour leurs terres, ne jouissent de ce privilège que pour quatre fermes ou charrues.

Les auteurs allemands nous expliquent comment un grand nombre des grandes propriétés ont tiré leur origine des fermes possédées par les rois, l'Église ou les grands chefs, les *Salhöfe* (de *sala*, salle), les *Frohnhöfe* (de *frono*, *dominicus*) à qui les paysans rendaient les services dus au maître (*Frohnden*, corvées), *Meierhöfe* (de *majordomus* dont dérive le nom si fréquemment répandu de *Meier*, employé pour désigner une fonction et comme nom propre; *Meier* a comme équivalent *Vogt*, qui est dérivé de *advocatus*, *vocet*, *voget*, le représentant du maître). Souvent, ces *Meieren* ou *Vögte* reçoivent les propriétés en fermage ou achètent même les droits privés et publics des **princes**, ceux de l'Église ou

de grands chefs laïques, et un grand nombre de *Rittergüter* ou fermes nobles ont cette origine. Dans l'Allemagne du Nord-Ouest, le nom de *Meier* est resté pour désigner les paysans parmi lesquels les grandes fermes ont été plus tard partagées et signifie simplement le possesseur d'une ferme paysanne. Dans les pays colonisés, surtout sur le sol slave, l'entrepreneur, qui établit la colonie, obtient souvent pour lui-même de deux à quatre fermes dans le village ou la colonie. C'est souvent lui qui devient *Schulze*, maire ou bailli, souvent héréditaire, *Erbschulze*. Il y a là souvent une origine de propriétés nobles, *Rittergüter*, cet homme fournissant aussi le service militaire à cheval. D'autre part, beaucoup des fermes qui ont été cultivées pour le compte des nobles, de l'Église ou des princes, firent retour aux mains des paysans ; on trouvait plus de profit à recevoir des redevances en argent. Les grands propriétaires vont même souvent vivre dans les villes, notamment dans le midi de la France, en Espagne, en Italie, et cela, dans les commencements de la période féodale. Ce mouvement se généralise surtout à l'époque des croisades.

Il y a une très grande différence, non seulement entre les pays anciennement teutoniques et ceux où il y a eu des *latifundia* romains, mais aussi entre ceux-là et les pays conquis sur les Slaves. C'est surtout dans ces derniers que se sont développés les *Rittergüter* comme grandes fermes et avec des paysans entièrement dépendants. On donnait des fermes à ceux qui rendaient des services militaires (*milites agrarii*) ; de même, les paysans les plus importants acceptaient de servir sous les armes. Il y a, par suite, encore aujourd'hui, la plus grande différence entre l'Allemagne occidentale et l'Allemagne orientale, de l'autre côté de l'Elbe. L'ancienne Allemagne est, de son côté, divisée en deux régions différentes, celle des grandes fermes séparées chez les anciens Westphaliens et Frisons dans le Nord et chez les anciens Bavarois du Sud, dans une partie de la Bavière et dans les pays autrichiens, et l'autre région, celle des anciens Thuringiens, Hessois, Alamans et Franks ripuaires, où le sol est, en règle, très morcelé. On cherche souvent la raison de ces différences dans la législation française de la Révolution; nous sommes enclins à chercher cette raison, encore insuffisamment élucidée, plutôt dans l'ancienne différence entre le système des fermes séparées et celui des villages. Les législations des divers territoires, sous le rapport du droit de disposer des fermes et d'en recueillir la succession, y ont contribué. Dans leurs grands traits, les différences sont dues aux différents systèmes de l'ancienne colonisation.

Ce n'est principalement, même dans l'Allemagne du Nord-Est, comme ailleurs dans le Nord, dans les pays scandinaves et en Angleterre, que du xve au xviiie siècle que les grandes fermes se sont développées. Elles sont, en tant que propriétés, le fruit du développement aristocratique du moyen âge; il y a surtout de bonne heure de grandes exploitations dans les pays slaves colonisés par des Allemands, pays où il y a un grand nombre de dépendants d'origine slave; mais même là, elles ont été créées principalement dans la période où ce ne sont plus particulièrement les nobles qui servent dans les guerres; c'est lorsque leur période de services politiques et militaires est presque finie, quand ils ont été vaincus par les *yeomen* anglais à Azincourt, par les paysans suisses à Sempach et en d'autres batailles, par les Hussites en Bohême; c'est en Allemagne après 1530 et la guerre de Trente-Ans; c'est plutôt quand commence la période des fortes monarchies, qu'ils font ce qu'avaient fait les anciens guerriers teutoniques après leur période de conquête, qu'ils deviennent agriculteurs.

On a dit que les grandes fermes se développent en dehors et au-dessus de la communauté agricole. Leur existence est, en partie, due à ceci, qu'elles peuvent défricher et augmenter leurs champs. C'est ce que font les nobles avec leurs fermes principales et ils en établissent d'autres dans leurs possessions plus lointaines, *Vorwerke* en Allemagne, *Ladegaard* en Danemark, tandis que le *Sædegaard* est la « ferme de siège », la résidence. Cependant, les grandes fermes continuent souvent aussi, dans presque tous les pays, à faire partie des champs communs des villages. Il n'y a probablement pas de pays où les trois classes d'exploitations rurales puissent être distinguées d'une manière plus évidente qu'en Danemark, et là, le père de l'auteur du présent article s'est occupé, encore au commencement de ce siècle, de séparer les terres seigneuriales de celles des paysans, cultivées jusqu'alors les unes et les autres de la même manière dans les grands champs communs tant a été tardif tout ce développement.

Dans la monarchie habsbourgeoise, la situation diffère de celle de l'Allemagne du Nord-Est surtout sous ce rapport qu'il n'y a pas autant de petits nobles cultivant leurs propres terres, de hobereaux, qu'en Prusse; les populations slaves, magyares, roumaines sont restées dans les plaines; les Allemands n'ont pénétré comme paysans que dans les montagnes. La conséquence a été qu'au lieu d'un grand nombre de propriétés de hobereaux, on a de très grandes propriétés composées de grandes fermes et de fermes paysannes appartenant aux princes et à d'autres grands seigneurs. Dans la Prusse moderne, c'est aussi dans la Silésie autrefois autrichienne qu'on trouve surtout les très grandes propriétés.

7. La situation des paysans dans le moyen âge.

La situation des paysans dans le moyen âge est très différente dans les divers pays, selon l'origine de la société, selon le caractère des gouvernements et les idées des jurisconsultes, selon les guerres et leurs résultats. Nous avons parlé de la confusion du pouvoir public et du pouvoir privé, des droits et devoirs publics et privés. Les auteurs parlent trop du droit et des institutions, aux dépens de la situation économique; mais il faut admettre que celle-ci est souvent réellement créée ou, au moins, profondément modifiée par la situation juridique et politique. La juridiction elle-même est souvent liée à la propriété et, d'autre part, crée souvent des droits privés qui prennent le caractère de propriété, pour le magistrat et pour ses administrés. Des exemples instructifs nous sont fournis par l'Inde moderne, où des despotes ont tantôt confisqué la propriété, tantôt l'ont fixée chez les percepteurs de taxes comme seigneurs féodaux ou comme propriétaires modernes; où différentes races ont parfois aussi superposé leurs droits les uns sur les autres; et où les Anglais enfin ont tantôt, dans le Bengale et l'Oude, par exemple, érigé des percepteurs de taxes en grands propriétaires en donnant ou non des droits aux cultivateurs, tandis qu'ils ont, dans d'autres parties, fait la même chose des chefs de village et que, dans d'autres régions encore, ils ont donné aux paysans le droit direct de propriété ou seulement de possession, c'est-à-dire sans intermédiaire entre eux et l'État.

Dans le xie siècle, les paysans sont représentés, dans une grande partie de l'Allemagne, comme des colons attachés à la terre. Nous avons parlé des *villeins* de l'Angleterre, et nous rencontrons des classes similaires en France dans d'autres pays, souvent avec les mêmes noms, alors même qu'il y aurait parfois des nuances dans la signification, *bordarii*, en France comme en Angleterre, etc. Les *hospites* sont une classe particulière du midi de la France. Lamprecht suppose que, dans le xie siècle, plus de la moitié des paysans allemands se trouvaient dans une position demi-libre. En France, le cultivateur était d'ordinaire *ascriptus glebæ*. Une partie des cultivateurs, spécialement les anciens esclaves, avaient été affranchis et élevés; d'autres, au contraire, abaissés.

Même dans le Nord scandinave, pays d'ancienne liberté, apparaissent, spécialement sur les propriétés de l'Église, des classes qui ressemblent à celles que nous connaissons en Angleterre et dans d'autres pays, les petits *Gaardsœder*, par exemple, payant en travail, et, un peu plus tard, le grand archevêque Absalon rencontre en Scanie une insurrection des *Kotkarle*.

Dans d'autres pays, dont la conquête n'a du moins été que tardive, on rencontre déjà une ancienne dépendance. On connaît l'état des Gaules lors de la conquête romaine. Citons encore ici le pays gallois à l'époque de la conquête anglaise au XIVe siècle et, comme exemple de la situation qui y régnait, le régime de la ferme propre du prince de Galles du Nord, de son *maerdref* (de *maer*, *majordomus*) sur l'île d'Anglesey. Il y a là des terres qui sont entre les mains des tenanciers libres (*heredes*), mais il y en a d'autres qui sont entre celles des *villani*, et il existe aussi une colonie de quatorze petits cottiers, Garthsey (nom scandinave). Ce pays avait été conquis, aux Ve et VIe siècles, par les Kymri, sur les Goidelic ou Gaels. Mais il y avait également des hommes très dépendants dans l'ancienne Irlande, dès les temps les plus reculés. Non seulement il existe là toute une échelle aristocratique de *flaith-schlechta* (*flaiths* désigne les riches et les puissants, possesseurs de plusieurs vaches et maîtres d'un certain nombre de vassaux ; *schlechta*, *schlicht*, signifie les « classes », et c'est probablement le même mot que « schlachta » qui désigne la noblesse polonaise) ; ces *flaiths* forment, avec tous ceux qui exercent des professions (*fer dana*), les « neme », classe supérieure à celle des hommes libres ordinaires, ou « fene » (mot qui signifie lui-même « héros »). Il n'existait pas que des *flaiths* ou nobles par naissance et des chefs d'un certain nombre de vassaux ; une autre classe de nobles était constituée par le seul fait de posséder des vaches qu'ils pouvaient prêter à de plus pauvres : les *bo-aires* ou « lords à vaches » en devaient posséder 12. Il y avait encore d'autres hommes qui, eux, n'appartenaient pas au clan proprement dit, les *taeog* établis dans une plus grande dépendance sur les terres des chefs. Il y avait des tenanciers libres, *daor-ceile*, et des tenanciers personnellement dépendants, des *saor-ceile*. Les *bothachs* étaient de petits *cottiers*. Les *fuidhirs* ou étrangers étaient établis en état de dépendance. Ces classes d'hommes dépendants ou de serfs étaient bien au-dessus des esclaves. Une femme esclave, *cumal*, n'avait qu'une valeur égale à celle de 3 vaches.

Les mêmes classes ou des classes analogues se retrouvent dans le Pays des Galles, dans l'Écosse gaélique et aussi dans d'autres parties non gaéliques de l'Écosse. Sur l'abbaye de Kelso, il y avait en 1290, des *husbandmen* possesseurs de 26 acres, des *cottarii* possesseurs de 1 à 9 *acres* et des *carle* ou *bendmen* et *nativi* ou serfs. Ces classes rappellent mêmes celles dont on parle en France dans le XIVe siècle ; *vavasseurs* ou possesseurs libres ; descendants *d'hospites* ou tenanciers en théorie taillables et corvéables à volonté ; villains ou paysans en état servile, cottiers ou *bordarii* s'ils sont en possession de toutes petites terres seulement.

En suivant ces classes depuis les temps les plus anciens on se demande si tout l'état féodal ne serait pas aussi bien le résultat de l'ancienne constitution en tribus que le résultat des traditions romaines.

Il y a moins d'interruption dans le développement qu'on le croirait d'après un examen superficiel. Même la situation misérable des petits tenanciers irlandais des temps modernes s'explique par une conséquence non seulement de la conquête anglaise, achevée à l'époque d'Elisabeth à Cromwell, mais encore d'une ancienne dépendance; les nouveaux lords ne font que remplacer les anciens chefs. Il est bien naturel que les décisions des juges anglais, qui voulaient accorder, dans les clans, des droits de propriété aux membres subordonnés qui n'avaient que des droits d'héritage très précaires (les terres étant continuellement redistribuées par les tanistes ou successeurs des chefs), n'aient pas pu être maintenues, et de nouveaux faits, tels que l'absence des grands propriétaires (*absentéisme*), et l'introduction de la pomme de terre n'ont qu'aggravé l'ancien état de misère. La condition des petits tenanciers dans les *Highlands* écossais était de même fort incertaine dès l'ancien temps ; c'était, là aussi, un résultat de la constitution toute militaire du clan, et de la médiocrité où ils étaient tombés, en devenant moins nécessaires ; leur situation devint, par là même, plus pénible, lorsque le clan guerrier disparut pour faire place au régime économique moderne.

Dans plusieurs pays, les idées des juristes contribuent à abaisser la condition des paysans. Voyez Gierke et autres pour l'Allemagne, et aussi, en Angleterre, la discussion sur l'influence des juristes normands.

Dans le XIIe siècle, beaucoup de paysans bénéficient d'une meilleure condition. Ceux surtout qui sont fixés sur les propriétés de l'Église paient souvent des redevances fixes, et celles-ci leur deviennent très profitables par le fait que la valeur des fermes augmente rapidement sans que les prestations s'accroissent. Il y existe toutes les catégories de possesseurs : héréditaires, à vie, ou pour un certain nombre d'années. Dans plusieurs pays, les croisades favorisent, sous beaucoup de rapports, le relèvement de leur condition. Presque partout, on rencontre une forte classe de paysans pleine de puissance pour les grands travaux de colonisation et d'expansion. D'autre part, la colonisation et l'expansion contribuent à les élever, et il est parfois difficile de distinguer ici les effets et les causes. En Angleterre, c'est surtout dans le XIII° siècle que les villains deviennent des *copyholders* héréditaires payant des redevances fixes. Mais, certes, il y a toujours beaucoup de différence entre les divers pays. En Pologne, le mot *lan* qui désigne une ferme paysanne ordinaire est le même mot qui en allemand signifie dépendance féodale, *Lehn*, également employé pour désigner les fermes en Silésie et Moravie ; ces fermes sont toujours dans une situation dépendante. La Hollande et plus tard les Flandres excellent déjà dans les XI° et XII° siècles, par leur belle liberté, qui n'est pas sans rapports avec le développement industriel. Dans tout le Midi de l'Europe, la règle est que les paysans deviennent libres.

La peste noire de 1347 à 1348, détruisant en moyenne un tiers, et, en Angleterre, d'après quelques auteurs, la moitié même de la population, améliore la situation des survivants, mais donne aussi plus d'importance au maintien des droits sur le travail des paysans. Les conséquences en ont été notables, bien qu'on ne soit pas encore d'accord sur les causes qui amenèrent bientôt des lois et des coutumes nouvelles relativement à la liberté des paysans.

8. Réaction et servage sous la monarchie absolue.

Une réaction accompagnée d'une plus grande dépendance, souvent un nouveau servage, caractérisent la période de la monarchie absolue. Les nombreuses insurrections paysannes, qui, à la fin du XV° et dans la première moitié du XVI° siècle, éclatent dans de grandes parties de l'Allemagne, et se répandent, après avoir pris naissance dans le Sud-Ouest, sur le Centre et le Nord-Ouest, en Autriche et en Hongrie, en Danemark, en Angleterre, ne réussissent pas. Elles ne sont pas nécessairement le résultat d'une oppression plus grande ; elles peuvent être aussi la conséquence d'un mouvement du progrès, comme la réforme religieuse ; mais, en tout cas, on en profite pour priver les paysans de leurs droits de propriétaires ou même de la liberté personnelle. En Danemark, des milliers de paysans sont punis de leur rébellion par la perte de la propriété ; et la tentative d'un roi bourgeois, Christian II ou le Tyran, pour rendre aux tenanciers leur liberté personnelle, est entravée. En Allemagne, les paysans deviennent généralement *adscripticii glebæ*. Les guerres religieuses achèvent le plus souvent d'empirer leur situation. En Angleterre, dès l'époque des Tudors, il se développe, par l'agrandissement des fermes et malgré des lois assez dures dirigées contre les ouvriers agricoles (tarifs de salaires, lois contre le vagabondage, etc.), une forte classe moyenne et une véritable liberté des personnes et des propriétés. Sur le continent, si l'on excepte les pays calvinistes et républicains de la Hollande et de la Suisse, la règle est que les princes privent les nobles de leur pouvoir politique, mais leur laissent, parfois même en les accroissant, leurs privilèges et leurs pouvoirs sur les paysans.

La situation est cependant très différente selon les diverses contrées. Dans l'ouest de l'Allemagne, comme en France, le servage est le plus souvent plutôt une forme qu'une réalité. Souvent, les droits que le propriétaire noble possède sur les paysans, il les possède surtout comme magistrat et, d'autre part, il ne peut demander que des redevances fixes ; il est *Grundherr*, possesseur de certains droits sur les terres, plus que *Gutsbesitzer*, propriétaire réel. Cette situation est celle de l'Allemagne du Sud-Ouest et du Centre ; elle est aussi en partie celle du Nord-Ouest, où les paysans ont, le plus souvent, le *Meierrecht*, sorte de fermage ou possession héréditaire. Les *Rittergutsbesitzer* quittent même le plus souvent, à la fin du XVIII° siècle, la campagne pour la ville. Ce qu'on appelle *Leibeigenschaft*, plus souvent *Erbunterthänigkeit*, servage, n'est plus quelquefois ici qu'une forme de redevance, surtout en cas de décès. Il y a cependant de grandes différences, selon les différents territoires ; dans quelques-unes des parties de l'ancien évêché d'Osnabrück, par exemple, la dépendance est considérable, notamment en ce qui concerne les droits du seigneur à l'héritage de la propriété mobilière ; mais, en général, dans l'ouest et le sud de l'Allemagne, l'état des personnes est amoindri et elles sont lourdement grevées, sans qu'il faille voir un réel état de servage dans cette dépendance.

A l'est de l'Elbe, il en va différemment. Le grand propriétaire cultive lui-même une ou plusieurs grandes fermes, et désire utiliser, pour cette culture, le travail des paysans ; il a le plus grand intérêt à le retenir comme *adscriptus glebæ, an der Scholle gebunden* ; la corvée, *Frohnden*, *Robot* en Autriche, devient une prestation si considérable qu'elle rend parfois le paysan presque esclave ; les enfants sont astreints à servir sur la grande ferme moyennant un salaire très maigre ; il faut une permission pour se marier ; le droit d'hériter est parfois limité ; et les fils sont obligés de prendre des fermes sous des conditions très dures. La dépendance est en relations étroites avec la race, et le mot esclave, *Sclave*, s'identifie même avec le nom de la race slave. La dépendance est la plus grande là où la population slave domine : dans la partie de la Poméranie où elle s'est retirée en grande partie après en avoir abandonné les autres régions, le Pommerellen, dans le Mecklenbourg, et dans la partie septentrionale de l'est du Holstein, appelée comme le grand duché du même nom, l'Oldenbourg. Dans la monarchie prussienne, il y a encore de grandes différences : l'ancienne Marche de Brandebourg, l'Altmark, à gauche de l'Elbe et colonisée la première, partage plutôt la situation des autres parties de l'Allemagne ; l'état des paysans devient très pénible entre l'Elbe et l'Oder, pire encore dans les Marches au delà de l'Oder et dans la Poméranie et tombe enfin au plus mauvais degré dans les pays polonais échus à la couronne des princes du Brandebourg.

Ce qui empire la situation, sinon toujours, du moins très souvent, c'est le droit de plus en plus précaire des paysans sur la terre. Nombre de gouvernements allemands depuis la fin du xvie siècle, et la monarchie prussienne surtout au milieu du xviiie, s'occupent de maintenir artificiellement la classe paysanne, et contribuent par là à la division du peuple en classes et à l'arrêt du progrès économique. Il faut cependant convenir que là où il n'existe aucune entrave semblable, dans la Poméranie suédoise, y compris l'île de Rügen, dans le Mecklembourg et, pendant quelque temps, dans le Holstein oriental, la situation des paysans devient la plus dure. On cite dans la Poméranie suédoise des exemples, pourtant isolés, de ventes des paysans en dehors de la terre, ainsi que, dans la Prusse orientale, de prétentions des seigneurs sur toute la propriété mobilière des paysans. C'est une situation qui est cependant le plus souvent traitée avec des préventions par les auteurs allemands peu libéraux. D'ordinaire, le servage, même dans la partie de l'Allemagne à l'est de l'Elbe, n'est nullement un état d'esclavage dans lequel la personne et les biens appartiennent au maître. Légalement, la situation est même ici le plus souvent signalée comme *Unterhänigkeit*, situation d'un sujet, et l'essentiel

y est aussi, hors des caractères du droit à la ferme, l'obligation pour les jeunes gens de servir comme domestiques, plus tard celle de la corvée, enfin la nécessité de demander la permission de se marier et l'obligation de rester sur la propriété. Dans la monarchie Habsbourgeoise, on rencontre des différences analogues. Le mot *Obrigheit*, gouverneur ou administrateur politique, devient même le synonyme de grand propriétaire, et le mot *Erbunterthänigkeit* est employé, comme en Prusse, pour la dépendance même à titre privé des paysans. Et, là aussi, la situation très dépendante, dans les pays slaves ainsi que dans la plus grande partie de la Hongrie, est intimement liée à la race et à la différence de race qui existe entre maîtres et serfs.

Une entière liberté ne s'est conservée que dans les Alpes, surtout en Suisse ; sur les bords de la mer du Nord, dans le Ditmarsch, les marais de Brême et la Frise ; elle s'est bientôt raffermie dans les Flandres et autres parties des Pays-Bas ; et elle a, enfin, toujours régné dans toute la péninsule scandinave. On n'a aucune explication complète du phénomène remarquable d'une dépendance spéciale qui s'est développée dans l'île danoise de Séeland, ainsi que dans les petites îles adjacentes, le *Vornedskab* ; on dit de même, dans certaines régions allemandes, que le paysan est *in Gewere* du propriétaire ; ces mots, qui signifient « protection », arrivent à désigner la dépendance. On se demande s'il serait une continuation de l'ancien esclavage, disparu d'ailleurs dans le xiie siècle, ou même s'il y aurait eu, dans ces îles, une ancienne conquête inconnue de l'histoire, dans le vi^e siècle ou antérieurement ; ou encore s'il n'y a pas là une imitation de la situation qui était celle des parties voisines de l'Allemagne, d'origine à demi slave. Il est vrai que tous les pays du littoral méridional de la Baltique, jusqu'à la Russie inclusivement, ont institué, précisément à cette époque, un état de dure dépendance pour les paysans. Cette dépendance séelandaise fut abolie en 1702, mais seulement pour être remplacée, et dans tout le Danemark, par l'obligation de rester sur les propriétés seigneuriales jusqu'après le service militaire.

Dans le Danemark, comme dans beaucoup d'autres pays, la misère paraît due pendant la première moitié du xviiie siècle surtout aux exigences énormes de l'État ; la taxation détruit toute la valeur des terres. On se rappelle, pour la France, les descriptions faites par La Bruyère, Saint-Simon et Massillon, de la situation des paysans.

Dans la Poméranie suédoise et dans le Mecklembourg, l'état de servage va si loin que l'on vend même parfois les paysans, ce qui rappelle les formes usitées dans l'Europe orientale. Là, en effet, les provinces baltiques, maintenant russes, suivent le système général de l'Allemagne du Nord-Est, tandis que la Finlande possède la complète liberté scandinave. En Pologne, l'*adscriptio glebæ* devient générale en 1496 et 1520 et absolue en 1573 ; alors les paysans sont simplement déclarés propriété des seigneurs et leur état est si abaissé que le meurtre même d'un serf n'est puni que de quelques centaines de francs d'amende. En pratique, avant la période de la décadence polonaise, la dépendance ne semble jamais avoir été très pénible, et jamais notamment, il n'y était question de vendre les serfs en dehors de la terre.

La question la plus importante est celle de l'origine du servage russe. On a intérêt à retenir les paysans sur les terres alors que la retraite des Mongols et la conquête des Khanats de Kasan et d'Astrachan ouvrent de nouveaux champs de colonisation. On connaît des cas antérieurs de dépendance et, dès les XIII° et XIV° siècles, des paysans libres sont allés s'établir sur des terres seigneuriales par suite du manque de terres. Mais on a aujourd'hui victorieusement prouvé que le servage moderne ne s'est développé, avec le *mir* ou la commune sous la forme communiste, avec redistribution périodique entre toutes les âmes, qu'à la suite de l'imposition écrasante qui a eu lieu au XVI° siècle et spécialement à la suite des décrets de Boris Godunov de 1592 à 1607 et du développement postérieur jusqu'à la capitation de Pierre le Grand en 1720. L'impératrice Catherine a encore ajouté au nombre des serfs 800 000 individus, l'empereur Paul 600 000, dans les régions nouvelles de l'empire. L'institution s'est développée après la période mongole, avec tout le système de gouvernement et avec la dépendance dans laquelle se trouvaient les propriétaires eux-mêmes. L'obligation de rester dans le *mir* est un nouvel esclavage qui entrave encore aujourd'hui le progrès du peuple russe (V. le présent article, § 12).

9. Dernière classe.

La dernière classe ou possesseurs de petites terres au-dessous de la ferme ordinaire et de la communauté de village ou simples ouvriers, est encore plus difficile à suivre dans ses vicissitudes ; elle a si peu attiré les regards que parfois, même dans des temps relativement modernes, on ne dit rien de ses possessions, et bien peu de choses seulement de sa situation. Les anciens esclaves ou serfs sont, en général, élevés jusqu'à la classe des paysans, du VIII° au XII° siècle, en même temps que la partie de celle-ci qui comprenait des hommes autrefois libres est souvent abaissée. Une partie continue de cultiver les terres des autres, ou à titre de serviteurs ou en possédant, en même temps, des terres qu'ils cultivent pour eux-mêmes ; mais il est évident que leur nombre et leurs relations doivent varier d'après toute sorte de situation agricole, suivant que le pays est principalement distribué en grandes fermes ou en petites exploitations qui peuvent être cultivées par le possesseur lui-même, et d'après le développement de l'agriculture, suivant la composition de la société. Parfois tous les paysans, en même temps qu'ils cultivent leurs propres fermes, deviennent une sorte de serviteurs établis cultivant aussi la grande ferme domaniale. Le développement peut être si minime, la pauvreté si grande, qu'on conserve cette forme non seulement pour avoir du travail, mais aussi parce que la corvée est la seule manière pour le propriétaire d'avoir une rente de sa terre et pour l'État d'avoir un impôt.

Même sans la corvée, la situation générale peut être telle, dans certaines parties de la Russie, avec ses communes demi-communistes, ou dans l'Irlande occidentale, par exemple, que tous les paysans ne se trouvent guère à un niveau plus élevé que celui des ouvriers agricoles en d'autres pays, comme la Grande-Bretagne. L'existence d'une forte classe rurale moyenne exerce d'ordinaire aussi une grande influence sur l'état de ceux mêmes qui sont au-dessous d'elle et travaillent pour les autres ; leur culture et leur moralité sont plus hautes, et ils ont plus d'espoir de pouvoir s'élever, là surtout où la législation n'a pas empêché le morcellement ; il leur est plus facile de trouver de petites terres.

On compare, par exemple, la situation des *Häusleren* ou ouvriers possesseurs de terres, dans le nord-ouest de l'Allemagne, à celle des ouvriers sans terres dans l'est. L'existence des petites exploitations, ou comme seuls moyens de subsistance ou comme possessions des ouvriers, est un trait particulier de développement tout moderne. En Danemark, par exemple, la grande masse des petites exploitations, les *Huse*, maisons, différentes des *Gaarde*, fermes, a été établie après l'émancipation des paysans et à l'heure actuelle se développe encore grandement ; mais la situation de la classe qui la possède est décidément meilleure que ne l'était celle des paysans ou possesseurs de fermes moyennes au milieu du dernier siècle.

Il y a eu de petites exploitations dès le temps des communautés de village, dans la Basse-Saxe, par exemple, les *Kothhöfe* ou *Köthereien* et les *Brinkkathen*, plus petits encore ; ces derniers comprenant de petites terres dans les champs qui ne font pas partie de la communauté. Il y a dans d'autres régions des possessions analogues, avec de petites terres, ou, plus souvent, seulement avec certains droits de pâturage, etc. La masse des petites propriétés a été cependant d'ordinaire établie après la période d'émancipation.

En Allemagne, l'existence et la situation des ouvriers agricoles sont en général étroitement liées au système terrien (V. *Colonisation ancienne en villages ou en fermes isolées*). Dans l'Ouest et le Centre, où les anciens champs communs sont morcelés, même comme propriétés, depuis les anciens temps, il n'y a pas beaucoup de différence entre les ouvriers et les plus petits propriétaires ou fermiers. Là où il y a des fermes isolées, dans l'Allemagne à l'ouest du Weser et dans les montagnes du Sud, les ouvriers forment plus d'une classe particulière. Là aussi, ils possèdent le plus souvent de petites terres, notamment dans les montagnes ainsi que dans des régions peu fertiles, là, par exemple, où existent des landes. L'auteur de cet article a pu noter, dans plusieurs pays, une différence dans l'apparence des enfants, selon qu'ils habitent des régions riches au lieu de régions pauvres de landes ou de montagnes. Cette différence ne s'exerce pas au profit des premiers, qui, à cause de la valeur de la terre, n'ont pas, comme les seconds, la possibilité de faire paître une vache ; aussi les joues des enfants, dans les régions plus pauvres, sont-elles plus rouges et plus saines que dans les contrées plus fertiles.

En Allemagne, une région intermédiaire est, sous le rapport de la situation ouvrière, formée par les districts du Nord-Ouest qui sont à l'est du Weser ; là il existe des villages, qui n'ont pas eu à subir l'énorme morcellement des villages de l'Ouest ; la situation des petits possesseurs de ces pays, *Heusleren*, *Käthner*, *Brinksitzen*, etc., ne paraît généralement pas mauvaise. Ils sont souvent en relations de famille avec les propriétaires des fermes paysannes et sont bien loin d'appartenir au prolétariat. En général, les ouvriers ont une moins bonne situation dans les provinces de l'Est anciennement slaves, à grandes fermes, où ils possèdent moins fréquemment des terres. Dans ces provinces, les salaires sont des plus bas ; la nourriture est souvent moins bonne ; et la moralité elle-même laisse encore plus à désirer. Cependant il est digne de remarquer que le salaire est plus élevé dans la Nouvelle Poméranie extérieure et dans le Holstein de l'Est, où il y a un très grand nombre de très grandes fermes, que dans les provinces où la proportion des paysans qui sont propriétaires est plus considérable. La classe ouvrière profite particulièrement de nouvelles cultures avantageuses et exigeant beaucoup de main-d'œuvre, telles que celles de la betterave à sucre, dans la Saxe prussienne. Dans d'autres contrées, dans l'Allemagne occidentale notamment, les petits propriétaires s'occupent en même temps de l'industrie, comme de la fabrication de cigares. En comparant les différentes contrées de l'Allemagne, les chiffres prouvent que, nulle part, la situation des ouvriers n'est meilleure, nulle part, leur salaire plus élevé, que là où l'on a vécu en dehors de la perpétuelle entremise des gouvernements allemands, c'est-à-dire en Alsace-Lorraine et dans le Slesvig et le Holstein.

Les pays de la monarchie habsbourgeoise offrent des exemples de très bas salaires et d'une situation en général très précaire pour la dernière classe. Dans la plupart des éléments qui la composent, une des causes en sera sans doute donnée par le fait que la classe supérieure appartient à une autre nationalité que le peuple et qu'il y a, en partie, grâce à ce fait, disette d'une classe moyenne. C'est là une des raisons qui contribuent le plus à entraver le développement de la classe inférieure ; il n'y a pas d'échelons intermédiaires qui l'aident à monter plus haut, et elle subit bien moins l'influence de l'intelligence et de la volonté qu'exerce en général une classe moyenne. Ceci a aussi été un des plus grands malheurs de l'Irlande. En effet, les salaires sont des plus bas dans beaucoup de régions de la monarchie austro-hongroise. La Galicie et notamment sa partie orientale, peuplée de Ruthènes et de Valaques, ainsi que d'autres contrées habitées par les Valaques en Hongrie et en Transylvanie, sont au nombre des pays, à côté de la Russie et à côté de certaines régions de l'Italie et de l'Espagne, où la généralité du peuple se rapproche le plus d'un prolétariat d'ouvriers sans ouvrage et sans terres suffisantes pour les occuper. La possession de petites terres devient ici une calamité, parce qu'elle retient précisément le peuple dans des endroits où il ne trouvera pas de travail.

Dernièrement le nombre des serviteurs qui vivent dans les maisons des cultivateurs, a souvent diminué, en Angleterre de 1820 à 1830, plus tard en Allemagne, dans les pays scandinaves et ailleurs. Sous ce rapport, il y a encore de très grandes différences entre les différents pays. Autrefois, comme nous l'avons déjà constaté, c'était, dans beaucoup de contrées, une obligation pour les enfants des paysans de servir pendant un certain nombre d'années chez les maîtres (*Gesindezwang*). Voyez aussi le développement de toute la législation sur les relations entre serviteurs et maîtres. Souvent, un grand nombre de serviteurs ou ouvriers qui s'établissent pour leur propre compte ont obtenu de petits champs, et c'est une des causes heureuses de l'énorme accroissement de la troisième classe des terres, accroissement bien différent du morcellement que nous avons constaté là où le travail fait défaut.

Les États-Unis sont, avec quelques colonies anglaises, le pays où il existe le moins une classe inférieure. La population tout entière tend à ne former qu'une grande classe moyenne. Dans certains des pays de l'Europe orientale, la grande masse du peuple tend à devenir une dernière classe; dans les nouveaux pays anglo-saxons, c'est, au contraire, celle-ci qui disparaît au profit de la classe supérieure. La faculté que chaque individu y trouve d'acquérir une ferme contribue à cette tendance. Cette facilité n'a pas été due aux lois libérales que l'Union américaine avait établies pour cette acquisition (par le droit, encore en usage, de *homestead*, acquisition gratuite après une occupation de cinq années ou acquisition, moyennant une somme modique, après une occupation d'une seule année, et par les droits, maintenant abolis de *préemption*, droit d'achat après occupation de la terre, en dehors du *homestead*, et de *timber-claim*, acquisition après plantation d'arbres). Cette législation (V. *Homestead*) constitue plutôt un empêchement, en ce sens qu'elle permet d'accaparer la terre aux dépens des véritables cultivateurs. La véritable facilité à s'établir est due plutôt à l'extension des chemins de fer et surtout au remarquable développement personnel de ce *nouveau peuple*, développement qui lui permet de changer de place et de transporter facilement son habitation à des centaines de lieues, tandis que la plupart des autres populations agricoles ressemblent aux plantes, qui naissent, croissent et meurent au même endroit. Là où ce caractère plein de force et orienté vers le progrès se manifeste le moins, c'est là où l'on rencontre d'autres races, soit des nègres, soit des immigrants européens appartenant à des nations arriérées, et qui n'ont pas encore été assimilées par la société américaine. Il en est de même là où des populations cependant américaines ont une origine moins heureuse que celle de la plupart des États du Nord et se sont immobilisées dans un état particulier de sauvagerie. En Europe même, certains cas peuvent être rapprochés de ce qui se passe dans les colonies américaines et exercent une influence ana-

logue sur la dernière classe. Citons la colonisation dans les forêts de la Suède septentrionale (dont nous rend compte M. H. Forssell) et dans la Finlande; citons encore la conquête des bruyères jutlandaises qui représentent presque une nouvelle province, par de tout petits propriétaires danois; peut-être aussi celle des Landes françaises et de la Campine belge et les *Moorkolonien* (colonies sur des tourbières) dans le nord de l'Allemagne et dans la Hollande. Pour une telle expansion, il n'est pas une contrée de l'ancien monde qui offre rien de comparable à certaines régions de la Russie et surtout de la Sibérie méridionale; il y aurait, dans ces territoires, si on savait les utiliser, comme une autre Amérique.

Une autre influence bien plus considérable que la colonisation intérieure sur la basse classe, chez plusieurs des nations du nord de l'Europe, ainsi que chez les Basques de la France, est exercée, là aussi, par la colonisation américaine. Il suffit de relever ce fait que, dans plusieurs de ces pays, on compte entre 1/5 et 1/6 des jeunes gens qui s'expatrient aux États-Unis, le plus souvent pour y acquérir des terres dans l'Ouest, après avoir travaillé pendant quelques années sous les ordres d'autrui. Il y a là comme un allégement, apporté au corps social, qui contribue, en quelque sorte, à vivifier la classe ouvrière et à en élever l'esprit. La grande différence qui existe entre la vie si large dans les pays neufs et la vie rendue si étroite dans presque toute l'Europe par une administration poussée à outrance, a trouvé sa meilleure expression, peut-être, dans ce propos d'un ouvrier qui, sur les quais de Brême, à un officier prussien plein d'étonnement et de regret en regardant la foule des émigrants, répondait : « Faites de l'Amérique une Prusse; alors on cessera d'émigrer. »

10. Distribution des terres des divers pays.

Grande-Bretagne. — Irlande. — France. — Allemagne, à l'est de l'Elbe, le nord-ouest de l'Allemagne, le sud et le centre de l'Allemagne, la Forêt-Noire, la Bavière propre, l'Allemagne dans son ensemble. — Hollande. — Belgique. — Suisse. — Danemark. — Suède. — Norvège. — Finlande. — Autriche, la région du Sud, les pays allemands des Alpes, la partie septentrionale, Galicie. — Hongrie. — Le Midi: Italie, Espagne, Portugal. — Grèce. — Péninsule des Balkans, Serbie, Bosnie, paysans bulgares, Roumanie. — Russie, Pologne, Provinces baltiques. — Paysans orientaux. — États-Unis.

La société rurale de la *Grande-Bretagne* a été traitée dans l'article *Grande-Bretagne, l'économie rurale de la Grande-Bretagne*. Nous y avons expliqué sa composition particulière : d'une part, de très grands propriétaires qui ont dépensé beaucoup d'activité et encore plus de capitaux pour développer l'agriculture ; d'autre part, des fermiers qui exploitent des fermes d'une étendue relativement considérable et qui, d'après l'estimation de Sir James Caird, produisent cinq fois plus qu'ils ne produiraient s'ils étaient forcés d'acheter eux-mêmes leurs fermes ; enfin une classe d'ouvriers en comparaison peu nombreuse, vu que l'agriculture, à cause de la place qu'y tient l'élevage et de l'emploi considérable de machines, n'a que des besoins assez restreints de main-d'œuvre. Les coutumes et la loi de primogéniture ont contribué à former et à maintenir les grandes propriétés ; mais ce système est surtout la résultante de l'ensemble des conditions économiques ; la grande richesse concentrée en Grande-Bretagne, la distribution de cette richesse, le caractère de la production en harmonie avec le climat, les besoins et les aptitudes du peuple, etc. ; et la classe des fermiers anglais ne forme qu'une partie de cette classe moyenne supérieure britannique douée d'une activité et d'une force d'expansion si remarquable.

La société agricole de l'*Irlande* fait le sujet, dans le *Dictionnaire*, d'une étude particulière (V. AGRAIRES [LOIS]). Il suffit de relever que le morcellement, qui est un phénomène malheureux là où il n'est pas adapté au caractère de la production, tend à y diminuer. Déjà de 1851 à 1879, le nombre des fermes au-dessous de 15 acres est tombé de 280 000 à 227 000, et celui des fermes de 15 acres ou au-dessus s'est élevé de 149 000 à 171 000 ; en 1841, les fermes au-dessous de 15 acres étaient même de 563 000 comme nombre et celles au-dessous de 5 acres 310 000 contre 56 000 en 1887, et ce mouvement continue.

En *France*, il est aujourd'hui reconnu que le morcellement n'est pas seulement une conséquence des confiscations opérées pendant la Révolution, mais est un fait déjà ancien et dû à des causes plus profondes. D'autre part, il est exagéré d'y représenter la terre comme « réduite en poussière ». Les fermes de 40 hectares ou plus couvraient encore, lors de l'enquête agricole de 1882, presque la moitié des terres, soit 45 p. 100 ; celles de 5 à 40 hectares, 41 p. 100, et celles de 1 à 5 hectares exclusivement, plus de 11 p. 100 ; au-dessous de 1 hectare, seulement 2 p. 100. Pour employer une autre distribution, les terres de 2 à 6 hectares occupaient 15 p. 100 de la superficie totale ; celles de 6 à 10 hectares, 39 p. 100 ; celles de 50 à 200 hectares, 19 p. 100 ; celles de plus de 200 hectares, 16 p. 100. D'une manière générale, la moitié des pièces de terre mesurait moins de un demi-hectare ; les deux tiers, moins de un

hectare ; les trois quarts, moins de 2 hectares ; les neuf dixièmes, moins de 6 hectares. Les terres d'une étendue de 50 à 200 hectares étaient au nombre de 105 000, soit 1/4 p. 100 du nombre total des terres ; celles au-dessus de 200 hectares, au nombre de 17 600, soit 12/100 p. 100 de ce même nombre. Si la France compte des millions de propriétaires, tandis qu'en Angleterre, ils ne se chiffrent que par centaines de mille, si elle possède 3 millions et demi de propriétaires et seulement 1 300 000 fermiers et métayers, cela ne représente que de grands avantages très particuliers. Les grandes divisions de la France, qui présentent entre elles une si grande diversité de climat et même d'autres conditions économiques, offrent des divergences intéressantes. Dans l'Ouest et dans le Midi, où il y a toujours eu des fermes séparées sans communautés de village, le nombre des grandes propriétés est relativement plus considérable. Mais il est vrai que la France excelle surtout, dans l'agriculture comme aussi dans les autres branches de l'activité, par le développement remarquable de la petite classe moyenne. Le peuple français ne pousse peut-être pas aussi loin que les Anglais l'initiative économique ; mais c'est une partie plus considérable de la nation qui possède, même sous le rapport matériel, les conditions favorables à une vie civilisée, constituant la véritable force du pays et donnant un caractère incomparable à son génie national.

La distribution des terres en *Allemagne* porte l'empreinte de l'origine différente de la société rurale dans les différentes parties du pays (V. *Colonisation ancienne en villages ou en fermes séparées*). Les grandes fermes, *Rittergüter*, fermes de chevalier, ou fermes de 100 hectares ou plus, occupaient en 1881, dans les sept provinces prussiennes à l'est de l'Elbe, au nombre de 18 000, 42 p. 100 de la superficie agricole. Elles atteignaient dans la Poméranie et la Posnanie 57 et 55, dans la Prusse occidentale et le Prusse orientale 47 et 39, dans le Brandebourg 36, dans la Silésie 35, et dans la province prussienne de Saxe qui forme, sous plusieurs rapports, une transition avec les autres parties de l'Allemagne, 27 p. 100. Dans la nouvelle Poméranie citérieure, qui était autrefois suédoise et qui bénéficiait d'une législation rurale plus libérale, les fermes de 600 *Morgen* ou près de 160 hectares occupaient 75 p. 100 des terres et même, en y comprenant toutes les terres qui en dépendaient, 80 p. 100 ; il ne restait pour les villages paysans que 15 p. 100 des terres ; 5 p. 100 appartenaient aux villes. La situation était identique dans l'île de Rugen, qui, elle aussi, fut autrefois soumise à la domination suédoise; 3/4 des terres y appartenaient aux grandes fermes. Il en était de même du Holstein oriental et de la partie voisine du Slesvig du Sud-Est qui était également entre les mains de la *Ritterschaft* ou noblesse holsteinoise. Dans les deux duchés de Mecklembourg, Mecklembourg-Schwerin et Mecklembourg-Strelitz, les fermes de 100 hectares et au-dessus occupaient, en 1882, 60 et 56 p. 100 de la superficie, et beaucoup plus, si l'on excepte les domaines des ducs, où les 3/4 des terres appartenaient encore à des fermes paysannes ; on comptait un millier de possessions de chevaliers, *Rittergüter*, qui étaient la propriété de 656 personnes. Dans les sept provinces prussiennes, sur 18 000 grandes fermes, 11 000 comprenaient entre 200 et 1000 hectares et occupaient 33 p. 100 de la superficie. Presque toutes ces grandes fermes sont cultivées par les propriétaires euxmêmes. Quelques centaines seulement sont affermées, et elles appartiennent surtout au petit nombre des très grandes fermes de 1000 hectares ou au-dessus, dont le nombre, en 1881, s'élevait à 481. C'est dans les mêmes provinces que l'on trouve les grandes possessions de primogéniture, les *Fideikommissen*, dont la plupart ne se sont formées qu'à une époque récente. Les plus considérables sont dans la Silésie, autrefois autrichienne; on y trouve, par exemple, 83 grandes propriétés distinctes, formant un total de 70 000 hectares, en possession du prince de Pless ; et 53 propriétés, formant un total de 30 000 hectares, en possession du duc de Ratibor. La plupart des grandes fermes du nord-est de l'Allemagne se font remarquer par une culture bien supérieure à celle que pratiquent les paysans, par l'élevage des chevaux demi-sang, comme les Trakehener de la Prusse orientale, par celui des mérinos, qui prospérait surtout lorsque la laine avait encore beaucoup de valeur ; enfin par la concentration des produits agricoles tels que le beurre grâce aux laiteries, tels que le sucre de betterave ou l'eau-de-vie grâce aux distilleries. Ce n'est que dans ces dernières années, où la valeur des productions a généralement baissé, que ces grandes fermes, où l'on a besoin d'une main-d'œuvre aujourd'hui plus coûteuse, sont devenues moins avantageuses. En parlant de l'ancienne colonisation de ces contrées, nous avons exposé (V. COLONISATION ANCIENNE) pourquoi elles comportent, en même temps que de grandes fermes de chevalier, un nombre relativement considérable de grandes fermes paysannes : celles-ci, de 20 à 100 hectares, représentent 44 p. 100 de la superficie cultivée, dans la Prusse orientale ; 35 p. 100, dans le Bran-

debourg ; 33 p. 100, dans la Prusse occidentale. C'est seulement là où la population d'origine slave est plus considérable que la proportion des grandes fermes paysannes tombe à 23 p. 100, dans la Poméranie et la Silésie, et à 20 p. 100, dans la Posnanie ; en même temps, ces provinces offrent un plus grand nombre de petites fermes. En Silésie, par exemple, les petites fermes de 5 à 20 hectares représentent 16 p. 100 du nombre total des fermes et 27 p. 100 de la superficie des fermes ; les petites fermes de 2 à 5 hectares 13 p. 100 du nombre et 11 p. 100 de la superficie. Pour les sept provinces à l'est de l'Elbe, M. Conrad, en 1888, estimait à 40 p. 100 de la superficie totale l'étendue des grandes fermes paysannes de 10 à 100 hectares, et seulement à 14 1/2 p. 100 celle des petites fermes paysannes de 2 à 10 hectares; à 45 p. 100 celle des fermes de 100 hectares et au-dessus, et à 2 p. 100 seulement celle des terres au-dessous de 2 hectares. Même dans les deux Mecklembourg, les fermes paysannes de 20 à 100 hectares occupaient, en 1882, 27 p. 100 des terres, dans le Mecklembourg-Schwerin, et 29 p. 100 dans le Mecklembourg-Strelitz, et si l'on descend aux fermes de 5 hectares, on voit qu'elles en occupaient 34 p. 100 dans les deux duchés. C'est là cependant, comme nous l'avons déjà remarqué, une conséquence du grand nombre des fermes paysannes existant sur les domaines ducaux, où elles occupent les 3/4 de la superficie ; sur les possessions de la noblesse, elles ont presque disparu, après avoir été au nombre de 12 000 avant la guerre de Trente Ans, de 5000 au milieu du dernier siècle, et être enfin tombées au nombre de 1200 à l'époque contemporaine. Dans les provinces prussiennes, le mouvement se décida, pendant quelque temps, en faveur des grandes fermes ; dans le Brandebourg, par exemple, leur superficie s'est élevée, de 1810 à 1838, de 18 à 38 p. 100 de la superficie totale, tandis que le nombre des paysans qui possédaient un attelage, *spannfähige*, diminuait dans quelques provinces, jusqu'en 1859. Dans la Lithuanie prussienne et dans la Masurie, on constate une diminution considérable de ces derniers, de 1830 à 1853. Dans la Posnanie, leur nombre diminue, de 1859 à 1880, de près de 18 p. 100, tandis que celui des petites fermes augmente de 32 p. 100, et leur superficie de 75 p. 100. De 1858 à 1878, on pouvait plutôt, dans la plupart des provinces, constater une augmentation des fermes paysannes entre 7 hectares 1/2 et 75 hectares. Dans cette période le nombre des grandes fermes, y compris même les grandes fermes paysannes, augmenta dans les provinces orientales, à

16

l'exception seulement des très grandes fermes nobles. Dans les provinces occidentales, les fermes nobles et les fermes paysannes ordinaires ont en même temps diminué en nombre. Plus tard, les fermes intermédiaires entre les *Rittergüter* et les fermes paysannes, c'est-à-dire les fermes de 150 hectares et au-dessous, ont particulièrement souffert ; leurs possesseurs doivent payer plus cher la main-d'œuvre, et en même temps la valeur des produits a baissé. Les très grandes fermes, grâce aux avantages particuliers qui résultent de l'emploi des machines et du capital sous d'autres formes, ont mieux résisté. La plupart des ouvriers, dans l'est de l'Allemagne, ne possèdent aucune terre.

Dans le *nord-ouest de l'Allemagne*, ce qui constitue la règle, ce sont des fermes paysannes relativement grandes. Dans le Slesvig et le Holstein, les fermes paysannes de 20 à 100 hectares couvrent 61 p. 100 de la superficie, et si l'on déduit les districts des grandes propriétés du Holstein oriental et du Slesvig du sud-est, la proportion devient encore beaucoup plus considérable ; le Slesvig danois du Nord ainsi que le Ditmarsch holsteinois et la Marsch frisonne du Slesvig occidental sont aussi réputés pour leurs riches paysans : ce n'est que dans le centre, pays de landes, que l'on trouve des paysans plus pauvres. Cette classe de paysans puissants se retrouve dans le Hanovre, l'Oldenbourg, la Westphalie, le Brunswick, le Schaumbourg hessois et dans les petites principautés des deux Lippe et de Waldeck. A l'ouest du Weser, règne le régime des fermes séparées ; à l'est de ce fleuve, il existe des villages, mais, ainsi qu'il est expliqué dans l'article *Colonisation ancienne en villages ou fermes séparées*, chez toute la race bas-saxonne, la non-division des fermes paysannes en cas d'héritage est la règle. Les tableaux statistiques sont, sous ce rapport, moins significatifs, car on les donne en tenant compte des divisions politiques, qui ne coïncident pas avec les divisions des races, ni avec celles de l'histoire économique ; en Westphalie, par exemple, ils ne signalent pas la différence qui existe entre les districts de droit franconien, où s'est produit un morcellement considérable, et les districts qui ont suivi l'ordinaire coutume saxonne de maintenir les fermes indivisées ; ils n'établissent pas une distinction pour la Marsch frisonne de l'Oldenbourg, où la coutume du partage égal entre les enfants et la fertilité du sol ont fait descendre la moyenne de la ferme paysanne à 8 hectares, tandis que dans l'ancien Oldenbourg, le soi-disant *Meyerrecht* défendait le partage des terres et assurait, par conséquent, la conservation de fermes paysannes d'une moyenne bien plus considérable et que là, comme dans le district voisin de Münster, les fermes de première classe couvrent un cinquième du sol. Dans la partie méridionale de l'ancienne Basse-Saxe, l'existence d'un certain nombre de « biens de chevaliers » s'explique par la situation de magistrats faite aux anciens seigneurs, *Gerichtsherren*. On peut dire presque sans exagération que chaque contrée a son régime particulier, créé non seulement par l'ancienne origine du peuple, mais aussi par la législation bigarrée de ces territoires qui ont été si divisés jusqu'à l'époque contemporaine. La *Saxe royale* est, pour la plus grande part, morcelée comme l'Allemagne occidentale ; mais une partie en est, comme cela a lieu pour la Saxe-Altenbourg orientale, plus particulièrement un pays de grandes fermes paysannes. La Marche palatine de Brandebourg, *Kurmark*, ainsi que, plus au nord, le petit *Lauenbourg* et comme aussi la *Thuringe* sont, sous plusieurs rapports, des pays de transition entre les divers systèmes. Dans tout le nord de l'Allemagne, la culture du grain, l'élevage et l'industrie laitière sont les branches les plus importantes de l'agriculture et sont, comme la culture de la betterave à sucre, tout à fait convenables pour la distribution des terres en fermes d'une certaine étendue.

Dans le *sud et le centre de l'Allemagne*, la situation ressemble beaucoup plus à celle de la France, et nous avons déjà expliqué d'ailleurs comment elle est une conséquence de l'origine de la société rurale et de l'ancien morcellement des villages. Dans la Prusse rhénane, le Hesse-Nassau, la Hesse, l'Alsace et la Lorraine, le Wurtemberg et le grand-duché de Bade, les petites fermes de 2 à 5 hectares exclusivement couvrent de 21 à 29 p. 100 de la superficie et comptent pour 17 à 29 p. 100 dans le nombre total des exploitations rurales, tandis que pour toute l'Allemagne, elles ne couvrent que 10 p. 100 de la superficie et ne comptent que pour 19 p. 100 dans le nombre total de ces exploitations : les fermes de 5 à 20 hectares couvrent de 36 à 44 p. 100 de la superficie et comptent pour 13 à 18 p. 100 contre 29 et 18 pour toute l'Allemagne. Les deux classes ensemble, y compris les terres nombreuses au-dessous de 2 hectares, couvrent de 79 à 89 p. 100. Il n'y a le plus souvent que très peu de grandes fermes de 100 hectares et au-dessus ; dans le duché de Bade par exemple, il n'y en a que 680, dont 257 seulement sont affermées ; elles couvrent 1,8 p. 100 de la superficie ; dans le Wurtemberg, elles en occupent 2,8 p. 100 ; dans la Bavière, 2,3 p. 100 ; dans l'Alsace-Lorraine, 1,7 p. 100. En général, le morcellement n'augmente pas.

C'est ce que constatèrent MM. Brentano et Bücher dans l'assemblée de l'Association allemande pour la Politique sociale à Vienne en 1894. Ils ont cité la Basse-Franconie où la contenance moyenne des fermes a même augmenté, de 1863 à 1883, de 2,44 à 3,98 hectares. Dans toute cette partie de l'Allemagne, la culture a beaucoup pour objet les légumes, les vins, les fruits et les plantes commerciales telles que le tabac.

Dans les parties du duché de Bade et du Wurtemberg qui appartiennent à la *Forêt-Noire*, il y a un nombre plus considérable de grandes fermes paysannes : il en est de même dans la *Bavière propre*, Altbayern, où l'on trouve 32 p. 100 de la superficie mis en fermes de 20 à 100 hectares. Pour toute la Bavière, 93 p. 100 de la superficie appartiennent à des fermes paysannes, grâce au grand nombre de celles de 2 à 5 hectares ; de même dans le Wurtemberg, 89 p. 100. Dans l'Allemagne occidentale et méridionale, les ouvriers ruraux sont le plus souvent, comme en France, possesseurs de petites terres et il existe, encore moins que dans le Nord-Ouest, une distinction tranchée entre les classes.

L'Allemagne, considérée *dans son ensemble*, est bien réellement un pays de paysans. On y compte en effet deux millions de fermes de 2 à 100 hectares, soit 42 p. 100 du nombre total des propriétés, et occupant plus de 70 p. 100 de la superficie générale, dont ceux de 5 à 100 hectares, les 60 p. 100 de la superficie ; seulement 25 000 fermes de 100 hectares ou au-dessus, soit 0,5 p. 100 du nombre total des propriétés, et n'occupant que 24 p. 100 de la superficie générale. Les terres au-dessous de 2 hectares sont au nombre de trois millions, soit 58 p. 100 du nombre total, et n'occupant que 5,7 p. 100 de la superficie. Le nombre total des propriétés étant de 5 millions 1/4, on arrive à une moyenne (qui certainement n'a pas beaucoup de signification, vu leur grande différence selon les diverses classes), pour chacune de ces propriétés, de 6 hectares, si l'on ne tient compte que des terres cultivables, et de 7 hectares 1/2, si l'on tient compte aussi des terres non cultivées. La moyenne des fermes paysannes est de 11 hectares 1/2.

Même en *Hollande* et en *Belgique*, les provinces présentent des différences considérables. Sous le régime de liberté de ces pays, des coutumes de primogéniture n'ont pu se développer comme dans l'Allemagne du Nord-Ouest, où, le plus souvent, le droit seigneurial sur les possesseurs héréditaires, les *Meyeren*, a été l'obstacle le plus effectif à l'accomplissement des partages, attendu que le consentement du seigneur était pour cela nécessaire.

On connaît, en *Hollande*, certaines exceptions, comme le *Beklemregt*, dans la province du Groningen, ou droit héréditaire de possession, sans propriété absolue, droit qui empêche, là aussi, le partage des fermes et qui nous est connu surtout par les écrits de M. Emile de Laveleye. L'agriculture de la Hollande, en général, atteint un développement des plus considérables. C'est une conséquence de tout le développement général de ce peuple laborieux qui vit sous des lois d'un sage libéralisme. « La Hollande ne prospère pas par l'agriculture, mais l'agriculture prospère en Hollande. » La terre y est très morcelée. On comptait, en 1887, 165 000 fermes, dont celles de 1 à 5 hectares étaient 75 000 en nombre ou 45 p. 100 ; celles de 5 à 20, 64 000 ou 39 p. 100 ; celles de 20 à 100, 26 000 ou 16 p. 100 du nombre total ; celles au-dessus de 100 hectares, seulement 213 ou 0,2 p. 100. Une petite partie de la superficie, 150 000 hectares ou 4,35 p. 100, était divisée en petites terres d'un hectare ou au-dessous. La majorité des possesseurs, 59 p. 100, occupant 55 p. 100 de la superficie, sont des propriétaires ; 41 p. 100, occupant 45 p. 100 de la superficie, sont des fermiers. On donne comme nombre total de toutes les propriétés, y compris celles au-dessous de 1 hectare, 582 000, et comme moyenne de chacune, 5 hectares et demi, y compris les terres qui ne sont pas agricoles.

La *Belgique* comptait, en 1880, 78 p. 100 du nombre total des exploitations, soit 23 p. 100 de la superficie, en petites terres de 2 hectares ou au-dessous ; 22 p. 100 du nombre, 58 p. 100 de la superficie, en terres de 2 à 50 hectares, dont 18 p. 100 des terres entre 20 et 50 hectares ; enfin 0,4 p. 100 du nombre et 18 et demi p. 100 de la superficie, de 50 hectares et au-dessus. Le nombre des petites exploitations s'est élevé, de 1846 à 1880, de 400 000 à 710 000 au détriment des autres classes, dont le nombre s'est aussi accru de 1846 à 1866, mais a depuis considérablement diminué. La majorité des possesseurs était formée par des propriétaires : 1 434 000 contre 1 271 000 fermiers, et la proportion des propriétaires a été en augmentant depuis 1866. L'agriculture belge est dans son ensemble inférieure à celle de la Hollande, mais elle appartient néanmoins à la meilleure de l'Europe. Les petits fermiers des Flandres ont toujours été parmi les premiers cultivateurs du monde par leur diligence, l'emploi qu'ils font des engrais, les défrichements qu'ils ont opérés, par toute leur culture intensive. Or, M. E. de Laveleye a montré qu'ils sont pourtant inférieurs aux petits propriétaires qui forment le fond de la population agricole dans le Bas-Luxembourg.

On connaît les excellents paysans qui peuplent le pays libre situé aux sources du grand fleuve dont les alluvions fertiles forment les terres des Pays-Bas, c'est-à-dire la *Suisse*. Elle est, encore plus que la Hollande et que la Belgique, un pays de paysans en possession, par suite de leur liberté ancienne, d'un grand développement économique. Presque tous sont des propriétaires, et l'on estime l'étendue la plus ordinaire d'une ferme paysanne à 15 hectares. Ce n'est pas seulement la nature du pays qui donne à la culture un intérêt considérable. Même dans ce pays heureux, il y a cependant, à côté de paysans riches, de grands exemples d'un morcellement trop considérable et de pauvreté. La statistique du canton de Berne nous renseigne à cet égard. Malgré un grand morcellement de quelques vallées, la moitié de la superficie est pourtant dans le canton de Berne et dans celui de Zurich, qui nous fournissent une statistique, occupée par des fermes de 5 à 20 hectares. Dans l'Argovie, on a, d'autre part, 64 p. 100 de la superficie couvert de fermes de 1 à 5 hectares et seulement 16 p. 100 au-dessus de 5 hectares.

En *Danemark*, les trois classes rurales existent d'une manière très distincte malgré la dissolution, dès la fin du siècle dernier, de la communauté rurale et malgré l'abolition de presque toutes les entraves au mouvement économique des campagnes. Il y a encore 2000 grandes fermes qui comportent le plus souvent une étendue de 100 à 250 hectares ; la moitié de ces fermes étaient autrefois habitées par l'ancienne noblesse. Celle-ci n'a jamais eu de droit de primogéniture. Ce n'est qu'après qu'elle eût perdu son pouvoir politique et après l'institution du pouvoir absolu du roi, en 1660, selon le modèle de la France, que furent créées un petit nombre de propriétés, dont la moitié ont titre de comtés et baronies, avec héritage fondé sur la primogéniture. La grande majorité des grandes fermes sont cultivées par les propriétaires ; un quart environ de ces fermes, dont beaucoup appartiennent à ces propriétés où s'exerce le droit de primogéniture, sont cultivées par des fermiers qui, socialement, sont de la même classe que les propriétaires. Comme classe moyenne, on compte entre 70000 et 80000 fermes paysannes, le plus souvent de 10 à 30 hectares. Il y a deux siècles, presque toutes ces fermes étaient dans un état de dépendance. La forme ordinaire était celle d'un fermage pour la vie de l'homme et de sa veuve non mariée, *Fäste*, développée avec la dépendance personnelle : on ne comptait, sur un nombre total de 60000 fermes, que 5000 environ qui fussent possédées par

des paysans propriétaires. Plus de la moitié était propriété de la couronne en y comptant celles qui appartenaient à l'Église d'État ; un peu moins de la moitié était propriété de la noblesse. Dans le Slesvig et en Suède, la couronne à cette période possédait encore davantage.

Aujourd'hui, il reste, sur un plus grand total, à peine ce petit nombre de 5000 comme *Fäste* ; les possesseurs de deux cinquièmes, ou d'un quart de toutes les terres du pays, sont devenus propriétaires après la réintroduction de la liberté politique, en 1848. La troisième classe, les « petites maisons », datent surtout d'une période entièrement moderne ; sur un total de 200000, plus des trois quarts ont des terres ; dont les deux tiers datent des derniers cinquante ans. La grande majorité des possesseurs sont des propriétaires. De toute la superficie du pays, sept dixièmes appartiennent à la classe moyenne, les fermes paysannes ; de un huitième à un quart aux « petites maisons » ; 14 p. 100, aux grandes fermes. Nous ne donnons pas les chiffres exacts de la statistique parce que celle-ci est établie d'après les unités de l'impôt foncier, qui ne donne aucun résultat fixe quant à l'étendue ; dans des contrées récemment défrichées, une propriété qui est, d'après l'unité de taxation, estimée une petite maison, peut être, dans la réalité, une grande ferme. Si on suit le mouvement qui a lieu, on constate que les fermes paysannes, classe autrefois relativement fixe et artificiellement conservée, se dissolvent dans une certaine mesure, surtout avec une tendance à descendre à la classe inférieure. Un morcellement moins heureux ne s'est guère produit que là où le droit de propriété était accordé subitement et sans effort de la part des tenanciers. Autrefois, les grands propriétaires ont tenu la tête comme cultivateurs. Aujourd'hui, la classe moyenne ou les paysans suivent le bon exemple avec un succès décidé (par les associations laitières, par exemple) et même les petits possesseurs de « maisons » offrent parfois des exemples de la bonne culture.

La *Suède* a également trois classes ; mais le développement s'y est effectué avec moins d'entraves, et la liberté y a été mieux conservée qu'en Danemark. D'énormes étendues de terres furent obtenues des rois par la noblesse, surtout comme gages d'emprunts ; c'est ainsi qu'elle avait entre les mains, en 1660, les trois cinquièmes de toutes les terres du pays ; elle a été forcée de les restituer, notamment en 1680, par la soi-disant « réduction ». En 1700, les paysans possédaient 21000 des *mantal*, ou anciennes unités terriennes, soumises aux impôts ordinaires, *skatte-hemman*; la noblesse, 22 000 *frälse-hemman*; et la couronne, 24 000 *krono-hemman*. La plupart de ces *krono-hemman* sont aujourd'hui vendues aux paysans moyennant des payements très modiques. Depuis la fin du XVIII° siècle et le commencement du XIX°, on a donné aux biens qui ne pouvaient autrefois être possédés que par des nobles, la plus complète liberté de mutation et de vente. Dernièrement, on a égalisé les impôts au profit des paysans et l'on a même été plus loin qu'il ne devait être nécessaire, si l'on tient compte du caractère des anciens impôts qui constituaient réellement une sorte d'hypothèque. Les terres en Suède sont en général distribuées à peu près comme en Danemark. On donna, en 1873, les chiffres suivants : 2652 grandes fermes, constituées en partie par les *säterier*, ou anciennes résidences des nobles, en partie par des fermes formées plus tard, *Laduga-ardar*; puis 26 000 fermes de 20 à 100 hectares et 165 000 de 2 à 20 hectares, *böndergaardar*; 250 000 plus petites ou *torp*. Une nouvelle statistique de 1894, dont les résultats ne nous sont connus que par une courte note, fixe à 330 000 le nombre des fermes. Sur ce nombre, elle fixe à 3 000, en chiffres ronds, celui des fermes de 100 hectares ou plus, tandis que la grande majorité appartient toujours aux classes des petites fermes. Sur l'ensemble de ces fermes, 272 000 étaient cultivées par des propriétaires; 48 000 par des fermiers; 10 000 étaient régies par une autre tenure. En dehors de ces 330 000 fermes, il y avait cependant 166 000 *torp* ou terres de cottiers pour lesquelles les tenanciers fournissaient le payement en travail. C'est là une coutume arriérée, mais que l'on peut admettre là où la population n'est pas encore arrivée à une suffisante estimation en monnaie des services en nature, et qui a une raison d'être particulière quand de grandes distances séparent les individus, comme c'est le cas dans quelques rudes régions septentrionales, distances qui rendent difficiles de vendre et d'acheter des journées de travail. Dans certaines parties de la Suède, nous avons nous-même observé comme coutume que le *torpare* doit une journée par semaine pour chaque vache que peut entretenir son *torp*. Ces payements en travail ou en nature, c'est-à-dire en grains, pommes de terre, fil, petits fruits ramassés dans les bois ou dans les marécages, etc., disparaîtront sans doute, en Suède comme ailleurs. Les payements des *bönder* qui sont tenanciers, effectués soit en travail, soit en redevances en nature, ont déjà le plus souvent été transformés en argent : ils sont devenus *arren-datorer*, fermiers ordinaires, au lieu de *lanc-*

boer. La distinction entre fermes paysannes et petites terres de cottiers, conforme au développement teutonique, nous paraît moins bien observée dans la statistique suédoise qu'en Danemark, par exemple. En somme, une liberté plus grande a déterminé une distribution des terres et des relations sociales supérieures à celle du Danemark, bien qu'au Danemark les terres soient mieux cultivées, et la civilisation générale plus avancée.

En *Norvège*, le caractère du pays, énorme masse de granit où les fleuves se fraient un passage dans d'étroites vallées, a été moins favorable à la formation de grandes fermes et de grandes propriétés. En 1660, année où le pouvoir de la noblesse danoise a été transféré à la couronne, où il n'y avait presque plus de paysans en Danemark qui fussent propriétaires, d'autre part de la monarchie dano-norvégienne, anciennement pays de paysans libres, les trois cinquièmes des terres et près de deux tiers du nombre des fermes étaient cultivés par des fermiers, *Leiländinge*. Aujourd'hui, les propriétaires sont en majorité. La Norvège compte des paysans millionnaires, surtout dans les contrées forestières à l'est; il est d'autres parties, surtout à l'ouest, où l'on est régulièrement forcé de suppléer à l'agriculture par la pêche et où la situation la plus ordinaire est un état de pauvreté. La situation des petits *Pladsmänd* ou *Husmänd* est moins satisfaisante que celle des *Bönder*. Dernièrement, M. Broch a donné le nombre de 173 000 possesseurs terriens, dont 140 000 propriétaires. Sur la totalité de ces possesseurs, les deux cinquièmes, avec un cinquième des terres, étaient des *Husmänd*; un tiers, avec plus d'un cinquième des terres, étaient de petits paysans; un quart, avec près des deux cinquièmes des terres, étaient des paysans d'un rang plus élevé; la classe supérieure n'était représentée que par 1,3 p. 100 avec 13 p. 100 des terres.

La *Finlande*, où la législation et la civilisation sont les mêmes qu'en Suède, possède 3 classes de terres comme la Suède et le Danemark. En 1875, le nombre des propriétés y fut déclaré de 106 000, dont 20 millions et demi d'hectares appartenaient aux paysans, 14 millions un tiers à la couronne et 2 millions un tiers à la noblesse ou à de grands propriétaires. Le nombre d'habitations rurales et des terres doit en réalité être plus considérable.

En *Autriche*, il y a trois régions dont les systèmes agraires sont entièrement différents. La *région du Sud* possède de très petites propriétés; c'est la Dalmatie, l'Illyrie et la Basse-Carnie où a été introduit le Code Napoléon. *Les pays allemands des Alpes* constituent une région occupée surtout par des fermes paysannes relativement considérables, le plus souvent de 11 à 15 hectares. Dans ces contrées alpestres, les peuples teutoniques, généralement regardés comme prolifiques en comparaison des Français, se signalent, au contraire, si on les compare avec les Slaves, par l'augmentation modique de la population. Les mariages y sont plus tardifs, et l'on tâche d'éviter de partager les fermes. Aussi les naissances illégitimes y sont-elles en proportion considérable; elles atteignent 43 à 46 p. 100 en Carinthie, et même, dans certains districts, 60 p. 100. Il est curieux que ce fait, qui est ici une conséquence du régime des fermes paysannes, soit observé ailleurs, notamment dans le Mecklembourg, comme une conséquence du manque de fermes paysannes; car là aussi, il est difficile de se marier. Les paysans du Tyrol, du Vorarlberg, ainsi que les Saxons établis dans la Transylvanie, ont toujours été libres. Dans la troisième région, c'est-à-dire la *partie septentrionale de l'Autriche*, surtout les pays où la population slave est considérable : la Bohême, la Moravie et la Silésie autrichienne, les fermes paysannes sont en moyenne moins considérables et mesurent entre 6 et 19 hectares. C'est surtout ici que l'on trouve les énormes propriétés, où de très grandes fermes sont souvent aussi exploitées pour le compte des propriétaires, et où s'observent des exemples remarquables d'une administration domaniale sur une grande échelle. Citons, par exemple, 200 000 hectares appartenant au prince Schwarzenberg; 110 000 au prince de Tour et Taxis; 56 000 au prince Furstenberg; 56 000 au majorat du comte Hoyo. Plus d'un tiers de la superficie de la Bohême appartient à des fermes au-dessus de 115 hectares. La situation des ouvriers agricoles, sur laquelle on possède maintenant une intéressante statistique, varie avec l'ensemble de l'état rural, depuis la Galicie orientale, où ils occupent le niveau le plus bas jusqu'à la région des Alpes et aux contrées italiennes, où les ouvriers se transforment en colons ou métayers, *mezaderii*. La *Galicie* est spécialement un pays de prolétariat rural. Le nombre des possesseurs y a augmenté de 584 000, chiffre donné en 1857, à 800 000 environ, en 1875, et à 1 663 000, en 1891; mais le nombre des terres de plus de 100 *Joch* ou 57 hectares, est tombé, en même temps, de 7664 à 3102 : ce sont les petites terres qui ont augmenté dans une proportion considérable, en même temps que, d'après un calcul récent, elles descendaient, de 1868 à 1892, d'une moyenne de 9 *Joch* ou près de 5 hectares à 3,6 *Joch* ou 2 hectares environ. Il y en

avait 216 000 au-dessus de 2 *Joch* ou 1 hectare, 133 000 de 2 à 5 *Joch* et 378 000 de 5 à 20 *Joch* (ou 12 hectares environ). Une partie considérable du peuple ne reçoit même pas une nourriture suffisante et beaucoup de personnes meurent des maladies qui sont une conséquence de la privation. Pour toute l'Autriche, on donne comme nombre des fermes 4 100 000, avec une moyenne de près de 7 hectares par ferme, moyenne toujours très peu significative.

La *Hongrie* se distingue par l'existence de très grandes propriétés, parallèlement à celle d'un grand nombre de petites fermes. Pour la Hongrie et la Transylvanie, sans la Croatie et la Slavonie, ces petites fermes au-dessus de 5 *Joch*, c'est-à-dire 2,9 hectares, étaient, d'après une enquête de 1850 à 1869, au nombre de un million et demi; les fermes de 2,9 à 17,2 hectares, 704 000; ces deux classes ensemble occupant 32 p. 100 de la superficie totale. Puis, on compte 119 000 fermes, de 17,2 à 115 hectares, grandes fermes paysannes, occupant 14 p. 100 de la superficie. Puis 14 000 fermes appartenant à la classe supérieure, de 115 à 576 hectares, et occupant également 14 p. 100 de la superficie; puis 4 500 fermes, déjà d'une grande étendue, de 576 à 5 760 hectares, et occupant 30 p. 100 de la superficie; enfin celles au-dessus de 5 760 hectares occupent 9 p. 100 de la superficie. En étendant le terme de propriété paysanne aux fermes de 100 *Joch*, c'est-à-dire 57,36 hectares seulement, ces propriétés paysannes, avec un nombre de propriétaires s'élevant à 2 millions et demi, ne couvrent que 13 millions d'hectares; 6 millions et demi d'hectares représentent 25 000 propriétés, de 57,6 à 5 760 hectares, dont les possesseurs constituent une forte classe moyenne supérieure; et 12 millions et demi d'hectares appartiennent à 4 500 grands propriétaires, dont 250 détiennent à eux seuls 2 880 000 hectares. Un tiers du territoire, la plus grande partie pourtant des forêts et d'autres terres non agricoles, est sous la mainmorte, c'est-à-dire est constitué par les propriétés de l'État, des Communes, de l'Église, des majorats. Les très grandes propriétés et leur administration souvent bien organisée offrent comme celles des pays septentrionaux de l'Autriche, beaucoup de points d'un intérêt considérable. La situation et la civilisation des paysans diffèrent beaucoup dans les différentes contrées et chez les diverses nationalités, Hongrois, Allemands, populations slaves et Roumains, qui composent l'État hongrois. Les très grandes propriétés sont surtout situées dans les régions peuplées par des paysans slovaques, ruthènes ou roumains. D'autre part, les grandes fermes paysannes se trouvent principalement dans des contrées hongroises ou allemandes.

Dans le *Midi*, la société rurale présente d'une manière beaucoup moins distincte que dans le nord de l'Europe la division des trois classes. Les cultures dans le midi diffèrent totalement, et cette seule différence, qui permet à des terres d'une même étendue de produire des valeurs si divergentes, allant, par exemple, de 10 francs à 5000 francs ou plus par hectare, rend impossible la classification ordinaire. Pour la même raison, l'étendue n'est pas un indice suffisamment exact de la situation du possesseur. En général, les pays du Midi sont très morcelés. Les petites terres sont souvent les mieux cultivées. Mais il arrive aussi que leurs possesseurs vivent dans une telle misère qu'il semble de toute nécessité de les arracher de la terre, et la possession du moindre lopin, qui est, dans le nord de l'Europe, le grand desideratum pour les ouvriers des grandes fermes, paraît être ici un véritable fléau. Le plus souvent, c'est cependant là où sont les plus grandes propriétés que règne la plus grande misère; surtout là où elles forment de grandes exploitations à culture extensive, comme dans la Campagne romaine, et aussi, mais à un moindre degré, là où elles sont affermées à un grand nombre de petits tenanciers. Ces grandes propriétés se trouvent principalement dans les régions qui ont été éprouvées par les dévastations des guerres ou par la mauvaise administration des époques antérieures. On les trouve dans le centre, le sud et surtout dans l'ouest de l'Espagne, *despoblados*, terres dépeuplées où la *mesta*, ou corporation des propriétaires de moutons, a conservé trop longtemps des droits nuisibles, (V. TRANSHUMANCE) et dans le sud du Portugal, l'Algarve et l'Alemtejo, dévastées par les guerres des Chrétiens avec les Maures; on les trouve encore dans les anciennes possessions, mal administrées, des papes, le Latium, l'Ombrie et les Marches, ainsi que dans la Sicile, qui était sous les Sarazins aussi florissante que dans l'antiquité, qui l'était encore sous les princes normands et leur descendant Frédéric de Hohenstaufen, qui souffrit sous les Espagnols et sous les mauvais régimes des temps modernes, mais qui fit de nouveau des progrès sous l'administration anglaise au commencement de ce siècle.

Pour tout le Midi, l'affermage sous forme de *métayage* est fréquent. En *Italie*, on compte parmi les professions agricoles 18 p. 100 de propriétaires; 7 et demi de fermiers; 15 de cultivateurs de riz, etc., avec des contrats particuliers; 18 de métayers, *mezzadria, mezzeria*

ou *masseria*, cas où toute la ferme est donnée en métayage; mais en réalité, il doit y avoir beaucoup plus de ces derniers, parce qu'il est difficile de les discerner de ceux des ouvriers agricoles, *lavoratori*, qui souvent travaillent pour une part sur les grandes propriétés ou qui cultivent en totalité de petites parcelles, d'après la *boaria*, contrat de bouvier, et la *metataria* ou métayage de petits champs, en Sicile, par exemple. Les colons ou ouvriers établis sur les biens d'après des contrats à longue durée forment aussi le plus souvent une classe intermédiaire entre les ouvriers et les métayers. Leur situation est le plus souvent la *colonia parziaria*. Le métayage embrasse dans les provinces du centre, la Toscane, l'Émilie, l'Ombrie, les Marches, souvent plus de la moitié des terres. C'est une forme de coopération entre le capitaliste et l'ouvrier, bien adaptée à des cultures comme celles de l'olivier, des figuiers, de la vigne, des mûriers. Aussi la rencontre-t-on habituellement dans tous les pays méridionaux. En Grèce, par exemple, il remplace presque entièrement les autres formes de fermage. C'est aussi par une conséquence de la nature des cultures et de toute la manière de vivre, si différente de celle du nord de l'Europe, que les propriétaires, dans le midi, habitent si fréquemment les villes et font cultiver leurs terres par des métayers. Trop souvent, en Italie, en Sicile par exemple, il y a de grands tenanciers qui servent d'intermédiaires et qui afferment à des conditions très dures aux véritables cultivateurs. Depuis 1867, la vente de domaines de l'État ou de l'Église a dépassé en Italie un montant de 1 100 millions de lire. Les propriétaires cultivateurs sont relativement plus nombreux dans le Piémont et dans la Ligurie où, comme en Lombardie et dans une partie de la Toscane, l'état de l'agriculture est bien supérieur à ce qu'il est dans une partie de l'Italie du Sup et la Sicile, où notamment la misère est si grande que le peuple est extrêmement mal nourri, et que même les races de bétail dégénèrent. En Sicile, on ne comptait, en 1862, que 1300 possesseurs, parmi environ 700 000, qui eussent un revenu de 4 250 francs par an. Dans le territoire de Naples, la moyenne de la cote soumise à l'impôt foncier n'est que 2 hectares; la moyenne est la même, pour toute autre raison, dans le district bien cultivé de Como. Elle s'élève à 28 hectares dans le district de Sienne où l'on trouve les Maremnes. Dans toute l'Italie, on estimait, en 1881, le nombre des propriétés terriennes à plus de 4 millions, avec une moyenne, pour chacune, de 7 hectares.

En *Espagne*, il y a vingt ans, le nombre

des propriétés était estimé à 3 millions et demi; mais il n'y en avait que 3 900 à jouir d'un revenu de plus de 10 000 francs. Sur l'ensemble de ces propriétés, les 3/4 mesuraient moins de 1 hectare; un cinquième, de 1 à 10 hectares. Dans le nord de la péninsule, où la situation est relativement meilleure, on estime l'étendue moyenne des fermes, pour la Galicie et l'Asturie, de 4 à 6 hectares, plus de la moitié des propriétés étant cultivées par des propriétaires, dont la plus grande partie a acheté des terres, dans ce siècle, de grandes propriétés féodales ou des anciennes possessions de l'Église; pour le Guipuscoa, à 6 hectares, pour les fermes qui sont entre les mains des paysans propriétaires, et de 2 à 4 hectares, pour les fermes qui sont entre les mains des tenanciers, ceux-ci occupant les 19/20 des terres; pour la Biscaye, de un quart d'hectare à 2 hectares, et même moins pour les petits propriétaires. Au Sud, dans les provinces de Malaga, de Grenade, d'Almeria et de Jaen, on trouve souvent de grands propriétaires qui ont de petits tenanciers, et aussi de petits propriétaires avec de petits lopins là où l'on cultive la vigne et l'olivier, et des terres un peu plus étendues, de 4 à 6 hectares, là où l'on cultive le blé. En Alicante, les deux tiers des cultivateurs sont des tenanciers et possèdent une étendue de fermes assez considérable. Dans la province de Valence, on trouve le plus souvent des petits propriétaires d'une moyenne de un hectare et demi ou même, souvent, de moins là où il y a des irrigations.

L'agriculture du *Portugal* est relativement bonne chez les petits propriétaires de un demi-hectare à 6 hectares, dans le Minho, où, comme dans la Beira, les tenures héréditaires ou emphytéotiques, *afforamento*, se rencontrent généralement. Le métayage est fréquent comme dans les autres pays du Sud, *parziaria agricola*. On se plaint de l'*absentéisme* des grands propriétaires. On donne 4 hectares et demi comme étant la moyenne des fermes portugaises.

En *Grèce*, la meilleure culture existe dans les toutes petites propriétés des îles de l'Archipel. Ailleurs, on estime de 6 à 8 hectares la moyenne des propriétés; on en trouve aussi beaucoup de 16 à 20 hectares; en ce qui concerne les fermes cultivées par des métayers, la moyenne est plutôt de 16 hectares. Dans les îles Ioniennes, il y a eu des restes de possessions féodales de l'époque vénitienne, qui n'ont pas toujours été bien traités par les législateurs modernes. Une législation qui, dès 1836, a essayé de rendre possible, dans de bonnes conditions, pour chaque Hellène, l'achat de 12 hectares des terres

publiques, ne paraît pas avoir été bien exécutée.

Les autres nouveaux États de *la péninsule des Balkans* sont peuplés surtout par des paysans qui cultivent de petits lots de terre : ce sont souvent maintenant des propriétaires, souvent encore des tenanciers héréditaires, qui, fréquemment, en ce qui concerne la forme du loyer, sont des métayers. Quand les pays ont été libérés du joug turc, les paysans sont parfois subitement devenus des propriétaires. Les *Serbes* le sont presque tous, tandis qu'en *Bosnie*, peuplée par la même race, le gouvernement austro-hongrois tâche de transformer en propriétaires paisiblement et peu à peu les *kmets* ou *rayas*, autrefois traités très durement par les propriétaires musulmans, les plus grands *begs* et les plus petits *agas*. On donne, pour ce pays, 8 à 10 hectares comme la moyenne d'une ferme paysanne ordinaire. Les *paysans bulgares*, possesseurs héréditaires ou propriétaires de petites terres, ont une réputation d'agriculteurs relativement bons. En *Roumanie*, on donne l'étendue d'une ferme paysanne ordinaire de 3 à 27 hectares. Même ceux qui n'étaient pas des serfs, rendaient des *dijmas*, des dîmes, et *claca*, du travail. Malgré l'abolition du servage et la distribution de petites terres qu'on leur a données en propriété (1856, 1862 et 1864), la masse du peuple semble se trouver trop souvent dans un état très précaire. La misère en a fait retomber un grand nombre à un état de fermiers dépendants et endettés qui n'est pas réellement pas très éloigné de l'ancien servage. Lors de l'expropriation de 1864, qui eut lieu dans l'intérêt des paysans, on donna à chacun des 402 500 cultivateurs du pays 214 ares et demi, en Moldavie, et 150 ares, en Valachie. Il y avait, en plus, 150 000 familles d'ouvriers qui ne possédaient pas de terre. Plus tard, on estime à 80 000 le nombre de familles ne possédant pas de terres, à 570 000 le nombre des possesseurs de petites terres, possesseurs qui, trop souvent, ne sont en réalité que des prolétaires. Une grande partie des terres, à cause de la misère de ceux qui les possédaient, a fait retour aux grands propriétaires. Ceux-ci sont estimés cultiver leurs terres mieux dans la Moldavie que dans la Valachie.

En *Russie*, d'après l'enquête qui fut faite de 1877 à 1880, les terres appartenaient encore pour la plus grande partie à l'État, 150 millions et demi de dessiatines, soit 30 p. 100; 7 millions un tiers ou près de 2 et demi p. 100 appartenaient aux domaines d'apanage; 131 millions un tiers ou 34 p. 100 à des communes paysannes; comme propriétés privées on ne comptait que un quart ou 26 p. 100 du total. Sur ce quart, soit 100 millions environ de dessiatines, 80 p. 100 appartenaient, en 1882, à 115000 nobles, qui possédaient chacun en moyenne 638 hectares ; 11 p. 100 à 13 000 individus enregistrés comme commerçants, et possédant chacun une moyenne de 775 hectares ; 2 p. 100 à 58000 autres bourgeois avec une moyenne, par personne, de 33 hectares ; et enfin 5,4 p. 100 seulement à 273 000 paysans qui possédaient en dehors des communautés des villages, 18 hectares en moyenne par personne. Lors de l'abolition du servage, en 1861, il fut donné à chaque « âme » ou homme adulte une terre variant entre 3 et 7 dessiatines ou hectares dans le Nord ; entre 2 hectares 3/4 et 6 hectares dans la zône de la terre noire ; entre 3 et 12 hectares dans les steppes du Sud ; entre 2 hectares 3/4 et 4 hectares 1/2 dans la petite Russie ; entre 3 et 4 dessiatines le plus communément pour la grande majorité des paysans. Les grands propriétaires gardèrent au moins un tiers des terres. La noblesse russe est plus une hiérarchie de fonctionnaires qu'une noblesse rurale ; lors de l'émancipation, 1/4 seulement des nobles restaient sur leurs terres ; les 3/4 vivaient ailleurs soutenus par l'*obrok* ou redevance des paysans. Pour indiquer leur richesse, on cite le nombre de serfs que possédaient les nobles à l'époque de la libération : 80000 possédaient de 1 à 100 serfs, et parmi eux 43000 en possédaient plus de 22 ; 36000 en possédaient de 22 à 100 ; 22000 individus, dont la fortune était regardée comme moyenne, en possédaient de 100 à 1000 ; 1400 très grands propriétaires en possédaient 1000 ou plus ; le nombre total des possesseurs de serfs s'élevait à 103 000. Un certain nombre de grands propriétaires essaient aujourd'hui de cultiver de grandes fermes, en prenant modèle sur l'Allemagne du Nord ; ils obtiennent des succès variables. Il est maintenant admis que la communauté de village, qui se fonde sur le principe de donner une terre à chaque « âme », aboutit à un morcellement exagéré et funeste. On se plaint que les terres sont accaparées par un élément capitaliste, les *koulaks* ou « mangeurs du mir » ; il est probable qu'il y a là le début de l'existence d'une classe moyenne. Nous parlerons plus loin de la situation des paysans en parlant de la grande réforme de 1861. En *Pologne*, il n'y avait presque pas de paysans propriétaires avant la nouvelle législation. En 1874, 1/3 des terres, 4 716 000 dessiatines, appartenait aux paysans ; 3 681 000 dessiatines appartenaient aux nobles.

Dans les *provinces baltiques*, on a donné, pour les propriétés de la noblesse allemande,

sur un total de 8 millions et demi de dessiatines, le chiffre de 6 100 000 dessiatines, l'État possédant un million et demi de dessiatines et les paysans ne possédant que 1/10 des terres. Là, comme dans les autres pays sur les côtes de la Baltique, la Poméranie suédoise, le Mecklembourg et le Holstein oriental, étaient créées principalement de grandes fermes seigneuriales. D'autre part, on a récemment signalé comme ayant été vendus aux paysans 4/5 des fermes paysannes qui restaient dans la Courlande, 2/3 de celles qui restaient dans la Livonie et 1/4 de celles de l'Esthonie, où le mouvement de réforme est plus récent. Les paysans, en possession de grandes fermes, cultivent relativement bien même comme fermiers.

Les *paysans orientaux* offrent des exemples d'une culture où les cultivateurs se trouvent presque toujours dans la misère. L'Égypte, les Indes, Java, l'Indo-Chine, la Chine, même le Japon peuvent offrir des exemples de culture entreprise avec beaucoup de soin et même, sous certains rapports, d'habileté. Mais le sort du cultivateur y est presque toujours misérable, et, presque toujours, ses maitres, ceux qui possèdent le pouvoir, lui ont pris tout ce qu'il était possible de lui prendre. Le régime européen tâche de protéger les cultivateurs et de leur assurer une meilleure forme de tenure ; mais, souvent, il faut se contenter de les sauver de la famine. (Voyez pour les Indes, en ce qui concerne l'étendue des exploitations, *Colonisation ancienne en villages ou en fermes isolées*). Au Japon, il a fallu, en 1873, délivrer les cultivateurs de l'oppression d'un pouvoir qui était exercé par une classe féodale. Leurs redevances, que maintenant ils paient directement à l'État, sont cependant toujours très élevées, et montent souvent à un tiers du produit brut. Les très petites cultures y demeurent presque toujours la règle. En 1886, 5 millions et demi de familles s'occupaient d'agriculture et représentaient 71 p. 100 de la population ; sur ce nombre, on en comptait comme propriétaires 57 p. 100 ; 43 p. 100 comme fermiers. La moyenne des terres pour chaque cultivateur n'atteignait que 78 ares. En ce qui concerne la principale culture, celle du riz, il est de règle que le produit en soit partagé entre le cultivateur et le propriétaire. Le Japon offre un nouvel exemple de l'extrême difficulté qui existe à transformer subitement une population depuis longtemps dépendante et opprimée ; comme en Roumanie, les cultivateurs succombent immédiatement sous le pouvoir de l'usure et l'on a même, dans leur intérêt, proposé sérieusement de réintroduire le système de grands propriétaires.

On compare la grande masse des cultivateurs dans les grands pays de l'Est, y compris le Japon et même l'Europe orientale, avec les grandes masses des cultivateurs dans les pays occidentaux et notamment aux *États-Unis*, où le cultivateur même ordinaire emploie pour presque tous les travaux des machines et où, en conséquence, il peut mettre en exploitation une superficie beaucoup plus considérable. La superficie moyenne des fermes, qui est, aux États-Unis, de 137 acres, est peut-être moins significative, parce que, dans ce pays neuf, en moyenne un tiers des terres n'est pas encore défriché. Comme il a été rappelé dans l'article sur la colonisation, la superficie moyenne des fermes des États-Unis est environ la même que celle des premières fermes de nos ancêtres en Europe. Mais même la superficie que peut cultiver facilement un seul homme, dans l'une des cultures qui exigent le plus de soin, celle du maïs, est de 40 acres ou 15 hectares environ, c'est-à-dire bien des fois supérieure à celle des petites fermes de l'Est. Parmi les 4 565 000 cultivateurs, 72 p. 100 étaient, en 1890, des propriétaires ; 10 p. 100 des fermiers payant un loyer d'argent ; 18 p. 100 étaient des métayers, forme de fermage ayant sa raison d'être et dans le Sud, chez les cultivateurs nègres, et dans l'Ouest, où beaucoup de cultivateurs ne possèdent pas encore de capitaux d'exploitation et ne peuvent que si difficilement encore courir les risques d'une mauvaise récolte. Il est cependant rare de trouver de grands propriétaires qui afferment aux autres ; ce sont le plus souvent des cultivateurs retirés ou d'autres petits capitalistes. Le capital coopère en fournissant les hypothèques plus souvent que comme placement en propriétés ou en fermes. Dans un pays aussi développé que les États-Unis, 43 p. 100 de la population produit bien plus de nourriture que 80 p. 100 de la population aux Indes et que n'en produit en Russie à peu près la même proportion de la population qui s'occupe là d'agriculture. La diminution relative de la population agricole n'est qu'une conséquence de l'accroissement de la force productive d'une nation, force qui permet à une partie beaucoup plus considérable du peuple de se livrer à d'autres occupations, utiles, mais moins nécessaires.

11. Causes générales.

Climat. — Caractère de la production. — La possession de capitaux et la capacité personnelle. — État social général.

Parmi divers éléments qui, en dehors de l'histoire antérieure, ont influé sur l'étendue des cultures, tels que la location, les prix des produits etc., il faut spécialement relever le *climat*. Le Midi est éminemment favorable à la petite culture. Les arbres, dont les racines sont plus pénétrantes, peuvent mieux que les herbes et les blés du Nord subir la sécheresse, et presque tous les arbres fruitiers : l'olivier, qui remplace, sous beaucoup de rapports, comme culture et pour la nourriture du peuple, les vaches et les prairies du Nord, les orangers, les mûriers, les vignes même sont l'affaire de la petite culture. Déjà sous les Carolingiens, on relève, dans le midi de la France, des organisations différentes de celles du Nord, la *cabannaria* et l'*appendaria*, hors du village, la *condamina*, la *bordaria*, dans le Sud-Est, le *casale*, où le propriétaire fournit la maison, les petits *casati* et autres que nous désignons aujourd'hui comme *cottiers*. On a l'habitude d'opposer les pays de vigne en France et sur le Rhin à l'Allemagne du Nord. On relève les mêmes faits en Amérique, pour les cultures merveilleuses de la Californie du Sud et d'autres régions également du Sud, surtout là où l'on irrigue, comparées à l'agriculture du Nord, où le farmer, même ordinaire, occupe une superficie relativement considérable.

Le *caractère de la production* exerce aussi une grande influence, en tant qu'elle est déterminée par d'autres causes que le climat, c'est-à-dire par le sol, par la distribution des moyens de production, des capitaux et de la capacité personnelle, par la demande des divers produits, par l'état des moyens de transports. L'exploitation des forêts et la silviculture, par exemple, sont du domaine des grandes propriétés, bien qu'il y ait aussi place pour une arboriculture plus soignée convenant mieux à des propriétés de moindre étendue. Les forêts toutefois sont à tel point un produit naturel, que nous en avons à peine parlé en étudiant la question des classes rurales. Elles représentent surtout une rente de la terre accumulée pendant de longues périodes ; le travail de l'homme n'y tient qu'une place infime. Les forêts peuvent aussi, avec moins d'inconvénients que les autres exploitations foncières, être soumises au régime de mainmorte, bien que l'infériorité des méthodes engendrées par cette forme de propriété puisse encore nuire à leur développement. En dehors des forêts, c'est surtout l'élevage qu'il faut signaler comme pouvant convenir à de très grandes exploitations, qui existent en Russie, en Hongrie, en Autriche, dans l'ouest des États-Unis, dans une partie du Mexique, dans l'Argentine et dans l'Australie. Là où, aux États-Unis, le manque de pluie arrête la culture ordinaire, sur une longitude de 98 à 100 degrés, là commence le domaine du bétail et règnent les rois de bétail avec leurs cow-boys ; c'est une zone d'une longueur de 1500 milles anglais et parfois aussi, au moins jadis, d'une égale étendue de l'Est à l'Ouest. C'est l'élevage du bétail qui a occupé les plus grands domaines à l'époque même, antérieure à l'introduction des tramways électriques, où les chevaux rendaient un revenu peut-être encore plus considérable. Les moutons, au contraire, dans ces contrées, étaient plutôt l'affaire d'exploitations plus petites et gérées, le plus souvent, par des propriétaires. L'élevage du bétail commença lorsque les chemins de fer transcontinentaux eurent chassé les buffalos et les Indiens ; aujourd'hui, il tend à se restreindre sous l'effort des farmers qui exploitent des terres d'après les méthodes ordinaires d'occupation. Si l'on étudie les cartes si intéressantes du dernier recensement américain, c'est dans les contrées d'élevage que l'on trouve les plus grandes exploitations, non seulement dans la zone aride, mais encore, dans une certaine mesure, sur les prairies. On exploite les terres le plus souvent sans qu'il soit nécessaire de les posséder et même sans les louer comme cela se fait en Australie et au Canada. Il y a encore des exploitations relativement considérables dans la zone des plantations de coton. Plus vers le Nord, les fermes de froment ont une moyenne un peu plus élevée que celles de maïs, lequel demande plus de soins.

Dans la zone aride, les irrigations permettent la constitution de très petites fermes de beaucoup de valeur, cultivant les légumes et les fruits. En Europe, certaines formes d'élevage demandent plutôt des fermes d'une étendue médiocre. Il en est ainsi, par exemple, pour l'élevage du cheval jutlandais, pour celui d'Oldenbourg ou pour celui du Perche. Dans ces régions, les paysans peuvent, contrairement à ce que font les grands éleveurs, et sans nuire au cheval, l'employer dans son jeune âge. L'élevage des moutons à viande est, plus que celui des moutons à laine fine, l'affaire des fermes ordinaires. La fabrication des fromages, notamment des fromages les plus recherchés, est aussi, plus que celle du beurre, l'œuvre de petits fermiers. Les exploitations de laiterie ordinaires sont de même de moindre étendue que celles de froment. L'emploi des machines, des machines à vapeur, par exemple, est un avantage des grandes fermes, qui pousse à cultiver certaines plantes, comme les betteraves à sucre, sur une grande échelle. Cependant, pour les fermes à grain, ou pour les betteraves à sucre, l'économie résultant de l'emploi des forces de la famille peut souvent plus que compenser l'éco-nomie due aux machines et aux procédés plus rationnels de très grandes fermes. Des associations ou autres combinaisons permettant d'utiliser les machines peuvent aussi donner aux plus petits cultivateurs, notamment pour la laiterie, les avantages que possèdent les grandes exploitations. Pour l'engraissement, les cultivateurs moyens ont des avantages comparativement aux plus grands. Pour la culture en général, les plus petites terres, cultivées par les ouvriers pendant leurs loisirs, sont souvent celles qui, en fait, coûtent le moins de toutes. Le sol plus léger est plus facile à cultiver par grandes étendues qu'un sol plus argileux ; mais, d'autre part, le premier est souvent plus adapté à une culture intensive, le second, plutôt fait pour la culture du grain. La situation près des villes rend possible une culture qui ne le serait pas à des distances plus considérables. D'autre part, les chemins de fer et autres moyens de communication font aussi, sous ce rapport, des merveilles. C'est le développement des moyens de communication qui a directement créé les cultures américaines modernes.

Autant, cependant, que les conditions naturelles, il faut compter comme influençant la distribution des terres, la *possession de capitaux et la capacité personnelle*. Nous citerons, par exemple, les éléments qui ont rendu possible le développement subit de l'élevage américain par des Américains ou par des Écossais, appartenant souvent à de bonnes familles et capables de concentrer de grands capitaux. On peut aussi comparer aux *farmers* anglais les cottiers irlandais ou ceux de la Galicie et de la Bukovine ou les paysans russes. Pour les dernières classes, l'impossibilité où ils sont de se déplacer est souvent une des causes principales qui les retiennent au sol ; mais elle disparaît, d'autre part, avec le développement des chemins de fer et avec le progrès général. Enfin certaines formes de propriétés, d'ailleurs moins motivées, ont leur raison d'être, comme formes de transition entre les classes ou comme étant utiles pour la composition de certaines fortunes ou l'emploi de certaines capacités.

Quelle que soit l'influence des circonstances extérieures, c'est cependant à l'*état social général* qu'il faut revenir pour bien comprendre la situation de la classe rurale et la distribution des cultures. Comparez, par exemple, les États-Unis et les autres colonies anglo-saxonnes, avec leurs *farmers* appartenant presque tous à une classe moyenne, à la Russie, à la Roumanie, à l'Andalousie ou à la Sicile. C'est surtout le caractère de la population qui fait la différence, non seulement entre le bien-être, d'un côté, et la pauvreté, de l'autre, mais aussi dans le caractère des exploitations, dans leur superficie, en un mot dans l'ensemble du système. Si l'on se demande d'où vient la situation malheureuse des riches régions du Midi, comme l'Andalousie et la Sicile, il ne suffit pas de parler des *latifundia*, des grands propriétaires vivant dans les villes et de l'abandon des pauvres cultivateurs, et si l'on cherche des remèdes pour relever le peuple, il faut de toute nécessité y comprendre tout ce qui concerne le développement humain. Il en est de même si l'on compare, aux États-Unis, les *farmers* du Nord et les classes du Sud composées des anciens planteurs, c'est-à-dire de blancs pauvres et de nègres. On retrouve le même enseignement quand on étudie les fortes colonies formées par la fleur des anciennes colonies, telles que la Californie avec ses *farmers* de première classe, ou si, en Europe, on compare les trois classes rurales de la Suède, du Danemark et de la Norvège avec les trois classes du Brandebourg ou les deux de la Russie. On le retrouve encore si l'on fait, par exemple, la comparaison entre les grands propriétaires, les fermiers et les ouvriers ruraux de la Grande-Bretagne avec la société rurale de la France. Tout cela est si complexe, qu'on préfère souvent s'en tenir à des vues générales, plutôt que d'en analyser à fond les divers éléments. En comparant les périodes et les pays, on constate que la richesse ou la pauvreté générale, à elles seules, suffisent à expliquer la plupart des particularités observées. Il n'en est pas moins vrai que la richesse dépend du développement personnel plus que de toute autre chose.

12. Politique des gouvernements.

Une seule et même aptitude crée un bon gouvernement et une bonne agriculture. — Idées générales, leur origine en France. — L'ensemble des réformes. — Dépendance personnelle. — Prusse. — Vestiges du servage, provinces baltiques, Mecklembourg. — Autriche, Hongrie, Galicie. — Russie, Pologne. — Projets qui ont pour but d'arrêter la mobilisation des terres. — L'influence du développement général sur les esprits. — Droits de mutation. — La consolidation et l'échange des unités parcellaires. — La liberté, le résultat le plus considérable.

Montesquieu dit avec beaucoup de raison que les pays les plus riches ne sont pas les plus fertiles, mais bien ceux qui possèdent le meilleur gouvernement : l'Angleterre, par exemple, les Pays-Bas, la Suisse, sont plutôt pauvres au point de vue naturel, leur sol est moins fertile, ou tout au moins ne peut produire sans effort de travail, et leur climat, enfin, est peu favorable. Mais, dans un grand nombre de cas, il est assez difficile de dire si c'est réellement le gouvernement qui crée la bonne agriculture : presque toujours, elle est due certainement aux efforts individuels. C'est plutôt *une seule et même aptitude* d'un peuple qui *crée* ces deux ordres de choses, *un bon gouvernement et une bonne agriculture*. Mais il est vrai que les fautes des gouvernements et surtout les guerres désastreuses qu'ils entreprennent peuvent ruiner totalement un pays, et même pour des générations ; il n'y a, pour s'en convaincre, qu'à se reporter aux résultats néfastes qu'entraînèrent pour l'Allemagne la guerre de Trente-Ans et pour la France les guerres de Louis XIV.

Quoi qu'il en soit, il est du plus grand intérêt de suivre la politique des gouvernements, et surtout, puisque tel est ici le but de nos préoccupations, leur politique en ce qui concerne les questions rurales ; il est regrettable que nous ne puissions le faire avec plus de loisir. En suivant les détails de cette politique, on y voit, d'une manière frappante, l'empreinte qu'y déposent, à chaque époque, les *idées générales* qui sont alors régnantes, surtout celles qui prennent leur origine en *France*. Ces idées, dans la seconde moitié du XVIII siècle, sont libérales et progressistes jusqu'en 1789 ; elles commencent, vers la moitié du même siècle, à s'occuper du côté purement économique ; plus tard, lorsque les grands principes viennent à s'imposer, elles s'étendent à la situation des personnes ; sous la Révolution, elles se font plus révolutionnaires. En dehors de la France, elles dominent là surtout où pénètrent les armées françaises ; dans la période suivante, elles revêtent plus de modération, et parfois même témoignent d'un esprit non plus progressiste, mais plutôt réactionnaire ; elles prennent un nouvel essor après 1830, et deviennent, en 1848, de nouveau radicales. C'est là une tendance que l'on constate aussi dans les grandes encyclopédies. Par exemple, pour l'Allemagne du XIX siècle, l'Encyclopédie de Rotteck et Welcker est empreinte des idées radicales de la Révolution ; celle de Bluntschli est sincèrement libérale, et la plus récente, celle de M. Conrad et coéditeurs, œuvre d'ailleurs excellente, accuse bien, sous plusieurs rapports, la tendance de nos jours, qui est plus rétrograde que libérale.

Parfois, certaines idées particulières reviennent, à différentes époques, d'une manière curieuse. Celle des physiocrates était d'imposer exclusivement la terre, tandis qu'ils voulaient — avec la plus grande raison — rendre absolument libres toutes les transactions commerciales. Or, c'est une idée que l'on retrouve chez l'économiste américain Henry George et ses disciples. Dans la plus grande partie de l'Europe, l'abolition des castes léguées par le moyen âge se produit à la suite du mouvement qui eut lieu en France et dont la Révolution marqua l'apogée. Quelques princes devancèrent la Révolution, comme le margrave de Bade Charles-Frédéric, le prince héréditaire Frédéric de Danemark, et surtout l'empereur d'Autriche Joseph II. Dans l'Allemagne occidentale, les réformes succèdent aux victoires et aux conquêtes françaises. D'autre part, il y eut des princes qui, après la chute de la domination napoléonienne, revinrent sur quelques-unes de ces réformes, comme les princes de Hesse et de Hanovre ; même Jérôme, en Westphalie, recula au moment d'en exécuter certaines. Après la victoire, en 1830, du libéralisme en France, les réformes reprirent leurs cours, d'abord avec modération ; puis elles revêtirent une couleur différente avec les tendances générales qui régnaient, en 1848, et dans les années suivantes, et aussi avec le caractère général du gouvernement du pays. Ce n'est pas seulement dans les États dont le gouvernement est démocratique et révolutionnaire que l'on rencontre des mesures radicales et violentes ; parfois des gouvernements autocratiques ne restent guère en arrière, sous ce rapport, et forment aussi un contraste nettement marqué avec les pays vraiment libéraux tels que l'Angleterre, les Pays-Bas et la Belgique. Et la différence ne consiste pas seulement dans le peu de réformes que comportent ces pays libéraux, si on les compare à ceux qui demeurent sous le pouvoir autocratique, ou qui tombent, de ce pouvoir, dans les révolutions ; même lorsque, dans ces pays libéraux, on s'en prend à quelques vestiges du moyen âge, on ne les attaque pas avec la même intransigeance que dans les États autocratiques ou révolutionnaires ; l'esprit des gouvernements y est tout autre.

Dans les pays méridionaux, où la civilisation est plus ancienne, l'affranchissement des personnes et des terres y est d'ordinaire plus ancienne aussi : en Italie et dans le midi de la France, le servage a, par exemple, en règle disparu dès le XIIIᵉ siècle ; aussi n'est-ce que des réformes partielles qui s'y produisirent dans la seconde moitié du XVIIIᵉ siècle. Déjà alors et de même dans ce siècle, ce sont particulièrement les grandes possessions de mainmorte, notamment celles de l'Église, de la mobilisation desquelles on a dû s'occuper dans les pays méridionaux. Dans l'Europe du Centre et du Nord, c'est l'*ensemble* des institutions *que l'on réforme*, et l'ensemble des relations existantes entre les personnes et les terres. Ces réformes commencent souvent par abolir l'ancienne communauté de village ; bientôt elles attaquent certaines redevances injustes ou peu économiques, telles que la corvée dont les services étaient indéterminés, les dîmes, le droit de chasse, etc. ; puis elles arrivent à s'occuper de la dépendance personnelle et des formes de la tenure, que l'on désire transformer en propriété. Presque toujours il y eut nombre d'autres réformes à entreprendre, telles que construction de routes, établissement d'institutions de crédit et d'écoles, etc. La destruction s'exerça sur les anciennes classes, telles que le moyen âge les avait léguées.

La question la plus grave était celle de la *dépendance personnelle* ; nous avons déjà indiqué la grande différence de sens que pouvait présenter, selon les lieux où il était employé, le mot de servage. Dans la plupart des territoires de l'Allemagne occidentale, par exemple, et plus encore dans certaines provinces des Pays-Bas et de la Belgique, ainsi qu'en France, le servage ne consistait qu'en vestiges de ce que signifiait proprement le nom : l'obligation pour un membre de la famille de rester sur la ferme, pour les adultes de prendre du service chez le maître et de demander la permission de celui-ci pour contracter mariage, se transformait, dans la pratique, en paiements de petites sommes. Les droits à payer en cas de décès étaient les plus importants ; toutefois ce n'était qu'à titre exceptionnel que certains seigneurs, comme dans le Münster, le Minden et le Ravensberg, avaient droit à une moitié de la propriété mobilière du paysan après sa mort, moitié dont le paysan ne pouvait, en conséquence, non plus disposer librement pendant sa vie. La situation était cependant toute différente dans les provinces orientales de la Prusse, où le grand propriétaire pouvait réellement, notamment au moyen des corvées, *Frohnden*, disposer de presque toutes les forces des paysans dépendants, et où surtout les *Lassiten*, *Lassbauern*, vivaient dans un état précaire. Un troisième régime gouvernait quelques pays sur les côtes de la Baltique, le Holstein oriental, le Mecklembourg et la Poméranie suédoise ainsi que les provinces baltiques russes où l'on allait, dans quelques cas, jusqu'à dénier aux serfs tout droit à une véritable propriété et même jusqu'à les vendre. Dans les provinces baltiques, le servage était plus dur en Courlande, où avait régné la législation polonaise, qu'en Livonie et Esthonie, où le régime suédois avait été favorable aux paysans. Mais la situation y était cependant bien différente encore de celle qui existait dans la Grande Russie où, le plus souvent, le servage consistait bien pius dans le paiement annuel d'une somme d'argent que dans le fait de dépendre d'une exploitation agricole; dans la Grande Russie, on se rapprochait davantage du véritable esclavage tout en étant cependant, grâce aux mœurs, bien éloigné de l'esclavage exercé par exemple sur les noirs en Amérique. La situation des propriétés variait comme celle des personnes. Même dans un pays comme la Bavière, il n'y avait, au temps de la Révolution, que 4 p. 100 des fermes et 6 p. 100 des familles qui fussent entièrement indépendantes.

Il y a certaines réformes qui offrent un intérêt particulier parce qu'elles ont profondément influé sur le développement de grands pays et sur celui de leurs populations, et aussi parce qu'elles représentent des principes très différents. Ce sont les réformes de la Prusse au commencement du XVIII° siècle, celles de l'Autriche à la fin du XVIII° et au milieu du XIX°, et celles de la Russie à partir de 1861. En *Prusse*, les rois Frédéric I°ʳ, Guillaume I°ʳ, Frédéric II et Frédéric-Guillaume II avaient pris des mesures pour abolir le servage: ils ne renoncèrent nullement à régler la situation du paysan; ils conservaient aussi la séparation des classes. et ils exigeaient que le propriétaire abandonnât au gouvernement une plus grande partie du produit de son travail. Dans ce même pays, la grande réforme rurale n'a été entreprise que depuis l'époque qui s'étend de 1807 à 1811, d'après les conseils des grands fonctionnaires libéraux qui avaient appris les bons principes, notamment à l'Université de Königsberg, sous le philosophe Kant et sous l'économiste Kraus, disciple d'Adam Smith: citons surtout von Schön, le baron von Schrötter et von Auerswald. Stein, qui signa les décrets à cette époque, redoutait trop la liberté: il hésita à donner aux grands propriétaires le droit de disposer librement des terres. Les décrets importants furent plus tard, sous le ministère de Hardenberg, l'œuvre surtout de von Raumer, de Albert Thaër, le grand agronome, et de von Scharnweber.

L'ensemble de ces mesures rentrait dans la grande transformation libérale de la Prusse, à cette époque. On s'efforçait d'abolir les trois castes dans lesquelles la population était répartie : propriétaires de fermes nobles, paysans, bourgeois des villes. Tous acquirent le droit de posséder des terres, qui devenaient libres. Un des principes de l'application de la réforme de 1811 était peut-être d'une valeur douteuse, c'était celui qui consistait à partager les terres paysannes, qui étaient le plus souvent encore distribuées en communautés de village, de telle façon que le grand propriétaire obtînt, là où les

paysans exerçaient un droit héréditaire, un tiers des terres; là où ils n'exerçaient qu'un droit de possession temporaire, la moitié des terres. En général, il est préférable d'exiger des paysans un paiement annuel en numéraire. En réalité, le partage des terres ne se pratiquait guère en dehors du Brandebourg et de la Poméranie. En 1816 et en 1834, on limita notamment l'expropriation au profit des paysans qui n'avaient pas de droits héréditaires, ce qui était réellement une mesure très radicale, aux anciennes fermes paysannes d'une superficie d'au moins 25 *Morgen*; cela eut lieu, par exemple, dans la Haute-Silésie, parce que ce fut seulement à cette époque que l'on arriva à y appliquer les décrets. Ce fut seulement dans la Posnanie et dans une partie de la Prusse occidentale, qui toutes deux avaient appartenu au royaume de Pologne, et où la liberté personnelle avait été décrétée par Napoléon en 1807, que les décrets furent exécutés tout à coup et cela même pour les petites terres; on ne regardait pas à exproprier les grands propriétaires, parce qu'ils étaient Polonais. Les décrets furent appliqués dans la Lusace slave; mais déjà, dans les autres parties de la province de Saxe et plus encore dans les provinces occidentales, on ne trouvait guère que leur intransigeance fût applicable. Dans les provinces occidentales, les principales réformes étaient aussi déjà instituées d'après le régime français. L'expropriation n'eut pas lieu non plus dans la nouvelle Poméranie citérieure ni dans l'île de Rugen, qui avaient appartenu à la Suède, et où la liberté personnelle et la dissolution de la communauté de village (ce dernier point concernant seulement la Poméranie) étaient instituées dès la fin du XVIII° siècle. Le droit de propriété existait avec tant de clarté que l'on ne pouvait songer à y appliquer sérieusement les lois d'expropriation. Les corvées furent enfin transformées en redevances et il fut établi que l'on pouvait racheter ces redevances, par une série de lois, datant de 1821, surtout de 1850 et, plus tard, de l'époque où ces lois furent étendues aux nouveaux territoires qui venaient d'être réunis à la couronne des Hohenzollern. Même là où on l'aurait voulu, il était difficile, quand on en arriva à l'exécution, d'agir toujours d'une manière aussi radicale; le droit, en effet, était beaucoup plus clair dans ces territoires qu'il n'était en Prusse lorsqu'on y décréta les réformes. Des chiffres montreront toute la réelle portée de ces lois. Au commencement du XIX° siècle, on estimait le nombre total des fermes paysannes à 274 000 dont 4/11, soit 99 000, étaient possédées, d'après le droit *lassite*, par des paysans entièrement dépendants, et par conséquent devaient être expropriées ; le reste des fermes qui étaient situées surtout sur les domaines d'État, étaient déjà possédées selon un droit bien supérieur. Les petites fermes, qui n'étaient pas supposées capables de s'acquitter des services d'attelages et dont on estimait le nombre, pour les provinces orientales, entre 300 000 et 400 000, ne furent pas soumises à l'expropriation décrétée en 1816, mais tombèrent sous les coups des lois qui furent provoquées par le mouvement de 1848, notamment en 1850. Alors la plupart de ces petites possessions avaient cependant déjà été transformées en possessions soumises à d'autres formes, de telle sorte que l'expropriation ne porta que sur un nombre de 13 000. Le total des fermes expropriées par l'ensemble de la réforme ne s'élevait, en 1866, qu'au nombre de 83 000, avec une superficie de 1 million un tiers d'hectares. Le nombre de possesseurs qui rachetèrent leurs redevances fut de un million un tiers. Pour tout le rachat, les paysans ont payé, avec des terres d'une étendue de 420 000 hectares, des rentes en grain de 173 000 hectolitres de seigle (cette sorte de payement s'effectuait principalement à l'égard d'institutions de divers caractères), un capital de 115 millions de marks et enfin des rentes d'argent de 16 millions de marks, pour lesquelles ils ont donné 248 millions et demi en obligations, *Rentenbriefe.* En 1887, l'addition des opérations qui eurent lieu dans les nouveaux pays rattachés à la monarchie avait porté ces sommes à 257 millions de capital et à 27 millions et demi de rentes.

Parmi les réformes des autres pays allemands, on peut noter comme des mesures tardives les abolitions des *vestiges du servage*, notamment du paiement de redevances par l'héritier, qui ne se produisirent dans le Hanovre qu'en 1831, et dans la Lusace supérieure, faisant partie de la Saxe royale, qu'en 1845. Le servage, qui était plus réel, fut aboli dans le Holstein oriental en 1804 ; dans le Mecklembourg, en 1821. A la même époque, il était aboli dans les provinces baltiques appartenant à la Russie, dans l'Esthonie en 1816, dans la Courlande en 1817, dans la Livonie en 1819, où on abandonna cependant, d'autre part, le droit des paysans à une possession héréditaire des terres paysannes qu'on y avait introduit quelques années antérieurement, en 1804, et qui en Esthonie, avait même été décidé en 1802. Ces réformes, dans les provinces baltiques, étaient l'œuvre de la noblesse de ces pays elle-même. Des mesures qui furent prises dans le *Mecklembourg*, pour rendre héréditaires les fermes paysannes et même pour

en créer de nouvelles, de toutes petites *Haüs lereien*, rendues héréditaires à partir de 1846 et de petites *Budnereien*, paraissent avoir réussi ; mais il y manque la liberté de partager, de consolider et d'affermer comme on le veut, et surtout les paysans qui ont reçu des droits héréditaires même sur les grandes propriétés privées, depuis 1868, se plaignent amèrement qu'on leur ait défendu d'hypothéquer pour plus de la moitié de la valeur des fermes. C'est un empêchement insupportable quand les possesseurs veulent emprunter pour des améliorations, par exemple. On est même allé, dans le Mecklembourg, jusqu'à permettre l'établissement de fermes paysannes en majorat, forme plus dommageable encore pour les fermes paysannes que pour les grandes propriétés des nobles. Dans les *provinces baltiques russes*, c'est également dans le milieu de ce siècle et plus tard que l'on s'est efforcé de conserver les fermes paysannes et de les transformer en propriétés : en Livonie, les grands propriétaires devaient même rétablir comme terres paysannes celles qui avaient été en possession des paysans en 1804 ; en Esthonie, en 1846 ; ce fut en partie, en acceptant le principe, qui fut aussi appliqué en 1861 dans le Danemark, de permettre à une certaine quantité des terres paysannes d'être incorporées dans les grandes fermes seigneuriales. Cette permission s'étendit, pour l'Esthonie et l'île d'Oesel, à 1/6 des terres ; pour la Livonie, de 1/5 à 1/6. Dans la Courlande, une décision volontaire de la noblesse n'autorisa l'incorporation que pour les fermes qui avaient été une fois vendues aux paysans.

En *Autriche*, notamment en Bohème, Moravie et en Silésie, mais aussi dans l'Autriche proprement dite en dehors des montagnes, dans une partie de la Styrie, dans la Carinthie et la Carnie, la terre était, en grande partie, aux mains de puissants propriétaires qui y occupaient la place que de moindres *Rittergutsbesitzer* occupaient en Prusse à l'est de l'Elbe, et qui possédaient des droits analogues à ceux de ces derniers : les paysans étaient, là aussi, *erbunterthänige* ou astreints à rester sur les fermes, à envoyer leurs enfants en service dans les grandes fermes, à demander pour se marier la permission du maître et à le payer en cas d'héritage. La corvée ou *Robot* fut le plus souvent, comme en Hongrie, fixée à 3 journées par semaine, avec attelage, plus peut-être un jour de travail sans attelage ; cette mesure, lorsqu'elle fut prise, constituait plutôt un progrès en comparaison de la corvée indéterminée. Un arrangement particulier eut lieu en Bohème, Moravie et Silésie : les paysans étaient obligés de s'y servir du moulin, de la brasserie et de la distillerie du maître, parfois aussi de lui vendre leurs bestiaux et leurs grains ; c'était là, pour lui, une manière de gain aux dépens des paysans. Cette obligation se trouvait plus à l'Est, en Galicie et, jusqu'à une époque toute récente, en Roumanie, par exemple. Le grand propriétaire était appelé l'*Obrigheit*, magistrat, et exerçait, en effet, les fonctions que comporte ce titre. Dans les pays tchèques et la Silésie, ce fut grâce aux guerres religieuses et à la victoire du gouvernement autocratique, qui maintint en général les privilèges des nobles, que se développa la dépendance personnelle. Le Gouvernement y conserva la différence entre les terres domaniales, *Dominicalgrund*, et les terres paysannes, *Rusticalgrund* ; ces dernières restaient en possession des paysans, qui devaient payer des impôts et servir comme soldats. En Silésie, les grands propriétaires payaient aussi des impôts, pour leurs terres domaniales, mais d'après leur propre estimation. Les paysans qui occupaient le *Rusticalgrund* exerçaient un droit héréditaire et étaient en quelque sorte des propriétaires en état de dépendance. Les paysans ne pouvaient être vendus et ils avaient le droit de propriété ; il étaient donc des serfs, mais non des esclaves. Sous Marie-Thérèse, des ministres progressistes tels que le comte F. W. von Haugwitz (en 1740), le comte von Larisch (commission de 1750) et M. von Blanc s'efforcèrent d'améliorer la situation des paysans. M. von Blanc établit, dans l'*Urbarialordnung*, de 1767, qu'il devait leur être garanti un minimum nécessaire d'existence. M. de Raab recommanda, en 1775, de morceler les grands domaines, et l'essai en fut tenté, en 1776, avec les domaines de l'État, en Bohême et en Moravie. Les réformes de Joseph II, non seulement l'abolition du servage, mais d'autres encore, qu'il avait décrétées pour toutes ses possessions, n'étaient que partiellement exécutées avant sa mort. Son grand projet d'impôt foncier, d'après lequel 70 p. 100 des revenus nets devaient être laissés aux paysans, 12 2/9 p. 100 faire retour à l'État et 17 7/9 seulement au seigneur, fut abandonné, par suite de l'opposition des seigneurs, par son successeur Léopold II. C'est seulement en 1848 que le plus jeune député du Parlement de Vienne, Hans Kudlich, qui est encore aujourd'hui vivant aux États-Unis, proposa l'abolition de toutes les redevances paysannes et que cette proposition fut votée dans la forme que lui donna le chef des conservateurs, M. Lasser. Le principe fut accepté que l'on ne paierait aux propriétaires (qui furent, de leur côté, libérés de certaines obligations) que les 2/3

de la valeur de leurs droits ; de ces 2/3, la moitié, c'est-à-dire 1/3 de la valeur totale, devait être payé par le paysan, 1/4 ou 1/6 de la valeur totale, par l'Empire, et 1/4, par la province ou pays de couronne. Ce n'est aussi qu'après 1848 que les réformes ordinaires furent enfin exécutées en *Hongrie*. On se rappelle l'insurrection des paysans qui eut lieu en *Galicie* contre la noblesse polonaise, en 1846, et dans laquelle les autorités étaient en partie de connivence. Toute la dépendance fut par suite abolie par le gouverneur impérial, le comte Stadion. Les capitaux de rachat ont monté, dans l'Autriche, à 307 millions de florins ; en Hongrie, à 243 millions.

La grande réforme de la *Russie*, l'émancipation des paysans et l'acquisition héréditaire de terres, d'ordinaire celles qu'ils cultivaient déjà pour leur propre subsistance, le plus souvent 2/3 du total, fut accompli principalement par l'ukase du 19 février 1861, qui concernait les biens privés, sur lesquels vivaient un tiers environ de tous les paysans. Sur les domaines d'État, qui comprenaient un tiers encore des paysans de l'Empire, la dépendance n'était pas regardée comme un servage proprement dit, mais seulement comme l'*ascriptio glebae*. Sur les domaines d'apanage, la liberté personnelle avait déjà été établie par des décrets de 1858 et de 1859, et sur les domaines d'État, on avait de même aboli, en 1859, le cadastre de travail, d'après lequel les travailleurs devaient payer chacun une capitation spéciale, en dehors même de toute possession de terres. La réforme terrienne, répondant à celle qui avait été faite pour les domaines privés en 1861, fut exécutée sur les domaines d'apanage en 1863 et sur les plus importants domaines d'État en 1866. Dans la Lithuanie et les provinces de l'Ouest anciennement polonaises, la dissolution des relations qui existaient entre les grands propriétaires et les paysans eut lieu à la suite de l'insurrection polonaise favorisée par les grands propriétaires ; l'État se substitua entièrement à ces derniers par les ukases de 1863 et 1867, l'on donna aux paysans des conditions plus favorables que d'ordinaire et on confia des terres mêmes à ceux qui n'en avaient pas auparavant. Un arrangement analogue a eu lieu enfin pour les propriétaires privés sur les domaines d'État en 1886. Dans toutes les propriétés de Russie, où existaient encore des corvées ou des fermages, l'introduction de la propriété paysanne fut rendue obligatoire en 1881. Le montant total du rachat des paysans monte à 880 millions de roubles.

On était tombé d'accord sur la nécessité

de donner aux serfs émancipés des terres et aussi de laisser se continuer, en tout cas provisoirement, la communauté paysanne, sous forme de mir, dans toutes les communes qui le désiraient. L'impossibilité pour les individus de quitter la communauté avant de lui avoir garanti leurs payements et les lois sur les passeports les empêchaient de s'en aller. En effet, le mir est maintenant un nouvel esclavage, resté après que le servage proprement dit a été aboli. Là où les paysans ne paient pas comme intérêt du capital de rachat tout le revenu de la terre, c'est-à-dire là où ils possèdent une véritable propriété, ce qui se rencontre surtout dans les environs des grandes villes et sur les bonnes terres noires, la redistribution de la terre est abolie en fait; ils n'en veulent pas. Le plus ordinairement, depuis l'émancipation, ils doivent, en taxes et en intérêts, plus que ne vaut la terre; l'obrok ou la capitation des personnes n'existe plus; même la capitation qui n'était qu'un impôt a été abolie, excepté dans la Sibérie, par le comte Loris Melikof (en 1881, 1883 et 1885); mais la redistribution des terres est un moyen de contraindre tous les individus à participer à l'obligation générale d'un payement; en réalité, c'est le servage, et pour le gouvernement qui en profite et pour les paysans qui ne peuvent s'y soustraire. Seulement, c'est un servage sous une autre forme, servage en partie même très démocratique, mais, par là, ne présentant pas les côtés utiles de la contrainte dans l'ancien servage. On peut affirmer non sans raison, que, ce qui est l'objet du désir de beaucoup de réformateurs, l'exemption de la saisie appliquée aux petites terres, la *homestead exemption* de quelques États américains, existe grâce à la commune russe. Cependant cet exemple d'exemption que l'on trouve en Russie, n'est guère à recommander. On sait à quel degré de paresse et d'ivrognerie tombent les paysans russes; on sait que la moitié de leur temps est perdue en jours de fête, et quelle influence néfaste l'eau-de-vie exerce même sur l'administration communale. Il leur manque avant tout les éléments du progrès matériel, moral et intellectuel. Aussi la meilleure raison que l'on invoque pour le maintien de la communauté, est-elle simplement que le caractère russe est si faible que les hommes ne peuvent se gouverner eux-mêmes. Il est certain que l'agriculture a grandement souffert sous ce régime et que ni la situation matérielle ni la situation morale ne sont bonnes. Une utile mesure fut cependant l'établissement de la Banque des paysans en 1883; de 1883 à 1891, elle a aidé 294 000 paysans à s'établir et à acquérir un million trois quarts d'hectares en leur prêtant les 3/4 de la valeur des terres; en Pologne, grâce à l'assistance ultérieure donnée par un fonds d'utilité publique, les prêts ont pu même s'élever à 90 p. 100 de cette valeur. Cette mesure a contribué effectivement à répartir sur une plus grande étendue une partie de la population, qui souvent est trop dense.

En *Pologne*, les redevances et la corvée que devaient fournir les paysans étaient d'ordinaire fixées par des coutumes, souvent incorporées dans les actes qu'on appelait inventaires. En 1846, le gouvernement avait défendu d'évincer les paysans qui possédaient au moins trois *Morgen* de terres, c'est-à-dire 1 hectare 80 acres. La plupart des paysans devinrent, de 1825 à 1860, censitaires au lieu d'être soumis à la corvée : en 1861, 185 000 payaient en argent d'après les contrats fixes, et il n'y en avait que 145 000 qui fussent passibles de corvées. En 1861, les grands propriétaires, qui formaient l'Association agricole sous la présidence du comte André Zamoyski, avaient décidé d'introduire, pour tous les paysans, des redevances en argent en lieu et place de la corvée, puis de les faire racheter leurs fermes. L'Association agricole fut dissoute par le gouvernement. Lorsque l'insurrection de 1863 eut éclaté, le gouvernement national secret déclara que les paysans devenaient propriétaires et que le capital serait payé plus tard par le pays. Après que l'insurrection eût été étouffée, le Gouvernement russe décréta lui-même l'expropriation d'une manière très radicale, le 2 mars 1864. On l'étendit jusqu'aux terres occupées par les ouvriers et même par des gens de maison, tels que garçons de ferme, jardiniers, forestiers, etc., et jusqu'à leurs maisons quand celles-ci étaient situées dans les villages. Les terres vacantes devaient être distribuées par les soins de l'administration à des personnes qu'elle choisissait, pour les leur donner soit à titre d'usufruit, soit à titre de propriété. L'expropriation ne fut même pas restreinte à l'état des terres paysannes en 1864; on se reporta à celui des terres existant en 1846. Les sommes de rachat n'étaient pas suffisantes et les propriétaires furent les premiers à en payer, sous forme d'impôts, une grande partie. Enfin, ils tombèrent, pour bien des choses, sous la dépendance des communes dans lesquelles on organisa les paysans. C'était là un véritable exemple d'une réforme révolutionnaire accomplie par en haut.

L'ensemble des réformes dont nous venons de parler a eu presque partout, sauf en Russie où les résultats définitifs de la législation particulière qui y est instituée sont encore incertains, un *résultat des plus heureux*, et sur la société et sur l'agriculture. Elles ont contribué, dans de vastes proportions, à mobiliser les terres et à effacer les distinctions qui séparaient les classes rurales. Elles ont contribué à la prodigieuse augmentation de la production agricole qui s'est produite dans la dernière partie du siècle passé et dans le commencement du xixᵉ siècle. La production, pour certaines de ses parties, augmenta même dans une proportion si démesurée qu'elle fut, avec les bouleversements des grandes guerres napoléoniennes et avec les nouveaux changements apportés ensuite par la paix, la cause de la crise agricole qui sévit violemment de 1819 à 1830, et qui fit que, dans les provinces de Prusse, par exemple, la majorité des grands propriétaires perdirent leurs biens. Plus tard, cette même classe de grands cultivateurs du nord de l'Europe a profité énormément de l'abolition des droits d'entrée sur le grain et autres produits, qui eut lieu en Grande-Bretagne de 1846 à 1849, et des demandes qui allaient grandissant, notamment de la part de ce pays dont le développement industriel progressa avec tant de rapidité. Le progrès de ces cultivateurs s'est arrêté à notre époque, dès 1873 et plus encore à partir de 1883, à cause de la concurrence faite par les pays d'outre-mer et en partie aussi par la Russie. Cette concurrence devait être forcément créée par l'énorme développement des moyens de communication et par le développement subséquent de la colonisation. Le moyen d'en triompher, c'est d'agir comme ont agi les cultivateurs anglais, quand, après l'abolition des *cornlaws*, ils ont restreint la culture du blé au profit des récoltes vertes et de l'élevage, et comme a récemment agi le Danemark lorsque, avec le mouvement des prix, il a changé son exportation de grains en exportation de beurre et du porc. Les droits protecteurs, qui empêchent de telles métamorphoses, constituent une véritable injustice pour les autres classes de la population, et une entrave directe aux transformations qui seules pourraient servir de remède : ils continuent même à stimuler la production improductive et à faire baisser encore davantage les prix.

Tous les *projets qui ont pour but d'arrêter la mobilisation des terres*, de perpétuer des classes stéréotypées et artificielles, d'empêcher les transactions libres avec les terres, sont également nuisibles dans les cas particuliers et dans leurs conséquences générales. On ne comprendrait guère le retour continuel de ces propositions, notamment chez des auteurs allemands, si l'on ne se rappelait l'histoire antérieure, ces immixtions incessantes de la part du gouvernement, qui trop souvent donnèrent, aux réformes mêmes dont nous avons parlé, un caractère d'arbitraire et de contrainte, peut-être nécessaire, mais condamné presque fatalement à engendrer des conséquences funestes. C'est l'étatisme allemand qui a fait tant de mal à ce grand peuple, c'est encore lui qui règne souverainement dans les idées. Ce n'est guère la peine de suivre en détail ces propositions. Pour celui qui connaît la vie réelle, il est aisé de deviner quelles pourront être les conséquences de mesures telles que la défense de partager ou de consolider les terres, d'hypothéquer, etc.

Parmi le nombre d'auteurs qui ont traité des réformes rurales des divers pays, il est fort peu qui unissent la connaissance des faits avec la compréhension parfaite des principes économiques et des idées générales. Il est rare de voir un auteur suivre *l'influence du développement général sur les esprits*. Dans le pays que l'auteur de cet article connaît le mieux, le Danemark, aucune observation ne l'a plus frappé, dans sa vie politique, que celle de cette influence. La coutume des auteurs danois est de vanter, sans discernement, l'ensemble des réformes opérées à la fin du xviiiᵉ siècle, y compris la décision de 1790, ordonnant que toutes les fermes paysannes appartenant aux grands propriétaires devraient continuer à être affermées pour la vie du paysan et celle de sa veuve non remariée. Or, comme nous l'avons déjà constaté, cette violation exceptionnelle de la liberté a eu pour effet de maintenir les distinctions de classes et le particularisme des paysans; elle a, d'autre part, propagé l'idée de la tutelle de l'État à un tel degré que les paysans danois, relativement aisés, ont adopté des propositions presque socialistes, notamment en demandant l'expropriation, à une valeur modique, de toutes les fermes au profit des familles des fermiers actuels. Le sentiment de classe et les idées perverses ainsi développées ont rendu le fonctionnement de la constitution libérale elle-même assez difficile. Ce n'est que par suite de la politique très libérale de la période qui suivit 1848, et surtout grâce à la loi réformatrice de M. Monrad, en 1861, par laquelle on abolit, en même temps qu'on réforma la forme particulière de fermage dit *Fäste*, pour les fermes vendues aux fermiers, cette obligation de les donner en fermage pour la vie, que ces tendances cessèrent, assez lentement cependant, à influer sur la vie politique. Sans doute, l'histoire d'autres pays offrirait des exemples analogues.

En France, comme dans plusieurs des pays du Midi, où la distinction des anciennes classes, et tout ce qui s'y rattachait, s'est le mieux effacée, l'une des entraves les plus sérieuses à la circulation des biens, est le taux élevé des *droits de mutation*, s'élevant souvent jusqu'à 10 p. 100 de la valeur de la terre. Un pareil impôt apporte un grave obstacle à d'utiles transactions et empêche que les terres n'arrivent dans les mains de ceux qui sont les plus capables d'en tirer bon parti.

Ajoutons d'ailleurs, qu'en dehors de la libération des personnes et des terres, il y a eu de véritables réformes a accomplir. C'est ainsi que, dans ces dix dernières années, on a pris, dans l'Allemagne occidentale, y compris l'Alsace et la Lorraine (en 1890), d'utiles mesures, par *la consolidation et l'échange des petites parcelles éparses* appartenant au même propriétaire. C'est ce qu'on appelle le « nettoyage des champs », *Flurbereinigung*, là où cette opération ne porte que sur l'ancien grand champ commun du village. Dans un pays comme la Bavière, on estima, en motivant une telle loi en 1861, qu'on pouvait, par là, augmenter la valeur des terres de plus de 100 millions de florins. Pourtant, le plus souvent, c'est encore en vue d'introduire une plus complète liberté qu'il y a lieu de légiférer.

Nous nous bornerons ici à cette remarque très générale que la *liberté* dans la distribution des terres et pour la forme de la possession, a le plus souvent pour effet de placer les terres dans les mains de ceux qui peuvent en tirer le résultat le plus considérable ; elles vont là où elles ont la plus grande valeur. Toutes les circonstances, quelles qu'elles soient, trouvent leur expression dans la valeur, et il y en a un grand nombre : ainsi toutes celles dont nous avons parlé, concernant l'étendue, le genre de culture, la nature des terres et du climat, la capacité et la distribution des capitaux dans le peuple ; il en est de même pour la forme de possession. Nous avons parlé des risques extraordinaires, pour la viticulture, par exemple, ou des risques particuliers dans un pays neuf, comme l'ouest des États-Unis ; même pour l'agriculture ordinaire, la pénurie des capitaux peut faire du métayage, d'ailleurs arriéré, la forme la plus acceptable. Le plus souvent, l'exploitation par le propriétaire est ce qu'il y a de plus avantageux. « Le propriétaire traite la terre comme sa fidèle épouse ; pour le tenancier, c'est une maîtresse temporaire », a dit Thaër, le grand agronome allemand. « Donnez à un homme un rocher comme propriété, il le changera en un jardin ; donnez-lui un jardin en fermage pour neuf ans, il le changera en désert, » disait Arthur Young, lors de son voyage en France. D'autre part, là où, comme en Angleterre, la richesse recherche la propriété terrienne à un tel degré qu'elle se contente d'un loyer de 2 à 3 p. 100, ce fait suffit pour rendre le bail à ferme plus profitable pour l'agriculteur habile ; il reçoit un intérêt plusieurs fois plus élevé du capital qu'il emploie dans l'exploitation. D'autre part aussi le petit cultivateur, qui se contente souvent, dans les autres pays, de recevoir un très faible intérêt (il n'est pas assez habile pour obtenir plus), a trouvé, en Angleterre, avec le grand développement industriel et colonial, plus avantageux d'aller dans les villes ou dans les colonies. Tout cela s'est produit, selon les circonstances, et grâce à la liberté qui permet à toutes les forces de se développer. La liberté a largement contribué, en règle générale, au développement, en créant de nouvelles formes intermédiaires entre les classes fixes que nous avait léguées le passé de notre vie et de notre législation. Elle supporte des exceptions, surtout quand il faut tenir compte d'un développement antérieur particulier ; mais là même où l'on a été forcé, par la législation antérieure, de légiférer, on n'a que bien rarement pu obtenir les mêmes résultats qu'en laissant les forces économiques à leur libre jeu.

On ne saurait imaginer, en effet, des entraves ne causant aucun mal. Si l'on se fait, à cet égard, quelque illusion, c'est que presque toujours on omet d'aller à fond des choses, qui est : le bonheur des hommes. On se laisse séduire par une autre considération : organiser la propriété ou les formes de possession terrienne de telle ou telle façon préconçue. On fait passer la terre avant l'homme.

D'autre part, quand une population rurale se trouve en état de stagnation, c'est toujours parce qu'on a gêné son développement normal. Tantôt elle aurait dû émigrer ou bien entrer dans d'autres industries. Tantôt on a arrêté le développement national du peuple en superposant une classe supérieure à une autre classe sans les amalgamer. Parfois, en effet, la liberté doit conduire à des développements nouveaux, qu'il ne faut pas entraver ; mais il n'est pas possible qu'un peuple se développe sans la liberté. Et, parmi les diverses libertés économiques, il n'en est pas qui ait plus d'importance que celle de l'agriculteur. L'activité agricole crée l'indépendance individuelle ; plus que toute autre, elle se refuse à la concentration dans les villes ou ailleurs et à la constitution des grands monopoles ; mais plus que toute autre aussi, elle a besoin d'être affranchie. La première condition de

son développement, c'est que chacun puisse
utiliser ses forces à son gré.

N. C. FREDERIKSEN.

Bibliographie.

Pour la littérature, voyez aussi *Colonisation ancienne en
villages ou par fermes séparées* et *Économie rurale de
la Grande-Bretagne*.

Parmi l'énorme nombre d'ouvrages qui traitent la question, nous relevons, outre les livres nommés dans l'article :
BADEAU, *Écrits sur le Village*. — DARESTE, *Histoire des
classes agricoles en France*, — LÉOPOLD DELISLE, *Études
sur la condition des classes agricoles au moyen âge
en Normandie*, 1851 ; *Histoire des cultivateurs et du sol
normands*. — A. DE FOVILLE, *Le morcellement*, 1885. —
H. BONIOL, *Histoire des classes rurales en France*. — Les
écrits de LÉONCE DE LAVERGNE. — HIPPOLYTE PASSY, *Systèmes
de cultures*, 1895. — E. DE LAVELEYE, *De la propriété et de
ses formes primitives*, 1874. — J. W. PROBYN, Édition pour
le Cobden Club, *Systems of Land Tenure in Various countries*. — Un nombre d'articles dans les revues anglaises
indiqués dans l'index de Poole.

E. SARS, *Udsigt over den nordiske Historie*, 1873, etc.
— SAGARD, *Islândinga Sögur, Landnamabok*. — V. FALBE
HANSEN og W. SCHARLING, *Danmarks Statistik*. — V. FALBE
HANSEN, *Stavnsbaandslösningen og Landboreformerne set
fra Nationalökomiens Standpunkt*, 1888 et 1889. — F. A.
BRESSÖZ, *Grev Chr. Ditlev F. Reventlous Virksomhed*, 1837.
— V. encore des livres de MM. STEENSTRUP, REINHARDT, FREDERICIA et d'autres. — Toute une littérature de la période de
réforme du siècle passé. — BROCH, *Le royaume de Norvège
et le peuple norvégien*, 1876. — LIUNGBERG, *Sveriges Statistik*.

K. FUCHS, *Der Untergang des Bauernstandes und Aufkommen der Gutsherrschaft in Neuvorpommeren and Rügen*,
1888. — E. GOTHEIN, *Wirthschaftsgeschichte der Schwartzwalder und der angrenzenden Landschaften*, 1892. —
O. GIERKE, *Das Deutsche Genossenschaftsrecht*, 1868 ; *Untersuchungen zur Deutschen Staats-und Rechtsgeschichte*. —
L'abbé HANAUER, *La constitution des campagnes de l'Alsace
au moyen âge*, 1864. — K. TH. VON JNAMA-STERNEGG, *Untersuchung ueber das Hofsystem im Mittelalter*, 1872 ; *Die
Ausbildung der grozen Grundherrschaften in Deutschland
während des Karolingerzeit*, 1878 ; *Deutsche Wirthschaftsgeschichte*, 1879 et 1881. — K. LAMPRECHT, *Das Wirthschaftsleben im Mittelalter*, 3 vol., 1886 ; *Deutsche Geschichte*,
1891 ; *Études sur l'état économique de la France pendant
la première partie du moyen âge*, 1890. — G. LANDAU, *Die
Territorien in Bezug auf ihre Bildung und ihre Entwickelung*, 1854. — LETTE, *Vertheilung des Grundeigenthum in
Zusammenhang mit der Geschichte des Volkszustände*, 1858.
— GEORG LUDWIG VON MAURER, *Einleitung zur Geschichte
der Mark-Hof-Dorf-und Städteverfassung in Deutschland*,
1854 ; *Geschichte der Frohnhöfe, der Bauernhöfe in Deutschland*, 1854 ; *Geschichte der Markverfassung in Deutschland*, 1856 ; *Geschichte der Städteverfassung* ; *Geschichte
der Hofverfassung in Deutschland*, 1862 et 1863 ; *Geschichte der Dorfverfassung*, 1866. — DENMANN W. ROSS, *The
Early History of Land-Holding among the Germans*, 1893.
— VON MIASKOWSKY, *Das Erbrecht und die Theilung
des Grundeigenthum im Deutschen Reiche*, 1887 ; *Agrar-*
politische Zeit-und Streitfragen, 1889. — A. PERTZ, *Ueber
die Frage des singulieren Erbrechts für das kleine Grundbesitz*. — RATZINGER, *Erhebung des Bauernstandes*, 1883. —
P. REICHENSPERGER, *Die Agrarfrage aus der Geschichte
der Nationen*, 1848. — G. WAITZ, *Deutsche Verfassungsgeschichte*. 1844 à 1878 ; *Die Altdeutsche Hufe (Abhandlungen der königlichen Gesellschaft der Wissenschaften zu
Göttingen)*, 1854. — W. WITTICH, *Ländliche Verfassung
Niedersachsens*, 1884. — TEUDIGUM, *Gau und Markverfassung
in Deutschland*, 1860. — Georg Hanssen. *Die Aufhebung der
Leibeigenschaft und die Umstaltung der gutsherrlichen und
bäuerlichen Verhältnissen in den Herzogthümeren Schleswig und Holstein*, 1861 ; *Agrarhistorische Abhandlungen*,
1880 et 1884; surtout de nombreux articles de revues. — Dans
la *Festgabe für Georg Hanssen*, 1889 : A. MEITZEN, *Volkeshufe
und Königshufe in ihren alten Massverhältnissen* ; LAMPRECHT, *zur Socialpolitik der deutschen Urzeit* ; VON INAMASTERNEGG, *Sallandestudien* ; J. VON KEUSSLER, *Gemeinschaftlicher Grundbesitzrecht in Russland* ; CONRAD, *Die Fideikommissen der östlichen Provinzen Preussens*. —
Schriften des Vereins für Socialpolitik SCHÜTZ, *Ueber
den Einfluss der Vertheilung des Grundeithums auf das
Volk-und Staatsleben*, 1836.

RUSSELL GARNIER, *History of the English Land Interest*, 1893
et 1894. — SIR FRANCIS PALGRAVE, *Rise and Fall of the English
Commonwealth*. — STUBBS, *Constitutional History*, 1873. —
SEEBOHM, *The English Village Community*, 1883. *Tribal
System of Wales*, 1895. — PAUL VINOGRADOFF, *Villeinage in
England*, 1892. — W. HASBACH, *Die englischen Landarbeiter in den letzten Hundert Jahren und die Einhegungen*,
1894.

A. BUCHENBERGER, *Agrarwesen und Agrarpolitik*, 1893 ;
d'autres écrits du même auteur. — TH. FREIHER VON DER GOLTZ,
Beiträge zur Entwickelung ländlicher Arbeiterverhältnisse im nordwestlichen Deutschland, 1864 ; *Die Lage der
ländlichen Arbeiter im Deutschen Reiche*, 1875 ; *Die ländliche Arbeiterfrage und ihre Lösung*, 1874. — S. HAUSMAN,
*Grundhelichen Verhältnisse Bayerns im 2ten Hälfte des
18ten Jahrhunderts*, 1888. — A. JUDRICH, *Die Grundentlastung Deutschlands*, 1863. — G. F. KNAPP, *Die Bauernbefreiung und der Ursprung der ländlichen Arbeiter in den
älteren Theilen Preussens*, 1887 ; *Der Landarbeiter in
Knechtschaft und Freiheit*, 1892. — A. LETTE et L. VON
RÖNNE, *Die Landeskulturgesetzgebung der preussischen
Staates*, 3 vol. 1853-1854. — DÖNNIGES, *Die Landeskulturgesetzgebung Preussens*, 1843-1845 ; — S. Sugenheim, *Aufhebung der Leibeigenschaft*, 1861.

K. GRÜNBERG, *Die Bauernbefreiung und die Auflösung der
gutsherrlichen Verhältnisse Böhmens, Mahrens und Schlesiens*, 1893-1894.

VICTOR BRANTS, *Essai historique sur la condition des classes
rurales en Belgique jusqu'à la fin du XVIII* siècle*, 1880,
et *Histoire des classes rurales aux Pays-Bas jusqu'à la fin
du XVIII* siècle*, 1881. — BEZEMER, *Bijdrage tot de kennis
van het oude Cijnsengrondenrecht*, 1889. — E. DE LAVELEYE,
La Néerlande; Études sur l'économie rurale de la Lombardie et la Suisse, 1869. — KOENEN, *Nederlandsche boerenstand historisch bechreven*.

LIBBSCHER, *Japans landwirthschaftliche und allgemeinwirthschaftliche Verhältnisse*, 1882. — OTA-NITOBE, *Ueber
den japanischen Grundbesitz*, 1890. — M. FESCA, *Beiträge
zur Kentniss der japanischen Landwirthschaft*.

S

SAUMAISE (Claude DE), 1588-1658. Né à
Semur en Auxis, il étudia le droit à Paris
et la jurisprudence à Heidelberg. Ayant embrassé le protestantisme, il accepta en 1631
l'invitation des curateurs de l'Université
de Leyde qui lui offrirent la chaire devenue
vacante de Joseph Scaliger. Malgré les offres
de Richelieu et de Mazarin et sauf un voyage

à la cour de la reine Christine de Suède, il vécut en Hollande jusqu'à sa mort. On sait sa polémique avec Milton au sujet de l'exécution de Charles Ier d'Angleterre et les injures grossières que l'illustre poète anglais lui prodigua à cette occasion.

Ses quatre principaux traités sur le prêt à intérêt (*De usuris*, Leyde, 1638 ; *De re nummaria*, 1639 ; *De fœnore trapezitico*, 1640 et *De mutuo*, 1648) furent écrits à l'occasion d'une querelle violente qu'avait suscitée le grade de docteur en droit conféré par l'Université d'Utrecht à Kriex, fils d'un banquier, ou Lombard. Quoique la législation répondant aux exigences d'une république commerçante fût déjà très libérale aux Pays-Bas, les préventions contre le prêt à intérêt étaient demeurées vivaces dans le monde des théologiens et Kriex avait été forcé d'attendre la mort de son père pour se présenter, et de prendre l'engagement de renoncer à la profession paternelle. Toutefois la question ayant été portée devant le synode de la province d'Utrecht, un recueil des *Règlements et ordonnances sur la matière*, que Kriex publia en y ajoutant quelques observations, déchaîna la guerre. La Faculté de théologie d'Utrecht répondit par une liste de toutes les condamnations prononcées contre l'usure qu'elle publia sous le titre de *Res judicata* ; Kriex répliqua par deux ou trois pamphlets et la lutte s'envenima encore davantage quand un changeur de Leyde, nommé Sébastien Koning, présenta une requête afin d'être admis à la Sainte Table, dont les Lombards avaient été écartés jusqu'alors. La mêlée devint générale et Saumaise, ainsi que Cloppenburg, docteur en théologie et ministre à La Brielle, à qui Saumaise a dédié son traité *De Usuris*, se constituèrent les champions de la légitimité du prêt à intérêt.

Nous ne sommes plus accoutumés aux pesants et indigestes volumes que, dans leurs controverses, les savants de l'époque se jetaient à la tête. Saumaise était trop de son temps pour ne pas répondre à ses adversaires en déversant sur eux les flots de son érudition : les citations grecques abondent sous sa plume, qui s'accorde encore la jouissance d'émailler ses écrits de mots hébreux et arabes, mais malgré tout cet appareil, Saumaise a, au dire des juges compétents, écrit l'histoire du prêt à intérêt la plus complète que nous possédions. Ce n'est pas son unique mérite. Instruit au contact de l'activité commerciale et financière des Pays-Bas, il est le premier qui ait fourni une théorie solide du prêt à intérêt contredisant celle d'Aristote et de ses disciples, les canonistes du moyen âge. Ceux-ci avaient concédé la

légitimité du prix du louage d'une chose non fongible, c'est-à-dire qui ne se consomme pas par l'usage, réservant la désignation de commodat à ce genre de contrat. Saumaise fait valoir avec force que, dans le *mutuum* ou contrat de prêt d'une chose fongible, c'est-à-dire qui disparaît dans l'usage, il est encore bien plus équitable d'indemniser le prêteur du risque plus grand qu'il court, puisqu'il ne peut prétendre qu'à la restitution d'une chose équivalente à la chose prêtée et non pas à cette chose elle-même. Il conteste de même la théorie de la stérilité de l'argent. Comme argument de circonstance, il demande aux théologiens pourquoi ils ont renoncé à exiger l'observance de plusieurs autres règles, soit mosaïques, comme la remise septennale des dettes, soit observées dans l'église chrétienne primitive comme la mise en commun de toutes choses et l'interdiction de se livrer à une occupation quelconque dans un but exclusif de lucre.

Non content de cette réfutation des doctrines canoniques, Saumaise, comme je le disais tout à l'heure, a une théorie méthodique du prêt à intérêt. Son allié Cloppenburg devait écrire en 1640 que « le prêt d'argent constitue une vente d'utilité » et cette définition remarquable pour l'époque pourrait servir d'épigraphe au traité *De Usuris* de Saumaise et surtout à la préface dont il l'a fait précéder. Cette préface, dont toute affectation d'érudition est bannie, est très logiquement déduite et écrite avec une grande clarté ; elle serait beaucoup plus connue si l'aspect d'un texte latin du xvie et du xviie siècle n'avait pas la propriété de rebuter la plupart des lecteurs. Saumaise commence par déclarer que les usures ne sont pas contraires au droit naturel et qu'aux yeux mêmes du droit divin positif, elles n'ont aucun caractère illicite. Un peu plus loin, il revient à la charge pour constater expressément leur origine évidente dans le droit naturel (*Sic origo plane à jure naturali*) ; antérieures au droit positif, celui-ci n'a eu qu'à les sanctionner (*Ita impositus fœnori modus est jure civili, cum fœnus ipsum à jure naturali ortum est*). Sa position fondamentale, c'est que le commerce d'argent est un commerce comme un autre et qu'on n'est pas plus en droit d'exiger de services gratuits de ceux qui s'y livrent, que de ceux qui, au lieu de vendre de la monnaie, vendent des marchandises. De cette assimilation, il tire la conclusion qu'il y a des variations naturelles dans le taux de l'intérêt et que, loin d'avoir à redouter l'accroissement du nombre des *fœneratores*, il faut s'en réjouir, puisque grâce à la concurrence qu'ils se feront, les emprunteurs trouveront des capitaux à des conditions moins rigoureuses. « Là où des *fœneratores* sont trop nombreux, écrit-il, ils se font du tort à eux-mêmes et non aux agriculteurs ou aux autres industries. Partout où se rencontrent plusieurs vendeurs d'une même marchandise, leur bénéfice s'amoindrit; leur bénéfice s'éleverait s'ils étaient moins nombreux; de même la multitude des prêteurs rend ce commerce moins fructueux et en réduit les profits. Dans leur nombre, il s'en trouvera toujours un qui sera disposé à donner son argent à loyer à meilleur marché... Quand dans les villes hollandaises n'existe qu'un seul de ces prêteurs qu'on appelle des Lombards, il absorbe à lui tout seul autant du revenu des particuliers que s'ils étaient dix concurrents... S'ils se multipliaient, il s'en trouverait toujours un pour se contenter d'usures légères... Ainsi leur grand nombre ne nuirait pas à la chose publique et serait avantageux aux individus». (*De Usuris*, p. 224.)

On rencontre assurément chez quelques-uns des prédécesseurs de Saumaise, par exemple chez Dumoulin, plusieurs des arguments dont il se sert, mais cette perception des avantages de la concurrence en matière de commerce de banque fait honneur à sa clairvoyance et lui est personnelle.

E. CASTELOT.

Bibliographie.

Troplong invoque fréquemment l'autorité de Saumaise dans la préface du t. XIV, de son *Droit civil expliqué* (pp. 240 et suivantes). Pour les détails de la controverse à laquelle Saumaise prit part, voir LASPEYRES, *Volkswirthschaftliche Anschauungen der Niederländer zur Zeit der Republik* (Leipzig, 1863), pp. 256-270.

SAY (Léon, Jean-Baptiste), né à Paris le 6 juin 1826, mort à Paris le 21 avril 1896. Il était fils de M. Horace Say, économiste honorablement connu, un peu à la façon des économistes anglais, à la fois hommes d'affaires et théoriciens (V. dans le *Dictionnaire*, art. Horace Say), et petit-fils de Jean-Baptiste Say, le père de l'économie politique française et l'auteur du meilleur *Traité*, du plus méthodique et du plus clair où l'on puisse encore aujourd'hui apprendre l'économie politique.

Son origine le destinait tout naturellement à s'occuper de cette science et tout naturellement aussi à marcher dans la voie où s'étaient illustrés son grand-père et distingué son père, dans la voie de l'économie politique libérale. Son éducation, les relations de sa famille, le milieu où il vivait, agirent encore dans le même sens: M. Léon Say apprit de bonne heure à aimer et à pratiquer la liberté ; enfin son mariage avec une petite

fille de M. Bertin l'aîné le fit entrer dans le milieu de politique libérale des *Débats*. Dès lors la vie de M. Léon Say était orientée; il serait un économiste, il ferait de la politique, il écrirait des ouvrages, il prononcerait des discours, ayant sans cesse avec lui pour conseillère et pour guide la liberté.

M. Léon Say a joué dans notre pays un rôle considérable à la fois comme homme politique et comme économiste et, incontestablement, la partie la plus durable de sa gloire, il l'a acquise en sa qualité d'homme d'état, raisonnant la politique de son temps, mais n'oubliant jamais les enseignements de la science économique et ne s'écartant jamais de ses principes établis et démontrés.

Nous ne pouvons ici parler longuement de sa carrière politique. En 1871, il fut élu membre de l'Assemblée nationale, à la fois par le département de la Seine et celui de Seine-et-Oise, il opta pour la Seine. Le 6 juin de la même année, M. Thiers l'appela à la préfecture de ce département, et moins de dix-huit mois après, mais quand déjà il avait eu le temps de rétablir les finances de la ville et de marquer son passage par des travaux de premier ordre, au ministère des finances (7 décembre 1872). Il reparut à ce ministère six fois encore (31 mars 1875, cabinet Buffet; 10 avril 1876, cabinet Dufaure; 13 décembre 1876, cabinet Simon; 13 décembre 1877, cabinet Dufaure; 4 février 1879, cabinet Waddington ; 30 janvier 1882, cabinet de Freycinet), et le dirigea au total pendant six années. A dire vrai, de 1872 à 1882, il fut le ministre des finances de la France : pendant cette période, toute notre politique financière a été dirigée ou influencée par lui. En 1876, il avait passé de la Chambre des députés au Sénat, élu par le département de Seine-et-Oise, qui le réélut une seconde fois en 1882. Puis, en 1889, voyant que le Sénat perdait de son action directrice sur les affaires du pays, juste en un temps où les anciens partis se désorganisaient et où les socialistes se montraient plus audacieux, il repassa du Sénat à la Chambre des députés, élu par l'arrondissement de Pau (Basses-Pyrénées), qui le réélut en 1893.

Entre temps il avait été (avril 1880) nommé ambassadeur de France à Londres, puis, tout de suite après, porté (mai 1880) à la présidence du Sénat, qu'il quitta, en 1882, moins par convenance personnelle que par un vif sentiment du devoir, pour entrer dans le cabinet Freycinet.

Sa carrière scientifique n'avait été ni moins active ni moins brillante. En 1874, il avait été élu membre libre de l'Académie des sciences morales et politiques; en 1880, il échangea la situation de membre libre pour celle de membre titulaire ; en 1882, il était nommé membre de la Société nationale d'agriculture ; et enfin, en 1886, après une vie vouée toute à la science et au culte des choses distinguées et nobles, il alla naturellement prendre place à l'Académie française.

Il serait trop long de prendre et d'analyser un à un les ouvrages de M. Léon Say : nous en donnons d'ailleurs plus loin la liste à peu près complète. Et non seulement ce serait long, mais ce serait presque inutile : M. Léon Say a fait, quand il l'a fallu et quand il l'a voulu, œuvre de professeur et d'érudit ; mais surtout il a fait œuvre d'homme d'État et de philosophe, de philosophe économiste, et dans tous ses ouvrages, quelque forme qu'ils aient prise : livre, article, discours, conférence, et quelque objet qu'il ait abordé, finances, commerce, politique, questions sociales, on trouve un certain nombres d'idées directrices, toujours identiques à elles-mêmes. Ce sont ces idées qu'il faudrait dégager.

A dire vrai, elles se réduisent à une seule : la défense de la liberté. Liberté politique, liberté religieuse, liberté économique ; sous toutes ses formes et dans toutes les circonstances, c'est la liberté et l'esprit de liberté qu'il a défendu, avec les ressources d'une science sûre, d'un art infini et d'une abondante expérience, mais avec une ténacité et une conviction, qui donnent à cette vie en apparence si variée (de la présidence de la Société d'horticulture à celle de la Société d'économie politique) toute son unité.

Seulement, comme la liberté a beaucoup d'ennemis, comme durant cette période de 1871 à 1896, elle a rencontré les attaques, en politique, des néo-Jacobins, les radicaux, et, en économie politique, des protectionnistes, des interventionnistes et des socialistes, il a eu à la défendre contre des adversaires multiples, et les divisions de son œuvre correspondent aux diverses catégories d'assaillants auxquels il a eu à faire face.

Nous ne parlerons ici que de ce qui intéresse l'économie politique.

Son œuvre principale, à n'en pas douter, a été son œuvre financière (lois, budgets, discours, ouvrages) ; après cela, vient sa défense de la liberté commerciale (ligues, conférences, brochures, discours), et enfin ses rudes attaques contre le socialisme (rapports, discours et livres).

Voilà bien la triple division que l'on peut observer dans la variété infinie de son œuvre. Mais si l'on va plus au fond, on s'aperçoit que de même qu'il a toute sa vie combattu et évolué autour d'une idée centrale : la liberté, avec ce qu'elle implique : ordre,

clarté, prévoyance, etc., de même toute son œuvre se rattache à une question primordiale : les finances. Ce sont elles qui dominent sa carrière d'homme d'État et de savant, et qui lui donnent, à lui, sa physionomie ; quand plus tard, le biographe et l'historien auront à marquer sa place et son rang, ils le définiront : homme d'État et financier.

Tout d'abord, ses plus beaux discours sont des discours de budget : ainsi ces discours admirables de 1882 (26 et 27 juillet) sur le budget de 1883. Celle de toutes ses œuvres que l'on place le plus haut est son *Rapport sur l'indemnité de guerre*, tableau du genre le plus élevé qui, par l'allure générale, se place à côté du fameux Rapport au roi de Necker et, par la sûreté et l'érudition, le dépasse de beaucoup. Ses ouvrages didactiques les plus importants sont des livres qui se rapportent aux finances : les *Solutions démocratiques des impôts*, et celui dont il corrigeait les dernières épreuves sur son lit de mort, les *Finances*, etc.

Mais il y a plus. Les questions les plus différentes se présentent à lui et sont abordées par lui comme problèmes financiers ou à l'occasion de problèmes financiers. Tout ce qu'il a fait en faveur de la liberté commerciale, dès 1872 et surtout en 1879, en 1881, en 1885, en 1892 et en 1894, tant de discours, de conférences, de brochures, de ligues, d'associations, tout cela a vu le jour quand le gouvernement a proposé des impôts nouveaux, tantôt dans un calcul fiscal et tantôt dans un intérêt protectionniste, soit sur les matières premières nécessaires à l'industrie, soit sur les céréales, soit enfin sur la plus grande partie des produits fabriqués.

Et de même encore pour les questions sociales. Personne n'a plus vivement que lui combattu les socialistes, et personne n'en a été plus redouté, car il joignait à la science qui confond l'ignorance la répartie qui cingle la sottise ; mais tandis que d'autres les attaquaient à propos du dogme, lui prenait toujours texte d'un projet de loi, et ce projet ou cette proposition concernait les finances : par exemple, en 1894, la proposition de M. Jaurès de faire de l'Etat le grand spéculateur sur les blés ; en 1895, le projet d'impôt progressif sur les successions ; en 1896, le projet général d'impôt sur le revenu. A chaque fois, ses critiques débutaient par le côté financier, puis bientôt s'élevaient, passaient par-dessus la tête des ministres des finances et s'en allaient frapper en plein cœur le parti radical, protectionniste ou socialiste.

Dans les dernières années de sa vie, le socialisme menaçant devint certainement sa préoccupation dominante ; ses études, ses lectures furent surtout orientées de ce côté, et il en résulta, dans son argumentation, une évolution que ses disciples ont très remarquée. Elle apparut surtout dans sa lutte en faveur de la liberté économique. Pendant longtemps, pour défendre les blés contre les impôts nouveaux, il invoqua l'intérêt de la démocratie, les traditions du parti libéral, la nécessité, le devoir de donner aux travailleurs le pain à bon marché. Puis, quand il vit que les Chambres n'étaient en rien touchées par un argument cependant si humain, mais d'un intérêt trop général, quand il vit surtout le socialisme chercher à pénétrer parmi les paysans et la petite bourgeoisie, il se plaça sur un autre terrain. Il chercha à montrer l'alliance étroite qui unit le socialisme au protectionnisme, mieux que cela leur filiation, le socialisme procédant du protectionnisme, et, à vingt reprises, chercha à intimider le parti protecteur en lui faisant voir clairement où il aboutirait : « Je ne vois, disait-il encore en février 1894, je ne vois, quant à moi, aucune différence entre le protectionnisme et le socialisme, ou du moins, s'il y en a une, elle réside en ceci : c'est que les protectionnistes sont des socialistes qui ont 50 000 livres de rentes et que les autres sont des socialistes qui n'ont pas le sou. »

Ainsi une grande et noble idée, qui domine sa vie et la remplit : l'amour et la défense de la liberté avec tout ce qui s'y rattache; un terrain de combat unique : le terrain financier, où tous les principes et les procédés qui intéressent les finances : équilibre, ordre, comptabilité, sont mis en usage, et toutes les questions de détail qui constituent la question d'ensemble : budgets, recettes, dépenses, impôts, emprunts, conversions, amortissements, dette flottante, caisses d'épargne, etc., etc., sont rassemblées, passées en revue, interrogées, sondées et mises au clair, voilà ce qu'on aperçoit quand on regarde d'un peu haut la vie et l'œuvre de M. Léon Say ; voilà ce qui, avec son caractère propre, fait son originalité et sa grandeur.

Il nous reste maintenant à esquisser sommairement son œuvre, ou, pour parler avec cette modestie qui était sa nature et son charme, sa tâche, lourde chaîne qui le retint pendant douze années et que toutefois il porta légèrement, mieux que cela, allégrement.

Le premier anneau de cette chaîne fut le paiement de l'indemnité de guerre à l'Allemagne. M. Léon Say a raconté, dans le beau document cité plus haut, *Rapport à l'Assemblée nationale*, les obstacles matériels qu'il rencontra et qu'il surmonta, obstacles accrus encore par le désir, par la volonté de M. Thiers

d'avancer les termes convenus, afin de hâter l'époque de l'entière libération du territoire. Le *Rapport*, en soi, est une œuvre maîtresse que liront, pendant longtemps, tous ceux qui voudront étudier les finances de la France ; il est, chemin faisant, orné d'une foule de détails, dont aucun ne fait hors-d'œuvre, et qui tous concourent à éclairer et à préciser la thèse de l'auteur, mais qui tous attestent son érudition, son sens historique, et l'admirable netteté de son esprit. C'est, par exemple, un chef-d'œuvre, que l'histoire en deux pages de la Banque de Hambourg et de l'origine et du rôle du *marc banco*. Une des grosses difficultés, après avoir rassemblé des sommes énormes, plus de 4 milliards de francs, fut de les transformer en espèces acceptées par les Allemands; c'était un problème de change, (c'est pourquoi M. Léon Say a placé son Rapport à la suite de sa traduction du *Traité des changes* de M. Goschen) problème des plus délicats et des plus périlleux, et il n'est pas interdit de penser que la solution heureuse en fut singulièrement facilitée par la présence au ministère des finances d'un homme doué de l'esprit le plus ingénieux, rompu aux affaires, et jouissant sur le marché financier d'une incontestable réputation d'honnêteté et de prudence.

La seconde opération — concomitante d'ailleurs avec la première — fut les grands emprunts destinés à fournir les fonds de cette indemnité. Ils eurent lieu en 1871 et 1872, l'un de 2, l'autre de 3 milliards. M. Léon Say n'avait pas encore la direction des finances de la France. Mais il était déjà dans les conseils officieux de M. Thiers, et il a souvent raconté à ses amis les discussions d'un si poignant intérêt, qui précédèrent l'émission de ces deux emprunts. Ce furent pour lui des leçons pratiques d'une inestimable portée. Deux questions, deux dangers apparaissaient. Pour des sommes de cette importance, une erreur infinitésimale dans le taux d'émission se traduirait par d'immenses sacrifices pour le pays ; et d'autre part, la prétention, au lendemain de pareils désastres, de se procurer de l'argent à trop bon marché, pouvait entraîner l'échec de ces emprunts, la ruine du crédit de la France. C'est mus par ces considérations que M. Thiers (et M. Say appuyant cette manière de faire) fixa assez bas le taux de l'émission de ces emprunts et assez haut le taux de l'intérêt, offrant ainsi un avantage sérieux à tous les capitalistes qui s'interposeraient et déterminant un tel afflux de souscriptions qu'il fallut réduire le contingent attribuable à chaque souscripteur.

Cependant, tandis que s'accomplissait cette œuvre prodigieuse, le gouvernement s'occupait d'accroître les recettes du pays et, d'autre part d'administrer sagement les sommes si considérables dont il avait le maniement. M. Thiers et l'Assemblée nationale adoptèrent à ce moment des mesures dont on ne perçut qu'après coup toute la sagesse. Aux débuts de cette période, M. Léon Say était encore à la préfecture de la Seine ; il n'arriva au ministère des finances qu'en décembre 1872, après l'échec de l'impôt sur les matières premières. A partir de ce moment, et ce fut la troisième partie de sa tâche, presque toute l'administration financière reposa sur lui, et cette administration fut si sage qu'une partie de l'indemnité de guerre fut payée avec l'excédent des impôts, et qu'en 1882, dans son discours sur le budget de 1883, M. Léon Say put prouver que, dans la période 1872-1882, tant sur l'indemnité que sur l'outillage nouveau donné à la France, de 11 milliards dépensés ou engagés, 2 provenaient d'autres ressources que de l'emprunt, c'est-à-dire de l'impôt, ce qui revient à ceci, qu'on avait amorti deux milliards.

A côté de ces œuvres si méritoires, dont la gloire revient sans doute pour une grande partie à M. Thiers, à l'Assemblée nationale et aux Chambres qui lui succédèrent, mais qui, pour une part considérable aussi, doivent être portées à l'actif de M. Léon Say, il faut placer deux réformes, qui lui appartiennent en entier : l'une est la substitution au type de rente perpétuelle du type de rente trois pour cent amortissable, l'autre est le mode nouveau d'estimation des recettes qu'il introduisit dans le budget de 1883.

On a beaucoup critiqué le trois pour cent amortissable et il est assuré que, pendant longtemps, il ne fut pas classé, et a pesé sur le marché. D'autre part, ce genre d'amortissement automatique a perdu toute sa signification dans un temps où la France a presque constamment fait appel au crédit pour les besoins tout au moins de ses budgets extraordinaires. Mais en ce qui concerne le premier reproche, M. Say a expliqué, dans un important discours au Sénat (20 décembre 1882), par suite de quelles circonstances indépendantes de lui le trois pour cent amortissable eut sur le marché une situation gênée et embarrassante et, quant au second, M. Say ne saurait être rendu responsable de la politique financière imprudente qui fut pratiquée après lui.

Le nouveau mode d'évaluation des recettes introduit par M. Say dans le budget de 1883 consistait à calculer les recettes de 1883 d'après celles de 1881, augmentées de la plus-value moyenne des impôts indirects pendant les trois années précédentes. Voici ce qui motivait cette réforme.

Tout pays travailleur et économe accroît chaque année son capital. L'augmentation varie suivant les années, mais, à moins de catastrophe physique ou politique, elle est assurée. La conséquence en est que, bien ou mal répartis, les impôts, qui sont, en somme, basés sur le revenu total du pays, croissent avec lui, et, en même temps, par une concordance forcée, les dépenses, grâce à l'extension des devoirs de l'État, croissent presque proportionnellement. Dans toute préparation de budget, on doit donc s'attendre à ce que les recettes d'une année, sans qu'il soit créé d'impôts nouveaux, soient supérieures d'une certaine quantité à celles de l'année écoulée. Mais comme les dépenses croissent simultanément, il faut bien se garder de voir dans cette augmentation de recettes une somme disponible qu'on puisse appliquer à des dépenses d'un ordre nouveau et permanent.

Ces produits sont, d'ailleurs, quelque chose d'incertain. Le budget d'un grand État doit reposer sur des bases stables. Aussi, de 1823 à 1852, aucun ministre des finances n'a voulu, dans l'évaluation des recettes, tenir compte de cet accroissement normal. On s'est toujours tenu au résultat acquis des recettes de l'année écoulée, résultat qui se trouvait lui-même supérieur à des prévisions plus vieilles de deux années. Ainsi, par exemple, pour le budget de 1840, on a toujours prévu les recettes d'après celles de 1838.

En 1852, lors de la préparation du budget de 1853, on adopta une autre base. On évalua les recettes au chiffre de celles de 1851, majorées d'un chiffre de 50 millions, qui représentait la progression probable et naturelle des recettes dans le cours de l'année 1852, dont on ne connaissait pas encore les résultats, et de l'année 1853, dont on voyait le budget.

Puis, en 1859, des critiques s'élevèrent, qui se reproduisirent chaque année, et en 1864 on revint à l'ancienne règle. On abandonna le système des majorations. Et jusqu'à la préparation du budget de 1883, la règle ancienne fut observée.

Or, cette règle, à côté des avantages que j'ai signalés, offre de graves inconvénients. Elle assure bien l'équilibre du budget au moment du vote, mais, plus tard, les recettes se trouvent de beaucoup supérieures aux évaluations. Les excédents apparaissent, énormes, parce qu'ils représentent la progression, non pas d'une année à l'autre, mais de deux années réunies. On n'a pas pu empêcher, lors du vote, les députés et les ministres eux-mêmes de juger la fixation des recettes notablement inférieure à la réalité. N'eussent-ils pas eu cette conviction que la publication périodique des produits des impôts en excédent la leur donnerait. Et elle se traduit chez tous par des demandes de crédits supplémentaires considérables.

Ces crédits constituent ainsi un second budget. La comptabilité se trouve compliquée. On n'est plus assuré de l'équilibre. Ces excédents magiques, encaissés chaque année, semblent destinés à être le gage des crédits supplémentaires, les ministres sont débordés, les Chambres entraînées ; et il arrive que, malgré d'énormes plus-values, le budget se solde en déficit.

Si l'on joint à cette mauvaise confection du budget que les ministres déposent les comptes quatre ou cinq ans après la clôture de l'exercice ; que la Chambre ne consacre au règlement définitif des budgets que des bouts de séance ; que les comptes de finances sont apurés au bout de dix ou onze ans ; que les députés, envahis par les affaires du jour, ne sont pas à même de puiser pour l'avenir un enseignement dans des comptes rendus financiers remontant si haut, on comprendra l'utilité de la réforme que M. Léon Say fit adopter, en 1882, pour la préparation du budget de 1883.

Son procédé rapproche beaucoup les évaluations de la vérité. Les recettes, fixées à un chiffre relativement exact, peuvent être opposées comme une digue à l'envahissement des crédits supplémentaires ; dès lors, la comptabilité plus facile permet un contrôle plus efficace ; et en même temps le ministre des finances a un argument commode et spécieux pour repousser toutes les demandes de dépenses nouvelles, en s'appuyant sur la prétendue diminution de la richesse publique, laquelle n'a pas pour cela baissé d'un centime.

Après cette indication trop rapide de ce qu'a accompli M. Léon Say, il faudrait encore :

Montrer l'influence qu'il a exercée sur l'éducation économique du pays, tant par ses discours où il a semé à profusion — certains députés auraient même pu dire à satiété — les idées les plus justes sur les conversions, les emprunts, l'amortissement, les impôts, que par ses livres, et par son enseignement à l'École des sciences politiques, où il fut, pendant quelques années, professeur titulaire, et, pendant plus longtemps, directeur d'études du groupe financier ;

Indiquer son rôle dans des questions (également d'ordre financier, mais où déjà un autre élément apparaissait, l'élément social) comme la question de l'alcool, dont il s'occupa si activement soit comme député, soit comme

président de la commission extraparlementaire ;

Exposer ses idées sur l'impôt foncier, qu'il voulait ôter à l'État pour le restituer aux communes et aux départements, et sur le cadastre, dont il a présidé avec tant d'intérêt personnel et tant d'autorité la grande commission au ministère des finances ;

Marquer son influence sur l'étude des questions sociales ; tracer nettement le chemin, je ne dis pas isolé, mais distinct, qu'il suivait également loin et des socialistes de toute dénomination, et des disciples de Le Play et des adversaires intransigeants du patronat, et dont on retrouve l'orientation dans son *Rapport sur l'Exposition sociale à l'Exposition* de 1889, et dans les *Procès-verbaux* de la Commission du travail, dont il fut, durant ses dernières années, le président assidu.

Tout cela dit, nous n'aurions pas tout dit encore. Mais nous aurions grandement dépassé le cadre de cet article. Avec ce qui précède et avec la bibliographie que nous donnerons plus loin, on aura un aperçu suffisant de l'ampleur de l'œuvre de M. Léon Say et de l'action puissante qu'il a exercée comme homme d'État, comme écrivain, comme professeur. Ce n'est pas ici le lieu de dire ce qu'il a été comme homme, comme maître et comme ami.

JOSEPH CHAILLEY-BERT.

Bibliographie.

Histoire de la Caisse d'escompte (1776 à 1793), in-8°, 53 pages. Reims, P. Regnier, 1848. — *Observations sur le système financier de M. le Préfet de la Seine*, in-8°, 64 pages. Paris, Guillaumin et Cie, 1865. — *Examen critique de la situation financière de la ville de Paris*, in-8°, 160 pages. Paris, Guillaumin et Cie et Dentu, 1866. — *Théorie des changes étrangers*, par G.-J. Goschen. Traduction précédée d'une préface, 1re édition. Paris, Guillaumin et Cie, 1866. — 2e édition, suivie du *Rapport fait le 5 avril 1874 à l'Assemblée nationale*, par M. Léon Say, au nom de la Commission du budget de 1875, sur le payement de l'indemnité de guerre et sur les opérations de change qui en ont été la conséquence, in-8°, 287 pages. Paris, Guillaumin et Cie, 1875. — 3e édition, avec une préface nouvelle, in-8°, 349 pages. Paris, Guillaumin et Cie, 1892. — *La ville de Paris et le Crédit foncier*. Lettres à MM. les membres du Corps législatif, in-8°, 16 pages. Paris, Guillaumin et Cie et Dentu, 1868. — *La comptabilité des finances publiques*. Conférence faite à Nerville le 24 octobre 1869, in-18, 30 pages. Imprimerie centrale des chemins de fer, Chaix et Cie, 1869. — *Mémoire présenté par M. le Préfet de la Seine au Conseil municipal de Paris. Emprunt de liquidation*, in-4°. Paris, imp. de Mourgues, 1871. — *Mémoire au Conseil municipal sur la situation de la dette*, in-4°, Paris, imp. de Mourgues, 1872. — *Mémoire du préfet de la Seine au Conseil municipal de Paris. Dommages de la guerre et de l'insurrection*, in-4°. Paris, impr. de Mourgues, 1872. — *Mémoire du préfet de la Seine au Conseil général du département de la Seine* (30 septembre 1872). *Dégâts causés par la guerre*, in-4°. Paris, impr. de Mourgues, 1872. — *Mémoire au Conseil municipal de Paris* (octobre 1872). *Emprunt de consolidation de 53 millions de francs*, in-4°. Paris, imp. de Mourgues, 1872. — *Note pour la Commission des finances du Conseil municipal de Paris*, in-4°, Paris, imp. de Mourgues, 1872. — *Mémoire supplémentaire au Conseil municipal de Paris*.

Emprunt de consolidation, in-4°. Paris, impr. de Mourgues, 1873. — *Discours prononcé à l'Assemblée nationale le 24 décembre 1873. Discussion du budget de 1874*, in-8°, 61 pages. Librairie des publications législatives, 1873. — *Discours prononcé à l'Assemblée nationale le 7 février 1874. Impôts nouveaux*, in-8°, 73 pages. Librairie des publications législatives, 1874. — *Discours prononcés au Sénat et à la Chambre des députés pendant la session de 1876. Questions monétaires, questions budgétaires*, gr. in-8°, 263 pages. Paris, Librairie des publications législatives, 1877. — *Discours prononcé à Mugron (Landes), le 23 août 1878, à l'inauguration du monument élevé à la mémoire de Frédéric Bastiat*, in-8°, 19 pages. Paris, Imprimerie nationale. — *Discours prononcé à Saint-Germain. Inauguration de la statue de M. Thiers, 19 septembre 1880*, in-18, 34 pages. Paris, impr. du Sénat, P. Mouillot, 1880. — *Discours prononcé dans la réunion du Centre gauche sénatorial, 4 mars 1881. Impôt foncier, dégrèvement et péréquation*, in-8°, 32 pages. Paris, Guillaumin et Cⁱᵉ, Degourlados. — *Le rachat des chemins de fer*, in-8°, 27 pages. Paris, Guillaumin et Cⁱᵉ, 1881. — *Discours prononcés à la Chambre des députés dans les séances des 26 et 27 février 1882. Discussion du budget de 1883*, in-8°, 112 pages. Paris, Guillaumin et Cⁱᵉ, 1882. — *La politique financière de la France*, in-8°, 22 pages. Paris, Guillaumin et Cⁱᵉ, 1882. — *Discours prononcé à l'occasion du 40ᵉ anniversaire de la Société d'économie politique, le 6 novembre 1882*, in-8°, 8 pages. Paris, Guillaumin et Cⁱᵉ, 1882. — *Les finances de la France*, in-8°, 424 pages. Paris, Guillaumin et Cⁱᵉ, 1883. — *La politique des intérêts. Discours prononcé à Lyon, le 27 mars 1883*, in-8°, 36 pages. Paris, Calmann Lévy, 1883. — *Dix jours dans la Haute-Italie*, in-8°, 119 pages. Paris, Guillaumin et Cⁱᵉ, 1883. — Traduction italienne par Dott. Andrea Fiorisi con una introduzion del prof. Luigi Luzzatti, pet. in-4°. Tipografia Constantino dell'Avo, Lodi, 1884. — *Discours prononcés au Sénat dans la séance du 25 janvier 1884, par MM. Denormandie et Léon Say. Banque de France*, in-8°, 88 pages. Paris, Imprimerie des journaux officiels, 1884. — *Le socialisme d'État*. Conférences faites au cercle Saint-Simon, in-18, 215 pages. Paris, Calmann Lévy, 1884. — *Discours prononcés au Sénat dans les séances des 23 et 24 mars 1885. Droits sur les blés*, in-8°, 99 pages. Paris, Guillaumin et Cⁱᵉ, 1885. — *Discours sur la statistique internationale, prononcé pour le 25ᵉ anniversaire de la formation de la Société de statistique*, in-8°, 26 pages. Paris, Guillaumin et Cⁱᵉ, 1885. — *L'impôt sur le revenu*. Conférence faite à la mairie de l'Isle-Adam, le 10 septembre 1885, in-18, 65 pages. Paris, Imprimerie centrale des chemins de fer, Chaix et Cⁱᵉ, 1885. — *Les solutions démocratiques de la question des impôts*. Conférences faites à l'École des sciences politiques, 2 volumes in-18, 260 et 299 pages. Paris, Guillaumin et Cⁱᵉ, 1886. — *Comment nos contributions ont été dépensées depuis quatre-vingts ans*, avec un tableau graphique indiquant la progression des dépenses publiques de 1800 à 1886, in-18, 73 pages. Paris, Librairie nouvelle, 1886. — *Les interventions du Trésor à la Bourse depuis cent ans*, in-8°, 34 pages. Paris, F. Alcan, 1886. — *Discours prononcé au Sénat dans la séance du 19 février 1887. Discussion du budget*, in-18, 101 pages. Paris, Librairie nouvelle, 1887. — *Discours prononcé au Sénat, séance du 22 février 1887. Impôt sur le revenu*, in-18, 60 pages. Paris, Imprimerie centrale des chemins de fer, Chaix et Cⁱᵉ, 1887. — *Turgot*, in-18, 208 pages. Paris, Hachette et Cⁱᵉ, 1887. — Traduction anglaise. London, Glascow and New-York ; Routledge and son, 1888. — *David Hume. Œuvre économique*, avec une introduction in-18, LXIII-207 pages. Guillaumin et Cⁱᵉ, 1888. Petite bibliothèque économique. — *Rapport général fait au nom de la Commission extraparlementaire des alcools* (1888), gr. in-4°, 135 pages. Paris, Imprimerie centrale des chemins de fer, Chaix et Cⁱᵉ, 1890. — *Discours prononcé à la Chambre des députés, séance du 27 octobre 1890. Discussion générale du budget de 1891*, in-32, 87 pages. Paris, Imprimerie des journaux officiels, 1890. — *Discours prononcé à la Chambre des députés, séances des 9 et 11 mai 1891. Tarif général des douanes*, in-32, 141 pages. Paris, Imprimerie des journaux officiels, 1891. — *Économie sociale (Rapport général)*, in-8°, 443 pages.

Paris, Guillaumin et Cⁱᵉ, 1891. — *La question des octrois. Discours prononcés à la Société d'économie politique, le 5 décembre 1891, par MM. Léon Say et Ernest Brelay*, in-8°, 24 pages. Paris, Guillaumin et Cⁱᵉ, 1892. — *Discours prononcés à la Chambre des députés, séance du 22 mars 1892. Syndicats professionnels*, in-8°, 21 pages. Paris, Imprimerie des journaux officiels, 1892. — *Cobden*. Discours, avec une introduction, in-18, 304 pages. Paris, Guillaumin et Cⁱᵉ, 1892. Petite bibliothèque économique. — *Discours prononcé à l'occasion du 50ᵉ anniversaire de la Société d'économie politique, le 5 novembre 1892*, in-18, 32 pages. Paris, Guillaumin et Cⁱᵉ, 1892. — *Discours à la Chambre des députés, février 1894, droit de douane sur les blés*, Imprimerie des journaux officiels. — *Le budget de 1895, Libéraux et Socialistes*, Extrait de la Revue des Deux Mondes, octobre 1894. — *Contre le Socialisme*, 1 vol. in-18, Calmann Lévy, 1896. — *Les Finances*, 1 vol. in-18 (de la collection *la Vie nationale*), Léon Chailley.

COLLABORATIONS DIVERSES :

Annuaire de l'économie politique et de la statistique, depuis 1850 ; — *Journal des économistes*, depuis 1850 ; — Chambre de commerce de Paris. — *Statistique de l'industrie à Paris résultant de l'enquête faite par la Chambre de commerce pour les années 1847 et 1848*, in-4° de 151 feuilles et demie. Paris, Guillaumin, 1852.

(Délégués de la Chambre de commerce et de la Commission de l'enquête chargés de la direction du travail et rapporteurs adjoints : MM. Natalis Rondot et Léon Say) ; — *Dictionnaire de l'économie politique*. Paris, Guillaumin, 1852 ; — *Journal des Débats*, depuis 1864 ; — *Annales parlementaires.Discours politiques*, depuis 1870 ; — *Dictionnaire des finances*, publié sous la direction de M. Léon Say, par MM. Louis Foyot et Lanjalley. Paris-Nancy, Berger-Levrault et Cⁱᵉ, 1883 ; — *Revue des Deux Mondes*, 1884-1895 ; — *Nouveau dictionnaire d'économie politique*, publié sous la direction de MM. Léon Say et J. Chailley-Bert, 2 volumes in-4°. Paris, Guillaumin et Cⁱᵉ, 1891-1892. De plus une grande quantité de « Travaux académiques » publiés dans les *Mémoires de l'Institut*.

SOCIALISME CHRÉTIEN.

— C'est une opinion répandue, mais très fausse, que celle qui fait regarder les catholiques comme poursuivant, à raison de leur qualité de catholiques, un remaniement de l'état social actuel. Déclarons d'abord, parce que c'est une vérité peu connue, que l'Eglise catholique ne professe aucune doctrine économique. La situation de ses fidèles est parfaitement définie dans cette maxime : *In certis unitas, in dubiis libertas, in omnibus caritas* ; c'est-à-dire ils sont obligés de croire dans les questions de foi où l'Eglise pose des principes assurés ; ils ont toute liberté dans les autres questions, et celles dites économiques sont du nombre ; et toutefois ils ne doivent, même alors, rien faire de contraire à la justice, non plus qu'à la bienveillance que l'on doit au prochain, et c'est le sens de la dernière partie de la maxime.

Un certain nombre de catholiques, touchés des souffrances de la classe pauvre et touchés surtout de ce qu'il y a d'incertain dans la condition des ouvriers, ont voulu en trouver le remède dans une intervention fréquente du pouvoir public.

Et d'abord, ce pouvoir interviendrait dans le contrat de travail qui règle les rapports des ouvriers et des patrons. Ainsi, il serait interdit aux patrons de donner moins qu'un certain salaire, lequel serait fixé par exemple par des syndicats mixtes organisés dans les divers métiers. Les mêmes patrons seraient contraints d'assurer aux ouvriers blessés dans leur travail — blessés par n'importe quelle cause, même par leur négligence — une indemnité déterminée : au besoin, ces patrons seraient, pour le payement des indemnités, associés forcément entre eux comme on le voit en Allemagne. Ils seraient encore obligés de verser, dans l'intérêt de leurs ouvriers, aux caisses d'assurance et de maladie, que l'État les contraindrait d'établir et de gérer, à moins que cet État n'aimât mieux s'en charger lui-même.

Quelques-uns vont plus loin : pourquoi l'État ne garantirait-il pas des secours à tous les malheureux ? Pourquoi ne s'occuperait-il pas, lui ou les municipalités, de procurer aux ouvriers des logements à bon marché ? Pourquoi surtout n'interviendrait-il pas pour proscrire les émissions de mauvaises valeurs et les jeux de Bourse qui ruinent tant de personnes ?

Ces idées, par leur équité et leur commodité apparentes, ont gagné beaucoup d'adhérents, surtout parmi les jeunes gens, plus sensibles et plus généreux que réfléchis, et parmi les membres du clergé, témoins ordinaires de la détresse des familles pauvres ; elles n'ont pas manqué de contradicteurs dans les rangs même des catholiques, les uns et les autres usant de la liberté que l'Église laisse en ces questions.

Plusieurs de ces catholiques se sont groupés à la voix d'un évêque, Mgr Freppel, et ont été réunis par lui en une *Société catholique d'économie politique et sociale* qui s'est donné pour but de combattre les imprudentes doctrines qui réclament sans cesse l'intervention de l'État. Elle existe toujours, présidée depuis la mort de son fondateur par Mgr d'Hulst, aujourd'hui disparu à son tour. Elle compte parmi ses membres les professeurs d'économie politique de toutes les facultés catholiques. L'un d'eux, M. Claudio Jannet, dont la science économique déplore la perte, était son vice-président.

Pour ces catholiques, il y a des lois naturelles, voulues par la Providence, que l'on ne peut changer avec des décrets non plus qu'avec des récriminations. L'amélioration de la situation souvent pénible, en effet, toujours précaire de la classe laborieuse, ne doit pas être cherchée dans quelque organisation administrative, mais doit être l'œuvre des particuliers. — Que le législateur intervienne pour protéger ceux qui ne peuvent se défendre eux-mêmes : les enfants, les

femmes dans quelques cas ; qu'il intervienne encore — mais alors avec une extrême prudence — pour protéger les adultes soumis à un travail excessif et dans des conditions où il leur est impossible de se défendre par eux-mêmes, ou bien pour leur assurer le repos du dimanche, là se doit borner son action. Il l'excède lorsqu'il prétend régler les salaires ou la durée des journées de travail alors qu'elle n'a rien d'excessif.

Il ne manque pas moins à son devoir lorsque, sans contraindre les particuliers, il impose, en cas d'adjudication de travaux publics, ces conditions aux entrepreneurs parce que, d'une part, il rend ces travaux plus coûteux, et que, d'autre part, il pèse ainsi indirectement sur les contrats privés.

Ils n'admettent pas davantage que les chefs d'industrie soient contraints d'assurer leurs ouvriers et de leur payer des indemnités alors qu'ils n'ont commis aucune faute ; pas plus qu'ils n'admettent que tout individu dans le besoin ait droit de réclamer des secours. La charité est belle, mais ne peut être imposée ; son essence est d'être libre.

L'affaire du gouvernement n'est pas non plus de fournir des logements ou des denrées à prix réduit, ni de diriger le choix des capitalistes en quête de placement ; il y aurait là une distinction à faire qui excède sa capacité [1].

C'est de l'initiative privée qu'ils attendent la réparation des inconvénients et des maux qui sont réparables. Et tandis qu'ils sollicitent les ouvriers de se souvenir que cette vie est transitoire et que c'est dans une autre, éternelle et meilleure, que se fera le redressement de toutes choses, ils pressent les patrons de se rappeler qu'ils ont des devoirs de quasi paternité à remplir envers leurs ouvriers et qu'ils ne sont, en conscience, pas quittes envers eux pour avoir exactement payé le salaire convenu. Et comme l'individu isolé est faible d'ordinaire et toujours mortel, ils sollicitent et les patrons et tous autres citoyens de s'associer et d'établir, en faveur de leurs ouvriers ou des malheureux de divers ordres, des fondations qui rendront durable le bien qu'ils veulent faire.

Quant aux pouvoirs publics, ils ne leur demandent qu'une chose, c'est de ne pas empêcher ce bien, c'est-à-dire de reconnaître et aux associations et aux fondations la liberté

1. Cette question est toute spéciale et technique. Sans entrer dans le détail, voici comment elle se peut résoudre : Qu'il y ait des lois rigoureuses contre la fraude et surtout que le pouvoir public les fasse exécuter, mais qu'on n'aille pas accorder à l'État l'exorbitant et dangereux pouvoir d'autoriser ou non à sa fantaisie les émissions de valeurs et surtout la création des sociétés anonymes.

qu'elles doivent avoir et que nos lois leur refusent. On le voit, rien n'est plus éloigné à la fois de la dureté et de l'indifférence dans les particuliers et du despotisme d'État. Telle est la doctrine des catholiques dont nous parlons.

HUBERT-VALLEROUX.

SPINOZA (Benoît) [1632-1677]. — L'existence studieuse et retirée du père du panthéisme contemporain est connue, et nous pouvons aborder, sans plus de préambule, l'exposé de ses idées sociales et politiques, telles qu'il les énonce dans son *Tractatus theologico-politicus* (1670), et dans son *Tractatus politicus*, demeuré inachevé, et qui, comme l'*Éthique*, ne fut publié qu'après la mort de leur auteur. On sait que le *Tractatus theologico-politicus*, énergique plaidoyer en faveur de la liberté de la pensée et de la parole, déchaîna un orage tel qu'il dégoûta Spinoza de la publicité et que le *Traité* ne circula plus que sous des titres et avec des noms d'emprunt.

La théorie politique de Spinoza procède du même principe que sa métaphysique : « La puissance de la nature, c'est la puissance même de Dieu, qui possède un droit souverain sur toutes choses ; mais comme la puissance universelle de toute la nature n'est autre chose que la puissance de tous les individus réunis, il en résulte que chaque individu a un droit sur tout ce qu'il peut embrasser ou en d'autres termes que le droit de chacun s'étend jusqu'où s'étend sa puissance... Tout ce qu'un être fait d'après les lois de la nature, il le fait à bon droit. » (Traduction Em. Saisset, vol. II, p. 250-251). C'est en vertu du droit naturel que les gros poissons croquent les petits. Mais dans cet état de nature, la crainte est partout et la sécurité n'est nulle part ; pour lui échapper, « les hommes ont compris qu'il fallait s'entendre mutuellement, renoncer à suivre la violence de leurs appétits individuels et se conformer de préférence à la volonté et au pouvoir des hommes ». Telle est donc l'origine du droit de l'État, droit qui, se substituant au droit naturel, ne l'anéantit cependant pas. Spinoza insiste pour faire remarquer que, sur ce point, il se sépare de Hobbes et que sa théorie ne se confond pas avec celle du philosophe anglais. Le pouvoir de l'État, dépositaire des droits de tous les individus, n'a comme le leur d'autre limite que celle de sa puissance ; mais « l'État, pour s'appartenir à lui-même, est tenu de conserver les causes de crainte et de respect... et son droit ayant pour définition et pour mesure la puissance commune de la multitude, sa puis-

sance et son droit diminuent d'autant plus que l'État lui-même fournit à un plus grand nombre de citoyens des raisons de s'associer dans un commun grief ». (*Tractatus politicus*, chap. IV, art. 4, et chap. III, art. 9.) Spinoza préfère la démocratie à l'aristocratie et à la monarchie : « car dans cet état, personne ne transfère à un autre son droit naturel au point de ne pouvoir plus délibérer à l'avenir ; il ne s'en démet qu'en faveur de la société tout entière, dont il est une des parties ». (*Traité théologico politique*, trad. Saisset, II, p. 259.) Cette prédilection ne l'empêche pas de reconnaître que toutes les formes de gouvernement, pourvu qu'elles garantissent la paix et la sécurité, sont bonnes et doivent être approuvées. « La fin générale de l'État, c'est la paix et la sécurité de la vie. Par conséquent, le meilleur État, c'est celui où les hommes passent leur vie dans la concorde et où leurs droits ne reçoivent aucune atteinte. » (II, p. 380.) Il a, d'ailleurs, soin d'expliquer que la soumission qu'il recommande est une soumission réfléchie et non pas l'esclavage qui règne en Turquie.

Dans ces deux Traités nous ne rencontrons que deux ou trois énonciations d'opinions d'ordre à proprement parler économique. Tandis que Hobbes, excipant de la position unique du pouvoir souverain, lui interdit l'accès de la propriété, Spinoza demande, au chapitre VII, article 12, de son *Traité politique*, que « les champs et tout le sol et — s'il est possible — que les maisons elles-mêmes appartiennent à l'État, c'est-à-dire à celui qui est dépositaire du droit de l'État, afin qu'il les loue moyennant une redevance annuelle aux habitants des villes et aux agriculteurs ». La raison qu'il en donne un peu plus loin (article 16), c'est que « dans l'état de nature, il n'est rien que chacun puisse moins revendiquer pour soi et faire sien que le sol et tout ce qui adhère tellement au sol qu'on ne peut ni le cacher, ni le transporter. Le sol donc et ce qui tient au sol appartient essentiellement à la communauté, c'est-à-dire à tous ceux qui ont uni leurs forces ou à celui à qui tous l'ont donné le pouvoir de revendiquer leurs droits ». Il est vrai qu'à cette condition Spinoza est disposé à exonérer les citoyens de toute autre contribution, du moins en temps de paix, mais il ne s'explique pas sur l'élévation de la redevance à exiger d'eux. Peut-être n'a-t-il pas été uniquement déterminé par la considération du droit de propriété de la collectivité à l'état de nature, mais aussi par le désir de voir les affaires commerciales « impliquées les unes dans les autres », qui les unissent par les liens de la solidarité et leur fassent redouter la guerre et désirer la paix. Chacun sera du reste libre de jouir à sa guise du fruit de son travail et même des douceurs (*deliciis*) que celui-ci rapportera, à la condition de ne pas verser dans des excès nuisibles à la santé. Les ressources nécessaires aux dépenses de l'État ne seront pas levées directement sur les sujets, mais sur les villes en raison de leur importance; les autorités locales ou bien assigneront sa quote-part à chaque habitant d'après un recensement (*census*) ou — ce qui serait beaucoup plus équitable au dire de Spinoza — elles établiront des impôts (*vectigalia*) à cet effet (*Tract. pol.*, chap. IX, art. 8). Il serait intéressant de découvrir le sens exact que Spinoza attache ici au mot *vectigal*; s'agit-il d'impôts sur la consommation, en d'autres termes de l'accise précisément introduite au XVIIᵉ siècle aux Pays-Bas, ou bien a-t-il employé ce mot dans son acception de synonyme d'impôt en général? Dans tous les cas, il importe de noter cette préférence pour les impôts de répartition, tout au moins au second degré de la perception.

Sur le sujet de la population, Spinoza, comme l'immense majorité de ses contemporains, envisage comme un bien en soi tout accroissement de la population. Parlant de la taxe d'admission au droit de cité : « Quand bien même, ajoute-t-il, les chiliarques auraient, par esprit de lucre, admis un étranger au-dessous du prix légal, il n'en peut résulter pour l'État aucun détriment. Au contraire, il est bon de trouver des moyens pour augmenter le nombre des citoyens et avoir une grande affluence de population. » (*Traité politique*, chap. VI, art. 32.)

E. CASTELOT.

Bibliographie.

M. Laspeyres a résumé les conceptions économiques de Spinoza aux pages 21-24 de sa *Gesch. der volkswirthschaftlichen Anschauungen der Niederländer zur Zeit der Republik* (Leipzig, 1863).

W

WEST (Sir Edward) [1783-1828], fit ses études à Oxford et mourut grand juge (*Chief Justice*) à la cour suprême de Bombay.

Dans la préface de son *Essai sur l'influence qu'exercent les bas prix du blé*, Ricardo écrit : « En 1815, M. Malthus, dans ses *Recherches sur la nature et le développement de la rente*, et un agrégé d'University College à Oxford, dans son *Essai sur l'application du capital à la terre*, ont à peu près simultanément exposé la doctrine exacte de la rente ». Cet agrégé d'University College n'est autre que West, dont l'*Essai*, publié avec cette seule désignation d'auteur, ne précéda que de quelques semaines celui de Ricardo. Dans ce travail, qui a pour titre complet : *Essai sur l'application du capital à la terre, suivi d'observations démontrant qu'il est impolitique de restreindre fortement l'importation des grains et que la prime de 1688 n'en a pas fait baisser le prix*, West énonce dès le début, comme principe, que, « au cours de toute amélioration de la culture, la production devient progressivement de plus en plus onéreuse : en d'autres termes, le rapport du produit net au produit brut de la terre va continuellement s'amoindrissant... Toute quantité de travail égale et additionnelle appliquée à l'agriculture donne un moindre rendement et, par suite... la somme totale du travail appliqué à l'agriculture, à mesure qu'elle s'améliore, donne de même un rendement proportionnellement moindre ». West est donc un des initiateurs de la fameuse loi des rendements agriculturaux décroissants (*law of diminishing returns*), que Malthus et Ricardo ont lancée dans la circulation scientifique. De plus, il affirme dans ce même *Essai* que « la progression décroissante des rendements des portions additionnelles de capital fournit la mesure et constitue presque la cause unique de la rente foncière ». Il en donne pour raison que si ces rendements n'allaient pas en décroissant, le produit à tirer d'une pièce de terre serait illimité et qu'on n'aurait jamais songé à mettre en culture un sol de qualité inférieure. Or, le prix du blé qui a coûté le moins cher à produire se vendant au même prix que celui dont le coût de revient est le plus élevé, et le fermier ne tirant de son capital qu'un profit calculé au taux moyen des profits, il en résulte que le propriétaire encaisse, sous forme de rente, tout le profit additionnel afférent au blé qui a été obtenu avec une moindre dépense.

West n'est d'ailleurs pas le premier qui ait mis en lumière l'origine de la rente ; bien avant lui, un agronome écossais, James Anderson (1739-1808), avait, dans une brochure parue en 1777 et intitulée *Observations sur les moyens de stimuler l'industrie nationale et de faire progresser l'agriculture, le commerce, les manufactures et les pêcheries en Écosse,* déclaré que la rente est la prime que consent à payer un cultivateur afin de jouir du privilège de cultiver les terres les plus fertiles. Mais, par contre, pour la réfutation de la théorie du fonds des salaires, comme pour la loi des rendements agriculturaux décroissants, West a des titres incontestables à la reconnaissance d'une priorité nettement établie. En effet, dans son étude sur les *Prix du blé et les Salaires (Price of Corn and Wages of Labour),*

écrite en 1826, il s'attache à prouver que, si la quantité de capital destinée à rémunérer le travail était fixe, il importerait peu qu'elle fût affectée à la rétribution d'un travail productif ou d'un travail improductif : pendant une période de demande active, les salaires peuvent augmenter avant que le capital lui-même se soit déjà accru.

Bibliographie.

Les écrits de West sont analysés par M. Cannan dans sa savante *History of the Theories of Production and Distribution in English Political Economy* (Londres, 1893), notamment aux pages 157-160, 265-266 et 317-320.

www.ingramcontent.com/pod-product-compliance
Lightning Source LLC
Chambersburg PA
CBHW070258200326
41518CB00010B/1821